見やすい
漢字表記・用字辞典

三省堂編修所…［編］

三省堂

［装　丁］三省堂デザイン室

まえがき

漢字の字形や点画、同音語をもつ漢字の特定や送り仮名の送り方、常用漢字表で認められた書き方かどうか、そして漢字そのもの、本書は、それら、ことばの書き表し方が一目で分かるように、書き表し方の問題にしぼって編集した辞典です。

大きな活字で漢字を見やすくし、さらに画数の多い難字については、拡大文字を掲載しました。適切な送り仮名、そしてそれが省略可能かどうかの別も示しました。また、書き表し方の上で留意する点は用例と注記で分かるようにしてあります。その漢字が常用漢字であるかどうかの別は、常用漢字は教科書体で示し、それ以外の漢字は明朝体で示してあります。さらに、常用漢字と人名用漢字を、その漢字の音の場所に掲載し、音訓と熟語もあわせて示しました。常用漢字は、このたび改定された「改定常用漢字表」（平成二十二年六月文化審議会答申）に対応しました。

本書は、一九九七年（平成九年）七月に第三版を刊行した『大きな活字の漢字表記辞典』と、二〇〇一年（平成十三年）三月に刊行した『大活字　漢字書き表し方辞典』を再編集したものです。文字が大きく、見やすいという特長を活かしながら、持ちやすいハンディなサイズで使いやすい辞典をめざしました。

本書が常に読者の方々の座右にあって、文章を書くときの親しい友になることを願ってやみません。

二〇一〇年（平成二十二年）七月三十一日

三省堂編修所

凡例

❶ **収録語数**…和語・漢語を中心に、漢字で書き表すことのできるもの、約四万一千語を収録しました。人名・地名などの固有名詞も、約六百語を選んで入れてあります。

❷ **漢字の示し方**…見出しの漢字表記の部分を大きな活字で示しました。

㋐ 教科書体の漢字は、常用漢字です。

右脇に△を付けた漢字は常用漢字ではあるが、その読み方が「改定常用漢字表」(平成二十二年六月文化審議会答申)にないことを示しています。

[例] あいじょう **愛情**を注ぐ
あいにく **生△憎**の天気

㋑ 明朝体活字で示した漢字は、常用漢字以外の漢字です。

[例] あくせく **齷齪**と働く

㋒ 本書は、ことばを、漢字を使って書く場合を想定して編修しています。従って、通常は仮名書きが望ましい場合(特に、常用漢字でないものや常用漢字表に認められてない音訓)でも、漢字の表記を示しました。

㋓ 固有名詞に用いられる漢字は、その語固有の表記であるから一概に新字体で統一すべきではないとの見解もあります。特に人名の「沢・澤」「竜・龍」「滝・瀧」等、字体の著しく異なっている字については異論もありますが、本書では個々の語に応じ、一般に広く用いられていると考えられる表記を掲げました。

㋔ 常用漢字及び人名用漢字別表の漢字は、その漢字の音の場所に配列し、枠囲みで漢字項目としてまとめました。常用漢字には( )内にいわゆる康熙字典体を示し、音(片仮名)と訓(平仮名)、その字一字で用いられる場合の用例、熟語を示しました。また[ ]内に許容字体を示しました。

人名用漢字別表の漢字は右肩に人を付けて示しました。人名用漢字別表で「|」付の同一字種漢字は・を

入れて示し、常用漢字の異体字が人名用漢字の場合は〔　〕内に示しました。人名に用いる場合、漢字の読み方には定めがありませんので、代表的なものを示しました。

❸ **送り仮名**…明朝体活字で示しました。

送り仮名は、「送り仮名の付け方」(昭和四十八年六月内閣告示、五十六年改正)に準拠しています。

もともと送り仮名は、漢字で書き表した和語を、他の語と読み違えないためにつけるものですから、文体によって、適宜増やすことも省くこともできます。一般的には送り仮名を必要とする語でも、専門家は煩雑であるとして省くことも見受けられます。

㋐ 省略が許容されている送り仮名には、仮名の右に―を付けて示しました。

[例]　かきぬく　書き抜く

㋑ 三通り以上の送り仮名の付け方があるものについては、最も少なく送る方法も併記してあります。

[例]　くりさげ　繰り下げ　＊繰下

❹ **別表記**…一つの言葉に二通り以上の漢字表記があるものは、その別表記を＊のあとに示しました。

同音語が並んでいて＊印のないものは、別の項目になります。

[例]　しあわせ　幸せ　＊仕合わせ

かっこう　格好　＊恰好

こう　人を恋う

請う　＊乞う

斯う寒くては

❺ **用例**…見出し語の用法や、どういう言葉とつながりやすいかを示すために、必要に応じて、簡潔に用例を示しました。また、適宜ことばを補って、見出し語の理解の手がかりとしました。

用例が複数の場合は、見出し語に相当する部分を―で示して列挙してあります。

[例]　さいぜん　最前述べた通り

最善を尽くす

さいさき　幸△先がよい

むくげ　木槿の花
尨毛の犬

そうほう　双方の言い分
マラソンの走法
ピアノの奏法

わせ　早生と晩生《おくて》
早稲と晩稲《おくて》

のる　船に乗る・時流に―・相談に―・口車に―・スピードに―

❻ 補注…見出し語を書き表す際に参考となる事柄を、適宜( )や❖で注記しました。

㋐ ( )の中に、わかりにくい語の意味や解説、分野、使い分けの手がかり、略語のもとの形などを示しました。

[例]　こうぎょ　香魚(あゆ)
だいかん　大寒(二十四気)
わん　椀(木製)
碗(陶器)
せんかん　選管(選挙管理委員会)

㋑ ❖で、見出し語の語形のゆれ、表記にかかわる注記などを示しました。

[例]　せいこう　正鵠を射る　❖「せいこく」の慣用読み。
ゆえ　故無くして　❖「…のゆえに」などは仮名書きがふつう。

❼ 難字…各見開きページの見出し語のなかから、難しい漢字を選び、左ページ下段に大活字で示しました。

[例]

蒟
蒻
魄

あ

あ

ア

[亜(亞)]ア ―― 亜鉛・亜寒帯・亜聖・亜炭・亜熱帯・亜麻・亜流

[阿]ア・お ―― 阿弥陀・阿吽・阿鼻

あ　盲聾《もうろう》唖の三重苦

ああ　鳴呼・*噫

アイ

[愛]アイ ―― 「母の―」◇愛育・愛郷心・愛情・恋愛

[哀]アイ・あわれ・あわれむ ―― 哀願・哀愁・哀話・悲哀

[挨]アイ ―― 挨拶

[曖]アイ ―― 曖昧

[娃]アイ・ワ・ア ――

あい　合いの背広
相協力する
藍に染める

あいあい　和気藹々

あいあいがさ　相合い傘

あいいく　愛育する

あいいれない　相入れない
*相容れない

あいいん　合印を押す
紅茶を愛飲する

あいうち　相打ち・*相討ち
ち・*相撃ち

あいえんか　愛煙家

あいえんきえん　合縁奇縁
*合縁機縁

あいおい　相生の松

あいか　哀歌

あいがかり　相懸かり（将棋）

あいかぎ　合い鍵を作る

あいかた　合方（演劇などの伴奏）
相方（相棒）
敵娼

あいがも　間鴨・*合鴨

あいかわらず　相変わらず

あいかん　哀感を催す
哀歓を共にする

あいがん　助命を哀願する
愛玩動物

あいぎ　合い着・*間着

あいきどう　合気道

あいきゃく　相客になる

あいきょう　愛郷心
愛敬・*愛嬌

あいきょうげん　間狂言

あいくち　匕首で刺す
合い口がいい

あいくるしい　愛くるしい

子

あいこ　これで相子だ

あいこ　御愛顧を賜る

あいご　動物を愛護する

あいこう　音楽を愛好する
愛校心

あいこく　愛国心

あいことなる　相異なる意見

あいことば　合い言葉

あいごま　合駒・*間駒

あいさいか　愛妻家

あいさつ　挨拶する

あいし　女工哀史

あいじ　愛児

あいしゃ　愛社精神
愛車を磨く

藹
嬌
拶

あ

あいじゃく　愛着を感じる
あいしゅう　哀愁を帯びる
あいしょう　相性　*合い性
あいしょう　哀傷歌
　愛妾
　愛称で呼ぶ
　愛唱歌
　詩を愛誦する
あいじょう　愛情を注ぐ
あいじるし　合い印
あいじん　愛人
あいず　目で合図する
あいすまない　相済まない
あいする　音楽を愛する
あいせき　相席　*合い席
あいせき　哀惜の念
　愛惜の品
あいせつ　哀切極まる話
あいぜんみょうおう　愛染明王

あいそ　哀訴する
あいそう　愛想笑い
　愛想がいい
あいぞう　愛憎の念
　愛蔵の品
あいそく　愛息
あいぞめ　藍染めの着物
あいだ　人と人との間
あいたい　相対で話し合う
　靉靆と棚引く雲
あいたいずく　相対ずくの話
あいたいする　相対する考え
あいだがら　親しい間柄
あいち　愛知県
あいちゃく　愛着を感じる
あいちょう　哀調を帯びる
　愛鳥週間
あいつ　彼△奴△

あいづ　会津地方
あいつぐ　悲報が相次ぐ
あいづち　相槌を打つ
あいて　相手になる
あいでし　相弟子
あいとう　哀悼の意を表す
あいどく　鷗外を愛読する
あいともなう　名実相伴う
あいなかばする　相半ばする
あいなめ　鮎△並△(魚名)
あいにく　生△憎の天気
あいのて　合いの手　*間△の手
あいのり　相乗り
あいば　愛馬
あいはむ　骨肉相食△む
あいはん　合い判を押す
あいびき　合い挽きの肉
　逢い引き　*逢引

あいびょう　愛猫
あいぶ　愛撫する
あいふく　合い服　*間△服
あいふだ　合い札
あいべつ　哀別の情
あいべつりく　愛別離苦
あいべや　相部屋　*合い部屋
あいぼ　愛慕の情
あいぼう　相棒になる
あいぼし　相星で並ぶ
あいま　仕事の合間
あいまい　曖昧な表現
あいまいもこ　曖昧模糊
あいまって　両々相俟って
あいみたがい　相身互い
あいよう　愛用の品
あいよく　愛欲　*愛慾
あいらしい　愛らしい少女

あ

あいれん　哀憐の情
あいろ　製造上の隘路
あいわ　哀話
あう　計算が合う・目が—・気が—・服が体に—
あう　人に会う　*逢う　災難に遭う　*遇△う
あうん　阿吽　*阿呍の呼吸
あえぐ　経営難に喘△ぐ
あえて　敢△えて言う
あえない　敢△え無い最期
あえもの　和△え物
あえる　ごまで和△える
あえん　亜鉛
あお　青
あおあらし　青嵐

あおい　葵の紋
あおい　青い空　顔色が青い　*蒼い　碧い目
あおいきといき　青息吐息
あおいまつり　葵祭
あおいろしんこく　青色申告
あおうなばら　青海原
あおかび　青黴が生える
あおぎみる　天を仰ぎ見る
あおぎり　青桐　*梧桐
あおぐ　天を仰ぐ　うちわで扇△ぐ　*煽ぐ
あおくさい　青臭い議論
あおさ　石蓴△(海藻)
あおざめる　顔が青ざめる　*蒼褪める

あおじゃしん　青写真
あおじろい　青白い　*蒼白い
あおすじ　青筋を立てる
あおぞら　青空　*蒼空　*碧空
あおだいしょう　青大将
あおてんじょう　青天井
あおな　青菜に塩
あおにさい　青二才
あおにび　青鈍△色
あおによし　青丹よし奈良
あおのけ　仰△のけになる
あおのり　青海苔△
あおば　青葉の候
あおぶくれ　青膨れになる
あおぶさ　青房(相撲)
あおみ　青み　*青味
あおみどろ　水△綿△　*青味泥

あおむく　仰△向く
あおむけ　仰△向けになる
あおもの　青物市場
あおやぎ　青柳
あおゆ　青柚(夏の柚子《ゆず》)
あおり　煽りをくらう　障△泥△　*泥障△(馬具)
あおりたてる　煽り立てる
あおる　毒を呷る　風が戸を煽る
あか　赤　垢を落とす　船底の淦　銅△のなべ　閼伽(仏前の水)
あかあかと　赤々と燃える

靉
靆
黴

あかい　明々と電灯をつける
あかい　赤い花
　朱△い鳥居
　赭い土
　顔を赤くする
あかがい　赤△貝の寿司
あかがね　銅の雨樋
あかがねいろ　銅△色の肌
あがき　足掻△きがとれない
あかぎさん　赤城山△
あかぎれ　皹　*皸が切れる
あがく　懸命に足掻△く
あかげ　赤毛
あかご　赤子の手を捩《ねじ》る
あかざ　藜の杖
あかさび　刃物の赤錆
あかし　証△しを立てる
　灯△　*燈(ともしび)

あかし　明石△市
あかじ　赤字国債
あかしお　赤潮の被害
あかしくらす　明か|し暮らす　*明し暮す
あかじみる　垢染みた服
あかす　夜を明か|す・鼻を―・秘密を―
　無実を証△す
　金に飽かす
あかず　開かずの間
　飽かず眺める
あかだし　赤出し　*赤出汁△
あかつき　暁
あがったり　商売上がったり
あかつち　赤土
あかとんぼ　赤蜻蛉

あがない　罪の贖い
あがなう　書物を購△う
　罪を贖う
あかぬける　垢抜けた服装
あかね　茜の根
あかねいろ　茜色の夕焼け
あがのがわ　阿賀野川
あかのたにん　赤の他人
あかはじ　赤恥をかく
あかはだか　赤裸にされる
あかびかり　垢光りした袖
あかぶさ　赤房(相撲)
あかふだ　赤札をつける
あかぼう　駅の赤帽
あかまつ　赤松の林
あかまんま　赤飯△の花
あかみ　顔に赤み　*赤味がさす
　赤身の魚
あかみそ　赤味噌

あかむけ　赤剝△けした肌
あかめいも　赤芽芋
あかめる　顔を赤める
あがめる　神を崇△める
あからがお　赤ら顔　*赭ら顔
あからむ　顔が赤らむ
　空が明らむ
あからめる　顔を赤らめる
あかり　明か|り　*灯△
　*燈がつく
　月の明か|り
あがり　双六《すごろく》の上がり
　役人上がり
あがりがまち　上がり框
あがりこむ　上がり込む
あがりさがり　上がり下がり
あかりしょうじ　明か|り障子

あかりとり　明かり取り
あがりはな　上がり端△
あがりめ　上がり目
あがりゆ　上がり湯
あがる　地位が上がる・階段を—・成績が—・雨が—
物価が上がる
＊騰△る
あがる　花火が揚がる・国旗が—・歓声が—・陸に—
あがる　犯人が挙がる・証拠が—
あかるい　明るい
あかるみ　明るみに出る
あかるむ　空が明るむ
あかんこ　阿寒湖
あかんたい　亜寒帯
あかんぼう　赤ん坊

あき　席の空き　＊明きがある
秋の空
飽き　＊厭きがくる
あき　安△芸△の国
あきあじ　秋味（鮭《さけ》）
あきかぜ　秋風が立つ
あきかん　空き缶
あきくさ　秋草を摘む
あきぐち　秋口
あきご　秋蚕△
あきざくら　秋桜（コスモス）
あきさむ　秋寒
あきさめ　秋雨
あきさめぜんせん　秋雨前線
あきしつ　空き室あり
あきしょう　飽き性
あきす　空き巣が入る

あきぞら　秋空
あきたつ　秋立つ
あきたりない　飽き足りない　＊慊りない
あきち　空き地
あきつしま　秋津島
あきっぽい　飽きっぽい
あぎと　腭　＊腮
あきない　商いをする
あきなう　茶を商う
あきなす　秋茄子
あきばこ　空き箱
あきばれ　秋晴れ
あきびえ　秋冷え
あきびより　秋日和
あきびん　空き瓶
あきま　空き間
あきまき　秋蒔きの草花
あきまつり　秋祭り
あきめく　秋めく

あきや　空き家
あきらか　明らかになる
あきらめ　諦めがいい
あきらめる　諦める
あきる　飽きる程見る
仕事に厭きる
あきれかえる　呆れ返る
アキレスけん　アキレス腱
あきれはてる　呆れ果てる
あきれる　呆れる　＊惘れる
あきんど　商△人△

アク

[悪（悪）]アク・オ　わる-い　—「—の温床」◇悪意・悪事・悪人・悪夢

[握]アク　にぎ-る　—握手・握力・掌握

藜
贖
腭

握

［渥］（人）アク あつ・あつし ― 渥恩・優渥

あく　目が明く
あく　席が空く・手が―・穴が―・間が―・時間が―
あく　幕が開く・戸が―・口が―
あく　灰△汁△が強い
あくあらい　灰△汁△洗△いする
あくい　悪意を抱く
あくうん　悪運が強い
あくえいきょう　悪影響
あくえん　悪縁と諦める
あくぎゃくひどう　悪逆非道
あくぎょう　悪行を重ねる
あくごう　悪業の報い
あくさい　悪妻

あくじ　悪事千里を走る
あくじき　悪食
あくしつ　悪質ないたずら
あくしゅ　悪手を指す
　握手を交わす
あくしゅう　悪臭を放つ
　悪習に染まる
あくしゅみ　悪趣味
あくじゅんかん　悪循環
あくしょ　悪所に通う
　悪書を追放する
あくじょ　悪女の深情け
あくしん　悪心を起こす
あくせい　悪声の人
　悪性のインフレ
　悪政を正す
あくぜい　悪税
あくせく　齷齪と働く
あくせん　悪銭身につかず
あくせんくとう　悪戦苦闘

あくた　ちり芥
あくたい　悪態をつく
あくたがわりゅうのすけ　芥川龍之介△
あくだま　善玉と悪玉
あくたれ　悪たれ小僧
あくたろう　悪太郎
あくとう　悪党の一味
あくどう　悪童
　悪道におちる
あくとく　悪徳業者
あくなき　飽△くなき野望
あくぬき　灰△汁△抜き
あぐねる　捜し倦ねる
あくば　悪罵△を浴びせる
あくび　欠△伸△が出る
あくひつ　悪筆の人
あくひょう　悪評が立つ
あくびょうどう　悪平等
あくふう　悪風に染まる

あくぶん　悪文を作る
あくへい　積年の悪弊
　悪癖を矯正する
あくほう　悪法も法
あくま　悪魔の囁き
あくまで　飽くまで戦う
あくみょう　悪名が高い
あくむ　悪夢から覚める
あぐむ　捜し倦む
あくめい　悪名が高い
あくやく　悪役に徹する
あくゆう　悪友と交わる
あくよう　地位を悪用する
あぐら　胡座△・＊趺坐
あくらつ　悪辣な手段
あぐりあみ　揚繰網
あくりょう　悪霊
あくりょく　握力を測る
あくる　明くる十日
あくるあさ　明くる朝

あ

あくるひ　明くる日
あくれい　悪例を残す
　悪霊
あくろ　悪路
あけ　△朱・＊緋に染まる
　連休明け
あげ　揚げ（油揚げ）
あげあし　揚げ足を取る
あげあぶら　揚げ油
あげいし　上げ石（囲碁）
あげいた　上げ板
あげおろし　箸の上げ下ろし
あけがた　明け方
あけがらす　明け烏
あげく　揚げ句・＊挙げ句の果て
あけくれ　明け暮れ悩む
あけくれる　明け暮れる
あげさげ　上げ下げ

あげしお　上げ潮に乗る
あけしめ　扉の開け閉め
あげず　三日に上げず
あけすけ　明け透けな話
あげぜん　上げ膳据え膳
あげぞこ　上げ底の箱
あげだし　揚げ出し豆腐
あけたて　戸の開け△閉て
あけちみつひで　明智光△秀
あけっぱなし　開けっ放し
　＊明けっ放し
あけっぴろげ　開けっ広げ
あげつらう　あれこれと△論う
あけて　明けて二十歳
あげて　挙げて政府の責任だ
あけに　関取の明け荷
あけのみょうじょう　明けの明星
あげはちょう　揚羽蝶

あけはなす　戸を開け放す
あけはなつ　窓を開け放つ
あけはなれる　明け放れる
　＊明け離れる
あけばん　明け番
あけび　△木△通・＊通草
あげひばり　揚げ雲△雀
あげぶた　上げ蓋
あけぼの　春は曙
あげまき　揚げ巻きの髪
あげまく　揚げ幕
あけむつ　明け六つの鐘
あげもの　揚げ物
あけやらぬ　明けやらぬ空
あける　夜が明ける・年が―
あける　家を空ける・時間を―・席を―
あける　店を開ける・窓を―

あげる　腕前を上げる・給料を―
❖「本を貸してあげる」など「…て（で）あげる」は仮名書きがふつう。
あげる　たこを揚げる・旗を―・船荷を―・油で―
あげる　例を挙げる・犯人を―・手を―・式を―・兵を―
あけわたし　城の明け渡し
あけわたす　城を明け渡す
あご　△顎・＊頤
あこう　赤△穂義士
あこうだい　赤△魚鯛

齷　齪　曙

あ

あこがれる　都会に憧れる　*憬△れる
あこぎ　阿漕な事をする
あごひげ　顎髭　*鬚
あごひも　顎紐を掛ける
あこやがい　阿古屋貝
あごわん　英△虞△湾
あさ　朝
　麻のハンカチ
あざ　地名の字
　痣になる
あさあけ　朝明け
あさい　浅い川
あさいち　朝市が立つ
あさおき　朝起き
あさか　朝霞市
あさがえり　朝帰り
あさがお　朝顔の花
あさがけ　夜討ち朝駆け　*朝駈け

あさがた　朝方
あさぎ　浅葱　*浅黄
あさぎり　朝霧
あさくさのり　浅草海苔△
あさぐもり　朝曇｜り
あさぐろい　浅黒い肌
あさげ　朝餉の支度
あざける　人を嘲△る
あさざ　莕菜の花
あさじ　浅茅が茂る
あさせ　浅瀬を渡る
あさぢえ　浅知恵
あさつき　浅葱　*胡葱
あさづけ　浅漬｜け
あさって　明△後△日△
あさつゆ　朝露を踏む
あさで　浅手　*浅傷△
あざな　李白字△は太白
あざなう　禍福は糾△える縄の如し

あさなぎ　朝凪と夕凪
あさなゆうな　朝な夕な
あさなわ　麻縄
あさね　朝寝をする
あさねぼう　朝寝坊
あさはか　浅はかな考え
あさはん　朝飯
あさばん　朝晩の冷え込み
あさひ　朝日　*旭
あさひかわ　旭川市
あさぼらけ　朝ぼらけ
あさましい　浅ましい姿
あさまだき　朝未△き
あさまやま　浅間山
あざみ　薊の花
あさみどり　浅緑の澄んだ空
あざむく　人を欺く
あさめし　朝飯
あさもや　朝靄
あざやか　鮮やかな色彩

あさやけ　朝焼｜け
あさゆ　朝湯に入る
あさゆう　朝夕
あざらし　海△豹の毛皮
あさり　浅蜊の味噌汁
あさる　古本を漁△る
あざわらう　嘲△笑う　*嗤う
あし　足の裏
　脚の線が美しい
　机の脚　*足
　葦　*蘆　*葭
あじ　味をみる
　鯵△の干物
あじあ　亜△細△亜△
あしあと　足跡をつける
あしおと　足音　*跫音
あしか　海△驢の芸
あしかがたかうじ　足利△尊△氏

△は常用漢字表にない音訓　｜の付いた仮名は省略してもよい送り仮名　＊は同語の別表記

あしがかり　足掛かり　*足懸かり
あしかけ　足掛け五年
あじかげん　味加減をみる
あしかせ　手枷と足枷
あしがた　足形(足跡)　足型(足の木型)
あしがため　足固めをする
あしからず　悪しからず
あしがらやま　足柄山
あしかり　蘆刈りの舟
あしがる　足軽
あしき　悪しきを捨てる
あじきない　味気無い
あしくせ　足癖が悪い
あしくび　足首をくじく
あしげ　足蹴にする　葦毛の馬
あじけない　味気無い日々を過す

あしこし　足腰が立たない
あしごしらえ　厳重な足拵え
あじさい　紫陽花
あしざま　悪し様に言う
あししげく　足繁く通う
あしずり　足摺りする
あしずりみさき　足摺岬
あした　明日の朝　朝(あさ[古語])
あしだ　足駄を履く
あしだい　足代
あしたば　明日葉
あしだまり　足溜まり
あしつき　脚付き　*足付きの台　危ない足付き
あしつぎ　足継ぎ
あじつけ　料理の味付け
あしでがき　葦手書き

あしでまとい　足手纏い
あしどめ　足止め　*足留め
あしどり　足取りが軽い
あじな　味な計らい
あしなえ　足萎え　*蹇
あしなみ　足並みが揃う
あしならし　足慣らし　*足馴らし
あしば　足場がいい
あしばや　足早に立ち去る
あしばらい　足払い
あしび　馬酔木の花
あしびょうし　足拍子を取る
あしぶえ　葦笛
あしぶみ　足踏みをする
あしべ　葦辺
あしまかせ　足任せの旅
あしまわり　車の足回り

あじみ　味見をする
あしもと　足下　*足元　*足許
あしや　芦屋市
あじゃり　阿闍梨
あしゆ　足湯　*脚湯
あしゅ　亜種
あしゅら　阿修羅
あしよわ　足弱な人
あしらう　花を配う
あじろ　網代
あじわい　深い味わい
あじわう　文章を味わう
あしわざ　足技をかける　足業の曲芸
あす　明日
あすか　飛鳥時代

鬢

靄

驢

あずかりきん　預か|り金
あずかりしらぬ　預か|り知らぬこと
あずかる　相談に△与か|る
金を預かる
あずき　小豆
あずけいれきん　預入金
あずけいれる　預け|入れる
あずけきん　預け金
あずける　金を預ける
あずさ　△梓に上《のぼ》す
あずさゆみ　梓弓
あすなろ　翌檜
あずま　△東　*吾妻
あずまうた　万葉集の△東歌
あずまや　四阿　*△東屋
あせ　汗を△掻く
あぜ　△畔　*畦
あせかき　汗△掻き
あぜくら　△校倉造り

あせじみる　汗染みる
あせする　額に汗する
あせだく　汗だくになる
あせばむ　汗ばむ陽気
あせび　△馬△酔△木の花
あせまみれ　汗△塗れになる
あせみず　汗水垂らす
あせみずく　汗みずく
あぜみち　△畔道　*畦道
あせみどろ　汗みどろ
あせも　汗疹　*汗疣
あせり　焦りが出る
あせる　気が焦る
色が褪せる
あぜん　一同唖然とする
あそさん　阿蘇山
あそばす　御覧遊ばす
あそび　遊びに行く
あそびば　遊び場
あそびほうける　遊び呆ける　*遊び惚ける

あそぶ　海外に△遊ぶ
あそん　朝△臣
あだ　恩を仇で返す
親切が△徒になる
あだ　婀娜な年増
あたい　価が高い
xの値を求める
あたいする　注目に値する
あたう　後進に△与う
△能う限りの努力
あだうち　仇討|ち
あたえる　課題を与える
あたかも　恰も夢のようだ
あたごやま　愛△宕山
あだざくら　△徒桜
あたたか　暖かな毛布
温かな家庭
あたたかい　暖かい冬・―室内・春の―風（「寒い」の対）
温かい料理・―ふろ・―心遣い・ヒーターの―風（「冷たい」の対）

あたたかみ　毛布の暖かみ
家庭の温かみ
あたたまる　部屋が暖まる
心温まる話
あたためる　室内を暖める
牛乳を温める
あだっぽい　婀娜っぽい
あだな　諢名　*仇名
*綽名
あだなさけ　一夜の△徒情け
*仇情け
あだばな　徒花に過ぎない
あたま　頭がいい
あたまうち　頭打ちになる

あ

あたまかず　頭数をそろえる
あたまきん　頭金を準備する
あたまごし　頭越しの外交
あたまごなし　頭ごなし
あたまわり　頭割りの計算
あたみ　熱海市
あだめく　婀娜めく
あだやおろそか　徒や疎か
あたら　可惜若い命を
あたらしい　新しい年
あたらずさわらず　当たらず障らず
あたり　辺り近所
❖「来月あたり」などは仮名書きがふつう。
当たりのやわらかい人
一人当たり
あたりきょうげん　当たり狂言
あたりくじ　当たり籤
あたりさわり　当たり障り
あたりちらす　当たり散らす
あたりはずれ　当たり外れ
あたりまえ　当たり前の話
あたる　球が当たる・任にー・予報がー！・日光がー
出発に当たって
毒に当たる　*中る
あたん　亜炭

アツ

[圧（壓）]アツ　ー「ーをかける」◇圧迫・圧力・気圧・鎮圧
[斡]人　アツ・ワツ・カン　はる・まる　ー斡旋

あつあげ　厚揚げ
あつい　厚い本・ー友情
信仰が篤い・病がー
あつい　夏は暑い
あつい　熱い湯
あつえん　鉄材を圧延する
あっか　病状が悪化する
あっか　悪貨は良貨を駆逐する
あつかい　扱いが悪い
あつかいだか　扱い高が多い
あつかいひん　扱い品
あつかいりょう　扱い量

あつか〈う〉

[扱]あつかう　ー「大切にー」

あつかましい　厚かましい人
あつがみ　厚紙
あつがり　暑がりの人
あつかん　熱燗で飲む
あっかん　ラストシーンが圧巻だった
あっかん　悪漢
あっき　悪鬼の如き形相
あつぎ　厚着をする
あつぎり　厚切りの羊羹《ようかん》
あつくるしい　暑苦しい夜
あっけ　呆気にとられる
あつげしょう　厚化粧をする
あっけない　呆気ない最期
あっこうぞうごん　悪口雑言
あっさい　圧砕する
あっさく　空気を圧搾する
あつさしのぎ　暑さ凌ぎ

檜
褪
娜

あっさつ 自由を圧殺する
あっし 地震で圧死する
あつじ 厚地のカーテン
あっしゅく 空気を圧縮する
あっしょう 圧勝する
あっする 辺りを圧する
あっせい 軍の圧制と戦う 圧政に苦しむ
あっせん 就職を斡旋する
あつたじんぐう 熱田神宮
あづちももやまじだい 安△土桃山時代
あつで 厚手の織物
あっとう 物量で圧倒する
あっとうてき 圧倒的な勝利
あっぱく 言論を圧迫する
あっぱれ 天△晴れ *遖
あっぷく 人を圧伏 *圧服する

あつぼったい 厚ぼったい紙
あつまり 集まりがいい
あつまる 人が集まる
あつみ 本の厚み
あつみはんとう 渥美半島
あつめる 切手を集める *蒐める
あつもの 羹に懲りて膾《なます》を吹く
あつもの 厚物
あつもりそう 敦盛草
あつやき 厚焼きの卵
あつゆ 熱湯好き
あつらえむき 誂え向きの品
あつらえる 洋服を誂える
あつりょく 圧力を掛ける
あつれき 軋轢を生じる
あて 当てが外れる 本人宛ての通知

あてうま 当て馬
あてがいぶち 宛てがい扶持△
あてがう 役を宛てがう
あてこする 当て擦△る
あてこむ 人出を当て込む
あてさき 宛て先不明
あてじ 当て字 *宛て字
あてずいりょう 当て推量
あですがた 艶△姿
あてずっぽう 当てずっぽう
あてつける 当て付ける
あてど 当て所△もなく
あてな 宛て名を書く
あてにげ 当て逃げ
あてぬの 当て布
あてはずれ 当て外れ

あてはまる 当て嵌まる
あてはめる 当て嵌める
あてみ 当て身
あてもの 当て物
あでやか 艶△やかに笑う

あ〈てる〉
[宛]あ-てる ―

あてる 的に当てる *中△てる 手を当てる・日光に― 旅費に充てる *当てる 弟に宛てた手紙
あと 足の跡・苦心の―・―を追う・―を継ぐ・水茎の― 屋敷の跡 *址

△は常用漢字表にない音訓 |の付いた仮名は省略してもよい送り仮名 ＊は同語の別表記

後を頼む・―から行く
傷の痕

あとあし　後足　*後脚
あとあじ　後味が悪い
あとうかぎり　能う限り
あとおし　後押しをする
あとがき　本の後書き
あとかた　跡形もない
あとかたづけ　食事の後片付け　火事場の跡片付け
あとがま　後釜に座る
あときん　後金と前金
あとくされ　後腐れがない
あとくち　後口になる
あとさき　後先を考えずに
あとざん　後産
あとじさり　後退りする

あとしまつ　後始末をする
あとずさり　後退りする
あとぞめ　後染めの織物
あとち　工場跡地の利用
あとぢえ　下司《げす》の後知恵
あとつぎ　家業の跡継ぎ　社長の後継ぎ
あとづける　跡付ける
あととり　跡取りの息子
あとのまつり　後の祭り
あとばら　後腹が病める
あとばらい　料金後払い
あとまわし　後回し　*後廻し
あとめ　跡目を継ぐ
あともどり　後戻りする
あとやく　後厄と前厄
あな　地面に穴を掘る　鼻の穴　*孔
あなうま　穴馬

あなうめ　借金の穴埋め
あなかがり　穴縢りをする
あながち　強ち嘘《うそ》でもない
あなぐま　穴熊
あなぐら　穴蔵　*穴倉　*窖
あなご　穴子(魚)
あなた　山の彼方　貴方　貴女(女性)
あなたまかせ　貴方任せ
あなどり　侮りを受ける
あなどる　相手を侮る
あなば　穴場を捜す
あなほり　穴掘り
あに　兄　豈図《はか》らんや
あにうえ　兄上
あにき　兄貴
あにでし　兄弟子

あによめ　兄嫁　*嫂
あね　姉
あねうえ　姉上
あねご　姉御　姐御(女親分)
あねさま　姉様
あねさんかぶり　姉さん被り
あねったい　亜熱帯植物
あのよ　彼の世へ行く
あばきだす　暴き出す　*発き出す
あばく　不正を暴く　*発く
あばしり　網走市
あばずれ　阿婆擦れ
あばた　痘痕もえくぼ

羹　轢　嫂

あばらぼね　肋骨
あばらや　△荒ら家に住む
あばれうま　暴れ馬
あばれる　暴れる
あばれんぼう　暴れん坊
あびきょうかん　阿鼻叫喚
あひさん　亜砒酸
あびせたおし　浴びせ倒し
あびせる　湯を浴びせる
あひる　家鴨　*鶩
あびる　水を浴びる
あぶ　虻
あぶく　△泡
あぶくぜに　△泡銭
あぶくまがわ　阿武隈川
あぶない　危ない仕事
あぶなえ　危な絵
あぶなげ　危な気ない
あぶみ　鐙に足を掛ける
あぶら　ごまの油・水と
—・火に—
脂がのる年ごろ
牛肉の脂　*膏
あぶらあげ　油揚げ
あぶらあせ　脂汗　*膏汗
あぶらいため　野菜の油炒め
あぶらえ　油絵をかく
あぶらかす　油粕
あぶらがみ　油紙
あぶらぎる　脂ぎった顔
あぶらけ　油気のない髪
脂気の多い魚
あぶらげ　油△揚
あぶらこし　油漉し
あぶらさし　油差し
あぶらしょう　脂性の肌
あぶらぜみ　油蟬が鳴く
あぶらっけ　油っ気がない
あぶらづけ　鰯《いわし》の油漬け
あぶらでり　八月の油照り
あぶらな　油菜
あぶらみ　豚肉の脂身
あぶらむし　油虫を駆除する
あぶりだし　炙り出し
あぶる　火に炙る　*焙る
あふれる　水が溢れる
あべかわもち　安倍川餅
あへん　阿片　*鴉片
あほう　阿呆　*阿房
あほうどり　阿呆鳥　*信天翁
あほだらきょう　阿呆陀羅経
あほらしい　阿呆らしい
あま　尼になる
海士（漁師）
海女の磯笛
亜麻の繊維
あまあい　雨間
あまあし　雨脚　*雨足
あまい　甘い菓子
あまえる　好意に甘える
あまえんぼう　甘えん坊
あまおおい　雨覆いをする
あまがえる　雨蛙が鳴く
あまがける　天駆ける　*天翔る
あまがさ　雨傘
あまがさき　尼崎市
あまがっぱ　雨合羽
あまから　甘辛煮
あまかわ　甘皮をむく
あまぎさん　天城山
あまぐ　雨具の用意
あまくだり　天下り　*天降りの人事
あまくち　甘口の酒
あまぐつ　雨靴を履く
あまぐも　雨雲が空を覆う

あまぐもり 雨曇り
あまぐり 甘栗
あまけ 雨気を含んだ風
あまごい 雨乞いをする
あまざけ 甘酒進じょ
あまざらし 雨曝しになる
あまじお 甘塩の鮭
あましもの 余し物
あます 余すところ二日
あまず 甘酢
あまずっぱい 甘酸っぱい
あまた 数△多の人々
あまだい 甘鯛
あまだれ 雨垂れ
あまちゃ 甘茶
あまちゃづる 甘茶蔓の葉
あまつさえ 剰△え
あまったれる 甘ったれる
あまつぶ 大きな雨粒
あまでら 尼寺

あまてらすおおみかみ 天照大神△
あまど 雨戸を閉める
あまどい 雨樋
あまとう 甘党と辛党
あまなつかん 甘夏柑
あまなっとう 甘納豆
あまに くわいの甘煮
あまねく 全国遍△く *普△く *洽く
あまのがわ 天の川 *天の河 *天漢△
あまのじゃく 天の邪鬼△
あまのはしだて 天橋立(日本三景)
あまみ 甘み *甘味
あまみ 奄△美諸島
あまもよい 雨催△いの空
あまもよう 雨模様になる
あまもり 雨漏りがする

あまやかす 娘を甘やかす
あまやどり 雨宿りをする
あまよけ 雨避△けする
あまり 余りが出る
あまりある 惜しんでも余り有る
あまりに 余りにひどい
あまりもの 余り物
あまる お金が余る
あまんじる 清貧に甘んじる
あみ 網を張る
あみあげ 編み上げの靴
あみあげる 編み上げる
あみいと 編み糸
あみうち 網打ち
あみがさ 編み笠
あみき 編み機
あみだ 阿弥陀如来
あみだくじ 阿弥△陀籤

あみだす 編み出す
あみだな 網棚に載せる
あみど 網戸
あみばり 編み針
あみぼう 編み棒
あみめ 網目が粗い 手袋の編み目
あみもと 網元
あみもの 編み物
あみやき 網焼き
あむ セーターを編む
あめ 天の下 雨が降る 飴をなめる
あめあがり 雨上がりの庭
あめあられ 弾が雨霰と降る
あめいろ 飴色

鶩

籤

飴

あめがした　天が下
あめかぜ　雨風をしのぐ
あめがち　雨勝ちの天気
あめだま　飴玉
あめつち　天地の栄△ゆる時
あめつゆ　雨露をしのぐ
あめに　ふなの飴煮
あめふり　雨降り
あめもよい　雨催△いの夜
あめもよう　雨模△様△の天気
あめりか　亜米△利△加△
あめんぼ　水黽△　*水馬△
あもく　亜目
あや　言葉の文△　*綾△
　織物の絢　*綾
あやいと　綾糸
あやうい　命が危うい
あやうからず　百戦殆からず
あやうく　危うく助かる

あやおり　綾織り|
あやかる　君に肖△りたい
あやしい　怪しい人影
　妖△しい美しさ
あやしむ　怪しむ
あやつりにんぎょう　操り|人形
あやつる　陰で操る
あやとり　綾取り|
あやどる　襷《たすき》で綾取る
あやなす　錦《にしき》綾なす
あやぶむ　成功を危ぶむ
あやまち　過ちを犯す
あやまつ　身を過つ
あやまって　過って人を殺す
　誤って人の靴をはく
あやまり　誤り　*謬りを見付ける
あやまる　適用を誤る　*謬る
　友人に謝る
あやめ　文△目も分かぬ闇
　菖蒲の花
あやめる　人を殺△める
あゆ　鮎△　*香△魚△　*年△魚△
あゆ　人に阿諛する
あゆみ　牛の歩み
あゆみよる　歩み寄る
あゆむ　苦難の道を歩む
あら　荒仕事
　魚の粗
　新所帯
あらあらしい　荒々しい声
あらい　鯉《こい》の洗い
あらい　波が荒い・気が—・金遣いが—
あらい　網の目が粗い・きめが—・仕事が—

あらいあげる　洗い|上げる
あらいがみ　洗い|髪
あらいこ　洗い|粉
あらいざらい　洗い|浚い話す
あらいざらし　洗い|晒しの布
あらいそ　荒磯
あらいたて　洗い|立て
あらいはくせき　新井白石
あらいはり　洗い|張り
あらいもの　洗い物をする
あらう　皿を洗う
あらうま　荒馬
あらうみ　荒海
あらがう　権力に抗△う
あらかじめ　予△め準備する
あらかせぎ　荒稼ぎをする
あらがね　粗金　*荒金

あらかべ　粗壁 *荒壁
あらかわ　粗皮と甘皮
あらぎも　荒肝を拉《ひし》ぐ
あらぎょう　荒行
あらくれ　荒くれ男
あらけずり　荒削り *粗削り
あらげる　声を荒げる
あらごと　荒事師
あらごなし　荒ごなし *粗ごなし
あらさがし　粗捜し *粗探し

あらし

[嵐]―あらし―砂嵐

あらしごと　荒仕事
あらしやま　嵐山の桜
あらす　畑を荒ら｜す
あらず　さに非△ず

あらすじ　粗筋 *荒筋
あらずもがな　有らずもがな
あらそい　醜い争い *諍い
あらそう　先を争う *諍う
あらた　新たな計画
あらたか　霊験灼か
あらだてる　事を荒立てる
あらたまる　気風が改まる　病が革△まる
あらためて　改めて話す
あらためる　態度を改める *革△める　切符を検△める
あらっぽい　荒っぽい口調　粗っぽい守備
あらて　新手を繰り出す
あらと　粗砥 *荒砥
あらなみ　荒波にもまれる

あらなわ　荒縄で縛る
あらに　ぶりの粗煮
あらぬり　粗塗り｜ *荒塗り
あらの　荒野 *曠野
あらびき　荒挽きの豆
あらひとがみ　現△人神
あらほうし　荒法師
あらぼとけ　新仏
あらぼり　粗彫り｜ *荒彫り
あらまき　荒巻き｜ *新巻き
あらむしゃ　荒武者
あらめ　荒布△(海藻)
あらもの　荒物屋
あらゆ　新湯　❖「さらゆ」とも。
あらゆる　凡△ゆる可能性
あららぎ　蘭

あららげる　声を荒らげる
あらりえき　粗利益
あらりょうじ　荒療治をする
あられ　霰
あられもない　有られもない姿
あらわ　感情を露△に示す
あらわざ　荒業 *荒技
あらわし　荒鷲
あらわす　言葉に表す *表わす・喜びを―・名は体を―・敬意を―言葉
あらわす　姿を現す *現わす・頭角を―
あらわす　書物を著す *著

謬
曠
霰

わす
徳を顕△わす

あらわれ　喜びの表れ　*表われ
天才の現れ　*現われ

あらわれる　顔に表れる　*表われる
月が現れる　*現われる
徳が顕△われる

あらんかぎり　有らん限り

あり　有り無し
蟻

ありあけ　有り明け　*有明の月

ありあけかい　有明海の干拓

ありあまる　有り余る才能

ありあわせ　有り合わせ　*有合せ

ありうべからざる　有り得べからざる

ありうべき　有り得べき

ありうる　有り得ること

ありか　在り処△を捜す

ありかた　政治の在り方

ありがたい　有り難い教え

ありがたみ　有り難み

ありがためいわく　有り難迷惑

ありがち　有り勝ち

ありがとう　有り難う
❖ふつう仮名書き。

ありがね　有り金全部

ありきたり　在り来たり

ありぎれ　有り切れ　*有り布△

ありげ　子細有り気

ありさま　現地の有り様

ありじごく　蟻地獄

ありしひ　在りし日の面影

ありたやき　有田焼

ありったけ　有りったけ

ありてい　有り体　*有り態△に言う

ありのまま　有りの儘

ありのみ　有りの実(梨)

ありふれる　有り触れた品

ありまき　蟻巻(昆虫)

ありゅう　カントの亜流

ありよう　政治の有り様

ある　財産が有る
アジアに在る・責任は彼に―
❖「置いてある」など「…て(で)ある」は、仮名書きがふつう。

ある　或る所

あるいは　或いは

あるきまわる　歩き回る

あるく　道を歩く

あるじ　一家の主△

あるへいとう　有平糖

あるみはく　アルミ箔

あれ　肌の荒れ

あれい　鉄の亜鈴　*啞鈴

あれくるう　荒れ狂う嵐

あれしょう　荒れ性の人

あれち　荒れ地を耕す

あれの　荒れ野

あれはだ　荒れ肌

あれはてる　荒れ果てる

あれもよう　荒れ模様

あれる　海が荒れる

あわ　水の泡

あわ　濡△れ手で粟△

あわ　安△房△の国(千葉)

あ

あわい　阿波△の国(徳島)
あわい　淡い水色
あわじ　淡路島
あわす　人に会わす
答えを合わす
柿の実を醂す
あわせ　袷の着物
あわせかがみ　合わせ鏡
あわせず　合わせ酢
あわせて　併せて健康を祈る
あわせめ　合わせ目
あわせもつ　併せ持つ
あわせる　手を合わせる・時計を—・調子を—・力を—
あわせる　二社を併せる
あわせる　会わせる顔
あわただしい　慌ただしい　*遽しい

あわだち　泡立ちがよい
あわだつ　波が泡立つ
肌が粟立つ
あわだてき　泡立て器
あわだてる　卵を泡立てる
あわつぶ　粟粒
あわてもの　慌て者
あわてる　慌てる　*周△章△てる
あわび　鮑　*鰒
あわもり　琉球《りゅうきゅう》の泡盛
あわゆき　淡雪が解ける
泡雪　*沫雪羹
あわれ　哀れを催す
あわれみ　哀れみ　*憐れみを請う
あわれむ　哀れむ　*憐れむ

アン

[安]アン　やす-い —— 安価・安住・安全・安置・安直・安定・不安
[暗]アン　くら-い —— 暗号・暗殺・暗算・暗示・暗室・暗転・明暗
[案]アン —— 「—を練る」◇案内・懸案・原案
[行](アン)・コウ・ギョウ　い-く・ゆ-く・おこな-う —— 行脚
[晏](人)アン　やす・やすし —— 晏如
[庵](人)アン　いおり —— 「—を結ぶ」
[按](人)アン —— 按排・按摩
[鞍](人)アン　くら —— 鞍馬

あん　まんじゅうの餡
あんあんり　暗々裏　*暗々裡の調査
あんい　安易な道
あんいつ　安逸　*安佚
あんうつ　暗鬱　*暗欝
あんうん　暗雲が漂う
あんえい　暗影　*暗翳

あんか　安価な同情
電気行火
案下(脇付)
あんが　安臥する
あんがい　案外易しい問題
あんかけ　餡掛けうどん
あんかん　安閑とする
あんき　国家の安危
単語を暗記　*諳記する
あんぎゃ　行脚の僧
あんきょ　暗渠排水
あんぐ　暗愚な君主
あんぐう　行宮
あんくん　暗君
あんけん　重要な案件
あんご　安居△(僧の夏の修

蟻
遽
餡

行）
あんこう　鮟鱇の鍋物
あんごう　暗号を解読する
偶然に暗△合する
あんこく　暗黒　*闇△黒
あんころもち　餡ころ餅
あんざ　安座する
あんざいしょ　行在所
あんさつ　暗殺する
あんざん　安産のお守り
暗算と筆算
あんし　暗視カメラ
あんじ　暗示を与える
あんししょく　暗紫色
あんしつ　庵室
暗室で現像する
あんしゅ　庵主
あんじゅう　安住の地
あんしゅつ　方法を案出する
あんじょ　晏如としている

あんしょう　暗唱　*暗誦
計画が暗礁に乗り上げる
あんしょうばんごう　暗証番号
あんしょく　暗色
あんじる　将来を案じる
あんしん　安心する
あんじんりゅうめい　安心立命
❖「あんしんりつめい」とも。
あんず　杏　*杏子
あんずる　将来を案ずる
あんずるに　案ずるに　*按ずるに
あんせい　安静にする
あんぜん　安全第一
あんぜんべん　安全弁
あんぜんほしょう　安全保障

あんそく　心身の安息
あんそくび　安息日
あんだ　安打を放つ
あんたい　お家安泰
あんたん　暗澹たる思い
あんち　仏像を安置する
あんちゅうもさく　暗中模索
あんちょく　安直な方法
あんてい　生活が安定する
あんてん　舞台が暗転する
あんど　安堵する
あんとう　暗闘を繰り返す
あんどん　行灯△　*行燈
あんない　案内を請う
あんに　暗に非難する
あんにん　杏△仁豆腐
あんねい　安寧秩序を守る
あんのじょう　案の定

あんのん　安穏な生活
あんば　鞍馬と鉄棒
あんばい　他との按排　*按配
いい塩△梅　*按配
あんばこ　暗箱
あんぴ　安否を気遣う
あんぶ　暗部を見る
山の尾根の鞍部
あんぷ　暗譜　*諳譜
あんぷく　按腹する
あんぶん　案文をつくる
利益を案分　*按分する
あんぶんひれい　案分比例　*按分比例
あんぽう　冷罨法
あんぽじょうやく　安保条約（安全保障条約）

い

あんま　按摩にかかる
あんまく　暗幕
あんみつ　餡蜜
あんみん　安眠を妨げる
あんもく　暗黙の了解
あんや　暗夜　*闇夜
あんやく　裏面で暗躍する
あんゆ　暗喩と直喩
あんらく　安楽に暮らす
あんらくし　安楽死
あんりゅう　政界の暗流

い

イ

[以]イ ― 以下・以外・以後・以上・以前・以内

[衣]イ ころも ― 衣冠・衣食住・衣服・衣類・作業衣・白衣

[位]イ くらい ― 位階・位置・各位・順位・即位・一位・地位

[囲(圍)]イ かこ-む・かこ-う ― 囲碁・範囲・包囲

[医(醫)]イ ― 「―は仁術」◇医院・医学・医師・名医

[易]イ・エキ やさ-しい ― 安易・簡易・難易・容易

[委]イ ゆだ-ねる ― 委員・委曲・委細・委嘱・委託・委任

[胃]イ ― 胃液・胃炎・胃弱・胃腸・胃病・胃壁・健胃剤

[異]イ こと ― 「縁は―なもの」◇異国・異彩・異性・奇異

[移]イ うつ-る・うつ-す ― 移住・移駐・移転・移入・移民・推移

[意]イ ― 「―のままになる」◇意見・意識・意味・注意

[遺]イ・(ユイ) ― 遺愛・遺棄・遺骨・遺産・遺失・補遺

[依]イ・(エ) ― 依願・依拠・依然・依命通知・依頼

[威]イ ― 威圧・威勢・威力・権威・国威・示威・猛威

[為(人爲)]イ ― 為政者・行為・作為・寂滅為楽・無為

[尉]イ ― 尉官・一尉・大尉・中尉

[偉]イ えら-い ― 偉観・偉功・偉才・偉人・偉大・偉容・雄偉

[違]イ ちが-う・ちが-える ― 違憲・違反・違法・違例・相違

[維]イ ― 維管束・維持・維新・繊維

[慰]イ なぐさ-める・なぐさ-む ― 慰安・慰問・慰労・弔慰

[緯]イ ― 緯線・緯度・経緯・北緯

[畏]イ おそ-れる ― 畏敬・畏怖

[萎]イ な-える ― 萎縮

[椅]イ ― 椅子

[彙]イ ― 語彙

[人伊]イ これ ― 伊賀国・日独伊

[人惟]イ あり・これ・ただ ― 思惟

[人夷]イ えびす・ひな・ひら ― 「―を以て―を制す」◇攘夷・焼夷弾

[人已]イ すえ ― 已然形

[人葦]イ あし ―

[人謂]イ ―

い　井の中
　　亥年
　　藺草
いあい　居合い
　　遺愛の品
いあいぬき　居合い抜き
いあく　帷幄上奏

鰊
澹
罨

いあつ　威圧する
いあてる　的を射当てる
いあわせる　居合わせる
いあん　社員を慰△安する
いい　品質が良い　善△い行い　好△い女　何の謂ぞや
いい　易々たるもの　唯々として従う
いいあう　言い合う
いいあらそう　言い争う
いいあらわす　言い表す　*言い表わす
いいおく　言い置く
いいおとす　言い落とす　*言落す
いいかえす　言い返す
いいかえる　言い換える　*言い替える

いいがかり　言い掛かり　*言掛り
いいかける　言い掛ける
いいかげん　好△い加減な人
いいかた　言い方
いいがたい　言い難い
いいがたし　曰《いわ》く言い難し
いいかねる　言い兼ねる
いいかわす　言い交わす
いいき　異域の鬼となる
いいきかせる　言い聞かせる
いいきる　言い切る
いいぐさ　言い草　*言い種△
いいしぶる　言い渋る
いいじょう　言い条
いいしれぬ　言い知れぬ喜び
いいすぎる　言い過ぎる

いいそこなう　言い損なう
いいだ　飯田市
いいだくだく　唯△々諾々
いいだこ　飯蛸△
いいだしっぺ　言い出しっ屁
いいだす　言い出す
いいたてる　言い立てる
いいちがい　言い違い
いいちがえる　言い違える
いいつかる　言い付かる
いいつぐ　言い継ぐ
いいつくす　言い尽くす
いいつくろう　言い繕う
いいつける　言い付ける
いいつたえる　言い伝える
いいなおす　言い直す
いいなおすけ　井伊直弼
いいなす　言い做△す
いいなずけ　許△婚△　*許△嫁△

いいならわす　言い習わす　*言い慣△わす
いいにくい　言い難△い
いいぬける　言い抜ける
いいね　言い値で買う
いいのがれる　言い逃れる
いいのこす　言い残す
いいはやす　言い囃す
いいはる　強く言い張る
いいひらき　言い開き
いいふくめる　言い含める
いいふらす　言い触らす
いいふるす　言い古す　*言い旧す
いいぶん　言い分を聞く
いいまかす　言い負かす
いいまわし　言い回し　*言い廻し
いいもらす　言い漏らす
いいよう　ものの言い様

△は常用漢字表にない音訓　｜の付いた仮名は省略してもよい送り仮名　＊は同語の別表記

い

いいよどむ　言い淀む
いいよる　言い寄る
いいわけ　言い訳をする
いいわたす　判決を言い渡す
いいん　医員
医院
委員を選ぶ
いう　言う　＊云う
❖「そういう話」など、実際に言葉を発する意味から離れた使い方の場合は、仮名書きがふつう。
謂うところの
いえ　家を持つ
いえい　家居を楽しむ
いえい　遺詠
故人の遺影

いえがまえ　家構え
いえがら　家柄がよい
いえき　胃液を分泌する
いえじ　家路につく
いえじゅう　家中を捜す
いえづと　家苞(みやげ)
いえで　家出をする
いえども　子供と雖も
いえなみ　家並み
いえもと　華道の家元
いえる　病が癒える
いえん　博多以遠
胃炎
いおう　明治以往
硫黄
いおとす　射落とす
いおり　庵　＊菴　＊廬
いか　烏賊の刺身
いか　五歳以下
医科大学

医家向け医薬品
いが　異化作用
いが　栗の毬
いが　伊賀の国
いかい　位階勲等
父の遺戒　＊遺誡
いがい　読書以外の趣味
意外な結果
遺骸を安置する
いかいよう　胃潰瘍
いかが　如何ですか
いかがわしい　如何わしい
いかく　敵を威嚇する
いがく　医学博士
いがぐりあたま　毬栗頭
いかけ　なべの鋳掛け
いがさ　藺笠
いかさま　如何様をする
いかす　生かすも殺すも

能力を活かす
いかすい　胃下垂
いかずち　雷の響き
いかだ　筏を流す
いがた　鋳型に嵌める
いかつい　厳つい顔
いかなる　如何なる時も
いかに　如何にしても
いかにも　如何にも
いかのぼり　凧　＊紙鳶
いかばかり　如何許り
いがみあう　啀み合う
いかめしい　厳めしい造り
いかものぐい　如何物食い
いかよう　如何様にでも
いからす　肩を怒らす

囃

嚇

鳶

い

いかり　目を瞋らす　怒り心頭に発す
いかりがた　錨 *碇を下ろす
いかりくるう　怒り肩の人
いかりそう　碇草 *錨草
いかる　怒り狂う
いかる　烈火の如く怒る
いかるが　斑△鳩 *鵤
いかん　斑△鳩の里
いかん　如△何△ *奈△何△
いかん　衣冠(束帯の略装)
　　尉官
　　業務を移管する
　　囚人を移監する
　　奇岩絶壁の異観
　　偉観を呈する
　　遺憾に堪えない
いがん　依願免官
いかんとも　如△何△ともし難い

［域］イキ —— 域内・区域・全域・地域・流域・領域

いき　生きのいい魚
　　行きと帰り
　　息をつく
　　粋な姿
いき　権利を委棄する
　　意気が上がる
　　死体を遺棄する
　　閾
いき　壱△岐の国
いぎ　威儀を正す
　　同音異義
　　異議の申し立て
　　意義のある人生
いきあう　偶然行き会う
　　*行き逢う
いきあたり　行き当たり *行当り

いきあたる　行き当たる *行当る
いきいき　生き生き *活△き活き
いきうつし　生き写し
いきうま　生き馬の目を抜く
いきうめ　生き埋め
いきおい　勢いがいい
いきおいこむ　勢い込む
いきがい　生き甲△斐
いきかう　行き交う人々
いきかえる　生き返る
いきがかり　行き掛かり *行掛り
いきがけ　行き掛けの駄賃
いきかた　人の生き方
　　駅への行き方

いきがる　粋がる *意気がる
いきき　行き来する
いきぎも　生き肝 *生き△胆を抜く
いきぎれ　息切れがする
いきぐされ　鯖《さば》の生き腐れ
いきぐるしい　息苦しい
いきけんこう　意気軒昂 *意気軒高
いきごみ　意気込み
いきさき　行き先の変更
いきさつ　経△緯△を説明する
いきざま　生き様
いきじ　意気地がない
いきじびき　生き字引
いきしょうちん　意気消沈 *意気銷沈
いきしょうてん　意気衝天
いきすぎる　行き過ぎる

いきすじ　粋筋の出
いきせききる　息急き切る
いきそそう　意気阻喪　*意気沮喪
いきだおれ　行き倒れ
いぎたない　寝穢く眠る
いきち　閾値
いきち　生き血を吸う
いきちがい　行き違い
いきづかい　息遣いが荒い
いきつぎ　息継ぎをする
いきつく　町に行き着く
いきづくり　鯛の生き作り　*活き作り
粋作りの女性
いきつけ　行き付けの店
いきづまる　行き詰まる　*行詰る
息詰まる光景
いきとうごう　意気投合する
いきどおり　憤りを感じる
いきどおる　世情を憤る
いきとどく　目が行き届く
いきどまり　行き止まり　*行止り
いきながらえる　生き永らえる　*生き長らえる
いきぬき　息抜きの散歩
いきぬく　生き抜く
いきのこる　生き残る
いきのね　息の根を止める
いきのびる　生き延びる
いきば　行き場がない
いきはじ　生き恥をかく
いきばる　息張る
いきぼとけ　生き仏　*活き仏
いきまく　盛んに息巻く
いきみたま　生身魂　*生御霊
いきむ　懸命に息む
いきもの　生き物
いきょ　新説に依拠する
いきょう　異教の神
異郷に病む
異境の空
いぎょう　医業
異形の者
世紀の偉業
遺業を継承する
いきようよう　意気揚々
いきょく　医局
委曲を尽くす
いきりたつ　いきり立つ
いきりょう　生き霊
いきる　生きる喜び
苦心が活きる
いきわかれ　生き別れ
いきわたる　行き渡る

イク
[育]イク　そだ-つ・そだ-てる・はぐく-む —— 育児・育種・育成・教育・発育
[郁]イク —— 馥郁《ふくいく》

いく　幾山河
いく　畏懼する
いく　学校へ行く
❖「ゆく」とも。「増えていく」「…ていく」は仮名書きがふつう。
卒然として逝く
いぐい　居食い
いくえい　育英事業
いくえにも　幾重にも謝る

瞋
穢
閾

いくさ　戦 *軍△に敗れる
いぐさ　藺草
いくさき　行く先
いくじ　育児に専念する
意気地がない
いくせい　後進を育成する
いくた　幾多の困難
いくたび　幾度か訪ねる
いくつ　幾つもある
いくど　幾度も読む
いくどうおん　異口同音
いくとせ　幾年△
いくにち　幾日
いくばく　幾許△もなく
いくび　猪首 *猪頸
いくひさしく　幾久しく
いくもう　育毛剤
いくら　幾らですか
❖「いくら努力しても」のように副詞は仮名書きがふつう。

いくん　偉勲をたたえる
先代の遺訓
いけ　池を掘る
いけい　畏敬の念
異形
いけいれん　胃痙攣
いけうお　活△け|魚 *生け|魚
いけがき　生け|垣 *生け|籬
いけす　生け|簀
いげた　井桁に組む
いけづくり　鯛の生け作り
*活△け|作り
いけどり　生け|捕り
いけにえ　生け|贄 *犠△牲△
いけばな　生け花 *活△け|花

いける　花を生ける *活△ける
生ける屍《しかばね》
球根を埋△ける
いけん　異見を立てる
意見の相違
違憲の判決
野に遺賢無し
いげん　威厳を保つ
いご　十時以後
囲碁
いこい　憩い|のひととき
いこう　六月以降の雨量
衣桁△にかける
権力者の威光
移行措置
左辺に移項する
偉功を立てる
意向 *意嚮△を尊重する
大極殿の遺構
遺稿をまとめる
いこう　山頂で憩う
いこく　異国の丘
いごこち　居心地が良い
いこじ　依怙地 *意固地になる
いこつ　遺骨を収集する
いこまやま　生△駒山
いこむ　活字を鋳込む
いこん　遺恨を晴らす
いごん　遺言
いさい　事の委細を話す
異彩を放つ
偉才 *異才
いさお　勲△ *功△を立てる
いさおし　勲△ *功△
いさかい　諍△いが絶えない
いざかや　居酒屋

いさぎよい 潔い *屑い 態度
いさく 遺作を展示する
いさご 砂 *砂子
いささか 些か *聊か 驚く
いさな 勇魚(鯨)
いざなう 旅へ誘なう
いさはや 諫早市
いさましい 勇ましい話
いさみあし 勇み足(相撲)
いさみはだ 勇み肌の男
いさむ 勇んで国を出る
いさめる 父親を諫める
いざよい 十六夜の月
いざり 躄
いさりび 漁り火
いさん 胃散を飲む 胃酸過多 遺産を相続する

いし 石を投げる
いし 医師の診断 意志が強い 本人の意思 遺子 故人の遺志 縊死する 頤使 *頤指する(あごで指図する)
いじ 医事評論家 意地を張る 現状を維持する 遺児を引き取る
いしうす 石臼
いしがき 城の石垣
いしかりがわ 石狩川
いしかわたくぼく 石川啄木
いしき 意識が高い
いじきたない 意地汚い

いしく 石工
いしぐみ 石組みの庭
いじくる 機構を弄くる
いしくれ 石塊
いしけり 石蹴りをする
いしころ 石塊を蹴る
いしずえ 礎を築く
いしずり 石摺り
いしだたみ 石畳 *甃
いしだみつなり 石田三成
いしだん 石段を上がる
いしつ 異質な文化 遺失する
いしづき 槍《やり》の石突き
いしづくり 石造りの橋
いじっぱり 意地っ張り
いしつぶつ 遺失物
いしのまき 石巻市
いしばい 石灰
いしひょうじ 意思表示

いしぶみ 碑(石碑)
いしむろ 石室
いじめっこ 苛めっ子
いじめる 弟を苛める
いしゃ 医者の不養生 慰謝 *慰藉する
いしやきいも 石焼き芋
いしゃりょう 慰謝料 *慰藉料
いしゅ 朝顔の異種 意趣返し
いしゅう 異臭を放つ 江戸時代の遺習 群衆が蝟集する
いじゅう 外国に移住する
いしゅく 萎縮 *委縮

藺
攣
縊

い

人前で畏縮する
いしゅつ　県外に移出する
いじゅつ　医術
いしゆみ　石弓　＊弩
いしょ　医書
遺書をのこす
いしょう　衣装　＊衣裳
異称と別称
意匠を凝らす
いじょう　予想以上の混雑
海に囲繞される
権限を委譲する
土地を移譲する
移乗する
異状が無い
異常な事態
いじょうふ　偉丈夫
いしょく　衣食が足りる
委嘱　＊依嘱
異色の作品

松を移植する
いじょく　居職と出職
いじる　庭を弄る
いしわた　石綿
いじわる　意地悪をする
いしん　威信を高める
異心を抱く
明治維新
明《みん》の遺臣
いじん　異人（外国人）
同名異人
偉人の伝記
いしんでんしん　以心伝心
いす　椅子と机
いず　日出ずる国
いず　伊豆の国
いすか　鶍　＊交喙の嘴《はし》
いすくまる　茫然と居竦まる
いすくめる　相手を射竦める

いずくんぞ　安んぞ　＊焉んぞ知らん
いずこ　何処も同じ
いずまい　居住まい
いずみ　泉がわく
いずみ　和泉の国
いずみきょうか　泉鏡花
いずみしきぶ　和泉式部
いずも　出雲の国
いする　渇《かつ》を医する
いずれ　何れ　＊孰れ劣らぬ・—実施する
いすわる　居座る　＊居据わる
いせ　伊勢の国
いせい　威勢がいい
前代の遺制
いせいしゃ　為政者

いせえび　伊勢海老
いせき　選手の移籍
遺跡　＊遺蹟
いせつ　異説をとなえる
いせん　緯線と経線
いぜん　六時以前
依然として多い
いぜんけい　已然形
いせんこう　胃穿孔
いそ　磯の香
いそあそび　磯遊び
いそう　位相
異相
患者を移送する
いぞう　財産を遺贈する
いそうがい　意想外の成果
いそうろう　他家に居候する
いそがしい　年末で忙しい
いそがす　完成を急がす
いそぎ　急ぎの仕事

いそぎあし　急ぎ足で歩く
いそぎんちゃく　磯巾着
いそぐ　帰りを急ぐ
いぞく　遺族を弔問する
いそじ　五十路
いそしむ　勉学に勤しむ
いそづり　磯釣り
いそびらき　磯開き
いそぶえ　海女の磯笛
いそべ　磯辺の松原
いそん　海外に依存する
いぞん　異存は無い
　海外に依存する
いそんひん　易損品
いた　木の板
いたい　雌雄異体
　遺体を安置する
いたい　痛い目に遭う
いだい　医大(医科大学)
　偉大な指導者

いたいけな　幼気な少女
いたいじ　異体字
いたいたしい　痛々しい傷跡
いたがきたいすけ　板垣退助
いたがこい　板囲いをする
いたがゆい　痛痒い
いたきれ　板切れ
いたく　痛く心配する
いたく　教育を依託する
　販売を委託する
　遺沢をこうむる
いだく　抱く　*懐く
いたけだか　居丈高　*威丈高　*威猛高
いたしかたない　致し方ない
いたしかゆし　痛し痒し

いたじき　板敷き
いたす　不徳の致す所
　❖「お話しいたします」などの「いたす」は仮名書きがふつう。
いだす　取り出す
いたずら　子供の悪戯
いたずらに　徒らに時が経つ
いただき　山の頂
いただきもの　頂き物　*戴き物
いただく　頂く　*戴く
　❖「…(して)いただく」は仮名書きがふつう。
いたたまれない　居たたまれない
いたち　鼬の道
いたって　至って元気

いたで　痛手　*傷手
いだてん　韋駄天走り
いたどり　虎杖(植物)
いたのま　板の間
いたば　板場
いたばさみ　板挟みになる
いたばり　板張り
いたぶき　板葺き
いたべい　板塀の家
いたまえ　板前
いたましい　痛ましい姿
いたみ　傷の痛み
　家の傷み
いたみ　伊丹市
いたみいる　痛み入る
いたむ　足が痛む
　家が傷む

繞

鵙

鼬

いたむ　死を悼む
いため　板目と柾目《まさめ》
いためがわ　撓め|革
いためつける　痛め付ける
いためもの　野菜の炒め物
いためる　野菜を炒める
いためる　*煠める
いためる　腰を痛める
いためる　建物を傷める
いためる　革を撓める
いたや　板屋
いたよせ　板寄せ|
いたり　汗顔の至り
いたる　至る　*到△る
いたるところ　至る所　*到△る所にある
いたれりつくせり　至れり　尽△くせり
いたわしい　労△しい姿
いたわる　老人を労△わる

いたん　異端の説

イチ

[一]イチ・イツ ひと・ひと-つ ——「—から始める」◇一月・一度・日本一
[壱(壹)]イチ —— 壱万円
❖金額などを書く時に用いる。

いち　市が立つ
いち　位置　*位地
いちい　櫟の木
いちいせんしん　一意専心
いちいたいすい　一衣帯水
いちいん　失敗の一因
いちいん　会の一員
いちいんせい　一院制
いちう　一宇の堂
いちえん　関東一円
いちおう　一応　*一往
いちがいに　一概に
いちかばちか　一か八△か

いちがん　全員一丸となる
いちがん　一眼レフ
いちぎ　一義的
いちぎ　一議に及ばず
いちぎょう　一行の字詰め
いちく　建物を移築する
いちぐう　庭の一隅
いちぐん　一軍を率いる
いちぐん　一群の狼
いちげい　一芸に秀でる
いちげき　一撃を加える
いちげん　一元的
いちげん　一見△の客
いちげんきん　一弦琴　*一絃琴
いちげんこじ　一言居士
いちけんしき　一見識を示す
いちげんろん　一元論
いちご　苺　*莓
いちごいちえ　一期△一会

いちごう　一合
いちごうめ　一合目
いちごん　一言もない
いちごんいっく　一言一句
いちざ　一座の花形
いちじ　一次試験
いちじ　一字一句
いちじ　一事が万事
いちじ　一時中止
いちじあずけ　一時預△け
いちじく　無△花△果△
いちじしのぎ　一時凌ぎ
いちじつ　一日の長
いちじつせんしゅう　一日千秋
いちじのがれ　一時逃れ|
いちじばらい　一時払い|
いちじゅ　一樹の陰
いちじゅういっさい　一汁一菜

いちじゅん 一旬 打者が一巡する
いちじょ 一助にする 一男一女
いちじょう 一条の光明 半紙一帖 一場の夢 たたみ一畳
いちじるしい 著しい進境
いちじん 一陣の風
いちず 一途な人
いちせいめん 一生面を開く
いちぜんめしや 一膳飯屋
いちぞく 一族郎党
いちぞん 一存で決める
いちだ 一打同点 一駄の荷物
いちだいき 一代記
いちだいじ 国家の一大事
いちだん 一団の走者 一段と美しい
いちだんらく 一段落つく
いちど 四年に一度
いちどう 一同を代表する 一堂に会する 一道の光明
いちどきに 一時に集まる ❖ふつう仮名書き。
いちどく 一読に値する
いちなん 一男一女 一難去って
いちに 一二を争う
いちにち 一日一善
いちにちじゅう 一日中
いちにょ 物心一如
いちにん 幹事に一任する
いちにんしょう 一人称
いちにんまえ 一人前になる
いちねん 一年の計 一念岩をも通す
いちねんじゅう 一年中
いちねんそう 一年草
いちねんほっき 一念発起
いちのとり 一の酉
いちば 青物市場
いちばつひゃっかい 一罰百戒
いちはやく 逸早く逃げる
いちばん 一番になる ❖「いちばん早い」などは仮名書きがふつう。
いちばんどり 一番鶏が鳴く
いちばんのり 一番乗り
いちばんやり 一番槍
いちひめにたろう 一姫二太郎
いちびょうそくさい 一病息災
いちぶ 一分一厘・―の隙もない 一部開通する
いちぶしじゅう 一部始終
いちぶん 一文を草する 男の一分
いちべつ 一瞥を投げる
いちべついらい 一別以来
いちぼう 一望千里 一眸の中
いちぼくづくり 一木造り
いちまい 一枚噛んでいる
いちまいいわ 一枚岩の団結
いちまつ 一抹の不安
いちまつもよう 市松模様
いちみ 盗賊の一味
いちみゃく 一脈通ずる
いちめい 一名南部富士

撓 櫟 瞥

代表一名を派遣
一命を失う
いちめがさ　市女笠
いちめん　一面の真理
いちもう　一厘一毛
いちもうさく　一毛作
いちもうだじん　一網打尽
いちもく　一目置く
いちもくさんに　一目散に
いちもくりょうぜん　一目瞭然
いちもつ　胸に一物ある
逸物の馬
いちもん　一文を惜しむ
一門の誉れ
いちもんいっとう　一問一答
いちもんじ　一文字に進む
いちもんなし　一文無し
いちもんめ　一匁
いちや　一夜の宿を乞う

いちやく　一躍有名になる
いちやづけ　一夜漬け
いちゅう　意中の人
いちょ　遺著
いちよう　一葉の小舟
一様に反対する
いちょう　医長
胃腸
曲を移調する
いちょう　銀杏　＊公孫樹　＊鴨脚
いちょうがえし　銀杏返し
いちようらいふく　一陽来復
いちよく　一翼を担う
いちらん　一覧する
いちらんせい　一卵性双生児
いちり　一里の道のり
百害あって一利なし

いちりつ　一理ある
一律に支給する
市立の学校
いちりづか　一里塚
いちりゅう　一流の学者
いちりょう　金子《きんす》一両
車両一両　＊一輛
鎧《よろい》一領
いちりょうじつ　一両日
いちりん　一分一厘
一輪の花
いちりんざし　一輪挿し
いちる　一縷の望み
いちれい　一礼して去る
いちれつ　一列に進む
いちれん　一連　＊一聯の事件
いちれんたくしょう　一蓮托生
いちろ　一路平安を祈る

いちろう　一浪する
いちろく　一六勝負
いちわ　一羽のすずめ
ほうれん草一把

イツ

[一]イツ・イチ　ひと・ひと-つ —「心を一にする」◇一般・均一・統一
[逸(逸)]イツ — 逸材・逸走・逸品・逸話・秀逸
[溢]イツ・イチ　みつ・みちる — 溢美・脳溢血

いつ　何時でもいい
いつう　胃痛
いつか　何時か来た道
五日
いっか　命令一下
一家を成す
一荷釣り
台風一過

いっかい　一介の文士
一塊の土
いっかいき　一回忌の法要
いっかく　敵の一角を崩す
漢字の一画　＊一劃
町並みの一郭　＊一廓
いっかくじゅう　一角獣
いっかくせんきん　一攫千金　＊一獲千金
いっかげつ　一箇月　＊一か月　＊一ケ月
いっかげん　一家言を持つ
いっかしょ　一箇所　＊一か所　＊一ケ所
いっかせい　一過性の症状
いっかだんらん　一家団欒
いっかつ　一括して扱う
一喝をくらわす

いっかど　一角　＊一廉△の人物
いっかん　一巻の終わり
終始一貫する
一管の笛
計画の一環
いっかんばり　一閑張の文箱
いっかんめ　一貫目
いっき　一気に飲み干す
石塔一基
百姓一揆
一期務める
九仞の功を一簣に欠く
逸機を惜しむ
いっきいちゆう　一喜一憂
いっきうち　一騎打ち　＊一騎討ち
いっきかせい　一気呵成
いっきく　一掬の涙を注ぐ

いっきさく　一期作
いっきとうせん　一騎当千
いっきゃく　椅子一脚
いっきゅう　一級の品
いっきょ　一挙一動・―に逆転
いっきょう　一興を添える
一驚を喫する
いっきょくしゅうちゅう　一極集中
いっきょしゅいっとうそく　一挙手一投足
いっきょりょうとく　一挙両得
いっきん　パン一斤
いつく　家に居着く
いつくしま　厳△島
いつくしみ　母親の慈しみ
いつくしむ　子を慈しむ
いっけい　万世一系

いっけつ　一計を案ずる
衆議が一決する
脳溢血
いっけん　一件落着する
一見に値する
家一軒
いっけんや　一間の押し入れ
一軒家　＊一軒屋
いっこ　私一己の考え
一戸を構える
一個　＊一箇△
一顧だにしない
いっこう　一向に平気
一行を迎える
いっこく　一考を要する
一国の安危

縷　聯　攫

い

いっこくもの　一刻を争う　一刻者　＊一国者
いっこだて　一戸建て
いつごろ　△何△時頃
いっこん　一献差し上げる
いっさい　一切忘れる　❖ふつう仮名書き。　一再ならず
いつざい　漱石門下の逸材
いっさいがっさい　一切合財　＊一切合切
いっさいきょう　一切経
いっさく　一策を案ずる
いっさくじつ　一昨日
いっさくねん　一昨年
いっさつ　一冊の本　一札入れる
いっさんに　一散に　＊逸散に逃げる

いっし　一子をもうける　一矢を報いる　一死報国　一糸乱れず　一指も触れない　逸史
いつじ　逸事の多い人
いっしき　電化製品一式
いっしそうでん　一子相伝
いっしつ　千慮の一失　一室にこもる
いっしつりえき　逸失利益
いっしどうじん　一視同仁
いっしゃく　一勺(合の十分の一)　一尺(寸の十倍)
いっしゃせんり　一瀉千里に仕上げる
いっしゅ　和歌一首　一種独特
いっしゅう　世界を一周する　要求を一蹴する

いっしゅうかん　一週間
いっしゅうき　一周忌
いっしゅうねん　開店一周年
いっしゅくいっぱん　一宿一飯
いっしゅん　一瞬の出来事
いっしょ　一書に曰《いわ》く　一緒に行く　逸書　＊佚書
いっしょう　酒一升　一生の願い　一笑に付する
いっしょうがい　一生涯
いっしょうけんめい　一生懸命
いっしょくそくはつ　一触即発
いっしょけんめい　一所懸命
いっしん　一心に祈る　一身を捧げる　人心を一新する　一審の判決

いっしんいったい　一進一退
いっしんじょう　一身上の都合
いっしんとう　一親等
いっしんどうたい　一心同体
いっしんふらん　一心不乱
いっすい　一睡もしない
いっすいのゆめ　一炊の夢
いっする　好機を逸する
いっすん　一寸の虫
いっすんぼうし　一寸法師
いっせ　一△畝の畑
いっせい　一世を風靡する　汽笛一声　一斉に蜂起する
いっせいちだい　一世一代
いっせき　一夕宴を催す　一石を投ずる

一席設ける
一隻の船
いっせきにちょう　一石二鳥
いっせつ　聖書の一節
一説によれば
いっせつな　一刹那
いっせん　電光一閃
一戦を交える
一銭を惜しむ
一線を画する
いっそう　びょうぶ一双
疑念を一掃する
一層努力する
舟一艘
いっそくとび　一足飛び
いったい　一体となる
一体どうした
付近一帯
いったいぜんたい　一体全体
いつだつ　常軌を逸脱する

いったん　反物一反
田一反＊一段
一旦引き上げる
考えの一端を述べる
いっち　意見が一致する
いっちはんかい　一知半解
いっちゃく　洋服一着
いっちょう　豆腐一丁
短銃一挺＊一丁
一朝事ある秋《とき》は
いっちょういっせき　一朝一夕
いっちょういったん　一長一短
いっちょうぶ　一町歩の田畑
いっちょうまえ　一丁前
いっちょうら　一張羅を着る
いっちょくせん　一直線
いつつ　五つ
いづつ　井筒
いっつい　花瓶一対

いっつう　一通の手紙
いつづけ　居続け＊流連
いって　一手に握る
いってい　一定の手続き
いっていじ　目に一丁字も無い
いってき　大海の一滴
いってつ　老いの一徹
いってん　一天にわかにかき曇る
一点の非もない
形勢が一転する
いってんばり　頑固一点張り
いっと　酒一斗
発展の一途
いっとう　一刀をたばさむ
一党一派
一等になる
御一統様

牛一頭
いっとうち　一頭地を抜く
いっとうぼり　一刀彫り
いっとうりょうだん　一刀両断
いっとき　一時の恥
いっとく　一得一失
いつに　一に力量による
いっぱ　一派に偏する
いっぱい　一杯のコーヒー
❖「コップがいっぱいになる」などは仮名書きがふつう。
一勝一敗
いっぱく　一白(九星の一)
一泊する

瀉

蹴

艘

一拍おく
いっぱし　一端の芸人
いっぱつ　号砲一発
危機一髪
いっぱん　責任の一半
一般の人々
一斑をうかがう
いっぱんてき　一般的な見方
いつび　溢美の言
いっぴ　一臂の力を貸す
いっぴき　一匹 *一疋
いっぴつ　一筆啓上
いっぴょう　米一俵
一票を投ずる
一瓢を携える
いっぴん　一品料理
陶器の逸品
いっぷいっぷ　一夫一婦
いっぷう　一風変わった人
いっぷく　一服の清涼剤
掛軸一幅
いつぶつ　逸物
いつぶん　逸文 *佚文
逸聞(逸話)
いっぺん　一片の良心
三角形の一辺
天候が一変する
一遍で懲りる
いっぺん　一遍上人
いっぺんとう　洋食一辺倒
いっぺんに　一遍に食べる
いっぽ　一歩を踏み出す
いっぽう　一方通行
御一報下さい
いっぽうてき　一方的な抗議
いっぽんぎ　一本気な男
いっぽんぢょうし　一本調子
いっぽんづり　一本釣り
いっぽんやり　一本槍
いつみん　太平の逸民
いつも　何時も
いつらく　逸楽にふける
いつわ　逸話の多い人
いつわり　偽り *詐り
いつわる　身分を偽る *詐る
いて　射手座
いてかえる　凍て返る
いてき　夷狄
いてぐも　凍て雲
いでたち　出で立ち
いでたつ　今ぞ出で立つ
いてつく　道が凍て付く
いてづる　凍鶴(寒中の鶴)
いでゆ　出湯 *温泉
いてる　凍てる
いてん　本部を移転する
いでん　体質が遺伝する
いでんし　遺伝子
いと　糸を紡ぐ
いと　意図を隠す
いど　井戸を掘る
緯度と経度
いといがわ　糸魚川市
いとう　大阪以東
いとう　世を厭う
いどう　異同を調べる
人事異動
場所を移動する
いとうひろぶみ　伊藤博文
いとおしい　愛おしい子
いどがえ　井戸替え
いとく　神の威徳
遺徳をしのぶ
いとぐち　解決の糸口 *緒
いとくり　糸繰りをする
いとけない　幼い *稚い
いとこ　従兄弟(男性)
従姉妹(女性)
❖従兄(年上男性)・

い

従弟（年下男性）・従姉（年上女性）・従妹（年下女性）とも書く。
いどころ　居所を知らせる
いとしい　愛しい人
いとしご　愛し子
いとぞこ　茶碗の糸底
いとどんぼ　糸蜻蛉
いとなむ　家業を営む
いどばた　井戸端会議
いとはん　嬢はん
いとま　お暇をする　枚挙に暇 *遑が無い
いとまき　糸巻き
いとまごい　暇乞いをする
いどむ　決戦を挑む
いとめ　金に糸目を付けない

いとめる　猪《いのしし》を射止める
いとゆう　糸遊（陽炎《かげろう》）
いとわしい　厭わしい風潮
いな　否と答える
いない　一年以内
いなおる　居直る
いなか　田舎
いながら　居乍らにして
いなご　蝗の大群
いなさく　稲作地帯
いなす　軽く往なす
いなずま　稲妻が光る
いなせ　鯔背な兄い
いなだ　稲田
いななく　馬が嘶く
いなば　因幡の国
いなびかり　稲光がする
いなほ　稲穂がなびく
いなむ　否む *辞む
いなむら　稲叢

いなめない　否めない事実
いなや　見るや否や
いならぶ　居並ぶ諸大名
いなり　稲荷神社
いなりずし　稲荷鮨
いなん　鹿児島以南
いにしえ　古の都
いにゅう　県内に移入する
いにょう　城壁に囲繞された町
いにん　権限を委任する
いにんじょう　委任状
いぬ　犬 *狗
いぬ　戌年
いぬ　往にし春
いぬい　乾 *戌亥の方角
いぬかいつよし　犬養毅
いぬかき　犬掻きで泳ぐ
いぬき　居抜きで家を買う

いぬじに　犬死に
いぬはりこ　犬張子
いぬぼうさき　犬吠埼
いね　稲が実る
いねかけ　稲掛け
いねかり　稲刈り
いねこき　稲扱き
いねむり　居眠りをする
いのう　異能
いのうただたか　伊能忠敬
いのこ　遼東《りょうとう》の豕
いのこもち　亥の子餅
いのこり　居残り勉強
いのしし　猪の牙
いのち　命 *生命
いのちがけ　命懸けの仕事
いのちごい　命乞いをする

遑
嘶
繞

いのちしらず 命知らずの男たち
いのちづな 命綱につかまる
いのちとり 命取りになる
いのちびろい 命拾いをする
いのちみょうが 命冥加
いのふ 胃の腑
いのり 祈り *禱り
いのる 祈る *禱る
いはい 仏壇の位牌
いはい 盟約に違背する
いばえる 嘶える(いななく)
いはく 相手を威迫する
いばく 帷幕
いばしょ 居場所
いはつ 衣鉢を継ぐ
遺髪

いばら
[茨]—(いばら)—茨城県

いばら 茨 *荊棘の道
いばらき 茨城県
いはらさいかく 井原西鶴△
いばり 尿△
いばる 威張る
いはん 約束に違反する
法律に違反 *違犯する
いびかわ 揖斐川
いびき 鼾をかく
いひつ 遺筆
いびつ 歪な箱
いひょう 意表を突く
いひん 父の遺品
いふ 畏怖の念
異父兄
いぶ 威武を示す
民心を慰撫する
いふう 威風堂々
封建時代の遺風

いぶかしい 訝しく思う
いぶかる しきりに訝る
いぶき 春の息吹
いぶきやま 伊吹山
いふく 衣服
異腹の姉
いぶく 春が息△吹く
いぶしぎん 燻し銀
いぶす 蚊を燻す
いぶすき 指△宿△市
いぶつ 異物を吐き出す
前世紀の遺物
いぶん 忠臣蔵異聞
遺文を集める
いぶんし 異分子
いへん 暖冬異変
いぼ 疣ができる
いぼう 異母兄弟
異邦人
会津に移封する

違法行為
彙報
いほく 仙台以北
いぼく 遺墨
いほん 平家物語の異本
いま 今の心境
居間と客間
いまいましい 忌ま忌ましい *忌々しい
いまがわやき 今川焼|き
いまごろ 去年の今頃
いまさら 今更のように
いましがた 今し方来た所
いまじぶん 今時分
いましめ 戒め *警△め
*誡め
賊の縛△めを解く
いましめる 戒める *警△める *誡める
いまだ 未△だ発見せず

い

いまだし 未△だしの感
いまだに 未△だに
いまちのつき 居待ちの月
いまどき 今時の若い者
いまばり 今治△市
いまふう 今風
いまもって 今以て
いまや 今や遅しと
いまよう 今様の建築
いまりやき 伊万里焼
いまわ 今際△のきわ
いまわしい 忌まわしい
いみ 意味が違う
いみあい 意味合い
いみあけ 忌み明け
いみことば 忌み言葉 *忌み詞△
いみしんちょう 意味深長
いみな 諱
いみょう 異名

いみん 移民
いむ 忌むべき風習
いめい 依命通達
威名天下に響く
父の遺命

いも
[芋] いも ― 里芋・焼き芋

いも 芋 *藷 *薯
いもうと 妹
いもがしら 芋頭
いもがゆ 芋粥
いもがら 芋幹△
いもせ 妹背△のちぎり
いもちびょう 稲△熱△病
いもづる 芋蔓式
いもの 鋳物
いもほり 芋掘り
いもむし 芋虫
いもめいげつ 芋名月（十五夜）

いもり 井守 *蠑螈
いもん 病院を慰問する
いや 否△でも応でも
嫌 *厭になる
いやおうなしに 否△応なしに
いやがうえにも 弥△が上にも
いやがらせ 嫌がらせ
いやき 嫌気がさす
いやく 意訳と直訳
違約する
いやけ 嫌気がさす
いやさか 弥△栄を祈る
いやしい 卑しい *賎しい
いやしくも 苟も学生なら
いやしむ 卑しむ *賎しむ

いやしめる 人を卑しめる *賎しめる
いやす 病を癒す
いやち 厭地 *忌△地
いやます 弥増す寂しさ
いやみ 嫌味 *厭味
いやらしい 嫌らしい
いゆう 畏友
いよ 伊予の国
いよいよ 愈 *愈々御健勝の段
いよう 威容を示す
異様な姿
偉容を誇る
いよかん 伊予柑
いよく 意欲 *意慾
いらい 創立以来百年

禱
鼾
燻

いらいら　苛△々する　応援を依頼する
いらえ　何の応△えもなし
いらか　甍△の波
いらくさ　刺草　＊蕁△麻△
いらざる　要△らざる心配
いらだつ　苛△立つ
いり　日の入り
いりあい　入り会い　＊入会
　　入り相の鐘
いりあいけん　入会権
いりうみ　入り海
いりえ　入り江
いりおもてじま　西表△島
いりかわる　入り替わる　＊入り代わる
いりぐち　入り口
いりくむ　入り組む
いりこ　炒△り粉　＊熬り粉
　　炒り子　＊熬り子（煮干し）
　　海△参△　＊熬海鼠（きんこ）
いりこむ　中に入り込む
いりたまご　煎△り卵
いりつける　炒り付ける　＊煎り付ける
いりひ　入り日
いりびたる　茶屋に入り浸る
いりふね　出船と入り船
いりまじる　入り交じる
いりみだれる　入り乱れる
いりむこ　入り婿
いりもや　入り母△屋造り
いりゅう　辞任を慰留する
　　遺留品
いりよう　入り用の品
いりょう　衣料
　　衣糧（衣類・食糧）
　　医療の施設
いりょく　威力を発揮する
　　偉力をたたえる
いる　気に入る
いる　金が要る
いる　家に居る
❖「鳴いている」など「…て（で）いる」は仮名書きがふつう。
いる　弓を射る
いる　豆を炒る　＊煎る　＊熬る
いる　硬貨を鋳る
いるい　衣類
いるか　海△豚△
いるす　居留守を使う
いれあげる　入れ揚げる
いれい　異例の昇進
　　慰霊祭
いれかえ　入れ替え
いれかえる　入れ替える　＊入れ換える
いれかわる　入れ替わる　＊入れ代わる
いれこ　入れ子細工
いれずみ　入れ墨　＊刺△青△　＊文△身
いれぢえ　入れ知恵
いれちがい　入れ違い
いれば　入れ歯
いれもの　入れ物　＊容△れ物
いれる　中に入れる
　　忠告を容れる
　　茶を淹△れる
いろ　色がいい
　　情△婦

△は常用漢字表にない音訓　｜の付いた仮名は省略してもよい送り仮名　＊は同語の別表記

情人

いろあい　色合い

いろあげ　色揚げをする　社員を慰労する

いろう　遺漏ないように

いろうざき　石廊崎

いろか　色香に迷う

いろがみ　色紙

いろがわり　色変わり

いろけ　色気がある

いろこい　色恋沙汰

いろごと　色事

いろごのみ　色好み

いろざと　色里

いろじかけ　色仕掛け

いろずり　色刷り

いろづかい　色使いがよい

いろづく　葉が色付く

いろっぽい　色っぽい

いろつや　色艶がよい

いろどり　彩りを添える

いろどる　美しく彩る

いろなおし　花嫁の色直し

いろは　伊呂波　*以呂波　*色葉

いろまち　色街　*色町

いろめ　色目を使う

いろめがね　色眼鏡で見る

いろめきたつ　色めき立つ

いろもの　色物を着る

いろよい　色好い返事

いろり　囲炉裏を囲む

いろわけ　色分けをする

いろん　異論がある

いわ　岩　*磐　*巌

いわい　祝いの言葉　入学祝

いわいきん　祝い金

いわいごと　祝い事

いわいざけ　祝い酒

いわう　入学を祝う

いわお　巌

いわかん　違和感がある

いわき　磐城の国

いわく　子曰く　曰く言い難し

いわくつき　曰く付きの品

いわくらともみ　岩倉具視

いわし

[鰯]いわし ― 鰯雲・畳鰯

いわし　鰯　*鰮

いわしみず　岩清水

いわた　磐田市

いわたおび　岩田帯

いわだたみ　岩畳

いわな　岩魚を釣る

いわのぼり　岩登り

いわば　言わば子供のようなものだ

いわば　岩場で遭難する

いわはだ　岩肌

いわぶろ　岩風呂

いわみ　石見の国

いわむろ　岩室

いわや　岩屋　*窟

いわゆる　所謂

いわれ　謂れを話す

いわれない　謂れ無い非難

いわんかたなし　言わん方無し

いわんや　況や…をや

イン

[引]イン　ひ-く・ひ-ける ― 引見・引退・引力・強引・索引

[印]イン　しるし ― 「―を押す」◇印刷・印紙・印章・印象・調印

甍　蕁　熬

[因]イン よ-る ―― 因果・因子・因数・原因・要因
[音]イン・オン おと・ね ―― 音信・子音・福音・母音
[員]イン ―― 員数・議員・雇員・社員・増員・定員・満員
[院]イン ―― 院政・院長・参議院・寺院・大学院・病院
[飲]イン の-む ―― 飲酒・飲食・飲料・痛飲・暴飲
[姻]イン ―― 姻戚・姻族・婚姻
[陰]イン かげ・かげ-る ――「―にこもる」◇陰画・陰気・陰極・光陰
[隠(隱)]イン かく-す・かく-れる ―― 隠居・隠語・隠忍
[韻]イン ――「―を踏む」◇韻文・韻律・音韻
[咽]イン ―― 咽喉
[淫]イン みだ-ら ―― 淫行・淫乱
[人允]イン すけ・まこと ―― 允可・允許
[人胤]イン たね・つぐ ―― 後胤・落胤
[人寅]イン とら・ひろ ――
[人蔭]イン・オン かげ ―― 蔭映・緑蔭

いん　殷王朝
いんあつ　陰圧
いんい　陰萎
いんいつ　淫佚　*淫逸
　隠逸(隠遁)
いんいん　殷々たる砲声
いんいんめつめつ　陰々滅々
いんうつ　陰鬱　*陰欝
いんえい　印影(はんのあと)
　陰影　*陰翳に富む
いんおうご　印欧語
いんか　石油に引火する
　允可する(許可)
　印可を受ける
いんが　陰火(鬼火)
　因果を含める
　陰画と陽画
いんがいだん　院外団
いんがおうほう　因果応報
いんがし　印画紙
いんかしょくぶつ　隠花植物
いんがりつ　因果律
いんかん　印鑑証明
　殷鑑遠からず
いんき　陰気な人
いんきょ　允許する(許可)
　隠居する
いんぎょう　印形(印鑑)
いんぎん　慇懃な挨拶
いんけい　陰茎
いんけん　使節を引見する
　陰険な人
いんげんまめ　隠元豆
いんこ　鸚哥
いんご　隠語
いんこう　船を引航する
　耳鼻咽喉
いんごう　淫行処罰規定
　因業な仕打ち
　戒名の院号
いんこく　陰刻と陽刻
いんさつ　紙に印刷する
いんさん　陰惨な光景
いんし　収入印紙
　遺伝の因子
　淫祀　*淫祠邪教
いんじ　隠士
　印字する
　印璽
　風流韻事
いんしつ　陰湿な環境
いんじゃ　隠者の生活

いんしゅ　飲酒の習慣
いんじゅ　印綬を帯びる
いんしゅう　因習 *因襲
いんじゅん　因循姑息《こそく》
いんしょう　古書からの引証
印章
印象が深い
いんしょく　飲食する
いんしん　音信が絶える
殷賑を極める
いんしんふつう　音信不通
いんすう　因数分解
いんずう　員数をそろえる
いんする　足跡を印する
書に淫する
いんせい　大学院の院生
上皇の院政
陰性と陽性
隠栖 *隠棲
いんぜい　印税

いんせき　引責辞職
姻戚関係
隕石が落ちる
いんせつ　引接する
いんぜん　隠然たる勢力
いんそつ　生徒を引率する
いんたい　現役を引退する
郷里に隠退する
いんち　容疑者の引致
印池
いんてつ　隕鉄
いんでん　院殿
いんでんがわ　印伝革
いんとう　咽頭
淫蕩な生活
いんどう　引導を渡す
いんとく　陰徳を施す
犯人を隠匿する
いんとん　山奥に隠遁する
いんにく　朱の印肉

いんにん　隠忍自重《じちょう》
いんねん　浅からぬ因縁
いんのう　陰嚢
いんばい　淫売
いんばん　印判
いんび　淫靡な風俗
隠微な動き
いんぶ　陰部
いんぷ　淫婦
いんぶん　韻文と散文
いんぺい　事実を隠蔽する
いんぼう　陰謀を企てる
いんぽん　淫奔な性格
いんめつ　証拠隠滅 *湮滅 *堙滅
いんもう　陰毛
いんもつ　音物
いんゆ　引喩
隠喩と直喩
いんよう　和歌を引用する
陰陽五行説
飲用水
いんよく　淫欲 *淫慾
いんらん　淫乱な人
いんりつ　詩の韻律
いんりょう　飲料
いんりょく　地球の引力
いんれい　引例で説明する
いんれき　陰暦と陽暦
いんろう　印籠
いんわい　淫猥な書物

う

ウ

[右] ウ・ユウ　みぎ —— 右往左往・右

慇
懃
鸚

う

岸・右折・右大臣・右派

[宇]ウ ― 宇内・宇宙・一宇・気宇・堂宇

[羽]ウ は・はね ― 羽化・羽毛・羽翼・奥羽

[有]ウ・ユウ ある ― 有為転変・有象無象・有無・無可有

[雨]ウ あめ・(あま) ― 雨後・雨水・雨量・降雨・梅雨

[烏]ウ・オ からす ― 烏合・烏有

[迂]ウ とお・ゆき ― 迂遠・迂回

う　卯年(うさぎ年)

鵜のまねする烏《からす》

う　閲覧するを得

うい　旅は憂△いもの

愛△いやつ

ういういしい　初々しい花

嫁

ういきょう　茴香の実

ういざん　初産

ういじん　初陣を飾る

ういてんぺん　有為転変の世

ういまご　初孫の顔

ういろう　外△郎

うーろんちゃ　烏竜△茶　＊烏龍茶

うえ　上と下

飢え　＊餓△え

うえかえ　植え替え

うえき　植木市

うえこみ　植え込み　＊植込

うえさま　上様

うえじに　飢え死に　＊餓△え死に

うえすぎけんしん　上杉謙信

うえつ　羽越地方

うえつける　植え付ける

うえる　飢える　＊餓△える

木を植える

うえん　迂遠な手段

有縁の衆生

うお　魚と水

うおうさおう　右往左往する

うおがし　魚河岸

うおごころ　魚心あれば水心

うおのめ　魚の目

うか　蛹《さなぎ》が羽化する

うかい　鵜飼い

うかい　迂回　＊迂廻

うがい　嗽　＊含嗽

うかがい　伺いを立てる

進退伺

うかがいしる　窺い知る

うかがう　御意見を伺う

顔色を窺う

うかす　費用を浮かす

うかつ　迂闊な話

うがつ　雨だれ石を穿つ

うかぶ　船が浮かぶ

うかぶせ　浮かぶ瀬がない

うかる　大学に受かる

うかれめ　浮かれ女

うかれる　花に浮かれる

うき　浮き　＊浮△子△

うき　雨季　＊雨期

うきあがる　浮き上がる

うきあしだつ　浮き足立つ

うきうき　浮き浮きする

うきがし　浮き貸し　＊浮貸

うきくさ　浮き草　＊萍

うきごし　浮き腰になる

うきしずみ　浮き沈み

うきす　鳰《にお》の浮き巣
うきたつ　心が浮き立つ
うきでる　油が浮き出る
うきな　浮き名を流す
うきはし　浮き橋
うきぶくろ　浮き袋
魚の鰾
うきぼり　浮き彫り
うきみ　浮き身
憂き身を窶《やつ》す
うきめ　憂き目を見る
うきよ　浮き世の習い
憂き世
うきよえ　浮世絵
うきょく　紆曲　*迂曲
うきわ　浮き輪
うく　水に浮く
うぐいす　梅に鶯
うぐいすばり　鶯張りの廊
下

うぐいすもち　鶯餅
うけ　受けがいい
請けに立つ
筌で魚をとる
うけ　有卦に入る
うけあう　請け合う
うけい　思想が右傾する
うけいれさき　受入先
うけいれる　受け入れる
うけうり　受け売り　*請
け売り
うけおい　請負の仕事
うけおう　請け負う
うけくち　受け口
うけごし　受け腰になる
うけこたえ　受け答え
うけざら　受け皿
うけしょ　請け書を出す
うけだす　請け出す
うけだち　受け太刀

うけたまわる　承る
うげつ　雨月
うけつぐ　志を受け継ぐ
うけつけ　願書受け付け
会社の受付
うけつけがかり　受付係
うけつける　受け付ける
うけて　受け手と送り
手
うけとめる　受け止める
うけとり　受け取りに行
く
受取　*請取
うけとりにん　受取人
うけとる　受け取る
うけながす　軽く受け流す
うけにん　請け人
うけばらいきん　受払金
うけはん　請け判をする
うけみ　受け身になる

うけもち　受け持ち　*受
持
うけもつ　受け持つ
うけもどす　請け戻す
うけら　朮（＝おけら）
うける　注文を受ける・
試験を—
工事を請ける
前文を承ける
生を享ける
うけわたす　受け渡す
うげん　右舷
うご　羽後の国
うごう　烏合の衆
うごかす　心を動かす
うこぎ　五加　*五加木
の花

嗽
鰾
鶯

うごく　世の中が動く
うこさべん　右顧左眄
うごめく　蛆虫《うじむし》が蠢く
うこん　右近△の橘《たちばな》
　鬱△金　＊欝金（植物）
うさ　憂さを晴らす
うさ　宇佐八幡宮
うさぎ　兎　＊兔
うさぎとび　兎跳び
うさんくさい　胡散臭い男
うし　牛の歩み
うし　丑年
うし　齲歯（虫歯）
うじ　氏より育ち
うじ　蛆がわく
うしお　春の潮△　＊汐
うしおじる　鯛《たい》の潮△汁
うしかい　牛飼|い
うじがみ　氏神

うじこ　神社の氏子
うしとら　艮　＊丑寅（北東）
うしなう　金を失う
うしなう　父を喪△う
うしのときまいり　丑の時参り
うしみつどき　丑三つ時　＊丑満時
うじむし　蛆虫
うしろ　後ろを振り向く
うしろあし　後ろ足　＊後ろ脚
うしろがみ　後ろ髪
うしろぐらい　後ろ暗い行動
うしろだて　後ろ盾になる
うしろで　後ろ手に縛る
うしろむき　後ろ向き
うしろゆび　後ろ指を差す
うしん　有心連歌

うす　臼と杵《きね》
うず　渦を巻く
うすあかり　薄明か|り
うすあじ　薄味
うすい　雨水
うすい　薄い紙
うすい　淡△い色
うすいとうげ　碓氷△峠
うすがみ　薄紙をはぐよう
うすかわ　薄皮
うすぎ　薄着をする
うすぎたない　薄汚い姿
うすぎぬ　薄絹
うすきみわるい　薄気味悪い
うすぎり　薄切り
うずく　傷跡が疼△く
うすくち　薄口の醤油《しょうゆ》
うずくまる　物陰に蹲る
うすぐもり　薄曇|り

うすぐらい　薄暗い部屋
うすくらがり　薄暗がり
うすげしょう　薄化粧をする
うすじ　薄地の布
うずしお　鳴門海峡の渦潮
うすずく　夕日が舂△くころ
うすずみ　薄墨色
うずたかい　堆△く積まれる
うすちゃ　薄茶と濃茶《こいちゃ》
うすで　薄手の茶碗
うすのろ　薄鈍△
うすば　薄刃のかみそり
うすばかげろう　薄羽蜻蛉
うすび　薄日がもれる
うすべり　薄縁△を敷く
うずまき　渦巻|き
うずまく　濁流が渦巻く
うずまさ　太秦△の映画村

う

うすまる　色が薄まる
うずまる　人で埋△まる
うすみどり　薄緑色
うずみび　埋△み火
うすめ　薄目を開ける
うすめる　水で薄める
うずめる　穴を埋△める
うすもの　薄物　*羅△をまとう
うずもれる　埋△もれた才能
うすやき　薄焼き煎餅
うすよごれる　薄汚れる
うずら　鶉の卵
うすらぐ　容疑が薄らぐ
うすらさむい　薄ら寒い朝
うすらひ　薄ら氷
うすらび　薄ら日が差す
うすらわらい　薄ら笑い
うすれる　記憶が薄れる
うすわらい　薄笑いをする

うせい　雨声を聞く
　雨勢が強まる
　迂生（謙称）
うせつ　右折禁止
　迂拙
うせもの　失△せ物
うせる　失△せる
うぜん　羽前の国
うそ　嘘も方便
　鷽の鳴き声
うぞうむぞう　有象無象
うそさむい　うそ寒い
うそぶく　月に嘯く

うた
[唄]（うた）— 小唄・長唄

うた　歌　*唄
うたあわせ　歌合の判者
うたい　謡
うだい　宇内に人無し

うたいあげる　謳い上げる
うだいじん　右大臣
うたいぞめ　謡初め
うたいて　歌い手
うたいもんく　謳い文句
うたう　歌を歌う　*唄△う
　謡を謡う
　和歌に詠△う
　効能を謳う
うたがい　疑いを持つ
うたかいはじめ　歌会始
うたがいぶかい　疑い深い人
うたがう　我が目を疑△う
うたかた　泡△沫の恋
うたがわしい　疑わしい情報
うたぐち　笛の歌口
うたぐる　人を疑△る
うたげ　宴△を催す

うたごえ　歌声が美しい
うたごころ　歌心がある
うたざわ　歌沢　*哥沢
うたたね　転△寝をする
うだつ　梲が上がらない
うたひめ　歌姫
うたまくら　歌枕
うたよみ　歌詠み
うだる　卵が茹△だる
うたわれる　天才と謳われる
うち　手の内　*中△　*裡
　家△に帰る
うちあい　銃の撃ち合い
うちあげ　打ち上げ
うちあけばなし　打ち明け話

蠢
齲
鶉

うちあげはなび 打ち上げ花火 *打上花火
うちあける 打ち明ける
うちあげる 打ち上げる
うちあわせ 打ち合わせ *打合せ
うちあわせる 打ち合わせる *打合せる
うちいり 討ち入り *討入
うちいわい 内祝い ❖のし紙に書く場合は「内祝」。
うちおとす 打ち落とす *打落す
うちおろす 打ち下ろす
うちかえす 綿を打ち返す
うちかけ 打ち掛け *裲襠
うちがけ 内掛けで倒す
うちかつ 打ち勝つ
うちがわ 内側
うちき 内気な人
打ち気にはやる
うちぎ 袿
うちきず 打ち傷
うちきり 打ち切り
うちきる 話を打ち切る
うちきん 内金を払う
うちくだく 打ち砕く
うちくび 打ち首
うちけし 打ち消し *打消
うちけす 打ち消す
うちこむ 杭を打ち込む 弾を撃ち込む
うちこわし 打ち壊し
うちじに 討ち死に *討死
うちすえる 打ち据える
うちだす 打ち出す
うちつける 打ち付ける
うちつづく 打ち続く内乱
うちづら 内面が悪い人
うちつれる 打ち連れる
うちでし 内弟子になる
うちでのこづち 打ち出の小槌
うちとける 打ち解けた顔
うちどころ 打ち所が悪い
うちどめ 打ち止め *打止 *打ち留め *打留
うちとる 敵を討ち取る
うちぬく 板を打ち抜く
うちのり 内法△を測る
うちはなし 打ち放し
うちばらい 内払い
うちはらう 敵を撃ち払う
うちひしぐ 打ち拉△がれる
うちひも 打ち紐
うちぶ 打ち歩
うちべんけい 内弁慶
うちまく 内幕を暴露する
うちまご 内孫
うちまた 内股で歩く
うちみ 打ち身
うちみず 打ち水をする
うちもの 打ち物の菓子
うちもも 内腿
うちもらす 討ち漏らす
うちやぶる 打ち破る
うちゆ 内湯
うちゅう 宇宙船・―線
うちょうてん 有頂天になる
うちよせる 打ち寄せる
うちわ 内輪に見積もる

団扇であおぐ
うちわく　内枠と外枠
うちわけ　支出の内訳
うちわた　打ち綿
うちわたし　内渡しの金
うちわもめ　内輪揉め

ウツ

［鬱］ウツ ― 憂鬱

うつ　鬱　*欝
うつ　くぎを打つ・碁を―・電報を―・心を―　脈を搏つ　賊を討つ　鉄砲を撃つ・いのししを―
うっかい　鬱懐　*欝懐を述べる
うづき　卯月（陰暦四月）

うつくしい　美しい心
うっくつ　鬱屈　*欝屈
うっけつ　鬱血　*欝血
うつし　写しをとる
うつしえ　移し絵
うつしかえ　移し替え
うつしとる　紙に写し取る
うつしみ　現し身
うつしよ　現し世
うつす　書類を写す・写真を―　映画を映す・鏡に―
うつす　住まいを移す　都を遷す
うっすら　薄らと積もる
うっする　鬱する　*欝する
うっせき　鬱積　*欝積
うつせみ　空蝉　*現身

うっそう　鬱蒼　*欝蒼
うったえ　訴えを起こす
うったえる　世論に訴える
うっちゃる　打棄る
うつつ　現を抜かす
うって　討っ手を出す
うってかわる　打って変わる
うってつけ　打って付け
うっとうしい　鬱陶しい　*欝陶しい
うつのみや　宇都宮市
うつばり　梁の塵を動かす
うつびょう　鬱病　*欝病
うつぶせ　俯せ　*うつ伏せ
うっぷん　鬱憤　*欝憤
うつぼかずら　靫蔓
うつぼつ　鬱勃　*欝勃
うつむく　黙って俯く

うつり　写真の写り　映りのいい着物
うつりが　移り香
うつりかわる　移り変わる
うつりぎ　移り気な人
うつりばし　移り箸
うつる　写真に写る　鏡に姿が映る・着物がよく―
うつる　住まいが移る　都が遷る
うつろ　空ろ　*虚ろな目
うつろう　移ろう
うつわ　ガラスの器
うで　腕をみがく
うでおし　暖簾《のれん》に腕押し

腿　鬱　欝

うてき　雨滴の音
うでぎ　信号機の腕△木
うできき　腕利きの刑事
うでぐみ　腕組み|をする
うでくらべ　腕比べ　*腕競△べ
うでずく　腕ずくで取る
うでずもう　腕相撲
うでたてふせ　腕立て伏せ
うでだめし　腕試しをする
うでっこき　腕っ扱△き
うでっぷし　腕っ節が強い
うでどけい　腕時計
うてな　玉の台△
　蓮の台△　*萼
うでまえ　見事な腕前
うでまくら　腕枕で寝る
うでまくり　腕捲△りをする
うでる　卵を茹△でる
うでわ　金の腕輪

うてん　雨天順延
うど　独△活△の大木
うとい　世情に疎い
うとうとしい　疎々しい仲
うとく　有徳の人
うとましい　疎ましく思う
うとむ　よそ者を疎む
うどん　饂△飩△を打つ
うどんげ　優△曇華の花
うとんずる　親を疎んずる
うながす　注意を促す
うなぎ　鰻の蒲焼き
うなされる　夢に魘△される
うなじ　項
うなずく　頷△く　*首肯△く
うなだれる　深く項垂△れる
うなばら　青い海原
うなり　唸△りを生じる
うなる　唸△る　*呻△る
うに　海△胆△　*海△栗△(生物)
　練雲△丹△(食品)
うぬぼれ　自△惚△れが強い
うぬぼれる　自惚れる　*己△惚れる

うね

[畝]うね|　—　畝間・畝織

うね　畝　*畦
うねびやま　畝傍△山
うねめ　采女
うのはな　卯の花
うのみ　鵜飲み　*鵜呑み
うは　右派と左派
うば　乳母
　姥(年とった女)
うばいとる　金を奪い|取る
うばう　金を奪う
うばぐるま　乳母車

うばざくら　姥桜
うばすてやま　姥捨山
うはつ　有髪の尼
うひょう　雨氷
うぶ　初△　*初心△な娘
うぶぎ　産着　*産衣△
うぶげ　産毛が生える
うぶごえ　産声を上げる
うぶすな　産土△の神
うぶゆ　産湯を使う
うべなう　諾△う
うま　午△年
　馬の耳に念仏
うまい　旨△い　*甘△い
　*美味△い
　絵が上手い
　*巧△い
うまがえし　馬返し
うまかた　馬方
うまごや　馬小屋

うまざけ　美酒に酔う
うまし　美し国
うまずたゆまず　倦まず弛まず
うまずめ　産まず女　*石女
うまづら　馬面
うまとび　馬跳びをする
うまに　旨煮　*甘煮
うまのり　馬乗りになる
うまみ　旨み　*旨味
うまや　馬屋　*厩
うまる　人で埋まる
うまれ　下町の生まれ
うまれかわる　生まれ変わる　*生れ変る
うまれつき　生まれ付き
うまれづき　生まれ月
うまれる　京に生まれる

うみ　海で泳ぐ　膿を出す
うみおとす　生み落とす　卵を産み落とす
うみせんやません　海千山千
うみだす　生み出す　*産み出す
うみづき　産み月
うみつける　卵を産み付ける
うみなり　海鳴りがする
うみのさち　海の幸
うみびらき　海開き
うみべ　海辺の町
うみぼうず　海坊主
うみほおずき　海酸漿
うむ　新記録を生む・傑作を—　卵を産む　仕事に倦む　果実が熟む　傷が膿む
うむ　有無を言わせず
うめ　梅の香
うめあわせる　埋め合わせる　*埋合せる
うめき　埋め木細工
うめきごえ　呻き声
うめく　苦痛に呻く
うめくさ　埋め草の原稿
うめしゅ　梅酒
うめず　梅酢
うめたて　埋め立て　*埋立
うめたてち　埋立地
うめたてる　埋め立てる
うめづけ　梅漬け

うめばち　梅鉢の紋
うめびしお　梅醤
うめぼし　梅干し
うめる　余白を埋める
うめわかりゅう　梅若流
うもう　羽毛
うもれぎ　埋もれ木細工
うもれる　雪に埋もれる
うやうやしい　恭しい態度
うやまう　師を敬う
うやむや　有耶無耶にする
うゆう　烏有に帰す
うよきょくせつ　紆余曲折　*迂余曲折
うよく　右翼　羽翼

饂
飩
魘

う

うら

［浦］うら ―「―の苫屋」◇津々

浦々

うら　裏には裏がある
うらあみ　裏編み
うらうち　裏打ちをする
うらがえす　畳表を裏返す
うらがき　手形の裏書　噂を裏書きする
うらかた　裏方に徹する
うらがなしい　うら悲しい
うらがね　裏金を作る
うらがれる　末△枯れる
うらぎり　裏切り
うらぎる　期待を裏切る
うらぐち　裏口入学
うらげい　表芸と裏芸
うらごえ　裏声で歌う
うらごし　裏漉しにする
うらさびしい　うら寂しい
うらじ　洋服の裏地
うらせんけ　裏千家の宗家
うらだな　裏店△に住まう
うらづけ　裏付けをとる
うらづける　話を裏付ける
うらて　学校の裏手
うらどし　裏年と生《な》り年
うらない　占い　＊卜
うらなう　運勢を占う　＊卜う
うらなり　末△成り　＊末△生△り
うらばなし　演劇界の裏話
うらはら　本心とは裏腹に
うらぼん　盂蘭盆
うらみ　恨み　＊怨△み　不徹底の憾△みがある
うらみごと　恨み言　＊怨△み言
うらみち　人生の裏道
うらみつらみ　恨み辛△み　＊怨△み辛△み
うらむ　人を恨む　＊怨△む　逸機を憾△む
うらむらくは　恨むらくは　＊憾△むらくは
うらめ　裏目に出る
うらめしい　恨めしい　＊怨△めしい
うらもん　裏門と表門　裏紋
うらやま　裏山
うらやましい　羨ましい話
うらやむ　人の幸運を羨む
うらら　春の麗△ら
うららか　麗△らかな日
うらわかい　うら若い女性
うり　瓜のつる　売りに出す
うりあげ　売り上げ　＊売上
うりあげきん　売上金
うりあげだか　売上高
うりおしみ　売り惜しみ
うりかけ　売り掛け　＊売掛
うりかけきん　売掛金
うりきれ　売り切れ　＊売切
うりきれる　売り切れる
うりこ　売り子
うりごえ　魚屋の売り声
うりことば　売り言葉に買い言葉
うりこみ　売り込み競争
うりこむ　名を売り込む
うりざねがお　瓜実△顔

うりさばく　売り捌く
うりだし　売り出し
うりだす　売り出す
うりたて　絵画の売り立て　*売立
うりつける　売り付ける
うりて　売り手
うりとばす　売り飛ばす
うりぬし　売り主
うりね　売値と買値
うりば　売り場
うりはらう　売り払う
うりふたつ　瓜二つの兄弟
うりもの　売り物
うりや　売り家
うりょう　雨量
うりわたし　売り渡し
うりわたしさき　売渡先
うりわたす　売り渡す
うる　家を売る

うる　得る所が多い　書き得る
うるう　閏月
うるうどし　閏年
うるおい　潤いのある生活
うるおう　町の財源が潤う
うるおす　のどを潤す
うるさい　煩い　*五月蠅い
うるさがた　煩型の人
うるし　漆を塗る
うるち　糯《もち》と粳
うるむ　目が潤む
うるめいわし　潤目鰯
うるわしい　麗しい情景
うれあし　売れ足がよい
うれい　後顧の憂い　愁いに沈む
うれいがお　憂い顔(心配そうな顔)

うれう　愁い顔(ふさぎ顔)　国の将来を憂う　身の不運を愁う
うれえ　後顧の憂え　愁えに沈む
うれえがお　憂え顔　愁え顔
うれえる　国を憂える　不運を愁える
うれしい　嬉しい便り
うれしなき　嬉し泣き
うれしなみだ　嬉し涙を流す
うれだか　売れ高
うれっこ　売れっ子作家
うれのこり　売れ残りの品
うれゆき　売れ行き
うれる　千円で売れる　実が熟れる
うろ　木の洞　*空　*虚

うろ　迂路を辿《たど》る
うろおぼえ　烏鷺を戦わす　うろ覚えの話
うろこ　魚の鱗
うろこぐも　鱗雲
うろたえる　狼狽える
うろつく　町を彷徨く
うろぬく　菜をうろ抜く
うろん　胡乱な男
うわえ　陶器の上絵
うわがき　上書き
うわがけ　上掛け
うわき　浮気をする
うわぎ　上着　*上衣
うわぐすり　釉薬　*釉　*上薬を掛ける
うわくちびる　上唇

蠅
鷺
鱗

う

うわごと　譫言　*囈言を言う
うわさ　噂が立つ
うわじま　宇和島市
うわすべり　上滑りの議論
うわずみ　上澄みを取る
うわずる　声が上擦る
うわぜい　上背がある
うわつく　浮ついた話
うわづつみ　上包み|
うわっつら　上っ面
うわっぱり　上っ張り
うわづみ　上積みする
うわて　一枚上手
うわてなげ　上手投げ|
うわぬり　恥の上塗り
うわのせ　上乗せする
うわのそら　上の空で聞く
うわばき　上履き|
うわばみ　蟒蛇△(大蛇)

うわべ　上辺を飾る
うわまえ　上前をはねる
うわまわる　目標を上回る
*上廻る
うわむき　上向きになる
うわめづかい　上目遣い
うわもの　上物
うわやく　上役と下役
うわる　桜が植わる

ウン

[運]ウン はこ-ぶ ―「―がいい」◇運営・運河・運転・運動・幸運

[雲]ウン くも ―雲海・雲集・雲霧・暗雲・風雲・雷雲

[人云]ウン おき・これ・とも・ひと ―云々

うんえい　会議の運営
うんえん　雲煙　*雲烟
うんか　浮△塵子△(昆虫)
雲霞の如き大軍

うんが　パナマ運河
うんかい　雲海
うんき　温△気(むし暑さ)
運気が強い
うんきゅう　列車が運休する
運弓法
うんこう　運行(バス・天体)
運航(航空機・船)
うんざ　運座
うんさんむしょう　雲散霧消
うんし　運指法
うんしゅう　群衆が雲集する
うんしゅうみかん　温△州蜜△柑
うんじょう　雲壌の差(差がはなはだしい)
うんじょうきん　運上金
うんじょうびと　雲上人
うんしん　運針の練習

うんすい　雲水
うんせい　運勢を占う
うんぜんだけ　雲仙岳
うんそう　荷物を運送する
うんちく　蘊蓄を傾ける
うんちん　旅客運賃
うんでい　雲泥の差
うんてん　車を運転する
うんどう　運動する
うんどんこん　運鈍根
うんぬん　内容を云々する
うんのう　蘊奥を窮める
うんぱん　資材を運搬する
うんぴつ　正確な運筆
うんぷてんぷ　運否△天賦
うんめい　運命のいたずら
うんも　雲母△
うんゆ　運輸会社
うんよう　資金を運用する
うんりゅうがた　雲竜型

え

*雲龍型の土俵入り

え

え

[回]（エ）・カイ　まわ-る・まわ-す ―回向

[会（會）]エ・カイ　あ-う ―会釈・会得・法会・万灯会

[絵（繪）]エ・カイ ―「―をかく」◇絵図・絵筆・絵本・墨絵

[依]（エ）・イ ―帰依

[恵（惠）]エ・ケイ　めぐ-む ―恵方・知恵

え　梅が枝△

一重（ひとえ）

くわの柄

餌を与える

エイ

[永]エイ　なが-い ―永遠・永久・永住・永続・永眠

[泳]エイ　およ-ぐ ―泳法・水泳

[英]エイ ―英気・英語・英断・英知・英雄・俊英・石英

[映]エイ　うつ-る・うつ-す・は-える ―映画・映像・映発・競映・上映・反映

[栄（榮）]エイ　さか-える・は-え・は-える ―「受賞の―」◇栄冠・栄養・繁栄

[営（營）]エイ　いとな-む ―営業・営利・運営・経営・陣営・野営

[衛（衞）]エイ ―衛生・護衛・守衛・前衛

[詠]エイ　よ-む ―詠吟・詠草・詠嘆・吟詠・偶詠・雑詠・朗詠

[影]エイ　かげ ―影響・影像・暗影・陰影・撮影・投影・片影

[鋭]エイ　するど-い ―鋭角・鋭敏・鋭利・新鋭・精鋭

[瑛]エイ ―玉瑛

[叡]エイ　さと・さとし ―叡智・比叡

[曳]エイ　とお・のぶ ―曳航・揺曳

えい　鱏・*鱝（魚）

えい　嬰ハ短調

　冠の纓

えいい　栄位に就く

　精神的営為

　鋭意努力する

えいいき　塋域（墓所）

えいいん　影印本

えいえい　営々と働く

えいえん　永遠の課題

えいが　映画を見る

　栄華を極める

えいかん　栄冠を得る

えいき　英気を養う

　鋭気をくじく

えいきゅう　永久に続く

えいきょ　月の盈虚（満ち欠け）

えいきょう　影響を受ける

えいぎょう　営業を始める

えいぎん　詩歌を詠吟する

えいけつ　永訣する

　一代の英傑

えいこ　栄枯盛衰

えいご　英語を話す

　資性穎悟

えいこう　僚船を曳航する

　勝利の栄光

えいごう　未来永劫

えいこく　英国

蟒

蘊

盈

えいこん 英魂を弔う
えいさい 英才 *穎才
*鋭才
えいし 馬上の英姿
英資を生かす
国会の衛視
えいじ 英字新聞
嬰児
えいじつ 永日（春の日）
えいじはっぽう 永字八法
えいしゃ 映写する
営舎
えいしゃき 映写機
えいしゃく 栄爵を賜る
えいじゅう 南米に永住する
えいしゅん 英俊を集める
えいしょう 詠唱する
えいじょく 栄辱を知る
えいじる 目に映じる
歌を詠じる

えいしん 局長に栄進する
えいしんか 詠進歌
えいずる 目に映ずる
歌を詠ずる
えいせい 永世中立国
永逝する
公衆衛生
地球の衛星
えいせん 曳船
えいぜん 営繕費
えいそう 営巣地
詠草（和歌の草稿）
えいぞう テレビの映像
営造物
えいぞく 永続する
えいたい 永代供養
えいたつ 栄達を求める
えいたん 詠嘆 *詠歎
えいだん 英断を下す
営団地下鉄

えいち 英知 *叡智
えいてん 栄典制度
御栄転を祝す
えいと 英図むなしく
えいねん 永年勤続
えいのう 営農する
えいびん 鋭敏な感覚
えいぶん 英文を和訳する
叡聞に達する
えいへい 衛兵に立つ
えいべつ 永別を告げる
えいほう 泳法
鋭鋒を収める
えいまい 資性の英邁な人
えいみん 永眠する
えいめい 英名天下に遍《あまね》し
栄名（ほまれ）
英明な人
えいやく 和文を英訳する
えいゆう 不世出の英雄

えいよ 栄誉を担う
えいよう 栄養 *営養
えいようえいが 栄耀栄華
えいようし 栄養士の資格
えいようしっちょう 栄養失調
えいようそ 栄養素
えいよれい 栄誉礼
えいらん 叡覧を賜る
えいり 栄利をむさぼる
営利会社
鋭利な刃物
えいりょ 叡慮を安んじる
えいりん 映倫（映画倫理規程）
えいりんしょ 営林署
えいれい 英霊
えいん 会陰部
えがお 笑顔を見せる
えかき 絵描き

え

えがきだす　描き出す
えがく　花を描く　＊画△く
えがら　絵柄

エキ

［役］― エキ・ヤク ―「西南の―」◇役牛・役務・使役・兵役
［易］― エキ・イ やさしい ―「―を立てる」◇易学・改易・貿易
［益］― エキ・(ヤク) ―「何の―もない」◇益鳥・国益・損益
［液］― エキ ―「―を搾る」◇液剤・液晶・液体・胃液・溶液
［駅（驛）］― エキ ―「私鉄―の前」◇駅員・駅長・駅頭・終着駅
［疫］― エキ・(ヤク) ― 疫病・疫痢・悪疫・防疫
［亦］人 ― エキ また ―

えきか　石炭を液化する
　腋下（わきの下）
　腋窩（わきの下のくぼみ）
えきが　腋芽
えきがく　易学
　疫学調査
えききょう　易経（五経の一）
えききん　益金に算入する
えきざい　液剤を散布する
えきしゃ　易者
　駅舎
えきじゅう　果実の液汁
えきしょう　液晶テレビ
えきじょう　液状になる
えきする　心を役する
　世を益する
えきたい　液体と固体
えきだん　易断
えきちく　役畜

えきちょう　益鳥と害鳥
えきてい　駅逓
えきでん　駅伝競走
えきばしゃ　駅馬車
えきびょう　疫病が流行する
えきべん　駅弁
えきむ　役務賠償
　駅務員
えきり　疫痢にかかる
えぐい　蘞い味
えくぼ　笑窪　＊靨
えぐる　抉る　＊刳る
えこう　先祖の回向
えこじ　依怙地になる
えことば　絵詞△
えこひいき　依怙贔屓
えごま　荏胡麻
えごよみ　絵暦
えさ　小鳥の餌
えし　絵師　＊画△師

　細胞が壊△死する
えしき　会式
えじき　餌食になる
えしゃく　会釈する
えしゃじょうり　会者定離
えず　絵図
えすがた　絵姿
えせ　似△非△学者
えそ　壊△疽
えぞ　蝦夷
えぞうし　絵双紙　＊絵草紙
えそらごと　絵空事
えだ　枝を折る
えたい　得体が知れない
えだうち　枝打ちをする
えだげ　枝毛

嬰
蘞
靨

え

えだにく　豚の枝肉
えだは　枝葉の問題
えだぶり　枝振りがいい
えだまめ　枝豆
えだみち　枝道に入る
えちご　越後の国
えちごじし　越後獅子
えちぜん　越前の国

エツ

[悦]エツ ―― 「―に入る」◇悦服・悦楽・喜悦・御満悦
[越]エツ こ-す・こ-える ―― 越境・越冬・越年・超越・優越
[閲]エツ ―― 閲兵・閲覧・閲歴・検閲・校閲
[謁(謁)]エツ ―― 謁見・拝謁

えっきょう　越境
えづけ　陶器の絵付け　猿の餌付け
えっけん　越権行為
えっする　法王に謁見する　国王に謁する　草稿を閲する
えっちゅう　越中の国
えっとう　南極で越冬する
えつどく　閲読する
えつなん　越南(ベトナム)
えつねん　郷里で越年する
えっぺい　閲兵式
えつらく　悦楽に浸る
えつらん　資料を閲覧する
えつりゅう　越流ダム
えつれき　閲歴を物語る
えて　得手不得手
えてかって　得手勝手
えてして　得てして
えと　干支
えど　穢土と浄土
えど　江戸時代
えとき　絵解きをする
えとく　要領を会得する
えどっこ　江戸っ子
えどまえ　江戸前のすし
えとろふ　択捉島
えな　胞衣
えにし　不思議な縁
えにっき　絵日記
えのき　榎
えのきだけ　榎茸
えのぐ　絵の具
えはがき　絵葉書
えび　海老　*蝦　*蛯
えびいろ　葡萄色
えびがに　蝦蟹　*海老蟹
えびす　夷　*戎　*胡　恵比寿　*恵比須　*蛭子
えびちゃ　海老茶　*葡萄茶
えびづる　蘡薁　*葡萄蔓
えびね　海老根　*蝦根(植物)
えひめ　愛媛県
えびら　箙を叩く
えほうまいり　恵方参り　*吉方参り
えぼし　烏帽子
えほん　絵本を見る
えま　絵馬を奉納する
えまき　源氏物語絵巻
えまきもの　絵巻物
えみ　笑みを浮かべる
えみわれる　笑み割れた毬《いが》
えもいわれぬ　得も言われぬ
えもの　獲物をねらう
えもんかけ　衣紋掛け

え

えら　鰓
えらい　偉△い人物
　豪△いことになる
えらぶ　議員を選ぶ　＊択△ぶ
　歌集を撰ぶ
えらぶつ　なかなかの偉物　＊豪△物
えらぶる　偉振る
えり　魞（漁の仕掛け）
　襟　＊衿を正す
えりあし　襟脚　＊襟足
えりかざり　襟飾り
えりがみ　襟髪をつかむ
えりくび　襟首をつかむ
えりぐり　襟刳り
えりごのみ　選△り好み
えりすぐる　選△りすぐる
えりぬき　選△り抜きの品
えりまき　狐の襟巻き
えりもと　襟元　＊衿元
えりもみさき　襟裳岬
えりわける　選△り分ける
える　勝利を得る・許可を―・地位を―
える　猟で鹿を獲る
　彫△る（ほりつける）
　よいのを選△る

エン

［円（人圓）］エン　まる-い　――「―を描く」◇円熟・円心・円卓・一円
［延］エン　の-びる・の-べる・の-ばす　―― 延々・延期・延長・延命・順延・遅延
［沿］エン　そ-う　―― 沿海・沿革・沿岸・沿線・沿道
［園（人薗）］エン　その　――「―の外」◇園芸・園長・公園・楽園
［遠］エン・（オン）　とお-い　―― 遠近・遠景・遠足・遠洋・遠来・永遠・敬遠
［塩（鹽）］エン　しお　―― 塩害・塩基・塩酸・塩田・食塩・製塩
［演］エン　―― 演技・演劇・演習・演出・演奏・講演
［炎］エン　ほのお　―― 炎暑・炎天・火炎
❖「焔」の書きかえにも。
［宴］エン　――「―を張る」◇宴会・宴席・酒宴・祝宴
［援］エン　―― 援軍・援助・応援・救援・声援・来援
［煙］エン　けむ-る・けむり・けむ-い　―― 煙雨・煙害・煙突・煙幕・喫煙・排煙
［猿］エン　さる　―― 猿人・意馬心猿・犬猿・野猿・類人猿
［鉛］エン　なまり　―― 鉛管・鉛直線・鉛筆・鉛分・亜鉛・黒鉛
［縁（人緣）］エン　ふち　――「親子の―」◇縁側・縁起・縁故・血縁
［怨］エン・オン　―― 怨恨
［媛］エン　―― 才媛
［艶（艷）］エン　つや　――「―をきそう」◇艶聞・艶名・妖艶
［人苑］エン　その　―― 苑池・御苑
［人堰］エン　せき　―― 堰堤
［人奄］エン　ひさ　―― 奄々・奄然
［人淵］エン　すえ・すけ・なみ・のぶ・ひろ・ふか・ふかし・ふち　―― 海淵・深淵
［人焔］エン　ほのお　―― 火焔・気焔
［人燕］エン　つばめ・てる・なる・やす・よし　―― 燕雀・燕尾服
［人鳶］エン　とび　―― 鳶肩

えんいん　返事が延引する
　援引する
えんう　戦争の遠因
　煙雨（霧雨）
えんえい　遠泳
えんえき　演繹と帰納

蟹
蘡
薁

えんえん　気息奄々
延々三日間
炎々と燃える
列が蜿蜒　＊蜒々と続く

えんおう　冤枉(無実の罪)を晴らす
鴛鴦(おしどり)の契り

えんか　円価の変動
円貨と交換する
塩化水素
煙霞　＊烟霞
演歌　＊艶歌
縁家(親類)
異物を嚥下する

えんかい　沿海航路
宴会を催す
遠海と近海

えんがい　円蓋(ドーム)
掩蓋貨車
塩害を受ける
精錬所の煙害

えんかいしょく　鉛灰色

えんかく　会社の沿革
遠隔の地

えんかつ　円滑に進む

えんがわ　縁側

えんかん　水道の鉛管

えんがん　沿岸漁業

えんき　会議を延期する
塩基
遠忌(真宗)

えんぎ　迫真の演技
三国志演義
縁起をかつぐ

えんぎしき　延喜式

えんぎもの　縁起物

えんきょく　婉曲に断る

えんぐみ　養子縁組|み

えんぐん　援軍を求める

えんげ　異物を嚥下する

えんけい　円形の花壇
遠景と近景

えんげい　園芸作物
上方の演芸

えんげき　演劇を楽しむ

えんげん　教育の淵源

えんこ　円弧を描く
縁故を頼る

えんご　援護する
掩護射撃

えんこうきんこう　遠交近攻

えんごく　遠国

えんこん　怨恨を抱く

えんさ　怨嗟の的

えんざ　円座　＊円坐

えんざい　冤罪を晴らす

えんさん　塩酸

えんざん　演算する

えんし　遠視と近視

えんじ　衍字(誤って入った不要の文字)
臙脂の洋服
幼稚園の園児

えんじゃ　能の演者
親類縁者

えんじゃく　燕雀安《いずく》んぞ鴻鵠《こうこく》の志を知らんや

えんじゅ　槐の木

えんしゅう　円周率
国文学の演習

えんじゅく　円熟した文体

えんしゅつ　演出する

えんしょ　炎暑の候
艶書を送る

えんじょ　援助をする

えんしょう　延焼を免れる
炎症を起こす

えんじょう　煙硝のにおい　艶笑文学　建物が炎上する
えんじる　主役を演じる
えんしん　延伸工事
えんじん　円陣を作る　猿人
えんしんりょく　遠心力
えんすい　円錐と角錐　塩水　鉛錘
えんずい　延髄
えんずる　主役を演ずる
えんせい　遠征する　厭世観
えんせき　宴席　*筵席　遠戚(遠い親戚)　縁戚(親戚)
えんせきがいせん　遠赤外線

えんぜつ　街頭で演説する
えんせん　東海道線沿線　厭戦思想
えんぜん　△宛然(さながら)　婉然(しとやか)　嫣然(にっこり)　艶然(あでやか)
えんそ　遠祖　塩素
えんそう　楽器を演奏する
えんぞう　塩蔵品
えんそく　遠足
えんたい　延滞利子
えんだい　遠大な計画　演説の演題　縁台将棋
えんたく　円卓会議
えんだて　円建て外債
えんだん　演壇に上がる　娘の縁談

えんちゃく　列車が延着する
えんちゅう　円柱
えんちょう　会期を延長する　園長
えんちょく　鉛直の線
えんづく　京都に縁付く
えんつづき　社長の縁続き
えんてい　堰堤(ダム)
えんてん　真夏の炎天
えんでん　塩田
えんてんか　炎天下
えんとう　円筒形　ボールの遠投
えんどう　沿道に並ぶ　豌豆の塩ゆで
えんどく　煙毒　鉛毒
えんとつ　煙突
えんにち　縁日の夜店
えんねつ　炎熱に焼かれる

えんねんのまい　延年の舞
えんのう　税を延納する　援農する　演能する
えんぱ　煙波　縹渺《ひょうびょう》
えんばく　燕麦
えんばん　空飛ぶ円盤　鉛版
えんび　艶美な女性
えんぴ　猿臂を伸ばす
えんぴつ　鉛筆を削る
えんびふく　燕尾服
えんぶ　演武場(武術)　演舞場(舞)
えんぶきょく　円舞曲
えんぷくか　艶福家
えんぶん　塩分の多い食事

鴛
鴦
臙

艶聞が絶えない
えんぺい　掩蔽する
援兵を求める
えんぼう　深慮遠謀
えんぽう　遠方へ旅行する
えんま　閻魔大王
えんまく　煙幕を張る
えんまん　円満な人柄
えんむ　煙霧
えんむすび　縁結びの神
えんめい　延命をはかる
えんもく　演目（上演目録）
えんや　艶冶な姿
えんゆうかい　園遊会
えんよう　援用する
遠洋漁業
えんらい　遠来の客
遠雷のとどろき
えんりえど　厭離穢土
えんりょ　遠慮する
えんるい　塩類泉
縁類（親類）
えんれい　艶麗な姿
えんろ　遠路はるばる

お

オ

［悪（人悪）］オ・アク　わる-い ―― 悪寒・嫌悪・好悪・憎悪
［汚］オ　けが-す・けが-れる・けが-らわしい・よご-す・よご-れる・きたな-い ―― 汚職・汚点・汚物・汚名
［人於］オ　おき ――

お　小暗い
尾を引く
御△菓子
雄・*牡牛

兜《かぶと》の緒
おあい　汚穢
おあいそ　お愛想を言う
おあずけ　お預けを食う
おい　老いの一徹
笈を負う
甥と姪《めい》
おいあげる　追い上げる
おいうち　追い打ち　*追い討ち
おいえげい　御△家芸
おいえりゅう　御△家流の書道
おいおとす　追い落とす
*追落す
おいかえす　追い返す
おいかける　追い掛ける
おいかぜ　追い風
おいかわ　追河　*追川（川魚）
おいごえ　追い肥を施す
おいこし　追い越し禁止
おいこす　追い越す
おいこみ　追い込み
おいこむ　急に老い込む
窮地に追い込む
おいさき　老い先短い
おいしい　美△味△しい料理
おいしげる　草が生い茂る
おいすがる　追い縋る
おいせん　盗人に追い銭
おいだき　御飯の追い炊き
風呂の追い焚き
おいだす　追い出す
おいたち　生い立ちの記
おいつく　追い付く　*追い着く

お

おいつめる　追い詰める
おいて　追い風　*追い手
おいて　京都に於て開催　彼を措いて人はない
おいで　御出でを願う
おいぬく　追い抜く
おいはぎ　追い剝ぎ　*追剝
おいばら　追い腹を切る
おいはらう　追い払う
おいぼれ　老い耄れ
おいまくる　追い捲られる
おいまわす　猫を追い回す
おいめ　負い目がある
おいやる　追い遣る
おいらく　老いらくの恋
おいらせがわ　奥入瀬川
おいらん　花魁道中

おいる　老いても壮《さか》ん
おいわけ　追分節

オウ

[王]オウ —「百獣の—」◇王位・王子・王室・王朝・帝王
[央]オウ — 月央・震央・中央
[応]（人應）オウ こた-える —「否も—もない」◇応接・応用・反応
[往]オウ — 往還・往時・往診・往年・往復・往来・以往
[皇]オウ・コウ — 皇子・教皇・勤皇・天皇・法皇
[桜]（人櫻）オウ さくら — 桜花・観桜
[黄]（人黃）オウ・コウ き・(こ) — 黄金・黄銅・卵黄
[横]（人橫）オウ よこ — 横死・横断・横着・横転・横領・縦横・専横
[凹]オウ —「—の面」◇凹凸・凹版・凹面鏡
[押]オウ お-す・お-さえる — 押印・押韻・押収・押送・花押
[欧]（歐）オウ — 欧州・欧文・欧米・西欧・渡欧
[殴]（毆）オウ なぐ-る — 殴殺・殴打
[翁]オウ —「—の業績」◇白頭翁・老翁
[奥]（人奧）オウ おく — 奥羽・奥義・奥州・深奥・秘奥
[旺]オウ — 旺盛
[人凰]オウ・コウ おおとり — 鳳凰
[人襖]オウ ふすま —
[人鴨]オウ かも・まさ —
[人鷗]オウ かもめ — 白鷗・森鷗外

おう　荷を負う　後を追う　年を逐って発展する　峰に生うる松
おうい　王位を継承する
おういつ　元気が横溢する
おういん　署名押印　漢詩の押韻
おうう　奥羽地方
おうえん　選手を応援する
おうおう　往々にして見る　快々として楽しまず
おうか　欧化思想　桜花爛漫《らんまん》　青春を謳歌する　枉駕の栄に浴す
おうが　横臥する
おうがい　森鷗外の小説

閻　耄　鷗

おうかくまく　横隔膜
おうかん　王冠を戴く
　車馬の往還
おうぎ　扇であおぐ
おうぎ　奥義を究める
おうぎし　王羲之
おうきゅう　王宮
　応急の処置
おうけ　王家の出
おうけん　王権を確立する
おうこ　往古を顧みる
おうこう　王侯貴族
　夜盗が横行する
おうこく　スペイン王国
おうごん　黄金時代
おうざ　王座を占める
おうさかやま　逢坂山
おうさつ　殴殺する
　鏖殺（皆殺し）
おうさま　王様

おうし　雄牛 *牡牛
おうし　横死する
おうじ　王子（王の男子）
　皇子（天皇の男子）
　往事は夢の如し
　往時を回顧する
おうしつ　王室
おうじつ　往日の面影なし
おうじゃ　王者の貫禄
おうじゃく　尪弱 *尫弱（弱々しい）
おうしゅう　やじの応酬
　証拠を押収する
おうしゅう　欧州共同体
　奥州街道
おうじゅく　麦が黄熟する
おうじゅほうしょう　黄綬褒章
おうじょ　王女（王の女子）
　皇女（天皇の女子）

おうしょう　王将
　応召する
おうじょう　王城の地
　極楽往生
おうじょうぎわ　往生際が悪い
おうしょく　黄色人種
おうじる　要求に応じる
おうしん　往信と返信
　往診時間
おうす　△御薄とお濃茶
おうずる　要求に応ずる
おうせ　逢瀬を楽しむ
おうせい　王制を廃止する
　王政復古
　旺盛な知識欲
おうせき　往昔
おうせつ　応接室
おうせん　応戦する
おうそう　四人を押送する

おうぞく　王族
おうだ　殴打する
おうたい　客に応対する
　黄体ホルモン
　二列横隊
おうだく　勧告を応諾する
　河川が黄濁する
おうだん　黄疸
　道路を横断する
おうだんまく　横断幕
おうち　凹地
おうち　楝の花
おうちゃく　横着な人
おうちょう　王朝時代
おうて　王手をかける
おうてん　車が横転する
おうと　嘔吐を催す
おうど　王土
おうどいろ　黄土色
おうとう　王党派

お

質疑応答
おうとう　桜桃（さくらんぼ）
おうどう　王道と覇道
黄道吉日
黄銅
おうとつ　凹凸
おうな　媼　＊嫗
おうなつ　印形を押捺する
おうねん　往年の名子役
おうのう　懊悩を語る
おうばくしゅう　黄檗宗
おうはん　凹版で印刷する
おうひ　王妃
奥秘を伝授する
おうふう　欧風の様式
おうふく　往復の運賃
おうぶん　応分の寄付
欧文活字
おうへい　横柄に構える
おうべい　欧米諸国

おうぼ　応募する
おうほう　因果応報
おうぼう　横暴な振る舞い
おうまがとき　逢魔が時
おうみ　近江八景
おうむ　鸚鵡
おうめ　青梅市
おうめんきょう　凹面鏡
おうよう　応用がきく
鷹揚にうなずく
おうらい　往来が激しい
往来に水をまく
おうりょう　公金を横領する
おうりん　黄燐マッチ
おうろ　往路と復路
おえしき　御会式
おえつ　嗚咽の声
おえる　終える　＊了える　＊卒える
おお　大人数

おおあざ　大字と字《あざ》
おおあじ　大味な魚
おおあたり　大当たり
おおあな　大穴をねらう
おおあばれ　大暴れをする
おおあめ　大雨注意報
おおあれ　大荒れ
おおあわて　大慌て
おおい　覆い　＊被い
おおい　人が多い
おおいかぶさる　覆い被さる
おおいがわ　大井川
おおいしくらのすけ　大石内蔵助
おおいた　大分県
おおいちばん　大一番の取組
おおいちょう　大銀杏に結う
おおいなる　大いなる喜び

おおいに　大いに笑う
おおいばり　大威張り
おおいり　大入り満員
おおう　顔を覆う　＊被う　＊蓋う　＊掩う
目を蔽う
おおうつし　大写しにする
おおうりだし　大売り出し
おおおかえちぜんのかみ　大岡越前守
おおおく　大奥
おおがかり　大掛かり
おおがき　大垣市
おおかぜ　大風が吹く
おおかた　大方出来上がる
大方の意見

羲
鸚
鵡

おおがた　大形の鳥　大型の自動車
おおかみ　狼の群れ
おおがら　大柄な男
おおかわ　大鼓△（「太鼓《たいこ》」とは別）
おおきい　望みが大きい　*巨△きい
おおきな　大きな木
おおきみ　大君
おおきめ　大き目に切る
おおぎょう　大仰　*大形な身振り
おおぎり　大切り　*大喜利
おおぐい　やせの大食い
おおぐち　大口の寄付
おおくにぬしのみこと　大国主命△
おおくましげのぶ　大隈重△信△

おおぐらい　大食らい
おおくらしょう　大蔵省
おおげさ　大袈裟な表現
おおごしょ　文壇の大御所
おおごと　大事になる
おおさか　大阪府　❖近世は「大坂」。
おおざけのみ　大酒飲み
おおさじ　大匙一杯
おおざっぱ　大雑把な計算
おおさわぎ　大騒ぎになる
おおじ　都大路
おおしい　雄々しい　*男△々しい
おおしお　大潮と小潮
おおじかけ　大仕掛|け
おおじしん　大地震
おおじだい　大時代な見方
おおしまつむぎ　大島紬

おおじょたい　大所帯
おおすじ　大筋をつかむ
おおすみ　大隅の国
おおずもう　大相撲
おおせ　仰せごもっとも
おおぜい　大勢の人々
おおぜき　大関
おおせつかる　仰せ付かる
おおせる　隠し果△せる　*遂△せる
おおそうじ　大掃除をする
おおそとがり　大外刈|り
おおだい　大台に乗る
おおだすかり　大助かり
おおたちまわり　大立ち回|り
おおだて　大館△市
おおだてもの　大立て|者
おおたどうかん　太田道灌
おおつ　大津市

おおづかみ　大摑みに言う
おおつごもり　大晦
おおづつ　大筒
おおつづみ　大鼓
おおっぴら　大っぴら
おおづめ　大詰|めになる
おおて　大手の業者
おおで　大手を振って
おおど　大戸をおろす
おおどうぐ　大道具
おおどおり　大通|り
おおどか　大どかな性格
おおどころ　業界の大所
おおどし　大年（大晦日《おおみそか》）
おおとものやかもち　大伴△家持
おおとり　大鳥　*鳳　*鵬　*鴻
おおとりもの　大捕|り物
おおなた　大鉈を振るう

おおばこ　車前草の花
おおはば　大幅な値上げ
おおはらい　大祓
❖「おおはらえ」とも。
おおばん　大判と小判
大判の雑誌
大番の足袋
おおばんぶるまい　大盤振舞
❖「椀飯振舞《おうばんぶるまい》」とも書く。
おおびけ　大引け
おおふう　大風な態度
おおぶね　大船に乗った気
おおぶり　大振りの品
大降りになる
おおぶろしき　大風呂敷
おおべや　大部屋
おおまか　大まかな区分

おおまた　大股に歩く
おおまわり　大回りになる
おおみえ　大見え　*大見得を切る
おおみず　大水が出る
おおみそか　大晦日
おおむかし　大昔の話
おおむぎ　大麦
おおむこう　大向こう
おおむた　大牟田市
おおむね　概ね良好
おおめ　大目に見る
多目に準備する
おおめだま　大目玉を食う
おおもて　大持てする
おおもと　大本を揺るがす
おおもの　政界の大物
おおや　大家　*大屋
おおやけ　公の場に出る
おおやしま　大八洲（日本の古称）

おおゆき　大雪
おおよう　大様にうなずく
❖「鷹揚《おうよう》」とも書く。
おおよそ　大凡の見当
おおよろこび　大喜びをする
おおわざ　大技
おおわらわ　準備に大童だ

おか

【岡】―（おか）―　岡山県・静岡県・福岡県

おか　丘　*岡
陸に上がった河童《かっぱ》
おかあさん　お母さん
おがくず　大鋸屑
おかくれ　御隠れになる
おかげ　お陰　*お蔭

おかしい　可笑しい話
可怪しい挙動
おかしらつき　尾頭付きの鯛
おかす　過ちを犯す・法を―
権利を侵す　*犯す・国境を―
病魔に侵される
危険を冒す・尊厳を―
おがたこうあん　緒方洪庵
おがたこうりん　尾形光琳
おかっぱ　お河童頭
おかっぴき　岡っ引き
おかづり　陸釣り
おかどちがい　お門違い

灌
鵬
鋸

お

おがはんとう　男鹿半島
おかぶ　お株を奪う
おかぼ　陸稲
おかぼれ　岡惚れする
おかまい　お構いなく
おかみ　料亭の女将
　御内儀さん
　御上の命令
おがみたおす　拝み倒す
おがむ　日の出を拝む
おかめ　阿亀ひょっとこ
おかめはちもく　傍目八目
　＊岡目八目
おかもち　出前の岡持ち
おかやま　岡山県
おかゆ　陸湯を使う
おから　雪花菜
おがら　麻幹　＊苧殻
おがわ　小川のせせらぎ
おかわり　お代わり

おかん　悪寒がする
おかん　お燗をつける
おかんむり　お冠になる
おき　沖の小島
　一日置き
　熾　＊燠を掻き立てる
おき　隠岐の国
おぎ　荻
おきあい　沖合い漁業
おきあがりこぼし　起き上がり小法師
　＊起上り小法師
おきあがる　起き上がる
おきいし　置き石
おきかえる　置き換える
おきがさ　置き傘
おきご　置き碁
おきざお　置き竿にする

おきざり　置き去り
おきづり　沖釣り
おきて　掟を破る
おきてがみ　置き手紙
おきどけい　置き時計
おきな　翁の面
おぎない　補いをつける
おぎなう　欠陥を補う
おきなかし　沖仲仕
おきなわ　沖縄県
おきぬけ　起き抜けの顔
おきば　置き場
おきび　熾火　＊燠火
おきびき　置き引き　＊置引
おきふし　起き伏し　＊起き臥し
おきまり　お決まりの話
おきみやげ　置き土産
おきもの　床の間の置物

おきや　置き屋
おきゃん　お俠な娘
おぎゅうそらい　荻生徂徠
おきる　起きる
おきわすれる　置き忘れる

オク

[屋] オク や ― 「屋上―を架す」◇屋外・屋舎・屋内・家屋
[億] オク ― 億万長者・一億円・巨億
[憶] オク ― 憶説・憶測・憶念・記憶・追憶
[臆] オク ― 臆説・臆測・臆病

おく　奥の座敷
おく　言わずには措かない
　物を置く
❖「…ておく」は仮名書きがふつう。

お

筆を擱く
おくがき　奥書
おくがた　奥方
おくぎ　奥義を究める
おくざしき　奥座敷
おくさま　奥様
おぐし　御髪
おくじょちゅう　奥女中
おくする　気が臆する
おくせつ　憶説　*臆説
おくそく　憶測　*臆測
おくそこ　心の奥底
おくだん　憶断　*臆断
おくち　奥地に分け入る
おくつき　奥津城(墓)
おくづけ　奥付
おくて　早生《わせ》と晩生　*奥手　早稲《わせ》と晩稲
おくでん　茶道の奥伝

おくない　屋内練習場
おくのいん　奥の院
おくのて　奥の手を出す
おくのほそみち　奥の細道
おくば　奥歯
おくび　噯気にも出さぬ
おくびょう　臆病　*憶病
おくふかい　奥深い山
おくまる　奥まった座敷
おくまん　億万長者
おくみ　衽　*袵
おくむき　奥向き
おくめん　臆面もなく
おくやみ　お悔やみ
おくゆかしい　奥床しい人柄
おくゆき　奥行きが深い
おくら　お蔵になる
おぐらあん　小倉餡
おぐらい　小暗い森

おくらせる　出社時間を遅らせる　時計の針を後らせる
おくり　送りに行く
おくりかえす　送り返す　*送り還す
おくりがな　送り仮名
おくりさき　送り先
おくりじょう　送り状
おくりとどける　送り届ける
おくりな　贈り名　*諡
おくりぬし　荷物の送り主　花束の贈り主
おくりび　送り火をたく
おくりぼん　送り盆と迎え盆
おくりもの　贈り物
おくる　荷物を送る・順に席を―

お祝いを贈る・位を―
おくれ　人に後れをとる　列車の遅れ
おくれげ　後れ毛
おくればせ　後れ馳せ　*遅れ馳せながら
おくれる　文化が後れる・流行に―・時計が―　完成が遅れる・列車が―・会合に―
おけ　桶に水を汲む
おけはざま　桶狭間の戦い
おけら　朮　*白朮(植物)　螻蛄になる(動

燠

擱

諡

物）
おけらまいり　朮詣△り　＊白△朮詣△り
おける　国に於ける法
おこ　烏滸　＊尾籠△の沙汰
おこうりょう　御△香料
おこえがかり　お声掛かり
おこがましい　烏滸がましい
おこし　粟《あわ》の粔籹
おこし　お越しを願う
おこしいれ　お輿入れ
おこす　体を起こす・訴訟を—・朝早く—
　産業を興す
　炭火を熾△す
おこぜ　鰧△　＊虎魚△（魚）
おごそか　厳かな儀式

おこそずきん　お高△祖頭巾
おこたり　万事怠りない
おこたる　努力を怠る
おこない　行い　＊行ない　が悪い
おこなう　行う　＊行なう
おこなわれる　行われる　＊行なわれる
おこのみやき　お好み焼き　＊お好焼
おこぼれ　お零△れ
おこもり　御△籠もり
おこり　物事の起こり
　瘧△を病む（マラリア）
おごり　奢△りを極める
　心の驕△り
おこる　火のように怒る
おこる　事件が起こる

　国が興る
　炭火が熾△る
おごる　口が奢△る
　心が驕△る　＊傲△る　＊倨△る
おこわ　御△強△を炊《た》く
おさ　村の長
　筬△（機織《はたお》り）
おさえ　押さえ　＊抑え
おさえこむ　押さえ込む
おさえる　端を押さえる・要点を—
　証拠を—
　物価を抑える・怒りを—
　要求を—
おさがり　姉のお下がり
おざきこうよう　尾崎紅葉
おさきぼう　お先棒を担ぐ
おさげがみ　お下げ髪

おさだまり　お定まり
おさつ　御△札
おさと　お里が知れる
おさない　幼い　＊稚△い子供
おさながお　幼顔が残る
おさなご　幼子　＊幼児△
おさなともだち　幼友達
おさななじみ　幼馴△染み
おざなり　お座なりな返事
おさふね　備前長△船（刀）
おさまり　収まりがつく
おさまりかえる　納まり返る
おさまる　出土品が博物館に収まる・争いが—・痛みが—
　品物が納まる・国庫に—
　国が治まる・痛

みが―
素行が修まる

おさめ　納めの会

おさめる　収める・効果を―
成功を―・目録に―・混乱を―・財布に―・写真に―
納める・税を納める・品物を―・胸に―
治める・領地を治める
修める・学を修める

おさらい　お浚いをする

おさらいかい　お浚い会　*温習会

おし　押しが強い
圧し・沢庵《たくあん》の圧し
唖

おじ　伯父（父母の兄）
叔父（父母の弟）

おしあいへしあい　押し合い圧し合い

おしい　命が惜しい

おじいさん　お祖父さん　隣のお爺さん

おしいただく　押し頂く　*押し戴く
会長に推し戴く

おしいる　強盗が押し入る

おしいれ　押し入れ　*押入

おしうり　押し売り　*押売

おしえ　教えを守る
押し絵の羽子板

おしえご　教え子

おしえる　英語を教える

おしおき　お仕置き

おしかける　押し掛ける

おしかはんとう　牡鹿半島

おしがる　物を惜しがる

おしき　折敷

おじぎ　お辞儀をする

おしきせ　お仕着せの服

おしきる　反対を押し切る

おしくらまんじゅう　押しくら饅頭

おしげ　惜しげ　*惜し気もない

おじけ　怖じ気づく

おじける　怖じける

おしこむ　中に押し込む

おしころす　声を押し殺す　*圧し殺す

おじさん　隣の小父さん

おしずし　押し鮨

おしすすめる　前に押し進める
計画を推し進める

おしせまる　押し迫る

おしたおす　棒を押し倒す

おしたじ　お下地（醤油《しょうゆ》）

おしだす　外へ押し出す

おしたてる　押し立てる

おしだまる　押し黙る

おしちや　御七夜

おしつけがましい　押し付けがましい

おしつける　押し付ける

おしつまる　押し詰まる

おして　押してたのむ
推して知るべし

おしとおす　押し通す

輿
臙
瘧

おしどり　鴛鴦△夫婦
おしなべて　押し並△べて
おしのける　押し退△ける
おしのび　お忍びで行く
おしはかる　推し量る
おしばな　押し花
おしひろげる　押し広げる
おしべ　雄蕊と雌蕊
おしぼり　お絞り
おしまい　お仕舞△い　*お終△い
おしむ　別れを惜しむ
おしめ　襁褓
おしめり　いいお湿りだ
おしもおされもせぬ　押しも押されもせぬ
おしもどす　押し戻す
おしもんどう　押し問答
おしゃか　お釈△迦になる

おしゃく　お酌をする
おしゃべり　お喋△りな人
おしやる　押し遣△る
おしゃれ　お洒落△な人
おしょう　寺の和尚
おじょうさん　お嬢さん
おしょうばん　お相伴をする
おしょく　汚職を摘発する
おじょく　汚辱をこうむる
おしよせる　押し寄せる
おじる　ものに怖△じる
おしろい　白粉△をつける
おしろいばな　白粉△花
おしん　悪心△がする
おしんこ　お新香
おす　雄　*牡
おす　ベルを押す
おす　漬物石で圧△す
おす　印を捺す
　　　会長に推す

おすい　汚水を処理する
おずおず　怖△ず怖△ず
おすそわけ　お裾分けする
おすまし　お澄まし
おすみつき　お墨付き
おせいぼ　御歳△暮
おせおせ　押せ押せ
おせじ　お世辞を言う
おせちりょうり　お節料理
おせっかい　お節介な人
おせん　大気が汚染する
おぜんだて　お膳立て
おそ　悪阻（つわり）
おそい　今からでは遅い
　　　夜晩△い
おそいかかる　襲い掛かる
おそう　敵を襲う・名を—
おそうまれ　遅生まれ

おぞけ　怖△気をふるう
おそざき　遅咲きの桜
おそじも　遅霜△が降りる
おそなえ　御供え
おそばん　遅番と早番
おそまき　遅蒔きながら
おそまつ　お粗末な演奏
おそらく　恐らく晴れる
おそるおそる　恐る恐る進む

おそれ
［虞］おそれ　—「豪雨の—」

おそれ　恐れ　*畏れ
おそれいる　恐れ入る　*畏れ入る
おそれおおい　恐れ多い　*畏れ多い
おそれざん　恐山
おそれながら　恐れながら

おそれる　＊畏れながら　死を恐れる　＊怖れる　＊懼れる　神を畏れる
おそろしい　恐ろしい話
おそわる　英語を教わる
おそわれる　悪夢に魘われる
おだいもく　御題目を唱える
おたがいさま　お互い様
おたがいに　お互いに
おだく　汚濁に満ちる
おたけび　雄叫び
おたずねもの　お尋ね者
おたちあい　お立ち合い
おたっし　御達し
おだて　煽てに乗る
おだてる　先輩を煽てる

おたな　お店
おだのぶなが　織田信長
おたびしょ　御旅所
おたふく　阿多福
おだぶつ　お陀仏になる
おだまき　苧環の花
おたまじゃくし　お玉杓子　＊科斗　＊蝌蚪
おたまや　御霊屋
おためごかし　お為ごかし
おだやか　穏やかな人柄
おたる　小樽市
おだわら　小田原市
おち　話に落ちがつく
おちあう　駅で落ち合う
おちあゆ　落ち鮎
おちいる　危機に陥る
おちうど　平家の落人
おちおち　落ち落ち眠れない

おちくぼむ　目が落ち窪む
おちこち　遠近の空に響く
おちこぼれ　落ち零れ
おちこむ　業績が落ち込む
おちつき　落ち着き
おちつく　心が落ち着く
おちど　落ち度がない
おちのびる　落ち延びる
おちば　落ち葉を焚く
おちぶれる　落ちぶれる　＊零落れる　＊落魄れる
おちぼ　落ち穂を拾う
おちむしゃ　落ち武者
おちめ　落ち目になる
おちゃ　お茶を飲む
おちゃうけ　お茶請け
おちゃのこ　お茶の子
おちゃや　御茶屋

おちゅうど　平家の落人
おちょうしもの　お調子者
おちょこ　お猪口になる
おちる　落ちる　＊墜ちる　＊堕ちる　恋に陥ちる

オツ
[乙]オツ　―「―な味」「―に澄ます」◇乙種・甲乙

おつ　巨星墜つ
おつかいもの　御遣い物
おっかける　追っ掛ける
おつき　お付きの人
おっくう　億劫になる
おつくり　鯛のお作り　＊お造り

蕊
襁
魄

お

おつげ　神のお告げ
おっしゃる　仰△しゃる　*仰△有△る
おっつけ　追っ付け来るでしょう
おっつける　押っ付ける
おって　追っ手
おって　追って　*逐△って通知する
おってがき　追って書き　*追而書き
おっと　夫　*良△人△と妻
おつとめ　お勤めに出る
おつとめひん　お勤め品
おっとりがたな　押っ取り刀　*押取刀
おつな　乙な味
おつに　乙に澄ます
おっぱらう　猫を追っ払う
おつむ　お頭△がいい

おつゆ　お汁△
おつり　十円のお釣り
おてあげ　お手上げだ
おでい　下水の汚泥
おてだま　お手玉
おてまえ　御△手前（そなた）　お茶の御点前
おてもと　御△手元　*御△手許△（箸）
おてもり　お手盛り予算
おてやわらか　お手柔らか
おてん　汚点を残す
おてんとうさま　お天道様
おてんば　お転婆な娘
おと　音を立てる
おとうさん　お父さん
おとうと　弟
おとうとでし　弟弟子
おとおし　お通し
おとがい　頤をはずす

おどかす　脅かす　*威△かす　*嚇△かす
おとぎ　お伽の国
おとぎばなし　お伽噺
おとこ　男
おとこぎ　男気　*俠気
おとこざかり　男盛り
おとこだて　男伊達△
おとこっぷり　男っ振り
おとこで　男手が無い
おとこなき　男泣きに泣く
おとこまえ　男前が上がる
おとこまさり　男勝りの母親
おとこやもめ　男鰥
おとさた　音沙汰が無い
おどし　脅し　*威△し　*嚇△し　よろいの縅
おとしあな　落とし穴　*陥△穽

おとしいれる　人を陥れる
おとしだね　落とし胤
おとしだま　御年玉
おとしぶた　落とし蓋
おとしぶみ　落とし文
おとしまえ　落とし前
おとしめる　人を貶める
おとしもの　落とし物
おどしもんく　脅し文句
おとしゅ　落とし湯
おとす　金を落とす
おとす　城を陥△す
おどす　人を脅す　*威△す　*嚇△す　縅す
おとずれ　春の訪れ
おとずれる　母校を訪れる
おととい　一△昨△日
おととし　一△昨△年

おとな　大人　*成△人△
おとなう　訪△う人も無い
おとなげない　大人気無い
おとなし　音無しの構え
おとなしい　大人しい　*温△和△しい
おとひめ　竜宮の乙△姫さま
おとめ　乙女　*少女
おとも　お供　*お伴△
おどらす　噂に踊らされる
　胸を躍らす
おとり　囮を使う
おどり　踊りを習う
おどりかかる　躍り掛かる　*躍掛る
おどりこ　踊り子
おとりさま　お酉様
おどりじ　踊り字（繰り返し符号）
おどりば　踊り場

おとる　能力が劣る
おどる　ワルツを踊る
　胸が躍る
おどろ　髪を棘に乱す
おとろえ　衰えを見せる
おとろえる　健康が衰える
おどろかす　世間を驚かす
おどろき　驚きの目で見る
おどろきいる　驚き入る
おどろく　物音に驚く　*愕く　*駭く
おないどし　同い年
おなか　お腹△が痛い
おなご　女△子
おなさけ　お情け
おなじ　同じ
おなじく　卒業生A、同じくB
おなじみ　お馴染みの顔
おなみ　男△波に女波

おなんどいろ　御△納戸色
おに　鬼は外、福は内
おにがらやき　鬼殻焼
おにがわら　鬼瓦
おにぎり　お握り
おにごっこ　鬼ごっこ
おにばば　鬼婆△
おにび　鬼火が燃える
おにもつ　お荷物になる
おにやらい　鬼遣らい　*追△儺
おぬし　お主
おね　尾△根伝い
おねり　御△練り（祭礼の行列）
おねんが　御△年賀
おの　斧△を入れる
おの　己△
おのおの　各△　*各々
おのがじし　己△がじし

おのこ　男△
おのずから　自△ら明らか
おのずと　自△と明らか
おののく　恐怖に戦△く
おののこまち　小野小町
おのみ　鯨の尾△の身
おのみち　尾道市
おのれ　己を捨てる
おば　伯母（父母の姉）
　叔母（父母の妹）
おばあさん　お祖△母さん
　隣のお婆△さん
おはぐろ　お歯△黒　*鉄漿
おばけ　お化けが出る
おはこ　十八番
おばさん　隣の小母△さん
おはじき　お弾△き

鰥
縅
漿

お

おばしま　欄△（てすり）
おはしょり　お端△折△り
おばすてやま　姨△捨山
おはち　お鉢△が回る
おはつほ　お初穂
おばな　尾花（すすき）
おはなし　お話をする
お話しする
❖「話す」の丁寧語の場合は送り仮名が必要。
おはよう　お早う
おはらい　御△祓い
おはらいばこ　お払い|箱
*御△祓箱
おび　帯を結ぶ
おびあげ　帯揚|げ
おびいわい　帯祝|い
おびえる　物に脅△える
*怯える

おびがみ　帯紙
おびがわ　帯側
おびきだす　敵を誘△き出す
おびきよせる　誘△き寄せる
おひざもと　将軍のお膝下
*お膝元
おびじ　金襴緞子《きんらんどんす》の帯地
おびじめ　帯締|め
おひたし　春菊のお浸し
おびただしい　夥しい人出
おひつ　お櫃を空にする
おひつじざ　牡羊座
おびどめ　帯留|め
おひとよし　お人好△し
おびな　男雛△と女雛
おひなさま　お雛様を飾る
おひねり　お捻りを貰う
おびひろ　帯広市
おびふう　新聞の帯封
おひや　お冷や

おびやかす　平和を脅△かす
おひゃくど　お百度を踏む
おひらき　お開きにする
おびる　使命を帯びる
刀を佩びる
おひれ　話に尾鰭がつく
おびれ　魚の尾鰭
おひろめ　お披露目の席
おぶう　子を負△ぶう
おふくろ　お袋△の味
おぶさる　母に負△ぶさる
おふせ　御△布施を包む
おふだ　神社の御△札
おぶつ　汚物の処理
おぶね　小舟△
おふれ　御△触れを出す
おぼえ　覚えがよい
おぼえがき　覚え|書き　*覚書
おぼえこむ　覚え込む

おぼえる　仕事を覚える
単語を憶△える
おぼこ　未通△女
おぼしい　犯人と思△しい男
おぼしめし　思し|召し　*思召
おぼしめす　思し|召す
おぼつかない　覚△束無|い
おぼれじに　溺れ死|に
おぼれる　川で溺れる
おぼろ　月が朧にかすむ
おぼろげ　朧気な記憶
おぼろづきよ　朧月夜
おぼろよ　春の朧夜
おぼん　お盆の中日《ちゅうにち》
おまいり　お参り　*お詣△りをする
おまえ　お前
おまけ　百円のお負△け
おまけに　お負△けに雨が

降り出した

おまちどおさま　お待ち遠様

おまつり　御祭り　御祭り騒ぎ

おまもり　御守り　御守りの札

おまわりさん　お巡りさん

おみあし　御御足　*おみ足

おみえ　お見えになる

おみおつけ　おみお付け

おみき　お神酒

おみくじ　御神籤　*御籤

おみこし　御神輿　御神輿を担ぐ

おみそれ　お見逸れ　お見逸れする

おみなえし　女郎花

おみわたり　御神渡り

おむすび　お結び

おむつ　お襁褓

おめい　汚名　汚名をそそぐ

おめく　喚く（叫ぶ）

おめし　御召し　御召しの着物

おめしかえ　御召し替え

おめしもの　御召し物

おめずおくせず　怖めず臆せず

おめでとう　お目出度う　*お芽出度う

おめにかかる　お目に掛かる

おめみえ　お目見え　*御目見得

おめもじ　お目もじ　*御目文字

おも　若者が主だ　川の面

おもい　思い　*想い

おもい　荷物が重い

おもいあがる　思い上がる

おもいあたる　思い当たる

おもいあまる　思い余る

おもいいたる　思い至る

おもいいれ　思い入れ

おもいうかべる　思い浮かべる

おもいおこす　思い起こす

おもいおもい　思い思い

おもいかえす　思い返す

おもいがけない　思い掛けない

おもいきって　思い切って

おもいきる　進学を思い切る

おもいこむ　思い込む

おもいしる　思い知る

おもいすごし　思い過ごし

おもいだす　昔を思い出す　*想い出す

おもいたつ　急に思い立つ

おもいちがい　思い違い

おもいつく　ふと思い付く

おもいつめる　思い詰める

おもいで　思い出　*想い出

おもいどおり　思い通り

おもいとどまる　思い止まる

おもいなおす　思い直す

おもいなしか　思い做しか

おもいのこす　思い残す

おもいのたけ　思いの丈

おもいのほか　思いの外安い

おもいめぐらす　思い巡らす

おもいもうける　思い設けぬ結果

櫃　鰭　朧

おもいもよらない　思いも寄らない
おもいやり　思い遣△り
おもいわずらう　思い煩う
おもう　思う　＊想△う　＊惟△う　＊念△う　＊憶△う
おもうさま　思う様暴れる
おもうぞんぶん　思う存分
おもうつぼ　思う壺
おもおもしい　重々しい口調
おもがい　面繋を掛ける
おもかげ　母の面影　＊俤
おもかじ　面舵をとる
おもがわり　面変わりする
おもくるしい　重苦しい空気
おもさ　重さを量る
おもざし　母の面差し

おもし　重し　＊重石△
おもしろい　面白い話
おもたい　重たい気分
おもだか　沢瀉△(多年草)
おもだち　面立ちが似る
おもだつ　主立った　＊重立った人々
おもちゃ　玩△具△の自動車
おもて　表　裏と表・―で遊ぶ　面を曇らせる・―を伏せる
おもてがき　手紙の表書き
おもてかた　劇場の表方
おもてかんばん　表看板
おもてげい　表芸と裏芸
おもてげんかん　表玄関
おもてざた　表沙汰になる
おもてじ　服の表地
おもてだつ　表立った動き
おもてむき　表向きの理由

おもてもん　表門と裏門
おもと　万△年△青△の葉
おもとに　恵美子様御△許△に(女性の手紙の脇付)
おもな　主な　＊重な人々
おもなが　面長の人
おもに　主に学生が読む
おもに　重荷になる
おもねる　大衆に阿△る
おもはゆい　面映△ゆい
おもみ　重みを増す
おもむき　趣が深い
おもむく　任地に赴く
おもむろに　徐△ろに話す
おももち　不安な面持ち
おもや　母屋　＊母家
おもやつれ　面窶れする
おもゆ　重湯
おもり　子供のお守り　鉛の重り　＊錘

おもわく　思惑　＊思わく
おもわしい　思わしい結果が出ない
おもわすれ　面忘れする
おもわせぶり　思わせ振り
おもんじる　信用を重んじる
おもんずる　信用を重んずる
おもんぱかる　将来を慮△る
おもんみる　つらつら惟△るに
おや　親と子
おやがかり　親掛かり
おやかた　親方
おやがわり　親代わり
おやこ　親子の縁
おやご　親御さん
おやこうこう　親孝行な娘
おやこづれ　親子連れ

おやじ　親父△ *親仁△ 茶店の親爺
おやしお　親潮と黒潮
おやしらず　親知らず
おやすみ　お寝△みなさい
おやだま　親玉
おやつ　お八つ
おやばなれ　親離れする
おやふこう　親不孝
おやぶん　親分と子分
おやま　女形△△
おやまさり　親勝りの子
おやみ　雨が小止△みなく降る
おやもと　親元 *親許△
おやゆずり　親譲りの性格
おやゆび　親指 *拇指
およぎ　泳ぎがうまい
およぐ　海で泳ぐ *游ぐ

およそ　凡△そ百年前
およばずながら　及ばず乍ら
およばれ　お呼ばれする
および　国及びその機関
およびごし　及び腰の追及
およびたて　お呼び立て
およぶ　影響が及ぶ
およぼす　影響を及ぼす
おり　折にふれて　…する折　菓子の折り　四つ折り　酒の澱　織りが粗い　虎の檻
おり　博多織
おりあい　折り合い *折合
おりあう　折り合う

おりあしく　折悪△しく雨だ
おりいって　折り入って頼みがある
おりいと　織り糸
おりおり　四季折々の花
おりかえし　折り返し
おりかえす　終点で折り返す
おりかさなる　折り重なる
おりかさねる　折り重ねる
おりかばん　折り鞄
おりがみ　折り紙の鶴
おりがみつき　折り紙付き
おりから　酷暑の折から *折柄△
おりくち　電車の降り口
おりこみ　折り込み *折込
おりこむ　赤糸を織り込む　内側に折り込む
おりしも　折しも日が差した
おりしろ　折り代
おりたたむ　折り畳む
おりたつ　庭に降り立つ *下り立つ
おりづめ　折り詰め *折詰
おりづる　折り鶴
おりなす　錦を織り成す
おりばこ　折り箱
おりひめ　織り姫
おりふし　折節思い出す
おりほん　折り本
おりまげる　折り曲げる

瀉
窶
澱

お

おりまぜる 織り交ぜる
おりめ 折り目正しい
おりめ 織り目が粗い
おりもの 下り物
おりもの 織物
おりよく 折良く出会う
おりる 電車を降りる・霜が―
幕が下りる・錠が―・許可が―
おる 枝を折る
家に居△る
布を織る

おれ
[俺]―おれ ―「貴様と―」

おれい 御△礼をする
おれいまいり 御△礼参り
おれきれき 業界のお歴々
おれせん 折れ線グラフ

おれまがる 折れ曲がる
おれめ 折れ目がつく
おれる 枝が折れる
おろか 千円は疎△か百円もない
愚かなこと
おろかしい 愚かしい考え
おろかもの 愚か者
おろし 卸の値段
赤城颪《あかぎ》 *下ろし
おろしうり 卸売り
おろしうりぶっか 卸売物価
おろしがね 下ろし金 *卸し金
おろししょう 卸商
おろしだいこん 下ろし大根
おろしどんや 卸問屋

おろしね 卸値で売る

おろ〈す〉
[卸]―おろ-す・おろし ―「小売りに―」

おろす 乗客を降ろす
枝を下ろす・貯金を―・錠を―・幕を―
子供を堕△す
おろそか 疎△かにする
おろち 大△蛇を退治する
おろぬき 疎△抜き大根
おわい 汚穢
おわす 如何に在△わす
おわす 責任を負わす
おわり 終わり *終
おわり 尾△張の国
おわる 仕事が終わる *了△る

オン
[音]オン・イン おと・ね ―「―と訓」◇音韻・音楽・音読・騒音・和音
[恩]オン ―「親の―」◇恩師・恩情・恩人・謝恩・報恩
[温(△溫)]オン あたた-か・あたた-かい・あたた-まる・あたた-める ―温厚・温室・温暖・気温
[遠](オン)・エン とお-い ―遠忌・遠国・遠流・久遠
[穏(穩)]オン おだ-やか ―穏当・穏便・穏和・平穏
[怨]オン・エン ―怨念

おん 御礼
おんあい 恩愛の情
おんい 恩威並び行わる
おんいき 音域が広い
おんいん 音韻の体系
おんが 温雅な姿

お

おんかい 音階
おんがえし 恩返しをする
おんががわ 遠賀川
おんがく 音楽
おんかん 絶対音感
おんがん 温顔を拝す
おんき 五十年遠忌
おんぎ 恩義 *恩誼に報いる
おんきせがましい 恩着せがましい
おんきゅう 恩給 温灸
おんきょう 音響効果
おんぎょく 歌舞音曲
おんけい 恩恵を受ける
おんけん 穏健な思想
おんげん 音源
おんこ 恩顧に報いる
おんこう 温厚な人柄

おんこちしん 温故知新
おんさ 音叉
おんし 恩師 恩賜のたばこ
おんしつ 音質がいい 温室育ち
おんしっぷ 温湿布
おんしゃ 御社（相手の社の敬称） 恩赦に浴する
おんじゃく 温石
おんしゅう 恩讐 *恩讎
おんじゅん 温順な性質 琴の温習会
おんしょう 恩賞にあずかる 悪の温床
おんじょう 先生の恩情 温情主義
おんしらず 恩知らず
おんしん 音信が絶える

おんじん 命の恩人
おんすい 温水
おんせい 音声が流れる
おんせつ 四音節のことば
おんせん 温泉
おんぞうし 御曹司 *御曹子
おんそく 音速を超える
おんぞん 兵力を温存する
おんたい チームの御大 温帯低気圧
おんたく 恩沢を施す
おんだん 温暖な気候
おんち 方向音痴
おんちゅう 営業部御中
おんちょう 音調の変化 神の恩寵
おんてい 音程が狂う
おんてき 怨敵を退治する
おんてん 恩典に浴する

おんど 音頭を取る 温度を測る
おんとう 穏当な考え
おんどく 本を音読する
おんどり 雄鳥 *雄鶏
おんとろうろう 音吐朗々
おんな 女
おんながた 女形
おんなぐせ 女癖が悪い
おんなざかり 女盛り
おんなたらし 女誑し
おんなづれ 女連れ
おんなで 女手が無い
おんなどうらく 女道楽
おんねん 怨念がこもる
おんのじ 御の字
おんぱ 音波を出す

颪 讐 寵

おんばひがさ　乳母△日△傘
おんびき　音引|き
おんぴょうもじ　音標文字
おんびん　音便形
　穏便に済ませる
おんぶ　負んぶする
おんぷ　四分音符
　音譜を読む
おんぷう　温風暖房機
おんぼう　隠△坊 *隠△亡
おんみ　御身御大切に
おんみつ　△隠密に事を運ぶ
おんみょうどう　陰△陽△道
おんもとに　恵美子様御許△に
　(女性の手紙の脇付)
おんやく　音訳する
おんよう　温容に接する
おんようどう　陰△陽道
おんよく　温浴をする
おんよみ　漢字の音読み

おんりえど　厭離穢土
おんりつ　音律を合わせる
おんりょう　音量を調節する
　怨霊の祟《たた》り
　温良な人物
おんる　遠流に処する
おんれい　当選御礼
おんわ　温和な気候
　穏和 *温和な話しぶり

か

カ

[下]カ・ゲ　した・しも・もと・さ-げる・さ-がる・くだ-る・くだ-す・くだ-さる・お-ろす・お-りる ― 下降・下層・落下
[化]カ・ケ　ば-ける・ば-かす ― 化学・化合・開化・酸化・文化・変化
[火]カ　ひ・(ほ) ― 火器・火口・火事・火薬・失火・消火・発火
[加]カ　くわ-える・くわ-わる ― 加減・加工・加勢・加入・加熱・参加・増加
[可]カ　| ― 「―とする」◇可決・可能・可否・許可・認可
[仮(假)]カ・(ケ)　かり ― 仮称・仮説・仮設・仮装・仮託・仮定・仮眠
[何]カ　なに・(なん) ― 幾何
[花]カ　はな ― 花茎・花壇・花鳥風月・花粉・花弁・開花・造花
[価(人價)]カ　あたい ― 価格・価値・単価・評価・廉価
[果]カ　は-たす・は-てる・は-て ― 果実・果断・果糖・果報・結果・因果
[河]カ　かわ ― 河口・河床・河川・運河・銀河・山河・氷河
[科]カ　| ― 科学・科目・教科・罪科・内科・文科系

[夏]カ・(ゲ)　なつ ― 夏季・夏期・初夏・盛夏・立夏・夏殷周
[家]カ・ケ　いえ・や ― 家屋・家業・家計・家財・家事・家族・国家
[荷]カ　に ― 荷重・荷担・集荷・出荷・電荷・入荷・負荷
[貨]カ　| ― 貨車・貨殖・貨幣・貨物・奇貨・金貨・通貨
[過]カ　す-ぎる・す-ごす・あやま-つ・あやま-ち ― 過失・過信・過大・過労・通過
[歌]カ　うた・うた-う ― 歌曲・歌劇・歌詞・歌壇・唱歌・短歌
[課]カ　| ― 課業・課題・人事課・日課・賦課
[佳]カ　| ― 佳境・佳作・佳節・佳日・佳人・佳品・絶佳
[架]カ　か-ける・か-かる ― 架橋・架空・架線・十字架・書架・担架
[華]カ・(ケ)　はな ― 華族・華道・華

美・栄華・豪華・昇華・繁華

[菓]カ ― 菓子・茶菓・製菓・乳菓・水菓子・銘菓・洋菓子

[渦]カ うず ― 渦状星雲・渦中・渦動・渦紋・渦流

[嫁]カ よめ・とつ-ぐ ― 降嫁・再嫁・転嫁

[暇]カ ひま ― 閑暇・休暇・寸暇・請暇・余暇

[禍(人禍)]カ ― 「―と福」◇禍根・禍福・災禍・筆禍

[靴]カ くつ ― 軍靴・製靴業・長靴

[寡]カ ― 寡言・寡作・寡少・寡占・寡婦・寡黙・多寡

[箇]カ ― 箇所・箇条・五箇月・三箇所

[稼]カ かせ-ぐ ― 稼業・稼働

[苛]カ ― 苛酷・苛烈

[人伽]カ とぎ ― 伽陀

[人茄]カ なす ―

[人嘉]カ よし・よしみ ― 嘉宴・嘉慶・嘉月

[人樺]カ かば ―

[人霞]カ かすみ ― 霞彩・朝霞

[人嘩]カ ― 喧嘩

[人榎]カ え・えのき ―

[人珂]カ ―

[人珈]カ ―

[人瓜]カ うり ― 瓜田

[人禾]カ いね・のぎ・ひいず・ひで ― 禾本科

[人蝦]カ・ガ えび ―

[人迦]カ・キャ・カイ ― 釈迦

か

[鹿]― か・しか ― 鹿の子

か　三日(みっか)
花の香
蚊に刺される

か　宝石一顆

ガ

[我]ガ われ・わ ― 「―を張る」◇我意・我慢・我流・自我・無我

[画(畫)]ガ・カク ― 画家・画架・画像・画報・映画

[芽]ガ め ― 肉芽・麦芽・発芽

[賀]ガ ― 「米寿の―」◇賀詞・賀正・賀状・祝賀・年賀

[雅]ガ ― 雅楽・雅号・雅趣・雅俗・雅致・高雅・風雅

[餓]ガ ― 餓鬼道・餓死・飢餓

[牙]ガ・(ゲ) きば ― 牙城・歯牙

[瓦]ガ かわら ― 瓦解

[人俄]ガ ― 俄

[人峨]ガ ― 峨々・嵯峨

[人臥]ガ お ― 臥薪嘗胆・病臥

[人駕]ガ・カ ― 来駕・凌駕

が　蛾の触角
三箇日
駕を枉《ま》げる

かあさん　母さん

かあつ　加圧する

カイ

[回]カイ・(エ) まわ-る・まわ-す ― 「―を重ねる」◇回収・回答・毎回

[灰]カイ はい ― 灰白色・灰燼《じん》・石灰

[会(會)]カイ・エ あ-う ― 「―が終わる」◇会員・会議・会見・社会

[快]カイ こころよ-い ― 「―をむさぼる」◇快活・快感・明快

[改]カイ あらた-める・あらた-まる ― 改革・改札・改善・改造・改変・改良

[海(人海)]カイ うみ ― 海域・海運・海外・海岸・航海・臨海

[界]カイ ― 界層・界雷・外界・

厭
顆
駕

学界・限界・世界

［械］カイ｜——医療器械・機械化・器械体操

［絵（繪）］カイ・エ｜——絵画

［開］カイ ひら-く・ひら-ける・あ-く・あ-ける——開始・開場・開拓・開閉・展開

［階］カイ｜——「上の——」◇階下・階級・階段・音階・段階

［解］カイ・ゲ と-く・と-かす・と-ける——「——を求める」◇解禁・解決・理解

［介］カイ｜——介意・介在・介入・一介・魚介・紹介

［戒］カイ いまし-める——戒名・戒律・警戒

❖「誡」の書きかえにも。

［怪］カイ あや-しい・あや-しむ——「政界の——」◇怪異・怪談・怪物・奇怪

［拐］カイ｜——拐帯・誘拐

［悔（人悔）］カイ く-いる・く-やむ・くや-しい——悔恨・後悔

［皆］カイ みな——皆既食・皆勤・皆済・皆伝・皆無・皆目

［塊］カイ かたまり——塊茎・塊根・塊状・山塊・土塊

［壊（人壞）］カイ こわ-す・こわ-れる——壊滅・決壊・破壊

［懐（人懷）］カイ ふところ・なつ-く・なつ-かしい・なつ-かしむ・なつ-ける——懐古・懐紙・述懐

［楷］カイ｜——楷書

［潰］カイ つぶ-す・つぶ-れる——潰瘍

［諧］カイ｜——俳諧

［人魁］カイ さき・さきがけ——魁傑・首魁

［人堺］カイ さかい——

［人廻］カイ・エ のり——廻天・廻遊

［人恢］カイ ひろ——天網恢々

［人晦］カイ みそか——晦渋・晦冥

［人檜・人桧］カイ ひのき——

［人芥］カイ・ケ しな・あくた——塵芥

［人蟹］カイ かに——蟹行

かい

［貝］かい｜——「——を拾う」◇貝細工・ほら貝

かい　苦心の**甲△斐**
　　山の**峡△**
　　買いに行く
　　櫂と艪《ろ》

かい　**下位**に落ちる
　　歌意
　　隗より始めよ

かい　**甲△斐**の国

ガイ

［外］ガイ・ゲ そと・ほか・はず-す・はず-れる——外観・外交・外出・海外・例外

［害］ガイ｜——「——がある」◇害悪・害虫・害毒・加害・利害

［街］ガイ・（カイ） まち——街頭・街路・市街・商店街

［劾］ガイ｜——劾奏・弾劾裁判所

［涯］ガイ｜——涯際・境涯・際涯・生涯・天涯孤独

［慨（慨）］ガイ｜——慨世・慨然・慨嘆・感慨・憤慨

［該］ガイ｜——「——事件の調査」◇該当・該博・当該

［概（概）］ガイ｜——概算・概念・概評・一概・気概・大概

［崖］ガイ がけ——断崖

［蓋］ガイ ふた——頭蓋骨

［骸］ガイ｜——形骸化・死骸

［人亥］ガイ い・いのしし——亥月

［人凱］ガイ かつ——凱歌・凱旋・凱風

［人鎧］ガイ・カイ よろい——鎧袖一触

がい　**我意**を通す
　　賀意を表する

かいあく　条約の**改悪**

がいあく　**害悪**を流す

かいあげ　国の**買｜い上げ**

か

かいあげひん　買上品
かいあさる　本を買い漁る
がいあつ　外圧に屈する
かいあつめる　買い集める
かいあわせ　貝合わせ
かいあん　改案する
かいい　介意しない
　会意文字
　怪異な事件
　容貌魁偉
がいい　害意がある
かいいき　日本海域
かいいぬ　飼い犬
かいいれ　買い入れ
かいいれる　買い入れる
かいいん　会員になる
　海員組合
　開院式
がいいん　内因と外因
かいうけ　買い受け

かいうけにん　買受人
かいうける　買い受ける
かいうん　海運を開く
　開運のお守り
かいえき　お家は改易
かいえん　ラマポ海淵
　開園の時刻
　十一時開演
がいえん　内包外延
　皇居外苑
かいおうせい　海王星
かいおき　買い置き
かいおん　快音を発する
かいか　怪火
　階下と階上
　文明開化
　桜が開花する
　開架式図書館
かいが　絵画
がいか　外貨獲得

かいかい　凱歌をあげる
　開会を宣する
かいがい　海外に旅行する
がいかい　外海
　外界の事物
がいがい　白皚々たる雪
かいがいしい　甲斐甲斐しい
かいかえ　買い換え
かいかえる　買い換える
かいかく　機構を改革する
がいかく　外角低目の球
　外郭　*外廓
　外殻が厚い
がいかくだんたい　外郭団体
かいかけ　買い掛け　*買掛
かいかけきん　買掛金
かいかつ　快活　*快闊
　開豁な気性

がいかつ　概括して言う
かいかぶる　力を買い被る
かいがら　貝殻
かいかん　会館
　快感を味わう
　開巻第一に
　開館の時間
かいがん　海岸
　開眼の手術
がいかん　内憂外患
　外観がよい
　中世を概観する
かいき　買い気が旺盛
かいき　茶会の会記
　会規を改正する
　会期の延長
　七回忌

櫂

魁

豁

か

回帰する
快気祝
怪奇小説
皆既日食
建長寺の開基
かいぎ　会議を開く
懐疑心
がいき　外気に触れる
かいきしょく　皆既食　＊皆
既蝕
かいきせん　北回帰線
かいぎゃく　諧謔を交える
かいきゅう　中流階級
懐旧の情
かいきょ　連続優勝の快挙
かいきょう　回教の寺院
津軽海峡
懐郷の念
かいぎょう　文を改行する
開業する

がいきょう　気象概況
かいきょく　開局する
がいきょく　財務省の外局
かいきり　買い切り制
かいきん　皆勤賞
開襟　＊開衿
鮎漁の解禁
がいきん　外勤の社員
かいく　化育する
がいく　街区
街衢（まち）
かいぐい　買い食い
かいくぐる　掻い潜△る
かいぐん　海軍
かいけい　会計
がいけい　外形からの感じ
かいけいのはじ　会稽の恥
かいけつ　怪傑黒頭巾《ずきん》
円満に解決する
かいけつびょう　壊血病

かいけん　記者会見
改憲運動
懐剣を抜く
かいげん　平成と改元する
大仏の開眼供養
がいけん　外見で判断する
かいげんれい　戒厳令をしく
かいこ　蚕を飼う
かいこ　往時を回顧する
解雇する
かいご　懐古趣味
病人の介護
前非を改悟する
悔悟の涙
かいこう　回航　＊廻航
旧稿を改稿する
日本海溝
開口一番
開校記念日

横浜を開港する
旧友と邂逅する
かいごう　会合の日取り
がいこう　外交交渉
外光を反射する
東京の外港
がいこうかん　外交官
がいこうせい　外向性の人
かいこく　回国巡礼
戒告　＊誡告
海国日本
幕末の開国政策
がいこく　外国の人
かいこす　買い越す
がいこつ　骸骨
かいことば　買い言葉
かいごほけん　介護保険
かいこむ　米を買い込む
かいころく　回顧録の執筆
かいごろし　飼い殺し

かいこん　悔恨の情　原野を開墾する
かいさい　快哉を叫ぶ　借金を皆済する　大会を開催する
かいざい　他人が介在する
がいさい　外債を発行する
がいざい　原因が外在する　外材の輸入
かいざいく　貝細工
かいさく　詩を改作する　開削　*開鑿
かいさつ　改札口　開札する
かいさん　寺院の開山　衆議院の解散
かいざん　文書を改竄する
がいさん　概算で要求する
かいさんぶつ　海産物
かいし　怪死する　試合を開始する
かいじ　懐紙で拭く　近来の快事　海事思想　拘留理由の開示
がいし　外資の導入　電線の碍子
がいじ　外耳と内耳　外事係
がいして　概して良好
かいしめ　株の買い占め
かいしめる　買い占める
かいしゃ　会社に勤める　人口に膾炙する
がいしゃ　外車を乗り回す
かいしゃく　介錯する　解釈を下す
がいじゅ　外需を優先する
かいしゅう　廃品を回収する　会衆　改宗する　道路を改修する
かいじゅう　ネス湖の怪獣　海獣　晦渋な文章　敵を懐柔する
がいしゅう　円筒の外周
がいじゅう　害獣
がいしゅういっしょく　鎧袖一触
がいじゅうないごう　外柔内剛
がいしゅつ　外出する
かいしゅん　回春の秘薬　改悛　*悔悛の情
かいしょ　碁会所　開所式　楷書で書く
かいじょ　病人を介助する　警報を解除する
かいしょう　甲斐性が無い
かいしょう　人事回章　社名を改称する　大差で快勝する　アマゾンの海嘯　ストレスを解消する
かいじょう　博覧会の会場　回状　*廻状　海上封鎖　階上の部屋　階乗　旅順開城　開場中　解錠と施錠
がいしょう　外相

謔
鑿
膾

外商部
外傷は無い
街娼

かいじょうたつ　下意上達

かいしょく　友人と会食する
快食快眠
海食 *海蝕
解職を通告する

がいしょく　外食産業

かいしん　会心（満足すること）
快心（気持ちのよいこと）
回心の動機
犯人が改心する
主治医の回診
大化の改新

かいじん　灰燼に帰す
覆面の怪人

がいしん　外信（外国の通信）
害心を抱く

がいじん　外人部隊

かいず　海図

かいすい　海水

かいすいよく　海水浴

かいすう　回数を重ねる

がいすう　概数

かいすうけん　バスの回数券

かいする　人を介する・意に—
一堂に会する
真意を解する

がいする　健康を害する
世を慨する

かいせい　起死回生
規約を改正する
改姓する
快晴

がいせい　外征の軍
慨世の士

かいせき　会席（宴会の席）
奇岩怪石
解析と幾何
懐石

がいせき　外戚

かいせきりょうり　会席料理（宴会用の和食）
懐石料理（茶席の料理）

かいせつ　支店を開設する
作品を解説する

がいせつ　外接する円
古代文学の概説

かいせん　奉天の会戦
回旋する
回船問屋
通信回線
役員を改選する
日本海海戦
疥癬ができる
開戦する

かいぜん　待遇を改善する

がいせん　外線電話
凱旋する

がいぜん　慨然として嘆く

がいぜんせい　蓋然性が高い

かいそ　審議会の改組
宗派の開祖

かいそう　会葬者
回送 *廻送
回想にふける
回漕 *廻漕船
店内を改装する
遺体を改葬する
快走するヨット
海草
海藻
社会の各階層
潰走する

かいぞう　内閣を改造する　レンズの解像力
がいそう　外装工事　咳嗽(せき)
かいぞえ　介添えをする
かいそく　同窓会の会則　快足を飛ばす　快速電車
かいぞく　海賊
がいそん　外孫
がいだ　咳唾珠をなす
かいたい　公金を拐帯する　財閥を解体する　懐胎する
かいだい　旧作を改題する　海内第一　名著を解題する
かいたく　原野を開拓する
かいだく　快諾を得る
かいだし　買い出し

かいだす　池の水を掻い出す
かいたたく　買い叩く
かいだめ　買い溜め
がいため　外為(外国為替《かわせ》)
かいだん　幹部と会談する　東大寺の戒壇　怪談　階段を上る
がいたん　慨嘆 *慨歎する
かいだんじ　快男児
がいち　外地へ赴く
かいちく　家を改築する
かいちゅう　回虫 *蛔虫　貨幣を改鋳する　海中に潜る　千円を懐中する
がいちゅう　システム開発を外注する　害虫を駆除する

かいちゅうどけい　懐中時計
かいちょう　会長に就任する　回腸　快調に進む　海鳥　秘仏の開帳　とばく開張の罪　フィルムの諧調
がいちょう　害鳥と益鳥
かいちょく　教皇の回勅　戒飭を受ける
かいちん　意見を開陳する
かいつう　新線が開通する
かいづか　大森貝塚
かいつけ　米の買い付け　*買付
かいつける　買い付ける
かいつぶり　鸊鷉 *鳰 *𪀚

かいつまむ　掻い摘△まむ
かいて　買い手市場
かいてい　運賃を改定する　辞書を改訂する　条約を改締する　海底を探る　ドイツ語階梯　公判を開廷する
かいてき　快適な旅行
がいてき　外的と内的　外敵に備える
かいてん　回天 *廻天　回転 *廻転　開店する
かいでん　免許皆伝
がいでん　義士外伝　外電が伝える

燼
鸊
鷉

かいど 灰土に帰す
かいとう 商工会議所会頭
要求に回答する
怪盗ルパン
冷凍食品の解凍
解党を宣言する
問題の解答
かいどう 顧問が会同する
会堂
怪童
海棠の花
日光街道
がいとう 外套(オーバー)
外灯 *外燈
街灯 *街燈
街頭で演説する
該当する者
かいとうらんま 快刀乱麻
かいどく お買い得 *買い徳の品

かいどく 会読する
雑誌を回読する
暗号を解読する
がいどく 害毒を流す
かいとり 買い取り
かいとる 買い取る
かいな △腕を枕にする
かいなん 海難救助
かいにゅう 軍事介入
かいにん 監督を解任する
懐妊する
かいぬし 買い主
犬の飼い主
かいね 買値が高い
かいねこ 飼い猫
がいねん 既成の概念
かいは 院内会派
かいば 海馬
飼い葉桶《おけ》
かいはい 法令の改廃

がいばい 外売部
がいはく 無断で外泊する
該博な知識
かいはくしょく 灰白色
かいばしら 貝柱
かいはつ 新製品の開発
かいばつ 海抜千メートル
がいはんぼし 外反拇趾
*外反母趾
かいひ 会費を徴収する
責任を回避する
書状を開披する
がいひ 栗の外皮をむく
かいびゃく 開闢以来
かいひょう 開票速報
湖面が解氷する
がいひょう テストの概評
かいひん 海浜植物
かいふ 回付 *廻付する

がいぶ 外部の意見
かいふう 書状を開封する
かいふく 回復 *恢復
御快復を祈る
開腹手術
かいぶし 蚊燻し
かいぶつ 政界の怪物
かいぶん 回文 *廻文
灰分の多い食品
がいぶん 外聞が悪い
かいぶんしょ 怪文書
かいへい 海兵隊
国民皆兵
開平する
扉を開閉する
がいへき 外壁
かいへん 制度を改変する
原文を改編する
かいべん 快弁をふるう
快便

か

かいほう　病人を介抱する　同窓会の会報　回報 *廻報　快方に向かう　門戸を開放する　奴隷を解放する
かいぼう　遺体を解剖する
がいぼう　外貌の似た人
かいぼり　搔い掘り
がいまい　外米と内地米
かいまき　搔い巻き　*搔巻
かいまく　公式戦の開幕
かいまみる　垣△間見る
かいみょう　戒名と俗名
かいみん　快眠する
かいむ　皆無に等しい
がいむ　外務員
がいむしょう　外務省
かいむらさき　貝紫

かいめい　改名する　天地晦冥　文化の開明　階名と音名　問題を解明する
かいめつ　壊滅 *潰滅
かいめん　鏡のような海面　海綿
がいめん　外面描写
かいめんかっせいざい　界面活性剤
かいもく　皆目見当がつかない
かいもどす　株を買い戻す
かいもとめる　買い求める
かいもの　買い物に出る
かいもん　午前六時開門
がいや　外野席
かいやく　聖書を改訳する　保険を解約する

かいゆ　快癒に向かう
かいゆう　会友　回遊 *廻遊　*回游
がいゆう　外遊の途に上る
かいよう　海洋少年団　御海容ください　胃の潰瘍
がいよう　外用薬　外洋を航行する　事件の概要
かいらい　傀儡政権
がいらい　外来の患者
がいらいご　外来語
かいらく　快楽を尽くす
かいらくえん　水戸の偕楽園
かいらん　回覧 *廻覧　港を解纜する　壊乱 *潰乱状態

かいり　民心が乖離する　海里 *浬　熱の解離
かいりき　怪力を発揮する
かいりつ　戒律を守る
がいりゃく　概略を報告する
かいりゅう　日本海流　開立する
かいりょう　改良を加える
がいりょく　外力が加わる
がいりんざん　外輪山
かいれい　回礼 *廻礼
かいれき　陽暦に改暦する
かいろ　電気回路　海路九州へ行く　懐炉を入れる

闢
纜
乖

がいろ　街路を歩く
かいろう　回廊　*廻廊
かいろうどうけつ　偕老同穴
がいろじゅ　街路樹
がいろん　概論と各論
かいわ　英語の会話
かいわい　銀座の界隈
かいわれ　貝割れ　*穎割れ大根
かいん　下院議員
がいん　雅印
かう　棒を支△う
　飛び交う
　品物を買う
　犬を飼う
かうん　家運が傾く
かえ　代えを探す
　替えのズボン
　作り換え

かえい　花影
かえうた　替え歌
かえき　課役の割り当て
かえし　お返しをする
かえす　持ち主に返す
　*還△す・借金を―
　白紙に返す
　親もとへ帰す
かえす　卵を孵す
かえすがえす　返す返すも残念
かえだま　替え玉を使う
かえち　替え地
かえって　却△って　*反△って喜ぶ
かえで　楓の紅葉
かえば　替え刃
かえり　返り小結
　帰りを急ぐ
かえりうち　返り討ち　*返討

かえりがけ　帰り掛け
かえりぎわ　帰り際
かえりざき　返り咲きの花
かえりしな　帰りしな
かえりしんざん　帰り新参
かえりち　返り血を浴びる
かえりてん　返り点を打つ
かえりみち　帰り道　*帰り途△に寄る
かえりみる　過去を顧みる・後ろを―
　顧みて他を言う
　自らを省みる
　省みて恥じない
かえる　蛙の子は蛙
かえる　形を変える・観点を―・予定を―・位置を―
　金に換える
　商売を替える
　書面をもって挨拶に代える
　命に代えても
かえる　貸した金が返る
　故郷へ帰る
　帰らぬ人となる
　生きて還△る
かえる　卵が孵る
かえる　紙の裏が反△る
かえるとび　蛙跳び
かえん　火炎　*火焔
がえん　喜寿の賀宴
がえんじる　肯△んじる
かお　顔　*貌△　*皃
かおあわせ　初の顔合わせ
かおいろ　顔色をうかがう
かおう　徳川家康の花押
かおかたち　顔形　*顔貌△が似ている

か

かおく　家屋台帳
かおだち　整った顔立ち
かおつき　怒った顔付き
かおつなぎ　顔繋ぎの会
かおなじみ　顔馴染みの店
かおぶれ　珍しい顔触れ
かおまけ　本職顔負け
かおみしり　顔見知りの人
かおみせ　顔見せ　*顔見世
かおむけ　顔向けできない
かおやく　町内の顔役
かおり　茶の香り　*薫り
かおる　薫る　*香る　*馨る
かおん　訛音
かか　呵々大笑
かが　加賀の国
がか　画架へ向かう

がか　画家
がが　峨々たる山脈
かかあ　嬶　*嚊天下
かがい　課外活動
がかい　幕府が瓦解する
　雅懐を述べる
かがいしゃ　加害者
かかえこむ　抱え込む
かかえる　両手に抱える
かかく　食品の価格
　家格が釣り合う
　月日は百代の過客にして
かがく　下顎と上顎
　化学と物理
　資産の価額
　自然科学
　家学
　歌学
ががく　雅楽

かかげる　公約を掲げる
かかし　案山子
かかずらう　小事に拘う
かかと　靴の踵
かがみ　鏡に映す
　武士の鑑
かがみいた　鏡板
かがみびらき　鏡開き
かがみもち　鏡餅
かがむ　道ばたに屈む
かがめる　腰を屈める
　背を跼める
かがやかしい　輝かしい　*耀かしい業績
かがやかす　顔を輝かす　*耀かす
かがやき　輝き　*耀き
かがやく　星が輝く　*耀く
かかり　係の人

かかり　掛かりが多い
がかり　庶務係
　三人掛かり
かかりあい　掛かり合い　*係り合い
かかりいん　係員の指示
　掛員
かかりかん　係官
かかりつけ　掛かり付け
かがりび　篝火をたく
かかりむすび　係り結び　*係結
かかる　迷惑が掛かる・電話が―・手間が―・医者に―・気に―・お目に―
　優勝が懸かる・

孵
馨
篝

か

月が中天に―
橋が架かる

かかる　本件に係る訴訟
かかる　病気に罹る
かかる　斯かる行為
かがる　ほころびを縢る
かがわ　香川県
かかわらず　晴雨に拘△らず
かかわり　係△わり　*関わり
かかわりあい　係△わり合い
かかわる　小事に拘△わる
　生命に係△わる
　*関わる
かかん　合弁花冠
　果敢な行動
かがん　河岸段丘

かき

[柿]かき ― 「―の種」

かき　牡蠣の殻
　垣を作る
かき　下記の事項
　火気厳禁
　火器(銃砲)
　花卉を栽培する
　花季が過ぎる
　花期が短い
　青磁の花器
　夏季大会
　夏期休暇
かぎ　鉤で引っ掛ける
　鍵を掛ける
がき　餓鬼
かきあげ　掻き|揚げ
　*掻揚
かきあつめる　落ち葉を掻き|集める
かぎあな　鍵穴からのぞく
かきあやまり　書き|誤り

かきあらわす　書き|表す
　*書き|表わす
　自伝を書き|著す　*書き|著わす
かきいれどき　書き|入れ時
　*書入時
かきいれる　書き|入れる
かきえもん　柿右△衛△門
かきおき　書き|置き　*書置
かきおくる　書き|送る
かきおこす　書き|起こす
かきおろし　書き|下ろし
かきおろす　書き|下ろす
かきかえ　名義書き|換え
　*書換
かきかえる　書き換える
かきかた　手紙の書き方
かぎかっこ　鉤括弧

かきくずす　書き|崩す
かきくだしぶん　書き|下し文
かきくどく　涙ながらに掻き|口説く
かきくもる　一天にわかに掻き|曇る
かきくれる　涙に掻き|暮れる
かきけす　掻き|消す
かきごおり　欠き氷
かきことば　書き言葉
かきこみ　欄外の書き|込み
かきこむ　余白に書き|込む
　飯を掻き|込む
かきこわす　掻き|壊す
かぎざき　鉤裂き
かきしぶ　柿渋を塗る

かきしるす　紙に書き記す
かきすて　旅の恥は搔き捨て
かきそえる　書き添える
かきそこなう　書き損なう
かきぞめ　書き初め　*書初
かきそんじる　書き損じる
がきだいしょう　餓鬼大将
かきだし　本の書き出し
かきたす　文を書き足す
かきだす　書き出す　船底の水を搔き出す
かきたてる　盛んに書き立てる　火を搔き立てる
かぎたばこ　嗅ぎ煙草
かきたま　搔き玉うどん

かきちらす　書き散らす
かきつけ　書き付け　*書付
かぎつける　嗅ぎ付ける
かきつばた　杜若　*燕子花
かきつらねる　書き連ねる
かきとめ　現金書留
かきとめる　書き留める
かきとり　書き取り　*書取
かきとる　話を書き取る
かきなおし　書き直し
かきなおす　文を書き直す
かきならす　琴を搔き鳴らす
かぎなわ　鉤縄
かきぬく　要点を書き抜く
かきね　垣根をめぐらす

かきのこす　書き残す
かきのもとのひとまろ　柿本人麻呂
かぎばな　引き目鉤鼻
かぎばり　鉤針
かきまぜる　搔き混ぜる　*搔き雑ぜる
かきまゆ　描き眉
かきまわす　搔き回す
かきみだす　人の心を搔き乱す
かきむしる　髪の毛を搔き毟る
かきもち　欠き餅　*搔き餅
かきもの　書き物をする
かきもらす　書き漏らす
かぎゃく　加虐趣味　可逆反応
かきゅう　下級裁判所　火急の用事　加給年金
かぎゅう　蝸牛角上の争い
かきゅうてき　可及的速やか
かきょ　科挙に応ずる
かきょう　佳境に入る　架橋工事　家郷を思う　華僑
かぎょう　歌境　家業に精出す　浮草稼業　午後の課業
がきょう　画境を開く
がぎょう　画業に励む
かきょく　ドイツ歌曲
かぎり　力の限り

縢
蠣
搔

かぎる　日を限る
かきわける　書|き分ける
かぎわける　搔|き分ける　嗅ぎ分ける
かきわり　書|き割り　*書割（芝居の背景）
かきん　家禽　瑕瑾が無い

カク

[各]カク おのおの —「正副—一通」◇各位・各自・各種・各地
[角]カク かど・つの —「三角形の三つの—」◇角度・頭角
[拡(擴)]カク — — 拡散・拡声機・拡大・拡張
[画(畫)]カク・ガ — —「点と—」◇画一・画策・画期的・計画
[革]カク かわ — 革新・革正・革命・改革・皮革
[客]カク・キャク — — 客員・客死・主客・旅客
[格]カク・(コウ) — —「—が上がる」◇格式・格調・規格・性格
[覚(覺)]カク おぼ-える・さ-ます・さ-める — 覚悟・幻覚・才覚・自覚・知覚
[閣]カク — — 閣議・閣内・閣僚・組閣・内閣・楼閣
[確]カク たし-か・たし-かめる —「—とした証拠」◇確実・確証・正確
[核]カク — —「—の廃止」『細胞の—』◇核家族・核心・中核
[殻(殼)]カク から — 甲殻・耳殻・地殻・卵殻
[郭]カク — — 郭外・郭内・一郭・外郭・胸郭・城郭・輪郭
[較]カク — — 較差・比較
[隔]カク へだ-てる・へだ-たる — 隔意・隔月・隔日・隔年・隔離・間隔
[獲]カク え-る — 獲得・漁獲・捕獲・乱獲
[嚇]カク — — 嚇怒・威嚇射撃
[穫]カク — — 収穫
[塙]（人）カク はなわ —
[摑]（人）カク — —

かく　義理を欠く　駕籠を舁く　字を書く　絵を描く　*画△く　頭を搔く
かく　斯くの如く　点と画　*劃
かぐ　佳句
かぐ　家具を調える
かぐ　においを嗅ぐ

ガク

[学(學)]ガク まな-ぶ —「—のある人」◇学業・学芸・学習・医学
[楽(樂)]（人）ガク・ラク たの-しい・たの-しむ —「—の音」◇楽団・楽屋・音楽
[額]ガク ひたい —「生産の—」『—を掛ける』◇額縁・金額
[岳(嶽)]ガク たけ — 岳父・山岳・富岳
[顎]ガク あご — 顎関節

がく　萼　*蕚と花弁
かくあげ　格上げになる
かくい　関係者各位
かくい　隔意なく話す
がくい　学位を取得する
かくいつ　画一　*劃一
かくいん　各員
かくいん　客員教授
がくいん　交響楽団の楽員
かくう　架空の人物
かぐう　仮寓を定める

か

がくえん　学園
かくおび　角帯を締める
がくおん　学恩を返す
　楽音と騒音
かくかい　角界
かくがい　格外の品
　閣外協力
かくかく　斯く斯く然々《しかじか》
かくかぞく　核家族
かくがり　角刈りの頭
かくぎ　格技　*挌技
　閣議決定
がくぎょう　学業に励む
がくげい　学芸
がくげき　ワグナーの楽劇
かくげつ　各月
　客月（前月）
　隔月配本
かくげん　格言とことわざ
　確言を与える

かくご　覚悟の前
かくさ　給与の格差（価格・格付けの差）
　最高最低気温の較差（比較した差）
かくざ　戦車が擱坐する
かくざい　角材
がくさい　学才
　学際的研究
　楽才
かくさく　陰で画策する
かくさげ　格下げになる
かくざとう　角砂糖
かくさん　拡散する
　核酸
かくし　コートの隠し
かくし　各紙（新聞）
　各誌（雑誌）
　パリで客死する

かくじ　各自持参する
がくし　学士号
　学資を送る
　楽士長
　楽師
がくじ　学事報告
かくしあじ　隠し味
かくしき　格式が高い
がくしき　学識経験者
かくしげい　余興の隠し芸
かくしご　隠し子
かくしごと　隠し事をする
かくしだて　隠し立て
かくしつ　角質層
かくしつ　確執を生ずる
かくじつ　隔日勤務
　確実な情報
かくじっけん　核実験
かくして　斯くして
かくしどり　隠し撮り

がくしゃ　学者
　学舎
かくしゃく　矍鑠たる老人
かくしゅ　各種各様
　家訓を恪守する
　馘首する
　△鶴首して待つ
かくしゅう　隔週刊行
かくじゅう　事業を拡充する
がくしゅう　学修単位
　英語を学習する
がくじゅつ　学術の理論
かくしょ　各所に見られる
かくしょう　確証を得る
がくしょう　学匠（大学者）
　楽匠（大音楽家）
　第一楽章

劃
矍
鑠

がくしょく　学食　豊富な学殖
かくじょし　格助詞
かくしん　革新団体　核心に触れる　成功を確信する
かくじん　各人各説
がくじん　岳人(登山愛好者)　楽人
かくす　姿を隠す　＊匿△す
かくすい　角錐
かくすう　画数の多い漢字
かくする　一線を画する　＊劃する
かくせい　郭清　＊廓清　覚醒する　隔世の感がある
がくせい　学生　学制改革

かくせいいでん　隔世遺伝
かくせいき　拡声器　＊拡声機
かくせいざい　覚醒剤
がくせき　学籍がある
かくぜつ　社会と隔絶する
がくせつ　学説を立てる　楽節
かくぜん　画然　＊劃然　確然たる証拠
がくぜん　愕然とする
がくそう　学窓を巣立つ
がくそく　学則を改正する
かくそで　角袖
かくだい　拡大　＊郭大
がくたい　楽隊
かくだいきょう　拡大鏡
かくたる　確たる証拠
かくだん　格段の相違
がくだん　管弦楽の楽団　楽壇

かくだんとう　核弾頭
かくち　全国各地
かくちく　両者間の角逐
かくちゅう　角柱
かくちょう　事業を拡張する　格調高い文章
がくちょう　大学の学長　宮廷の楽長
かくづけ　格付け｜する
かくて　斯くて
かくてい　画定　＊劃定　方針を確定する
かくていしんこく　確定申告
がくてん　楽典
かくど　角度を変える　確度が高い　嚇怒　＊赫怒
がくと　学徒出陣　学都　楽都ウィーン

かくとう　格闘　＊挌闘　確答を避ける
がくとう　学統を受け継ぐ
がくどう　学童疎開
かくとく　資格を獲得する
がくとく　学徳を慕われる
かくにん　身元を確認する
かくねん　客年十月　隔年開催
がくねん　学年
かくのう　格納する
がくは　ストア学派　ウィーン楽派
がくばつ　学閥
かくばる　角張った顔
かくはん　各般の事情　溶液を攪拌する
かくばん　興教大師覚鑁

△は常用漢字表にない音訓　｜の付いた仮名は省略してもよい送り仮名　＊は同語の別表記

かくはんのう　核反応
がくひ　学費を補助する
かくひつ　擱筆する
がくふ　岳父（妻の父）
　最高学府
　楽譜
がくぶ　法学部
がくふう　大学の学風
かくふく　道路の拡幅工事
がくぶち　額縁に入れる
かくぶつちち　格物致知
かくぶん　確聞する
かくぶんれつ　核分裂
かくへいき　核兵器
かくべえじし　角兵衛△獅△子
かくへき　防火隔壁
かくべつ　格別の暑さ
かくほ　権利を確保する
かくぼう　角帽をかぶる

がくぼう　学帽をかぶる
かくまう　犯人を匿△う
かくまく　角膜の移植
かくめい　革命を起こす
がくめい　あじさいの学名
がくめん　額面五万円
かくも　斯くも盛大な会
がくもん　学問の自由
がくや　楽屋を訪ねる
がくやおち　楽屋落ち
かくやく　確約を与える
かくやす　格安な品
がくゆう　皇太子の御学友
かくゆうごう　核融合
がくようひん　学用品
かぐら　神楽を奉納する
かくらん　鬼の霍乱
　平和を攪乱する
かくり　患者を隔離する

がくり　学理を応用する
かくりつ　方針を確立する
　確率が高い
かくりょう　経済閣僚
がくりょく　基礎学力
がくれい　学齢に達する
かくれが　隠れ家
がくれき　学歴偏重社会
かくれみの　隠れ蓑にする
かくれる　物陰に隠れる
かくれんぼう　隠れん坊
がくろく　岳麓
かくろん　総論と各論
かぐわしい　馨△しい　*香△しい　*芳△しい
がくわり　学割
かくん　家訓を守る
かけ　ガラスの欠け
　掛けで買う
　賭けをする

かげ　山の陰　*蔭
　障子に影が映る・
　―が薄い
　翳のある人
　黒鹿毛
がけ　崖の縁
かけあう　社に掛け合う
かけあし　駆け足　*駈け足
かけあわす　掛け合わす　*掛合す
かけい　筧　*懸樋
かけい　火刑に処する
　花茎
　海を見渡す佳景
　家系を調べる
　家計を助ける

攪
鐶
霍

がけい　雅兄
かけいぼ　家計簿
かけうどん　掛け饂飩
かけうり　掛け売り　＊掛売
かげえ　影絵　＊影画△
かけえり　掛け襟
かけおち　駆け落ち　＊駈け落ち
かけがえ　掛け替えのない
かけがね　掛け金を外す
かげき　過激な思想
かげき　歌劇カルメン
かけきん　保険の掛け金
がけくずれ　崖崩れ
かげぐち　陰口を利く
かけくらべ　駆け比べ　＊駈け比べ
かけごえ　掛け声

かけごと　賭け事を好む
かけことば　掛け詞△　＊懸け詞△
かけこみでら　駆け込み寺　＊駆込寺
かけこむ　駆け込む　＊駈け込む
かけごや　掛け小屋
かけざん　掛け算
かけじく　掛け軸
かけず　掛け図を使う
かけすて　掛け捨て保険
かげぜん　陰膳を据える
かけそば　掛け蕎麦△
かけだし　駆け出し　＊駈け出しの記者
かけだす　駆け出す　＊駈け出す
かけちがう　話が掛け違う
かけぢゃや　掛け茶屋

かけつ　予算を可決する
かげつ　嘉月（旧三月）
かけつけ　駆け付け　＊駈け付け三杯
かけつける　駆け付ける　＊駈け付ける
がけっぷち　崖っ縁
かけどけい　掛け時計
かけとり　掛け取り　＊掛取
かげながら　陰乍ら祈る
かけぬける　駆け抜ける
かけね　掛け値なし
かけはぎ　掛け接ぎ△
かけはし　懸け橋　＊掛け橋　＊桟△　＊梯
かけはなれる　掛け離れる　＊懸け離れる
かけひ　筧　＊懸樋
かけひき　駆け引き　＊駈け引き

かげひなた　陰日向△がない
かけぶとん　掛け布団
かけへだたる　懸け隔たる
かげぼうし　影法師
かげぼし　陰干し　＊陰乾△し
かげまつり　陰祭り
かけまわる　庭を駆け回る
かげむしゃ　信玄の影武者
かけめ　碁の欠け目
　　　　編物の掛け目
かけめぐる　駆け巡る
かけもち　掛け持ち　＊掛持出演
かけもの　掛け物
かげもん　陰紋
かけよる　駆け寄る
かけら　欠けら　＊欠片△
かげり　陰り　＊翳り

か

か〈ける〉

[掛]—かける・かかる・かかり—

かける　常識に欠ける

かける　*虧ける

かける　水を掛ける・時間を—・腰を—・保険を—・電話を—・眼鏡を—・鍵を—・壁に—・気に—・火に—・会議に—

かける　賞金を懸ける・命を—

かける　橋を架ける・電線を—

かける　空を翔る

かける　急いで駆ける

かける　*駈ける

かける　金を賭ける

かげる　陰る　*翳る

かげろう　陽炎がもえる　蜉蝣　*蜻蛉

かげん　下弦の月　相場の下限

かげん　加減が悪い　寡言の人

かげんじょうじょ　加減乗除

かこ　水夫

かこ　過去と現在

かご　駕籠に乗る　籠の鳥

かご　神仏の加護　過誤を犯す　歌語

がご　雅語

かこい　囲いをする

かこう　温度が下降する　火口のふち

かこう　原料を加工する　仮構の話　河口堰《せき》　歌稿　珍味嘉肴　*佳肴

かこう　周囲を囲う

かごう　物質が化合する

がこう　画工

がごう　雅号大観

かこうがん　花崗岩

かごかき　駕籠舁き

かこがわ　加古川

かこく　河谷　苛酷な条件　過酷な取り扱い

かごじ　籠字

かごしま　鹿児島県

かこちょう　過去帳

かこつ　託つ　*喞つ

かこつける　病気に託ける

かごまくら　籠枕

かこみ　囲みを解く

かこむ　周りを囲む

かこん　禍根を絶つ

かごん　過言ではない

かさ　笠をかぶる　傘をさす　水の嵩が増す　月が暈をかぶる　瘡ができる

かさあげ　手当の嵩上げ

かざあし　風脚　*風足

かざあたり　風当たり

かざあな　風穴を開ける

かさい　火災報知機　花菜

翳　蜉　蝣

果菜
家裁
かざい 家財道具
がさい 画才がある
がざい 画材商
かさいりゅう 火砕流
かざかみ 風上に置けない
かさぎ 鳥居の笠△木
かさぎやま 笠置△山
かざきりばね 風切|り羽
かさく 選外佳作
家作を持つ
寡△作の作家
かざぐすり 風邪△薬△
かざぐるま 風車が回る
かざごえ 風邪△声△で話す
かささぎ 鵲△の橋
かざし 挿△頭△
かざしも 風下に立つ
かざす 手を火に翳す

かざとおし 風通|しがよい
かさなる 重なる *累△なる不幸
かさね 一重ねの紋付
襲△の色目
かさねがさね 重ね重ね
かさねぎ 重ね着
かさねて 重ねて頼む
かさねる 失敗を重ねる
*累△ねる
かざはな 風花
かさばる 荷物が嵩張る
かさぶた 瘡蓋 *痂
かざみどり 風見鶏△
かさむ 費用が嵩む
かざむき 風向き
かざよけ 風除△け
かざり 飾りのない人
かざりうま 飾|馬
かざりけ 飾り気

かざりしょく 飾|り職 *錺職
かざりだな 飾|り棚
かざりつけ 店の飾|り付|け
かざりまど 飾|り窓
かざる 室内を飾る
かさん 利子を加算する
御加餐下さい
家産を傾ける
かざん 火山の噴煙
がさん 画賛 *画讃
かざんばい 火山灰が降る

かし
［樫］人 かし —「—の棒」

かし 河岸を変える
貸しがある
かし 下肢がしびれる
御下賜の品
可視光線

仮死状態
お菓子
華氏温度計
瑕疵がある商品
歌詞を覚える
かじ 梶の葉（落葉樹）
楫（舟のかい）
舵を取る
鍛冶
火事見舞い
加持祈禱
家事を手伝う
がし 賀詞交換会
餓死する
かしおり 菓子折
かじか 鰍（川魚の名）
河鹿が鳴く
かしかた 貸|し方
かしがましい 囂しい
かじかむ 手が悴かむ

か

かしかり　貸し借り無し
かしかん　下士官
かしきり　貸し切り　*貸切バス
かしきん　貸し金
かしぐ　米を炊ぐ
船が傾ぐ
かしげる　首を傾げる
かしこい　賢い人
かしこくも　畏くも
かしこしきん　貸越金
かしこどころ　賢所
かしこまる　畏まる
かしざしき　貸座敷
かししつ　貸し室
かしずく　夫に傅く
かしせき　貸し席
かしだおれ　貸し倒れ
かしだし　本の貸し出し
かしだしきん　貸出金

かしだす　本を貸し出す
かしち　貸し地
かしちん　貸し賃を取る
かしつ　加湿器
過失がある
かじつ　佳日　*嘉日
果実
過日参上の折
かしつけ　金の貸し付け
*貸付
かしつけきん　貸付金
かしつけしんたく　貸付信託
かしつちし　過失致死
かして　貸し手
かじとり　舵取り
かしぬし　貸し主
かじば　火事場泥棒
かしはら　橿原神宮
かしぶとん　貸し布団

かじぼう　梶棒を上げる
かしほん　貸し本
かしま　貸し間
かしましい　姦しい　*囂しい
かしまなだ　鹿島灘
かしみせ　貸し店
かしや　貸家を探す
かしゃ　仮借文字
無蓋貨車
かじや　鍛冶屋
かじゃ　冠者
かしゃく　仮借なく責める
良心の呵責
*呵嘖
かしゅ　流行歌手
かじゅ　果樹を植える
がしゅ　画趣
雅趣に富む
がじゅ　賀寿

かしゅう　家集
愛唱歌集
かじゅう　りんごの果汁
橋の荷重
過重な負担
がしゅう　我執が強い
画集
かじゅく　家塾
がしゅん　賀春
がじゅん　雅馴な文を書く
かしょ　不通の箇所　*個所
三箇所　*か所
*ケ所
歌書
かじょ　名簿の加除
花序

囂
橿
灘

かしょう　第一度火傷　仮称する　仮象に過ぎない　河床　和尚 *和上　過小評価　過少申告　寡少勢力　歌唱指導
かじょう　御嘉賞を賜る　下情に通じる　渦状星雲　自意識過剰　箇条 *個条
がしょう　画商　病気臥床中　賀正　雅称
がじょう　敵の牙城に迫る　新年の賀状

かじょうがき　箇条書き|　*個条書き|
かしょく　家職を継ぐ　貨殖の道　過食する
かしょくのてん　華燭の典
かしら　大工の頭
かしらだつ　頭立った人々
かしらもじ　頭文字
かじる　齧る *囓る　*噛る
かしわ　柏 *槲　黄鶏(鶏肉)
かしわで　柏手 *拍手
かしわもち　柏餅
かしん　花心 *花芯　花信に接する　徳川の家臣　健康を過信する　嘉辰 *佳辰(吉日)

かじん　佳人薄命　家人の留守中　歌人
がしんしょうたん　臥薪嘗胆
かす　酒の粕 *糟　滓が残る
かす　手を貸す
かず　数を数える
かすい　胃下垂　仮睡する　河水
かすいぶんかい　加水分解
かすか　微か *幽かな音
かすがい　子は鎹
かすがどうろう　春日灯籠　*春日燈籠

かずく　衣《きぬ》を被く
かずける　罪を被ける
かずさ　上総の国
かすじる　粕汁
かすづけ　鯛の粕漬け|
かずのこ　数の子
かすみ　霞がたなびく
かすみあみ　霞網
かすみがうら　霞ケ浦
かすみがせき　霞ケ関 *霞が関
かすむ　遠く霞む　目が翳む
かすめる　人目を掠める
かずもの　数物
かずら　蔦《つた》の葛　鬘をかぶる
かすり　絣 *飛白の着物
かすりきず　掠り傷を負う

△は常用漢字表にない音訓　|の付いた仮名は省略してもよい送り仮名　*は同語の別表記

かする
かする　掠る　*擦る
焦土と化する
筆を呵する
刑罰を科する
橋を架する
他家に嫁する
罪を嫁する
税を課する
がする　長寿を賀する
かすれる　字が掠れる
声が嗄れる
かせ　枷　*械を掛ける
桛　*綛糸
かぜ　風が吹く
風邪を引く
かぜあし　風脚　*風足
かぜあたり　風当たり
かせい　火星
火勢が衰える
加勢を頼む
仮性近視
百年河清を俟《ま》つ
苛政
家政学
かぜい　苛税
所得に課税する
かせいふ　家政婦
かせき　生きた化石
かせぎ　稼ぎが少ない
かせぎだか　稼ぎ高が多い
かせぐ　時を稼ぐ
かぜぐすり　風邪薬
かぜけ　風邪気で休む
かせつ　仮設の住宅
仮説を立てる
天長の佳節
電話を架設する
かぜとおし　風通しがよい
かぜのたより　風の便り
かぜひき　風邪引き
かぜむき　風向き
かぜよけ　風除け
かせん　下線を引く
化繊
河川
架線工事
寡占経済
歌仙
がぜん　俄然攻勢に出る
がせんし　画仙紙　*画箋紙
かせんしき　河川敷
かそ　過疎地域
かそう　断層の下層
火葬に付する
仮葬する
仮装行列
仮想敵国
家相がよい
かぞう　五万石の加増
家蔵の宝
架蔵の本
がぞう　画像
かぞえうた　数え歌
かぞえどし　数え年
かぞえる　欠点を数える
*算える
かそく　加速する
かぞく　家族
華族に列せらる
がぞく　雅俗折衷
かそくど　加速度がつく
かそけし　幽けし
かそせい　可塑性

かた
[潟]かた ― 干潟・八郎潟

齧
鎹
綛

かた　山田様方
お乗りの方
片が付く
肩が凝る
髪の形・柔道の―
型にはまる
一九九七年型
血液型
かた　胃酸過多
かたあげ　肩上げ　*肩揚げを取る
かたあし　片足で立つ
かたあて　肩当て
かたい　堅い材木・口が―
固い地盤・団結が―・頭が―
硬い石・―髪の毛・―表現
想像に難△くない

かたい　過怠金
かだい　仮題
過大評価
歌題
課題が大きい
がだい　画題
かたいじ　片意地を張る
かたいっぽう　片一方
かたいなか　片田舎に住む
かたいれ　肩入れをする
かたうで　社長の片腕
かたうらみ　片恨みする
かたえぞめ　型絵染
かたおもい　片思い　*片想△い
かたおや　片親の子
かたがき　名刺の肩書き|
かたかけ　肩掛け|をする
かたがた　御出席の方々
お礼旁△　*旁々

かたかな　片仮名
かたがみ　洋裁の型紙
かたがわ　片側に寄る
かたがわり　借金の肩代わり|
*肩替わり|
型変わりの品
かたき　敵　*仇△
職人気質△△
かたぎ　堅気な人
かたきうち　敵討ち|
かたきやく　敵役に回る
かたく　三界の火宅
物語に仮託する
家宅捜索
かたぐち　肩口が寒い
かたくちいわし　片口鰯
かたくな　頑△なな人
かたくりこ　片栗粉
かたくるしい　堅苦しい態度

かたぐるま　肩車に乗せる
かたごし　肩越しに覗《のぞ》く
かたこと　片言をしゃべる
かたこり　肩凝りがする
かたさ　団結の固さ
口の堅さ
石の硬さ
かたさき　肩先
かたじけない　辱△い　*忝い
かたしろ　大祓の形代
かたす　テーブルを片す
かたず　固唾を飲む
かたすかし　肩透かし|
かたすみ　部屋の片隅
かたずみ　堅炭
かたそで　片袖の机
かたたがえ　方違△え（俗信）
かたたたき　肩叩き
かたち　形が崩れる
貌△（顔だち）

かたつ　容を改める
　上意下達
かたつき　肩衝の茶入れ
かたづく　事件が片付く
　娘が嫁く
かたづける　片付ける
かたっぱし　片っ端から
かたつむり　蝸牛が角を出す
かたて　片手でつかまる
かたておち　片手落ち
かたてま　片手間の仕事
かたどおり　型通りの挨拶
かたとき　片時も忘れない
かたどる　富士山を象る
かたな　刀の錆《さび》
かたなかじ　刀鍛冶
かたなし　形無しになる
かたならし　肩慣らし
かたば　片刃のかみそり
かたはし　片端を押さえる

かたはだ　片肌脱ぐ
かたはば　肩幅が広い
かたばみ　酢漿草
かたはらいたい　片腹痛い
かたひじ　肩肘怒らす
かたぶつ　堅物で通る
かたぶとり　固太りの人
かたほう　片方に傾く
かたぼう　片棒を担ぐ
かたまり　固まりが早い
　砂糖の塊
かたまる　考えが固まる
かたみ　鰹《かつお》の片身
　親の形見
　肩身が狭い
かたみち　片道の切符
かたむき　傾き
かたむく　身代が傾く
かたむける　心を傾ける
かため　片目をつぶる

かため　固めの盃
　固目に練る
かためる　基礎を固める
かためん　レコードの片面
かたやき　堅焼きのパン
かたやぶり　型破りの言動
かたやま　肩山
かたゆで　固茹での卵
かたよせる　物を片寄せる
かたよる　考え方が偏る
　一方に片寄る
かたらい　男女の語らい
かたらう　友と語らう
かたり　語り（ナレーション）
　騙りをはたらく
かたりぐさ　語り草　*語り種となる
かたりくち　語り口
かたりて　物語の語り手

かたりべ　語り部
かたりもの　語り物
かたる　父を語る
　他人の名を騙る
かたわら　道の傍ら
かたわらいたい　傍ら痛い
かたわれ　賊の片割れ
かたん　加担　*荷担
かだん　公園の花壇
　果断な処置
　歌壇（歌人社会）
がだん　画壇（画家社会）
かち　勝ちを収める
　徒　*徒歩で行く
かち　価値を認める
がち　雅致に富む

鰯
漿
騙

かちあう　搗ち合う
かちあげる　搗ち上げる
かちいくさ　勝ち戦　*勝ち軍△
かちえる　成功を克△ち得る
かちき　勝ち気な人
かちく　家畜を飼育する
かちぐり　勝ち栗　*搗ち栗
かちこし　勝ち越し
かちどき　勝ち鬨
かちとる　勝ち取る　*克△ち取る
かちぬき　勝ち抜き戦
かちほこる　勝ち誇る
かちぼし　勝ち星
かちまけ　勝ち負け
かちめ　勝ち目が無い
かちゅう　火中の栗を拾う
　家中一同
　渦中に巻き込む
かちょう　花鳥の縫模様
　家長権
　課長
がちょう　画帳　*画帖
　画調
　鵞鳥の卵
かちょうきん　課徴金
かちょうふうげつ　花鳥風月
かちわり　搗ち割り

カツ

[活]カッ ―「死中に―を求める」◇活気・活動・復活
[割]カツ　わる・われる・さく ― 割愛・割譲・割腹・割拠・分割
[括]カッ ― 括弧・括約筋・一括・総括・統括・包括
[喝(喝)]カッ ― 喝破・一喝・恐喝・大喝一声
[渇(渇)]カツ　かわく ―「―をいやす」◇渇仰・渇水・渇望・枯渇
[滑]カツ・コツ　すべる・なめらか ― 滑空・滑降・滑車・滑走・滑脱・滑落・円滑
[褐(褐)]カッ ― 褐色・褐藻類・褐炭・茶褐色
[轄]カッ ― 管轄・所轄・総轄・直轄・統轄・分轄
[葛]カツ　くず ― 葛藤
[筈]カツ　はず ―

か〈つ〉

[且]かつ ―「驚き、―喜ぶ」

かつ　誘惑に克△つ
　敵に勝つ

ガツ

[月]ガツ・ゲツ　つき ― 月忌・五月・正月・生年月日

ガッ

[合]ガッ・ゴウ・(カッ)　あう・あわす・あわせる ― 合算・合唱・合致・合併・合本

かつあい　一部を割愛する
かつえる　餓△える　*飢△える　*饑える
かつお　鰹のたたき
かつおぎ　千木と鰹木
かつおぶし　猫に鰹節
かっか　大統領閣下
かっかい　各界の名士
　角界
がっかい　学会で発表する
　学界の第一人者
　楽界
かつかいしゅう　勝海舟
かっかく　赫々たる戦果

か

かっかざん　活火山
かっかそうよう　隔靴掻痒
かっかん　客観
かつがん　活眼を開く
がっかん　学監
かっき　客気が多い　活気を帯びる
がっき　学期　楽器を弾く
かっきてき　画期的　*劃期的な業績
がっきゅう　学究肌の人　学級閉鎖
かっきょ　群雄が割拠する
かつぎょ　活魚料理
かっきょう　活況を呈する
がっきょく　楽曲
かっきん　精励恪勤
かつぐ　荷物を担ぐ
がっく　学区制

かっくう　滑空機
かっけ　脚気衝心
がっけい　学兄
かつげき　活劇を演ずる
かっけつ　喀血する
かっこ　括弧でくくる　確固　*確乎　羯鼓(楽器)
かっこう　飛車と角行　格好　*恰好　郭公が鳴く　斜面を滑降する
かつごう　渇仰の的
がっこう　学校教育
かっこく　世界各国
かっこんとう　葛根湯
かっさい　喝采を浴びる
がっさく　日米合作映画
かっさつ　活殺自在
がっさん　経費を合算する

がっさん　月山神社
かつじ　活字で組む
かつしかほくさい　葛飾北斎
かっしゃ　世相を活写する　滑車
がっしゅうこく　合衆国
がっしゅく　合宿練習
かっしょう　滑翔する
かつじょう　領土を割譲する
がっしょう　混声合唱　仏前に合掌する
がっしょうづくり　合掌造り
がっしょうれんこう　合従連衡
かっしょく　褐色
かっすい　渇水期
かっする　渇する
がっする　双方を合する
かっせいか　経済の活性化

かっせき　滑石
かっせん　関ヶ原の合戦
かつぜん　豁然大悟する
かっそう　滑走路
がっそう　弦楽合奏
がったい　両者が合体する
かったつ　闊達　*豁達　*活達な性格
かつだつ　円転滑脱
かつだんそう　活断層
がっち　目的に合致する
かっちゅう　甲冑
かつて　曽て　*嘗て
かって　お勝手　勝手な理屈
かってむき　勝手向き
がってん　合点がいく

鵞
鰹
嘗

大きな教科書体は常用漢字　大きな明朝体は常用漢字以外の漢字

かっとう 両家間の葛藤
かつどう 活動する
かつどうしゃしん 活動写真
かつは 且つは
かっぱ △合羽
かっぱ △河△童の川流れ
かっぱ 真理を喝破する
かっぱつ 活発 *活潑
かっぱらい 掻っ払い
かっぱん 活版印刷
がっぴ 月日を記す
がっぴょう 合評会
かっぷ 割賦販売
かっぷく 恰幅 *格幅
かっぷく 割腹する
かつぶつ 活仏
がっぺい 会社が合併する
かっぽ 大道を闊歩する
かつぼう 万人が渇望する

かっぽう 割烹料理
かっぽうぎ 割烹着
がっぽん 雑誌の合本
かつまた 且つ又
かつもく 刮目して待つ
かつやく 活躍する
かつやくきん 括約筋
かつよう 人材を活用する
かつようじゅ 闊葉樹
かつら 桂の木
かつら 鬘をかぶる
かつらがわ 桂川
かつらく 滑落事故
かつりょく 活力を与える
かつれい ユダヤ教の割礼
かつろ 活路を開く
かて 心の糧
かてい 仮定する
かてい 家庭を持つ
かてい 生産過程

かてい 教職課程
かててくわえて 糅てて加えて
かてめし 糅飯
かてん 加点する
かでん 瓜田の履《くつ》
かでん 家伝の妙薬
かでん 家電業界
かでん 荷電する
がてん 合点がいく
がでんいんすい 我田引水
かと 蝌蚪(おたまじゃくし)
かど 角の煙草屋
かど 門ごとに祝う
かど 不審の△廉で
かど 過度の勉強
かとう 下等動物
かとう 果糖
かとう 過当競争

かどう 可動橋
かどう 花道 *華道
かどう 歌道
かどう 稼働 *稼動
かとうきよまさ 加藤清正
かどかどしい 角々しい態度
かとき 過渡期
かとく 家督相続
かどぐち 門口に立つ
かどだつ 話が角立つ
かどち 角地
かどちゃ 門茶
かどづけ 門付けの芸人
かどで 門出 *△首△途
かどてき 過渡的
かどばる 角張った態度
かどまつ 門松を立てる
かどみせ 角店
かとりじんぐう 香取神宮

かとりせんこう　蚊取り線香
かどわかす　勾かす　*拐す
かな　仮名　*仮字
かな　悲しい哉
かなあみ　金網を張る
かない　家内工業
かない　家内(妻)
かなう　望みが叶う
　理に適う
　敵う者はない
かなえ　鼎の軽重を問う
かなえる　願いを叶える
かながわ　神奈川県
かなきりごえ　金切り声
かなぐ　金具
かなぐぎりゅう　金釘流
かなぐし　魚を金串で焼く
かなぐつわ　金轡をはめる
かなぐりすてる　かなぐり捨てる
かなけ　金気　*鉄気
かなざわ　金沢市
かなしい　悲しい　*哀しい
かなしばり　不動の金縛り
かなしみ　悲しみ　*哀しみ
かなしむ　死を悲しむ
　*哀しむ
かなた　はるか彼方
かなだらい　金盥
かなづかい　仮名遣い　*仮字遣い
かなづち　金槌
かなてこ　鉄梃
かなでる　琴を奏でる
かなぼう　鬼に金棒　*鉄棒
かなぼうひき　鉄棒引き
かなめ　扇の要
かなもの　金物屋
かならず　必ず実行する
かならずしも　必ずしも
かなりあ　金糸雀(鳥)
かなわない　敵わない
かなん　火難の相
かに　蟹の横這い
かにく　白桃の果肉
かにこうせん　蟹工船
がにまた　蟹股で歩く
かにゅう　協会に加入する
かね　金に飽かす
　鉄のわらじ
　鉦や太鼓で捜す
　鉄漿をつける
　鐘を突く
かねあい　両者の兼ね合い
かねいれ　金入れ
かねかし　金貸し
かねぐり　苦しい金繰り
かねじゃく　曲尺　*矩尺
かねずく　金ずくの解決
かねたたき　鉦叩き
かねつ　加熱殺菌
　ストーブの過熱
かねづかい　金遣いが荒い
かねづまり　金詰まり
かねづる　金蔓をつかむ
かねて　予ての望み
かねばなれ　金離れがいい
かねまわり　金回りがいい
かねめ　金目の物
かねもうけ　金儲け
かねもち　金持ち
かねる　大は小を兼ねる

蔓
鼎
盥

か

かねんぶつ　可燃物
かの　彼の有名な歌手
かのう　傷口が化膿する
　可能な限り
　御嘉納になる
がのう　画嚢
かのうせい　可能性がある
かのうたんゆう　狩野探幽
かのえ　庚
かのこ　鹿の子
かのじょ　彼女
かのと　辛
かのひと　彼の人
かば　樺の木
かば　河馬
かばいろ　樺色
かばう　弟を庇う
かはく　船が仮泊する
　科白（せりふ）
がはく　梅原画伯

かばしら　蚊柱が立つ
かばね　氏《うじ》と姓
　水漬《みづ》く屍
かばやき　鰻の蒲焼き
かばらい　過払い
かばり　蚊鉤
かはん　ボルガ河畔
　過半を占める
かばん　鞄
がばん　画板
かはんしん　下半身
かはんすう　過半数の賛成
かひ　可否を論じる
　牧水の歌碑
かび　黴が生える
かび　華美に流れる
がび　蛾眉（美人のまゆ）
かびくさい　黴臭い
かひつ　原稿に加筆する
がひつ　画筆を振るう

がびょう　画鋲で留める
かびる　餅が黴びる
かひん　佳品
かびん　花瓶に挿す
　神経過敏
かふ　下付願
　花譜
　家父（自分の父）
　寡夫
　寡婦

かぶ
［株］かぶ ―「―の売買」◇株式

かぶ　蕪の漬物
かぶ　下部構造
がふ　画布（カンバス）
かふう　下風に立つ
　山田家の家風
　万葉の歌風
がふう　印象派の画風

かぶおんぎょく　歌舞音曲
かぶか　株価
かぶき　歌舞伎十八番
かぶきもん　冠木門
かふく　人生の禍福
がふく　画幅を広げる
かふくぶ　下腹部
かぶけん　株券
かぶしき　株式会社
かぶせる　罪を被せる
かふそく　過不足なく
かふちょうせい　家父長制
かぶと　兜 *冑
かぶとむし　甲虫
かぶぬし　株主総会
かぶや　株屋
かぶら　蕪 *蕪菁
かぶらや　鏑矢を射る
かぶり　頭をふる
かぶりつき　噛り付き（舞台

△は常用漢字表にない音訓　｜の付いた仮名は省略してもよい送り仮名　＊は同語の別表記

際の客席）
かぶりつく　握り飯に嚙り付く
かぶりもの　冠△り物
かぶる　水を被△る　＊冠△る
かぶれる　漆《うるし》に気△触れる
かふん　杉の花粉
かぶん　過分の謝礼
寡聞にして
がぶん　雅文
かぶんすう　仮分数
かべ　壁に耳あり
かへい　貨幣価値
寡兵
がべい　画餅に帰す
かべかけ　壁掛け
かべがみ　壁紙を張る
かべつち　壁土
かへん　可変資本

かべん　佳編
牡丹《ぼたん》の花弁
かほう　下方
火砲
加法と減法
年功加俸
果報は寝て待て
家重代の家宝
がほう　水彩画の画法
画報
かぼく　花木を植える
家僕
かほご　過保護
かぼそい　か細い　＊か繊△い
かぼちゃ　南瓜△
かほど　斯程の人物
かほんか　禾本科（イネ科）

かま

［釜］かま　「同じ―の飯」
［鎌］かま　「草刈りの―」◇鎌倉時代

かま　陶器の窯
汽車の罐　＊缶△
がま　蒲の穂
蟇　＊蝦△蟇
かまあげうどん　釜揚げ饂飩
かまいし　釜石市
かまいたち　鎌鼬
かまう　犬を構う
かまえ　音なしの構え
かまえる　店を構える
かまきり　蟷螂　＊螳螂
がまぐち　蟇口
かまくび　鎌首をもたげる
かまくらぼり　鎌倉彫
かます　叺に入れる
魳の干物

かまち　框に腰を下ろす
かまど　竈の煙
かまびすしい　囂しい　＊喧△しい話し声
かまぼこ　板付きの蒲鉾
かまめし　釜飯
かまもと　窯元
かまゆで　釜茹での刑
かまわない　服装に構わない
❖「…(て)もかまわない」は仮名書きがふつう。
がまん　我慢をする
かみ　川の上の方
越前守△
神に祈る
紙に書く

黴
蟇
竈

かみ　髪を刈る
　実績を加味する
　無上の佳味
がみ　雅味ゆたか
かみあう　話が噛み|合わない
かみいれ　紙入れ|
かみがかり　神懸か|り　＊神憑り
かみかくし　神隠しに遭う
かみかけて　神掛けて誓う
かみかざり　髪飾り|
かみかぜ　神風が吹く
かみがた　上方文学
　髪形　＊髪型
かみき　上期の決算
かみきる　噛み|切る
かみきれ　紙切れに書く
かみくず　紙屑を捨てる
かみくだく　噛み|砕く

かみこうち　上高地
かみころす　あくびを噛み|殺す
かみざ　上座に座る
かみさま　神様
かみさん　うちの上さん
かみしばい　紙芝居を見る
かみしめる　唇を噛み|締める・味を―
かみしも　裃を脱ぐ
かみすき　紙漉き
かみそり　剃刀△のような男
かみだな　神棚へ上げる
かみだのみ　神頼みをする
かみつ　過密ダイヤ
かみつく　噛み|付く
かみづつみ　紙包み
かみつぶす　苦虫を噛み|潰す
かみつぶて　紙礫を投げる

かみて　舞台の上手
かみなり　雷が落ちる
かみのく　上の句
かみのけ　髪の毛
かみばさみ　紙挟み|
かみはんき　上半期
かみひとえ　紙一重の差
かみぶくろ　紙袋に入れる
かみふぶき　紙吹雪が舞う
かみまきたばこ　紙巻き|煙△草△
かみむかえ　神迎え|
かみもうで　神詣で|
かみやすり　紙鑢
かみゆい　髪結い|の亭主
かみよ　神代
かみわける　酸《す》いも甘いも噛み|分ける
かみわざ　神業に等しい
かみん　仮眠を取る

かむ　鼻を擤む
　爪を噛む
　＊嚼む　＊咬む
かむろ　禿
かめ　瓶△　＊甕の水
かめ　亀
かめい　連盟に加盟する
　仮名を使う
　家名をあげる
がめい　雅名
かめのこだわし　亀の子束△子
かめん　仮面をかぶる
がめん　画面が明るい
かも　鴨
かもい　鴨△居と敷居
かもがわ　賀茂川　＊鴨川
かもく　必修科目
　勘定科目

課目外の授業
寡黙な人
かもじ　髦
かもしか　羚羊
かもしだす　醸し出す
かもす　物議を醸す
かもつ　貨物の輸送
かもなんばん　鴨南蛮
かものちょうめい　鴨長明
かもまつり　賀茂祭
かもめ　沖の鷗
かもん　御下問がある
家門の誉れ
葵の家紋
渦紋 *渦文
かや　茅 *萱
榧の実
蚊帳をつる
かやく　火薬が爆発する
かやくめし　加薬飯(五目飯)

かやぶき　茅葺きの屋根
かやりび　蚊遣り火
かゆ　粥をすする
かゆい　痒い所をかく
かよい　通いの店員
かよいじ　夢の通い路
かよいちょう　酒屋の通い帳
かよう　火曜日
御加養下さい
斯様な次第で
歌謡曲
かよう　学校に通う
がようし　画用紙
かよく　寡欲の人
がよく　我欲が強い
かよわい　か弱い女性
かよわす　心を通わす
から　財布が空になる
唐天竺
卵の殻

がら　着物の柄・―の悪
い人
がらあき　がら空き *が
ら明き
からあげ　鶏の空揚げ
*唐揚げ
からあし　空足をふむ
からい　カレーが辛い
塩鮭が鹹い
からいばり　空威張り
からいり　空炒り *乾煎
り
からうす　唐臼
からうり　株の空売り
からおり　唐織
からかう　子供を揶揄う
からかさ　傘 *唐傘
からかみ　唐紙を開ける
からくさもよう　唐草模様
からくじ　空籤なし

からくち　辛口の酒
からくも　辛くも勝つ
からくり　絡繰り *機関
からくれない　唐紅 *韓紅
からげる　すそを絡げる
*紮げる
からげんき　空元気を出す
からこ　唐子
からざけ　乾鮭
からさわぎ　空騒ぎをする
からし　辛子 *芥子
からしし　牡丹《ぼたん》に唐獅子
からしな　芥子菜
からす　烏 *鴉
からす　木を枯らす
井戸を涸らす
声を嗄らす

鑢
嚼
甕

がらす　硝△子△
からすうり　烏瓜の赤い実
からすぐち　烏口
からずね　空臑
からすみ　鱲△子
からせき　空咳　*乾△咳
からだ　体　*身△体△　*軀
*躰
からだき　空焚き
からたけわり　唐△竹割り
*乾竹割り
からたち　枳殻△　*枸橘の
花
からだつき　頑丈な体付き
からっかぜ　上州の空っ風
からっぽ　空っぽの頭
からつやき　唐津焼
からつゆ　空梅雨
からて　空手で帰る
空手　*唐手

からてがた　空手形を出す
からとう　辛党と甘党
からねんぶつ　空念仏
からはふ　唐破風
からびつ　唐櫃
からぶき　空拭き　*乾△拭
き
からぶり　空振りの三振
からぼり　空△堀
からまつ　落△葉△松　*唐
松
からまる　糸が絡まる
からまわり　議論の空回り
からみ　辛み　*辛味
がらみ　五十絡み　*搦
みの男
からみあう　絡み合う
からみつく　蔓《つる》が絡み付く
からむ　絡む　*搦む
からむし　苧　*苧麻△

からめ　辛目の味付け
からめて　搦め手
からめとる　搦め取る　*絡
め取る
からめる　蜜を絡める
賊を搦める
からもん　唐門
からよう　唐様で書く
がらん　七堂伽藍
かり　仮の住まい
狩りをする
借りができる
雁　*鴈
がり　我利我欲
かりあげ　刈り上げ
かりあげる　借り上げる
かりあつめる　駆り集める
かりいれ　稲の刈り入れ
資金借り入れ
かりいれきん　借入金

かりいれる　借り入れる
かりうけ　借り受け
かりうけにん　借受人
かりうける　借り受ける
かりうど　狩人△
かりかえ　資金借り換え
かりかた　借り方
かりがね　雁が音　*雁金
かりぎ　借り着
かりぎぬ　狩衣△
かりきる　船を借り切る
かりこし　借り越し　*借
越
かりこしきん　借越金
かりこみ　刈り込み鋏
一斉狩り込み
かりこむ　芝を刈り込む
かりごや　仮小屋
かりずまい　仮住まい　*仮
住居

かりそめ　仮初め　＊苟且△
かりた　刈り田
かりたおす　金を借り倒す
かりだす　獲物を狩り出す　部員を応援に駆り出す
かりたてる　駆り立てる
かりちん　借り賃を払う
かりて　借り手がない
かりとじ　仮綴じの書類
かりとり　刈り取り
かりとりき　刈取機
かりとる　麦を刈り取る
かりに　仮に作ってみる
かりぬい　洋服の仮縫い
かりぬし　部屋の借り主
かりね　仮寝の宿
かりば　狩り場
かりぶしん　仮普請

かりもの　借り物の知識
かりゃく　下略する
かりゅう　利根川の下流　下流の階級　顆粒状
がりゅう　我流でやる
かりゅうかい　花柳界
かりゅうど　狩△人△
かりょう　病気加療中　品質佳良　科料（刑事罰）　過料（行政処分）
がりょう　臥竜△　＊臥龍　雅量にとぼしい
がりょうてんせい　画竜△点睛　＊画龍点睛
かりょく　火力発電
かりる　知恵を借りる　＊藉りる

かりん　花梨△　＊榠樝
かりんとう　花林糖

か(る)　[刈]かる　「草を―」

かる　うさぎを狩る　愛車を駆る　＊駈る
かるい　身が軽い
かるいし　軽石
かるがるしい　軽々しい行為
かるがると　軽々とかつぐ
かるくち　軽口をたたく
かるさん　軽△衫△　＊軽衫△
かるた　歌留多△　＊加△留△多　＊骨牌
かるはずみ　軽はずみ
かるやか　軽やかに踊る
かるわざ　軽業師
かれ　彼

かれい　鰈
かれい　加齢現象　佳麗な女性　家令　華麗な文体　毎年の嘉例
かれえだ　枯れ枝
かれき　枯れ木に花
がれき　瓦礫の山
かれくさ　枯れ草
かれこだち　枯れ木立
かれさんすい　枯れ山水
かれし　彼氏
かれつ　苛烈な戦闘
かれの　枯れ野
かれは　枯れ葉
かれら　彼ら　＊彼等△

鱲　櫝　樝

か

かれる　木が枯れる
　井戸が涸れる
　声が嗄れる
かれん　可憐な花
かれんちゅうきゅう　苛斂誅求
かろう　家老
　過労で倒れる
がろう　画廊
かろうじて　辛うじて
かろやか　軽やかに踊る
かろん　歌論
がろん　画論
かろんずる　命を軽んずる
かわ　川(一般的及び自然地名)
　河(大きな川)
かわ　皮をはぐ・虎の―・木の―
　革靴・なめした―

かわ　こちらの側
　ふとんの側　*皮
かわ　佳話
がわ　敵の側に付く
　時計の側
かわあかり　川明か|り
かわいい　可愛△い娘
かわいがる　犬を可愛△がる
かわいぎょくどう　川合△玉△堂
かわいそう　可哀△相　*可哀△想
かわいらしい　可愛△らしい
かわうそ　川獺　*獺
かわかす　火で乾かす
かわかぜ　川風
かわかみ　川上
かわき　乾きが早い
　渇きを覚える
かわぎし　川岸

かわきり　皮切りに話す
かわぎり　川霧
かわく　空気が乾く
　のどが渇く
かわくだり　川下り
かわぐつ　革靴
かわごえ　川越市
かわごろも　皮衣　*裘
かわざかな　川魚
かわざんよう　皮算用
かわしも　川下
かわじり　川尻
かわす　言葉を交わす
　体を躱す
かわず　井の中の蛙
かわすじ　川筋
かわせ　川瀬の水音
　為替を組む
かわせみ　翡翠
かわぞい　川沿いの村

かわそう　革装の本
かわぞこ　川底
かわたけもくあみ　河竹黙阿弥△
かわち　河△内の国
かわづたい　川伝いに行く
かわづら　川面
かわと　革砥で研ぐ
かわどこ　川床
かわはぎ　皮剝ぎ|(魚名)
かわばた　川端の柳
かわばたやすなり　川端康△成
かわはば　川幅が広い
かわばり　革張り|　*皮張り|
かわびらき　両国の川開き
かわぶくろ　革袋
かわべ　川辺のあし
かわべり　川縁△

か

かわむこう　川向こう
かわも　川面
かわや　厠
かわやなぎ　川柳　*楊柳
かわら　河原　*川原
かわらけ　土器
屋根の瓦
かわらばん　瓦版
かわらぶき　瓦葺きの家
かわり　代わりの人
変わりはない
二の替わり(芝居)
かわりだね　変わり種
かわりばえ　代わり映え
かわりばんこ　代わり番こ
かわりびな　変わり雛
かわりみ　変わり身
かわりめ　季節の変わり目
かわりもの　変わり者
かわる　父に代わる
位置が変わる
金に換わる
社長が替わる
かわるがわる　代わる代わる

カン

[干]カン ほ-す・ひ-る ― 干渉・干潮・干満・若干・欄干
[刊]― カン ― 「平成九年の―」◇刊行・刊本・既刊・月刊
[完]― カン ― 「全編―」◇完結・完成・完全・完了・未完
[官]― カン ― 「―の命令」◇官営・官学・官能・官吏・警官
[巻(巻)]カン ま-く・まき ― 「―をおく」◇巻頭・巻末・圧巻
[看]― カン ― 看護・看破・看板
[寒]カン さむ-い ― 「―の入り」◇寒暑・寒村・寒暖・寒波・厳寒
[間]カン・ケン あいだ・ま ― 「―、髪を入れず」◇間隔・間接・時間
[幹]カン みき ― 幹事・幹線・幹部・基幹・根幹・才幹
[感]― カン ― 「隔世の―」◇感覚・感情・感触・感心・直感
[漢(漢)]― カン ― 「―の時代」◇漢語・漢字・漢文・悪漢
[慣]カン なら-す なれる・― 慣習・慣熟・慣性・慣例・習慣
[管]カン くだ ― 管楽器・管見・管制・管内・管理・血管・保管
[関(關)]カン せき・かか-わる ― 関係・関節・関門・機関・税関
[館]カン やかた ― 館長・館内・映画館・会館・旧館・新館・旅館
[簡]― カン ― 「―にして要を得る」◇簡易・簡単・書簡
[観(觀)]― カン ― 「別人の―がある」◇観客・観察・楽観
[甘]カン あま-い・あま-える・あま-やかす ― 甘苦・甘言・甘受・甘心・甘美
[甲]― カン・コウ ― 「―の声」◇甲高い・甲走る・甲板
[汗]カン あせ ― 汗顔・汗牛充棟・汗馬・発汗・流汗
[缶(罐)]― カン ― 「灯油の―」◇缶詰・製缶
[肝]カン きも ― 肝心・肝臓・肝胆・肝油・肝要・心肝・肺肝
[冠]カン かんむり ― 「世界に―たる国」◇冠婚葬祭・冠詞・王冠
[陥(陷)]カン おちい-る・おとしい-れる ― 陥没・陥落・欠陥・失陥
[乾]カン かわ-く・かわ-かす ― 乾湿・乾草・乾燥・乾杯・乾物
[勘]― カン ― 「―がいい」◇勘案・勘定・勘当・堪能・勘弁

獺　躱　翡

か

［患］カン　わずら-う ― 患者・患部・外患・急患・疾患
［貫］カン　つらぬ-く ― 貫首・貫通・貫流・尺貫法・縦貫
［喚］カン　― ― 喚起・喚呼・喚声・喚問・叫喚・召喚
［堪］カン　た-える ― 堪忍袋・堪能
［換］カン　か-える・か-わる ― 換金・換算・交換・置換・転換
［敢］カン　― ― 敢為・敢行・敢然・敢闘・果敢・勇敢
［棺］カン　― ― 「―の中」◇棺おけ・出棺・石棺・寝棺
［款］カン　― ― 款待・借款・定款・約款・落款
［閑］カン　― ― 「忙中―あり」◇閑却・閑居・閑職・繁閑
［勧（勸）］カン　すす-める ― 勧告・勧奨・勧誘
［寛（人寬）］カン　― ― 寛厳・寛厚・寛大・寛容
［歓（歡）］カン　― ― 「―を尽くす」◇歓喜・歓迎・歓心・交歓
［監］カン　― ― 監禁・監視・監守・監修・監督・舎監・総監
［緩］カン　ゆる-い・ゆる-やか・ゆる-む・ゆる-める ― 緩急・緩行・緩衝地帯・緩慢・緩和
［憾］カン　― ― 憾悔・遺憾
［還］カン　― ― 還元・還付・帰還・生還・送還・返還
［環］カン　― ― 環境・環礁・環状・環流・一環・循環
［艦］カン　― ― 「―が沈む」◇艦船・艦隊・艦艇・旗艦・軍艦
［鑑］カン　かんが-みる ― 鑑査・鑑札・鑑賞・鑑定・鑑別・印鑑・年鑑
［韓］カン　― ― 韓国
［人侃］カン　ただ・ただし ― 侃侃諤諤
［人栞］カン　しおり ―
［人莞］カン　かや ― 莞爾・莞然
［人函］カン　はこ・すすむ ― 投函
［人柑］カン・ケン　― ― 柑橘類・蜜柑
［人竿］カン　さお ― 竿灯・竿頭
［人菅］カン　すが・すげ ―

かん

君側の奸
疳の虫
癇に障る
封に緘と書く
酒の燗をする
箪笥《たんす》の鐶

ガン

［丸］ガン　まる・まる-い・まる-める ― 丸薬・弾丸・砲丸
［元］ガン・ゲン　もと ― 元金・元日・元祖・元年・元来
［岸］ガン　きし ― 岸頭・岸壁・右岸・沿岸・対岸・彼岸
［岩］ガン　いわ ― 岩塩・岩石・岩盤・安山岩・火成岩・奇岩
［眼］ガン・（ゲン）　まなこ ― 「―をつける」◇眼下・眼球・眼光・老眼
［顔］ガン　かお ― 顔色・顔面・顔料・温顔・厚顔・童顔
［願］ガン　ねが-う ― 「―をかける」◇願書・願望・哀願・祈願・懇願
［含］ガン　ふく-む・ふく-める ― 含蓄・含味・含有・包含
［頑］ガン　― ― 「―としてきかない」◇頑強・頑固・頑丈
［玩］ガン　― ― 玩具・愛玩
［人巌・人巖］ガン　いわ・いわお ― 巌窟
［人雁］ガン　かり ― 雁木・雁首

がん

雁＊鴈
癌の手術
龕（厨子《ずし》）

かんあけ　寒明け
かんあん　事情を勘案する
かんい　官位を剥奪する
　簡易舗装
がんい　含意する
かんいっぱつ　間一髪
かんいん　官印
　姦淫の罪
かんう　寒雨
かんえい　官営の事業
かんえき　山村の寒駅
かんえつ　観閲式
かんえん　流行性肝炎
がんえん　岩塩
かんおう　観桜会
かんおけ　棺桶
かんおん　漢音と呉音
かんか　干戈を交える
　看過できない
　閑暇を利用する

かんが　感化を受ける
　官衙(役所)
　閑雅な郊外
がんか　眼下に広がる
　眼科医
　眼窩 *眼窠
かんかい　官界に入る
　感懐を述べる
　勧戒 *勧誡
　症状が寛解
　*緩解する
かんがい　干害 *旱害
　寒害
　感慨無量
　田畑を灌漑する
かんがえ　考えを述べる
かんがえかた　物の考え方
かんがえごと　考え事をする
かんがえつく　考え付く

かんがえなおす　考え直す
かんがえる　問題を考える
かんかく　間隔を保つ
　感覚が鋭い
かんがく　官学の出
　漢学と国学
かんかつ　寛闊な心
　管轄区域
かんがっき　管楽器
かんがみる　時局に鑑みる
かんかん　看貫秤《ばかり》
　悠々閑々
かんがん　汗顔の至り
　宦官
かんかんがくがく　侃々諤々
かんかんしき　観艦式
かんき　刊記
　官紀の粛正
　勘気を被る

　乾季 *乾期
　注意を喚起する
　寒気が厳しい
　寒季 *寒期
　部屋を換気する
　歓喜に満ちる
がんぎ　雁木
かんぎく　寒菊
　観菊会
かんきつるい　柑橘類
かんきゃく　閑却される
　観客席
かんきゅう　官給品
　恩情に感泣する
　緩急自在
がんきゅう　眼球
かんきょ　官許を得る

龕
灌
漑

小人閑居して不善をなす
かんぎょ　還御
かんきょう　感興がわく
　環境が悪い
かんぎょう　官業と民業
　寒行
　勧業博覧会
がんきょう　頑強に抵抗する
かんきり　缶切|り　*罐切|り
かんきわまる　感極まる
かんきん　官金横領
　看△経する
　桿菌
　換金作物
　不法に監禁する
かんぎん　閑吟する
がんきん　元金保証
かんく　甘苦を共にする
　管区気象台
　艱苦に耐える
がんぐ　玩具
　頑愚
がんくつ　巌窟　*岩窟
がんくび　雁首をそろえる
かんぐる　勘繰る
かんぐん　勝てば官軍
かんけい　奸計　*姦計
　関係をつける
　簡勁な筆致
かんげい　来客を歓迎する
かんげいこ　寒稽古
かんげき　間隙を縫う
　優勝の感激
　観劇会
かんげざい　緩下剤
かんけつ　全集が完結する
　簡潔な表現
かんげつ　寒月昼の如し
　観月会
かんけつせん　間欠泉　*間歇泉
かんけん　官憲の圧力
　管見に入らない
かんげん　甘言に乗る
　換言すれば
　寛厳よろしきを得る
　管弦　*管絃
　社会に還元する
　諫言する
がんけん　眼瞼
　頑健な体
かんこ　運転士の喚呼
　歓呼の声
　鹹湖
かんご　手厚く看護する
　閑人閑語
　漢語と和語
　未成年者の監護
がんこ　頑固な老人
かんこう　雑誌を刊行する
　橋が完工する
　種々勘考する
　文書を勘校する
　攻撃を敢行する
　感光紙
　慣行を守る
　還幸
　観光地
かんごう　勘合船
がんこう　眼光紙背に徹す
　雁行して進む
がんこうしゅてい　眼高手低
かんこうちょう　官公庁
かんこうへん　肝硬変
かんこうれい　緘口令　*箝口令を敷く
かんごえ　寒肥を施す

かんこく　寒声
癇声
かんこく　勧告に従う
かんこく　韓国
かんごく　監獄
かんこつ　顴骨(ほおぼね)
かんこつだったい　換骨奪胎
かんこどり　閑古鳥が鳴く
かんこんそうさい　冠婚葬祭
かんさ　会計監査
無鑑査
かんさい　借金を完済する
かんさい　関西地方
かんざい　管財人
かんさいき　艦載機
かんさく　奸策 *姦策
農作物の間作
がんさく　贋作
かんざくら　寒桜が咲く

かんざけ　燗酒
かんざし　簪をさす
かんさつ　監察官
野鳥を観察する
犬の鑑札
かんざまし　燗冷ましの酒
かんさやく　監査役
かんざらし　寒晒し
かんさん　人生の甘酸
ドルに換算する
閑散とした町
かんし　干支
冠詞がつく
鉗子分娩
漢詩
密猟を監視する
諫止する
諫死する
衆人環視の中
かんじ　感じがいい

かんじ　病気が完治する
莞爾とほほえむ
同窓会の幹事
漢字
学会の監事
がんじがらめ　雁字搦め
かんしき　乾式複写機
鑑識眼
がんしき　眼識のある人
かんしつ　乾漆の仏像
がんしつ　眼疾に悩む
がんじつ　元日
かんしゃ　甘蔗(さとうきび)
官舎
配慮に感謝する
かんじゃ　猿面冠者
入院患者
敵の間者
かんしゃく　癇癪を起こす
かんじゃく　閑寂な別荘地

かんしゅ　刑務所の看守
情勢を看取する
艦首
かんじゅ　非難を甘受する
貫首 *貫主
かんしゅう　慣習を破る
辞典を監修する
観衆がどよめく
がんしゅう　含羞の人
かんじゅく　完熟トマト
運転に慣熟する
かんじゅせい　感受性が強い
かんしょ　甘薯 *甘藷(さつまいも)
甘蔗(さとうきび)
閑所

顴
簪
癪

か

かんじょ　寒暑の差　三人官女　御寛恕を請う
がんしょ　雁書(手紙)　入学願書
かんしょう　内政に干渉する　英チームの完勝　冠省　感傷に浸る　退職を勧奨する　勧賞する　事務を管掌する　緩衝地帯　ビキニ環礁　癇症　*癇性　簡捷な事務処理　自然を観照する　観賞用植物　音楽を鑑賞する
かんじょう　冠状動脈　勘定が合う　感状を授与する　感情を害する　神仏を勧請する　管状組織　環状線
がんしょう　岩床　岩漿(マグマ)　岩礁
がんじょう　頑丈　*岩乗
かんじょうがき　勘定書き
かんしょく　官職に就く　寒色と暖色　間食する　閑職にある　堅い感触
がんしょく　顔色無し
かんじる　痛みを感じる
かんしん　奸臣　*姦臣　寒心に堪えない　感心な行い　関心を示す　歓心を買う
かんじん　肝心　*肝腎　閑人閑話　寛仁大度　勧進して回る
がんじん　鑑真和《わ》上《じょう》
かんじんちょう　勧進帳
かんじんもと　芝居の勧進元
かんすい　任務を完遂する　田畑が冠水する　畑に灌水する　鹹水(しおみず)
かんすう　関数　*函数
かんすずめ　寒雀
かんすぼん　巻子本
かんする　名を冠する　婦女を姦する　鳥に関する話　口を緘する
かんずる　空腹を感ずる　無常を観ずる
かんせい　研究を完成する　官制を改正する　官製はがき　陥穽に落ちる　乾性肋膜炎　喚声(叫び声)　喊声(ときの声)　歓声が揚がる　閑静な住宅地　豊かな感性　物体の慣性　報道管制　鼾声雷の如し
かんぜい　保護関税
がんせいひろう　眼精疲労
かんぜおんぼさつ　観世音

菩薩
かんせき　漢籍に親しむ
がんせき　岩石
かんせつ　官設
富士が冠雪する
間接に影響する
指の関節
環節動物
かんぜつ　世界に冠絶する
がんぜない　頑是無い子供
かんぜより　観世縒り
かんぜりゅう　観世流の能
かんせん　汗腺
官選弁護人
病気に感染する
幹線道路
試合を観戦する
艦船
かんぜん　完全に成功する
敢然と主張する

間然する所がない理論
がんぜん　眼前の問題
かんぜんちょうあく　勧善懲悪
かんそ　簡素の美
がんそ　洋学の元祖
かんそう　完走する
空気が乾燥する
間奏
感想を述べる
歓送会
人相を観相する
人生観想
かんぞう　甘草の丸呑み
萱草の花
肝臓
がんぞう　贋造紙幣
がんそうざい　含嗽剤
かんそく　天体を観測する

かんぞく　奸賊 *姦賊
かんそん　山間の寒村
かんたい　寒帯と温帯
歓待 *款待
艦隊
かんだい　寛大な処置
がんたい　眼帯を掛ける
かんたいじ　中国の簡体字
かんたいへいよう　環太平洋
かんだかい　甲高い *疳高い叫び声
かんたく　干拓地
がんだて　願立てをする
かんたる　世界に冠たる
かんたん　肝胆相照らす
感嘆 *感歎する
簡単な質問
かんだん　寒暖不同の折

間断なく降る
閑談を交わす
友人と歓談する
がんたん　元旦
かんだんけい　寒暖計
かんたんのゆめ　邯鄲の夢
かんち　奸知 *奸智
病気を完治する
寒地
換地する
閑地に就く
火災を感知する
関知しない
かんちがい　勘違いをする
かんちく　寒竹
がんちく　含蓄に富む
かんちゅう　寒中見舞い

鹹
贋
鄲

か

閑中忙あり
がんちゅう　眼中に無い
かんちょう　干潮になる
官庁街
貫長 *貫頂
間諜を放つ
東大寺管長
館長
鳴門の観潮
灌腸 *浣腸
艦長
がんちょう　元朝(元旦)
かんつう　姦通する
弾丸が貫通する
かんづく　薄々感付く
*勘付く
かんづくり　寒造|り
かんつばき　寒椿が咲く
かんづめ　缶詰 *罐詰
かんてい　首相官邸
艦艇
筆跡を鑑定する
がんてい　眼底出血
かんていりゅう　勘亭流
初志を貫徹する
かんてつ　完徹(完全徹夜)
かんてん　干天 *旱天
寒天の星
寒天を作る
観点が違う
かんでん　乾田と湿田
感電する
かんでんち　乾電池
かんと　官途に就く
かんど　感度がいい
かんとう　完投勝利
秋田の竿灯
*竿燈
百尺竿頭
巻頭論文
敢闘賞
かんとう　関東地方
かんどう　息子を勘当する
間道を抜ける
誠意に感動する
がんとう　岩頭 *巌頭
がんどう　龕灯 *龕燈
*強△盗
かんとうげん　巻頭言
かんとうし　間投詞
かんとうに　関東煮
かんどうみゃく　冠動脈
かんとく　真理を感得する
部下を監督する
かんどころ　勘所をつかむ
がんとして　頑として拒む
かんとん　腸嵌頓
かんな　鉋をかける
かんない　警視庁管内
館内禁煙
かんなくず　鉋屑
かんなづき　神無月(陰暦十月)
かんなめさい　神嘗祭
かんなん　艱難辛苦
かんにゅう　陥入する
貫乳 *貫入
嵌入する
実相に観入する
かんにん　堪忍する
かんにんぶくろ　堪忍袋の緒
かんぬき　閂を外す
かんぬし　神主
かんねい　奸佞 *姦佞
かんねん　感念(考え方)
時間の観念
がんねん　平成元年
かんのう　税金を完納する
官能を刺激する
書に堪能な人

間脳
暗示に感応する
勧農政策
かんのむし　疳の虫　*癇の虫
かんのん　観音
かんのんびらき　観音開き
かんば　悍馬　*駻馬
かんぱ　真意を看破する
寒波襲来
かんばい　即日完売
寒梅が咲く
観梅の名所
かんぱい　完敗する
乾杯する
かんぱく　摂政と関白
かんばしい　芳しくない噂
かんばしる　甲走った声
かんばせ　花の△顔
かんばつ　干魃　*旱魃

山林を間伐する
かんぱつ　詔書を渙発する
才気煥発
かんはつをいれず　間髪を入れず
がんばる　徹夜で頑張る
かんばん　看板を出す
かんぱん　乾△麺麭
かんぱん　統帥権干犯
船の甲板
写真の乾板
がんばん　岩盤
かんばんむすめ　看板娘
かんび　甘美な曲
設備が完備する
巻尾
艦尾
かんぴ　官費留学
かんぴし　韓非子
がんぴし　雁皮紙

かんびょう　親切に看病する
かんぴょう　干瓢　*乾瓢
がんびょう　眼病
かんぶ　患部を冷やす
会社の幹部
かんぷ　姦夫
姦婦
過納分の還付
かんぷう　完封勝利
寒風吹きすさぶ
かんぷく　見識に感服する
がんぷく　眼福にあずかる
かんぶつ　奸物　*姦物
乾物屋
がんぶつ　贋物
かんぶつえ　灌仏会
かんぶな　寒鮒
かんぷなきまでに　完膚無きまでに
かんぷまさつ　乾布摩擦

かんぶり　寒鰤
かんぶん　漢文訓読
かんぺいしき　観兵式
かんぺいしゃ　官幣社
かんぺき　完璧を期する
癇癖が強い
がんぺき　岩壁を登る
船が岸壁に着く
かんべつ　ひなを鑑別する
かんべん　勘弁できない
簡便な方法
かんぼう　内閣官房
流行性感冒
監房
形勢を観望する
かんぽう　官報に公示する
漢方薬

鑵
龕
魃

か

艦砲射撃

がんぼう　願望がかなう

かんぼく　翰墨に親しむ
灌木（低木）

かんぼつ　道路が陥没する

かんぽん　刊本
完本

がんぽん　元本割れ

かんまいり　寒参り　*寒詣△り

かんまつ　巻末の付録

かんまん　潮の干満
緩慢な動作

かんみ　甘味
鹹味（塩味）

がんみ　含味する
熟読玩味する

かんみん　官民の格差

かんむり　冠をかぶる

かんむりょう　感無量

かんめ　一貫目

かんめい　官名詐称
官命を帯びる
感銘　*肝銘
漢名
簡明に答える

がんめい　頑迷　*頑冥

かんめん　乾麺をゆでる

がんめん　顔面蒼白になる

かんもく　緘黙して語らず

がんもく　改正案の眼目

がんもどき　雁擬△き

かんもん　証人を喚問する
関門を通過する

がんもん　願文

かんもんかいきょう　関門海峡

かんや　寒夜

かんやく　全文を完訳する
監訳する
簡約版

がんやく　丸薬を飲む

かんゆ　肝油

かんゆう　官有林
奸雄　*姦雄
入会を勧誘する

がんゆう　金を含有する

かんよ　関与　*干与

かんよう　肝要な点
国力を涵養する
寛容な態度
慣用手段

かんようしょくぶつ　観葉植物

がんらい　元来の不精者

かんらく　城が陥落する
乾酪（チーズ）
歓楽の声

かんらん　甘藍（キャベツ）
橄欖の実
観覧席

かんり　官吏服務紀律
財産を管理する
設計監理

がんり　元利合計

がんりき　鋭い眼力
願力

かんりしょく　管理職

かんりつ　官立の学校

かんりゃく　簡略な書式

かんりゅう　市を貫流する川
乾留　*乾溜
寒流と暖流
資金の還流

かんりょう　準備が完了する
官僚

がんりょう　ビタミンの含量
顔料と染料

かんりんいん　翰林院

かんるい　感涙にむせぶ

かんれい　寒冷な地方　慣例に従う　関東管領
かんれいぜんせん　寒冷前線
かんれき　還暦（満六十歳）
かんれん　関連　*関聯する事柄
かんろ　甘露　寒露（二十四気）
がんろう　玩弄する
かんろく　貫禄　*貫録を示す
かんろに　鮒の甘露煮
かんわ　閑話する　漢和辞典　制限を緩和する
かんわきゅうだい　閑話休題

き

キ

[己]キ・コ おのれ ― 克己・知己
[危]キ あぶ-ない・あや-うい・あや-ぶむ ― 危害・危機・安危
[机]キ つくえ ― 机下・机上・机辺・明窓浄机
[気（氣）]キ・ケ ― 「―が利く」◇気圧・気鋭・気温・元気
[希]キ ― 希少・希薄・希望
❖「稀」の書きかえにも。
[汽]キ ― 汽圧・汽車・汽船・汽笛
[季]キ ― 季語・季節・季題・夏季・四季
[紀]キ ― 紀元・紀行・紀要・校紀・世紀・風紀・党紀
[記]キ しる-す ― 記号・記事・記入・記録・暗記・伝記・日記
[起]キ お-きる・お-こる・お-こす ― 起源・起床・起草・起点・起立・再起
[帰（歸）]キ かえ-る・かえ-す ― 帰化・帰郷・帰結・帰朝・帰途・復帰
[基]キ もと・もとい ― 基準・基礎・基地・基底・基盤・基本
[寄]キ よ-る・よ-せる ― 寄港・寄宿・寄生・寄贈・寄与・寄留
[規]キ ― 規格・規正・規則・規約・規律・定規・内規
[喜]キ よろこ-ぶ ― 喜悦・喜劇・喜捨・歓喜・悲喜
[揮]キ ― 揮発油・指揮・発揮
[期]キ・（ゴ） ― 期間・期待・定期・予期
[貴]キ たっと-い・とうと-い・たっと-ぶ・とうと-ぶ ― 貴意・貴族・貴重・騰貴
[旗]キ はた ― 旗艦・旗手・校旗・国旗・弔旗・半旗・万国旗
[器（器）]キ うつわ ― 器機・器物・器用・器量・陶器
[機]キ はた ― 「―に乗じる」◇機縁・機会・機械・機器・危機
[企]キ くわだ-てる ― 企画・企業・企図
[岐]キ ― 岐路・多岐・分岐点
[忌]キ い-む・い-まわしい ― 「―が明ける」◇忌日・忌避・年忌
[奇]キ ― 「―をてらう」◇奇異・奇怪・奇術・奇数・好奇
[祈（祈）]キ いの-る ― 祈願・祈誓・祈念
[軌]キ ― 「―を一にする」◇軌跡・軌道・常軌・不軌

翰
橄
欖

[既(旣)] キ すでに ― 既往症・既刊・既決・既婚・既遂・既成
[飢] キ うえる ― 飢餓・飢渇・飢寒
[鬼] キ おに ― 鬼気・鬼才・鬼人・悪鬼・餓鬼・債鬼・神出鬼没
[幾] キ いく ― 幾何・庶幾
[棋] キ ― 棋院・棋界・棋局・棋士・棋譜・棋風・将棋
[棄] キ ― 棄却・棄権・遺棄・自棄・投棄・廃棄・破棄
[輝] キ かがやく ― 輝石・輝線・輝度・光輝
[騎] キ ― 騎士・騎手・騎乗・騎馬・騎兵・一騎当千・単騎
[亀(龜)] キ かめ ― 亀鑑・亀裂
[伎] キ ― 歌舞伎
[毀] キ ― 毀損・毀誉
[畿] キ ― 畿内・近畿
[人稀] キ まれ ― 稀少・稀薄・古稀

[人葵] キ あおい・まもる ― 向日葵
[人暉] キ あき・あきら・てる ― 光暉
[人綺] キ あや ― 綺語・綺羅・綺麗
[人嬉] キ よし ― 嬉遊
[人槻] キ つき ―
[人毅] キ たけ・たけし・つよし ― 毅然・剛毅
[人熙] キ ひろ・ひろし ― 康熙字典
[人磯] キ いそ ―
[人其] キ・ゴ その・とき・とも・もと ―
[人窺] キ ―
[人箕] キ み・みる ―
[人徽] キ よし ― 徽章
[人祁] キ・ギ ―
[人麒] キ ― 麒麟

き
木 ＊樹△を植える
生のままで飲む
柝が入る
黄色

き
癸(みずのと)

ギ

[技] ギ わざ ― 技師・技手・技術・技能・演技・球技・競技
[義] ギ ― 義眼・義兄・義務・意義・主義・正義
[疑] ギ うたが|う ― 疑点・疑念・疑問・疑惑・容疑
[議] ギ ― 「―を尽くす」◇議案・議員・議会・議論・会議
[宜] ギ ― 機宜・時宜・適宜・便宜
[偽(人僞)] ギ いつわ|る・にせ ― 偽悪・偽証・偽善・偽装・虚偽
[欺] ギ あざむ|く ― 詐欺
[儀] ギ ― 「その―ばかりは…」◇儀式・威儀・葬儀
[戯(人戲)] ギ たわむ|れる ― 戯画・戯曲・戯語・戯文・遊戯
[擬] ギ ― 擬音・擬革・擬古文・擬人法・擬態・模擬
[犠(犧)] ギ ― 犠牲・犠打
[人誼] ギ よし・よしみ ― 友誼
[人祇] ギ・キ・シ けさ・つみ・のり・まさ・もと ― 祇園・神祇

ぎ　外出着
ぎ　魏の曹操
きあい　気合|いが入る
ぎあく　偽悪と偽善
きあけ　忌明|け
きあつ　気圧の谷
きあわせる　来合|わせる
きあん　法案を起案する
ぎあん　議案を審議する
きい　忌諱に触れる
きい　奇異に感じる
きい　貴意を得たく
きい　紀伊の国
きいたふう　利いた風なこと

き

きいちご　木苺
きいつ　帰一する
きいっぽん　灘《なだ》の生一本
きいと　生糸
きいろい　黄色い花
きいん　気韻生動
起因 *基因
ぎいん　議員の特典
議院内閣制
きう　気宇壮大
旱天の喜雨
きうけ　気受けがよい
きうつ　気鬱 *気欝
きうつり　気移りがする
きうるし　生漆
きうん　気運が高まる(世の方向)
機運が熟する(時機)
きえ　仏門に帰依する

きえい　新進気鋭
きえいる　消え入る
きえうせる　消え失△せる
きえつ　喜悦の念を表す
きえる　火が消える
きえん　気炎 *気焔
合縁奇縁
これを機縁に
ぎえんきん　義捐金 *義援金
きおいたつ　気負い立つ
きおう　既往は咎めず
きおう　気負い過ぎる
互いに競△う
きおうしょう　既往症
きおく　記憶に残る
きおくれ　気後れがする
きおち　気落ちする
きおも　気重になる
きおん　気温が上がる

ぎおん　祇△園の夜桜
擬音効果
きか　机下(脇付)
液体が気化する
奇貨居《お》くべし
奇禍に遭う
日本に帰化する
貴下
貴家の繁栄
幾何と代数
将軍の旗下
麾下の将兵
きが　共に起臥する
飢餓 *饑餓
ぎが　戯画化
きかい　奇怪千万
棋界
医療器械
機会をつかむ
工作機械

きがい　危害を加える
気概がある
ぎかい　議会政治
きかいたいそう　器械体操
きがえ　着替えをする
きかえる　服を着替える
きかがく　幾何学
きがかり　気掛かり *気懸かり
きかく　企画 *企劃
規格に合う
きがく　器楽合奏
ぎがく　伎△楽の面
きかざる　着飾る
きかす　塩味を利かす
きがた　靴の木型
きかつ　飢渇に苦しむ

魏
諱
麾

き

きがつく　よく気が付く
きがね　気兼ねする
きがまえ　気構えが違う
きがる　気軽に請け合う
きがわり　気変わりする
きかん　気管
　汽缶　*汽罐（ボイラー）
　季刊の雑誌
　天下の奇観
　標準軌間
　既刊の書物
　本国へ帰還する
　基幹産業
　武人の亀鑑
　一定の期間
　貴翰　*貴簡
　旗艦
　消化器官
　報道機関

きがん　奇岩　*奇巌
　祈願をこめる
ぎかん　厚生技官
　建設技監
ぎがん　義眼
きかんき　利かん気
きかんし　気管支
　機関紙（新聞）
　機関誌（雑誌）
きかんしゃ　機関車
きかんじゅう　機関銃
きかんぼう　利かん坊
きき　危機に直面する
　忌諱に触れる
　鬼気迫る
　記紀の歌謡
　機器　*器機
　機宜を得た処置
ぎぎ　疑義を生じる
ききあし　利き足

ききあやまる　話を聞き誤る
ききあわせる　聞き合わせる　*聞合せる
ききいっぱつ　危機一髪
ききいる　話に聞き入る
ききいれる　聞き入れる
ききうで　利き腕を取る
ききおく　聞き置く
ききおさめ　聞き納め
ききおとす　聞き落とす　*聞落す
ききおぼえ　聞き覚え
ききおよぶ　聞き及ぶ
ききかいかい　奇々怪々
ききかえす　聞き返す
ききがき　聞き書き　*聞書
ききかじる　話を聞き齧る

ききぐるしい　聞き苦しい
ききこみ　聞き込み　*聞込捜査
ききざけ　利き酒　*聞き酒をする
ききすごす　聞き過ごす　*聞過す
ききずて　聞き捨てならない
ききそこなう　聞き損なう
ききだす　話を聞き出す
ききただす　聞き糺す
ききちがい　聞き違い
ききちがえ　聞き違え
ききつたえ　聞き伝え
ききづらい　聞き△辛い
ききて　聞き手に回る
　利き手
ききとして　喜々　*嬉々として

き

ききとどける　聞き届ける
ききとり　聞き取り
ききなおす　話を聞き直す
ききながす　聞き流す
ききにくい　聞き悪△い　＊聞き難△い
ききべた　聞き下手
ききほれる　聞き惚れる
ききみみ　聞き耳を立てる
ききめ　利き目　＊利き眼△
　薬の効き目
ききもらす　聞き漏らす
ききやく　聞き役に回る
ききゃく　控訴を棄却する
ききゅう　危急存亡の秋《とき》
　観測気球
　希求　＊冀求
　一時帰休制
ききょ　起居を共にする

ぎきょ　跪居（ひざまずく）
　四十七士の義挙
ききょう　休暇に帰郷する
　人工気胸
　奇矯な言動
　帰京の途につく
　桔梗△の花
きぎょう　企業秘密
　起業家
ぎきょうしん　義侠心に富む
ぎきょうだい　義兄弟
ききょく　危局に直面する
ぎきょく　戯曲作家
きぎれ　木切れ
ききわけ　聞き分けがない
ききわける　聞き分ける
ききわすれる　聞き忘れる
ききん　飢饉　＊饑饉

ききんぞく　貴金属
　救済基金

キク
[菊]キク ―　「―の花」 ◇菊花・寒菊・残菊・白菊
[鞠]人 キク まり ―　鞠育・蹴鞠
[掬]人 キク ―　一掬

きく　危懼
きく　漢詩の起句
きく　物音を聞く・うわさを―
　理由を聞く　＊訊く
　音楽を聴く・ラジオを―
　薬が効く
　左手が利く・機転が―・無理が―・気が―

きぐ　危惧の念を抱く
　ガス器具
　農機具
ぎく　疑懼がひそむ
きぐう　奇遇に驚く
　親類に寄寓する
きくか　菊花
きくず　木屑
きくすい　菊水の紋
きぐすり　生薬屋
きくする　心情を掬する
きくずれ　着崩れする
きくちかん　菊池寛
きくなます　菊膾
きくにんぎょう　菊人形
きくばり　気配りをする
きくばん　菊判の本

冀
饑
饉

きぐみ　屋根の木組み
逞《たくま》しい気組み
きぐらい　気位が高い
きくらげ　木耳の酢の物
きぐろう　気苦労が多い
きくん　貴君
きけい　奇形 *畸型
奇計を案じる
天下の奇景
奇警の言
貴兄
詭計を用いる
ぎけい　偽計を授ける
義兄と実兄
ぎげい　伎芸（芸能）
技芸神《しん》に入る
きげき　喜劇
きけつ　既決の書類
当然の帰結
ぎけつ　案件を議決する

きけもの　財界の利け者
きけん　危険防止
貴顕淑女
投票を棄権する
きげん　紀元前
起源 *起原
期限が切れる
機嫌を取る
きご　季語
きこう　貴公
葉の気孔
温和な気候
奇行の多い人
奇効を奏する
季候がよい
紀行文
起工式
後編を起稿する
帰航の途につく
母港へ帰港する

寄港 *寄航
雑誌に寄稿する
機甲部隊
機構の改革
きごう　記号
揮毫を頼まれる
ぎこう　歯科技工士
技巧を凝らす
きこうし　貴公子
きこうぼん　稀覯本 *希覯本
きこえ　聞こえがいい
きこえる　聞こえる
きこく　一時帰国する
鬼哭啾々《しゅうしゅう》
ぎごく　疑獄事件
きごこち　着心地がいい
きごころ　気心が知れない
きこしめす　聞こし召す
きこつ　気骨のある人

奇骨（風変わりな性格）
きこなす　着熟す
きこのいきおい　騎虎の勢い
ぎこぶん　擬古文
きこり　木こり *樵
きこん　蛸《たこ》の木の気根
既婚者
きざ　気障なやつ
きさい　奇才
映画界の鬼才
既済額
帳簿に記載する
きざい　器材（器具と材料）
器財（うつわや道具）
機材（機械と材料）
きさき　后 *妃
きさく　気さくな人

き

きさく　奇策縦横
ぎさく　後世の偽作
きざけ　生酒
きざし　兆し　*萌し
きざす　兆す　*萌す
きざはし　階(階段)
きさま　貴様
きざみ　刻みの深い顔
きざみ　一寸刻み
きざみあし　刻み足に歩く
きざみたばこ　刻み煙草
きざむ　心に刻む
きさらぎ　如月(陰暦二月)
きさらづ　木更津市
きざわり　気障りになる
きさん　帰参がかなう
きさん　…から起算する
きさんじ　気散じの散歩
きし　岸の柳
きし　棋士

きし　旗幟鮮明
きし　騎士
きじ　雉　*雉子
きじ　木地塗り
きじ　生地　*素地が出る
きじ　洋服の生地
きじ　新聞の記事
ぎし　技師
ぎし　赤穂義士
ぎし　義姉と実姉
ぎし　義肢
ぎし　義歯
ぎし　狸の擬死
ぎじ　疑似　*擬似
ぎじ　議事を進行する
きしかいせい　起死回生の策
きしかん　既視感
ぎしき　儀式を執り行う

きじく　国際問題の基軸
きじく　新機軸
きじし　木地師
きしつ　学生の気質
きしつ　器質的障害
きじつ　忌日
きじつ　締め切りの期日
きしづたい　岸伝いに行く
きしどう　騎士道
ぎじどう　議事堂
きしな　来しなに寄る
ぎじばり　擬餌鉤
きしべ　岸辺
きしむ　床が軋む
きしめん　棊子麺
きしもじん　鬼子母神
きしゃ　汽車で帰社する
きしゃ　帰社時間
きしゃ　新聞記者
きしゃ　貴社の記者

きしゃ　浄財を喜捨する
きしゃ　騎射する
きしゃく　希釈　*稀釈液
きじゃく　着尺
きしゃちん　汽車賃
きしゅ　奇手を放つ
きしゅ　起首
きしゅ　期首の売上予想
きしゅ　選手団の旗手
きしゅ　機首を上げる
きしゅ　機種の選定
きしゅ　騎手
きじゅ　喜寿(七十七歳)
ぎしゅ　技手
ぎしゅ　義手
きしゅう　奇習
きしゅう　奇襲作戦

亳
覯
棊

既習の事項
貴酬（返事の脇付）
きじゅう　機銃掃射
ぎしゅう　蟻集する
きじゅうき　起重機
きしゅく　学界の耆宿
寄宿する
きじゅつ　奇術師
既述のように
簡明に記述する
ぎじゅつ　技術の習得
きじゅん　帰順を勧める
許可の基準（基礎となる標準）
公示価格を規準とする（手本となる標準）
きしょ　稀書 *希書
三大奇書
貴所

貴書
きじょ　鬼女
貴女
ぎしょ　偽書
戯書
きしょう　気性が激しい
気象を観測する
希少 *稀少
天下の奇勝
六時に起床する
記章 *徽章
毀傷する
きじょう　気丈な人
机上の空論
軌条（レール）
機上の人となる
騎乗する
ぎしょう　地位を偽称する
証人が偽証する
ぎじょう　議場閉鎖

きしょうだい　気象台
きしょうてんけつ　起承転結
きじょうぶ　気丈夫
ぎじょうへい　儀仗兵
きしょうぼん　希少本 *稀少本
きしょうもん　起請△文を書く
きじょうゆ　生醤油
きしょく　気色をそこねる
他家に寄食する
喜色満面
きしる　戸が軋る
きしん　帰心矢の如し
社寺へ寄進する
貴紳（貴顕紳士）
きじん　奇人 *畸人
鬼神
❖「きしん」とも。

貴人
ぎじん　義人
ぎしんあんき　疑心暗鬼
ぎじんほう　擬人法
きす　鱚のてんぷら
きす　水泡に帰す
感慨を記す
必勝を期す
きず　傷 *疵がつく
玉に瑕
きずあと　傷跡 *疵痕
きすい　既遂犯
きずい　気随気儘
奇瑞（吉兆）
きすいこ　汽水湖
きすう　奇数と偶数
勝敗の帰趨
基数
きずきあげる　築き|上げる
きずく　城を築く

きずぐすり　傷薬　*疵薬
きずぐち　傷口　*疵口
きずつく　心が傷付く　*疵付く
きずな　絆　*紲を絶つ
きずもの　傷物　*疵物
きする　水泡に帰する
　感慨を記する
　必勝を期する
ぎする　次期の首班に擬せられる
　慎重に議する
きせい　気勢を上げる
　奇声を発する
　神仏に祈誓する
　休暇に帰省する
　既成事実
　既製
　人体に寄生する
　政治資金規正法
　交通規制
　期成同盟
ぎせい　擬制
　擬勢をはる
　擬製豆腐
　犠牲を払う
ぎせいご　擬声語
きせいちゅう　寄生虫
きせいひん　既製品
きせかえ　着せ替え人形
きせき　奇跡　*奇蹟
　人生の軌跡
　鬼籍に入る
　輝石
ぎせき　議席を獲得する
きせつ　季節の風物
　既設の設備
きぜつ　気絶する
ぎぜつ　生家と義絶する
きせつふう　季節風
きせる　煙管
きせる　罪を着せる
きぜわ　生世話物
きぜわしい　気忙しい人
きせん　汽船
　貴賤を問わず
　機先を制する
きぜん　毅然たる態度
ぎぜん　偽善者
きせんほうし　喜撰法師
きそ　起訴する
　基礎を築く
きそいあう　競い合う
きそう　憲法を起草する
　帰巣本能
きそう　技を競う
きぞう　蔵書を寄贈する
　❖「きそう」とも。
ぎそう　艤装工事
　偽装工作
　擬装陣地
ぎぞう　文書を偽造する
きそうきょく　奇想曲
きそうてんがい　奇想天外
きそく　規則に従う
きぞく　国庫に帰属する
　貴族
ぎそく　アメーバの偽足
　義足と義手
ぎぞく　義賊鼠小僧
きそくえんえん　気息奄々
きそつ　既卒者
きそって　競って集まる
きそば　生蕎麦
きぞめ　着初め
きそよしなか　木曽義仲
きそん　既存の体系

徽
趨
艤

毀損 *棄損

きた　北の国

ぎだ　犠打

きたい　気体と液体
危殆に瀕《ひん》する
希代 *稀代の英雄
奇態な事件
後進に期待する
機体が破損する

きだい　希代 *稀代
俳句の季題
貴台

ぎたい　動物の擬態

ぎだい　議題を提出する

ぎたいご　擬態語

きたえあげる　鍛え|上げる

きたえる　心身を鍛える

きたがわ　北側

きたきりすずめ　着た切り雀

きたく　深夜に帰宅する
物品を寄託する

きたぐに　北国

きたけ　着丈

きたす　大恐慌を来す

きだち　木太刀

きだて　気立てがいい

きたない　汚い *穢い

きたならしい　汚らしい *穢らしい

きたのかた　北の方

きたはらはくしゅう　北原白秋

きたはんきゅう　北半球

きたまくら　北枕

ぎだゆう　義太夫△

きたりゅう　喜多流の能

きたる　来る十日

きたん　忌憚ない意見
綺譚

きだん　小笠原気団
珍談奇談
綺談

キチ

[吉]|キチ・キツ ——「おみくじで—と出る」◇吉日・吉例

[人桔]|キチ・キツ・ケツ ——

きち　危地を脱する
奇知 *奇智
既知の事実
軍事基地
機知 *機智に富む

きちがい　気違い *気狂△い

きちく　鬼畜

きちじ　吉事が続く

きちじつ　大安吉日

きちすう　既知数

きちにち　大安吉日

きちゃく　帰着する所

きちゅう　忌中

きちょ　貴著

きちょう　几帳
帳簿に記帳する
帰朝の途につく
赤を基調にする
貴重な体験
機長

ぎちょう　議長

きちょうめん　几帳面な性格

きちれい　吉例により

きちんやど　木賃宿

キツ

[吉]|キツ・キチ ——吉凶・吉相・吉兆・吉報・不吉

[喫]|キッ ——喫煙・喫驚・喫緊・

満喫
[詰] キッ つ-める・つ-まる・つ-む —— 詰問・難詰・面詰
人[橘] キッ たちばな —— 源平藤橘・柑橘
人[迄] キッ まで ——

きつえん　喫煙する
きつおん　吃音矯正
きっか　菊花
きっかい　奇っ怪至極
きづかい　気遣いをする
きづかう　安否を気遣う
きっかけ　話の切っ掛け
きづかれ　気疲れがする
きづかわしい　気遣わしい
きっきょう　吉凶を占う
　喫驚　*吃驚
きっきん　喫緊　*吃緊
きづく　誤りに気付く

きつけ　気付け薬
　着物の着付け
きづけ　東京都庁気付
きっこう　勢力が拮抗　*頡頏する
　亀甲
きっさ　喫茶
きっさき　切っ先　*鋒が鈍る
きっさてん　喫茶店
きつじつ　大安吉日
ぎっしゃ　牛車
きっしょう　吉祥が現れる
きっしん　吉辰を選ぶ
きっすい　生っ粋
きっすい　喫水　*吃水線
きっする　一敗を喫する
きつぜん　屹然とそびえる
きっそう　吉左右(吉報)
　吉相の人

きづち　木槌
きっちょう　吉兆が現れる
きつつき　啄木鳥
きって　郵便切手
きっての　町内切っての
きつね　狐につままれる
きつねつき　狐付き　*狐憑き
きつねび　狐火が燃える
きっぷ　気っ風がいい
　切符を切る
きっぽう　吉報を待つ
きづまり　気詰まり
きつもん　厳しく詰問する
きづよい　気強く思う
きつりつ　高山が屹立する
きつれい　吉例により
きて　嫁の来手がない
きてい　汽艇(ランチ)
　既定の方針
　基底にある思想
　前条に規定する
　職務の規程
ぎてい　旗亭(小料理屋)
ぎてい　義弟と実弟
ぎていしょ　議定書
きてき　汽笛を鳴らす
きてん　出発の起点
　方位の基点
　帰天する
　機転　*気転
きでん　起電力
　貴殿
ぎてん　疑点をただす
　儀典課
きと　再建を企図する
　帰途につく

毀
譚
槌

きど　木戸を開く
輝度
きどあいらく　喜怒哀楽
きとう　六気筒
祈禱書
基地に帰投する
亀頭
きどう　上気道
軌道に乗る
起動する
機動力
きどうしゃ　気動車
きどうたい　機動隊
きどうらく　着道楽
きとく　危篤に陥る
奇特な人
既得の権利
きどせん　木戸銭
きどり　気取りがない
きどる　学者を気取る

きない　畿内五箇国
きなが　気長に待つ
きながし　着流し姿
きなくさい　きな臭い
きなぐさみ　気慰み
きなこ　黄な粉餅
きなり　生成りの木綿
きなん　危難に遭う
きにいる　気に入る
きにち　忌日
きにゅう　住所を記入する
きにん　任地に帰任する
きぬ　歯に衣△を着せぬ
絹の着物
きぬいと　絹糸
きぬかつぎ　衣△被△ぎ
きぬがわ　鬼怒△川温泉
きぬぎぬ　後△朝△ ＊衣△々の
別れ
きぬけ　気抜けがする

きぬごし　絹漉しの豆腐
きぬずれ　衣△擦れの音
きぬた　砧を打つ
きね　杵でつく
きねづか　昔取った杵柄△
きねん　神仏に祈念する
西暦による紀年
卒業記念
ぎねん　疑念を抱く
きねんび　創立記念日
きのう　昨日
きのう　鳥の気嚢
帰納と演繹
帰農する
肝臓の機能
ぎのう　技能を習得する
きのえ　甲△
きのこ　茸 ＊蕈 ＊菌△
きのつらゆき　紀貫△之
きのと　乙△

きのどく　気の毒な事情
きのぼり　木登り
きのみ　木の実
きのみきのまま　着の身着の
儘
きのめ　木の芽和《あ》え
きのり　気乗りしない
きば　牙を鳴らす
木場の材木店
きば　騎馬戦
きばい　木灰
きばえ　着映えがする
きはく　気魄 ＊気迫
希薄 ＊稀薄
きばく　起爆装置
きはずかしい　気恥ずかしい
きはだ　木肌
黄蘗の樹皮
きばたらき　気働きがある

きはちじょう 黄八丈
きはつ 揮発性
きばつ 奇抜な着想
きばむ 表紙が黄ばむ
きばや 気早な連中
きはらい 既払い
きばらし 気晴らし
きばる 祝儀を気張る
きはん 文章の軌範
矢橋《やばせ》の帰帆
社会の規範
きばん 確固たる基盤
きひ 忌避する
きび 黍 *稷団子
人情の機微
驥△尾に付す
きび 吉備の国
きびき 忌引き
きびしい 厳しい *酷△しい寒さ

きびす 踵を接する
きひつ 起筆する
きひょう 起票する
きびょう 奇病にかかる
ぎひょう 社会戯評
きひん 気品のある顔
貴賓室
きびん 機敏な行動
きふ 寄付 *寄附
棋譜
ぎふ 義父と実父
ぎふ 岐阜県
きふう 荒い気風
きふく 起伏の多い地形
住民が帰服 *帰伏する
きぶくれる 着膨れる *着脹れる
きふじん 貴婦人
きぶつ 木仏

きぶつ 器物を破損する
きぶとり 着太りする
きふるす 着古した服
きふわいん 貴腐ワイン
きぶん 気分を転換する
珍聞奇聞
ぎふん 義憤を感じる
ぎぶん 戯文
きへい 騎兵隊
ぎへい 義兵を挙げる
きへき 奇癖がある
きへん 机辺(机のそば)
きべん 詭弁 *奇弁を弄する
きぼ 規模が大きい
ぎぼ 義母と実母
きほう 気泡
魚の気胞
一部既報
貴方

きぼう 希望に燃える
神算鬼謀
ぎほう 技法を学ぶ
ぎぼうしゅ 擬宝珠
❖「ぎぼし」とも。
きぼうほう 喜望峰
きぼく 亀卜
きぼね 気骨が折れる
きぼり 木彫りの熊
きほん 基本を守る
ぎまい 義妹と実妹
きまえ 気前がいい
きまかせ 気任せに歩く
きまぐれ 気紛△れな性質
きまじめ 生真面目な人
きまずい 気拙△い仲
きまつ 期末試験

蘖
稷
驥

きまって　冬は決まって　＊極△まって雪が降る
きまま　気儘な生活
きまよい　気迷いがする
きまり　決まりに従う
きまりもんく　決まり文句
きまりわるい　決まり悪い　＊極△まり悪い
きまる　優勝が決まる　＊極△まる
ぎまん　欺瞞する
きみ　君と僕
きみ　卵の黄身　黄味を帯びた色
きみ　気味が悪い
ぎみ　あせり気味
きみあい　気味合い
きみがよ　君が代

きみじか　気短な人
きみず　黄身酢
きみつ　機密書類
きみつせい　気密性がよい
きみどり　黄緑
きみゃく　気脈を通じる
きみょう　奇妙な話
ぎみん　義民佐倉惣五郎
ぎむ　義務を果たす
きむずかしい　気難しい人
きむすめ　生娘
きめ　決め　＊極△めを守る
きめ　木目　＊木理△　肌理△の細かい肌
きめい　記名投票　貴名
ぎめい　偽名を使う
きめこみ　木目込み人形
きめこむ　決め込む　＊極△め込む

きめつける　決め付ける　＊極△め付ける
きめて　決め手　＊極△め手を欠く
きめる　順序を決める　＊極△める
きめん　鬼面人を驚かす
きも　肝　＊胆△に銘じる
きもいり　友の肝煎りで
きもう　起毛器
きもすい　肝吸い
きもだめし　肝試し
きもち　気持ちがいい
きもったま　肝っ玉が太い
きもと　生酛辛口
きもの　着物
きもん　難問奇問　鬼門の方角　旗門を通過する

ぎもん　疑問を抱く
ぎもんふ　疑問符
きやく　規約の改正

キャク

【客】キャク・カク ―「大ぜいの―」◇客足・客演・来客

【却】キャク ― 却下・閑却・棄却・退却・売却・忘却

【脚】キャク・（キャ）あし ― 脚韻・脚色・脚注・脚部・脚本・脚光・立脚

ギャク

【逆】ギャク さか・さか-らう ― 逆襲・逆上・逆説・逆転・逆境・反逆

【虐】ギャク しいた-げる ― 虐殺・虐使・虐政・虐待・残虐・自虐・暴虐

きゃくあし　客足が落ちる
きゃくあつかい　客扱いがいい

い
きゃくいん　客員教授
　脚韻を踏む
きゃくえん　客演指揮者
ぎゃくえん　逆縁と順縁
ぎゃくさつ　住民を虐殺する
ぎゃくざや　逆鞘になる
ぎゃくさん　逆算する
きゃくし　パリで客死する
ぎゃくし　児童を虐使する
きゃくしつ　客室
ぎゃくしゅう　逆襲を受ける
ぎゃくじょう　逆上した顔
きゃくしょうばい　客商売
きゃくしょく　事件を脚色する
きゃくじん　客人を招く
ぎゃくしん　逆臣
きゃくすじ　客筋がいい
きゃくせき　客席

ぎゃくせつ　順接と逆接
　逆説的
きゃくせん　客船
きゃくぜん　客膳
きゃくせんび　脚線美
ぎゃくそう　逆走する
ぎゃくぞく　逆賊の汚名
きゃくたい　客体
ぎゃくたい　動物を虐待する
きゃくだね　客種が悪い
きゃくちゅう　脚注 *脚註
ぎゃくて　逆手を取る
ぎゃくてん　試合を逆転する
きゃくど　客土を入れる
ぎゃくと　逆徒を討つ
きゃくどめ　満員客止め
きゃくひき　駅前の客引き
きゃくぶ　脚部
ぎゃくふう　逆風をつく
きゃくぶん　客分扱い

きゃくほん　脚本
きゃくま　客間に通す
ぎゃくもどり　冬に逆戻り
ぎゃくよう　敵に逆用される
きゃくよせ　客寄せする
ぎゃくりゅう　河水が逆流する
きゃくりょく　脚力
きゃしゃ　華△奢 *花△車
きやすい　気安い間柄
きやすめ　気休めになる
きやせ　着痩せする
きゃたつ　脚立 *脚榻
きゃっか　申請を却下する
　脚下に見下ろす
きゃっかん　客観と主観
ぎゃっきょう　逆境にある人
きゃっこう　脚光を浴びる
ぎゃっこう　逆光で写す
　時代に逆行する

きゃはん　脚絆 *脚半
きゃら　伽羅の香り
きやり　木遣△り　―歌
　杞憂に過ぎない

キュウ

[九]キュウ・ク　ここの・ここの-つ ― 九官鳥・九死・九族・九百・三拝九拝
[久]キュウ・(ク)　ひさ-しい ― 永久・恒久・持久・耐久
[弓]キュウ　ゆみ ― 弓術・弓状・弓道・剛弓・洋弓
[旧(舊)]キュウ ― 「―に復する」◇旧家・旧式・旧知・復旧
[休]キュウ　やす-む・やす-まる・やす-める ― 休演・休憩・休止・休養
[吸]キュウ　す-う ― 吸引・吸血・吸収・吸盤・呼吸

瞞
鞘
榻

[求] キュウ もと-める ― 求愛・求刑・求人・希求・請求・追求・要求

[究] キュウ きわ-める ― 究極・究明・究理・学究・研究・考究・探究

[泣] キュウ な-く ― 泣訴・感泣・号泣・悲泣

[急] キュウ いそ-ぐ ― 「風雲―を告げる」◇急患・急速・急務・緊急

[級] キュウ ― ― 「―が上がる」◇級長・級友・階級・上級・等級

[宮] キュウ・グウ・(ク) みや ― 宮中・宮廷・宮殿・王宮・子宮・迷宮

[救] キュウ すく-う ― 救援・救急・救出・救助・救命

[球] キュウ たま ― 「―の中心」◇球技・球形・球根・球場・地球

[給] キュウ ― ― 給金・給仕・給食・給水・給与・支給・配給

[及] キュウ およ-ぶ・およ-び・およ-ぼす ― 及第・及落・言及・追及・波及・普及

[丘] キュウ おか ― 丘陵・火口丘・砂丘・段丘

[朽] キュウ く-ちる ― 朽廃家屋・若朽・不朽・腐朽・老朽

[糾] キュウ ― ― 糾合・糾弾・糾明・紛糾

[窮] キュウ きわ-める・きわ-まる ― 窮境・窮極・窮屈・窮死・窮地・困窮

[臼] キュウ うす ― 臼歯・脱臼

[嗅] キュウ か-ぐ ― 嗅覚

[玖](人) キュウ・ク ひさ・ひさし ―

[赳](人) キュウ たけ・たけし ―

[毬](人) キュウ まり ― 花毬・打毬

[鳩](人) キュウ はと ― 鳩合・鳩首・鳩尾

[厩](人) キュウ うまや ― 厩舎

[汲](人) キュウ くみ ― 汲々

[灸](人) キュウ やいと ― 「―を据える」◇鍼灸

[穹](人) キュウ そら ― 蒼穹

[笈](人) キュウ おい ― 「―を負う」

ぎゅう　義勇軍

ギュウ

[牛] ギュウ うし ― 「―の肉」◇牛乳・牛馬・闘牛

きゅうあい　求愛する

きゅうあく　旧悪が露見する

きゅうい　球威が衰えない

きゅういん　酸素を吸引する　大麻を吸飲する

ぎゅういんばしょく　牛飲馬食

きゅうえん　旧縁をたどる　休園日　急病で休演する　救援物資　夢の球宴

きゅうおん　旧恩に報いる　吸音材

きゅうか　旧家の出　休暇をとる

きゅうかい　旧懐の情　休会明けの国会　球界

きゅうかく　嗅覚が鋭い

きゅうがく　病気で休学する

きゅうかつ　久闊を叙する

きゅうかん　旧刊　旧観を留めない　雑誌が休刊する　休館日　急患が出る

きゅうかんち　休閑地

きゅうかんちょう　九官鳥

きゅうき　吸気と呼気

きゅうぎ　球技大会　球戯室

きゅうきゅう　保身に汲々とする
救急車
きゅうきょ　旧居
急遽変更する
きゅうきょう　旧教と新教
窮境を脱する
きゅうぎょう　休業する
きゅうきょく　究極　*窮極
きゅうきん　球菌
給金を直す
きゅうくつ　窮屈な考え方
きゅうけい　弓形
休憩する
死刑を求刑する
球形
きゅうげき　急激な変化
きゅうけつき　吸血鬼
きゅうげん　苦情が急減する
ビタミン給源

きゅうご　救護にあたる
きゅうこう　旧交を温める
臨時休校
休耕中の田
本日休講
急行券
実践躬行する
救荒作物
きゅうごう　同志を糾合　*鳩合する
きゅうこうか　急降下する
きゅうこうち　休耕地
きゅうこく　急告を出す
救国の志士
きゅうごしらえ　急拵えの小屋
きゅうこん　求婚する
水仙の球根
きゅうさい　休載になる
難民を救済する

きゅうさく　旧作を改める
きゅうし　九紫(九星の一)
関所の旧址
旧師との再会
運転を休止する
臼歯と犬歯
急死する
急使を立てる
陋巷《ろうこう》に窮死する
きゅうじ　高校球児
給仕
ぎゅうし　牛脂
きゅうしき　旧式の兵器
旧識に会う
きゅうじたい　旧字体
きゅうしつ　吸湿性
きゅうじつ　休日出勤
きゅうしふ　四分休止符
きゅうしゃ　厩舎
ぎゅうしゃ　牛車
牛舎

きゅうしゅ　旧主
鳩首協議する
きゅうしゅう　旧習を墨守する
知識を吸収する
敵陣を急襲する
きゅうしゅう　九州地方
きゅうしゅつ　人質を救出する
きゅうじゅつ　弓術
救恤物資
きゅうしゅん　急峻な崖
きゅうしょ　急所を押さえる
きゅうじょ　人命を救助する
きゅうしょう　皇居の旧称宮城

闊
遽
厩

急症

きゅうじょう　弓状を描く
旧情を温める
怪我で休場する
宮城（皇居の旧称）
球状
神宮球場
窮状を訴える

きゅうしょうがつ　旧正月

きゅうしょく　病気で休職する
求職者
学校給食

ぎゅうじる　会議を牛耳る

きゅうしん　徳川の旧臣
本日休診
急信（急ぎの便り）
急進的
急診（緊急診療）
球審と塁審

きゅうじん　九仞の功を一簣《いっき》に欠く
旧人と新人
求人広告

きゅうしんりょく　求心力

きゅうす　急須
万事休す

きゅうすい　給水を制限する

きゅうする　衣服を給する
返答に窮する

きゅうせい　九星
旧制高校
旧姓山田
急性肺炎
肺炎で急逝する

きゅうせいしゅ　救世主

きゅうせき　旧跡　*旧蹟

きゅうせつ　宿舎を急設する

きゅうせん　休戦協定

きゅうせんぽう　反対の急先鋒

きゅうそ　窮鼠猫を噛む

きゅうそう　食糧を急送する

きゅうぞう　急造のバラック
人口が急増する

きゅうそく　休息する
急速の進歩
球速一五〇キロ

きゅうたい　旧態依然
球体

きゅうだい　試験に及第する

きゅうたいりく　旧大陸

きゅうたく　旧宅

きゅうたん　給炭設備

きゅうだん　糾弾　*糺弾
球団

きゅうち　旧知の間柄
旧地を去る
窮地に陥る

きゅうちゃく　吸着する

きゅうちゅう　宮中に参内する

きゅうちょう　級長
窮鳥懐に入る

きゅうつい　敵を急追する

きゅうてい　休廷を宣する
泣涕する
宮廷貴族

きゅうてき　仇敵の如く争う

きゅうてん　灸点
急転直下

きゅうでん　ベルサイユ宮殿
給電

きゅうと　旧都

きゅうとう　旧冬
旧套を脱する
原油価格が急騰する
給湯設備

きゅうどう　弓道

旧道と新道
求道者
ぎゅうとう　牛刀
牛痘
きゅうなん　急難を救う
救難対策
ぎゅうにく　牛肉
きゅうにゅう　酸素を吸入する
ぎゅうにゅう　牛乳
きゅうねん　旧年中
きゅうは　旧派と新派
記者を急派する
きゅうば　弓馬の道
急場をしのぐ
ぎゅうば　牛馬の如く使う
きゅうはい　三拝九拝
校舎が朽廃する
きゅうはいすい　給排水
きゅうはく　事態が急迫する
財政が窮迫する
きゅうばく　旧幕時代
きゅうはん　旧版を改訂する
急坂を登る
きゅうばん　蛸《たこ》の吸盤
きゅうひ　給費生
厩肥を畑に施す
ぎゅうひ　求△肥　*牛皮
きゅうびょう　急病の患者
きゅうひん　救貧事業
きゅうふ　衣服を給付する
きゅうぶん　旧聞に属する
きゅうへい　旧弊を打破する
きゅうへん　病状が急変する
きゅうぼ　社員を急募する
ぎゅうほ　牛歩戦術
きゅうほう　旧法
急報を受ける
きゅうぼう　窮乏に耐える
きゅうぼん　旧盆に帰郷する
きゅうみん　蚕が休眠する
窮民
きゅうむ　目下の急務
きゅうむいん　厩務員
きゅうめい　真相を究明する
責任を糾明　*糺明する
救命具
きゅうめん　球面
きゅうもん　罪状を糾問　*糺問する
きゅうやく　旧約聖書
旧訳
きゅうゆ　給油する
きゅうゆう　旧友と再会する
旧遊の地
級友
きゅうよ　給与所得
窮余の一策
きゅうよう　十分に休養する
急用ができる
きゅうらい　旧来の習慣
きゅうらく　及落の判定
株価が急落する
きゅうり　胡瓜
究理　*窮理
きゅうりゅう　急流を遡る
穹窿（丸天井）
きゅうりょう　丘陵地帯
幕府の旧領
給料を払う
しけで休漁する
きゅうれい　部屋を急冷する
きゅうれき　旧暦と新暦
きゅうろう　旧臘（去年の十二月）
きよ　研究に寄与する

穹
窿
臘

き

キョ

[去]キョ・コ さ-る――去就・去勢・去年・去来・除去・退去

[居]キョ い-る――「―を移す」◇居室・居住・隠居・起居・住居

[挙(擧)]キョ あ-げる・あ-がる――「反攻の―に出る」◇挙行・推挙

[許]キョ ゆる-す――許可・許否・許容・特許・免許・黙許

[巨]キョ――巨額・巨人・巨大・巨費・巨歩・巨万・巨利

[拒]キョ こば-む――拒止・拒絶・拒否・抗拒

[拠(據)]キョ・コ――拠点・根拠・占拠・典拠

[虚(ㇵ虛)]キョ・(コ)――「―を突かれる」◇虚偽・虚構・空虚

[距]キョ――距離

[ㇵ鋸]キョ・コ のこぎり――鋸歯

ギョ

[魚]ギョ うお・さかな――魚肉・魚雷・魚類・金魚・鮮魚

[漁]ギョ・リョウ――漁業・漁港・漁場・漁色・漁船・漁村・漁民

[御]ギョ・ゴ おん――御意・御者・制御

❖「馭」の書きかえにも。

きょあく	巨悪
きよい	清い　*浄△い *冽い　*潔△い
ぎょい	御意を得たく
きよう	大学の紀要 新人を起用する 器用な人

キョウ

[兄](キョウ)・ケイ あに――兄弟

[共]キョウ とも――共学・共感・共催・共存・共著・共通・公共

[京]キョウ・ケイ――「―へ上る」◇京女・京劇・帰京・上京

[供]キョウ・(ク) そな-える・とも――供給・供出・供述・供米・自供・提供

[協]キョウ――協会・協定・協力・協和・妥協

[胸]キョウ むね・(むな)――胸囲・胸郭・胸襟・胸像・胸中・胸壁・度胸

[強]キョウ・ゴウ つよ-い・つよ-まる・つよ-める・し-いる――「三百―の人」◇強健・勉強

[教]キョウ おし-える・おそ-わる――教育・教授・教諭・教養・教練・宗教

[郷(鄕)]キョウ・ゴウ――郷関・郷国・郷愁・郷土・異郷・故郷

[経(經)]キョウ・ケイ へ-る――「―を読む」◇経蔵・経典・写経

[境]キョウ・(ケイ) さかい――「無我の―」◇境界・境遇・逆境・国境

[橋]キョウ はし――橋脚・鉄橋・歩道橋・陸橋

[興]キョウ・コウ おこ-る・おこ-す――「―に乗る」◇興趣・興味・感興・余興

[鏡]キョウ かがみ――鏡台・鏡面・反射鏡・望遠鏡

[競]キョウ・ケイ きそ-う・せ-る――競泳・競映・競演・競技・競作・競走・競争

[凶]キョウ――凶悪・凶作・吉凶

❖「兇」の書きかえにも。

[叫]キョウ さけ-ぶ――叫喚・絶叫

[狂]キョウ くる-う・くる-おしい――狂歌・狂気・狂言・狂信・狂乱・熱狂

[享]キョウ――享受・享年・享有・享楽

[況]キョウ――概況・活況・近況・実況・状況・情況

[峡(ㇵ峽)]キョウ――峡谷・峡湾・海峡・地峡

[挟(挾)]キョウ はさ-まる はさ-む・――

き

挟撃・挟殺

[狭(人狹)]キョウ　せまい・せばめる・せばまる —— 狭軌・狭義・狭小・狭量・偏狭

[香](キョウ)・コウ　か・かおり・かおる —— 「—落ち」◇香車

[恐]キョウ　おそれる・おそろしい —— 恐悦・恐慌・恐縮・恐怖・恐竜

[恭]キョウ　うやうやしい —— 恭賀・恭倹・恭順

[脅]キョウ　おびやかす・おどす・おどかす —— 脅威・脅迫

[矯]キョウ　ためる —— 矯激・矯正・矯飾・矯風・奇矯

[響(人響)]キョウ　ひびく —— 影響・音響・交響楽・残響・反響・余響

[驚]キョウ　おどろく・おどろかす —— 驚異・驚嘆・驚倒

[人叶]キョウ　かなう ——

[人匡]キョウ　ただす・ただ・ただし・まさ —— 匡弼・匡輔

[人亨]キョウ　とおる ——

[人杏]キョウ・アン　あんず —— 杏仁・杏林

[人喬]キョウ　たか・たかし —— 喬木

[人俠]キョウ　さとる・たもつ —— 義俠心・任俠

[人蕎]キョウ —— ——

[人饗]キョウ　あえ —— 饗宴・饗応

きょう　今日

きょう　大蔵卿

ぎょう　儀容を繕う

ギョウ

[行]ギョウ・コウ・(アン)　いく・ゆく・おこなう —— 「—を改める」◇行間・行事・修行

[形]ギョウ・ケイ　かた・かたち —— 形相・異形・童形・人形

[業]ギョウ・ゴウ　わざ —— 「医を—とする」◇業績・業務・事業

[仰]ギョウ・(コウ)　あおぐ・おおせ —— 仰角・仰視・仰望

[暁(人曉)]ギョウ　あかつき —— 暁光・暁鐘・暁天・今暁・早暁・払暁

[凝]ギョウ　こる・こらす —— 凝血・凝結・凝固・凝視

[人尭・人堯]ギョウ　たか・たかし —— 尭舜

[人驍]ギョウ・キョウ　いさ・いさむ・すぐる・たけし —— 驍名

ぎょう　御宇(御代《みよ》)

きょうあい　狭隘な土地

きょうあく　凶悪　*兇悪犯人

きょうあつ　強圧的

ぎょうあん　暁暗　*暁闇△

きょうい　胸囲の測定
　脅威を感じる
　強意の助詞
　驚異の目で見る

きょういき　境域

きょういく　教育を受ける

きょういん　教員養成

ぎょううん　暁雲

きょうえい　共存共栄
　競泳種目

きょうえき　共益費

きょうえつ　恐悦　*恭悦至《し》極《ごく》

きょうえん　二大スター共演
　N響と協演する
　真打の競演
　饗宴　*供宴

きょうおう　供応　*饗応する

卿　隘　饗

き

胸奥深く秘める
きょうおん　跫音（あしおと）
きょうか　狂歌師
霊前の供花
陣容を強化する
教化活動
教科課程
橋架
きょうが　恭賀新年
ぎょうが　仰臥する
きょうかい　教会の鐘
体育協会
教誨　*教戒
境界線　*疆界
きょうがい　悲惨な境界
不幸な境涯
ぎょうかい　業界紙
ぎょうかいがん　凝灰岩
きょうかいし　教誨師　*教戒師

きょうかく　侠客
胸郭　*胸廓
きょうがく　男女共学
教学の振興
訃報に驚愕する
ぎょうかく　仰角と俯角
行革を推進する
きょうかしょ　教科書
きょうかたびら　経帷子△
きょうかつ　恐喝　*脅喝
きょうがる　興がる
きょうかん　凶漢　*兇漢
阿鼻叫喚の巷《ちまた》
共感を覚える
文部教官
経巻
郷関（ふるさと）を出《い》ず
ぎょうかん　行間を明ける
きょうき　凶器　*兇器

狂気の沙汰
狂喜乱舞する
侠気に富む
狭軌の鉄道
好運に驚喜する
両者で協議する
きょうぎ　狭義に解釈する
経木の箱
宗教の教義
競技場
ぎょうぎ　行儀作法
ぎょうきぼさつ　行基菩薩
きょうきゃく　橋脚
きょうきゅう　供給する
きょうぎょう　協業
ぎょうぎょうしい　仰々しい
きょうきん　胸襟を開く
きょうく　狂句
恐懼感激する

きょうぐ　教具
きょうぐう　恵まれた境遇
きょうくん　教訓を垂れる
きょうけい　恭敬
ぎょうけい　行刑（刑の執行）
皇后の行啓
きょうげき　京劇
挟撃作戦
矯激な思想
ぎょうけつ　凝血する
蒸気が凝結する
きょうけん　狂犬病
恭倹己を持す
恭謙な態度
強肩の捕手
強健な体
強堅な信仰
強権を発動する
きょうげん　狂言
きょうげんきご　狂言綺語

きょうこ　強固　*鞏固な
意志
ぎょうこ　血液が凝固する
きょうこう　凶行　*兇行
三十年来の凶荒
恐惶謹言
恐慌を来す
胸腔
採決を強行する
強攻策
強硬な意見
きょうごう　教皇庁
諸本を校△合する
強豪を破る
他社と競合する
ぎょうこう　行幸を仰ぐ
暁光
僥倖　*僥幸
きょうこうぐん　強行軍
きょうこく　黒部峡谷

強国
きょうごく　京極
きょうこつ　胸骨
義に勇む侠骨
きょうさ　犯罪を教唆する
きょうさい　共済組合
新聞社との共催
きょうざい　教材
きょうさいか　恐妻家
きょうさく　凶作と豊作
骨盤狭窄
警△策で打つ
新進画家の競作
きょうざつぶつ　夾雑物
きょうざめ　興醒△め
きょうさん　共産主義
協賛を得る
ぎょうさん　仰山な言い方
きょうし　狂死する
狂詩

教師
きょうじ　凶事が続く
矜持　*矜恃
教示を仰ぐ
驕児（だだっこ）
ぎょうし　天を仰視する
相手を凝視する
凝脂を洗う
ぎょうじ　相撲の行司
学校の行事
きょうしきょく　狂詩曲
きょうしつ　教室
きょうじつ　凶日（不吉な日）
きょうしゃ　狭斜の巷《ちまた》
香車
強者の権利
驕奢を極める
きょうじや　経師屋
ぎょうしゃ　業者仲間
ぎょうじゃ　行者

きょうじゃく　音の強弱
きょうしゅ　凶手　*兇手
拱手傍観
教主
梟首（さらし首）
きょうじゅ　興趣が尽きない
利益を享受する
大学の教授
ぎょうしゅ　業種別賃金
きょうしゅう　取扱方法の教習
郷愁をそそる
一塁強襲の安打
ぎょうじゅうざが　行住坐臥
きょうしゅく　大いに恐縮する

跫
鞏
僥

き

ぎょうしゅく 凝縮する
きょうしゅつ 米を供出する
きょうじゅつ 供述する
きょうじゅん 恭順の意を表す
きょうしょ 予算教書
ぎょうしょ 行書と草書
きょうしょう 狭小な度量
甲高い女の嬌笑
きょうじょう 教条主義
教場
ぎょうしょう 行商に出る
暁鐘
驍将(勇将)
ぎょうじょう 行状を改める
きょうじょうもち 凶状持ち *兇状持ち
きょうしょく 教職につく
きょうしょくいん 教職員

きょうじる 余興に興じる
きょうしん 共振する
邪教を狂信する
バットを強振する
強震
きょうじん 凶刃 *兇刃に倒れる
狂人
強靱な神経
きょうしんしょう 狭心症
ぎょうずい 行水の捨て所
きょうする 閲覧に供する
酒を饗する
きょうずる 野球に興ずる
きょうせい 共生 *共棲
参加を強制する
寄付を強請する
嬌声を上げる
歯列矯正

ぎょうせい 行政改革
暁星
きょうせいざい 強精剤
ぎょうせいしょし 行政書士
ぎょうせき 行跡がよくない
業績を上げる
きょうせん 胸腺
教宣活動
ぎょうぜん 凝然と見詰める
きょうそ 教祖
きょうそう 狂騒 *狂躁
強壮剤
生存競争
短距離競走
ボートの競漕
きょうぞう 創立者の胸像
ぎょうそう ものすごい形相
きょうそうきょく 狂想曲
協奏曲
きょうそく 脇△息にもたれる

きょうぞく 凶賊 *兇賊
きょうそくぼん 教則本
きょうそん 共存共栄
きょうだ 怯懦な人
頭を強打する
きょうたい 狂態を演じる
嬌態を示す
きょうだい 兄弟仲よくする
*姉△妹△(女のきょうだい)
強大な勢力
鏡台
ぎょうたい 業態調査
凝滞する
きょうたく 保証金の供託
きょうたん 驚嘆 *驚歎
きょうだん 凶弾 *兇弾
教団
教壇に立つ
きょうち 無我の境地

きょうちくとう　夾竹桃
ぎょうちゃく　凝着力
きょうちゅう　胸中を察する
ぎょうちゅう　蟯虫
きょうちょ　二者の共著
きょうちょう　凶兆が現れる
労資が協調する
団結を強調する
きょうつう　共通する問題
胸痛を覚える
きょうづくえ　経机
きょうてい　協定価格
胸底に秘める
自動車練習教程
筐底　*篋底に秘する
競艇場
きょうてき　狂的な
強敵が出現する
きょうてん　教典（教育・宗教の典拠・法典）
経典（信仰の訓戒・規範の書）
ぎょうてん　びっくり仰天
暁天の星
きょうてんどうち　驚天動地
きょうと　凶徒　*兇徒
仏教の教徒
きょうと　京都府
きょうど　匈奴
郷土芸能
強度の近視
きょうとう　共闘を組む
物価が狂騰する
郷党の大先輩
教頭先生
一世を驚倒する
きょうどう　共同で提案する
協同して当たる
世人を教導する
きょうどうくみあい　協同組合
きょうどうたい　共同体
きょうとうほ　橋頭堡　*橋頭保を築く
きょうどうぼきん　共同募金
きょうな　京菜の漬物
きょうにん　杏仁△（漢方薬）
きょうねん　享年八十
ぎょうねん　行年八十
きょうは　宗教の教派
きょうばい　競売にかける
❖法令では「けいばい」。
きょうはく　脅迫（刑法上）
強迫（民法上）
きょうはくかんねん　強迫観念
きょうはん　共犯者
きょうび　今日日
きょうひつ　匡弼
きょうふ　恐怖を感じる
きょうぶ　胸部疾患
きょうふう　京風の料理
強風注意報
矯風と慈善
きょうへい　富国強兵
きょうへき　胸壁
きょうへん　凶変　*兇変
辞典を共編する
きょうべん　強弁して逃れる
教鞭を執る
きょうほ　競歩
きょうほう　凶報を伝える
きょうぼう　凶暴　*兇暴

驍
蟯
篋

共謀して盗む
狂暴になる
きょうぼく　喬木と灌木
きょうほん　金策に狂奔する
ピアノ教本
きょうまん　驕慢な態度
きょうみ　興味がある
きょうみしんしん　興味津々
きょうむ　教務主任
ぎょうむ　業務命令
きょうめい　主張に共鳴する
嬌名を謳われる
ぎょうめい　驍名をはせる
きょうもう　凶猛　*兇猛
きょうもん　経文を読む
きょうやく　共役　*共軛
先輩と共訳する
労働協約
きょうゆ　高等学校の教諭

きょうゆう　共有の財産
権利を享有する
一代の梟雄
きょうよ　武器を供与する
きょうよう　面会を強要する
車庫を共用する
実験材料として供用する
教養のある人
きょうらく　京洛
人生を享楽する
競落する
きょうらくてき　享楽的
きょうらん　狂乱物価
狂瀾怒濤
供覧する
きょうり　胸裏　*胸裡
郷里に帰る
教理を窮める
きょうりきこ　強力粉

ぎょうりつ　凝立して動かず
きょうりゅう　恐竜　*恐龍
きょうりょう　狭量な人
橋梁工事
きょうりょく　再建に協力する
強力な発言
きょうりん　杏林（医師）
きょうれつ　強烈な印象
ぎょうれつ　行列を作る
きょうれん　軍事教練
きょうわ　共和制
諸国と協和する
きょうわこく　共和国
きょえい　虚栄を張る
ぎょえい　魚影が濃い
きょえいしん　虚栄心が強い
ぎょえん　新宿御苑
きょおく　巨億の富
ぎょーざ　餃子△

きょか　炬火（たいまつ）
入国を許可する
ぎょか　魚価
漁火
きょかい　巨魁　*渠魁
ぎょかいるい　魚介類
きょがく　巨額の資金
ぎょかくだか　漁獲高
きょかん　筋骨逞しい巨漢
七万トンの巨艦
きょがん　巨岩　*巨巌
ぎょかん　御感の余り
ぎょがん　魚眼レンズ
きょぎ　虚偽の証言
ぎょき　漁期
きょぎょう　虚業家
ぎょきょう　漁況
ぎょぎょう　漁業
きょきょじつじつ　虚々実々
きょきん　醵金　*拠金

キョク

[曲]キョク ま-がる・ま-げる ―「楽しい」◇曲芸・曲線・名曲

[局]キョク ― 局所・局面・結局・時局・難局

[極]キョク・ゴク きわ-める・きわ-まる・きわ-み ― 極限・極度・積極的・南極・北極

[旭]人 キョク あき・あきら・あさひ ― 旭日・旭光

ギョク

[玉]ギョク たま ― ◇玉座・玉石・玉杯・玉稿・珠玉・半玉・宝玉

ぎょく　漁区
ぎょぐ　漁具
ぎょくあんか　玉案下（脇付）
きょくう　極右団体
ぎょくおん　玉音放送
きょくがいしゃ　局外者
きょくがくあせい　曲学阿世
ぎょくがん　玉顔を拝する
きょくぎ　曲技
きょくげい　曲芸師
きょくげん　地域を局限する　極言する　体力の極限
きょくさ　極左分子
ぎょくざ　玉座
ぎょくさい　全員玉砕する
きょくし　曲師（浪曲）　局紙
きょくじつ　旭日昇天の勢い
きょくしょ　局所麻酔
きょくしょう　極小と極大　極少
ぎょくしょう　玉将と王将
ぎょくずい　玉髄の印材
きょくすいのえん　曲水の宴
ぎょくせきこんこう　玉石混交　＊玉石混淆
きょくせつ　曲折した心理　音楽の曲節　曲説する
きょくせん　曲線と直線
きょくそう　曲想をつかむ
きょくだい　極大極小
ぎょくたい　玉体
きょくたん　極端な悲観論
きょくち　極地観測　美の極致
きょくちてき　局地的大雨
きょくちょう　曲調が変化する　局長
きょくちょく　理非曲直
きょくてん　極点に達する
きょくど　極度の寒さ
きょくとう　極東の国
きょくどめ　局留めの電報
きょくのり　馬の曲乗り
きょくば　曲馬団
ぎょくはい　玉杯を傾ける
きょくばん　市外局番
きょくび　極微の世界
きょくびき　三味線の曲弾き
きょくひつ　舞文曲筆
きょくふ　歌謡の曲譜
きょくぶ　局部
きょくほう　局方薬
きょくほく　極北の地
きょくめん　曲面体　局面を打開する

梟　瀾　醸

きょくもく　演奏曲目
きょくよう　極洋漁業
きょくりょく　極力努力する
ぎょくろ　玉露を飲む
ぎょくろう　金殿玉楼
きょくろん　曲論と正論
　極論する
ぎょぐん　魚群探知機
ぎょけい　新年の御慶
きょけつ　虚血性心疾患
きょげつ　去月
きょげん　虚言症
きょこう　式典を挙行する
　全くの虚構
きょごう　倨傲な態度
ぎょこう　漁港
きょこく　挙国一致
きょさい　巨細漏らさず
きょざい　巨財を蓄える
ぎょさい　魚菜

きょさつ　禅宗の巨刹
きょし　巨資を投じる
　挙止に注意する
　桜の葉の鋸歯
きょじ　虚字
　虚辞を吐《は》く
ぎょじ　御名御璽
きょしき　挙式の日取り
きょしつ　居室
きょじつ　虚実を尽くす
きょしてき　巨視的見地
ぎょしゃ　御者　*馭者
きょじゃく　虚弱な体質
きょしゅ　挙手の礼
きょしゅう　去就に迷う
きょじゅう　郊外に居住する
きょしゅつ　醵出　*拠出金
きょしょ　居所不明
きょしょう　巨匠ピカソ
　挙証責任

きょじょう　居城
ぎょしょう　魚礁　*漁礁
ぎょじょう　定置漁場
きょしょく　虚飾を嫌う
ぎょしょく　漁色家
きょしょくしょう　拒食症
きょしん　話を虚心に聞く
きょじん　学界の巨人
ぎょしん　魚信がある
きょしんたんかい　虚心坦懐
きょすう　虚数と実数
ぎょする　馬を御する
　*馭する
きょせ　季寄せ
きょせい　巨星墜つ
　去勢する
　虚勢を張る
ぎょせい　天皇の御製
きょせき　巨石文化
きょせつ　虚説を信じる

きょぜつ　要求を拒絶する
ぎょせん　漁船
きょそ　挙措を失う
きょぞう　巨像
　虚像と実像
ぎょそん　漁村
きょたい　力士の巨体
きょだい　巨大な建物
ぎょだい　新年の御題
きょたく　居宅を改築する
きょだく　許諾を得る
ぎょたく　鮒《ふな》の魚拓
きょだつ　虚脱状態
きょたんざい　去痰剤　*祛痰剤
　痰剤
きょっかい　故意に曲解する
きょっかん　火星の極冠
きょっけい　極刑に処する
きょっこう　旭光
　極光(オーロラ)

き

ぎょっこう　玉稿（相手の原稿の敬称）
ぎょってい　魚梯
きょてん　軍事拠点
ぎょでん　魚田（魚の田楽）
きょとう　巨頭会談
　挙党体制
きょどう　挙動不審
ぎょとう　漁灯　*漁燈
ぎょどう　魚道
ぎょにく　魚肉
きょねん　去年
ぎょばん　寺院の魚板
きょひ　巨費を投ずる
　提案を拒否する
　許否を確かめる
ぎょひ　魚肥
きょひけん　拒否権の発動
きょふ　巨富を築く
ぎょふ　漁夫の利

ぎょぶつ　正倉院御物
ぎょふん　魚粉飼料
きょへい　源氏の挙兵
きょほ　巨歩を残す
きょほう　巨峰
　大艦巨砲
　虚報を伝える
ぎょほう　刺し網漁法
きよほうへん　毀誉褒貶
きょぼく　巨木
きょまん　巨万の富
きよみずやき　清水焼
ぎょみん　漁民
きょむ　虚無思想
きよめ　清めの塩
きょめい　虚名を求める
ぎょめい　御名御璽
きよめる　心身を清める
　*浄△める
きょもう　虚妄の説

ぎょもう　漁網　*魚網
きよもと　清元節
きょよう　新人を挙用する
　特例を許容する
きょらい　思いが去来する
ぎょらい　魚雷を発射する
きよらか　清らかな心
ぎょらん　魚卵
きょり　巨利を博する
　距離を測る
きょりゅう　居留地
ぎょりん　魚鱗が閃《ひら》めく
ぎょるい　魚類
きょれい　虚礼廃止
ぎょろう　漁労　*漁撈
きよわ　気弱な人
きら　綺羅を飾る
きらい　兄の帰来を待つ
　機雷を敷設する
きらい　嫌いな食物

きらう　勉強を嫌う
きらく　気楽な仕事
きらこうずけのすけ　吉△良△上△野△介△
きらす　品物を切らす
きらず　雪△花△菜△（おから）
きらぼし　綺羅星の如く
きらめく　星が煌めく
　*燦△めく
きらら　雲△母△
きり　切りがいい
　桐の簞笥《たんす》
　錐をもむ
　霧がかかる
ぎり　義理を欠く
きりあげ　端数切り上げ
　*切上

璽
毀
燦

大きな教科書体は常用漢字　大きな明朝体は常用漢字以外の漢字

きりあげる 切り上げる
きりうり 切り売り *切売
きりえ 切り絵
きりおとす 切り落とす *切落す
きりかえ 頭の切り替え *切替
きりかえし 切り返し
きりかえす 切り返す
きりかえる 頭を切り替える
ぎりがたい 義理堅い人
きりかぶ 木の切り株
きりかみ 切り髪
きりがみ 切り紙の細工
きりきざむ 切り刻む
きりきず 切り傷
きりきょうげん 切り狂言
きりぎりす 螽斯 *螽蟖

きりくずす 敵を切り崩す
きりくち 見事な切り口
きりこ 切り子 *切り籠△ガラス
きりこうじょう 切り口上
きりころす 切り殺す *斬り殺す
きりさく 切り裂く
きりさげ 平価切り下げ *切下
きりさめ 霧雨に煙る
きりしたん 切支丹 *吉利支丹
きりしまやま 霧島山
きりすて 端数切り捨て *切捨
きりすてる 切り捨てる
きりすときょう 基督教
きりずみ 切り炭
きりそろえる 髪を切り揃える

きりたおす 木を切り倒す
きりだす 話を切り出す
きりたつ 切り立った崖
ぎりだて 義理立てする
きりつ 起立して迎える 規律 *紀律
きりつける 切り付ける *斬り付ける
きりづまづくり 切り妻造り *切妻造
きりつめる 切り詰める
きりどおし 切り通しの崖
きりとる 紙を切り取る
きりぬき 新聞記事の切り抜き
きりぬく 切り抜く
きりぬける 切り抜ける
きりは 坑道の切り羽 *切り端

きりばな 切り花にする
きりはなす 車両を切り放す 問題を切り離して考える
きりはらう 枝を切り払う
きりばり 切り張り *切り貼りをした障子
きりひとは 桐一葉
きりひらく 道を切り開く 山を切り拓△く
きりふき 霧吹き
きりふだ 最後の切り札
きりぼし 切り干し *切干大根
きりまわす 家事を切り回す
きりみ 鮭の切り身
きりめ 仕事に切り目を

つける

きりもち　切り餅

きりもみ　錐揉み降下

きりもり　家計を切り盛りする

きりゃく　奇略縦横　機略に富む

きりゅう　上昇気流

きりゅう　寄留地　旗旒信号

きりゅう　桐生市

きりょ　貴慮に添う　羇旅の歌

きりょう　器量を上げる　器量 *縹緻がいい

ぎりょう　技量 *技倆　*伎倆　議案を議了する

きりょく　気力が衰える

きりん　騏驎も老いては駑馬《どば》に劣る　麒麟（霊獣）

きりんじ　麒麟児

きる　指を切る　布を切る *截る　人を切る *斬る　木を切る *伐る　枝を切る *剪る　火を鑽る

きる　服を着る *著る

きれ　切れがいい　一切れの餅　切れ *布 *裂

きれあがる　切れ上がる

きれあじ　切れ味がいい

きれい　奇麗 *綺麗

ぎれい　儀礼の挨拶

きれこみ　切れ込み

きれじ　切れ地 *布地　俳句の切れ字　切れ痔

きれつ　亀裂が入る

きれなが　切れ長の目

きれはし　布の切れ端

きれま　雲の切れ間

きれめ　文の切れ目

きれもの　業界の切れ者

きれる　期限が切れる

きろ　岐路に立つ　帰路につく

ぎろう　妓楼

きろく　記録を作る

ぎろん　議論する

きわ　橋の際

ぎわく　疑惑を招く

きわだつ　際立った存在

きわどい　際疾いところ

きわまる　不都合極まる・感—　進退窮まる *谷まる

きわみ　遺憾の極み　窮みない発展

きわめつき　極め付きの品

きわめつくす　窮め尽くす　*究め尽くす

きわめて　極めて優秀

きわめる　真理を窮める　*究める　口を窮める　栄華を極める　学を究める *窮める

きわもの　際物的小説

キン

［今］キン・コン いま　—　今上天皇・今

羇　騏　驎

き

き

体・古今集

- [均]キン ｜— 均一・均衡・均斉・均等・均分・平均
- [近]キン ちか-い — 近刊・近県・近在・近視・近所・近代・接近
- [金]キン・コン かね・(かな) — 「—の指輪」「—五万円」◇金貨・金銭
- [勤(人勤)]キン・(ゴン) つと-める・つと-まる — 勤続・勤勉・勤務・通勤・夜勤
- [筋]キン すじ — 筋炎・筋骨・筋肉・筋力・鉄筋・腹筋
- [禁]キン ｜— 「—を犯す」◇禁煙・禁句・禁止・禁断・厳禁
- [斤]キン ｜— 斤量・一斤
- [菌]キン ｜— 「—の培養」◇菌類・細菌・殺菌・滅菌
- [琴]キン こと — 琴線・一弦琴・月琴・弾琴・鉄琴・手風琴
- [緊]キン ｜— 緊急・緊縮・緊張・緊迫・緊密・喫緊

- [謹(人謹)]キン つつし-む — 謹啓・謹言・謹厳・謹慎・謹製
- [襟]キン えり — 襟度・開襟・胸襟
- [巾]キン ｜— 頭巾・雑巾
- [僅]キン わず-か — 僅差
- [錦]キン にしき — 錦旗・錦繍・錦秋
- [人芹]キン せり —
- [人欣]キン よし — 欣快・欣喜・歓欣
- [人衿]キン えり —
- [人菫]キン すみれ —
- [人欽]キン ｜— 欽定
- [人禽]キン・ゴン とり — 禽獣・家禽

ギン

- [銀]ギン ｜— 「金と—」◇銀貨・銀河・銀行・銀輪・路銀
- [吟]ギン ｜— 吟詠・吟唱・吟味・苦吟・詩吟・独吟

きんあつ	禁圧
きんいつ	均一の料金
きんいっぷう	金一封を贈る
きんいろ	金色
きんいん	近因と遠因
	金員
きんうん	金運
きんえい	近詠
	著者近影
	禁泳区域
ぎんえい	漢詩を吟詠する
きんえん	近縁種
	化膿性筋炎
	禁園 ＊禁苑
	車内禁煙 ＊禁烟
きんか	近火お見舞い
	金貨と銀貨
	槿花一朝の夢
きんが	謹賀新年

ぎんか	銀貨と金貨
ぎんが	銀河系
きんかい	近海でとれる魚
	欣快の至り
	金塊
きんかいわかしゅう	金槐和歌集
きんかぎょくじょう	金科玉条
きんかく	金閣寺
きんがく	相当の金額
ぎんかく	銀閣寺
きんかくし	金隠し
きんかざん	金華山
ぎんがみ	銀紙
きんかん	近刊予告
	金冠をかぶせる
	金柑の実
	金管楽器
きんがん	近眼の人

ぎんかん　銀漢（天の川）
きんかんしょく　金環食　＊金環蝕
きんかんばん　金看板
きんき　禁忌を犯す
きんき　近畿地方
きんきじゃくやく　欣喜雀躍
きんきゅう　緊急の事態
きんぎょ　金魚
きんきょう　近況を報告する
　禁教
きんぎょく　金玉の作品
きんきん　近々の出来事
　僅々十日間に
きんぎん　金銀珊瑚《さんご》
きんく　禁句を口にする
きんけい　近景の山々
　謹啓
きんけつ　金欠病

きんけん　近県在住者
　金券で払う
　金権政治
　勤倹貯蓄
きんげん　金言耳に逆らう
　恐惶《きょうこう》謹言
　謹厳実直
きんこ　金海鼠（なまこ）
きんこ　金庫破り
　禁錮　＊禁固
きんこう　東京近郊
　均衡を保つ
　当代一流の金工
　金鉱を発見する
きんごう　近郷近在の人々
ぎんこう　銀行に預金する
　吟行する
きんこうわん　錦江湾
きんこく　謹告
きんごく　近国

　禁獄
きんこつ　筋骨たくましい
きんこんしき　金婚式（結婚五十年）
ぎんこんしき　銀婚式（結婚二十五年）
きんさ　僅差で勝つ
ぎんざ　銀座の柳
きんざい　近郷近在
きんさく　川上画伯の近作
　金策に奔走する
きんさつ　金札
　禁札を立てる
きんざん　佐渡金山
ぎんざん　石見《いわみ》銀山
きんし　近視と遠視
　金糸の縫い取り
　金鵄勲章（金色のトビ）
　きのこの菌糸

きんじ　使用を禁止する
　近似の値
　近侍する
　近時の世相
　金地の衝立《ついたて》
ぎんし　銀糸の縫い取り
きんじち　近似値
きんしつ　均質な溶液
　琴瑟相和す
きんじつ　近日開店
きんじて　禁じ手
きんじとう　金字塔
きんしゃ　金紗　＊錦紗
　禽舎（鳥小屋）
きんしゅ　金主がつく
　金種表
　子宮筋腫

鵄
瑟
禽

禁酒 禁煙

きんじゅ　近習△

きんしゅう　錦秋（紅葉の秋）　身に錦繍を纏《まと》う・—の山々

きんじゅう　近習　禽獣にも劣る

きんしゅく　緊縮財政

きんしょ　禁書　御製を謹書する

きんじょ　近所の人

きんしょう　近称の代名詞　僅少の差

きんじょう　今上陛下　近状　*近情　錦上花を添える　謹上

ぎんしょう　吟唱　*吟誦

ぎんじょう　吟醸酒

きんじょうとうち　金城湯池

きんじる　私語を禁じる

きんしん　近臣　近親者　謹慎を命ずる

きんす　金子一両

きんずる　私語を禁ずる

ぎんずる　詩を吟ずる

きんせい　近世史　均整　*均斉がとれる　金星　禁制を解く　謹製

きんせいひん　禁制品

ぎんせかい　一面の銀世界

きんせきぶん　金石文

きんせつ　都会に近接する　緊切な問題

きんぜつ　麻薬を禁絶する

きんせん　金銭の問題　心の琴線

きんぜん　欣然として

きんそく　禁則処理　懲罰で禁足する

きんぞく　金属元素　勤続三十年

きんたい　勤怠表

きんだい　近代史

きんたいきょう　錦帯橋

きんだか　売り上げの金高

きんだち　平家の公△達△

きんたろう　金太郎飴《あめ》

きんだん　金談に行く　禁断の木の実

きんちさん　禁治産者

きんちゃく　巾着切り

きんちゅう　禁中（宮中）

きんちょ　恩師の近著

きんちょう　禁鳥　禽鳥　緊張が解ける　講演を謹聴する

きんちょく　謹直な人

きんつば　金鍔を食べる

きんてい　欽定憲法　謹呈する

きんでい　金泥で写経する

きんてき　金的を射止める

きんてつ　金鉄の守り

きんでんぎょくろう　金殿玉楼

きんでんず　筋電図

きんど　襟度を示す

きんとう　均等に分ける　近東の国々

きんとん　栗《くり》の金団

ぎんなん　銀杏の実

きんにく　筋肉隆々

ぎんねず　銀鼠色

きんねん　近年まれな寒さ
きんのう　小作料の金納
　勤皇 *勤王
きんば　金歯
きんぱい　金杯 *金盃
　金牌
ぎんぱい　銀杯 *銀盃
　銀牌
きんぱく　金箔がはげる
　情勢が緊迫する
ぎんぱく　銀箔
きんぱつ　金髪の美人
ぎんぱつ　銀髪の老婦人
きんばり　金張りの時計
ぎんばん　銀盤の女王
きんぴ　金肥
きんぴらごぼう　金平牛蒡△
きんぴん　金品を受領する
きんぶち　金縁の眼鏡
ぎんぶち　銀縁の眼鏡

きんぶん　均分に相続する
　金文を研究する
きんぷん　金粉
ぎんぷん　銀粉
きんべん　勤勉な人
きんぺん　東京近辺
きんぼう　沖縄近傍
きんぽうげ　金鳳花△ *毛△茛
きんぼし　金星を上げる
きんほんい　金本位制
ぎんまく　銀幕の女王
きんまんか　金満家
ぎんみ　品質を吟味する
きんみつ　緊密な連絡
きんみゃく　政党派閥の金脈
きんみらい　近未来小説
きんむ　会社に勤務する
きんむく　金無垢の仏像
きんもくせい　金木犀の香り

きんもつ　運転に酒は禁物
きんもん　禁門守護
きんゆう　金融機関
ぎんゆうしじん　吟遊詩人
きんよう　金曜日
　緊要な問題
きんよく　禁欲 *禁慾
きんらい　近来まれな快挙
きんらん　金襴緞子《どんす》
きんり　金利の引き下げ
　禁裏 *禁裡
きんりょう　斤量が等しい
　禁猟区域
　禁漁水域
きんりょく　金力が物を言う
　筋力を鍛錬する
きんりん　近隣の人
ぎんりん　銀輪（自転車）
　銀鱗おどる

きんるい　菌類
きんれい　禁令を解く
ぎんれい　銀嶺
きんろう　勤労意欲

く

ク

[九] ク・キュウ　ここの・ここの-つ ── 九月・九々・九尺二間・九分九厘・九輪
[久] (ク)・キュウ　ひさ-しい ── 久遠
[口] ク・コウ　くち ── 口舌・口調・口伝・口分田・異口同音
[工] ク・コウ　― ── 工夫・工面・石工・細工・大工

鍔　犀　襴

く

［区（區）］ク ―「―の主催」◇区分・区別・地区
［句］ク ―「上の―」◇句作・字句・節句・俳句・文句
［功］（ク）・コウ ― 功徳・功力
［苦］ク くる-しい・くる-しむ・くる-しめる・にが-い・にが-る ―「―もなく」◇苦情・苦痛・辛苦
［供］（ク）・キョウ そな-える・とも ― 供米・供物・供養
［紅］（ク）・コウ べに・くれない ― 深紅・真紅
［宮］（ク）・キュウ・グウ みや ― 宮内庁
［駆（驅）〔人駈〕］ク か-ける・か-る ― 駆使・駆除・先駆・長駆
［人矩］ク つね・のり ― 矩形・規矩

グ

［具］グ ―「政争の―に使う」◇具現・具象・具備・道具
［愚］グ おろ-か ―「―にもつかない」◇愚作・愚鈍・愚劣・暗愚
［惧］グ ― 危惧
［人俱］グ・ク とも・ひろ・もろ ― 不俱戴天

ぐあい　具合　＊工△合
ぐあん　具案　愚案
くい　杙　＊杭を打つ
くい　悔いを残す
くい　句意（俳句の意味）
ぐい　愚意
くいあう　食い|合う
くいあげ　飯の食い|上げ
くいあらす　食い|荒らす　＊食荒す
くいあらためる　悔い|改める
くいあわせ　食い合|わせ　＊食合せ
くいいじ　食い|意地
くいいる　心に食い|入る
くいき　立入禁止区域
くいけ　食い|気旺盛
くいこむ　食い|込む
くいさがる　食い|下がる
くいしばる　食いしばる
くいしんぼう　食いしん坊
くいすぎ　食い|過ぎ
くいだおれ　食い|倒れ
くいちがい　食い|違い
くいちがう　意見が食い|違う
くいつなぐ　食い|繋ぐ
くいつぶす　食い|潰す
くいつめる　食い|詰める
くいどうらく　食い道楽
くいとめる　食い|止める
くいな　水△鶏△たたく
くいにげ　食い|逃げする
くいぶち　食い|扶持△
くいほうだい　食い放題
くいもの　食い物にする
くいる　前非を悔いる

クウ

［空］クウ そら・あ-く・あ-ける・から ―「―を切る」◇空間・空気・空想・空輪

くう　飯を食う　＊喰う

グウ

［宮］グウ・キュウ・（ク） みや ― 宮司・神宮・東宮・竜宮
［偶］グウ ― 偶詠・偶数・偶然・偶像・対偶・配偶・木偶
［遇］グウ ― 境遇・遭遇・待遇
［隅］グウ すみ ― 一隅・辺隅
［人寓］グウ・グ ― 寓意・寓話

くうい　空位が生じる
ぐうい　寓意小説
くういき　成田の空域
ぐういん　偶因
くうかい　弘法大師空海
くうかん　時間と空間
ぐうかん　偶感
くうかんち　空閑地
くうき　新鮮な空気
くうきょ　空虚な思想
ぐうきょ　鎌倉に寓居する
くうくうばくばく　空々漠々
くうぐん　空軍
くうけい　空閨を守る
くうげき　空隙を埋める
くうけん　徒手空拳
くうげん　空言を吐く
ぐうげん　荘子の寓言
くうこう　国際空港

くうこく　空谷の跫音《きょうおん》(うれしいたより)
ぐうさく　偶作
くうさつ　空撮用カメラ
ぐうじ　明治神宮宮司
くうしつ　アパートの空室
くうしゃ　タクシーの空車
くうしゅう　空襲警報
ぐうすう　偶数と奇数
ぐうする　意を寓する
　人を遇する
ぐうせい　偶成の漢詩
くうせき　空席が目立つ
くうぜん　空前の人出
ぐうぜん　偶然の一致
くうぜんぜつご　空前絶後
くうそ　空疎な論文
くうそう　空想に耽《ふけ》る
ぐうぞう　偶像崇拝
くうちゅう　空中分解

くうちょう　空腸
　空調設備
くうてい　空挺部隊
ぐうているい　偶蹄類(牛・鹿など)
くうてん　議論が空転する
くうどう　空洞
くうはく　空白の期間
くうばく　空漠とした議論
　空爆を受ける
ぐうはつ　事件が偶発する
くうひ　時間を空費する
くうふく　空腹を訴える
くうぶん　法規の空文化
くうぼ　空母(航空母艦)
くうほう　空包射撃
　空砲で脅かす
くうやねんぶつ　空也念仏
くうゆ　空輸する
くうらん　空欄を埋める

くうり　空理空論
くうれい　空冷式エンジン
くうろ　空路帰国する
くうろん　机上の空論
ぐうわ　イソップの寓話
くえき　苦役に服する
くおん　久遠の理想
くが　陸△(陸地)
くかい　句会を開く
くがい　苦界
くかく　区画 *区劃
くがく　苦学力行
くがたち　探△湯△ *盟△神△
　探△湯△
くがつ　九月
くがら　句柄が面白い
くかん　乗車区間

寓
拳
蹄

ぐがん　具眼の士
くき　茎と葉
くぎ　釘を打つ
くぎ　区議
くぎかくし　釘隠し
くぎづけ　釘付けになる
くぎぬき　釘抜|き
ぐきょ　愚挙
くきょう　句境とみに進む
くきょう　苦境を脱する
くぎょう　△公卿
　難行苦行
くぎり　仕事の区切り
　文の句切り
くぎん　苦吟の跡がある
くく　九九を覚える
　区々たる小国
くぐつ　傀儡師
くぐりど　△潜|り戸
くくる　ひもで△括る

くぐる　首を縊る
　門を△潜る
くげ　公家　*公△卿
　供華　*供△花
くけい　矩形（長方形）
ぐけい　愚兄（兄の謙称）
　愚計
くげき　△駒隙（年月の早さ）
くけだい　絎台
くける　すそを絎ける
くげん　苦言を呈する
　苦△患の人生
ぐけん　愚見を述べる
ぐげん　理想を具現する
くこ　枸杞茶
くご　供御
　箜篌（古代の楽器）
ぐこう　愚行を重ねる
　愚考する
くごころ　句心のある人

くさ　草を刈る
くさい　臭いものには蓋
くざい　句材
ぐさい　愚妻（妻の謙称）
くさいきれ　草いきれ
くさいち　草市
くさいろ　草色
くさかり　草刈|りをする
くさき　草木もなびく
くさく　句作する
ぐさく　愚作
　愚策を弄する
くさぐさ　△種々の品
くさけいば　草競馬
くさす　人の作品を腐す
くさずもう　草相撲
くさぞうし　草双紙
くさたけ　草丈が短い
くさち　草地
くさとり　庭の草取|り

くさなぎのつるぎ　草薙剣
くさば　草葉の陰
くさばな　草花を植える
くさはら　草原に寝転ぶ
くさび　楔を打ち込む
くさぶえ　草笛
くさぶかい　草深い田舎
くさぶき　草葺|きの屋根
くさまくら　草枕（旅寝）
くさみ　臭み　*臭味
くさむしり　草毟りをする
くさむら　草むら　*叢
くさめ　嚔（くしゃみ）
くさもち　草餅
くさやきゅう　草野球
くさやぶ　草藪
くさらす　気を腐らす
くさり　鎖でつなぐ
くさりかたびら　鎖帷△子
くさる　食物が腐る

くされえん　腐れ縁
くされる　ふて腐れる
くさわけ　学界の草分け

くし
[串]－くし－　串刺し・串焼き

くし　頭に櫛を入れる
　英語を駆使する
くじ　籤・*鬮を引く
　九字を切る
くじく　足を挫く
くしくも　奇しくも
くしけずる　髪を梳る
くじける　勇気が挫ける
くしざし　串刺しにする
くじびき　籤引き券
くしめ　櫛目が通る
ぐしゃ　愚者にも一得
くじゃく　孔雀の羽
くしゃみ　嚔をこらえる

くじゅ　秘伝を口授する
くしゅう　句集
くじゅう　苦汁を嘗《な》める
　苦渋に満ちた顔
くじょ　害虫を駆除する
くしょう　苦笑する
くじょう　苦情が出る
ぐしょう　具象と抽象
くじら　鯨が潮を吹く
くじらまく　鯨幕（葬儀用の幕）
くじる　耳を抉る
くしろ　釧路市
くしん　対策に苦心する
ぐしん　意見を具申する
ぐじん　愚人の夢
くしんさんたん　苦心惨憺
くず　野菜の屑
　葛の根
ぐず　愚図な人
くずおれる　頽れる

くずかご　屑籠
くずきり　葛切り
ぐずぐず　愚図愚図言う
くすぐったい　擽ったい
くすぐる　足の裏を擽る
くずこ　葛粉
くすし　薬師・*医師
くずしがき　崩し書きの字
くずしじ　崩し字
くずす　山を崩す
くすだま　薬玉を割る
ぐずつく　愚図つく天気
くずてつ　屑鉄
くすのき　楠・*樟
くすのきまさしげ　楠木正成
くすぶる　問題が燻ぶる
くすべる　燻べる（いぶす）
くずもち　葛餅
くずもの　屑物

くずや　屑屋お払い
くずゆ　葛湯
くすり　薬を飲む
くすりぐい　薬食い・*薬喰い
くすりゆ　薬湯
くずりゅうがわ　九頭竜川
くすりゆび　薬指
ぐする　理由を具する
　*倶する
ぐずる　子供が愚図る
くずれ　役者崩れ
くずれる　崖が崩れる
くせ　悪い癖が出る
ぐせい　愚生（自称）
くせげ　癖毛
くせつ　苦節十年

櫛　鬮　嚔

く

くぜつ　口舌 *口説
ぐせつ　愚説
くせに　男の癖△に泣くな
くせもの　曲者を捕らえる
くせん　苦戦の末に勝つ
くそ　糞も味噌も一緒
ぐぞう　愚僧
ぐそく　円満具足
ぐそく　具足一領《いちりょう》（甲冑《かっちゅう》）
ぐそくに　具足煮
くそぢから　糞力を出す
くそまじめ　糞真面目
くだ　ゴムの管
くたい　軀体工事
くだい　句題
ぐたいてき　具体的対策
くだく　心を砕く
くだける　石が砕ける
ください　それを下さい
❖「…てください」は仮名書きがふつう。
くださる　喜んで下さる
くだしぐすり　下し薬
くだす　命令を下す
くだす　敵を降△す
くたにやき　九谷焼
くたびれる　草△臥れる
くだもの　果物
くだら　百△済△の国
くだらない　下らない話
くだり　下り博多行
くだりざか　下り坂
くだる　山を下る
くだる　敵に降△る
くだん　件△の如し
くち　口を利く
ぐち　愚痴をこぼす
くちあけ　商売の口開け
くちあたり　口当た|り
くちうつし　口移し
くちうら　口裏を合わせる
くちうるさい　口煩△い食通
くちえ　雑誌の口絵
くちおしい　口惜しく思う
くちおも　口重な人
くちかず　口数が多い
くちがる　口軽な人
くちき　朽ち|木
くちきき　口利きをする
くちぎたない　口汚く罵る
くちきり　話の口切り
くちく　敵軍を駆逐する
くちぐせ　口癖になる
くちぐち　口々に言う
くちぐるま　口車に乗せる
くちげんか　口喧嘩をする
くちごたえ　口答えする
くちごもる　口籠|もる
くちさがない　口さがない
くちさき　口先だけ
くちさびしい　口寂しい
くちざわり　口触り
くちしのぎ　当座の口凌ぎ
くちじょうず　口上手
くちすぎ　口過ぎとする
くちずさむ　歌を口遊△む
くちすすぐ　嗽ぐ *漱ぐ
くちぞえ　先輩の口添え
くちだし　余計な口出し
くちだっしゃ　口達者な人
くちつき　不満げな口付き
くちづけ　口付け *接吻△
くちづたえ　口伝えに聞く
くちづて　口伝△てに聞く
くちどめ　口止めをする
くちとり　口取|りの蒲鉾《かまぼこ》
くちなおし　口直しに一杯
くちなし　梔子△ *山梔△

子△

くちならし　口慣らし　*口馴らし

くちのは　口の端にのぼる

くちば　朽ち葉色

くちばし　嘴　*喙を入れる

くちばしる　口走る

くちはてる　朽ち果てる

くちはばったい　口幅ったい

くちばや　口早に話す

くちび　口火を切る

くちひげ　口髭を生やす

くちびる　唇を噛《か》む

くちふうじ　口封じ

くちぶえ　口笛を吹く

くちふさぎ　お口塞ぎに

くちぶり　口振り

くちべた　口下手な人

くちべに　口紅をつける

くちべらし　口減らし

くちまかせ　口任せのほら

くちまね　口真似△をする

くちもと　口元　*口許△

くちやかましい　口喧しい人

くちやくそく　口約束をする

くちゅう　苦衷を察する

　駆虫剤

くちょう　口調がいい

　千代田区の区長

　句帳

　詩歌の句調

ぐちょく　愚直な人

くちよごし　お口汚しに

くちよせ　口寄せ

くちる　木が朽ちる

ぐちる　愚痴る

ぐちん　意見を具陳する

クツ

［屈］クッ —— 屈強・屈曲・屈辱・屈伸・屈折・窮屈・不屈

［掘］クツ ほ-る —— 掘削・掘進・採掘・試掘・盗掘・発掘・濫掘

［窟］クッ —— 巣窟・洞窟

くつ　靴を磨く

　馬の沓

くつう　苦痛を訴える

くつおと　靴音が聞こえる

くつがえす　定説を覆す

くつがえる　政権が覆る

くつがた　沓形

くっきょう　究△竟の機会

くっきょう　屈強な若者

くっきょく　屈曲した道

くっさく　掘削　*掘鑿

くっし　屈指の名人

くつした　靴下

くつじゅう　敵に屈従する

くつじょく　屈辱に耐える

くっしん　屈伸運動

　トンネルの掘進

くつずみ　靴墨を塗る

くっする　身を屈する

くつずれ　靴擦れが痛む

くっせつ　屈折した心理

くったく　屈託　*屈托

くつぬぎ　沓脱ぎ石

くっぷく　屈伏　*屈服する

くつべら　靴篦

くつみがき　靴磨き

くつろぐ　家で寛△ぐ

くつわ　轡　*銜

くつわむし　轡虫が鳴く

ぐてい　愚弟(弟の謙称)

くてん　句点と読点《とうてん》

糞

嘴

轡

くでん　口伝の秘法
くどい　話が諄い
くとう　悪戦苦闘する
くどう　前輪駆動
ぐとう　愚問愚答
ぐどう　求△道者
くとうてん　句読点を打つ
くどく　功徳を施す
くどく　女を口説く
ぐどん　愚鈍な人
くないちょう　宮内庁
くなしりとう　国△後△島
くなん　苦難の道を歩む
くに　国　*邦△　郷△里△　*故△郷△
くにいり　お国入り
くにおもて　お国表
くにがら　お国柄
くにきだどっぽ　国木田独歩

くにく　苦肉の策
くにことば　お国言葉
くにざかい　国境のトンネル
くにさきはんとう　国東△半島
くにさだちゅうじ　国定忠治
くにたち　国立市
くになまり　お国訛り|
くにぶり　お国振り　*国風△
くにもと　国元　*国許△
くぬぎ　櫟の林
くのう　苦悩の色が濃い
くはい　苦杯　*苦盃を嘗《な》める
くばる　気を配る
ぐはん　虞△犯少年
くひ　芭蕉の句碑
くび　首　*頸　*馘首△　*馘になる

ぐび　条件を具備する
くびかざり　真珠の首飾り|　*頸飾り|
くびかせ　首枷　*頸枷
くびき　頸木　*軛
くびきり　首切り
くびくくり　首縊り
くびじっけん　首実検
ぐびじんそう　虞△美人草
くびす　踵を返す
くびすじ　首筋　*頸筋
くびったけ　彼女に首っ丈
くびったま　首っ玉
くびっぴき　辞書と首っ引きで勉強する
くびつり　首吊り
くびねっこ　首根っこ
くびれる　胴が括△れる　縊れて死ぬ

くびわ　首輪　*頸輪
ぐぶ　行幸に供△奉する
くふう　工夫を凝らす
ぐふう　颶風
くぶくりん　九分九厘確実
くぶどおり　九分通り完成
くぶん　三つに区分する
くべつ　善悪を区別する
くべる　まきを焼△べる
くぼ　盆の窪　*凹△
くほう　千代田区の区報
くほう　句法
くぼう　公△方様
ぐほう　弘法（仏法を広めること）　求△法（仏法を求めること）
くぼち　窪地　*凹△地

くぼみ　窪み　*凹△み
くぼむ　目が窪む　*凹△む

くま
[熊]―くま―「動物園の―」

くま　目の周りの隈
ぐまい　愚妹（妹の謙称）　愚昧な人
くまがや　熊谷△市
くまがわ　球磨△川
くまぐま　隈々（すみずみ）
くまざさ　熊笹　*隈笹
くまで　熊手でかく
くまどり　隈取り
くまなく　隈無く捜す
くまのい　熊の胆△
くまのがわ　熊野川
くまもと　熊本県
くみ　一年二組

ぐみ　活字の組み　茱萸　*胡頽△子
くみあい　労働組合
くみあう　組み合う
くみあげる　汲み上げる
くみあわす　組み合わす　*組合す
くみあわせ　組み合わせ　*組合せ
くみいれ　組み入れ
くみいれきん　組入金
くみいれる　組み入れる
くみうち　組み討ち　*組討
くみおき　汲み置きの水
くみかえ　予算組み替え　*組替　遺伝子組み換え
くみかえる　組み替える　遺伝子を組み換える
くみかわす　酌み交わす
くみきょく　古典組み曲
くみこむ　水を汲み込む　意見を議案に組み込む
くみしく　敵を組み敷△く
くみしやすい　組し易い　*与△し易△い
くみする　悪事に組する　*与△する
くみだす　水を汲み出す
くみたて　汲み立ての水
くみたて　組み立て　*組立
くみたてしき　組立式
くみたてる　組み立てる
くみちょう　組長
くみてんじょう　組天井

くみとる　水を汲み取る　相手の気持ちを酌み取る
くみはん　活字の組み版
くみひも　組み紐
くみふせる　組み伏せる
くみほす　井戸を汲み干す
くみもの　組み物
くみん　千代田区の区民
ぐみん　愚民政策
くむ　水を汲む　気持ちを酌む　腕を組む
くめん　金を工面する
くも　雲に覆われる　蜘蛛の糸

頸　鹹　萸

く

くもい 雲居のかなた
くもがくれ 雲隠れする
くもつ お供物
くもつくばかり 雲衝△くばかりの大男
くもなく 苦も無く破る
くもま 雲間に隠れる
くもまく 蜘蛛膜下出血
くもゆき 怪しい雲行き
くもらす 顔を曇らす
くもり 曇り後雨
くもりぞら 曇り空
くもる 顔が曇る
くもん 苦悶する
ぐもん 愚問愚答
くやくしょ 区役所
くやしい 悔しい *口△惜△しい
くやしなみだ 悔し涙 *口△惜△し涙を流す

くやしまぎれ 悔し紛れ *口△惜△し紛れ
くやみ お悔やみを述べる
くやみじょう お悔やみ状
くやむ 失敗を悔やむ
ぐゆう 生来具有の欠点
くゆらす 葉巻を燻△らす
くよう 死者を供養する
くようせい 九曜星
くら 蔵 *倉 *庫△
くら 馬に鞍を置く
くらい 暗い *昏△い
くらい 位人臣を極める 二十歳位の人 ❖助詞「くらい」「ぐらい」は仮名書きがふつう。
くらいする 上位に位する
くらいどり 数の位取り

くらいまけ 位負けする
くらう 大飯を食らう *喰らう *啖△う
くらがえ 鞍替え
くらがり 密林の暗がり
くらく 苦楽を共にする
くらげ 水△母△ *海△月△
くらざらえ 蔵浚△え
くらし 暮らし
くらしき 倉敷市
くらしむき 暮らし向き
くらす 達者で暮らす
くらだし 蔵出しの酒
くらびらき 蔵開き
くらぶ 倶△楽部△
くらべもの 比べ物がない
くらべる 二つを比べる *較△べる *競△べる

くらます 行方を晦ます *暗ます
くらまやま 鞍馬山
くらむ 目が眩む *暗む *昏△む
くらもと 蔵元
くらやしき 蔵屋敷
くらやみ 暗闇
くらわす 一発食らわす
くり 栗拾い
くり 庫裏 *庫裡△
くりあがる 繰り上がる
くりあげ 繰り上げ *繰上当選
くりあげる 予定を繰り上げる
くりあわせる 万障繰り合わせる *繰合せる
くりいれ 歳入への繰り入れ

く

れ　*繰入
くりいれきん　繰入金
くりいれる　繰り入れる
くりいろ　栗色の髪
くりかえ　相互間資金の繰り替え　*繰替
くりかえきん　繰替金
くりかえし　繰り返し
くりかえす　繰り返す
くりかえる　繰り替える
くりき　念仏の功力
くりげ　栗毛の馬
くりこし　繰り越し　*繰越
くりこしきん　繰越金
くりこす　繰り越す
くりごと　老いの繰り言
くりさがる　繰り下がる
くりさげ　繰り下げ　*繰下
くりさげる　繰り下げる
くりだす　繰り出す
くりど　繰り戸
くりぬく　木を刳り貫く
くりのべ　繰り延べ　*繰延
くりのべる　繰り延べる
くりひろげる　繰り広げる
くりぶね　刳り舟
くりまんじゅう　栗饅頭
くりめいげつ　栗名月
くりもどし　繰り戻し
くりや　厨　*廚
くりょ　対策に苦慮する
くりわた　繰り綿
くりん　五重塔の九輪

くる
［繰］くる　—「糸を—」

くる　人が来る
❖「晴れてくる」などは仮名書きがふつう。
刃物で刳る
くるい　狂いが出る
くるいざき　狂い咲き
くるう　予定が狂う
くるおしい　狂おしい気分
くるしい　息が苦しい
くるしまぎれ　嘘《うそ》苦し紛れの
くるしみ　産みの苦しみ
くるしむ　判断に苦しむ
くるしめる　苦しめる
くるぶし　踝を痛める
くるま　車に乗る
俥（人力車）
くるまいす　車椅子
くるまざ　車座になる
くるまどめ　車止め
くるまや　俥屋
くるまよせ　車寄せ
くるまる　毛布に包まる
くるみ　胡桃を割る
くるむ　紙で包む
くるめ　久留米市
くるめく　目眩く
くるわ　郭　*廓　*曲輪
くるわしい　狂わしい
くるわす　順序を狂わす
くれ　年の暮れ
くれ　呉市
くれがた　日の暮れ方
くれぐれも　呉れ呉れも
ぐれつ　愚劣な考え
くれない　花は紅

蜘
燻
廚

くれなずむ　暮れ泥△む空
くれのこる　暮れ|残る
くれはてる　暮れ果てる
くれる　金を呉△れる　日が暮れる　*昏れる
ぐれん　紅△蓮の炎
ぐれんたい　愚連隊
くろ　田の畔△　赤と黒
くろい　色が黒い　黝△い瞳（青黒い）
くろう　苦労を掛ける
ぐろう　人を愚弄する
くろうしょう　苦労性の人
くろうと　玄人
くろがね　鉄△の城
くろかび　黒黴がはえる
くろかみ　緑の黒髪
くろくも　黒雲

くろぐろ　黒々と書く
くろこ　黒子　*黒衣△
くろこげ　黒焦げのパン
くろざとう　黒砂糖
くろじ　黒地の布　十億円の黒字
くろしお　黒潮と親潮
くろしろ　黒白を付ける
くろずむ　色が黒ずむ　*黝ずむ
くろつち　黒土と赤土
くろぬり　黒塗りの車
くろびかり　黒光り
くろふね　黒船
くろぼし　黒星続き
くろまく　政界の黒幕
くろまつ　黒松と赤松
くろまめ　黒豆を煮る
くろみ　黒みを帯びる
くろめ　黒目勝ち

くろもじ　黒文字（つまようじ）
くろやき　井守の黒焼き|
くろやま　黒山の人だかり
くろわく　黒枠で囲む
ぐろん　愚論を繰り返す
くわ　桑の実　鍬を入れる
くわい　慈△姑の芽
くわいれ　鍬入れ|式
くわえこむ　啣え|込む
くわえざん　加え算
くわえる　数を加える　指を啣える　*咥える
くわがた　兜《かぶと》の鍬形
くわけ　区分け
くわしい　詳しい　*委△しい　*精△しい
くわす　一杯食わす

くわずぎらい　食わず|嫌い
くわせもの　食わせ|者
くわだて　改革の企て
くわだてる　亡命を企てる
くわばたけ　桑畑
くわばら　桑原桑原
くわり　区割|り
くわわる　寒さが加わる

クン

［君］クン きみ ―「中山―」◇君子・君主・君臨・諸君・名君

［訓］クン ―「音と―」◇訓戒・訓示・訓読・訓練・教訓

［勲］（人勳）クン ― 勲記・勲功・勲章・偉勲・殊勲・叙勲

［薫］（人薰）クン かおる ― 薫製・薫陶・薫風・余薫

グン

［軍］グン ―「―の機密」◇軍

縮・軍隊・軍備・海軍・空軍

[郡]グン ——「隣の——」◇郡県制・郡部・○○郡

[群]グン むれる・むれ・(むら) ——「——を抜く」◇群居・群衆・群小・大群

ぐんい　軍医
くんいく　児童を訓育する
　御薫育の賜物
ぐんえい　霜は軍営に満つ
ぐんえき　軍役に服する
くんおん　君恩に報いる
ぐんか　軍靴の音
ぐんか　軍歌集
くんかい　訓戒 *訓誡
ぐんかん　軍艦
くんき　勲章と勲記
ぐんき　軍紀が乱れる
　軍記物語
　軍規違反
　軍旗護衛兵
　軍機を漏らす
ぐんぎ　群議を排す
ぐんきょ　群居本能
くんこ　訓詁学
　勲功を立てる
　薫香
ぐんこう　軍功を立てる
　軍港と要港
くんこく　君国のため死す
　訓告処分
ぐんこくしゅぎ　軍国主義
くんし　君子は豹変《ひょうへん》す
くんじ　大臣訓示
　校長訓辞
ぐんし　軍使を立てる
　軍師
ぐんじ　軍事基地
ぐんしきん　軍資金
くんしゅ　君主
　葷酒山門に入るを許さず
ぐんじゅ　軍需産業
ぐんしゅう　群衆が集まる
　鳥が群集する
ぐんしゅうしんり　群集心理
ぐんしゅく　軍縮会議
くんしょう　勲章と勲記
くんじょう　燻蒸 *薫蒸
ぐんしょう　群小国家
ぐんじょう　群青色
くんしん　君臣の分
ぐんしん　軍神広瀬中佐
　群臣に諮る
ぐんじん　軍人の本分
くんずほぐれつ　組んず(づ)ほぐれつ
くんずる　訓ずる
　名香が薫ずる
くんせい　鮭の薫製 *燻製
ぐんせい　軍制改革
　軍政を敷く
　植物が群生する
　群棲 *群生
ぐんぜい　二万の軍勢
ぐんせき　軍籍に入る
ぐんせん　軍船
ぐんそう　鬼軍曹
　完全軍装
ぐんぞう　青春群像
くんそく　君側の奸を除く
ぐんぞく　陸軍軍属
ぐんたい　軍隊
くんちょう　君寵を受ける
ぐんて　軍手

黝
鍬
啣

くんてん　訓点を施す
くんとう　位階勲等
　　　　　薫陶を受ける
ぐんとう　軍刀を下げる
　　　　　群島（諸島の旧称）
　　　　　戦国の群盗
くんとく　君徳
くんどく　漢字の訓読
くんのう　君王
ぐんば　軍馬
ぐんばい　軍配を上げる
ぐんばつ　軍閥政治
ぐんぱつ　群発地震
ぐんび　軍備を拡張する
ぐんぴ　軍費を調達する
ぐんぴょう　軍票を発行する
くんぷ　君父の仇
ぐんぶ　軍部の横暴
　　　　郡部
　　　　白鳥の群舞

くんぷう　薫風の候
ぐんぷく　軍服
ぐんぽう　軍法に照らす
　　　　　群峰がそびえる
ぐんま　群馬県
ぐんむ　軍務に服する
くんめい　君命を辱《はずかし》めない
くんもう　訓蒙の書
ぐんもう　群盲象を撫《な》ず
ぐんもん　軍門に降る
ぐんゆう　群雄割拠
ぐんよう　軍用機
　　　　　軍容を示す
　　　　　群羊を駆って猛
　　　　　虎を攻む
くんよみ　漢字の訓読み
ぐんらく　水芭蕉《みずばしょう》の群落
ぐんりつ　軍律が厳しい
　　　　　群立する
ぐんりゃく　軍略で勝つ

くんりん　業界に君臨する
くんれい　内閣訓令
くんれん　訓練に励む
ぐんろう　群狼
くんわ　校長訓話

け

ケ

［化］ケ・カ　ばける・ばかす　――化粧・化身・権化・道化・変化
［気（氣）］ケ・キ　――「火の―」◇気色・気配
［仮（假）］（ケ）・カ　かり　――仮病
［家］ケ・カ　いえ・や　――「山田―」◇家来・王家・出家・分家・本家
［華］（ケ）・カ　はな　――華厳・香華・散華・法華
［懸］（ケ）・ケン　かける・かかる　――懸想・懸念
［袈］ケ・カ　けさ　――袈裟

け　髪の毛
け　褻と晴れ
け　易の卦が悪い

ゲ

［下］ゲ・カ　した・しも・もと・さげる・さがる・くだる・くだす・くださる・おろす・おりる　――「―の巻」
［外］ゲ・ガイ　そと・ほか・はずす・はずれる　――外科・外題・外道
［解］ゲ・カイ　とく・とかす・とける　――解脱・解毒剤・解熱剤
［牙］（ゲ）・ガ　きば　――象牙

げ　惜し気
　　❖接尾語「げ」は仮名書きがふつう。
　　偈を唱える
けあがり　蹴上がり（器械

体操）

けあし　毛足の長い絨緞

けあな　毛穴　*毛孔△

ケイ

［兄］ケイ・（キョウ）　あに　―「―たり難く弟たり難し」◇兄事・父兄

［形］ケイ・ギョウ　かた・かたち　―形式・形象・形成・形態・形容・円形・変形

［系］ケイ　―　―系図・系統・系譜・系列・家系・体系

［径（徑）］ケイ　―　―径路・口径・直情径行・直径

［京］ケイ・キョウ　―　―京師・京阪・京浜・京葉

［係］ケイ　かか-る・かかり　―係数・係争・係累・関係

［型］ケイ　かた　―型式・原型・紙型・典型・模型・類型

［計］ケイ　はか-る・はか-らう　―「一年の―」◇計画・計算・合計

［経（經）］ケイ・キョウ　へ-る　―経過・経験・経済・経度・経費・神経

［敬］ケイ　うやま-う　―敬愛・敬意・敬語・敬服・敬慕・敬礼・尊敬

［景］ケイ　―　―「天下の―」◇景気・景況・景品・風景・背景

［軽（輕）］ケイ　かる-い・かろ-やか　―軽易・軽減・軽視・軽傷・軽率・軽油

［境］（ケイ）・キョウ　さかい　―境内

［警］ケイ　―　―警衛・警戒・警官・警句・警告・警備・夜警

［競］ケイ・キョウ　きそ-う・せ-る　―競馬・競輪

［刑］ケイ　―　―「―に服する」◇刑期・刑死・刑事・刑罰・処刑

［茎（莖）］ケイ　くき　―塊茎・花茎・球茎・根茎・包茎

［契］ケイ　ちぎ-る　―契印・契機・契合・契約・書契・黙契

［恵（人惠）］ケイ・エ　めぐ-む　―恵贈・恵与・恩恵・慈恵

［啓］ケイ　―　―啓示・啓発・謹啓・拝啓・復啓

［掲（人揭）］ケイ　かか-げる　―掲載・掲出・前掲・別掲

［渓（溪）］ケイ　―　―渓谷・渓声・渓流・雪渓・端渓

［蛍（螢）］ケイ　ほたる　―蛍光塗料・蛍雪

［傾］ケイ　かたむ-く・かたむ-ける　―傾向・傾斜・傾注・傾聴・傾倒・前傾

［携］ケイ　たずさ-える・たずさ-わる　―携帯・提携・必携

［継（繼）］ケイ　つ-ぐ　―継承・継走・継続・継母・中継

［慶］ケイ　―　―慶賀・慶祝・慶弔・慶福・御慶・大慶・同慶

［憩］ケイ　いこ-い・いこ-う　―休憩・小憩

［鶏（人鷄）］ケイ　にわとり　―鶏口牛後・鶏舎・鶏肉・鶏卵・闘鶏

［詣］ケイ　もう-でる　―参詣

［憬］ケイ　―　―憧憬

［稽］ケイ　―　―稽古・滑稽

［人圭］ケイ　―　―圭復・刀圭

［人勁］ケイ　つよし　―勁健・勁草

［人奎］ケイ　あや　―奎運・奎宿

［人桂］ケイ　かつら　―桂冠詩人・桂馬

［人慧］ケイ・エ　さと-い・さとし　―慧眼・慧敏

［人馨］ケイ・キョウ　かおり・かお-る　―

［人卿］ケイ・キョウ　あき・あきら・のり　―

［人繫］ケイ・ケ　つ-ぐ・つな　―繫留・繫累

けい　罫を引く

薫　藝　罫

け

ゲイ

【芸(藝)】ゲイ ―「―がない」
◇芸事・芸術・芸能・文芸

【迎】ゲイ むか|える ― 迎撃・迎合・歓迎・送迎

【鯨】ゲイ くじら ― 鯨飲・鯨肉・鯨波・鯨油・巨鯨・捕鯨船

けいあい　敬愛する先生
けいい　事件の経緯　軽易な作業　敬意を払う
げいいき　芸域が広い
げいいんばしょく　鯨飲馬食
けいえい　形影相伴う　会社を経営する　宿舎の警衛
けいえん　敬遠の四球　閨怨の詩

げいえん　芸苑　＊芸園
けいえんげき　軽演劇
けいおんがく　軽音楽
けいか　経過を報告する
けいが　慶賀に堪えない
げいか　管長猊下
けいかい　軽快なステップ　厳重に警戒する
けいがい　形骸を留める　謦咳に接する
けいがいか　形骸化する
けいかく　圭角が取れる　計画を立てる
けいがく　経学(経書研究)
けいかん　荊冠(いばらの冠)　雄大な景観　婦人警官
けいがん　炯眼　＊烱眼　慧眼に敬服する
けいかんしじん　桂冠詩人

けいき　刑期を終える　計器飛行　契機　景気がよい　事件が継起する
げいぎ　芸妓
けいきょ　軽挙を戒める
けいきょう　業界の景況
けいきょく　荊棘の道
けいきんぞく　軽金属
けいく　警句を吐く
けいぐ　敬具
けいけい　軽々に論じられない　眼光炯々　＊烱々
げいげき　敵機を迎撃する
けいけつ　鍼灸の経穴
けいけん　経験を積む　敬虔　＊敬謙

けいげん　負担を軽減する
けいこ　稽古をする
けいご　敬語の使い方　警護　＊警固
けいこう　経口投与　直情径行　出題の傾向　昼食を携行する　蛍光を発する　鶏口牛後
げいごう　上役に迎合する
けいこうぎょう　軽工業
けいこうとう　蛍光灯　＊蛍光燈
けいこうとりょう　蛍光塗料
けいこく　経国の大事業　傾国の美人　渓谷　＊谿谷　警告を発する

けいこつ 脛骨（すねの骨） 頸骨（くびの骨）
げいごと 芸事を好む
けいさ 珪砂 *硅砂
けいさい 広告を掲載する 荊妻（妻の謙称）
けいざい 経済学
けいさつ 警察
けいさつしょ 警察署
けいさん 計算に入れる 珪酸 *硅酸
けいさんじゃく 計算尺
けいさんしょう 経産省（経済産業省）
けいさんぷ 経産婦
けいし 刑死する 京師（都） 人命を軽視する 継子と実子 将軍の継嗣 罫紙に書く 警視
けいじ 兄事する 刑事事件 合格者の掲示 神の啓示 慶事と凶事 繋辞
けいしき 形式を重んじる 型式（飛行機・自動車のタイプ）
けいじじょう 形而上の問題
けいしそうかん 警視総監
けいしつ 獲得形質 胃腸の憩室
けいじどうしゃ 軽自動車
けいじばん 掲示板
けいしゃ 前方に傾斜する 鶏舎 珪砂 *硅砂
げいしゃ 芸者
けいしゅ 踏切の警手
けいしゅう 閨秀作家
けいしゅく 慶祝行事
けいしゅつ 掲出する
げいじゅつ 芸術
けいしゅん 慶春
げいしゅん 迎春
けいしょう 形勝の地 具体的な形象 軽少な謝礼 軽症の患者 軽傷を負う 軽捷な動作 敬称を略す 景勝の地 王位を継承する 警鐘を乱打する
けいじょう 物体の形状 刑場 予算に計上する 経常の費用 一筆啓上
けいしょく 軽食喫茶 慶色（喜びの様子）
けいしん 軽震 敬神の念
けいず 系図をたどる
けいすいろ 軽水炉
けいすう エンゲル係数 計数に明るい人
けいする 犯人を刑する 敬して遠ざける 栄転を慶する
けいせい 人格を形成する 形声文字

謦
慧
棘

形勢が逆転する
経世の才
傾城に△誡なし
警世の書
世人を警醒する

けいせいげか　形成外科

けいせいさいみん　経世済民

けいせき　形跡　＊形迹
珪石　＊硅石

けいせつのこう　蛍雪の功

けいせん　経線と緯線
係船　＊繋船
罫線表

けいそ　刑訴（刑事訴訟）
珪素　＊硅素

けいそう　形相
係争　＊繋争
珪藻　＊硅藻
軽装で出掛ける
軽躁な人

けいぞう　御恵贈に与《あずか》る

けいそく　体重を計測する

けいぞく　係属　＊繋属中
の事件
審議を継続する

けいそつ　軽率な行動

けいそん　恵存

けいたい　形態　＊形体
敬体と常体
辞書を携帯する

けいだい　神社の境内

けいたく　恵沢に浴す

けいだん　軽暖の候

げいだん　芸談

けいちつ　啓蟄（二十四気）

けいちゅう　全力を傾注する

けいちょう　敬弔の意を表す
軽佻浮薄
鼎《かなえ》の軽重を問う
傾聴に値する
慶弔電報

けいつい　頸椎

けいてい　兄弟牆《かき》に鬩《せめ》ぐ

けいてき　警笛を鳴らす

けいてん　仏教の経典

けいと　毛糸のセーター

けいど　経度と緯度
軽度の発作

けいとう　系統を立てる
鷗外に傾倒する
継投策
鶏頭の花

げいとう　危ない芸当

げいどう　芸道にいそしむ

けいどうみゃく　頸動脈

げいどころ　芸所

けいにく　鶏肉

げいにく　鯨肉

げいにん　芸人根性

けいねん　経年変化

げいのう　郷土芸能

けいば　競馬ファン

けいはい　珪肺
軽輩の者

けいばい　競売に付される

けいはく　店主敬白
軽薄な考え

けいばく　繋縛を解かれる

けいはつ　世論を啓発する

けいばつ　刑罰を科する
閨閥
警抜な着想

けいはんざい　軽犯罪法

けいはんしん　京阪神地方

けいひ　桂皮油
経費の節減
軽費老人ホーム

けいび　軽微な損害
厳重に警備する

けいひん　景品を出す

けいひん　京浜道路
げいひんかん　迎賓館
けいふ　系譜に属する　継父と実父
けいぶ　軽侮の念を持つ　頸部　警部
げいふう　団十郎の芸風
けいふく　敬服に堪えない　慶福（幸い）
けいぶつ　四季の景物
けいべつ　人を軽蔑する
けいべん　軽便鉄道
けいぼ　敬慕の念　継母と実母
けいほう　刑法に触れる　警報が出る
けいぼう　閨房　警官の警棒
けいま　桂馬の高上がり

けいみょう　軽妙洒脱《しゃだつ》
けいむ　警務
けいむしょ　刑務所
けいめい　鶏鳴暁を告げる
げいめい　芸名
けいもう　民衆を啓蒙する
けいやく　契約を結ぶ
けいゆ　東海道線経由　軽油
げいゆ　鯨油
けいよう　美人の形容　国旗を掲揚する
けいようし　形容詞
けいら　軽羅を纏う　市中を警邏する
けいらく　経絡
けいらん　鶏卵
けいり　経理課　警吏
けいりし　計理士

けいりゃく　計略の裏をかく　国家の経略
けいりゅう　係留 *繫留　渓流
けいりょう　計量単位　軽量の品
けいりん　国の経綸を行う　競輪場
けいるい　係累 *繫累
けいれい　上官に敬礼する
けいれき　経歴を話す
げいれき　芸歴の長い役者
けいれつ　系列の会社
けいれん　痙攣を起こす
けいろ　毛色の変わった
けいろ　経路 *径路　径路（こみち）
けいろう　敬老の日
けいろうどう　軽労働
けう　△希有 *稀有

けうとい　気疎く感じる
けおされる　気△圧される
けおとす　人を△蹴落とす
けおりもの　毛織物
けが　△怪我の功名
げか　外科医
げかい　下界を見下ろす
けかえし　△蹴返し（相撲の手）
けがす　汚す *穢す
けがに　毛蟹
けがらわしい　汚らわしい　*穢らわしい話
けがれ　汚れ *穢れ
けがれる　心が汚れる　*穢れる
けがわ　毛皮のコート

繫
蟄
攣

け

げかん 下浣(下旬)

ゲキ

[劇]ゲキ — 「—を演ずる」◇劇作・劇場・劇団・劇薬・演劇
[激]ゲキ はげ|しい — 激賞・激戦・激動・激流・激論・感激・急激
[撃(人撃)]ゲキ う|つ — 撃退・撃墜・撃破・攻撃・打撃・目撃
[隙]ゲキ すき — 間隙
[人戟]ゲキ・ケキ・キャク — 剣戟

げき 檄を飛ばす
げきえいが 劇映画
げきえつ 激越な口調
げきか 戦闘が激化 *劇化する
小説を劇化する
げきが 劇画
げきげん 収穫が激減する
げきご 激語を放つ

げきさい 撃砕 *撃摧
げきさっか 劇作家
げきさん 激賛する
げきし 劇詩
げきしゅう 激臭 *劇臭
げきしょ 激暑 *劇暑
げきしょう 劇症 *激症
作品を激賞する
げきじょう 劇場
敵を撃攘する
激情にかられる
げきしょく 激職 *劇職
げきしん 激震 *劇震
げきじん 激甚 *劇甚災害
げきする 言葉が激する
国民に檄する
げきせい 激声を上げる
げきせん 激戦 *劇戦
げきぞう 事故が激増する

げきたい 敵を撃退する
げきだん 劇団
劇談
劇壇
げきちん 敵艦を撃沈する
げきつい 敵機を撃墜する
げきつう 激痛 *劇痛を訴える
げきてき 劇的な結末
げきど 激怒する
げきとう 激闘を交える
げきどう 激動の時期
げきとつ 電柱に激突する
げきは 敵を撃破する
げきはつ 民族運動が激発する
げきひょう 劇評家
げきぶつ 劇物
げきふん 激憤に駆られる
げきぶん 檄文を撒《ま》く

げきへん 激変 *劇変
げきむ 激務 *劇務
げきめつ 敵を撃滅する
げきやく 劇薬と毒薬
けぎらい 毛嫌いする
げきりゅう 激流にのまれる
げきりん △逆鱗に触れる
げきれい 激励の手紙
げきれつ 激烈 *劇烈
げきろう 激浪にのまれる
げきろん 激論 *劇論
げくう 伊勢の外△宮
げげ 下々の下
げけつ 下血する
けげん △怪訝な顔
げこ 下戸と上戸
げこう 国許《くにもと》へ下向する
下校時間
げごく 下獄する
げこくじょう 下克上 *下

△は常用漢字表にない音訓　|の付いた仮名は省略してもよい送り仮名　＊は同語の別表記

剋上の世相
けこみ　階段の蹴△込み
けごんしゅう　華厳宗
けごんのたき　華厳滝
けさ　今朝の気温
袈裟を懸ける
げざ　寄席の下座
げざい　下剤をかける
げさく　下策と上策
戯△作者
げざん　下山する
けし　芥子　*罌粟
げし　夏至（二十四気）
げじ　下知に従う
けしいん　郵便の消印
けしかける　犬を嗾ける
げしがたい　解し難い行動
げしかねる　解し兼ねる
けしからぬ　怪△しからぬ話
けしき　夜の景色

けしきばむ　気色ばむ
げじげじ　蚰蜒
けしずみ　消し炭
けしつぶ　芥子粒
けしつぼ　消し壺
けしとめる　消し止める
げしゃ　横浜で下車する
げしゅく　下宿する
げしゅにん　下手人を捜す
げじゅん　一月下旬
げじょ　下女
けしょう　化粧をする
げじょう　下乗の立て札
下城する
けしょうまわし　化粧回し
けじらみ　毛虱
けしん　悪魔の化身
けす　火を消す
げす　下司△の身
下種△　*下衆△の

後知恵
げすい　下水に流す
げすいどう　下水道
けすじ　毛筋ほどのこと
けずね　毛臑　*毛脛
けずりくず　削り屑
けずりぶし　削り節
けずる　板を削る
髪を梳る
げせない　解せない態度
げせわ　下世話に言う
げせん　乗客が下船する
下賤の出
けそう　人妻に懸想する
げそくばん　下足番

けた
[桁]けた―　桁違い・橋桁

げた　下駄△の鼻緒
けたい　懈怠の心

げだい　芝居の外題
けだかい　気高い心
けたぐり　蹴△手繰り
けだし　蓋△し名言だ
赤い蹴△出し
けたちがい　桁違いの量
げだつ　煩悩を解脱する
げたばき　下駄△履き
けたはずれ　桁外れの安値
けだま　毛玉ができる
けだもの　獣△のような男
けだるい　体が気怠△い
げだん　寝台車の下段
けち　吝嗇　*吝
げち　下知に従う
けちえん　結△縁
けちがん　結△願の日

櫢
罌
蜒

けちみゃく　血脈△

ケツ

[欠(缺)]ケツ か｜く・か｜ける・―　「三名の―」◇欠勤・欠席・欠損

[血]ケツ ち　―　血液・血管・血気・血行・血統・献血・鮮血

[決]ケツ き｜まる・き｜める・―　「―を採る」◇決意・決算・決定・解決

[結]ケツ むす｜ぶ・ゆ｜う・ゆ｜わえる　―　結婚・結晶・結成・結末・結論・団結

[潔]ケツ いさぎよ｜い　―　潔白・潔癖・簡潔・純潔・清潔

[穴]ケツ あな　―　穴居・洞穴・墓穴

[傑]ケツ　―　傑作・傑出・傑物・英傑・怪傑・豪傑・女傑

[人蕨]ケツ わらび　―

[人訣]ケツ　―　永訣・秘訣

[人頁]ケツ・ケチ・ヨウ ページ　―

けつ　尻△をまくる

けつ　夏の桀王

ゲツ

[月]ゲツ・ガツ つき　―　月給・月謝・月末・月曜・歳月・明月

けつあつ　血圧が高い

けつい　決意を固める

けついん　欠員 ＊闕員

けつえき　血液検査

けつえきがた　血液型

けつえん　血縁社会

けっか　原因と結果

げっか　月下に花を賞す

　激化 ＊劇化

けっかい　血塊

　決壊 ＊決潰

けっかく　欠格者

　結核の予防

げつがく　月額十万円

げっかひょうじん　月下氷人

けっかふざ　結跏趺坐

けっかん　制度の欠陥

　血管

げっかん　月刊雑誌

　交通安全月間

けっき　血気にはやる

　決起 ＊蹶起

けつぎ　加盟を決議する

けっきゅう　結球白菜

げっきゅう　月給取り

けっきょく　結局中止する

けっきん　無断で欠勤する

けっく　漢詩の結句

　結句(結局)

げっけい　月経

げっけいかん　勝利の月桂冠

げっけん　撃剣

けつご　結語

けっこう　台風で欠航する

　血行をよくする

　小雨決行

　壮大な結構の寺

　結構な品

けつごう　分子が結合する

げっこう　月光を浴びる

　激昂 ＊激高

けっこん　血痕が付着する

　結婚する

けっさい　現金で決済する

　決裁を仰ぐ

　精進潔斎

けっさく　知られざる傑作

けっさつ　血管を結紮する

けっさん　決算する

げっさん　月産二万台

けっし　決死の覚悟

げつじ　月次報告

けっしたい　決死隊

けつじつ　努力が結実する

けっして　決して見ない
けっしゃ　結社の自由
げっしゃ　月謝を納める
けっしゅう　総力を結集する
げっしゅう　月収百万円
けっしゅつ　傑出した人物
けっしょ　血書で嘆願する
けつじょ　欠如　*闕如
けっしょう　乾燥血漿
　決勝に進出する
　汗の結晶
けつじょう　大会に欠場する
けっしょうばん　血小板
けっしょく　欠食児童
　血色がよい
げっしょく　月食　*月蝕
げっしるい　齧歯類
けっしん　決心する
　訴訟を結審する
けっする　意を決する

けっせい　血清肝炎
　組合を結成する
けつぜい　血税を課す
けっせき　病気で欠席する
　腎臓結石
けっせつ　結節
けっせん　血栓生成
　血戦数合
　決戦を挑む
けつぜん　決然たる態度
　蹶然として立つ
けっせんとうひょう　決選投票
けっそう　血相を変える
けっそく　結束を固める
けつぞく　血族結婚
けっそん　欠損を生じる
けったい　脈が結滞する
けったく　業者と結託する
けったん　血痰が出る

けつだん　決断が速い
　結団式
げったんひょう　月旦評
けっちゃく　決着　*結着
けっちょう　結腸
けってい　受諾を決定する
けっていてき　決定的瞬間
けってん　欠点を補う
けっとう　血統がよい
　血糖値
　決闘する
　新党を結党する
けつにく　血肉の間柄
けつにょう　血尿が出る
けっぱい　遅配欠配
けっぱく　清廉潔白
けつばん　背番号の欠番
けっぱん　血判を押す
けつび　文の結尾
けっぴょう　湖が結氷する

げっぴょう　月評
げっぷ　月賦で買う
けつぶつ　一代の傑物
げっぺい　月餅
けっぺき　潔癖な人
けつべつ　旧友と決別
　*訣別する
けつべん　血便
けつぼう　物資が欠乏する
げっぽう　収支月報
げっぽう　月俸百万円
けっぽん　欠本を補充する
けつまくえん　結膜炎
けつまずく　石に蹴△躓く
けつまつ　結末をつける
げつまつ　月末の締め
けつみゃく　血脈(血統)

闕
蹶
齧

けづめ　鶏の蹴△爪　*距△
けつめい　血盟を結ぶ　結盟する
けつゆうびょう　血友病
げつよう　月曜日
けつらく　欠落を補う
けつりゅう　血流(血液の流れ)
けつるい　血涙をしぼる
けつれい　欠礼　*闕△礼
げつれい　月例の会議　月齢十五
けつれつ　交渉が決裂する
けつろ　血路を開く　結露現象
けつろん　結論を出す
げてもの　下手物趣味
げてん　外典と内典
げどう　外道(邪道)
げどく　解毒剤
けとばす　蹴△飛ばす

けどる　気取られる
けなげ　健△気な少女
けなす　人を貶△す
けなみ　毛並|みがいい
げなん　下男
げに　実△に
けにん　御家人
げにん　下人
けぬき　毛抜|き
げねつ　解熱　*下熱剤
けねん　将来を懸念する
けば　毛羽　*毳△
げば　下馬する
けはい　人の気配がする
けばけばしい　毳々しい服装
けばだつ　毛羽立つ　*毳立つ
げばひょう　下馬評が高い
けばり　毛針　*毛鉤で釣る

けびょう　仮病を使う
げびる　話が下卑る
げひん　下品な態度
けぶかい　毛深い男
けぶり　気振り
けぶる　煙△る　*烟る
げぼく　下僕
けぼり　毛彫りの象嵌《ぞうがん》
けまり　蹴△鞠
けまん　華鬘(仏具)
けみする　五年を閲△する
けむ　煙△　*烟に巻く
けむい　部屋が煙い　*烟い
けむし　毛虫
けむたい　煙たい存在
けむり　煙　*烟が立つ
けむる　煙る　*烟る
けもの　獣にも劣る

けものみち　獣道
げや　下野する
けやき　欅△の並木
けやぶる　戸を蹴破る
けら　螻△蛄(虫)
けらい　家来
けらく　快△楽に耽《ふけ》る
げらく　株価が下落する
けらま　慶△良△間列島
げり　下痢をする
けりがつく　けりが付く
げりゃく　下略
ける　要求を蹴る
げれつ　下劣な手段
けれん　外△連がない
げろう　下郎
けわしい　険しい顔　山が険しい　*峻△しい　*嶮しい　*峭しい

ケン

［犬］ケン いぬ ―― 犬猿・犬歯・犬馬・愛犬・野犬・猟犬
［件］ケン ―― 「例の―」◇件数・案件・事件・条件
［見］ケン み-る・み-える・み-せる ―― 見学・見識・見聞・意見・達見・発見
［券］ケン ―― 「―を買う」◇券面・株券・債券・乗車券
［建］ケン・(コン) た-てる・た-つ ―― 建議・建築・創建・封建
［研（硏）］ケン と-ぐ ―― 研究・研削盤・研修・研磨
［県（縣）］ケン ―― 「―の行政」◇県下・県庁・県立・府県
［健］ケン すこ-やか ―― 健康・健在・健全・強健・壮健
［険（險）］ケン けわ-しい ―― 「―のある顔」◇険悪・危険・冒険
［検（檢）］ケン ―― 検挙・検査・検索・検定・検討・点検
［間］ケン・カン あいだ・ま ―― 世間・人間
［絹］ケン きぬ ―― 絹糸・絹布・絹本・正絹・人絹・本絹
［権（權）］ケン・(ゴン) ―― 「兵馬の―」◇権威・権利・人権
［憲］ケン ―― 憲章・憲法・違憲・官憲・護憲・合憲・立憲
［験（驗）］ケン・(ゲン) ―― 験算・経験・試験・実験・受験・体験
［肩］ケン かた ―― 肩章・強肩・双肩・比肩・両肩・路肩
［倹（儉）］ケン ―― 倹素・倹約・恭倹・勤倹・節倹
［兼］ケン か-ねる ―― 「首相―外相」◇兼業・兼職・兼任・兼備
［剣（劍）］ケン つるぎ ―― 「―を抜く」◇剣客・剣道・剣舞・真剣
［軒］ケン のき ―― 軒数・軒灯・一軒家・三軒長屋
［圏（圈）］ケン ―― 圏外・圏内・成層圏・南極圏
［堅］ケン かた-い ―― 堅果・堅固・堅実・堅塁・中堅
［嫌］ケン・(ゲン) きら-う・いや ―― 嫌悪・嫌忌・嫌疑
［献（獻）］ケン・(コン) ―― 献金・献上・献身・献呈・献本・文献
［遣］ケン つか-う・つか-わす ―― 遣外使節・遣唐使・先遣・差遣・派遣
［賢］ケン かしこ-い ―― 賢察・賢人・賢哲・賢明・先賢
［謙］ケン ―― 謙虚・謙称・謙譲・謙抑・恭謙
［繭］ケン まゆ ―― 繭糸
［顕（顯）］ケン ―― 顕官・顕彰・顕著・顕微鏡・貴顕
［懸］ケン・(ケ) か-ける・か-かる ―― 懸案・懸賞・懸垂・懸命
［拳］ケン こぶし ―― 拳銃・拳法・鉄拳
［鍵］ケン かぎ ―― 鍵盤
［絢］ケン あや ―― 絢爛
［倦］ケン ―― 倦怠期
［喧］ケン・ゲン ―― 喧嘩・喧伝
［捲］ケン まく ―― 捲土重来
［牽］ケン とし・くる・とき・ひき・ひた ―― 牽引・牽制
［硯］ケン・ゲン すずり ―― 硯滴・筆硯
［萱］ケン かや・ただ・まさ ―― 萱堂

けん
妍を競う
乾と坤
アキレス腱

ゲン

［元］ゲン・ガン もと ―― 元気・元号・

毳
櫸
螻

け

元素・紀元・元寇・多元

[言] ゲン・ゴン い-う・こと ―「―を左右にする」◇言外・言及・宣言

[限] ゲン かぎ-る ― 限界・限定・限度・期限・制限・無限

[原] ゲン はら ― 原因・原作・原始・原爆・原簿・原理・高原

[現] ゲン あらわ-れる・あらわ-す ― 現況・現金・現在・現実・実現・表現

[減] ゲン へ-る・へ-らす ―「五万円の―」◇減額・減刑・減少・削減

[源] ゲン みなもと ― 源泉・源流・起源・資源・震源・水源

[厳(嚴)] ゲン・(ゴン) おごそ-か・きび-しい ― 厳戒・厳格・厳禁・厳重・尊厳

[験(驗)] (ゲン)・ケン ―「―がいい」◇修験道・霊験

[幻] ゲン まぼろし ― 幻影・幻覚・幻想・幻灯・幻滅・夢幻

[玄] ゲン ― 玄奥・玄関・玄孫・玄米・玄妙・幽玄

[弦] ゲン つる ―「―を鳴らす」◇管弦楽・上弦・正弦

[嫌] (ゲン)・ケン きら-う・いや ― 機嫌

[舷] ゲン ― 舷側・右舷

[彦] ゲン ひこ ― 才彦・俊彦

[絃] ゲン いと・つる ― 管絃・絃歌

[諺] ゲン ことわざ・おう・こと・たけし ― 古諺・俚諺

けんあく　険悪な事態
げんあつ　減圧弁
けんあん　懸案の事項
げんあん　原案に賛成する
けんあんしょ　検案書
けんい　斯界の権威
げんい　原意を損なう
けんいん　貨車を牽引する
　　検印廃止
げんいん　原因と結果
　　減員する
けんうん　巻△雲 ＊絹雲
げんうん　眩暈
けんえい　県営プール
　　兼営する
げんえい　幻影におびえる
けんえき　検疫を受ける
　　権益を守る
げんえき　原液を薄める
　　現役の選手
　　増収減益
けんえつ　検閲制度
けんえん　犬猿の仲
　　嫌煙権
げんえん　減塩食
けんお　嫌悪の念を抱く
けんおん　体温を検温する
げんおん　原音
けんか　県下一円
　　岡山の県花は桃
　　喧嘩両成敗
　　献花
　　懸架装置
げんか　言下に否定する
　　弦歌 ＊絃歌
　　原価を割る
　　現下の状勢
　　減価販売
げんが　原画
けんかい　見解の相違
　　狷介な気性
けんがい　県外移出
　　大気圏の圏外
　　遣外使節
　　菊の懸崖作り
げんかい　力の限界を知る
　　道筋を厳戒する
げんがい　言外ににおわす
　　限外発行
げんかいなだ　玄界灘

けんかく　剣客
懸隔が甚だしい
けんがく　工場を見学する
建学の精神
八宗兼学
げんかく　幻覚に襲われる
厳格な家庭
げんがく　弦楽　*絃楽
予算を減額する
げんがくてき　衒学的
けんかごし　喧嘩腰になる
げんかしょうきゃく　減価償却
げんがっき　弦楽器　*絃楽器
けんがみね　剣が峰に立つ
けんかん　兼官
要路の顕官
けんがん　検眼する
げんかん　正面玄関
厳寒の候
げんかんばらい　玄関払い
けんき　嫌忌の念を抱く
けんぎ　政府に建議する
嫌疑がかかる
げんき　元気が無い
メートル原器
衒気がある
げんぎ　原義と転義
けんきゃく　剣客
健脚を誇る
けんきゅう　研究に没頭する
げんきゅう　一言言及する
原級に留め置く
減給処分
けんぎゅうせい　牽牛星
けんきょ　検挙と逮捕
謙虚に反省する
けんきょう　祆教(ゾロアスター教)
顕教と密教
けんぎょう　兼業農家
検校　*撿挍
げんきょう　元凶　*元兇
現況を報告する
げんぎょう　現業の行政機関
けんきょうふかい　牽強付会
げんきょく　内容を限局する
原曲はピアノ曲
けんきん　政治献金
げんきん　現金で取引する
現金な態度
火気厳禁
けんぐ　賢愚を問わず
けんくん　賢君の誉れ
けんぐん　建軍の精神
げんくん　維新の元勲
厳君(父君)
げんげ　紫雲英の花
けんけい　賢兄愚弟
げんけい　原形を保つ
彫像の原型
現形(現状)
減刑する
厳刑に処する
げんけいしつ　原形質
けんげき　剣戟の響き
剣劇
けんけつ　献血する
げんげつ　弦月
けんげん　建言　*献言
権限を越える
占有の権原
啓示を顕現する
けんけんごうごう　喧々囂々

衒
撿
囂

けんけんふくよう　拳々服膺
けんご　堅固な陣地
げんこ　△拳固でなぐる
げんご　言語に絶する
げんご　原語で歌う
けんこう　昼夜兼行
　意気軒昂　*軒高
　健康に注意する
けんごう　剣豪宮本武蔵
げんこう　元寇
　言行が一致する
　ウランの原鉱
　原稿用紙
　現行の制度
　減光する
げんごう　元号
けんこうこつ　肩甲骨　*肩胛骨

げんこうはん　現行犯
けんこく　建国記念の日
げんこく　原告と被告
げんこつ　△拳骨を固める
げんこん　現今の形勢
けんこんいってき　△乾坤一擲
けんさ　検査を受ける
けんさい　賢才
　賢妻
けんざい　新建材
　両親ともに健在
　顕在と潜在
げんさい　興味を減殺する
　減債基金
げんざい　原罪
　現在の状況
げんざいりょう　原材料
けんさき　剣先で突く
けんさく　研削盤
　検索に便利

けんさく　献策を入れる
げんさく　映画の原作
　小麦の減作
けんさつ　検札掛
　検察官
　御賢察下さい
けんさん　研鑽を積む
けんざん　生け花の剣山
　験算　*検算
げんさん　南米原産
　一割の減産
げんざん　△見参に入る
げんさんち　小麦の原産地
けんし　犬歯
　少年剣士
　拳士（拳法専門家）
　検死　*検屍
　検視の結果
　絹糸
　献詞

けんじ　熊本健児
　漢字字典の検字
　検事の論告求刑
　自説を堅持する
　献辞
　自己顕示欲
げんし　幻視を起こす
　原子爆弾
　織物の原糸
　原始　*元始
　原紙を切る
　ドイツ語の原詩
　設備改善の原資
　会社が減資する
げんじ　不穏当な言辞
　源氏の白旗
げんしかく　原子核
けんしき　見識が高い
けんしきばる　見識張る
けんじつ　堅実な社風

げんしつ　古墳の玄室
げんじつ　理想と現実
げんじてん　現時点
げんじな　源氏名
げんじほう　限時法
げんじものがたり　源氏物語
けんしゃ　検車係
けんじゃ　賢者ひだるし
げんしゃく　現尺と縮尺
けんしゅ　城を堅守する
　賢主
けんじゅ　犬儒学派
げんしゅ　国の元首
　原酒
　小麦の原種
　時間を厳守する
けんしゅう　研修制度
　献酬を重ねる
けんじゅう　拳銃

げんしゅう　現収（現在の収入）
　一割の減収
げんじゅう　厳重な警戒
げんじゅうしょ　現住所
げんじゅうみん　原住民
げんしゅく　厳粛な儀式
けんしゅつ　毒物を検出する
けんじゅつ　剣術
げんしゅつ　楽園が現出する
げんじゅつ　幻術に惑う
けんじゅつつかい　剣術使い
けんしゅん　険峻　*嶮峻
けんじょ　見所（能楽の客席）
　賢女
げんしょ　原初の形態
　原書で読む
　厳暑の候
けんしょう　軍服の肩章
　御健勝の段
　現場検証

　児童憲章
　謙称と敬称
　破邪顕正
　功績を顕彰する
　懸賞募集
けんじょう　堅城を抜く
　健常者
　献上する
　謙譲の美徳
げんしょう　自然の現象
　人口が減少する
げんじょう　原状を復元する
　現状を打破する
　現場に急行する
けんしょうえん　腱鞘炎
けんしょく　兼職する
　顕職にある
げんしょく　原色
　現職の警官
　減食する

げんしりょく　原子力船
げんしりん　原始林
けんじる　和歌を献じる
げんじる　価値が減じる
げんしろ　原子炉
けんしん　集団検診
　ガスの検針
けんじん　奉仕に献身する
　堅陣を抜く
　竹林の七賢人
げんじん　北京原人
げんず　原図
けんすい　建水（水こぼし）
　懸垂運動
げんすい　元帥
　水道の原水
　河川が減水する

鑽
腱
鞘

減衰する
けんすう　火災の発生件数
新築の軒数
げんすう　減数分裂
けんする　中身を検する
効果を験する
けんずる　策を献ずる
げんずる　兆候が現ずる
価値が減ずる
げんすん　原寸大
けんせい　県政
神奈川県の県勢
牽制する
権勢のある人
憲政の常道
げんせい　現世の快楽
国際関係の現勢
厳正に処置する
げんぜい　減税する
げんせいどうぶつ　原生動物
げんせいりん　原生林
けんせき　譴責処分
げんせき　ルビーの原石
原籍地
けんせつ　言責を負う
文化国家の建設
けんぜつ　実力が懸絶する
げんせつ　言説を弄する
けんせん　神前に献饌する
けんぜん　健全な財政
顕然と現れる
げんせん　知識の源泉
厳選された作品
げんぜん　現前する事実
厳然 *儼然たる事実
げんせんちょうしゅう　源泉徴収
けんそ　険阻 *嶮岨
げんそ　金属元素
文明の一原素
けんそう　険相な顔
喧騒 *喧噪
けんぞう　船舶を建造する
げんそう　幻想をいだく
金を現送する
円い舷窓
げんぞう　幻像(幻影)
日本人の原像
写真を現像する
げんそうきょく　幻想曲
けんぞく　眷属 *眷族
げんそく　原則を立てる
舷側(ふなべり)
減速する
げんぞく　還△俗する
けんそん　謙遜する
げんそん　玄孫(孫の孫)
現存する人
厳存 *儼存
けんたい　倦怠期
朝昼兼帯の食事
検体を分析する
遺志による献体
けんだい　見台
兼題と席題
げんたい　原隊に復帰する
食欲が減退する
げんだい　翻訳書の原題
現代の社会
けんだか　権高 *見高
げんたつ　実行を厳達する
けんだま　剣玉 *拳玉
げんたる　厳たる事実
けんたん　健啖家
げんたん　減反 *減段△
けんち　教育的見地
太閤検地
検知装置

け

げんち　言質を取る
げんち　現地を調査する
けんちく　建築する
けんちゃ　献茶
げんちゅう　原注 *原註
マラリア原虫
けんちょ　顕著な功績
げんちょ　原著
けんちょう　県庁の所在地
宮城の県鳥は雁《がん》
けんちょう　堅調に推移する
げんちょう　幻聴を起こす
けんちんじる　巻△繊△汁
けんつく　剣突くを食う
けんてい　教科書の検定
献呈の辞
賢弟
げんてい　数を限定する
けんてき　硯滴
けんてん　圏点を付す

けんでん　世に喧伝される
げんてん　原典からの引用
原点に帰る
反則により減点
げんど　許容の限度
けんとう　見当をつける
拳闘の選手
御健闘を祈る
種々検討する
献灯 *献燈
けんどう　県道
剣道の達人
外交の権道
げんとう　幻灯 *幻燈
玄冬(冬の異称)
舷灯 *舷燈
厳冬の寒さ
げんどう　言動に注意する
げんどうき　原動機
けんとうし　遣唐使

けんとうちがい　見当違い
げんどうりょく　優勝の原動力
げんとして　厳として
けんどじゅうらい　捲土重来 *巻△土重来
けんどん　慳貪に追っ払う
けんない　県内
勢力の圏内
げんなま　現生で払う
けんなわ　間縄
けんなん　剣難の相
険難 *嶮難な世を渡る
げんに　現に証拠がある
厳に戒める
けんにょう　検尿する
けんにん　課長を兼任する
堅忍持久

遺言書の検認
げんにん　現任の局長
けんにんじがき　建仁寺垣△
けんにんふばつ　堅忍不抜
けんのう　神社に献納する
権能を有する
げんのう　玄翁 *玄能
けんのん　剣呑 *険難△
*険呑な話
げんば　現場監督
けんぱい　献杯 *献盃
げんぱい　減配になる
けんばいき　自動券売機
けんぱく　政府に建白する
げんばく　原爆
げんばつ　厳罰に処する
けんばのろう　犬馬の労

牽
儼
嶮

けんばん 検番 *見番
ピアノの鍵盤
げんばん 写真の原板
レコードの原盤
げんぱん 印刷の原版
けんび 才色兼備
けんぴ 建碑式
けんびきょう 顕微鏡
けんぴつ 健筆を振るう
けんぴょう 堅氷を砕く
げんぴょう 小切手の原票
けんぴん 検品する
げんぴん 現品の先渡し
けんぶ 剣舞と詩吟
けんぷ 絹布をまとう
けんぷ 賢婦
げんぶ 玄武（北方の守護神）
げんぷ 厳父と慈母
げんぷう 書類を厳封する

げんぶがん 玄武岩
げんぷく 元服する
けんぷじん 賢夫人
けんぶつ 高みの見物
げんぶつ 現物
けんぶん 見聞を広める
検分 *見分
げんぶん 原文で読む
けんぺい 憲兵隊
げんぺい 源平の戦い
けんぺいずく 権柄ずく
けんぺいりつ 建蔽率 *建坪△率
けんべん 検便する
けんぼ 良妻賢母
げんぼ 原簿と照合する
けんぼう 権謀を用いる
けんぽう 一刀流の剣法
少林寺拳法
憲法を発布する

げんぽう 減法と加法
減俸処分
けんぼうじゅっすう 権謀術数
けんぼうしょう 健忘症
けんぼく 茨城の県木は梅
げんぼく パルプの原木
けんぽん 絹本の掛け軸
著者に献本する
げんぽん 原本
けんま 研磨機
げんまい 玄米パン
けんまく 凄△い剣幕 *見幕 *権幕で怒る
げんみつ 厳密な調査
けんみゃく 検温と検脈
げんみょう 玄妙な思想
けんみん 県民性
けんむ 首相が兼務する

けんめい 件名目録
賢明な策
懸命に努力する
げんめい 言明を避ける
原名
厳命を下す
げんめつ 幻滅する
けんめん 券面
げんめん 原綿
税を減免する
げんもう 原毛
戦闘力の減耗
けんもつ 監△物（昔の職名）
けんもん 自動車の検問
権門におもねる
げんや 北海道の原野
けんやく 倹約する
げんゆ 政情に原由する
原油
けんゆう 県有林

げんゆう　兼有する　現有する勢力
けんよ　封建制の権輿(はじまり)
けんよう　晴雨兼用の傘　顕要の職　国威を顕揚する
けんらん　絢爛たる文化
けんり　権利を主張する
げんり　根本原理
けんりつ　県立図書館
げんりゅう　文明の源流
けんりょ　御賢慮を乞う
けんりょう　見料を払う
げんりょう　紙の原料　体重を減量する
けんりょく　権力の座に就く
けんるい　堅塁を抜く
けんろ　険路　*嶮路
けんろう　堅牢な品質
げんろう　元老
けんろくえん　金沢の兼六園
げんろん　言論の自由　経済学原論
げんわ　「白雪姫」の原話
げんわく　眩惑　*幻惑　割当ての減枠
けんわんちょくひつ　懸腕直筆

こ

コ

[己]コ・キ　おのれ ― 自己・利己主義
[戸]コ　と ― 戸外・戸数・戸籍・一戸・下戸・上戸・門戸
[古]コ　ふる-い・ふる-す ― 古代・古典・古風・古物・懐古・中古
[去]コ・キョ　さ-る ― 過去
[呼]コ　よ-ぶ ― 呼応・呼気・呼吸・呼号・呼称・点呼・連呼
[固]コ　かた-める・かた-まる・かた-い ― 固形・固辞・固守・固定・固有・頑固
[故]コ　ゆえ ― 「―〇〇氏」◇故意・故郷・故実・故障・事故
[個]コ　― ― 個室・個人・個性・個展・一個・各個・別個
[庫]コ・(ク)　― ― 国庫・車庫・出庫・倉庫・入庫・文庫
[湖]コ　みずうみ ― 湖岸・湖沼・湖心・湖水・湖畔・塩湖
[拠(據)]コ・キョ　― ― 証拠
[孤]コ　― ― 「徳は―ならず」◇孤高・孤児・孤島・孤独
[弧]コ　― ― 「―を描いて飛ぶ」◇弧光・弧状・円弧・括弧
[枯]コ　か-れる・から-す ― 枯渇・枯骨・枯死・枯淡・枯木・栄枯
[虚(人虚)]（コ）・キョ　― ― 虚空・虚無僧
[雇]コ　やと-う ― 雇員・雇用・解雇
[誇]コ　ほこ-る ― 誇示・誇称・誇大・誇張
[鼓]コ　つづみ ― 鼓手・鼓吹・鼓動・鼓舞・鼓膜・鐘鼓・太鼓
[顧]コ　かえり-みる ― 顧客・顧問・顧慮・愛顧・一顧・回顧
[股]コ　また ― 股間・股関節
[錮]コ　― ― 禁錮
[虎]コ　とら ― 虎穴・虎口・白虎・猛虎
[人胡]コ　ひさ・ひさし ― 胡弓・胡椒・胡蝶
[人瑚]コ　― ― 珊瑚

鍵
蔽
爛

[人乎]コ・オ か・や・かな ―確乎・断乎
[人琥]コ・ク ―琥珀
[人糊]コ・ゴ のり ―糊口・曖昧模糊
[人袴]コ はかま ―
[人跨]コ・カク ―跨線橋

こ
小 ―時間
子 *児△は鎹《かすがい》
猫の子 *仔
若い娘△
身を粉にする

ゴ

[五]ゴ いつ・いつ-つ ―五戒・五色
[午]ゴ ―午後・午睡・午前・午砲・子午線・正午・端午
[後]ゴ・コウ うし-ろ・あと・おく-れる のち・ ―「その―」◇後光・後日・午後
[期]（ゴ）・キ ―「この―に及んで…」◇最期・末期
[語]ゴ かた-る・かた-らう ―「―を継ぐ」◇語学・語感・語句・単語
[誤]ゴ あやま-る ―誤解・誤記・誤差・誤算・誤認・誤訳・過誤
[護]ゴ ―護衛・護憲・護持・護身・護送・援護・保護
[互]ゴ たが-い ―互角・互助・互譲・互生・互選・交互・相互
[呉]ゴ ―呉越同舟・呉服
[娯]ゴ ―娯楽
[悟]ゴ さと-る ―悟性・悟道・悟入・改悟・覚悟・大悟
[御]ゴ・ギョ おん ―御所・御仁・御殿・御飯・御用・親御・殿御
[碁]ゴ ―「―を打つ」◇碁石・碁会・碁盤・囲碁
[人伍]ゴ ―伍長・隊伍・落伍
[人吾]ゴ あ・われ ―吾人
[人梧]ゴ きり ―梧桐・梧下
[人檎]ゴ・キン ―林檎
[人醐]ゴ・コ ―醍醐味

ご　豆△汁△ *豆△油△
こあきない　小商い
こあざ　大字と小字
こあじ　小味の利いた話
こい　恋に陥る
こい　請い *乞い
こい　鯉の滝登り
こい　故意に見逃がす
こい　濃い緑色
ごい　語意の広がり
ごい　語彙が豊富
こいうた　恋歌
こいがたき　恋敵
こいき　小粋 *小意気な女
こいくち　濃|い口の醤油
こいぐち　鯉口を切る
こいこがれる　恋|い焦がれる
こいこく　鯉濃△
こいごころ　淡い恋心
こいし　小石 *礫
こいじ　恋路を邪魔する
ごいし　碁石
こいしい　恋しい人
こいしがる　昔を恋しがる
こいしたう　母を恋|い慕う
こいする　恋する乙女
こいちゃ　濃|い茶と薄茶
こいなか　恋仲になる
こいにょうぼう　恋女房
こいぬ　子犬 *仔犬 *小犬
こいねがう　成功を希△う *庶△幾△う *冀う
こいねこ　恋猫
こいのぼり　鯉幟を立てる

こいびと　恋人がができる

こいぶみ　恋文を送る

こいめ　濃い目

こいわずらい　恋煩い　*恋患いをする

こいん　雇員の身分

ごいん　誤飲する

コウ

[口]《コウ・ク　くち》—口語・口座・口実・口述・口論・河口・人口

[工]《コウ・ク　|》—工業・工具・工芸・工作・工事・工場・加工

[公]《コウ　おおやけ》—公営・公園・公共・公私・公表・公平・奉公

[功]《コウ・(ク)　|》—「—を焦る」◇功罪・功績・功名・成功

[広(廣)]《コウ　ひろ-い・ひろ-まる・ひろ-める・ひろ-がる・ひろ-げる》—広義・広告・広大・広範

[交]《コウ　まじ-わる・まじ-える・ま-じる・ま-ざる・ま-ぜる・か-う・か-わす》—交互・交際・交通・親交

[光]《コウ　ひか-る・ひかり》—光陰・光栄・光景・光線・観光・月光

[向]《コウ　む-く・む-ける・む-かう・む-こう》—向寒・向上・向背・意向・一向・傾向

[后]《コウ　|》—后妃・皇后・皇太后

[好]《コウ　この-む・す-く》—好意・好色・好戦・好調・好転・好評・良好

[考]《コウ　かんが-える》—考案・考課・考究・考察・考慮・思考

[行]《コウ・ギョウ・(アン)　い-く・ゆ-く・おこな-う》—「—を共にする」◇行為・行進

[孝]《コウ　|》—「—を尽くす」◇孝行・孝心・孝養・不孝

[効(效)]《コウ　き-く》—「薬石—なく…」◇効果・効能・有効

[幸]《コウ　さいわ-い・さち・しあわ-せ》—「—か不幸か」◇幸運・行幸・不幸

[厚]《コウ　あつ-い》—厚恩・厚情・厚生・温厚・重厚・濃厚

[皇]《コウ・オウ　|》—皇居・皇后・皇室・皇帝・上皇

[紅]《コウ・(ク)　べに・くれない》—「—一点」◇紅顔・紅茶・紅潮・紅白・紅葉

[後]《コウ・ゴ　のち・うしろ・あと・おく-れる》—後悔・後見・後者・後進・後続

[候]《コウ　そうろう》—「初夏の—」◇候補・気候・測候所

[校]《コウ　|》—校閲・校舎・校友・校了・学校・将校

[耕]《コウ　たがや-す》—耕作・耕地・休耕・農耕・筆耕

[航]《コウ　|》—航海・航空・航行・航路・欠航・就航・出航

[降]《コウ　お-りる・お-ろす・ふ-る》—降雨・降下・降嫁・降参・下降・昇降

[高]《コウ　たか-い・たか・たか-まる・たか-める》—高圧・高貴・高級・高低・高利・最高

[康]《コウ　|》—健康・小康

[黄(黃)]《コウ・オウ　き・(こ)》—黄道・黄白・黄葉

[港]《コウ　みなと》—港内・港湾・漁港・軍港・出港・築港

[鉱(鑛)]《コウ　|》—鉱業・鉱山・鉱泉・鉱毒・鉱物・鉱脈・鉄鉱

[構]《コウ　かま-える・かま-う》—構図・構成・構想・構造・構築・虚構・結構

[興]《コウ・キョウ　おこ-る・おこ-す》—興行・興廃・興奮・興亡・興隆・復興

[鋼]《コウ　はがね》—鋼管・鋼材・鋼

彙

冀

幟

こ

索・鋼鉄・鋼板・製鋼
[講]《コウ》——講演・講義・講座・講師・講評・講話・聴講
[孔]《コウ》——孔版・換気孔・眼孔・気孔・鼻孔・噴気孔
[巧]《コウ たくみ》——巧拙・巧遅・巧妙・技巧・精巧
[甲]《コウ・カン》——「かめの—」◇甲乙・甲種・装甲車
[江]《コウ え》——江岸・江湖・江上・江南・大江・長江
[仰]《(コウ)・ギョウ あおぐ・おおせ》——信仰
[坑]《コウ》——坑道・坑内・坑木・斜坑・炭坑・廃坑
[抗]《コウ》——抗議・抗菌・抗戦・抗争・対抗・抵抗・反抗
[攻]《コウ せめる》——攻撃・攻守・攻勢・侵攻・専攻・速攻
[更]《コウ さら・ふける・ふかす》——更新・更迭・変更

[拘]《コウ》——拘禁・拘束・拘置・拘泥・拘留
[肯]《コウ》——肯定・首肯
[侯]《コウ》——侯爵・王侯・諸侯
[恒((人)恆)]《コウ》——恒久・恒産・恒常・恒心・恒星・恒例
[洪]《コウ》——洪恩・洪業・洪水・洪積層・洪大
[荒]《コウ あらい・あれる・あらす》——荒天・荒廃・荒涼・凶荒
[郊]《コウ》——郊外・郊野・近郊・西郊・東郊
[香]《コウ・(キョウ) か・かおり・かおる》——「—をたく」◇香気・香料・芳香
[貢]《コウ・(ク) みつぐ》——貢献・朝貢・入貢・来貢
[控]《コウ ひかえる》——控除・控訴
[慌]《コウ あわてる・あわただしい》——恐慌
[硬]《コウ かたい》——硬貨・硬質・硬直・硬度・硬軟・硬派・強硬

[絞]《コウ しぼる・しめる・しまる》——絞罪・絞殺・絞首刑
[項]《コウ》——「この—では…」◇項目・事項・条項
[溝]《コウ みぞ》——海溝・下水溝・側溝・排水溝
[綱]《コウ つな》——綱紀・綱目・綱要・綱領・政綱・大綱・要綱
[酵]《コウ》——酵素・酵母・発酵
[稿]《コウ》——「—を改める」◇稿本・原稿・草稿・投稿
[衡]《コウ》——合従連衡・均衡・度量衡・平衡
[購]《コウ》——購求・購読・購入・購買
[勾]《コウ》——勾配・勾留
[梗]《コウ》——心筋梗塞・脳梗塞
[喉]《コウ のど》——喉頭・咽喉
[(人)弘]《コウ・グ ひろ・ひろし》——弘遠・弘法

[(人)亘・(人)亙]《コウ とおる・わたる》——
[(人)宏]《コウ ひろ・ひろし》——宏大・宏壮
[(人)昂]《コウ たか・たかし》——昂然・激昂・軒昂
[(人)洸]《コウ》——
[(人)倖]《コウ さち》——射倖心・僥倖
[(人)晃・(人)晄]《コウ あき・あきら》——晃晃
[(人)浩]《コウ ひろ・ひろし》——浩瀚・浩然
[(人)紘]《コウ ひろ・ひろし》——八紘一宇
[(人)皐]《コウ たか・たかし》——皐月
[(人)皓]《コウ あき・あきら》——皓皓・皓歯
[(人)滉]《コウ あき・あきら》——
[(人)鴻]《コウ ひろ・ひろし》——鴻鵠・鴻図
[(人)巷]《コウ・ゴウ さと・ちまた》——巷間・巷説
[(人)幌]《コウ あきら・ほろ》——

[人庚]コウ か・かのえ・つぐ・やす ―― 庚申塚
[人恰]コウ・カツ あたか ――
[人昊]コウ ひろ・ひろし ―― 昊天
[人杭]コウ くい ―― 杭州
[人煌]コウ あき・あきら・てる ―― 煌々・敦煌
[人縞]コウ しま ―― 縞衣
[人肴]コウ・ゴウ さかな ―― 酒肴
[人腔]コウ・クウ ― ―― 腔腸動物・口腔
[人膏]コウ あぶら ―― 膏薬・石膏
[人藁]コウ わら ――
[人閤]コウ ― ―― 太閤

こ〈う〉

[乞]こ-う ― ――

こう　人を恋う　請う　*乞う
こう　斯う寒くては
肋膜腔
❖医学では「口《こう》」と区別するため「くう」と読む。

ゴウ

[号(號)]ゴウ ― ――「―は子規」◇号音・号外・号泣・番号
[合]ゴウ・ガッ・(カッ) あ-う・あ-わす・あ-わせる ―― 合格・合議・合計・合法・結合
[強]ゴウ・キョウ つよ-い・つよ-まる・つよ-める・し-いる ―― 強引・強情・強盗・強奪・強欲
[郷(鄉)]ゴウ・キョウ ― ――「―に入っては」◇郷士・近郷
[業]ゴウ・ギョウ わざ ――「―を煮やす」◇業火・業腹・悪業・非業
[拷]ゴウ ― ―― 拷問
[剛]ゴウ ― ――「―の者」◇剛毛・剛勇・金剛力・内剛
[豪]ゴウ ― ―― 豪雨・豪華・豪快・豪傑・豪族・豪遊・文豪
[傲]ゴウ ― ―― 傲然・傲慢
[人劫]ゴウ・キョウ・コウ ― ―― 劫火・永劫
[人壕]ゴウ・コウ ― ―― 防空壕
[人轟]ゴウ・コウ ― ―― 轟音

ごう　毫も容赦せず　城の濠
こうあつ　高圧線　降圧剤
こうあつてき　高圧的な態度
こうあん　公安条例　禅の公案　新たに考案する
こうい　正当な行為　好意を寄せる　更衣室　城を攻囲する　皇位を継承する　厚意に感謝する　校医　高位高官
ごうい　合意に達する
こういき　広域捜査
こういしょう　後遺症
こういつ　捕手が後逸する
ごういつ　知行《ちこう》合一
こういってん　紅一点
こういん　工員を募集する　公印を偽造する　銀行の行員　光陰矢の如し　勾引　*拘引

腔
毫
濠

こ

こ

ごういん　桓武天皇の後胤
強引なやり方
こうう　降雨が続く
ごうう　集中豪雨
こううん　幸運 *好運
御高運を祈る
こううんき　耕耘機 *耕運機
こううんりゅうすい　行雲流水
こうえい　公営企業
身に余る光栄
平家の後裔
後衛部隊
こうえき　公益事業
外国と交易する
こうえつ　文書を校閲する
御高閲
こうえん　浪曲の口演
国立公園
地方公演
広遠 *宏遠
名人が巧演する
新人が好演する
後援会
香煙 *香烟
高遠な理想
講筵に列する
講演を聴く
こうお　好悪の感情
こうおつ　甲乙付け難い
こうおん　恒温恒湿
厚恩を受ける
高音で歌う
高恩を受ける
高温多湿
鴻恩 *洪恩(大恩)
ごうおん　号音一発
轟音を立てる

こうか　工科大学
公租公課
功過相半ばする
人事考課
効果が上がる
後架(便所)
校歌斉唱
気温が降下する
臣籍降嫁
高価な品物
高架鉄道
高歌放吟
態度が硬化する
百円硬貨
こうが　高雅な趣がある
こうが　黄河の流れ
ごうか　劫火(仏教で世界を焼き滅ぼす火)
業火に焼かれる
豪華な衣装
こうかい　公海に出る
一般に公開する
予算を更改する
後会を約す
後悔先に立たず
遠洋航海
こうがい　鼈甲《べっこう》の笄
こうがい　絶対口外しない
軟口蓋
公害対策
郊外に住む
校外生活指導
小説の梗概
鉱害が生じる
駅の構外
悲憤慷慨する
ごうかい　豪快な本塁打
ごうがい　号外を発行する
こうかいどう　日比谷公会堂

こうかく　口角泡を飛ばす
広角レンズ
甲殻
降格人事

こうがく　土木工学
光学顕微鏡
向学の念
好学の士
後学のため
高額所得者

ごうかく　試験に合格する

こうかくえん　口角炎

こうかくか　好角家

こうかくるい　甲殻類

こうかつ　広闊な平野
狡猾な手段

こうかん　本を公刊する
在外公館
向寒の折
新品と交換する
交歓　*交驩
好感を抱く
好漢自重せよ
後患を宿す
巷間のうわさ
古書を校勘する
浩瀚な伝記
政府高官
鋼管

こうがん　厚顔無恥
紅顔の美少年
睾丸

ごうかん　合巻（草双紙）
強姦罪

ごうがん　傲岸な態度

こうがんざい　抗癌剤

こうかんしんけい　交感神経

こうき　社会の公器
広軌の鉄道
光輝ある伝統
好奇の目で見る
好機到来
編集後記
後期試験
皇紀と西暦
香気を放つ
校紀が乱れる
校旗
高貴な生まれ
綱紀を粛正する
民権を興起する

こうぎ　公儀の沙汰
巧技（巧みなわざ）
広義に解釈する
御交誼を願う
御好誼を願う
御高誼を賜る
御厚誼を謝する
判定に抗議する
集中講義

ごうき　剛毅木訥《ぼくとつ》
豪気　*剛気

ごうぎ　合議する
豪儀　*豪気
*強気

こうきあつ　高気圧

こうきしん　好奇心が強い

こうきゅう　公休日
古典を考究する
学問を攻究する
恒久の平和
後宮の美姫
高級な趣味
高給を取る
硬球と軟球
真理を講究する

笄
慷
癌

ごうきゅう 訃報に号泣する
剛球 ＊豪球
強弓を引く
こうきょ 公許を受ける
皇居外苑
溝渠を造る
薨去（皇族・三位以上の人の死）
こうぎょ 香魚（あゆ）
こうきょう 口供の証拠
公共の福祉
土地の広狭
好況を呈する
御高教を仰ぐ
こうぎょう 工業地帯
鉱業 ＊礦業
興行成績
殖産興業
維新の鴻業
＊洪業

こうきょうきょく 交響曲
こうきょうしょ 口供書
こうぎょく 紅玉（ルビー）
硬玉
鋼玉
こうきん 公金を横領する
行金（銀行の金）
抗菌性物質
不法に拘禁する
こうぎん 放歌高吟する
ごうきん アルミ合金
こうく 工区
こうぐ 農具と工具
香具
ごうく 業苦
こうくう 口腔外科
航空機
高空
こうぐう 厚遇を受ける
皇宮警察

こうぐち 炭鉱の坑口
こうくつ 子宮後屈
こうくり 高句麗△の国
こうぐん 山道を行軍する
こうげ 香華を供える
物価が高下する
こうけい レンズの口径
美しい光景
肯綮に当たる
後継内閣
こうげい 美術工芸
ごうけい 得点を合計する
こうげいが 巧芸画
こうげき 敵を攻撃する
こうけち 纐纈（絞り染め）
こうけつ 人格の高潔な人
膏血を絞る
こうげつ 皐月（さつき）
ごうけつ 豪傑
こうけつあつ 高血圧

こうけん 公権を剝奪する
効験あらたか
後見する
御高見を承る
社会に貢献する
こうげん 反対を公言する
巧言を用いる
広言を吐く
光源
抗言する
抗原 ＊抗元と抗体
シベリアの荒原
高言を吐く
高原の療養所
ごうけん 合憲判決
質実剛健
こうげんがく 考現学
こうげんにん 後見人
こうげんびょう 膠原病

こうけんりょく　公権力
こうげんれいしょく　巧言令色
こうこ　好古趣味
住宅金融公庫
好個の研究資料
江湖に勧める
後顧の憂い
こうご　口語と文語
交互に話す
向後　*嚮後
ごうご　不敗を豪語する
こうこう　口腔
親に孝行をする
後考に待つ
先攻と後攻
高校
航行中の船舶
耿耿たる燭
皓々　*皎々と照る月
電気を煌々とつける
病膏肓に入る
こうごう　交合　*媾合
皇后陛下
香合　*香盒
歯の咬合
ごうごう　囂々たる非難
轟々たる響き
こうごうしい　神々しい境内
こうごうせい　光合成
こうこうはくしだん　公侯伯子男
こうこうや　好々爺
こうこがく　考古学
こうこく　特許の公告
モナコ公国
新聞の広告
抗告審
皇国の興廃
興国の基《もとい》
鴻鵠の志《こころざし》
こうこつ　恍惚の境
硬骨　*鯁骨
こうこつもじ　甲骨文字
こうさ　級数の公差
交差　*交叉
中間考査
黄砂　*黄沙
こうざ　銀行口座
落語の高座
大学の講座
こうさい　口才（口が達者）
公債を発行する
光彩を放つ
交際する
目の△虹彩
鉱滓
❖「こうし」の慣用読み。
こうざい　功罪相半ばする
鋼材
こうさく　裏面で工作する
光が交錯する
田畑を耕作する
こうさつ　鋼索が切れる
考察を加える
高札を立てる
御高察の如く
絞殺する
こうざつ　交雑する
ごうさつ　強殺（強盗殺人）
こうさてん　交差点　*交叉点
こうさん　成功の公算大

薨
纈
纐

こうざん　恒産のある人／降参する／鉱産資源／江山(川と山)／高山植物／鉱山　*礦山

こうし　子牛　*仔牛／*犢

こうし　公子(貴族の子)／公司(中国の会社)／公私の別／特命全権公使／実力を行使する／孝子／御厚志に甘える／動物の後肢／後嗣を決定する／皇嗣／格子なき牢獄／高士(高潔な人)／明眸皓歯／鉱滓の再利用／…を嚆矢とする／非常勤の講師

こうし　孔子の教え

こうじ　麴　*糀

こうじ　狭い小路／工事を再開する／総選挙の公示／好事魔多し／好餌となる／後事を託する／より高次な問題／歌会始の講師

ごうし　二神を合祀する／合資会社／薩摩藩の郷士

こうしえん　甲子園球場

こうしき　公式に発表する／硬式庭球

こうしじま　格子縞

こうしせい　高姿勢になる

こうしつ　後室／皇室会議／硬質のガラス／膠質(コロイド)

こうじつ　口実を設ける／日々是好日

こうじつせい　向日性

こうして　斯うして使う

こうしど　格子戸

こうしゃ　公社／知事公舎／試合巧者／後車の戒め／前者と後者／校舎／降車する

ごうしゃ　豪奢な生活

こうしゃく　公爵／侯爵／講釈をする

こうしゃさい　公社債

こうしゃほう　高射砲

こうしゅ　鉄道の工手／巧手(技芸)／好手(囲碁)／好守に阻まれる／攻守所を変える／拱手傍観／絞首する

こうじゅ　口受する／奥義を口授する／鴻儒(儒学の大学者)

こうしゅう　口臭がある／公衆道徳／講習を受ける

こうじゅう　講中

ごうしゅう　豪州　*濠洲

(オーストラリア)

こうしゅうかいどう　甲州街道

こうしゅうは　高周波

こうしゅけい　絞首刑

こうしゅつ　後出

こうじゅつ　口述筆記
公述人
詳細は後述する

こうじゅん　公準と公理
降順

こうしょ　向暑の折
大所高所
講書

こうじょ　公序良俗
孝女白菊
皇女和宮
経費を控除する

こうしょう　口承文芸
詩を口誦する
工匠
海軍工廠
公称三百万部
公娼廃止
公傷と認める
交渉を再開する
時代の好尚(好み)
時代を考証する
論功行賞
咬傷(かみきず)
一同が哄笑する
校章
高尚な趣味
御高承願いたく
寮歌を高唱する
金の鉱床
歌会始の講頌

こうじょう　口上を述べる
工場廃水
交情を深める
地位が向上する
野戦攻城
荒城の月
厚情に感謝する
恒常人員

ごうしょう　豪商

ごうじょう　強情　*剛情

こうじょうしょ　口上書

こうじょうせん　甲状腺

こうしょうにん　公証人役場

こうしょく　公職に就く
好色な人
降職される

こうしょっき　紅蜀葵の花
(もみじあおい)

ごうじょっぱり　強情△っ張り

こうしょはじめ　講書始

こうじる　処置に困△じる
趣味が高じる
*昂じる
対策を講じる

こうしん　口唇
維新の功臣
基地と交信する
軍隊が行進する
孝心が深い
記録を更新する
庚申の夜
大学南校の後身
後進に道を譲る
恒心のない人
心悸亢進　*昂進　*高進

こうじん　公人と私人
行人(旅人)

犢

麴

鴻

幸甚の至り
後人に託す
後塵を拝する
三宝荒神
黄塵万丈
こうしんえつ　甲信越地方
こうしんきょく　行進曲
こうしんじょ　興信所の調査
こうしんづか　庚申塚
こうしんりょう　香辛料
こうしんろく　興信録
こうず　登記所の公図
構図を考える
こうすい　香水をつける
硬水と軟水
こうずい　出版物の洪水
こうすいりょう　降水量
こうずか　好事家
こうずけ　上△野△の国

こうする　権力に抗する
大洋を航する
こうずる　病気が高ずる
*昂ずる
対策を講ずる
貴人が薨ずる
ごうする　山陽と号する
こうせい　公正な処置
攻勢に転じる
税の更正決定
自力更生　*甦生
厚生施設
後世に伝える
後生畏るべし
恒星と惑星
校正する
番組の構成
写真を合成する
ごうせい　剛性率

豪勢な暮らし
こうせいしょうしょ　公正証書
こうせいずり　校正刷り|
こうせいぶっしつ　抗生物質
こうせき　役者の口跡
功績
星の光跡
真っ白な航跡
鉱石　*礦石
皇籍
こうせきそう　洪積層
こうせつ　公設の市場
巧拙を問わない
交接する
街談巷説
降雪量
御高説拝聴
講説する
こうぜつ　口舌の徒

ごうせつ　豪雪地帯
こうせん　口銭を取る
総裁を公選する
敵と交戦する
光線を当てる
徹底抗戦
香煎(麦こがし)
高専(高等専門学校)
黄泉の客となる
ラジウム鉱泉
鋼線
こうぜん　公然の秘密
浩然の気を養う
ごうせん　合繊(合成繊維)
ごうぜん　傲然たる態度
轟然たる爆音
こうせんてき　好戦的
こうそ　公訴を提起する
皇祖皇宗

皇祚を践《ふ》む
控訴を棄却する
消化酵素
こうぞ　楮の樹皮
ごうそ　僧兵が強訴する
こうそう　広壮 *宏壮
抗争を続ける
料金を後送する
紅藻類
香草
訌争（内輪もめ）
降霜がある
高僧
高層建築
鉱層
こうぞう　構想を練る
複雑な構造
ごうそう　豪壮な邸宅
こうそく　光速
自由を拘束する

校則
西田門下の高足
高速道路
心筋梗塞
こうぞく　後続の列車
皇族
ごうぞく　地方の豪族
こうぞくきょり　航続距離
こうそつ　高卒募集
ごうそっきゅう　剛速球
*豪速球
こうそん　皇孫
こうそんじゅ　公孫樹（いちょう）
こうた　小唄の師匠
こうたい　小謡
こうたい　交替 *交代
抗体ができる
考えが後退する
こうだい　広大 *宏大

洪大 *高大
後代に伝える
高台（相手の敬称）
こうたいごう　皇太后陛下
こうたいし　皇太子殿下
こうたいじんぐう　皇大神宮
こうだか　甲高の靴
こうたく　光沢がある
こうだく　黄濁した川の水
ごうだつ　金を強奪する
こうだろはん　幸田露伴
こうたん　キリストの降誕
こうだん　公団アパート
巷談（世間の噂）
文章の後段
弁士が降壇する
高談雄弁
講談を一席
講壇に立つ

ごうたん　豪胆 *剛胆
ごうだん　強談に及ぶ
こうだんし　好男子
講談師
こうち　公知の事実
巧遅と拙速
巧緻な細工
被告人の拘置
狡知 *狡智にたける
荒地の開拓
耕地整理
高地と低地
こうち　高知県
こうちぎ　小袿
こうちく　陣地を構築する
こうちしょ　拘置所

塵
轟
緻

こうちゃ 紅茶をいれる
こうちゃく 膠着状態
こうちゅう 口中にふくむ
甲虫
校注 *校註
講中
こうちょ 好著
皇儲（天皇の世継ぎ）
御高著拝見
こうちょう 好調の波に乗る
頰を紅潮させる
校長先生
感情が高潮する
高調して話す
硬調と軟調
こうちょうかい 公聴会を開く
こうちょうどうぶつ 腔腸動物

こうちょく 体が硬直する
ごうちょく 剛直な人
ごうちん 敵艦を轟沈する
こうつう 交通機関
ごうつくばり 業突く張り
こうつごう 好都合な話
こうてい 製造の工程
公定歩合
知事の公邸
二日の行程
資料を考訂する
更訂する（改訂）
風説を肯定する
万葉集の校定
初版の校訂
校庭で遊ぶ
ローマ皇帝
航程十万キロ
高低をつける

こうてい 芭蕉の高弟
全く拘泥しない
ごうてい 豪邸が建つ
こうてき 公的な立場
好適な場所
こうてきしゅ 好敵手を失う
こうてつ 大臣を更迭する
鋼鉄製
こうてん 地球の公転
二直線の交点
好天に恵まれる
景気が好転する
荒天をつく
こうでん 公電が入る
香典 *香奠
こうでんかん 光電管
ごうてんじょう 格△天井
こうてんてき 後天的
こうと 後図をはかる

こうど 光度の測定
耕土
高度千メートル
黄土地帯
岩石の硬度
口答と筆答
こうとう 口頭で伝える
叩頭して頼む
投手が好投する
皇統連綿
紅灯 *紅燈の巷《ちまた》
高等な動物
物価が高騰 *昂騰する
喉頭
こうどう 天下の公道
自由に行動する
坑道を掘る
孝道

香道
黄道光
黄銅
学校の講堂
ごうとう　銀行強盗
ごうどう　合同の演習
こうとうがっこう　高等学校
こうとうしもん　口頭試問
こうとうてき　高踏的な文学
こうとうぶ　後頭部を打つ
こうとうむけい　荒唐無稽
こうとく　公徳を重んじる
高徳の士
こうどく　銅山の鉱毒
古典を講読する
新聞を購読する
こうとくしん　公徳心が無い
こうない　坑内爆発

校内放送
駅の構内
こうなご　小女子△(魚)
こうなん　後難を恐れる
硬軟両派
こうにち　抗日運動
こうにゅう　資料を購入する
こうにん　公認の候補者
後任に選ばれる
課長に降任する
こうねつ　高熱を出す
こうねつひ　光熱費
こうねん　百万光年
後年に名を成す
こうねんき　更年期障害
こうのう　効能を並べる
ごうのう　豪農
ごうのかわ　江△の川
こうのとり　鸛の巣
こうのもの　香の物

ごうのもの　剛の者　*強の者　*豪の者
こうは　硬派と軟派
こうば　工場
こうはい　交配する
仏像の光背
好配に恵まれる
後輩を引立てる
荒廃した国土
御高配を賜る
皇国の興廃
こうばい　公売に付する
急な勾配
紅梅と白梅
購買する
こうはいち　後背地
こうばいりょく　購買力
こうはく　広博な知識
人情の厚薄
紅白試合

黄白を散ずる
こうばく　広漠たる大平原
荒漠たる原野
こうばしい　香ばしい　*芳△ばしいお茶
こうはつ　後発メーカー
ごうはら　業腹でならない
こうはん　公判を開く
孔版印刷
広範　*広汎な知識
甲板
後半に盛り返す
攪拌する
❖「かくはん」とも。
こうばん　交番に届ける

膠
奐
鸛

こ

ごうばん　投手が降板する
　プリント合板
こうはんせい　後半生
こうひ　口碑に残る
　総工費十億円
　モナコ公妃
　公費で留学する
　后妃
　皇妃
こうび　御高庇を被る
　御高批を仰ぐ
　交尾期
　列の後尾につく
ごうひ　合否を判定する
こうひつ　硬筆習字
こうひょう　公表をはばかる
　好評を博する
　降雹がある
　御高評を請う
　審査員の講評

ごうびょう　業病に苦しむ
こうひん　公賓（政府の賓客）
こうびん　幸便に託する
　詳しくは後便で
こうふ　法律を公布する
　助成金の交付
　工夫（工事をする人）
　坑夫（坑内員）
　鉱夫（鉱石を掘る人）
こうふ　甲府市
こうぶ　後部の座席
　荒蕪地
こうふう　自主独立の校風
　高風をしたう
こうふく　口腹を満たす
　幸福に暮らす
　降伏 *降服
ごうふく　剛腹な人

ごうぶく　天魔を降伏△する
こうぶつ　好物の菓子
　鉱物 *礦物
こうふん　口吻をもらす
　公憤を感じる
　興奮 *昂奮
　*亢奮する
　行文流麗
　構文の不備
こうぶんし　高分子化合物
こうぶんしょ　公文書
こうべ　首△ *頭△
こうべ　神戸市
こうへい　工兵
　公平な見方
こうへん　口辺に笑みをたたえる
　後編 *後篇
こうべん　部長に抗弁する
ごうべん　日米合弁事業

こうほ　候補を立てる
こうぼ　社員を公募する
　ビールの酵母
こうほう　耐震工法
　国際公法
　選挙公報
　広報 *弘報
　後方勤務
　後報を待つ
　無線航法
こうぼう　アルプスの高峰
　芸術家の工房
　光芒を放つ
　攻防戦
　国の興亡
ごうほう　号砲一発
　合法と非合法
　豪放磊落《らいらく》
こうぼうだいし　弘法大師
こうぼく　公僕の務め

坑木

香木

高木と低木

こうほね　河△骨の花

こうほん　校本万葉集

未刊の稿本

こうま　子馬　*仔馬

*小馬

ごうま　降△魔の利剣

こうまい　高邁な理想

ごうまい　豪邁な性格

こうまん　高慢な人

ごうまん　傲慢不遜

こうみ　香味を添える

こうみゃく　鉱脈を発見する

こうみょう　功名を求める

巧妙な手段

光明を見出す

高名な作家

こうみんかん　公民館

こうみんけん　公民権の停止

こうむ　公務を執行する

校務を掌《つかさど》る

こういん　公務員

こうむてん　工務店

こうむる　被る　*蒙る

こうめい　公明な態度

上官に抗命する

高名な学者

ごうめいがいしゃ　合名会社

こうめいせいだい　公明正大

ごうも　毫も反省しない

こうもう　孔孟の教え

紅毛碧眼

命を鴻毛の軽きに置く

ごうもう　剛毛が密生する

こうもく　項目を挙げる

同じ綱目に入る

こうもくてん　広目天（仏名）

こうもり　鳥無き里の蝙蝠

こうもりがさ　蝙蝠傘　*洋△傘

こうもん　肛門科

後門の狼

校門を出る

水戸黄門

閘門式運河

ごうもん　拷問を受ける

こうや　広野　*曠野

荒野をさまよう

紺屋の白袴

こうやく　口約を避ける

公約を履行する

膏薬を張る

こうやさん　高野山

こうやどうふ　高野豆腐

こうやひじり　高野聖△

こうゆ　香油を塗る

鉱油

こうゆう　公有の財産

交友関係

十年に及ぶ交遊

校友

ごうゆう　剛勇　*豪勇

料亭で豪遊する

こうよう　公用で出張する

孝養を尽くす

うその効用

もみじの紅葉

いちょうの黄葉

士気を高揚　*昂揚する

物理学綱要

こうようじゅ　広葉樹

雹
礦
邁

ごうよく　強欲　*強慾
こうら　甲羅を干す
こうらい　御光来を仰ぐ
こうらい　高麗△(朝鮮の王朝)
こうらく　行楽の車で混雑する
こうらく　敵陣を攻落する
こうらく　黄落する銀杏《いちょう》
こうらくえん　岡山の後楽園
こうらん　御高覧に供する
こうらん　高欄　*勾欄
こうらん　平和を攪乱する
こうり　小売|りの価格
こうり　数学の公理
こうり　功利主義
こうり　行李に詰める
こうり　高利で金を貸す
ごうり　合理主義
ごうりか　合理化する
こうりかし　高利貸|し
ごうりき　合力を乞う
ごうりき　富士山の強力
ごうりき　剛力　*強力無双
こうりしょう　小売商
こうりつ　公立の学校
こうりつ　効率がよい
こうりつ　高率の税金
ごうりてき　合理的
こうりゃく　陣地を攻略する
こうりゃく　後略
ごうりゃく　劫掠　*劫略
こうりゅう　被告人を勾留する(未決)
こうりゅう　十日間の拘留に処す(刑罰)
こうりゅう　文化の交流
こうりゅう　交流と直流
こうりゅう　国家の興隆
ごうりゅう　合流する
こうりょ　考慮を払う
こうりょ　御高慮を煩わす
こうりょう　広量　*宏量
こうりょう　好漁
こうりょう　比較考量する
こうりょう　香料を加える
こうりょう　校了にする
こうりょう　荒涼たる原野
こうりょう　心中荒寥たり
こうりょう　蛟竜△　*蛟龍雲を得る
こうりょう　政党の綱領
こうりょう　稿料
こうりょく　抗力が働く
こうりょく　効力を生じる
こうりょびょうしゃ　行旅病者
こうりん　仏像の光輪
こうりん　御光臨を仰ぐ
こうりん　車の後輪
こうりん　天孫降臨
こうるい　紅涙をしぼる
こうるさい　小煩△い小姑《こじゅうと》
こうれい　交霊現象
こうれい　過保護の好例
こうれい　恒例によって
こうれい　高齢に達する
ごうれい　号令をかける
こうれいち　高冷地
こうれつ　後列
こうろ　行路を変更する
こうろ　香炉
こうろ　高炉メーカー
こうろ　外国航路
こうろう　功労がある
こうろう　高楼の花の宴
こうろうしゃ　功労者
こうろうしょう　厚労省(厚生労働省)

こうろく　高禄をはむ
こうろびょうしゃ　行路病者
こうろん　父親と口論する　万機公論に決す　抗論する　高論卓説
こうろんおつばく　甲論乙駁
こうわ　御高話拝聴　講和　*媾和条約　経済講話
こうわかまい　幸若舞
こうわん　港湾施設
ごうわん　剛腕　*豪腕
ごうん　五蘊皆空
こえ　声なき声　肥を運ぶ
こえい　孤影悄然

ごえい　護衛をつける
ごえいか　御詠歌
こえがわり　声変わりする
こえごえに　声々に叫ぶ
こえだめ　肥溜め
ごえつどうしゅう　呉越同舟
ごえもんぶろ　五右△衛△門風呂
こえる　目が肥える
こえる　山を越える　限度を超える　矩《のり》を踰えない
ごえん　異物を誤嚥する
こおう　東西で呼応する
ごおう　五黄の寅《とら》
こおどり　小躍りする
こーひー　珈琲を飲む
こおり　氷が張る　郡△奉行

こおりざとう　氷砂糖
こおりつく　道が凍り付く
こおりづめ　氷詰めにする
こおりどうふ　凍り豆腐
こおりまくら　氷枕
こおりみず　氷水
こおりやま　郡△山市
こーりゃん　高粱△
こおる　池が凍る　*氷△る
こおろぎ　蟋蟀が鳴く
ごおん　呉音と漢音
こおんな　小女
こか　古歌に詠まれる
こが　古雅な趣　個我を離れる
こがい　子飼いの番頭
こがい　戸外に飛び出す
ごかい　五戒　誤解を生じる

ごかいしょ　碁会所
こかく　顧客が多い
ごかく　互角の力
ごがく　語学の才
こがくれ　木隠れ
こかげ　小陰　*小蔭に呼ぶ　木陰　*木蔭　*樹△陰に休む
こがしら　消防団の小頭
こがす　胸を焦がす
こがた　小形の犬　小型の車
ごがたき　碁敵
こがたな　小刀
こかつ　枯渇　*涸渇
ごがつにんぎょう　五月人形

媾

蟋

蟀

形
こがね　小金をためる
　黄金のつぼ
こがねむし　黄金虫　＊金亀子
ごかのあもう　呉下の阿蒙
ごかぼう　五家宝
こがら　小柄な人
　小雀のさえずり
こがらし　木枯らし　＊凩
こがれじに　焦がれ死に
こがれる　待ち焦がれる
こがわせ　定額小為替
こかん　股間　＊胯間
こがん　孤雁
　湖岸のホテル
ごかん　五官（器官）
　五感（感覚）
　互換性
　冱寒の候
　語幹と語尾
　語感が鋭い
ごがん　護岸工事
こかんせつ　股関節脱臼
こき　古記に曰《いわ》く
　古希　＊古稀
　（七十歳）
　呼気と吸気
こぎ　狐疑逡巡
ごき　語気を強める
　誤記の訂正
ごぎ　語義を確かめる
こきおろす　扱き下ろす
ごきげん　御機嫌を取る
こきざみ　小刻みに走る
こぎたない　小汚い服装
こきつかう　人を扱き使う
こぎつける　漕ぎ着ける
こぎって　小切手を切る
こきまぜる　扱き交ぜる
こきみ　小気味がいい
こきゃく　顧客が多い
こきゅう　呼吸が合う
　故旧忘れうべき
　故宮
　胡弓　＊鼓弓
こきょう　故郷へ錦を飾る
こぎよう　小器用な人
ごきょう　四書五経
ごぎょう　陰陽五行
　御形（春の七草）
こぎれ　小切れ　＊小布
こぎれい　小奇麗　＊小綺麗な服装
こきんわかしゅう　古今和歌集

コク
[石]（コク）・セキ・（シャク）　いし　―石
高・千石船

[告]　コク　つ-げる　―告示・告訴・告知・告白・告別・広告・報告
[谷]　コク　たに　―峡谷・渓谷・幽谷
[刻]　コク　きざ-む　―刻印・刻限・刻苦・時刻・深刻・彫刻
[国]（國）　コク　くに　―国威・国営・国際・国宝・国民・外国
[黒]（黑）　コク　くろ・くろ-い　―黒衣・黒煙・黒点・黒板・暗黒
[穀]（穀）　コク　―穀倉・穀粉・穀物・穀類・五穀・雑穀
[克]　コク　―克服・克明・克己・相克・超克
[酷]　コク　―「―な要求」◇酷使・酷似・酷暑・酷評・残酷

こく　古句
こく　濃のある味
こく　稲を扱く
こぐ　木を扱ぐ

舟を漕ぐ

ゴク
［極］ゴク・キョク　きわ-める・きわ-まる・きわ-み ——
極悪・極上・極秘・極微・至極
［獄］ゴク ——「—につながれる」
◇獄死・獄舎・疑獄・出獄

ごく　語句の使い方
ごくあく　極悪非道
こくい　国威を発揚する
こくい　黒衣をまとう
ごくい　剣道の極意
獄衣を身に纏《まと》う
こくいっこく　刻一刻と迫る
こくいん　刻印を打つ
ごくいん　極印を押す
こくう　虚空をつかむ
こくう　穀雨（二十四気）
こくうぞうぼさつ　虚空蔵菩薩

こくうん　国運を賭する
こくえい　国営の事業
こくえき　国益に反する
こくえん　黒鉛
こくおう　国王
こくおん　国恩に報いる
こくがい　国外に追放する
こくがく　国学と漢学
こくぎ　国技
ごくげつ　極月（陰暦十二月）
こくげん　刻限に遅れる
こくご　国語を愛護する
こくごう　国号
こくこく　刻々と近づく
ごくごく　極々内輪で
こくさい　国債を発行する
国際親善
ごくさいしき　極彩色の絵
こくさく　国策に協力する
こくさん　国産の品

こくし　国史年表
夢窓国師
肉体を酷使する
こくじ　内閣告示
学長告辞
国字
国事に奔走する
国璽
人相が酷似する
ごくし　獄死する
こくしびょう　黒死病
こくしむそう　国士無双
ごくしゃ　獄舎に繋がれる
こくしゅ　国主大名
摂津国の国守
こくしょ　国初以来
国書を提出する
酷暑の候
ごくしょ　極暑
こくじょう　国情　*国状に
通じる
ごくじょう　極上の品
こくしょく　黒色
穀食する
こくじょく　国辱的行為
こくじん　黒人霊歌
こくすい　国粋主義
こくする　石に刻する
墓前に哭する
こくぜ　国是を定める
こくせい　国政に参与する
国勢調査
こくぜい　国税と地方税
酷税
こくせき　日本の国籍
こくせん　国選弁護人
こくそ　告訴する

蒙
漕
哭

こくそう　国葬
　穀倉地帯
こくぞく　国賊と罵られる
ごくそつ　獄卒
こくたい　国体
こくだか　石高百万石
こくだち　穀断ちをする
こくたん　黒檀の机
こくち　査定を告知する
こぐち　小口の貯金
　木口三寸の松材
ごくちゅう　獄中の手記
こくちょう　日本の国鳥は雉《きじ》
　黒鳥
こくつぶ　穀粒
ごくつぶし　穀△潰し
こくてい　国定公園
こくてつ　国鉄
こくてん　太陽の黒点
こくでん　国電

こくど　国土の開発
　国帑(国家の財産)
こくどう　一級国道
ごくどう　極道息子
こくない　国内の産業
こくなん　国難に殉ずる
こくねつ　酷熱の地
こくはく　罪を告白する
　酷薄　＊刻薄非道
こくはつ　告発する
こくばん　黒板をふく
こくひ　国費を節減する
こくび　小首をかしげる
ごくひ　極秘の書類
ごくび　極微
こくびゃく　黒白を争う
こくひょう　酷評を浴びる
こくひん　国賓待遇
ごくひん　極貧にあえぐ

こくふ　武蔵国の国府
こくふう　国風の文化
こくふく　困難を克服する
　平和を克復する
ごくぶと　極太毛糸
こくぶんがく　国文学
こくぶんじ　国分寺
こくぶんにじ　国分尼寺
こくぶんぽう　国文法
こくべつ　告別式
こくほう　人間国宝
　国法に触れる
こくぼう　国防会議
ごくぼそ　極細毛糸
こくみん　日本の国民
こくむ　国務大臣
こくめい　克明　＊刻明
　鐘の刻銘
　製造国の国名
こくもつ　穀物

ごくもん　獄門に懸ける
こくやく　国訳大蔵経
こくゆ　告諭を発する
こくゆう　国有財産
こくようせき　黒曜石
こぐらい　小暗い杉木立
こくらおり　小倉織の袴
ごくらく　極楽往生
ごくり　獄吏
こくりつ　国立の大学
こくりょく　国力が充実する
こくるい　穀類
こくれつ　酷烈な闘争
こくれん　国連
ごくろう　御苦労様
こくろん　国論が沸騰する
こぐん　孤軍奮闘
こけ　苔が生える
　人を虚仮にする
ごけ　後家を通す

こ

こけい 碁笥と碁石
固形物
孤閨を守る
ごけい 互恵条約
語形の変化
こけおどし 虚仮威し
こげくさい 焦げ臭い
こけし 小芥子
こげちゃ 焦げ茶色
こけつ 虎穴に入らずんば虎子を得ず
こげつく 焦げ付く
こけつまろびつ 倒けつ転びつ
ごけにん 御家人
こけむす 苔生した岩
こげめ 焦げ目がつく
こけら 柿で葺く
鱗(うろこ)
こけらおとし 柿落とし

こける 親亀が倒ける
頬が痩ける
こげる 御飯が焦げる
こけん 沽券 *估券にかかわる
こげん 古諺
ごけん 護憲運動
ごげん 五弦 *五絃
語源 *語原
ここ 此処 *此所
*茲
個々 *箇々の意見
こご 古語辞典
ごご 午後六時
ここう 戸口調査
孤高の詩人
弧光(アーク)
股肱の臣
虎口を脱する
糊口 *餬口をしのぐ

こごう 新鋭と古豪
天下に呼号する
ごこう 後光がさす
こごえ 小声で話す
こごえじに 凍え死に
こごえしぬ 凍え死ぬ
こごえる 手が凍える
ここく 故国日本
ごこく 五穀豊穣
後刻連絡の予定
護国の鬼
ここじん 個々人
ここち 夢見る心地
ここちよい 心地好い
こごと 小言 *叱言
戸毎に訪問する
ここに 茲に之《これ》を賞す
ここのえ 九重

ここのか 九日
ここのこえ 呱々の声
ここのつ 九つ
こごむ 屈む
こごめ 小米 *粉米
こごめる 腰を屈める
ここもと 此許 *茲許
こごる 魚の煮汁が凝る
こころ 心が通う
こころあたたまる 心温まる話
こころあたり 心当たり
こころあて 心当てにする
こころいき 心意気を示す
こころえ 学生の心得
こころえがお 心得顔に頷く

檀

賓

餬

こ

こころえちがい 心得違い
こころえる 事情を心得る
こころおきなく 心置き無く
こころおぼえ 心覚えに書く
こころがかり 心掛かり *心懸かり
こころがけ 心掛け *心懸けが良い
こころがまえ 心構えが違う
こころがわり 心変わりする
こころくばり 心配りをする
こころぐるしい 心苦しく思う
こころざし 志を立てる
こころざす 学問に志す
こころする 心して読む
こころぞえ 心添え
こころだのみ 心頼みにする
こころづかい 親切な心遣い
こころづき お心付きの点
こころづくし 心尽くしの品
こころづけ 心付けをする
こころづもり 心積もり *心▵算
こころづよい 心強い話
こころない 心無い仕打ち
こころなしか 心成しか *心做しか
こころならずも 心ならずも
こころにくい 心憎い物腰
こころね 心根が優しい
こころのこり 心残りが無い
こころばえ 非凡な心▵延え
こころばかり 心▵許りの品
こころぼそい 心細い身の上
こころまち 心待ちにする
こころみ 新しい試み
こころみる 実験を試みる
こころもち いい心持ち
こころもとない 心▵許無い話
こころやすい 心安い友達
こころやり 心▵遣り
こころゆくまで 心行くまで
こころよい 快い風
ここん 古今に例がない
ごこん 五根 語根
ごごんぜっく 五言絶句
こさ 色の濃さ
ごさ 誤差の範囲
ござ ▵茣蓙 *蓙
こさい ▵巨細もらさず
ごさい 五彩(五色《ごしき》) 後妻を迎える
こざいく 小細工を弄す
ございます 御座います
こざかしい 小▵賢しい子供
こざかな 小魚
こさく 小作料
こさじ 小匙一杯
ござしょ 御座所
こさつ 名所古刹 故殺する
こさめ 小雨がそぼ降る
こさん 古参の社員
ごさん 午餐会 大きな誤算
ごさんけ 御三家
こし 腰をおろす 玉の輿に乗る
こし 多賀城の古址 古紙 *故紙 松が枯死する
こじ 大和の古寺 自説を固持する

受賞を固辞する
慎重居士
戦争孤児
故事成語
権力を誇示する
三年越しの懸案

ごし　誤字と脱字
ごじ　国体を護持する
こしあげ　着物の腰揚げ
こじあける　抉じ開ける
こしあん　漉し餡
こしいれ　輿入れ
こしお　小潮と大潮
こしおび　腰帯
こしおれ　腰折れ一首
こしかけ　腰掛け
こしかける　腰掛ける
こしかたゆくすえ　来し方　行く末
こしき　甑（蒸籠《せいろう》）
車の轂
こしき　古式にのっとる
こじき　乞食
ごしき　五色の雲
こしぎんちゃく　腰巾着
こしくだけ　腰砕けになる
こしけ　白帯下　＊腰気
こしだか　腰高に仕切る
こしたやみ　木下闇
こしたんたん　虎視眈々
ごしちにち　五七日
こしつ　自説に固執する
個室
痼疾に悩む
こじつ　有職故実
ごじつ　後日改めて話す
こしつき　変な腰付き
ごじつたん　後日譚
ごじつだん　後日談
ごじっぽひゃっぽ　五十歩百歩
こしぬけ　腰抜けと罵る
こしばり　腰張り
こしひも　腰紐をする
こしべん　腰弁
こしぼね　腰骨が強い
こじま　沖の小島
こしまき　腰巻き
こしまわり　腰回り
こしみの　腰蓑
こしもと　腰元
ごしゃ　誤写する
誤射する
こしゃく　小癪な小娘
ごしゃく　語釈
こしゃほん　古写本
こしゆ　腰湯を使う
こしゅ　戸主
古酒
陣地を固守する
ごしゅ　結構な御酒
ごしゅいんせん　御朱印船
こしゅう　非常呼集
自説に固執する
孤愁の思い
孤舟
こじゅう　殿下に扈従する
❖「こしょう」とも。
ごしゅうしょうさま　御愁傷様
こじゅうと　小舅（配偶者の兄弟）
小姑（配偶者の姉妹）
こじゅうとめ　小姑
ごじゅうのとう　五重の塔

甑
轂
扈

こ

ごじゅん　語順
こしょ　古書を探索する
ごしょ　京都御所
ごじょ　互助会
　語序
こしょう　信長の小姓
　我が国の古称
　呼称する
　機械が故障する
　胡椒がきく
　湖沼
こじょう　古城
　弧状を描く
　孤城落日
　湖上の島
ごしょう　五障十悪
　後生大事
ごじょう　互譲の精神
　三綱五常
　有り難い御諚

こしょうがつ　小正月
ごしょく　誤植が少ない
こしょくそうぜん　古色蒼然
こじらいれき　故事来歴
こしらえ　刀の拵え
こしらえごと　拵え事
こしらえる　洋服を拵える
こじらせる　話を拗らせる
こじり　湖尻(湖の流出口)
　刀の鐺
こじる　棒で抉る
ごじる　呉汁
こじれる　話が拗れる
こじわ　小皺を伸ばす
こじん　古人曰《いわ》く
　故人の思い出
　個人主義
ごしん　誤診を下す
　誤審する

　護身の術
ごじん　吾人(自称)
　奇特な御仁
ごしんえい　御真影
ごしんぞう　御新造さん
こす　年を越す・峠を―
　千人を超す
　水を漉す　*濾す
ごす　呉須焼
こすい　湖水
　士気を鼓吹する
こすい　狡いやり方
ごすい　午睡をとる
こすう　町の戸数
ごすう　個数　*箇△数
　辞書の語数
こずえ　梢を渡る風
こすからい　狡辛い人間

こすりつける　擦△り|付ける
こする　勇を鼓する
　手を擦△る
ごする　列強に伍する
　苦難を期する
ごせ　後世を願う
ごぜ　瞽△女
こせい　個性を尊重する
ごせい　葉が互生する
　悟性に訴える
　語勢を強める
こせいだい　古生代
こせき　戸籍に入れる
　古跡　*古蹟
こせきしょうほん　戸籍抄本
こせきとうほん　戸籍謄本
こせつ　古拙な焼物
こぜつ　孤絶する
ごせっけ　五摂家

こぜに　小銭入れ
こぜりあい　小競り合い
こぜわしい　小忙しい
こせん　古銭の収集
　弧線を描く
ごせん　委員を互選する
ごぜん　午前六時
　御前会議
　御膳
こせんきょう　跨線橋を渡る
ごせんし　五線紙
こせんじょう　古戦場
ごぜんじるこ　御膳汁粉
こぞ　去年
こぞう　いたずら小僧
ごそう　荷物を誤送する
　犯人を護送する
ごぞうろっぷ　五臓六腑
こそく　姑息な手段

ごそくろう　御足労を願う
こそげる　鍋底を刮げる
こそだて　子育てをする
こぞって　挙って行く
こそで　小袖
ごぞんじ　御存じ　*御存知の通り
こたい　古体詩
　固体燃料
　個体の発生
こだい　古代社会
　誇大妄想
ごたい　五体満足
こだいぎれ　古代裂
ごだいごてんのう　後醍醐天皇
ごたいそう　御大層な態度
こだいむらさき　古代紫
こたえ　正しい答え
こたえられない　堪えられない

こたえる　期待に応える・骨身に—
　持ち堪える
　質問に答える
こだかい　小高い丘
こだから　子宝に恵まれる
ごたく　御託を並べる
こだくさん　子沢山
ごたくせん　御託宣
こだし　小出しに使う
こだち　小太刀
　杉の木立
こたつ　火燵　*炬燵に当たる
こだて　戸建ての住宅
こだね　子種を宿す
こたび　此度
ごたぶん　御多分に漏れず

こだま　木霊　*谺　*木魂　*木精
こだわる　面子に拘る
こたん　古譚
　枯淡の境地
ごだん　誤断をおかす
こち　鯒（魚）
　東風吹かば
こち　秋田氏の故地
　故知　*故智
ごちそう　御馳走になる
こちゃく　岩に固着する
こちょう　古調（古い調子）
　胡蝶　*蝴蝶
　誇張して話す
ごちょう　語調を強める
こちら　此方にはない

鐺
瞽
燵

こ

こぢんまり　小ぢんまり

コツ

[骨]コツ ほね —— 骨子・骨折・骨肉・骨盤・筋骨・鉄骨・老骨
[滑]コツ・カツ すべ-る・なめ-らか —— 滑稽
[忽]人 コツ・コチ —— 忽然・粗忽
[惚]人 コツ —— 恍惚

こつあげ　骨揚げ
こっか　国家
　日本の国花は桜
　国歌を斉唱する
　刻下の急務
こづか　小柄△
こっかい　国会議員
こづかい　小遣いを貰う
こっかく　骨格 *骨骼
こつがら　人品骨柄
こっかん　酷寒の候
ごっかん　極寒の地

こっき　克己心
　国旗を掲揚する
こっきょう　国教
　国境を越える
こっきん　国禁をおかす
こっく　刻苦する
こづく　肩を小突く
こづくり　小作りな人
こっくん　国訓
こっけい　滑稽な話
　酷刑を科する
こっけいせつ　国慶節
こっけん　国権の最高機関
　国憲を重んじる
こっこ　国庫債券
こっこう　国交を断絶する
こっこく　刻々と近づく
こっし　提案の骨子
こつずい　恨み骨髄に徹す
こっせつ　骨折する

こつぜん　忽然と現れる
こっそう　骨相をみる
こつそしょうしょう　骨粗鬆症
こづち　打ち出の小槌
こっちょう　愚の骨頂 *骨張
こつつぼ　骨壺
こつづみ　小鼓を打つ
こづつみ　小包で送る
こっとう　書画骨董
こつにく　骨肉相《あい》食《は》む
こっぱ　木っ端
こっぱみじん　木っ端微△塵
こつばん　骨盤
こっぴどい　こっ酷△い目
こつぶ　小粒でも辛い
こっぽう　話術の骨法
こづま　小褄を取る
こづめ　小爪

ごづめ　後詰め|をする
こづらにくい　小面憎い
こづれ　子連れ
こて　鏝を当てる
　小手をかざす
　籠△手をつける
ごて　後手に回る
こてい　小体な店
　壁に固定する
　湖底に沈む
こてきたい　鼓笛隊
こてさき　小手先が器用
こてしらべ　小手調べ
こてん　古典文学
　個展を開く
ごてん　御殿のような家
ごでん　誤伝する
ごてんば　御殿場市
こと　事に当たる
　琴 *箏を弾く

こと 古都 京都
ごと 失敗を糊塗する
ことあたらしい 事新しい
ごと 日毎△に寒くなる
ことう 古刀と新刀
ことう 孤灯 *孤燈
ことう 絶海の孤島
こどう 心臓の鼓動
ごとう 語頭の発音
ごとう 誤答する
ごどう 悟道に入る
ごどう 梧桐（アオギリ）
こどうぐ 小道具
ごとうち 御当地ソング
ことかく 衣食に事欠く
ことがら 微妙な事柄
ことぎれる 事切れる
こどく 孤独な人
ごとく 次の如△く決定
ごとく 火鉢の五徳

ごとく 悟得する
ごどく 誤読する
ことごとく 悉く *尽△く
ことごとしい 事々しく言う
ことごとに 事毎△に抗《あらが》う
ことこまか 事細かに書く
ことさら 殊更大事をとる
ことし 今年の夏
ことじ 琴柱△に膠《にかわ》す
ごとし 如△し *若△し
ことだま 言霊の幸《さきわ》う国
ことたりる 事足りる
ことづかる 言付かる
ことづけ 言付け *託△け
ことづける 言付ける *託△ける
ことづて 言伝△てを頼む
ことづめ 琴爪
ことなる 見解が異なる

ことに 殊に優れている
ことにする 趣を異にする
ことのお 琴の緒
ことのついで 事の序△で
ことのほか 殊の外喜ぶ
ことば 外国の言葉
ことば 祝いの言葉 *詞△ *辞△
ことばがき 和歌の詞△書
ことはじめ 蘭学事始め
ことばじり 言葉尻をとらえる
ことばづかい 言葉遣い
ことぶき 寿
ことぶれ 春の事触れ
ことほぐ 寿△ぐ *言祝△ぐ
こども 子供は風の子
こどもだまし 子供騙し
ことよせる 親類の病気に事寄せる

ことり 小鳥の鳴き声
ことわざ 諺
ことわり 物事の理△
ことわり 断り *断わり
ことわる 断る *断わる
こな 粉
こなぐすり 粉薬を飲む
こなごな 粉々になる
こなす 仕事を熟△す
こなた 此方△
こなまいき 小生意気な娘
こなみじん 粉微△塵に砕く
こなゆき 粉雪が舞う
こなれる 食物が熟△れる
こにくらしい 小憎らしい
こにもつ 小荷物で送る
ごにゅう 悟入する

鬆
箏
諺

ごにん　味方と誤認する
こにんずう　小人数
ごにんばやし　五人囃子
こぬかあめ　小糠雨が降る
こねくる　捏ねくる
こねこ　子猫 *仔猫
こねる　理屈を捏ねる
ごねん　御念の入った話
この　此の *茲の本
このえへい　近衛兵
このかた　十年此の方
此の方のお宅
このご　此の期に及んで
このごろ　此の頃
このさい　此の際
このしろ　鰶（魚、こはだ）
このせつ　此の節
このたび　此の度
このは　木の葉が散る
このぶん　此の分では

このほど　此の程
このま　木の間隠れ
このましい　好ましい態度
このまま　此の儘にする
このみ　好みがいい
木の実
このむ　読書を好む
このめ　木の芽和《あ》え
このもしい　好もしい青年
このや　此の家の主《あるじ》
このよ　此の世
このわた　海鼠腸
こばい　贓物《ぞうぶつ》故買
ごはい　郵便物の誤配
こばか　小馬鹿 *小莫迦にする
こはく　琥珀
ごばく　誤爆する
こばこ　小箱
ごはさん　御破算にする

こばしり　小走りに急ぐ
こはぜ　足袋の鞐
*小鉤
こはだ　小鰭のすし
ごはっと　御法度の品
こばな　小鼻を動かす
こばなし　江戸小話
*小咄 *小噺
こばむ　申し出を拒む
こはるびより　小春日和
こはん　湖畔の宿
こばん　大判小判
ごはん　御飯を炊く
ごばん　碁盤
こはんとき　小半時
こはんにち　小半日
こび　媚を売る
ごび　語尾の変化
こびき　木挽き
こひざ　小膝を打つ

こびじゅつひん　古美術品
こひつ　古筆切
こひつじ　子羊 *仔羊
*小羊 *羔
こびと　小人
ごひゃくらかん　五百羅漢
ごびゅう　誤謬を犯す
こひょう　小兵の男
こびる　大衆に媚びる
こぶ　瘤ができる
こぶ　昆布
士気を鼓舞する
ごふ　本因坊戦の碁譜
護符を貼る
ごぶ　五分に戦う
ごぶいん　御無音
こふう　古風な人
こぶかい　木深い森
ごふく　呉服屋
ごぶごぶ　五分五分

△は常用漢字表にない音訓　｜の付いた仮名は省略してもよい送り仮名　＊は同語の別表記

ごぶさた　御無沙汰
こぶし　小節をきかす　辛△夷の花　拳を振り上げる　古武士の面影
ごぶじょう　御不浄
こぶた　子豚　*仔豚
こぶちゃ　昆布茶
こぶつ　古仏　古物商
こぶつき　瘤付き
ごぶつぜん　御仏前
こぶとり　小太り　*小肥△りの人
こぶまき　昆布巻き
こぶり　小振りの魚　小降りになる
こふん　古墳を発掘する
こぶん　親分と子分　*乾△分　*乾△児△　古文解釈
ごふん　胡粉を塗る
ごへい　御幣を担ぐ　語弊がある
こべつ　戸別に勧誘する　個別　*箇△別に折衝する
こべつほうもん　戸別訪問
こべや　小部屋
こほう　孤峰
ごほう　午砲が鳴る　後報を待つ　御報参上　英語の語法　誤報と判明する　護法
ごぼう　牛△蒡抜き　御坊
こぼうず　小坊主
こぼく　梅の古木
こぼし　零△し　*建△水△
こぼす　水を零△す　*溢す
こぼつ　家を毀△つ
こぼね　小骨を取る
こぼればなし　零△れ話
こぼれび　零△れ日
こぼれる　刃が毀△れる　涙が零△れる　*溢れる
こぼんのう　子煩悩な人

こま

［駒］こま ─ 「将棋の─」◇持ち駒

こま　独△楽△を回す　高麗△の人　フィルムの齣
ごま　胡麻を擂《す》る　護摩をたく
ごまあぶら　胡麻油
こまい　木舞　*小舞　古米
こまいぬ　狛犬　*高△麗△犬
こまか　細かに調べる
こまかい　細かい字
ごまかす　誤魔化す　*胡魔化す
こまぎれ　細切れ　*小間切れの肉
こまく　鼓膜が破れる
こまげた　駒下駄△
こまごま　細々した注意
ごましお　胡麻塩
ごますり　胡麻擂り
こまた　小股に歩く

鯮

琥

齣

ごまだん 護摩壇
こまち 京橋小町
こまちむすめ 小町娘
ごまつ 語末の綴《つづ》り字
こまづかい 小間使｜い
こまつな 小松菜
こまぬく 手を拱く
こまねく 手を拱く
こまむすび 細結び ＊小間結び
こまめ 小忠△実△に働く
ごまめ 田△作△ ＊鱓の歯軋り
こまもの 小間物
こまやか 細やか ＊濃△やかな愛情
こまりはてる 困り果てる
こまりもの 一家の困り者
こまる 返事に困る
こまわり 小回りがきく

ごまんと 五万とある
こみ 込み｜で買う・税—
ごみ 芥 ＊塵 ＊塵芥
ごみ 五味
こみあう 道が込み｜合う
こみあげる 込み｜上げる
こみいる 話が込み｜入る
ごみため 芥溜め｜
こみち 小道 ＊小径△
ごみとり 芥取り｜
こみみ 小耳に挟む

こ〈む〉 [込]｜こ-む・こ-める —「手が—」

こむ 人で混む
ごむ 護謨△
こむぎ 小麦と大麦
こむぎこ 小麦粉
こむすび 小結
こむすめ 小娘

こむそう 虚無僧
こむら 木叢 腓 ＊腨
こむらがえり 腓返り ＊腨返り
こむらさき 濃紫
こめ 米の収穫
こめい 古名
ごめいさん 御名算
こめかみ 顳顬
こめぐら 米蔵を建てる
こめだわら 米俵
こめつぶ 米粒
こめどころ 米所新潟
こめぬか 米糠
こめびつ 米櫃
こめる 心を込める ＊籠める
こめん 鏡のような湖面
ごめん 天下御免

ごめんください 御免下さい
ごめんそう 御面相
こも 薦△ ＊菰△で包む
こもかぶり 薦△被り
ごもくずし 五目鮨
ごもくならべ 五目並べ
こもごも 悲喜交△々至る
こもじ 小文字
こもの 小物入れ 小物の政治家 武家の小者
こもり 子守をする
こもりうた 子守歌
こもる 寺に籠も｜る
こもれび 木漏れ日 ＊木洩れ日
こもん 小紋染
こもん 顧問弁護士
こもんじょ 古文書

こや　小屋　*小舎
ごや　五夜
　後夜の勤行
こやく　子役
ごやく　誤訳する
こやくにん　小役人
こやし　肥やし
こやす　私腹を肥やす
こやつ　此奴
こやま　小山のような牛
こやみ　小止みになる
こゆう　日本固有の領土
こゆうめいし　固有名詞
こゆき　小雪
こゆび　小指
こゆるぎ　小揺るぎ
こよい　今宵の月
こよう　小用を足す
こよう　古謡(古い歌謡)
こよう　雇用　*雇傭

ごよう　御用を務める
　誤用する
ごようおさめ　御用納め
ごようきき　御用聞き
ごようたし　宮内庁御用達
ごようてい　那須御用邸
ごようはじめ　御用始め
こよみ　暦を繰る
こより　紙縒り　*紙撚りをよる
こらい　古来の風習
ごらいこう　御来光を拝む
ごらいごう　御来迎
こらえしょう　堪え性がない
こらえる　怒りを堪える
　*怺える
ごらく　娯楽番組
こらしめる　懲らしめる
こらす　工夫を凝らす
　悪人を懲らす

ごらん　御覧になる
こり　肩の凝り
こり　狐狸妖怪
　垢離をとる
こりかたまる　凝り固まる
こりごり　懲り懲りする
こりしょう　凝り性の人
こりつ　孤立無援
ごりむちゅう　五里霧中
ごりやく　御利益がある
こりゅう　古流
こりょ　顧慮しない
ごりょう　御料牧場
　桃山御陵
　花嫁御寮
ごりょうかく　五稜郭
ごりょうち　御料地
ごりょうにん　御寮人
こりょうり　小料理屋
こりる　失敗に懲りる

ごりん　五倫
　五輪マーク
ごりんとう　五輪塔
こる　絵に凝る
　木を樵る
こるい　孤塁を守る
これ　此れ　*之　*是
　惟れ時昭和二十年八月十五日
これい　語例を集める
ごれいぜん　御霊前

ころ
[頃]—ころ　—「子供の—」◇日頃

ごろ　呉絽の襟
　語呂　*語路がいい

鱓　顳　顬

こ

ころあい　頃合い|を見る
ごろあわせ　語呂合わ|せ　＊語路合わ|せ
ころう　古老　＊故老
　頑迷固陋
　孤老（孤独な老人）
　虎狼の心
ごろうじろ　御覧△じろ
ころおい　頃おい
ころがす　玉を転がす
ころがりこむ　転がり込む
ころがる　玉が転がる
ごろく　毛沢東語録
ころげおちる　転げ落ちる
ころげこむ　転げ込む
ころげまわる　転げ回る
ころげる　斜面を転げる
ころし　殺し
ころしもんく　殺し文句
ころす　人を殺す

ごろね　転△寝する
ころばす　転ばす
ころぶ　すべって転ぶ
ころも　紫の衣
ころもがえ　衣替え　＊衣更△え　＊更衣
こわい　怖い　＊恐△い顔
　強△い　＊剛△い髪
こわいろ　声色を使う
こわおもて　強△面
こわがる　犬を怖がる　＊恐△がる
こわき　小脇に抱える
こわくてき　蠱惑的な目
こわけ　小分けにする
こわごわ　怖々　＊恐△々
こわざ　小技　＊小業
こわす　壊す　＊毀△す
こわだか　声高にののしる
こわだんぱん　強△談判をする
こわっぱ　小童△
こわね　やさしい声音
こわばる　表情が強△張る
こわめし　強△飯
こわもて　恐持△て　＊強△持てがする
　強△面に意見する
こわれもの　壊れ物注意
こわれる　戸が壊れる　＊毀△れる

コン

[今]コン・キン　いま ―― 今回・今後・今日・今年・昨今
[困]コン　こまる ―― 困却・困窮・困難・困惑・貧困
[金]コン・キン　かね・(かな) ―― 金剛石・金色・金堂・黄金
[根]コン　ね ―― 「方程式の―」◇根気・根拠・平方根
[混]コン　ま-じる・ま-ざる・ま-ぜる・こ-む ―― 混血・混合・混雑・混濁・混同・混乱
[昆]コン　― ―― 昆虫・昆布
[恨]コン　うら-む・うら-めしい ―― 恨事・遺恨・悔恨・痛恨
[婚]コン　― ―― 婚姻・婚家・婚期・婚約・婚礼・結婚・新婚
[紺]コン　― ―― 「―の背広」◇紺青・紺屋・濃紺
[献(獻)]（コン）・ケン　― ―― 献立・一献
[魂]コン　たましい ―― 魂胆・英魂・士魂・商魂・鎮魂・霊魂
[墾]コン　― ―― 墾田・開墾・未墾
[懇]コン　ねんごろ ―― 懇願・懇書・懇親・懇請・懇切・懇談・懇望
[痕]コン　あと ―― 痕跡・血痕
[昏]コン　― ―― 昏睡・昏倒

こん　乾《けん》と坤

ゴン

[言]ゴン・ゲン　いう・こと ― 言語道断・言上・伝言・無言

[権(權)]― (ゴン)・ケン ― 権化・権僧正

[厳(嚴)]― (ゴン)・ゲン　おごそか・きびしい ― 荘厳

こんい　懇意な人
こんいん　婚姻
こんか　今夏の計画
　婚家先
こんかい　今回の調査
こんかぎり　根限りの努力
こんがすり　紺飛白 *紺絣
こんかん　根幹をなす
こんがん　支援を懇願する
こんき　今期の業績
　今季の最高記録
こんき　根気がいい
こんぎ　婚期を逸する
　婚儀を行う
こんきゃく　困却する
こんきゅう　生活に困窮する
こんきょ　根拠のない噂
こんぎょう　今暁決行する
ごんぎょう　勤行を怠らない
こんく　困苦に耐える
ごんぐじょうど　欣求浄土
こんくらべ　根比べをする
ごんげ　悪の権化
こんけい　根茎
こんけつ　混血する
こんげつ　今月の予定
こんげん　根源 *根元
ごんげん　権現造り
こんご　今後の方針
こんこう　混交 *混淆
こんごう　混合する
こんごうしゃ　金剛砂
こんごうせき　金剛石
こんごうづえ　金剛杖
こんごうりき　金剛力を出す
こんごうりゅう　金剛流の能
ごんごどうだん　言語道断
こんこんと　昏々と眠る
　滾々と湧く水
　懇々とさとす
こんさい　根菜類
こんざい　混在する
こんざつ　朝晩の混雑
こんじ　今次の大戦
　病気が根治する
こんじき　金色に光り輝く
こんじきやしゃ　金色夜叉
こんじゃく　今昔の感
こんしゅう　今秋
　今週の予定
こんしゅん　今春
こんじょう　今生の思い出
　根性がある
　紺青の海
　懇情に絆《ほだ》される
ごんじょう　お礼を言上する
こんしん　無線が混信する
　渾身の力
こんしんかい　懇親会
こんすい　昏睡状態
こんせい　混成チーム
　混声合唱
　出席を懇請する
こんせき　今夕
　痕跡をとどめる
こんせつ　今節の日程
　懇切丁寧
こんぜつ　悪弊を根絶する

陋　蠱　滾

こ

こんせん　混戦状態
　電話が混線する
こんぜん　婚前の交際
　渾然　*混然
こんだく　意識が混濁　*溷濁する
こんだて　献立表
こんたん　魂胆がある
こんだん　対策を懇談する
こんだんかい　懇談会
こんち　病気が根治する
こんちゅう　昆虫
こんちょう　今朝
こんてい　根底　*根柢から覆す
こんでい　金泥
こんでん　墾田
こんど　今度こそ頑張る
こんとう　今冬の寒気
　突然昏倒する

こんどう　法隆寺の金堂
　金銅仏
　公私を混同する
こんとく　懇篤な書状
こんとん　混沌　*渾沌
こんなん　困難を克服する
こんにち　今日の世界
こんにちは　今日は
こんにゃく　蒟蒻　*崑蒻
こんにゅう　異物が混入する
こんねん　今年
こんぱい　疲労困憊する
こんぱく　魂魄
こんぱるりゅう　金春流の能
こんばん　今晩
こんぱん　今般
こんばんは　今晩は
こんぴら　金毘羅　*金比羅
こんぶ　昆布

こんぺいとー　金△平△糖△　*金△米△糖△
こんぺき　紺碧の空
こんぼう　綿と麻の混紡
　棍棒でなぐる
こんぽう　荷物を梱包する
こんぽん　根本精神
こんまけ　根負けする
こんめい　混迷　*昏迷
　懇命を受ける
こんや　今夜
　紺屋の白袴
こんやく　婚約する
こんよう　混用する
こんよく　男女混浴
こんらん　話が混乱する
こんりゅう　本堂を建立する
　根粒　*根瘤バクテリア
こんりんざい　金輪際

こんれい　婚礼
こんろ　石油焜炉
こんわかい　懇話会
こんわく　困惑の体

さ

サ

[作]サ・サク　つく|る ―― 作業・作動・作法・作用・所作・動作・発作
[左]サ　ひだり ―― 「―のとおり」◇左遷・左派・左右・極左
[査]サ　| ―― 査閲・査察・検査・考査・巡査・探査・調査
[砂]サ・シャ　すな ―― 砂岩・砂丘・砂糖・黄砂・熱砂・流砂
[茶]サ・チャ　| ―― 茶菓・茶飯事・茶房・茶話会・喫茶
[差]サ　さ|す ―― 「―をつける」◇差

異・差配・差別・誤差・時差

[佐]｜サ ── 佐官・佐幕・一佐・海佐・空佐・大佐・補佐

[唆]サ そそのか-す ── 教唆・示唆

[詐]｜サ ── 詐欺師・詐取・詐術・詐称・詐謀・巧詐

[鎖]サ くさり ── 鎖国・鎖骨・鉄鎖・封鎖・閉鎖・連鎖

[沙]｜サ ── 沙汰

[(人)紗]｜サ・シャ ── 更紗・袱紗

[(人)嵯]｜サ ── 嵯峨

[(人)裟]｜サ ── 袈裟

[(人)瑳]サ たか・たかし ──

[(人)些]｜サ・シャ ── 些細・些少

[(人)叉]｜サ・シャ ── 音叉・三叉路

[(人)蓑]サ・サイ みの ──

ザ

[座]ザ すわ-る ──「─を外す」◇座興・座敷・座席・講座・星座

❖「坐」の書きかえにも。

[挫]｜ザ ── 挫折・頓挫

[(人)坐]ザ・サ います・ます ── 常住坐臥

サイ

[才]｜サイ ──「─におぼれる」◇才能・秀才・天才

❖年齢を表す場合、「歳」の代わりにも。

[切](サイ)・セツ き-る・き-れる ── 一切・合切袋

[再]サイ・(サ) ふたた-び ── 再演・再刊・再興・再審・再度・再版・一再

[西]サイ・セイ にし ── 西下・西海・西国・関西・東西

[災]サイ わざわ-い ── 災禍・災害・人災・被災・防災

[妻]サイ つま ──「私の─」◇妻子・妻帯・夫妻・良妻

[殺(殺)](サイ)・サツ・(セツ) ころ-す ──

[採]サイ と-る ── 採光・採鉱・採算・採取・採点・採否・伐採

[済(濟)]サイ す-む・す-ます ── 済世・済度・救済・経済・返済

[祭]サイ まつ-る・まつ-り ── 祭日・祭壇・祭典・祭礼・文化祭・例祭

[細]サイ ほそ-い・ほそ-る・こま-か・こま-かい ── 細菌・細心・細部・細密・詳細

[菜]サイ な ──「弁当のお─」◇菜園・菜食・野菜

[最]サイ もっと-も ──「愚の─たるもの」◇最愛・最小・最適

[裁]サイ た-つ・さば-く ── 裁判・裁縫・決裁・体裁・和裁

[際]サイ きわ ──「出発の─は…」◇際限・交際・国際

[砕((人)碎)]サイ くだ-く・くだ-ける ── 砕石・砕氷・砕片・玉砕・粉砕

[宰]｜サイ ── 宰相・宰領・主宰

[栽]｜サイ ── 栽培・盆栽・輪栽

[彩]サイ いろど-る ── 彩雲・彩管・彩色・色彩・生彩・淡彩

[斎(齋)]｜サイ ── 斎戒・斎場・潔斎・書斎

[債]｜サイ ── 債鬼・債券・債権・債務・公債・国債・負債

[催]サイ もよお-す ── 催促・催眠剤・催涙弾・開催・主催

[歳]｜サイ・(セイ) ── 歳月・歳入・歳費・三歳・万歳

[載]サイ の-る・の-せる ── 載録・記載・掲載・積載・満載・連載

[采]｜サイ ── 采配・喝采・風采

[塞]サイ・ソク ふさ-ぐ・ふさ-がる ── 要塞

[(人)哉]サイ かな・や ── 善哉

[(人)偲]サイ しのぶ ──

[(人)晒]｜サイ ── 晒書

蒟

蒻

魄

[人柴]サイ・シ しげ・しば ― 柴薪

[人犀]サイ・セイ かた ― 犀利

[人砦]サイ とりで ― 城砦

さい

[埼]|―(さい) ― 埼玉県

さい 采 ＊賽 ＊骰子△ は投げられた

犀の角

さい 差異 ＊差違

ザイ

[在]ザイ ある ―「この―の者」◇在学・在庫・在籍・在宅・存在

[材]ザイ |― 材質・材積・材木・材料・人材・木材

[財]ザイ・(サイ) |― 「―を蓄える」◇財貨・財界・財閥・私財

[罪]ザイ つみ ― 罪状・罪人・詐欺罪・謝罪・犯罪・有罪

[剤(劑)]ザイ |― 錠剤・消化剤・薬剤

さいあい 最愛の子

さいあく 最悪の状態

ざいあくかん 罪悪感

ざいい 在位期間

さいいき 西域に使する

さいいん 斎院

催淫剤

さいう 細雨 蕭々《しょうしょう》

さいうよく 首位の最右翼

さいうん 彩雲がたなびく

ざいえき 軍隊に在役する

さいえん 才媛

劇を再演する

家庭菜園

さいおうがうま 塞翁が馬

さいか 再嫁する

災禍に遭う

さいが 細瑕を謗《そし》らず

裁可を仰ぐ

雑△賀(紀伊地名)

ざいか 在荷過剰

財貨に富む

罪科(掟《おきて》に背く行い)

罪過(つみや過ち)

さいかい 劇的な再会

試合を再開する

斎戒沐浴《もくよく》

危機に際会する

さいがい 災害に遭う

ざいかい 財界

ざいがい 在外公館

さいかく 才覚を働かす

さいかく 井原西鶴△

ざいがく 高校に在学する

ざいかた 在方(田舎)

さいかん 才幹

雑誌を再刊する

彩管をふるう

さいき 才気煥発

再起を期する

祭器

さいき 佐伯△市

さいぎ 議案を再議する

祭儀を執り行う

さいぎしん 猜疑心が強い

さいきょ 再挙を図る

裁許する

さいきょう 西京(京都)

最強のチーム

ざいきょう 在京の球団

在郷の同級生

さいきん 細菌

最近の中東事情

ざいきん 海外に在勤する

さいく 細工を施す

さいぐ 祭具

さいぐう　斎宮
さいくつ　石炭を採掘する
さいくん　細君 *妻君
ざいけ　在家仏教
さいげい　才芸に秀でる
さいけいこく　最恵国待遇
ざいけいちょちく　財形貯蓄
さいけいれい　最敬礼する
さいけつ　採血する
議案を採決する
裁決を下す
さいげつ　歳月人を待たず
さいけん　古都再見
会社を再建する
事実を再検する
債券を発行する
債権者
さいげん　古式を再現する
際限が無い

ざいげん　財源が無い
さいこ　最古の木造建築
さいご　最後の切り札
最期を遂げる
ざいこ　在庫が増える
さいこう　再考を促す
国を再興する
砕鉱機
採光のいい部屋
石炭を採鉱する
最高の出来栄え
ざいこう　在校する
ざいごう　在郷軍人
罪業を重ねる
さいこうちょう　最高潮
さいこうほう　学界の最高峰
さいこく　履行を催告する
さいごく　西国巡礼
さいごつうちょう　最後通牒

さいころ　賽子 *骰子
さいこん　寺院を再建する
再婚を勧める
さいさき　幸先がよい
さいさん　再三繰り返す
採算が合う
ざいさん　財産を作る
さいさんさいし　再三再四
さいし　才子多病
再思三考
妻子を養う
祭司
祭祀（祭り）
さいじ　祭事
細事にこだわる
さいしき　豊かな才識
彩色を施す
祭式（祭礼）
さいじき　俳諧歳時記

さいじじょう　催事場
さいしつ　妻室
さいじつ　祭日と祝日
ざいしつ　在室する
材質がいい
さいして　出発に際して
さいしゅ　祭主
血液を採取する
採種する
さいしゅう　植物を採集する
最終の列車
ざいじゅう　大阪に在住する
さいしゅつ　歳入と歳出
さいしょ　最初の経験
さいじょ　才女の誉れ
妻女
ざいしょ　在所

瑕
猜
骰

さいしょう　妻妾
　一国の宰相
　最小限度
　最少額
さいじょう　斎場（葬儀所）
　祭場（祭祀の場所）
　最上の品物
ざいしょう　罪障消滅
ざいじょう　罪状を否認する
さいしょうげん　最小限
さいしょうこうばいすう　最小公倍数
さいじょうやそ　西条八十△
さいしょく　菜食主義
ざいしょく　十年在職する
さいしょくけんび　才色兼備
さいしりょう　祭祀料
さいしん　初診と再診
　再審を請求する
　細心の注意
　最新の技術
さいじん　なかなかの才人
　神社の祭神
ざいす　座椅子
さいする　非常時に際して
さいすん　採寸する
さいせい　再生繊維
　再製する
　済世救民
　祭政一致
ざいせい　在世の折
　財政を再建する
さいせいき　最盛期
さいせいさん　拡大再生産
さいせき　砕石
　採石場
ざいせき　在席する
　在籍する
　罪責重大
さいせつ　再説する
　自説を細説する
さいせん　再選をねらう
　賽銭箱
さいぜん　最前述べた通り
　最善を尽くす
さいせんたん　最先端
さいそく　細則を定める
　矢の催促
さいた　最多記録
さいたい　妻帯する
さいだい　細大漏らさず
　最大の効果
さいだいげん　最大限の努力
さいだいこうやくすう　最大公約数
さいたく　議案を採択する
ざいたく　在宅する
さいたける　才長△けた少女
さいたま　埼玉県
さいたる　最たるもの
さいたん　採炭する
　最短距離
さいだん　歳旦（元旦）
　祭壇を設ける
　裁断を仰ぐ
　生地を裁断する
ざいだん　財団法人
さいち　才知　＊才智
　細緻な計画
さいちゅう　会議の最中
ざいちゅう　写真在中
さいちょう　伝教大師最澄
ざいちょう　在庁する
さいづち　才槌
さいてい　最低賃金
　仲裁裁定
さいていげん　最低限
さいてき　別荘地に最適

さ

さいてん　答案を採点する
さいでん　美の祭典　祭殿
さいど　再度試みる　色の彩度と明度　衆生を済度する
ざいとう　財投（財政投融資）
さいどく　小説を再読する
さいなむ　心を苛む　*嘖む
さいなん　災難に遭う
ざいにち　在日外国人
さいにゅう　歳入と歳出
さいにん　委員に再任する
ざいにん　在任期間　罪人
さいねん　問題が再燃する
さいのう　才能
ざいのう　財嚢をはたく
さいのかわら　賽の河原

さいのめ　采の目　*賽の目
さいはい　頓首再拝　采配を振る
さいばい　稲を栽培する
さいばし　菜箸
さいはじける　才弾ける
さいばしる　才走った人
さいはつ　病気が再発する
ざいばつ　財閥の解体
さいはて　最果ての地
さいばら　催馬楽
さいはん　初犯と再犯　本の再版　再販制度
さいばん　裁判を受ける
さいばんかん　裁判官
さいばんしょ　裁判所
さいひ　採否を決める　歳費を増額する

さいび　細微にわたる
ざいひ　在否を尋ねる
さいひょう　砕氷する
さいひょうせん　砕氷船
さいふ　財布を握る　民謡を採譜する
さいぶ　細部を描写する
ざいふ　在府の諸大名
さいふく　祭服　*斎服
さいぶつ　才物（才人）
ざいぶつ　財物を奪う
さいぶん　費目を細分する
さいへん　陣容を再編する　砕片が飛び散る　細片に砕く
さいほう　ローマ再訪の旅　裁縫をする
さいぼう　細胞分裂
ざいほう　金銀財宝
さいほうじょうど　西方浄土

さいまつ　歳末の助け合い
さいみつ　細密に描く
さいみん　細民街　経世済民　催眠剤
さいみんじゅつ　催眠術
さいむ　債務を負う
ざいむ　財務行政
ざいむしょう　財務省
さいもく　細目を決める
ざいもく　建築用の材木
さいもん　祭文を語る
ざいや　在野の人
さいやく　災厄に遭う
さいゆ　採油する
さいゆう　再遊の途に上る

賽
緻
嚢

さ

さいゆうき　西遊記
さいよう　社員を採用する　細腰の佳人
さいらい　孔明の再来
ざいらい　在来の方法
さいらん　鮭の採卵
さいり　犀利な頭脳
さいりゃく　才略人に優れる
ざいりゅう　英国に在留する
さいりょう　最良の日　裁量に任せる
ざいりょう　料理の材料
ざいりょく　財力のある人
さいりん　キリストの再臨
さいるい　催涙弾
さいれい　祭礼を行う
さいろう　豺狼の群れ（やまいぬとおおかみ）
さいろく　記事を再録する　方言を採録する　雑誌に載録する
さいわい　幸いを祈る・―にも
さいわん　才腕を振るう

さえ
［人冴］―さえ―

さえ　腕の冴え
さえかえる　月が冴え返る
さえき　差益が出る
さえぎる　話を遮る
さえずる　小鳥が囀る
さえつ　査閲を受ける
さえのかみ　塞△の神
さえる　頭が冴える
さえわたる　月が冴え渡る
さお　竿・*棹
ざおうざん　蔵王山
さおさす　流れに棹差す
さおだけ　竿竹・*棹竹
さおとめ　早乙女
さおばかり　竿秤・*棹秤
さおひめ　佐保△姫（春の女神）
さか　坂を上る
さか　茶菓の接待
さが　人の性△
さが　佐賀県
ざか　座下
ざが　常住坐臥・*座臥
さかあがり　逆上がり
さかい　境・*界を決める
さかい　堺△市
さかいめ　生死の境目
さかうらみ　逆恨み・*逆怨△み
さがえ　寒△河江市
さかえる　産業が栄える
さかおとし　鵯越《ひよどりごえ》の逆落とし

さかき
［人榊］―さかき―　「―を捧げる」

さがく　差額を負担する
さかぐら　酒蔵
さかげ　逆毛を立てる
さかご　逆子・*逆児△
さかさ　逆さになる
さかさま　逆さま・*逆様
さかさまつげ　逆さ睫
さがしあてる　捜し当てる・*探し当てる
さかしい　賢△しいまね
さかしお　酒塩
さがしだす　捜し出す・*探し出す
さがしもの　捜し物・*探し物
さかしら　賢△しらをする

ざがしら　座頭
さがす　捜す　*探す
さかずき　杯　*盃
さかずきごと　杯事　*盃事
さかぞり　逆剃り
さかた　酒田市
さかだち　逆立ちをする
さかだつ　髪が逆立つ
さかだる　酒樽
さかて　逆手に持つ
　酒手をはずむ
さかな　魚を釣る
　酒の肴
さかなで　神経を逆撫でする
さかなみ　逆波　*逆浪△
さかなや　魚屋
ざがね　座金
さかねじ　逆捩じ
さがの　嵯峨野の竹林

さかのぼる　遡る　*溯る
さかば　大衆酒場
さかまく　逆巻く大波
さがみ　相模の国
さかみち　坂道を上る
さかむけ　逆剝け
さかむし　貝の酒蒸し
さかもぎ　逆茂木
さかもとりょうま　坂本竜△馬　*坂本龍馬
さかもり　酒盛り
さかや　酒屋
さかやき　月代が伸びる
さかやけ　酒焼け
さかゆく　栄行く御代
さかゆめ　夢は逆夢
さからう　親に逆らう
さかり　人生の盛り
さかりば　盛り場

さかる　燃え盛る
さがる　値が下がる
さかろ　逆艪
さかん　盛んな声援
　意気盛ん
　*壮△ん
さかん　左官屋
　佐官
さがん　左岸
　砂岩
ざかん　座棺　*坐棺

さき
[崎]さき ── 観音崎

さき　先に帰る
　三分の咲き
さき　左記の通り
さぎ　鷺
さぎ　詐欺を働く
　詐偽(偽り)

さきうり　青田の先売り
さきおくり　問題の先送り
さきおととい　一昨昨日
さきがい　土地の先買い
さきがけ　春の先駆け
　*魁
さきがし　先貸し
さきがり　先借り
さきぎり　先限△
さきこぼれる　咲き溢れる
さきごろ　先頃
さきさま　先様の御都合
さきそめる　咲き初める
さきだつ　人に先立つ
さぎちょう　左義長　*三△毬杖
さきづけ　先付け小切手

豺
囀
艪

さきて　先手の大将
さきどり　時代の先取り
さきに　先に述べた件
さきにおう　桃が咲き匂う
さきのばし　先延ばし
さきばしる　考えが先走る
さきばらい　先払い
さきぶれ　春の先触れ
さきぼう　お先棒を担ぐ
さきほこる　桜が咲き誇る
さきぼそり　先細りの事業
さきほど　先程は失礼
さきまわり　先回りする
さきみだれる　咲き乱れる
さきものがい　先物買い
さきもり　防人の歌
さきやま　先山　*前山
さきゅう　鳥取砂丘
さきゆき　先行きの不安
さぎょう　作業をする

ざきょう　座興に歌を歌う
ざぎょう　座業　*坐業
さぎり　狭霧のかなたに
さきわう　言霊の幸う国
さきわけ　咲き分け
さきわたし　商品の先渡し
さきん　砂金
　差金決済
さきんじる　人に先んじる
さきんずる　人に先んずる

サク

[冊] サク・サツ ― 冊立・短冊
[作] サク・サ　つく-る ― 「運慶の―」◇作為・作品・作物・著作・豊作
[昨] サク ― 昨日・昨年・昨三日・昨夜・昨今・一昨日
[策] サク ― 「―を授ける」◇策士・策謀・策略・政策・対策
[削] サク　けず-る ― 削減・削除・掘削・切削・添削
[索] サク ― 索引・索具・索条・検索・思索・捜索・鉄索
[酢] サク　す ― 酢酸
[搾] サク　しぼ-る ― 搾取・搾乳・搾油・圧搾
[錯] サク ― 錯誤・錯乱・錯角・錯覚・錯簡・交錯・倒錯
[柵] サク ― 「―を巡らす」◇鉄柵
[朔]人 サク　はじめ ― 朔日・朔風
[窄]人 サク ― 狭窄

さ〈く〉

[咲] さ-く ― 「花が―」

さく　布を裂く
　時間を割く・人手を―
さくい　作為の跡
　作意がある
さくいてき　作為的に行う
さくいん　語句索引
さくおう　策応する
さくおとこ　作男
さくが　作画
さくがら　麦の作柄
さくがんき　削岩機
　*鑿岩機
さくぐ　索具
さくげつ　昨月
さくげん　予算を削減する
さくげんち　策源地
さくご　錯誤による行為
さくさく　好評嘖々
さくざつ　錯雑した関係
さくさん　酢酸　*醋酸
さくし　作詞と作曲
　作詩
　策士策に溺れる
さくじつ　昨日

△は常用漢字表にない音訓　|の付いた仮名は省略してもよい送り仮名　*は同語の別表記

朔日（ついたち）
さくしゃ　作者不詳
さくしゅ　搾取する
さくしゅつ　新品種の作出
さくじょ　一行削除する
さくじょう　索条（ワイヤロープ）
さくず　幾何の作図
さくする　謀反を策する
さくせい　文書を作成する　品物を作製する
さくせん　作戦を練る
さくそう　利害が錯綜する
さくづけ　作付けをする
さくてい　計画を策定する
さくとう　作陶展
さくどう　架空索道　策動する
さくにゅう　搾乳器
さくねん　昨年

さくばく　索漠　*索莫たる人生
さくばん　昨晩
さくひん　作品
さくふう　ピカソの作風　朔風（北風）
さくぶん　作文を書く
さくぼう　策謀を巡らす
ざぐみ　初演の座組み
さくもつ　作物の植え付け
さくや　昨夜の雨
さくやく　炸薬
さくゆ　搾油する
さくゆう　昨夕
さくら　桜が咲く
さくらがい　桜貝
さくらがみ　桜紙
さくらがり　桜狩り
さくらじま　桜島の噴煙
さくらぜんせん　桜前線

さくらにく　桜肉（馬肉）
さくらもち　桜餅
さくらゆ　桜湯
さくらん　精神が錯乱する
さくらんぼ　桜桃　*桜ん坊
さぐり　探りを入れる
さぐりあい　腹の探り合い
さぐりあし　探り足で行く
さぐりあてる　探り当てる
さぐりだす　探り出す
さくりつ　皇后を冊立する
さくりゃく　策略を巡らす
さぐる　内情を探る
さくれつ　爆弾が炸裂する
ざくろ　石榴　*柘榴
さけ　酒は百薬の長　鮭の缶詰
さげ　株価の下げ
さけい　思想が左傾する
さげお　刀の下げ緒

さげかじ　下げ舵
さけかす　酒粕　*酒糟
さけぐせ　酒癖が悪い
さげしお　下げ潮
さげじゅう　提げ重
さげすむ　人を蔑む　*貶む
さけのみ　酒飲み　*酒呑み
さけび　反対の叫び
さけびごえ　叫び声
さけびたり　酒浸りになる
さけぶ　大声で叫ぶ
さけめ　岩の裂け目
さける　布が裂ける
さける　難を避ける
さげる　値段を下げる

噴　榴　糟

さ

手に下げる
*提げる
さげわたす　下げ渡す　勅使を差遣する
さけん　左舷
ざこ　雑魚　雑魚の魚《とと》まじり
ざこう　座高　*坐高
さこく　鎖国時代
さこつ　鎖骨
ざこつ　座骨　*坐骨
ざこね　雑魚寝をする
さこん　左近△の桜

ささ
[人 笹]―ささ―　笹舟・竹笹

ささ　酒△（「さけ」のこと）
ささ　些々たる損失
ささい　些△細　*瑣細
ささえ　心の支えにする
さざえ　栄△螺の壺《つぼ》焼き

ささえる　一家を支える
ささげつつ　捧げ銃△
ささげもの　捧げ物
ささげる　神前に捧げる
ささたけ　笹竹
ささつ　現地を査察する
ささなき　鶯△の笹鳴き　*小鳴き
さざなみ　小波　*漣　*細△波
ささぶね　笹舟を浮かべる
ささみ　とりの笹身
ささめごと　私語△（ひそひそ話）
ささめゆき　細△雪
ささやか　細△やかな願い
ささやく　囁△く　*私△語△く
ささやぶ　笹藪
ささら　簓△
ささる　とげが刺さる
さざれいし　細△石

さざんか　山△茶△花
さし　尺△で丈を測る　差しで飲む
さし　砂嘴
さし　渣滓（沈殿物《ちんでんぶつ》）
さじ　匙を投げる
さじ　些△事　*瑣事にわたる
ざし　座視　*坐視
さしあげる　差し|上げる
さしあし　抜き足差し足
さしあたり　差し当た|り　*差当り
さしあみ　刺し|網
さしいれひん　差入品
さしいれる　差し|入れる
さしえ　挿し絵
さしおく　兄を差し|置いて
さしおさえ　差し押さ|え　*差押え
さしおさえる　差し押さ|える　*差押える
さしかえる　差し|替える　*差し|換える
さしかかる　差し掛|かる
さじかげん　匙加減
さしがね　差し|金で動く
さしき　挿し|木
さじき　桟敷
ざしき　座敷に通される
さしきず　刺し|傷
ざしきろう　座敷牢
さしくる　差し|繰る
さしげ　差し|毛の馬
さしこ　刺し|子
さしこみ　差し|込み
さしこむ　日が差し|込む　*射△し|込む

さしころす　敵を刺し殺す
さしさわり　差し障り
さししめす　指し示す
さしず　指図をする
さしずめ　差し詰め
❖ふつう仮名書き。
さしせまる　時が差し迫る
さしぞえ　差し添え（脇差）
さしだしにん　差出人
さしだす　差し出す
さしたてる　使いを差し立てる
さしちがえる　敵と刺し違える
行司が差し違える
さしつかえる　差し支える
さしつかわす　差し遣わす
さしつさされつ　差しつ差されつ

さして　指し手（将棋）
差し手（相撲）
△然して困らない
さしでがましい　差し出がましい
さしでぐち　差し出口
さしでる　差し出た行為
さしとおす　胸を刺し通す
さしとめ　記事差し止め
さしとめる　差し止める
さしぬい　刺し縫い
さしぬき　指貫△（袴）
さしね　指し値で買う
さしのべる　差し伸べる
＊差し延べる
さしば　差し歯
さしはさむ　口を差し挟む
さしひかえる　差し控える
さしひき　差し引き　＊差引する

さしひく　差し引く
さしまねく　人を差し招く
＊麾く
さしまわし　差し回しの車
さしみ　刺身のつま
差し身（相撲）
さしみず　差し水をする
さしむかい　差し向かい
＊差向い
さしむき　差し向き
さしむける　差し向ける
さしもどし　差し戻し判決
さしもどす　差し戻す
さしもの　指し物師
さしゆ　差し湯をする
さしゅ　金を詐取する
さしゅう　物品を査収する
さじゅつ　詐術を弄する
さしょう　些少ながら
査証が下りる

官名を詐称する
さじょう　砂上の楼閣
ざしょう　船が座礁　＊坐礁する
挫傷を受ける
ざしょく　座食　＊坐食
座職　＊坐職
さしりょう　差し料（刀）
さしわたし　差し渡し（直径）
さじん　砂塵が舞う
さす　砂州　＊砂洲
さす　腰に刀を差す・魔が―・傘を―
水を差す　＊注△す
目薬を差す　＊点△す

漣
藪
麾

さ

日が差す　*射△す
さす　花瓶に花を挿す・かんざしを―
さす　針が北を指す・将棋を―
さす　人を刺す・身を―寒さ
虫が刺す
さす　戸を鎖△す
ざす　天台座主
船が座州　*坐洲△する
さすが　流石△△に見事だ
さずかる　子供を授かる
さずける　秘伝を授ける
さすまた　刺股　*刺叉
さすらう　荒野を流離△△う　*漂泊△△う
さする　腕を擦△る　*摩△る
ざする　座し　*坐して死を待つ
させい　嗄声（声がれ）
ざせき　座席を予約する
させつ　車が左折する
ざせつ　研究が挫折する
させぼ　佐世保市
させる　然△せる功もなく
させん　左遷される
ざぜん　座禅　*坐禅
さぞ　嘸面白かろう
さそい　誘いに乗る
さそいあわせる　誘い合わ｜せる
さそいだす　人を誘い出す
さそいみず　誘い水を差す
さそう　花見に誘う
ざぞう　座像　*坐像
さぞかし　嘸かし喜ぶことでしょう
さぞや　嘸や喜ぶだろう
さそり　蠍に刺される
さそん　為替差損
さた　何の沙汰もない
さだか　定かでない
ざたく　座卓
さだまる　天気が定まる
さだめ　人の世の定め
さだめし　定めしうれしいことでしょう
さだめる　目標を定める
さたやみ　沙汰止△み
さたん　左袒する
嗟嘆　*嗟歎の声
ざだん　座談が上手な人
ざだんかい　座談会
さち　海の幸
ざちょう　座長を務める

サツ

【冊】｜サツ・サク ―「一―の本」◇冊子・別冊
【札】ふだ サツ ―「―を数える」◇札束・鑑札・入札・表札
【刷】する サツ ― 刷新・印刷・縮刷・増刷
【殺（殺）】ころす サツ・（サイ・セツ） ― 殺意・殺害・殺到・殺伐・自殺・黙殺
【察】｜サツ ― 察知・観察・警察・検察・考察・視察・明察
【撮】とる サツ ― 撮影・撮要・空撮・特撮
【擦】する・すれる サツ ― 擦過傷・破擦音・摩擦
【刹】｜サツ・セツ ― 古刹・名刹
【拶】｜サツ ― 挨拶
【人颯】きよ・きよし サツ ― 颯爽・颯々
【人薩】｜サツ・サチ ― 薩摩芋・菩薩

ザツ

[雑(雜)]ザツ・ゾウ ―「―なやり方」◇雑音・雑草・乱雑

さつい 殺意を抱く
さついれ 札入れ
さつえい 映画を撮影する
ざつえき 雑役
さつお 猟夫(猟師)
ざつおん 雑音が入る
さっか 流行作家
さっか 作歌
ざっか 雑貨を売る
さつがい 人を殺害する
さっかく 錯覚を起こす
さっかく 錯角
ざつがく 雑学がある
さっかしょう 擦過傷
ざっかん 年頭雑感
さつき 五月 *皐月

さっき 殺気を帯びる
ざつき 座付きの作者
ざっき 身辺の雑記
ざつぎ 雑技
さつきあめ 五月雨
さっきだつ 殺気立つ
ざっきちょう 雑記帳
さつきばれ 五月晴れ
さつきやみ 五月闇
さっきゅう 早急に処理する
ざっきょ 雑居生活
さっきょう 作況報告
さっきょく 作曲する
さっきん 殺菌する
ざっきん 雑菌が入る
さっく 作句する
ざつぐ 雑具
ざつげき 雑劇
ざっけん 雑犬(雑種の犬)
雑件を片付ける

さっこう 国民精神の作興
ざっこう 西鶴雑考
ざっこく 雑穀
さっこん 昨今の情勢
ざっこん 雑婚
さっし 冊子
察しがいい
ざっし 月刊雑誌
ざつじ 雑事に追われる
ざっしゅ 雑種の犬
さっしょう 人を殺傷する
ざっしょく 雑食の動物
ざつしょとく 雑所得
さっしん 市政を刷新する
さつじん 殺人事件
芝居の殺陣
さっすい 撒水車
さっする 心中を察する
ざつぜん 雑然とした町
さっそう 颯爽と歩く

ざっそう 雑草が生える
さっそく 早速手紙を書く
さっそざい 殺鼠剤
ざった 雑多な意見
さつたば 札束を積む
ざつだん 雑談する
さっち 計画を察知する
さっちゅうざい 殺虫剤
さっと 颯と風が吹く
さっとう 注文が殺到する
ざっとう 雑踏 *雑沓
*雑閙
ざつねん 雑念を去る
ざつのう 雑嚢に入れる
さっぱ 種を撒播する
ざっぱく 雑駁な知識
さつばつ 殺伐な世相

蠍 皐 鬧

さ

ざっぴ　雑費がかさむ
さっぴく　差っ引く
ざっぴつ　雑筆
さつびら　札びらを切る
さっぷ　農薬を撒布する
さっぷうけい　殺風景な景色
ざつぶん　雑文を書く
ざっぽう　雑報欄
ざつぼく　雑木
さっぽろ　札幌市
さつま　薩摩の国
さつまいも　薩摩芋　*甘藷△
さつまはやと　薩摩隼△人
ざつむ　雑務に追われる
さつよう　憲法撮要
ざつよう　雑用が多い
さつりく　住民を殺戮する
ざつろく　雑録

ざつわ　身辺雑話
さて　扨　*扠どうしよう
さであみ　叉手網
さてい　税額を査定する
さておく　冗談は扨置き　*措置き
さてつ　砂鉄
　　蹉跌を来す
さと　里の秋
さど　佐渡の国
さとい　利に敏△い　*聡い
さといも　里芋
さとう　左党(酒飲み)
　　砂糖
さどう　差等を設けない
　　機械が作動する
　　茶道のたしなみ
ざとう　座頭
さとうきび　砂糖黍

さとおや　里親制度
さとがえり　妻の里帰り
さとかぐら　里神楽
さとかた　里方の叔母
さとご　里子に出す
さとごころ　里心がつく
さとす　懇々と諭す
さとゆき　里雪
さとり　悟り　*覚△り
さとる　過ちを悟る　*覚△る
さなえ　早苗を植える
さなか　夏の最中
さなぎ　蚕の蛹
さなだひも　真田紐
さにあらず　然△に非△ず
さぬき　讃岐の国
さね　よろいの札△
　　梅の種の実△　*核△
さのう　砂嚢

さは　左派と右派
さば　鯖の生き腐れ・｜を読む
さはい　貸家の差配
さばき　裁きを受ける
さばく　佐幕派
さばく　砂漠　*沙漠
さばく　仕事を捌く
　　訴えを裁く
さばける　品が捌ける
さはんじ　日常茶飯事
さび　寂のある声・わびと―
　　身から出た錆
　　*銹
さびあゆ　錆鮎(落ち鮎)
さびごえ　寂声　*錆声
さびしい　寂しい　*淋しい夜道
さびどめ　錆止めを塗る

さ

さびょう　詐病（仮病）
ざひょう　座標軸
さびる　鉄が錆る　*銹る
さびれる　芸が寂びてくる　町が寂れる
ざぶとん　座布団　*座蒲団を敷く
さべつ　差別する
さほう　礼儀作法
さぼう　砂防工事　茶房
さほど　左程　*然程寒くはない
ざぼん　朱欒の実
さま　様にならない　鈴木様
ざま　様を見ろ
さまがわり　様変わりする
さまざま　様々な形

さます　湯を冷ます　眠りを覚ます　*醒ます
さまたげ　出世の妨げ
さまたげる　安眠を妨げる
さまつ　些末　*瑣末
さまよう　森をさ迷う　*彷徨う
さみしい　寂しい　*淋しい
さみだれ　五月雨
さみどり　さ緑匂う
さむい　寒い朝
さむえ　禅僧の作務衣
さむがり　寒がり
さむけ　寒気がする
さむさ　寒さ知らず
さむぞら　師走の寒空
さむらい　大した侍だ
さむらいだいしょう　侍大将

さめ　鮫の皮
さめはだ　鮫肌　*鮫膚
さめやらぬ　興奮いまだ覚め遣らぬ
さめる　熱が冷める・興奮が—
さめる　目が覚める　酔いが覚める　*醒める
さめる　色が褪める
さも　然も楽しそうに
さもありなん　然も有りなん
ざもち　座持ち
ざもと　座元
さもなければ　然も無ければ
さもん　関係者の査問
さや　豆の莢　刀の鞘

さやあて　紗綾（絹織物）　恋の鞘当て
さやか　清かな月の光
ざやく　座薬　*坐薬
さやけさ　月の清けさ
さやばしる　太刀が鞘走る
さゆ　薬を白湯で飲む
さゆう　言を左右にする　左右を見る
ざゆう　座右の銘
さゆり　小百合
さよ　小夜更けて
さよう　薬の作用　左様　*然様心得る
さよく　左翼

戮
鯖
欒

さ

ざよく　座浴　＊坐浴
さよしぐれ　小夜時雨
さより　鱵　＊細△魚△（魚）

さら
［皿］さら　―「―に盛る」◇灰皿

さらいしゅう　再来週
さらいねん　再来年
さらう　英語を復習△う　どぶを浚う　＊渫う　子供を攫う
ざらがみ　更△紙に刷る
さらけだす　曝△け出す
さらさ　更紗の布団
さらさら　自信は更々ない
さらし　晒|し　＊晒布△
さらしあん　晒し餡
さらしくび　晒|し首　＊曝|し首
さらしこ　晒|し粉
さらしなにっき　更級日記
さらしもの　晒|し者
さらしもめん　晒|し木綿
さらす　恥を晒す　＊曝す
さらち　更地
さらに　更によくなる
さらば　然△らば
さらまわし　皿回し
ざらめ　粗△目糖
さらゆ　新湯
さりげない　然り気無い
さりじょう　去り状（離縁状）
さりとて　然△りとて
さりとは　然△りとは
さりとも　然△りとも
さりながら　然△り乍△ら
さる　申△年
さる　猿の木登り
さる　然△る所
さる　その場所を去る・―十日
ざる　笊△ですくう
さるがく　猿楽　＊申△楽
さるぐつわ　猿轡をはめる
さるしばい　猿△芝△居を打つ
さるすべり　百日紅の花
ざるそば　笊△蕎△麦
さるぢえ　猿知恵　＊猿智△慧△と笑う
さるまた　猿股
さるまね　猿真似△をする
さるまわし　猿回し
さるもの　去る者は追わず　敵も然△る者
ざれい　座礼と立礼《りつれい》
ざれうた　戯△れ歌
されき　砂礫で埋まる
されこうべ　曝れ首△　＊髑髏
ざれごと　戯△れ言を言う　戯△れ事をする
ざれる　戯△れて遊ぶ
さわ　沢を登る
さわかい　茶話会を催す
さわがしい　騒がしい物音
さわがす　世間を騒がす
さわがに　沢蟹
さわぎ　騒ぎが起こる
さわぎたてる　騒ぎ立てる
さわぐ　胸が騒ぐ
さわす　渋柿を醂△す
さわちりょうり　皿鉢△料理
さわべ　沢辺
ざわめく　会場が騒△めく
さわやか　爽やかな朝
さわら　鰆△の塩焼き
さわらび　早蕨
さわり　触りの文句

さわる
何の**障**りもない
指で**触**る
気に**障**る

サン

[三] サン　み・みっ・みっつ ―三角・三月・三寒四温・三面・三流・再三
[山] サン　やま ―山陰・山荘・山賊・山脈・山林・火山・登山
[参(參)] サン　まいる ―参円・参加・参考・参照・参戦・降参・持参
[蚕(蠶)] サン　かいこ ―蚕糸・蚕紙・蚕児・蚕室・蚕食・秋蚕・養蚕
[産] サン　うむ・うまれる・うぶ ―「―を成す」◇産業・産地・生産
[散] サン　ちる・ちらす・ちらかす・ちらかる ―散会・散見・散策・散乱・解散
[算] サン ― ―「―を乱す」◇算出・算数・算段・計算・予算
[酸] サン　すい ―「―に弱い」◇酸化・酸性・酸素・酸味・辛酸
[賛(贊)] サン ― ―「絵に―を書く」◇賛歌・賛成・称賛
❖「讃」の書きかえにも。
[桟(棧)] サン ― ―「障子の―」◇桟道・桟橋
[惨(慘)] サン・ザン　みじめ ―「―とした」◇惨禍・惨劇・惨事・悲惨
[傘] サン　かさ ―傘下・落下傘
[人燦] サン　あき・あきら ―燦然・燦々
[人喰] サン ― ―
[人撒] サン・サツ ― ―撒水・撒布
[人珊] サン　さぶ ―珊瑚
[人纂] サン　あつ ―編纂・類纂
[人讃] サン　ささ ―讃歌・礼讃

ザン

[惨(慘)] ザン・サン　みじめ ―惨殺・惨死・惨敗
[暫] ザン ― ―暫時・暫定予算
[残(殘)] ザン　のこる・のこす ―残業・残金・残党・残念・残務・残留
[斬] ザン　きる ― ―「―に処す」◇斬殺・斬新

ざん　**讒**にあう
さんい　**賛意**を表する
さんいつ　**散逸** *散佚
さんいん　**参院**(参議院)
　産院
さんいん　**山陰**地方
さんう　**山雨**が来る
ざんえい　**残映**をとどめる
　残影をしのぶ
さんか　故郷の**山河**
　山窩
　参加を申し込む
　産科医
さんが　**惨禍**を被る
　傘下に集まる
　金属が**酸化**する
　賛歌 *讃歌
　故郷の**山河**
　宮中**参賀**
さんかい　**山海**の珍味
　丹沢**山塊**
　祝宴に**参会**する
　七時に**散会**する
さんがい　**三界**に家なし
　台風による**惨害**
ざんがい　事故車の**残骸**
さんかいき　**三回忌**
さんかく　**三角**
　事業に**参画**する
さんがく　**山岳**地帯

鱵
轡
鰆

産学協同
ざんがく　残額千円
さんかくきん　三角巾
さんかくけい　三角形
❖「さんかっけい」とも。
さんかくす　三角州　*三角洲
さんかくてん　三角点
さんがつ　三月
さんがにち　三箇日
さんかん　山間僻地
資料を参看する
授業を参観する
ざんかん　残寒（余寒）
さんかんおう　三冠王
さんかんしおん　三寒四温
ざんかんじょう　斬奸状
さんき　冷たい山気
さんぎ　参議
算木
ざんき　慙愧　*慚愧に堪えない
さんぎいん　参議院議員
さんきゃく　カメラの三脚
ざんぎゃく　残虐　*惨虐
さんきゅう　産休を取る
さんきょ　山居する
さんきょう　山峡
さんぎょう　蚕業
産業の振興策
ざんきょう　残響時間
ざんぎょう　残業手当
さんぎょうかくめい　産業革命
さんぎょうち　三業地
さんきょく　三曲
ざんぎり　散△切り|頭
ざんきん　残金を支払う
さんきんこうたい　参勤交代　*参覲交代
さんく　惨苦を思いやる
さんぐう　伊勢参宮
さんぐん　三軍を指揮する
さんげ　南海に散華△する
ざんげ　罪を懺悔する
さんけい　日本三景
ヒマラヤ山系
神社に参詣する
さんげき　惨劇の現場
さんけつ　酸欠現象
ざんけつ　古写本の残欠　*残闕
ざんげつ　残月が西に傾く
さんけづく　産気付く
さんけん　三権分立
諸書に散見する
さんげん　三弦　*三絃
ざんげん　主君に讒言する
さんげんしょく　三原色
さんこ　三顧の礼
さんご　珊瑚の首飾り
産後の肥立ち
さんこう　ヒマラヤ山行
御所に参向する
参考にする
散光星雲
さんごう　寺院の山号
聖人を賛仰　*讃仰　*鑽仰する
ざんこう　あかね色の残光
ざんごう　塹壕を掘る
さんこうしょ　参考書
ざんこく　残酷　*惨酷
さんごくいち　三国一の花婿
さんごしょう　珊瑚礁
さんこつ　海に散骨する
ざんこん　残痕
ざんさ　残渣

さ

さんさい　和漢三才図会《ずえ》　唐三彩　山妻（妻の謙称）　山菜を採る

さんざい　家が散在する　散剤を飲む　散財をかける

ざんさい　残滓　❖正しくは「ざんし」。

ざんざい　斬罪に処す

さんさく　郊外を散策する

さんざし　山査子の実

ざんさつ　惨殺する　刀で斬殺する

さんさろ　三叉路　*三差路

さんさん　日が燦々と降り注ぐ

さんざん　散々な目に遭う

さんさんくど　三三九度の杯

さんし　三思して後行う　蚕糸試験場　東海散士

さんじ　参事　産児制限　流血の惨事　賛辞　*讃辞を呈する

ざんし　封建時代の残滓　惨死する　慙死　*慚死

ざんじ　暫時の猶予

さんしき　算式

さんじげん　三次元の世界

さんしすいめい　山紫水明

さんした　三下奴《やっこ》

さんしちにち　三七日

さんしつ　蚕室　産室

さんしのれい　鳩に三枝の礼

さんしゃ　三舎を避ける

さんしゃく　意見を参酌する

さんじゃくね　三尺寝

さんじゃまつり　三社祭り

さんじゅ　傘寿（八十歳）

ざんしゅ　盗賊を斬首する

さんしゅう　定刻に参集する

さんじゅう　三十　*卅　三重になる

さんしゅうき　三周忌

さんじゅうく　三重苦の聖女

さんじゅうしょう　三重唱

さんじゅうそう　三重奏

さんじゅうにそう　三十二相

さんじゅうろっけい　三十六計逃げるにしかず

さんしゅつ　銅を産出する　税額を算出する

さんじゅつ　算術

さんしゅのじんぎ　三種の神器

さんじょ　産所　賛助会員

ざんしょ　残暑が厳しい

さんしょう　万歳を三唱する　山椒の芽　前後を参照する

さんじょう　三乗する　山上の垂訓　早速参上する　惨状を呈する

懺

讒

燦

ざんしょう　残照が消える
さんしょううお　山椒魚
さんしょく　山色(山の景色)
　領土を蚕食する
さんじょく　産褥につく
さんじる　膝下に参じる
　家財を散じる
さんしん　見逃しの三振
　拝殿に参進する
さんじん　紅葉山人
　荷風散人
ざんしん　斬新なデザイン
さんしんとう　三親等の親
　族
さんすい　山水画
　散水 ＊撒水車
さんすう　算数
さんすくみ　三竦みになる
さんすけ　ふろ屋の三助
さんずのかわ　三途△の川

さんする　柿を産する
　徳を賛する
　＊讃する
さんずる　膝下に参ずる
　家財を散ずる
ざんする　人を讒する
さんずん　舌先三寸
さんぜ　主従は三世
さんせい　日に三省する
　酸性反応
　法案に賛成する
さんせいけん　婦人参政権
さんせき　三跡 ＊三蹟と
　三筆
　難問が山積する
ざんせつ　残雪
さんせん　孟母三遷の教え
　参戦する
さんぜん　参禅者
　産前産後
　燦然 ＊粲然と
　輝く
さんせんそうもく　山川草
　木
さんそ　酸素
ざんそ　友人を讒訴する
さんそう　山相(山の様子)
　山荘
ざんぞう　残像
さんぞく　山賊
さんそん　山村
さんぞん　釈迦三尊
ざんぞん　地方に残存する
さんだい　三代に及ぶ争い
　参内する
　瞳孔が散大する
さんだいばなし　三題噺
　＊三題咄
ざんだか　残高を照合する
さんだつ　王位を簒奪する

さんだゆう　三太夫△
さんだわら　桟俵
さんたん　苦心惨憺 ＊惨
　澹・｜たる成績
　賛嘆 ＊讃歎に
　値する
さんだん　散弾 ＊霰弾銃
　無理算段
さんち　筑紫山地
　お茶の産地
さんちゅう　山中暦日無し
さんちょう　山頂を極める
さんちょく　産直(産地直送)
さんてい　費用を算定する
ざんてい　暫定予算
さんてん　山巓に至る
　灯火が散点する
さんでん　参殿する
ざんど　残土を捨てる
さんどう　山道

さ

参堂する
表参道
産道
断崖の桟道
計画に賛同する
ざんとう　豊臣の残党
さんどがさ　三度笠
さんとく　知仁勇の三徳
さんとして　燦として輝く
さんとめ　桟留縞
さんにゅう　新たに参入する
年限に算入する
ざんにゅう　竄入する
ざんにん　残忍な性格
さんにんしょう　三人称
ざんねん　残念ながら
さんば　産婆
さんぱい　神社に参拝する
牛乳が酸敗する
ざんぱい　惨敗を喫する

さんばいず　三杯酢
さんばがらす　三羽烏
さんぱくがん　三白眼
さんばし　桟橋に船が着く
さんばそう　能の三番叟
さんぱつ　事件が散発する
散髪をする
ざんぱん　残飯
さんはんきかん　三半規管
さんび　酸鼻　*惨鼻を
極める
行為を賛美
*讃美する
さんぴ　賛否両論
さんびか　賛美歌
*讃美歌
さんぴつ　三筆と三跡
さんびゃくだいげん　三百代
言
さんびょうし　三拍子揃う

ざんぴん　残品を整理する
さんぷ　江戸に参府する
産婦
農薬を散布　*撒
布する
❖「撒布」は正しく
は「さっぷ」。
ざんぶ　残部僅少
さんぷく　三伏の候
山腹に激突する
さんふじんか　産婦人科
さんぶつ　時代の産物
さんぶん　散文詩
さんぺいじる　三平汁
さんぺき　三碧（九星の一）
ざんぺん　墜落機の残片
さんぽ　近所を散歩する
さんぼう　三方に盛る
篤《あつ》く三宝を敬う
漱石山房

参謀本部
さんぽう　算法
ざんぼう　罵詈讒謗する
さんま　秋刀魚を焼く
さんまい　三枚におろす
三昧に入る
神事の散米
ざんまい　贅沢三昧
さんまいめ　三枚目
さんまん　注意散漫
さんみ　従《じゅ》三位
酸味が強い
さんみいったい　三位一体
さんみゃく　奥羽山脈
ざんむ　残務整理
さんめん　三面記事
さんめんきょう　三面鏡

褥
懺
巓

さんもん　南禅寺の山門
さんもんばん　三文判
さんもんぶんし　三文文士
さんや　山野を跋渉する
さんやく　三役揃い踏み
さんやく　散薬を飲む
さんゆこく　産油国
さんよ　企画に参与する
ざんよ　残余の金額
さんよう　険しい山容
さんよう　山陽新幹線
さんようすうじ　算用数字
さんらん　産卵する
　破片が散乱する
さんりく　三陸海岸
さんりつ　簒立する
ざんりゅう　海外に残留する
さんりょう　山陵（みささぎ）
さんりょう　山稜（尾根）
ざんりょう　残量
さんりん　山林
さんりんしゃ　三輪車
さんりんぼう　三隣亡
ざんるい　三者残塁
さんれい　山嶺に雪を頂く
さんれつ　式典に参列する
さんれつ　惨烈を極める
さんろう　お堂に参籠する
さんろく　富士山麓

し

シ

［仕］シ・（ジ）　つか-える ― 仕官・仕儀・仕事・出仕・致仕・奉仕
［史］シ ― 史学・史観・史劇・史実・史上・国史・歴史
［司］シ ― 司会・司書・司法・司令・行司・上司・保護司
［四］シ　よ・よ-つ・よっ-つ・よん ― 四角・四季・四方
［市］シ　いち ― 「―の財政」◇市営・市場・市販・市民・都市
［矢］シ　や ― 一矢
［示］シ・ジ　しめ-す ― 示教・示唆・示度・図示
［死］シ　し-ぬ ― 「―に臨む」◇死角・死活・死去・死刑・必死
［糸（絲）］シ　いと ― 一糸・絹糸・蚕糸・製糸・綿糸
［至］シ　いた-る ― 至近・至言・至当・至難・夏至・冬至・必至
［次］シ・ジ　つ-ぐ・つぎ ― 次第
［自］シ・ジ　みずか-ら ― 自然
［志］シ　こころざ-す・こころざし ― 志願・志望・遺志・寸志・有志
［私］シ　わたくし・わたし ― 私案・私営・私益・私財・私鉄・私腹・公私
［使］シ　つか-う ― 使役・使者・使節・使徒・使命・駆使・公使
［始］シ　はじ-める・はじ-まる ― 始球式・始業・始祖・始終・始発・開始
［姉］シ　あね ― 姉妹・義姉・実姉・諸姉・大姉・長姉
［枝］シ　えだ ― 枝葉末節・樹枝・整枝・連枝
［姿］シ　すがた ― 姿勢・姿態・全姿・雄姿・容姿・麗姿
［思］シ　おも-う ― 思考・思想・思慕・意思・相思・沈思
［指］シ　ゆび・さ-す ― 指示・指数・指標・指紋・屈指・十指
［師］シ ― 「―の恩」◇師事・師匠・師弟・医師・教師
［紙］シ　かみ ― 紙型・紙質・紙上・紙面・新聞紙・用紙・和紙
［視（視）］シ ― 視界・視覚・

視察・視線・視力・注視
[詞]シ ― 詞章・歌詞・賀詞・作詞・動詞・品詞・名詞
[歯(齒)]シ は ― 歯科・歯根・歯石・義歯・乳歯・門歯
[試]シ こころ-みる・ため-す ― 試案・試演・試金石・試掘・試験・入試
[詩]シ ― 「―を作る」◇詩歌・詩稿・詩作・詩集・詩情
[資]シ ― 「米塩の―」◇資格・資金・資質・学資・物資
[飼]シ か-う ― 飼育・飼養・飼料
[誌]シ ― 誌上・誌面・雑誌・他誌・日誌・墓誌・本誌
[旨]シ むね ― 旨意・宗旨・趣旨・本旨・要旨・来旨・論旨
[伺]シ うかが-う ― 伺候・奉伺
[刺]シ さ-す・さ-さる ― 「―を通じる」◇刺激・風刺・名刺

[祉(人祉)]シ ― 福祉
[肢]シ ― 肢体・下肢・義肢・後肢・四肢・上肢・選択肢
[施]シ・セ ほどこ-す ― 施工・施行・施策・施政・施設・実施
[脂]シ あぶら ― 脂粉・脂肪・牛脂・凝脂・樹脂・皮脂・油脂
[紫]シ むらさき ― 紫雲・紫煙・紫外線・紫紺・紫竹・紫電
[嗣]シ ― 嗣子・継嗣・後嗣・皇嗣・嫡嗣・養嗣子
[雌]シ め・めす ― 雌性・雌伏・雌雄
[賜]シ たまわ-る ― 賜暇・賜金・賜杯・恩賜・下賜
[諮]シ はか-る ― 諮問
[士]シ ― 「同好の―」◇士官・武士・弁護士・勇士
[子]シ・ス こ ― 子女・子息・子孫・女子・男子・分子・帽子

[支]シ ささ-える ― 支援・支局・支持・支出・支障・支配・収支
[止]シ と-まる・と-める ― 止血・止宿・止痛・休止・静止・中止
[氏]シ うじ ― 「―の論文」◇氏族・氏名・姓氏・某氏
[恣]シ ― 恣意的
[摯]シ ― 真摯
[人之]シ これ・の・ゆき ―
[人巳]シ み ―
[人只]シ ただ ― 只管
[人梓]シ あずさ ― 上梓
[人仔]シ・サイ かつ・こ ― 仔細
[人弛]シ・チ ― 弛緩
[人孜]シ あつ・ただす・つとむ ―
[人斯]シ これ・つな・のり ― 斯学・斯業
[人此]シ この ― 此岸
[人獅]シ ― 獅子
[人砥]シ・テイ と・といし ―

ジ

[示]ジ・シ しめ-す ― 示威・示談・暗示・掲示・指示・明示
[字]ジ あざ ― 「―を書く」◇字画・字源・活字・漢字・文字
[寺]ジ てら ― 寺院・寺号・古寺・社寺・廃寺・仏寺・末寺
[次]ジ・シ つ-ぐ・つぎ ― 次回・次官・次期・次元・次席・一次・席次
[耳]ジ みみ ― 耳殻・耳順・耳鼻科・耳目・俗耳・中耳・内耳
[自]ジ・シ みずか-ら ― 自衛・自我・自戒・自覚・自活・自治・各自
[地]ジ・チ ― 「―の文」◇地獄・地所・地震・地面・地元
[似]ジ に-る ― 疑似・近似値・酷似・相似形・類似品

簒
籠
麓

[児(兒)]ジ・(ニ)|― ―児童・幸運児・優良児・幼児
[事]ジ・(ズ) こと ―事業・事件・事実・事務・事例・火事・無事
[治]ジ・チ おさめる・おさまる・なおる・なおす ―根治・政治・退治・湯治・療治
[持]ジ もつ ―持参・持続・持病・持論・堅持・支持・所持
[時]ジ とき ―時下・時価・時間・時差・時節・当時・臨時
[辞(辭)]ジ やめる ―「開会の―」◇辞意・辞書・辞職・祝辞
[磁]ジ|― ―磁気・磁極・磁石・磁性・青磁・電磁波・陶磁器
[侍]ジ さむらい ―侍医・侍史・侍従・侍女・侍臣・侍立・近侍
[滋]ジ|― ―滋味・滋養
[璽]ジ|― ―印璽・玉璽・御璽
[慈]ジ いつくしむ ―慈愛・慈雨・慈願・慈善・慈悲・慈父・慈母
[餌[餌]]ジ えさ・え ―好餌・食餌
[蒔]ジ まき・まく ―
[爾]ジ・ニ ―爾今・卒爾・莞爾
[而]ジ・ニ・ドウ・ノウ ―形而上

じ　箱根路
じ　痔の手術
しあい　武芸仕合
しあい　野球の試合
じあい　地合いが悪い
　御自愛を祈る
　慈愛に満ちる
しあがり　仕上がり
しあがる　仕上がる
しあげ　仕上げがよい
じあげ　地上げ屋
しあげる　服を仕上げる
しあさって　明△明△後△日△
しあつ　指圧療法
じあまり　字余りの句
じあめ　地雨になる
しあわせ　幸せ　*仕合わせ
しあん　私案に過ぎない
　思案にくれる
　試案を出す
じあん　事案の真相解明
しい　椎△の実
しい　四囲の情勢
　私意を挟む
　思惟する
　恣意
じい　示威運動
　自慰
　国王の侍医
　辞意を表明する
しいか　詩歌管弦
しいぎゃく　君主を弑逆　*弑虐する
しいく　乳牛を飼育する
じいさん　隣の爺さん
　母方の祖△父△さん
じいしき　自意識過剰
しいする　主君を弑する
しいたけ　椎△茸を栽培する
しいたげる　弱者を虐げる
しいて　強いて言えば
しいてき　恣意的
しいな　粃(実のない籾《もみ》)
じいや　爺や
しいる　酒を強いる
　事実を誣いる
しいれ　仕入れをする
しいれかかく　仕入価格
しいれひん　仕入れ品
しいれる　米を仕入れる

し

し

じいろ　着物の地色
しいん　子音と母音
　死因を調べる
じいん　試飲する
　寺院
じう　干天の慈雨
じうた　地唄　*地歌
じうたい　地謡
じうたまい　地唄舞
しうち　ひどい仕打ち
じうん　時運に恵まれる
しうんてん　試運転を行う
しえ　紫△衣
しえい　市営バス
　私営事業
じえい　自営業者
　自衛する
しえき　私益を貪る
　使役する
しえん　争議を支援する
　私怨を晴らす
　紫煙をくゆらす
じえん　自作自演
しお　塩をまく
　潮　*汐の満ち干
しおあい　潮合い
しおあじ　塩味を付ける
しおかげん　塩加減をみる
しおかぜ　潮風に吹かれる
しおがま　塩竈市
しおから　烏賊《いか》の塩辛
しおからい　塩辛い水
しおき　お仕置き
しおくみ　潮汲み
しおくり　仕送りをする
しおけ　塩気が足りない
　潮気を含んだ風
しおけむり　潮煙が上がる
しおさい　潮△騒が聞こえる
しおざかい　潮境
しおさめ　仕事の仕納め
しおじ　八重の潮路
しおぜ　塩瀬の帯
しおだし　塩出しをする
しおたれる　潮垂れる
しおづけ　なすの塩漬け
しおどき　今が潮時と思う
しおどまり　潮止まり
しおのみさき　潮岬灯台
しおひがり　潮干狩り
しおふき　潮吹き
しおまち　潮待ちをする
しおみず　塩水に漬ける
しおめ　潮目
しおもみ　胡瓜《きゅうり》の塩揉み
しおやき　あじの塩焼き
しおやけ　潮焼けした顔
しおり　旅の栞　*枝折り
しおりど　枝折り戸
しおれる　花が△萎れる
しおん　子音と母音
じおん　師恩
　字音と字訓

しか
［鹿］しか・（か）──「─の角」

しか　△然　*爾言う
しか　後世の史家
　市価の半額
　洛陽《らくよう》の紙価を高からしむ
　歯科医
　詩歌
しが　歯牙にもかけぬ
しが　滋賀県
じか　△直取引

弑
竈
栞

じか　自火で焼ける
　自家製
　時下益々御清栄の段
　時価に換算する
じが　自我に目覚める
しかい　司会する
　四海みな兄弟
　視界に入る
　斯界の権威
しがい　市外通話
　市街
　死骸　＊屍骸
じかい　次回完結
　耳介
　自戒の言葉
　磁界
じがい　自害する
しがいせん　市街戦
　紫外線

しがいち　市街地
しかえし　仕返しをする
じがお　地顔
しかかりひん　仕掛か|り品　＊仕掛品
しかく　四角
　死角に入る
　刺客に襲われる
　視角の中に入る
　視覚と聴覚
　資格が有る
しがく　史学
　志学(十五歳)
　私学の雄
　斯学の権威
　歯学博士
じかく　字画を数える
　寺格が高い
　耳殻
　自覚症状
　痔核
しかくい　四角い紙
しかくばる　四角ばった顔
しかけ　手品の仕掛|け
しかける　罠《わな》を仕掛ける
しかざん　死火山
しかし　併△し　＊然△し
しかじか　然△々　＊云△々
じがじさん　自画自賛　＊自画自讃
しかして　而して　＊然△して
しかしながら　併△し乍ら　＊然△し乍ら
しかしゅう　私家集
　詞華集　＊詞花集
しかず　百聞は一見に如△かず　＊若△かず
じかせん　耳下腺炎

じがぞう　自画像
しかた　仕方が無い
じかた　地方と立方《たちかた》
じかたび　地下足袋
じがため　地固めをする
じかだんぱん　直△談判をする
じかちゅうどく　自家中毒
しかつ　死活問題
じかつ　自活する
しかつめらしい　鹿爪らしい
しかと　確△と約束する
じかどうちゃく　自家撞着
じかに　直△に手渡す
じがね　地金を出す
しかばね　屍　＊尸
しかばん　私家版
じかび　直△火で焼く
じかまき　直△播|き

し

じがみ　地髪で結う
しかめつら　顰め面をする
しかめる　顔を顰める
しかも　而も　*然も
じかようしゃ　自家用車
しがらきやき　信楽焼
しからば　然らば
しがらみ　恋の柵
しかり　然り
しかる　大声で叱る
しかるに　然るに
しかるべき　然るべき人
しかれども　然れども
しかん　海軍士官
　仕官する
　唯物史観
　精神が弛緩する
　屍姦
　歯冠
しがん　此岸と彼岸

じかん　兵役を志願する
　事務次官
　時間厳守
じがん　慈顔
しかんたざ　只管打坐
じかんわり　時間割り

シキ

［式］シキ　――「―を挙げる」◇式場・形式・結婚式・数式
［色］シキ・ショク　いろ　――色彩・色紙・色調・色欲・彩色
［織］シキ・ショク　おる　――組織
［識］シキ　――識語・識者・識別・意識・見識・知識・認識

しき　士気が揚がる（人々の意気）
　志気を高める（個人の意気）
　四季の眺め

しき　死期が迫る
　私記
　楽団を指揮する
　司馬遷の史記
しぎ　鴫　*鷸立つ沢
しぎ　余儀ない仕儀
　市議（市議会議員）
　公事を私議する
　試技

ジキ

［直］ジキ・チョク　ただちに・なおす・なおる　――「もう―春」◇直訴・直孫・正直
［食］（ジキ）・ショク　くう・くらう・たべる　――悪食・断食

じき　次期の会長
　自暴自棄
　時季外れ
　時期を定める

じぎ　時機を失する
　磁気を帯びる
　磁器の花瓶
　字義通りの解釈
　児戯に類する
　時宜にかなう
　お辞儀をする
じきあらし　磁気嵐
しきい　敷居が高い
しきいし　敷石伝い
しきうつし　敷き写しする
しぎかい　市議会
しきかく　色覚
しきがわ　虎の敷き皮
　靴の敷き革
しきかん　色感が鋭い
しきぎょう　私企業

骸
顰
鷸

し

しききん 敷金を払う
しきけん 指揮権発動
識見を疑われる
しきさい 色彩感覚
しぎさん 信貴△山
じきさん 直参の旗本
しきさんば 式三番△
しきし 色紙に揮毫《きごう》する
しきじ 卒業式の式次
校長の式辞
識字運動
しきしだい 式次第
しきじつ 結婚の式日
しきしま 敷島の道
しきしゃ 識者の言
楽団の指揮者
しきじゃく 色弱
しきじょう 結婚式場
色情狂
じきしょうそう 時期尚早

しきせ お仕着せの服
しきそ 色素
じきそ 将軍に直訴する
しきそう 色相
じきそう 天皇に直奏する
しきそくぜくう 色即是空
しきだい 式台
しきたり 家の仕来り
じきだん 直談する
しきち 敷地が狭い
しきちょう 落ち着いた色調
しきつめる 敷き詰める
じきでし 直弟子になる
しきてん 記念式典
じきでん 直伝の秘法
じきとう 直答を求める
じきに 直に分かる
しきねん 式年遷宮
じきひ 直披（脇付）

じきひつ 首相直筆の書簡
しきふ 敷布を敷く
しきぶ 式部官
しきふく 式服
しきぶとん 敷き布団
しきべつ 識別する
しきま 色魔
しきみ 樒の葉
じきみや 直宮
しきもう 色盲
しきもの 虎の皮の敷物
じきもん 直門の弟子
しきゃく 刺客に襲われる
しぎゃく 君主を弑逆
*弑虐する
嗜虐性
じぎゃく 自虐的性格
しきゅう 子宮
現物で支給する
四球を出す

死球を受ける
至急通知する
じきゅう 持久戦
時給千円
しきゅうしき 始球式
じきゅうじそく 自給自足
しきょ 死去する
じきょ 辞去する
しきょう 司教
株式市況
示教を乞う
至境に達する
しぎょう 仕業点検
始業式
斯業に貢献する
じきょう 犯行を自供する
自彊やまず
じぎょう 地形
事業を拡張する
しきょうひん 試供品

△は常用漢字表にない音訓　｜の付いた仮名は省略してもよい送り仮名　＊は同語の別表記

しきよく　色欲　*色慾
しきょく　札幌支局
じきょく　時局講演会
　磁極
しきり　仕切り　―に入る
しきりに　頻△りに笑う
しきる　降り頻△る
　部屋を仕切る
しきん　至近距離
　資金を運用する
　一時賜金
しぎん　詩吟と剣舞
しきんぐり　資金繰り
しきんせき　重大な試金石
しく　子に如△く　*若△
　くはない
しく　詩句
しく　布団を敷く
　善政を敷く　*布△
　く

ジク
[軸]ジク ―「マッチの―」◇軸足・軸木・車軸・地軸
[人竺二]ジク・トク・チク ―天竺

じく　字句を修正する
じくう　時空を超越する
じくうけ　軸受け―
　*軸承△け―
じくぎ　マッチの軸木
しぐさ　おかしな仕種△
　*仕草
じくじ　内心忸怩たるも
　のがある
じくそう　軸装
じぐち　地口
しくつ　油井を試掘する
しくはっく　四苦八苦する
しくみ　機械の仕組み―
しくむ　巧みに仕組む

じくもの　軸物
しぐれ　時雨△が降る
しぐれる　時△雨△れる
じくろ　舳艫相銜《あいふく》む
じくん　字訓と字音
しくんし　士君子
　四君子の絵
しけ　時化△になる
じげ　地下
　地毛
しけい　死刑に処する
　私刑（リンチ）
しげい　至芸に酔う
じけい　漢字の字形
　長兄と次兄
　自警団
しけいしゅう　死刑囚
しげき　史劇
　刺激　*刺戟
　詩劇

しげく　足繁△く通う
しげしげ　繁△々と通う
しけつ　止血する
じけつ　民族自決
しげみ　庭の茂み
　*繁△み
しける　海が時化△る
　海苔《のり》が湿△気る
しげる　茂る　*繁△る
しけん　私見を述べる
　試験する
しげん　全く至言である
　始原　*始源生
　物
　地下資源
じけん　事件が起こる
じげん　仏が示現する

嗜
彊
忸

漢字の字源
*字原
次元が違う
第一時限
仏の慈眼
しけんかん 試験管
しこ 醜△の御楯《みたて》
しこ 四股を踏む
四顧茫々
しご 死後
死語となる
私語を禁ずる
詩語
じこ 自己の最高記録
電車の事故
事後処理
じご 持碁になる
爾後の行動
至高善
しこう 伺候 *祗候す
る
学者を志向する
私行をあばく
思考力
指向性アンテナ
施工現場
法律を施行する
歯垢染色液
人の嗜好
しごう 師号
諡号
じこう 注意事項
天皇の侍講
時効にかかる
時候の挨拶
じごう 寺号
以下次号
しこうさくご 試行錯誤
しこうして 而して *然△し
て

じごうじとく 自業自得
しこうひん 嗜好品
じごえ 地声が大きい
しごき 扱△きを締める
しごく 至極元気だ
しごく 部下を扱△く
じこく 二△黒(九星の一)
自国の利益
発車の時刻
じごく 地獄と極楽
じこくてん 持国天(仏名)
じごくみみ 地獄耳
じこけんお 自己嫌悪
じこしょうかい 自己紹介
じごしょうだく 事後承諾
しごせん 子午線
しこたんとう 色△丹島
しごと 仕事に励む
力士の四股名
しこな *醜△名
しこのかん 指呼の間
しこみ 仕込|みがいい
しこむ 商品を仕込む
しこめ 醜△女
しこり 痼△り *凝△り
じこりゅう 自己流
しころ かぶとの錏 *錣
しこん 士魂商才
紫紺の大優勝旗
歯根
詩魂を養う
じこん 自今 *爾今以
後
しさ 示唆に富む
しざ 視座を転換する
じさ 時差通勤
しさい 子細 *仔細有
り気・—に語る
司祭
詩才がある

しざい　死罪／私財を投じる／建築資材／資財の欠乏
じざいかぎ　自在鉤
しさく　思索にふける／施策を講じる／詩作に専念する／試作する
じさく　自作自演
じさくのう　自作農
じざけ　地酒を飲む
しさつ　人を刺殺する／現地を視察する
じさつ　自殺する
じさない　死も辞さない
しさん　家族が四散する／工費を試算する／資産家
しざん　死産する

じさん　成果を自賛／*自讃する／書類を持参する
しし　肉／*宍が付く／獣食った報い
しし　四肢を伸ばす／死屍に鞭打つ／勤皇の志士／嗣子／獅子
しじ　支持する／四時の別なく／死児の齢《よわい》／私事にわたる／指示を仰ぐ／師事する
じし　次子／自死を選ぶ／侍史（脇付）
じじ　時事問題

じじい　祖父／爺
ししおき　肉置きが豊か
ししおどし　鹿威し
ししく　獅子吼する
じじこっこく　時々刻々
しししんちゅうのむし　獅子身中の虫
ししそんそん　子々孫々
ししつ　私室／紙質がよい／脂質／平凡な資質の人
しじつ　史実に基づく
じしつ　茫然自失する／自室にこもる／痔疾
じじつ　事実に反する／時日を要する
じじつむこん　事実無根

ししふんじん　獅子奮迅
しじま　夜の静寂を破る
ししまい　獅子舞
しじみ　蜆の味噌汁
ししむら　肉叢
ししゃ　支社勤務／死者を悼む／使者を送る／試写会／試射場
じしゃ　自社製品／寺社奉行
ししゃく　子爵
じしゃく　磁石の針
ししゃごにゅう　四捨五入
ししゃも　柳葉魚
ししゅ　陣地を死守する

謚　鉦　獅

し

じしゅ　詩趣に富む
自主独立
犯人が自首する
ししゅう　死臭 *屍臭
花模様の刺繍
歯周炎
詩集を編む
しじゅう　一部始終を話す
じしゅう　次週上映
自修英文法
自習する
時宗
じじゅう　自重三十トン
侍従職
しじゅうから　四十雀
しじゅうくにち　四十九日
しじゅうしちし　四十七士
しじゅうはって　四十八手
ししゅく　止宿先
私淑する人物

しじゅく　私塾を開く
じしゅく　業界が自粛する
ししゅつ　費用を支出する
しじゅつ　治療と施術
しじゅほうしょう　紫綬褒章
しじゅん　至純な愛
じじゅん　耳順(六十歳)
ししゅんき　思春期
しじゅんせつ　四旬節
ししょ　区役所の支所
税関の支署
史書を読む
図書館の司書
四書五経
しじょ　良家の子女
じしょ　地所付きの家
自書した原稿
姓名を自署する
漢字字書

じじょ　国語辞書
次女 *二△女
自助の精神
作者の自序
侍女
爾汝の交わり
ししょう　支障を来す
死傷者
公金を私消する
私娼
私傷と公傷
刺傷する
踊りの師匠
視床下部
謡曲の詞章
しじょう　史上最大の作戦
市場を調査する
至上命令
愛国の至情
私情を交える

新聞紙上
誌上対談(雑誌)
新車に試乗する
詩情がわく
じしょう　自称日本一
自照文学
天然の事象
時鐘
自傷行為
じじょう　数を自乗する
自浄作用
家庭の事情
じじょうじばく　自縄自縛
ししょうせつ　私小説
ししょく　試食する
じしょく　辞職する
じじょでん　自叙伝
ししょばこ　私書箱
ししん　私心を去る
私信

人生の指針
指箴（指針となる戒め）
医師の視診
しじん　私人と公人
詩人
じしん　自分自身
自信を失う
地震の予知
時針と分針
じじん　自刃して果てる
自尽を遂げる
自陣
時人の目を引く
ししんけい　視神経
ししんでん　紫宸殿
しず　賤の男《おのこ》
じす　満を持す
友人宅を辞す
しずい　歯髄
雌蕊（めしべ）
じすい　自炊生活
しすう　知能指数
紙数が尽きる
じすう　字数
しずおか　静岡県
しずか　静かな土地
しずがたけ　賤ケ岳
しずく　滴　*雫
しずけさ　嵐の前の静けさ
しずしず　静々と進む
じすべり　地滑りを起こす
しずまりかえる　静まり返る
しずまる　心が静まる・嵐が―
内乱が鎮まる・御霊《みたま》が―
しずむ　船が沈む
しずめる　船を沈める
気を静める
痛みを鎮める・反乱を―
しする　異境に死する
研究に資する
じする　宴席に侍する
満を持する
職を辞する
しせい　氏姓制度
市井の人
市制を布く
市政
至誠天に通ず
私製はがき
姿勢を正す
施政方針
詩聖杜甫《とほ》
資性温和な人
じせい　山野に自生する
欲望を自制する
行為を自省する
時世（時代）
文法の時制
時勢に後れる
辞世の句
しせいかつ　私生活
しせいし　私生子
しせいじ　私生児
しせいだい　始生代
しせき　史跡　*史蹟
史籍を読む
歯石を取る
じせき　次席検事
自責の念
歴史上の事跡
*事蹟
偉人の事績

繍
賤
雫

しせつ 士節を全うする
私設応援団
親善使節
公共施設

じせつ 自説を曲げない
かねての持説
桜の時節

じせつがら 時節柄

しせん 鉄道の支線
死線を越える
私選弁護人
私撰と勅撰
視線をそらす
詩仙李白

しぜん 自然に親しむ

じせん 自選の歌集
自薦と他薦

じぜん 次善の策
事前に連絡する
慈善事業

しぜんたい 自然体

しぜんとうた 自然淘汰

しそ 紫蘇の実
解剖学の始祖

じそ 自訴する

しそう 死相が現れる
志操堅固
生徒を使嗾
*指嗾する
刺創(つきさず)
思想家
詩想が豊か
詩藻 *詞藻に富む

しぞう 資料を死蔵する
真跡を私蔵する

じそう 寺僧
人生の事相

じぞう 地蔵菩薩

しそうのうろう 歯槽膿漏

しそく 御子息
四則算
士族の商法

しぞく 支族
氏族制度

じそく 時速百キロ
自給自足

じぞく 好況が持続する

しそこなう 仕△損│なう

しそちょう 始祖鳥

しそつ 士卒

しそん 子孫の繁栄

じそん 自存自衛
自尊心
自損行為
児孫のために

しそんじる 事を仕損じる

した 下にも置かない
舌を出す
管楽器の簧 *舌

しだ 羊△歯 *△歯朶

じた 自他共に許す

じだ 耳朶に残る

したあじ 下味をつける

したあらい 下洗いする

したい 死体 *屍体
肢体が不自由
美しい姿態

しだい 四大空《くう》に帰す
事の次第
至大至剛
私大(私立大学)

じたい 漢字の字体
考え自体はよい
非常事態
受賞を辞退する

じだい 地代の値上げ
次代を担う人
時代が違う

じだいおくれ 時代後れ

しだいがき　次第書き
じだいさくご　時代錯誤
じだいしゅぎ　事大主義
しだいに　次第に晴れる
じだいまつり　時代祭
したう　母を慕う
したうけ　下請け｜に出す
したうち　舌打ちをする
したえ　下絵をかく
したおし　下押し
したおび　下帯を締める
したがう　意見に従う　*随△う・習慣に—
したがえる　武力で従える　*随△える
したがき　原稿の下書き｜
したかげ　木の下陰
したがけ　下掛け｜
したがって　従って
したがり　山林の下刈り

したぎ　下着
したきりすずめ　舌切り雀
したく　支度　*仕度をする
じたく　私宅を訪問する　自宅から通う
したくさ　林の中の下草
したごころ　下心がある
したごしらえ　料理の下拵え
したさき　舌先三寸
したざわり　舌触りがいい
したじ　研究の下地作り
しだし　仕出し｜の弁当
したしい　親しい友人
したじき　下敷き｜
したしみ　親しみがわく
したしむ　読書に親しむ
しだしや　仕出屋
したしょく　下職に出す

したしらべ　授業の下調べ
したず　下図を引く
しただい　舌代
したたか　強△か腰を打つ
したたかもの　強△か者
したためる　書状を認△める
したたらず　舌足らずな表現
したたる　水が滴る
じだつ　命令又は示達
したつづみ　舌鼓を打つ
したっぱ　下っ端の役人
したっぱら　下っ腹が出る
したづみ　下積みの人生
したて　洋服の仕立て｜　下手に出る
したておろし　仕立て下ろし｜　*仕立下し
したてなげ　下手投げ｜

したてもの　仕立物をする
したてや　仕立屋に出す
したてる　服を仕立てる
したどり　下取り価格
したなめずり　舌舐めずり
したに　下煮をする
したぬい　下縫い｜
したぬり　下塗り
したのね　舌の根が乾かぬうちに
したばえ　森の下生え
したばき　下穿き（下着）　下履き｜（履物）
したばたらき　下働き
したはら　下腹が出る
したばり　下張り　*下貼り

嗾
簣
朶

し

したび 下火になる
したまえ 下前が下がる
したまち 下町育ち
したまわり 下回りの役者
したまわる 予想を下回る ＊下廻る
したみ 会場を下見する
したみざけ 湑み酒
したもえ 下萌え
したや 下屋
したやく 下役と上役 下訳をする
したよみ 台本の下読み
じだらく 自堕落な生活
しだれざくら 枝垂れ桜
しだれやなぎ 枝垂れ柳
しだれる 枝垂れる
したわしい 慕わしい
したん 紫檀の机
しだん 指弾を受ける 師団長 詩壇
じたん 時短と賃上げ
じだん 示談にする
じだんだ 地団太 ＊地団駄を踏む

シチ

[七] シチ なな・なな-つ・(なの) ― 七月・七難八苦・七福神

[質] シチ・シツ・(チ) ― 「―に置く」◇質札・質屋・入質・人質

しち 死地を脱する
じち 地方自治
しちいれ 質入れする
しちかいき 七回忌
しちぐさ 質草 ＊質種△
しちけん 質権設定
しちごさん 七五三の祝い
しちごちょう 七五調の童謡
しちごんぜっく 七言絶句
しちさん 七三に分ける
しちしょう 七生まで祟る
じちしょう 自治省
しちせき 七赤(九星の一)
じちたい 地方自治体
しちてんはっき 七転八起
しちてんばっとう 七転八倒 ＊七顛八倒
しちどうがらん 七堂伽藍
しちながれ 質流れの品
しちなん 七難八苦
しちふくじん 七福神
しちふだ 質札
しちみとうがらし 七味唐辛子
しちめんちょう 七面鳥
しちめんどうくさい 七面倒臭い
しちもつ 質物
しちや お七夜 公益質屋
しちゃく 服を試着する
しちゅう 一家の支柱 死中に活を求む 私鋳銭
じちょ 自著に署名する
しちょう 都の小笠原支庁 パリ市庁 京都市長 弛張する 文芸思潮 視聴を集める 試聴室 輜重兵
じちょう 次長 自重を望む 自嘲の笑い

しちょうかく　視聴覚教育
しちょうそん　市町村
しちょうひょう　七曜表
しちょうりつ　視聴率
しちょく　司直の手にゆだねる
しちりん　七厘・*七輪
じちんさい　地鎮祭

シツ

[失] シツ うしなう —— 失意・失火・失業・失費・失望・過失・消失
[室] シツ むろ —— 室長・室内・教室・居室・皇室・私室・和室
[質] シツ・シチ・(チ) —— 「—がい」◇質疑・質実・素質・本質
[疾] シツ —— 疾患・疾駆・疾走・疾病・疾風・悪疾・眼疾
[執] シツ・シュウ とる —— 執権・執行・執政・執筆・執務・確執
[湿(人濕)] シツ しめる・しめす —— 湿原・湿舌・湿度・陰湿・除湿
[漆] シツ うるし —— 漆器・漆黒・乾漆
[叱] シツ しかる —— 叱責
[嫉] シツ —— 嫉妬
[人悉] シツ・シチ —— 悉皆・知悉
[人櫛] シツ きよ・くし —— 櫛比

ジツ

[日] ジツ・ニチ ひ・か —— 日月・過日・休日・後日・終日・平日
[実(人實)] ジツ み・みのる —— 「—を言うと…」◇実感・実現・確実

ジッ

[十] ジッ・ジュウ とお・と —— 十回・十戒・十進法・十手・十哲・十方

じつあく　実悪(歌舞伎の大悪人役)

しつい　失意のどん底
じつい　実意をただす
じついん　実印を押す
しつう　止痛薬
　私通する
　歯痛
しつうはったつ　四通八達の地
じつえき　趣味と実益
じつえん　スターの実演
しつおん　快適な室温
しっか　失火罪
　父母の膝△下
じっか　実家に帰る
しっかい　悉皆人に譲る
じっかい　仏道の十戒
　モーゼの十戒
　*十誡
じつがい　実害が無い
しつがいこつ　膝△蓋骨の骨折

しっかく　反則で失格する
じつがく　実学主義者
しっかり　確△り　*聢りする
しつかん　質感と量感
しっかん　失陥する
しっかん　胸部疾患
じっかん　十干十二支
　実感がわかない
しっき　ひどい湿気
　漆器
しつぎ　質疑応答
じつき　地付きの人
じつぎ　実技試験
しっきゃく　失脚した政治家
しつぎょう　失業対策
じっきょう　実況放送

滑
顛
輜

し

じつぎょう　実業家
しっきん　失禁する
しっく　馬車を疾駆する
しっくい　漆喰の壁
しつけ　仕付け糸
　子の躾　*仕付け
しっけ　湿気がひどい
しっけい　失敬な奴
しつげい　漆芸家
じっけい　実兄と義兄
　実刑を科する
しっけつ　手術で失血する
じつげつ　日月空に輝く
しつける　仕付けない事
　子を躾ける
　*仕付ける
しっけん　失権株
　鎌倉幕府の執権
　識見を疑われる

しつげん　失言を取り消す
　湿原地
じっけん　実権を握る
　化学の実験
　首実検
じつげん　実現を計る
しっこ　大声で疾呼する
しっこう　三年で失効する
　処分を執行する
　膝△行する
じっこう　計画を実行する
　実効を挙げる
しっこうぶ　執行部
しっこうゆうよ　執行猶予
しっこく　漆黒の闇
　桎梏を逃れる
しつごしょう　失語症
じつごと　実事師
じっこん　昵懇　*入△魂の間柄

じっさい　理論と実際
じつざい　実在する人物
しっさく　失策　*失錯
じっさく　実作指導
しっし　嫉視反目
しつじ　執事
じっし　十死に一生を得る
　十指に余る
　実子と継子
　実姉と義姉
　減税を実施する
しつじつ　質実剛健
じっしつ　実質賃金
じっしゃ　事故の実写映画
　実射訓練
じっしゃかい　実社会に出る
じつじゅ　実需不振
じっしゅう　米の実収高
　教育実習

しつじゅん　湿潤な土地
しっしょう　失笑を買う
じっしょう　実証的研究
じつじょう　実情　*実状
しっしょく　失職する
しっしん　失心　*失神する
　湿疹
じっしんほう　十進法
じっすう　実数と虚数
しっする　時機を失する
しっせい　叱正を乞う
　叱声を放つ
　失政を正す
　執政官
じっせい　経済実勢
じっせいかつ　実生活
しっせき　叱責を受ける
　失跡する
じっせき　実績を上げる

じっせけん　実世間に出る
しつぜつ　湿舌
じっせん　実戦に臨む
　実践する
　実線と点線
しっそ　質素な生活
しっそう　失踪宣告
　全力で疾走する
　君主に執奏する
じっそう　実相を見る
じつぞう　スターの実像
しっそく　失速状態
じっそく　面積を実測する
じつぞん　実存主義
しった　叱咤激励
しったい　失態　*失体を演じる
じったい　生命の実体
　経営の実態
しったかぶり　知ったか振り
しったん　悉曇△（梵語）
じつだん　実弾射撃
しっち　失地回復
　湿地
じっち　実地検証
じっちゅうはっく　十中八九
しっちょう　栄養失調
じっちょく　実直な人
しっちん　七珍万宝
しっつい　権威を失墜する
じつづき　地続きの土地
じって　十手を預かる
じってい　実弟と義弟
じっていほう　実定法
じってつ　蕉門の十哲
しってん　失点
しつでん　湿田と乾田
しってんばっとう　七転八倒
　*七顛八倒
しっと　嫉妬に狂う
しつど　湿度を測る
しっとう　失投する
　執刀する
じつどう　実動台数
　実働時間
じっとく　十徳姿
しつない　室内の温度
じつに　実に立派だ
しつねん　つい失念する
じつは　実はこうだ
しっぱい　失敗を重ねる
じっぱひとからげ　十把一絡△げ
しっぴ　失費がかさむ
　人家が櫛比する
じっぴ　実否をただす
　実費を支給する
しっぴつ　執筆する
しっぷ　胸に湿布をする
じっぷ　実父と養父
しっぷう　疾風怒濤
じつぶつ　実物と違う
じつぶつだい　実物大の模型
しっぺい　疾病の予防
しっぺがえし　竹篦△返し
しっぽ　尻尾を出す
じつぼ　地坪と建坪
　実母と義母
しつぼう　結果に失望する
しっぽう　七宝細工
じっぽう　実包と空包
しつぼく　質朴　*質樸
しっぽく　卓袱△料理
じつまい　実妹
しつむ　執務時間
じつむ　実務に明るい

躾
篦
袱

し

しつめい　失明する
じつめい　実名
しつもん　質問する
しつよう　執拗にせまる
じつよう　実用記事
じづら　字面が悪い
しつらえる　洋風に設△える
じつり　実利主義
　実理に基づく
しつりょう　室料
　質量保存の法則
じつりょく　実力行使
しつれい　失礼をわびる
じつれい　実例を挙げる
しつれん　失恋の悩み
じつろく　事件の実録
じつわ　実話小説
して　相談の仕手
しで　玉串の四手　＊垂△　＊幣△

してい　死出の旅
　良家の子弟
　首相の私邸
　日時を指定する
　師弟は三世《さんぜ》
　視程が悪くなる
じてい　自邸
しでかす　仕出かす　＊為△出かす
してかぶ　仕手株
してき　史的唯物論
　私的な話
　欠点を指摘する
　詩的な表現
じてき　悠々自適
してつ　私鉄
じてっこう　磁鉄鉱
してやる　為△て遣△る
してん　支店と本店
　梃《てこ》の支点
　始点と終点
　視点を変える
しでん　史伝
　市電
　師伝の奥義
　紫電一閃
じてん　漢字字典
　百科事典
　英和辞典
　次点になる
　自転と公転
　現在の時点
じでん　福翁自伝
じてんしゃ　自転車
してんのう　四天王
しと　馬の尿△する枕元
しと　史都鎌倉
　平和の使徒
　使途不明
しど　気圧の中心示度

しとう　至当な処置
　死闘を繰り返す
　私党を組む
　私闘する
しどう　士道が衰える
　私道と公道
　始動装置
　生徒を指導する
　祠堂（ほこら）
　斯道の大家
じとう　守護と地頭
　寺塔（寺院の塔）
じどう　自動販売機
　児童文学
じどうし　自動詞
じどうしゃ　自動車
しとく　至徳（最上の徳）
しどく　死毒　＊屍毒
じとく　自然に自得する
しとげる　為△遂げる　＊仕

遂げる
しとね　草の褥 *茵
しとみ　蔀を上げる
しとめる　鹿を仕留める
しとやか　淑やかな女性
じどり　地鳥 *地鶏
しな　品不足
科を作る
しない　竹刀でたたく
しなう　枝が撓う
しなうす　品薄で値が高い
じなおし　布の地直し
しながき　食堂の品書き
しながれ　品枯れの状態
じなき　目白の地鳴き
しなぎれ　品切れになる
しなさだめ　品定めをする
しなちく　支那竹
しなの　信濃の国
しなびる　葉が萎びる

しなもの　変わった品物
しなやか　嫋やか *撓や
かな指
じならし　地均しをする
じなり　地鳴りがする
しなる　櫓《ろ》が撓る
しなん　至難の業
剣術を指南する
じなん　次男 *二男
しなんやく　指南役
しにがお　死に顔
しにがね　死に金になる
しにがみ　死に神
しにぎわ　死に際
しにく　死肉 *屍肉
歯肉炎
しにざま　死に様
しにしょうぞく　死に装束
しにせ　老舗 *老舗
しにそこなう　死に損なう

しにたい　死に体（相撲）
しにたえる　死に絶える
しにどき　死に時を得る
しにどころ　死に所
しにばしょ　死に場所
しにばな　死に花を咲かせ
る
しにみず　死に水を取る
しにめ　死に目に会う
しにものぐるい　死に物狂
い
しにょう　屎尿処理
しにわかれ　死に別れ
しにわかれる　死に別れる
しにん　死人に口なし
目標を視認する
じにん　天才を自任する
欠点を自認する
会長を辞任する
しぬ　小鳥が死ぬ

じぬし　地主と借地人
じねつ　地熱発電
しねん　思念する
じねんじょ　自然薯
しのう　詩嚢を肥やす
しのうこうしょう　士農工
商
しのぎ　鎬を削る
しのぐ　暑さを凌ぐ
しのごの　四の五の言う
しのだけ　篠竹
しのだずし　信田鮨 *信太
鮨（いなりずし）
しのつくあめ　篠突く雨
しののめ　東雲の空
しのばせる　懐に忍ばせる
しのび　忍びの術

褥
撓
嫋

しのびあし　忍び足
しのびこむ　忍び込む
しのびない　見るに忍びない
しのびなき　忍び泣き
しのびね　忍び音に泣く
しのびよる　秋が忍び寄る
しのびわらい　忍び笑い
しのぶ　人目を忍ぶ
　母を偲ぶ
しのぶえ　篠笛
しのやき　志野焼
しば　芝を刈る
　柴の枝折り戸
じは　自派の勢力拡張
じば　地場産業
　磁場の強さ
しはい　支配する
　眼光紙背に徹す
　賜杯を手にする
しばい　芝居を打つ

しはいにん　支配人
しばいぬ　柴犬　*芝犬
しばえび　芝海△老△
　*芝蝦
しばがき　柴垣
しばかり　芝刈り
　山へ柴刈り
じはく　犯行を自白する
じばく　自爆を遂げる
しばざくら　芝桜の花
しばし　暫△したたずむ
しばしば　屢*屢々
しばせん　司△馬遷の史記
しばた　新△発△田市
じはだ　地肌　*地膚△
しばたく　目を瞬△く
しばたたく　目を瞬△く
じばち　地蜂の巣
しはつ　始発駅
じはつ　自発

しばづけ　柴漬け|
じはつてき　自発的
しばふ　芝生に寝転ぶ
じばら　自腹を切る
しはらい　支払|いをする
しはらいにん　支払人
しはらう　借金を支払う
しばらく　暫△く待つ
しばりくび　縛り首
しばりつける　縛り|付ける
しばる　ひもで縛る
しはん　市販する
　死斑　*屍斑
　剣道の師範
　紫斑病
じはん　暴力事犯
じばん　地盤が沈下する
　襦袢
しはんき　第一四半期
しはんひん　市販品

しはんぶん　四半分
しひ　私費で留学する
　北原白秋の詩碑
しび　大仏殿の鴟尾
じひ　自費で出版する
　慈悲深い
じびいんこうか　耳鼻咽喉科
じびき　字引を引く
じびきあみ　地引き|網　*地曳き|網
しひつ　元旦試筆　*始筆
じひつ　自筆の履歴書
しびと　死人
じひびき　地響きがする
しひょう　死票（落選者への投票）
　景気の指標
　世の師表となる

し

しびょう　死病にかかる
じひょう　文芸時評
　辞表を提出する
じびょう　持病の神経痛
しびれ　痺れをきらす
しびれる　足が痺れる
しびん　溲瓶 *尿瓶
しぶ　渋を塗る
しぶ　支部と本部
　市部と郡部
じふ　自負する
　慈父
しぶい　渋い顔
しふう　藩の士風
　師風を継ぐ
　詩風
しぶうちわ　渋団扇
しぶがき　渋柿
しぶがみ　渋紙
しぶかわ　渋皮のむけた女

しぶき　飛沫をあげる
しふく　至福の時
　私服刑事
　私腹を肥やす
　紙幅が尽きる
　雌伏十年
じぶくろ　地袋と天袋
しぶしぶ　渋々出掛ける
じふしん　自負心が強い
しぶちゃ　渋茶
しぶつ　死物を役立てる
　私物の本
じぶつ　事物の説明
じぶに　治部煮
しぶぬき　柿の渋抜き
しぶぬり　渋塗り
じふぶき　地吹雪
しぶみ　渋み *渋味
しぶりばら　渋り腹
しぶる　承諾を渋る

しふん　私憤をもらす
　脂粉の香
しぶん　士分の者
　死文と化す
　詩文を能《よ》くする
じふん　自刎する
　温泉が自噴する
じぶん　自分でする
　幼い時分
しぶんごれつ　四分五裂
しぶんしょ　私文書偽造
しべ　藁《わら》の稭
　花の蕊 *蕋 *蘂
しへい　私兵を養う
　紙幣と硬貨
じへい　時弊を改革する
じへいしょう　自閉症
　薬物の嗜癖
じべた　地べたに座る
しべつ　親に死別する

しへん　紙片が散らばる
　詩編 *詩篇
しべん　経費を支弁する
　交通至便の土地
　思弁哲学
じへん　日華事変
じべん　費用を自弁する
しへんけい　四辺形
しほ　司法官試補
しぼ　思慕の情
　厳父と慈母
しほう　司法警察
　四方八方
　市報を配布する
　学界の至宝
　私法と公法
しぼう　子房

屢
鴟
蘂

死亡通知
進学を志望する
じほう　脂肪がつく
正午の時報
しほうけん　司法権
しぼうさん　脂肪酸
じぼうじき　自暴自棄
しほうしょし　司法書士
しほうはい　四方拝の儀式
しぼつ　死没　*死歿
しぼむ　花が萎△む　*凋む
しぼり　カメラの絞り
しぼりあげる　絞り上げる
しぼりかす　絞り滓　*搾り滓
しぼりぞめ　絞り染め
しぼりだす　絞り出す　*搾り出す
しぼる　手拭いを絞る・知恵を—・音量を—
乳を搾る
しほん　資本を出す
しほんか　資本家
しほんきん　資本金
しま　島　*嶋
縞物
しま　死魔に襲われる
しま　志摩の国
しまい　仕舞い　*終△い
には…
仕舞を舞う
しまい　兄弟姉妹
しまう　店を仕舞う　*終△う　*了△う
❖「…てしまう」は仮名書きがふつう。
じまえ　自前で参加する
しまおくそく　揣摩臆測
しまかげ　船が島陰に入る
島影が見える
じまく　映画の字幕
しまぐに　島国根性
しまだ　島田に結う
しまだい　婚礼の島台
しまつ　始末が悪い
しまつしょ　始末書
しまづたい　島伝い
しまながし　島流し
しまね　島根県
じまま　自儘な人
しまり　締まりがない
しまりや　締まり屋
しまる　ひもが締まる
首が絞まる
戸が閉まる
じまわり　地回り　*地廻り
じまん　自慢する
しみ　衣△魚△　*紙魚
*蠹魚に食われる
インキの染み
じみ　地味な着物
滋味に富む料理
しみこむ　布に染み込む
*滲△み込む
しみじみ　沁々と感じる
しみず　清水がわく
じみち　地道な努力
しみつく　服に染み付く
しみでる　色が染み出る
しみどうふ　凍み豆腐
しみとおる　中に染み透る
しみぬき　服の染み抜き
しみゃく　支脈
死脈
しみょう　至妙な技術

しみる　色が染みる
　*滲みる
　心に沁みる
　道が凍みる
じみる　所帯染みる
しみん　四民平等
　大阪の市民
しみんけん　市民権を得る
じむ　寺務所
　事務を執る
じむきょく　参議院事務局
しむけち　仕向地
しむける　仕向ける
じむし　地虫
じむしょ　事務所
しめ　注連 *標を張る
　紙二締め *〆
しめい　住所氏名
　死命を制する
　使命を果たす
　指名を受ける
じめい　自明の理
しめいかん　使命感
しめいてはい　指名手配
しめかざり　注連飾り
しめがね　締め金
しめきり　締め切り *締
　切 *〆切り
しめきりび　締切日
しめきる　受付を締め切
　る
しめくくる　話を締め括る
しめこみ　締め込み
しめころす　鶏を絞め殺す
しめし　示しがつかない
しめしあわせる　示し合わ
　せる
しめす　手本を示す
　のどを湿す
しめだか　締高 *〆高
しめだす　家から閉め出
　す
　業界から締め出
　す
しめつ　生物が死滅する
じめつ　自滅する
しめつける　締め付ける
しめっぽい　湿っぽい話
しめて　締めて *〆て
　千円也
しめなわ　注連縄 *標縄
　*七五三縄
しめらす　湿らす
しめり　よいお湿り
しめりけ　湿り気がある
しめる　味を占める
しめる　店を閉める
　首を締める
　*絞める
　帯を締める・ね
　じを―
しめる　雨で着物が湿る
しめん　紙面をにぎわす
しめん　誌面を飾る
じめん　地面が乾く
しめんそか　四面楚歌
しも　下を憐れむ
　霜が降りる
しもうさ　下総の国
しもがかる　下掛かった話
しもがこい　霜囲い
しもがれる　霜枯れた原野
しもき　下期の決算
じもく　耳目を驚かす
しもぐもり　霜曇りする
しもごえ　下肥
しもざ　下座に座る

揣　蠹　滲

しもたや　仕舞△屋
しもつき　霜月（陰暦十一月）
しもつけ　下野△の国
しもて　舞台の下手
じもと　地元の代議士
しもどけ　霜解け　*霜融△けの道
じもの　地物のメロン
しものく　下の句
しもばしら　霜柱が立つ
しもはんき　下半期
しもぶくれ　下膨れ　*下脹|れの顔
しもふり　霜降|りの洋服
しもべ　神の僕△
しもやけ　霜焼|け
しもやしき　大名の下屋敷
しもよ　霜夜の月
しもよけ　霜除△けをする
しもん　指紋を検出する
しもん　口頭試問
　議会に諮問する
　鶴の地紋の布地
じもん　自問自答
しや　視野が広い

シャ

［写（寫）］シャ うつ-す・うつ-る ―― 写経・写実・写真・写生・描写・複写
［社（社）］シャ やしろ ―― 「―の方針」 ◇社員・社会・社寺・会社
［車］シャ くるま ―― 車庫・車掌・車窓・車道・車輪・電車・拍車
［舎］シャ ― ―― 舎監・官舎・寄宿舎・校舎
［者（者）］シャ もの ―― 医者・患者・前者・第三者
［砂］シャ・サ すな ―― 金砂・金剛砂・土砂・白砂
［射］シャ い-る ―― 射撃・射殺・射精・照射・日射病・発射
［捨］シャ す-てる ―― 捨象・喜捨・四捨五入・取捨・用捨
［謝］シャ あやま-る ―― 謝意・謝恩・謝罪・謝絶・感謝・陳謝・薄謝
［赦］シャ ― ―― 赦免・恩赦・大赦・特赦・容赦
［斜］シャ なな-め ―― 「―に構える」 ◇斜影・斜光・斜線・斜面・傾斜
［煮（煮）］シャ に-る・に-える・に-やす ―― 煮沸
［遮］シャ さえぎ-る ―― 遮光幕・遮断・遮二無二
［柘］シャ つげ ――
［這］シャ・ゲン これ・ちか ―― 這般

しゃ　紗の着物

ジャ

［邪］ジャ ― ―― 邪悪・邪気・邪教・邪推・邪道・邪念・無邪気
［蛇］ジャ・ダ へび ―― 「―の道は蛇《へび》」 ◇蛇口・蛇腹・大蛇

じゃあく　邪悪な人
しゃい　謝意を表する
しゃいん　社印を押す
　新入社員
じゃいん　邪淫（十悪の一）
しゃうん　社運を賭ける
しゃえい　斜影
しゃおく　社屋を建設する
しゃおん　遮音と防音
　謝恩会
しゃか　釈迦
しゃかい　社会に出る
しゃかいがく　社会学
しゃかいじん　社会人
しゃかいほしょう　社会保障
じゃがいも　じゃが芋　*馬△

し

鈴薯

じゃかご　川岸の蛇籠

しゃがれごえ　嗄れ声で話す

しゃがれる　声が嗄れる

しゃかん　左官屋
❖「さかん」のなまり。

しゃかん　寄宿舎の舎監

しゃがん　斜眼の人

しゃかんきょり　車間距離

じゃき　邪気を払う
邪鬼を追い払う

しゃきょう　写経する

しゃぎょう　社業の発展

じゃきょう　邪教

じゃきょく　邪曲（不正）

しゃきん　謝金（礼金）

しゃく　試薬進呈

シャク

［尺］シャク｜―　「―を取る」◇尺度・尺貫法

［石］（シャク）・セキ・（コク）　いし　―磁石・盤石

［赤］（シャク）・セキ　あか・あか-い・あか-らむ・あか-らめる　―赤銅色・赤口日

［昔］（シャク）・セキ　むかし　―今昔

［借］シャク　か-りる　―借財・借地・借家・借用・借款・借金・貸借

［酌］シャク　く-む　―「お―をする」◇酌量・参酌・手酌・媒酌

［釈（釋）］シャク｜―　釈然・釈明・解釈・講釈・注釈・保釈

［爵］シャク｜―　爵位・公爵・侯爵・子爵・男爵・伯爵

［人灼］シャク｜―　灼熱

［人錫］シャク・セキ　あたう・すず・たまう・ます・やす　―錫杖

しゃく　杓で水を汲む
神主の笏
癪に障る

じゃく　持薬

ジャク

［若］ジャク・（ニャク）　わか-い・も-しくは　―若年・若干・自若・傍若無人・老若

［弱］ジャク　よわ-い・よわ-る・よわ-まる・よわ-める　―弱者・弱小・弱体・弱点・微弱

［寂］ジャク・（セキ）　さび・さび-しい・さび-れる　―寂々・寂然・寂滅・閑寂・静寂

［人惹］ジャク・ジャ｜―　惹起・惹句

［人雀］ジャク・シャク・サク　すずめ・さぎ・す　―欣喜雀躍

しゃくい　爵位を授与する

しゃくう　水を杓う

しゃくざい　借財がかさむ

じゃくさん　弱酸

しゃくし　杓子

じゃくし　弱志の人

じゃくし　弱視

しゃくしじょうぎ　杓子定規

じゃくしゃ　弱者に味方する

しゃくしゃく　余裕綽々

しゃくしょ　市役所

しゃくじょう　錫杖

じゃくしょう　弱小国家

じゃくしん　弱震

しゃくする　歌意を釈する

じゃくする　高僧が寂する

しゃくすん　尺寸の土地

しゃくぜん　釈然としない

しゃくそん　釈尊の教え

じゃくたい　弱体化

しゃくち　尺地（狭い土地）

しゃくち　借地権

じゃぐち　水道の蛇口

嗄　癪　綽

じゃくてん 弱点を突く
じゃくでん 弱電メーカー
しゃくど 尺度で測る
しゃくどういろ 赤銅色の肌
しゃくとりむし 尺取虫 *尺蠖虫
しゃくなげ 石南△花△ *石楠花△
じゃくにくきょうしょく 弱肉強食
しゃくにゅう 資金を借入する
しゃくねつ 灼熱の恋
じゃくねん 寂然として歩く
若年 *弱年
じゃくはい 若輩 *弱輩
しゃくはち 尺八を吹く
しゃくふ 酌婦
しゃくぶく 悪人を折△伏する
しゃくほう 捕虜を釈放する
しゃくま 借間
しゃくめい 釈明の余地なし
じゃくめつ 寂滅為楽《いらく》
しゃくもん 借問する ❖正しくは「しゃもん」。
釈門に入る
しゃくや 借家住まい
しゃくやく 芍薬の花
じゃくやく 欣喜雀躍
しゃくよう 金銭を借用する
しゃくらん 資料を借覧する
しゃくりあげる 噦り上げる
しゃくりょう 情状を酌量する
しゃくる 水を杓る
じゃくれい 弱齢 *若齢
しゃくん 社訓
しゃけ 鮭
しゃけ 社家（神職）
しゃけい 舎兄と舎弟
斜頸
しゃげき 一斉射撃
しゃけつ 瀉血する
しゃけん 車検
じゃけん 邪険 *邪慳に扱う
しゃこ 蝦蛄の寿司
しゃこ 車庫に入る
じゃこ ちりめん雑△魚△
しゃこう 社交にたけた人
斜光がさす
遮光幕
病気に藉口する
じゃこう 麝香鹿
しゃこうかい 社交界
しゃこうじれい 社交辞令
しゃこうしん 射幸心 *射倖心を唆《そそ》る
しゃこうてき 社交的
しゃこく 社告を出す
しゃさい 社債
しゃざい 謝罪する
瀉剤
しゃさつ 射殺する
しゃし 社史を編纂する
斜視の人
奢侈に流れる
しゃじ 社寺の多い町
謝辞を述べる
しゃじく 車軸を流す雨
しゃじつ 写実主義
しゃしゃらくらく 洒々落々
しゃしゅ 新聞社の社主
車種の選定
魔弾の射手
じゃしゅう 邪宗
じゃしゅうもん 邪宗門

しゃしゅつ　弾丸を射出する
しゃじゅつ　射術に長ずる
しゃしょう　社章　電車の車掌　抽象と捨象
しゃじょう　車上の人となる　射場
しゃしょく　写植（写真植字）　社稷の臣
しゃしん　写真を撮る
じゃしん　邪心を捨てる　邪神
しゃしんき　写真機
じゃすい　関係を邪推する
しゃする　厚意を謝する
しゃぜ　社是
しゃせい　風景を写生する　射精する
しゃせつ　新聞の社説
しゃぜつ　面会を謝絶する

じゃせつ　異端邪説
しゃせん　二車線の道路　斜線を引く
しゃそう　社葬　車窓の眺め
しゃたい　車体を大破する
しゃたく　社宅
しゃだつ　洒脱な人柄
しゃだん　社団法人　交通を遮断する
しゃだんき　遮断機
しゃち　鯱
じゃち　邪知　*邪智
しゃちほこ　鯱　*鯱鉾
しゃちほこばる　鯱張る　*鯱鉾張る
しゃちゅう　杵屋社中
しゃちょう　社長
しゃっか　借家住まい
じゃっか　陣容が弱化する

しゃっかく　尺蠖（尺取虫）
しゃっかん　借款供与
じゃっかん　若干の損害　弱冠（二十歳）
しゃっかんほう　尺貫法
じゃっき　問題を惹起する
しゃっきょう　神祇釈教
しゃっきん　借金する
しゃっく　赤△口　❖「しゃっこう」とも。
じゃっく　惹句（キャッチフレーズ）
しゃっくり　吃逆△　*噦
しゃっけい　借景
じゃっこく　弱国の悲哀
しゃっこつ　尺骨（腕の骨）
しゃてい　舎弟と舎兄　射程距離
しゃてき　射的の鉄砲

しゃでん　社殿
しゃど　平均斜度
しゃとう　ピサの斜塔
しゃどう　車道と歩道
じゃどう　邪道に陥る
しゃない　車内販売
しゃないほう　社内報
しゃにくさい　謝肉祭
しゃにむに　遮二無二走る
じゃねん　邪念を捨てる
じゃのめ　蛇の目の傘
しゃば　娑婆の苦労
しゃばく　射爆場
じゃばら　写真機の蛇腹
しゃはん　這般の事情
しゃひ　社費
じゃびせん　蛇皮線を弾く

蠖　麝　鯱

し

しゃふ　人力車の車夫　写譜する
しゃふう　堅実な社風
しゃふく　車幅制限
しゃふつ　容器を煮沸する
しゃへい　幕で遮蔽する
しゃべる　よく喋る
しゃへん　斜辺
じゃほう　邪法
しゃほん　写本
じゃま　仕事を邪魔する
しゃみ　沙△弥△（未熟な僧）
しゃみせん　三味線を弾く
しゃむしょ　社務所
しゃめい　社名を入れる　社命を受ける
しゃめん　山の斜面　赦免される
しゃも　軍△鶏△
しゃもじ　杓文字

しゃもん　沙△門（僧侶）　借問する
しゃゆう　社友　社有地
しゃよう　社用で出張する　斜陽を受ける
じゃよく　邪欲　*邪慾
しゃら　沙△羅双樹
❖「さら」とも。
しゃらく　洒落な性格
しゃらく　東洲斎写楽
しゃらくさい　洒落臭△い
しゃり　仏舎利
じゃり　砂利を敷く
しゃりき　車力を雇う
しゃりょう　車両　*車輛
しゃりん　車輪が回る
しゃれ　洒落△を言う
しゃれい　謝礼の品
しゃれこうべ　曝れ首△　*髑髏
しゃれっけ　洒落△っ気
しゃれぼん　洒落△本
しゃれる　洒落る
じゃれる　猫が戯△れる
じゃれん　邪恋に陥る

シュ

［手］シュ　て・(た)　―手記・手芸・手術・手跡・手段・挙手・選手

［主］シュ・(ス)　ぬし・おも　―「…を―にする」◇主演・主人・君主

［守］シュ・(ス)　まもる・も|り　―守衛・守旧・守護・守勢・守備・厳守・保守

［取］シュ　とる　―取材・取捨・取得・進取・奪取・聴取

［首］シュ　くび　―首席・首都・首尾・首領・自首・船首

［酒］シュ　さけ・(さか)　―酒宴・酒気・酒豪・酒色・酒乱・飲酒・洋酒

［修］(シュ)・シュウ　おさ|める・おさ|まる　―修行・修業

［衆］(シュ)・シュウ　|　―「若い―」◇衆生・若衆

［種］シュ　たね　―「この―の事件」◇種子・種目・種類・品種

［朱］シュ　|　―「―を入れる」◇朱印・朱書・朱肉・朱筆・一朱

［狩］シュ　か|る・か|り　―狩猟

［殊］シュ　こと　―殊遇・殊勲・殊勝・特殊・文殊

［珠］シュ　|　―珠芽・珠玉・珠算・真珠・念珠・宝珠・連珠

［趣］シュ　おもむき　―趣向・趣旨・趣味・興趣・詩趣・情趣

［腫］シュ　は|れる・は|らす　―腫瘍・骨髄腫

［諏］人　シュ・ス　|　―

△は常用漢字表にない音訓　|の付いた仮名は省略してもよい送り仮名　＊は同語の別表記

し

ジュ

[受]ジュ う-ける・う-かる ― 受給・受験・受信・受胎・受諾・受難・拝受

[授]ジュ さず-ける・さず-かる ― 授戒・授業・授乳・授与・教授・伝授

[樹]ジュ ― 樹皮・樹木・樹立・樹齢・街路樹・果樹

[寿]（人壽）ジュ ことぶき ―「九十の―」◇寿命・長寿

[需]ジュ ― 需給・需要・外需・軍需・特需・必需品

[儒]ジュ ― 儒家・儒学・儒教・儒者・巨儒・大儒・老儒

[呪]ジュ のろ-う ― 呪縛・呪文

[人濡]ジュ ―

[人竪]ジュ・シュ たつ・なお ― 竪子

じゅ　従三位　綬を帯びる

しゅい　思惟する

しゅい　主位概念　質問の主意（主眼）　会の趣意　首位を占める

じゅい　樹医

しゅいん　手淫　不況の主因　朱印

じゅいん　樹陰に憩う

しゅう　市有地　私有財産　師友に恵まれる　雌雄を決する

シュウ

[収]（人收）シュウ おさ-める・おさ-まる ― 収益・収穫・収入・収納・回収・吸収

[州]シュウ す ―「―の政府」◇州議会・本州・六大州

[周]シュウ まわ-り ― 周囲・周期・周知・周辺・周遊・一周・円周

[宗]シュウ・ソウ ― 宗教・宗旨・宗徒・宗派・宗務・宗門・改宗

[拾]シュウ・ジュウ ひろ-う ― 拾遺・拾得

[秋]シュウ あき ― 秋雨・秋気・秋季・秋波・秋分・春秋・晩秋

[修]シュウ・(シュ) おさ-める・おさ-まる ― 修学・修飾・修身・修養・修理・研修

[終]シュウ お-わる・お-える ― 終日・終身・終点・終末・終夜・終了・最終

[習]シュウ なら-う ― 習慣・習作・習性・習俗・習得・学習・風習

[週]シュウ ―「―の初め」◇週間・週刊・週番・毎週

[就]シュウ・(ジュ) つ-く・つ-ける ― 就学・就業・就職・就寝・就任・去就

[衆]シュウ・(シュ) ―「―をたのむ」◇衆寡・衆望・衆目・民衆

[集]シュウ あつ-まる・あつ-める・つど-う ― 集合・集団・歌集・編集

[囚]シュウ ― 囚人・死刑囚・女囚・脱獄囚・虜囚

[舟]シュウ ふね・(ふな) ― 舟運・舟航・舟艇・孤舟

[秀]シュウ ひい-でる ― 秀逸・秀才・俊秀・優秀

[臭]（人臭）シュウ くさ-い・にお-う ― 臭覚・臭気・臭味・悪臭・異臭・俗臭

[執]シュウ・シツ と-る ― 執着・執心・執念・我執・妄執

[愁]シュウ うれ-い・うれ-える ― 愁傷・愁色・愁訴・哀愁・悲愁・憂愁

[酬]シュウ ― 応酬・貴酬・献酬

蔽
髑
髏

報酬

[醜]シュウ みにくい ―「―をさらす」◇醜悪・醜怪・醜態・老醜

[襲]シュウ おそう ― 襲撃・襲名・襲来・空襲・世襲・敵襲・踏襲

[袖]シュウ そで ― 領袖

[羞]シュウ ― 羞恥心

[蹴]シュウ ける ― 一蹴

[柊]シュウ ひいらぎ ―

[洲]シュウ・ス くに・しま・す ― 五大洲・神洲

[脩]シュウ おさむ・すけ ― 束脩

[萩]シュウ はぎ ―

[繡]シュウ ぬい ― 錦繡・刺繡

[葺]シュウ ふき・ふく ―

[蒐]シュウ あかね ― 蒐集

[輯]シュウ あつむ・むつ ― 編輯

[鍬]シュウ・ショウ くわ・すき ―

[鷲]シュウ・ジュ わし ―

じゅう　自由な行動
　　　　事由を述べる

ジュウ

[十]ジュウ・ジッ とお・と ― 十代・十文字・五十音

[住]ジュウ すむ・すまう ― 住所・住職・住宅・住人・住民・安住・移住

[重]ジュウ・チョウ え・おもい・かさねる・かさなる ― 重視・重心・重大・重力・体重

[拾]ジュウ・シュウ ひろう ― 拾万円

[従(從)]ジュウ・(ショウ・ジュ) したがう・したがえる ― 従事・従順・従属・従来・服従

[縦(縱)]ジュウ たて ― 縦横・縦貫・縦走・縦隊・縦断・操縦・放縦

[汁]ジュウ しる ― 汁液・果汁・苦汁・胆汁・肉汁・墨汁

[充]ジュウ あてる ― 充実・充足・充電・拡充・補充

[柔]ジュウ・ニュウ やわらか・やわらかい ―「―よく剛を制す」◇柔道・柔軟

[渋(澁)]ジュウ しぶ・しぶい・しぶる ― 渋滞・渋面・苦渋・難渋

[銃]ジュウ ―「―を構える」◇銃撃・銃殺・銃弾・猟銃

[獣(獸)]ジュウ けもの ― 獣医・獣類・鳥獣・猛獣

[中](ジュウ)・チュウ なか ― 一年中

[廿]ジュウ・ニュウ・ネン にじゅう ―

しゅうあく　醜悪な顔
しゅうあけ　週明けの天候
じゅうあつ　重圧にあえぐ
しゅうい　周囲を囲む
しゅうい　拾遺集
じゅうい　戎衣(軍服)
　　　　敵の重囲に陥る
　　　　獣医

しゅういつ　秀逸な句
じゅういつ　気力が充溢する
しゅういん　衆院(衆議院)
　　　　集印帳
しゅうう　秋雨が降り続く
　　　　驟雨が来る
しゅうえき　収益を上げる
　　　　空母が就役する
しゅうえん　周延する
　　　　周縁部
　　　　芭蕉終焉の地
　　　　九時終演
　　　　就園児
しゅうお　羞悪の心
じゅうおう　縦横無尽
しゅうおん　集音マイク
じゅうおん　重恩を被る
しゅうか　万葉秀歌
　　　　衆寡敵せず
　　　　野菜を集荷

*蒐荷する
集貨配達
じゆうか　自由化
じゅうか　住家
職責が重加する
重科を犯す
重課に苦しむ
銃火を浴びせる
しゅうかい　周回飛行
続き物の終回
集会を開く
醜怪な容貌
しゅうかいどう　秋海棠の花
じゅうかき　重火器
しゅうかく　米の収穫
臭覚が鋭い
しゅうがく　修学旅行
就学児童
じゅうかぜい　従価税
じゆうがた　自由形の選手

しゅうかぶつ　臭化物
しゅうかん　犯人を収監する
終刊号
習慣をつける
週刊
愛鳥週間
じゅうかん　重患の付き添い
縦貫鉄道
じゅうがん　銃眼から撃つ
しゅうかんし　週刊誌
しゅうき　亡父の三周忌
周期運動
秋気が深まる
秋季運動会
秋期講習会
臭気抜き
しゅうぎ　宗義
祝儀をはずむ
衆議一決
じゅうき　什器類

土木用重機
銃器店
しゅうぎいん　衆議院議員
しゅうきてき　周期的
しゅうきゅう　週休二日制
週給
蹴球のチーム
じゅうきょ　住居表示
しゅうきょう　宗教
しゅうぎょう　修業証書
終業式
就業時間
じゅうぎょういん　従業員
しゅうきょく　終局を迎える
終極の目的
褶曲山脈
しゅうぎょとう　集魚灯
*集魚燈
しゅうきりつ　周期律
しゅうきん　料金を集金する

しゅうぎん　秀吟
じゅうきんぞく　重金属
しゅうく　秀句
しゅうぐ　衆愚政治
じゅうく　重苦にあえぐ
じゅうぐん　従軍記者
しゅうけい　修景工事
投票を集計する
じゅうけい　重刑に処する
しゅうげき　本営を襲撃する
じゅうげき　銃撃を加える
しゅうけつ　戦争が終結する
部隊が集結する
じゅうけつ　充血した目
しゅうけん　中央集権
しゅうげん　祝言を挙げる
じゅうけん　銃剣で刺殺する

驟
焉
褶

し

じゅうげん 重言
じゅうご 銃後の守り
しゅうこう 三日間舟行する
舟航の便に富む
各地を周航する
修好 *修交条
約
新造船の就航
衆口一致
恥ずべき醜行
しゅうごう 秋毫も違《ちが》わぬ
神仏習合
校庭に集合する
じゅうこう 重厚な態度
銃口を向ける
じゅうごう 分子の重合
じゅうこうぎょう 重工業
じゅうこうちょうだい 重厚
長大
じゅうごや 十五夜

じゅうこん 重婚罪
しゅうさ 収差補正
じゅうざ 銃座を設ける
しゅうさい 天下の秀才
論文を収載する
じゅうざい 重罪
しゅうさく 秀作
習作
しゅうさつ 集札掛
じゅうさつ 銃殺する
しゅうさん 離合集散
蓚酸
じゅうさんや 十三夜
しゅうし 収支を計算する
宗旨を変える
秋思の詩篇
修士課程
修史事業
終止形
終始変わらない

反対に終始する
愁思
しゅうじ 修辞学
習字を習う
王羲之の字を集
字する
じゅうし 事件を重視する
獣脂をともす
じゅうじ 十字を切る
寺の住持
農業に従事する
しゅうしいっかん 終始一貫
じゅうじか 十字架
じゅうじぐん 十字軍
しゅうじつ 秋日
週日
終日雨が降る
じゅうじつ 気力が充実する
しゅうしふ 終止符を打つ
じゅうしまつ 十姉妹△を飼

う
じゅうしゃ 従者を連れる
しゅうじゃく 執着 *執著△
❖「しゅうちゃく」
とも。
じゅうじゃく 柔弱な体
しゅうじゅ 料金を収受する
しゅうしゅう 事態を収拾す
る
切手の収集
*蒐集
司法修習生
鬼哭《きこく》△啾々
しゅうじゅう 主従の縁
じゅうじゅう 重々承知する
しゅうしゅく 筋肉が収縮す
る
しゅうじゅく 書道に習熟す
る
じゅうしゅつ 項目が重出す

る
じゅうじゅつ　柔術
じゅうじゅん　従順 *柔順
しゅうしょ　蒐書する
じゅうしょ　住所を変更する
しゅうしょう　序章と終章
就床時間
御愁傷様
しゅうじょう　醜状をあばく
じゅうしょう　重症患者
三重唱
重傷を負う
銃床
じゅうしょうしゅぎ　重商主義
しゅうしょうろうばい　周章狼狽
しゅうしょく　秋色が深まる
修飾の多い表現
商社に就職する
愁色が濃い
じゅうしょく　寺の住職
重職に就く
じゅうじろ　十字路
しゅうしん　修身
金に執心する
終身雇用
終審
十時に就寝する
しゅうじん　囚人
衆人環視の中
じゅうしん　重心を取る
重臣会議
銃身が焼ける
人面獣心
しゅうじんき　集塵機
しゅうしんけい　終身刑
しゅうすい　三尺の秋水(刀)
しゅうすじ　△主筋に当たる
しゅうする　法会《ほうえ》を修する
じゅうする　京に住する
しゅうせい　秋声野に満つ
終生 *終世忘れない
案文を修正する
写真を修整する
動物の習性
成果を集成する
しゅうぜい　収税する
じゅうせい　銃声が聞こえる
じゅうぜい　重税を課する
しゅうせき　物資を集積する
じゅうせき　重責を果たす
しゅうせきかいろ　集積回路
しゅうせん　家屋の周旋
終戦処理
鞦韆(ぶらんこ)
しゅうぜん　靴を修繕する
じゅうぜん　十全の配慮
十善の君
従前通り
しゅうそ　宗祖
臭素
不定愁訴
じゅうそ　皇極天皇の重祚
しゅうそう　秋爽の気
秋霜の威
しゅうぞう　珍本を収蔵する
じゅうそう　住僧
四重奏
重曹水
重層建築
貫通銃創
北アルプス縦走
しゅうそうれつじつ　秋霜烈日

蒐
鞦
韆

し

しゅうそく 事態を収束する
戦火が終息
*終熄する
光の収束 *集束
しゅうぞく 地方の習俗
衆俗を離れる
じゅうそく 条件を充足する
じゅうぞく 大国に従属する
じゅうそつ 従卒
しゅうたい 醜態を演じる
じゅうたい 重体 *重態に陥る
交通が渋滞する
紐帯 ❖「ちゅうたい」とも。
四列縦隊
じゅうだい 十代の少年少女
重大な結果
重代の宝
しゅうたいせい 集大成する
じゅうたく 住宅
しゅうだつ 年貢を収奪する
しゅうたん 愁嘆 *愁歎する
しゅうだん 集団で行動する
じゅうたん 絨緞 *絨毯
じゅうだん 銃弾を浴びる
本州を縦断する
しゅうだんけんしん 集団検診
しゅうたんば 愁嘆場
しゅうち 周知の事実
衆知 *衆智を集める
しゅうちく 修築する
しゅうちしん 羞恥心
しゅうちゃく 祝着至極
金に執着 *執著△する
しゅうちゃくえき 終着駅
しゅうちゅう 質問が集中する
心を集注する
しゅうちゅうごうう 集中豪雨
しゅうちょう 酋長の娘
しゅうちん 袖珍本
じゅうちん 政界の重鎮
しゅうてい 上陸用舟艇
修訂する
じゅうてい 重訂する
しゅうてん 終点に着く
しゅうでん 終電
じゅうてん 赤字を充塡する
重点を置く
じゅうでん 電池に充電する
重電メーカー
しゅうでんしゃ 終電車
じゅうてんてき 重点的
しゅうと 姑（配偶者の母）
舅（配偶者の父）
しゅうと 囚徒
宗徒
じゅうど 重度身障者
しゅうとう 周到な用意
しゅうどう 修道
じゅうとう 費用に充当する
じゅうどう 柔道
しゅうどういん 修道院
しゅうとく 貨幣を収得する
品物を拾得する
技術を習得する
単位を修得する
じゅうとく 重篤な病状
しゅうとめ 姑に仕える
じゅうなん 柔軟な体
じゅうにきゅう 黄道十二宮
じゅうにく 獣肉

じゅうにし　十干十二支
じゅうにしちょう　十二指腸
じゅうにひとえ　十二単
しゅうにゅう　収入が多い
しゅうにん　会長に就任する
じゅうにん　京都の住人
　重任に耐える
じゅうにんといろ　十人十色
じゅうにんなみ　十人並み
しゅうねん　十周年
　執念で達成する
じゅうねんいちじつ　十年一日
しゅうねんぶかい　執念深い
しゅうのう　品物を収納する
じゅうのう　十能
しゅうは　仏教の宗派
　秋波を送る
しゅうはい　郵便を集配する
じゅうばこ　重箱に詰める
じゅうばこよみ　重箱読み
しゅうはすう　周波数
じゅうはちばん　歌舞伎十八番
しゅうばつ　秀抜な作品
じゅうばつ　重罰に処する
しゅうばん　終盤戦
　週番士官
じゅうはん　重犯者
　重版の書物
　従犯と正犯
しゅうび　愁眉を開く
しゅうひょう　衆評が一致する
　集票能力
じゅうびょう　重病患者
しゅうふう　秋風索莫
しゅうふく　本堂を修復する
じゅうふく　前回と重複する
しゅうぶん　秋分(二十四気)
　醜聞が立つ
じゅうぶん　十分 *充分に注意する
しゅうへき　城の周壁
　悪い習癖がある
　胃の褶襞 *皺襞
しゅうへん　大都市の周辺
じゅうべん　重弁花
しゅうほ　瑕疵《かし》を修補する
しゅうほう　宗法
　秀峰富士
　週報
しゅうぼう　衆望を担う
じゅうほう　什宝(秘蔵の宝)
　家の重宝
　重砲連隊
　銃砲店
じゅうぼく　従僕
しゅーまい　焼売
しゅうまく　終幕に近づく
しゅうまつ　事件の終末
　今週の週末
じゅうまん　ガスが充満する
しゅうみ　臭味がある
しゅうみつ　周密な調査
しゅうみん　就眠時間
じゅうみん　住民
しゅうむ　宗務所
しゅうめい　醜名を流す
　襲名披露
じゅうめん　渋面を作る
じゅうもう　絨毛
しゅうもく　衆目を集める

絨
緞
舅

じゅうもく　十目の見る所
しゅうもち　△主持|ち
じゅうもつ　什物
しゅうもん　宗門改め
じゅうもんじ　十文字
しゅうや　秋夜
しゅうや　終夜運転
しゅうやく　意見を集約する
じゅうやく　十薬(どくだみ)
じゅうやく　会社の重役
じゅうやく　英語版から重訳
じゅうやねんぶつ　十夜念仏
じゅうゆ　重油燃料
しゅうゆう　舟遊する
しゅうゆう　九州を周遊する
しゅうよう　土地を収用する
しゅうよう　収容する
しゅうよう　修養を積む
古式を襲用する

じゅうよう　新人を重用する
重要な問題
じゅうようぶんかざい　重要文化財
じゅうよく　獣欲 *獣慾
しゅうらい　敵機が襲来する
じゅうらい　従来の方法
しゅうらく　集落 *聚落
しゅうらん　人心を収攬する
じゅうらん　選挙人名簿縦覧
しゅうり　家を修理する
しゅうりょ　囚虜
しゅうりょう　収量が多い
秋涼の候
課程を修了する
会期が終了する
じゅうりょう　十両の力士
重量を量る
銃猟
じゅうりょうあげ　重量挙|げ

じゅうりょうぜい　従量税
しゅうりょく　衆力を頼む
じゅうりょく　重力の値
しゅうりん　秋霖(秋の長雨)
じゅうりん　蹂躙 *蹂躪
しゅうれい　眉目秀麗な青年
秋冷の候
じゅうれつ　縦列を作る
しゅうれっしゃ　終列車
しゅうれん　血管が収斂する
精神の修練
*修錬
水泳の習練
しゅうろう　就労時間
じゅうろうどう　重労働
しゅうろく　本に収録する
資料を集録する
しゅうろん　宗論を闘わす
世界の衆論

しゅうわい　収賄罪
しゅえい　守衛
じゅえい　樹影
じゅえき　受益
うるしの樹液
しゅえん　主演女優
酒宴を開く
しゅおん　主音
主恩に報いる
しゅか　主家を争奪する
朱夏
首夏(初夏)
酒家
しゅが　山の芋の珠芽(むかご)
じゅか　儒家
樹下に憩う
しゅかい　反乱軍の首魁
じゅかい　東寺で受戒する
剃髪授戒させる

し

青木ヶ原樹海

しゅかく　主客が転倒する
　文の主格
　酒客
じゅがく　儒学
しゅかん　手簡 *手翰
　編集主幹
　主管の大臣
　主観に頼る
しゅがん　主眼点
じゅかん　樹冠
　樹間に見える
　樹幹
しゅかんてき　主観的な判断
しゅき　獄中手記
　酒気を帯びる
　酒器
しゅぎ　主義を変える
しゅきゃく　主客が転倒する
しゅきゅう　守旧派

首級を挙げる

じゅきゅう　年金を受給する
　需給を調整する
しゅきょう　主教
　酒興をそえる
しゅぎょう　武者修行
　花嫁修業
じゅきょう　儒教
じゅぎょう　授業を受ける
しゅぎょく　珠玉の作品

シュク

[祝(人祝)]シュク・(シュウ)　いわ-う ―祝賀・祝辞・祝日・祝儀・奉祝

[宿]シュク　やど・やど-る・やど-す ―宿願・宿舎・宿題・宿敵・宿泊・宿命

[叔]シュク ―叔父・叔母・伯叔

[淑]シュク ―淑女・淑徳・私淑・貞淑

[粛(肅)]シュク ―粛清・粛然・自粛・静粛

[縮]シュク　ちぢ-む・ちぢ-まる・ちぢ-める・ちぢ-れる・ちぢ-らす ―縮小・縮図・収縮・短縮

[人粥]シュク・イク　かゆ ―豆粥

ジュク

[熟]ジュク　う-れる ―熟語・熟睡・熟知・熟読・熟慮・熟練・成熟

[塾]ジュク ―「―に通う」◇塾生・塾長・学習塾・私塾

しゅくあ　宿痾が癒《い》える
しゅくあく　宿悪の報い
しゅくい　祝意を表する
　宿意を述べる
しゅぐう　殊遇を受ける
しゅくうん　宿運(宿命)
しゅくえい　城外に宿営する
しゅくえき　宿駅
しゅくえん　祝宴を開く
　宿怨を晴らす
　前世からの宿縁
しゅくが　祝賀会
しゅくがん　宿願を果たす
じゅくぎ　熟議する
しゅくけい　粛啓
しゅくげん　予算を縮減する
じゅくご　熟語と単語
しゅくごう　宿業の報い
しゅくこん　祝婚歌
　宿根
しゅくさいじつ　祝祭日
しゅくさつ　縮刷版
しゅくし　新年の祝詞
　宿志を果たす
しゅくじ　祝辞を述べる
じゅくし　熟思する
　熟柿△くさい

聚

蹂

躙

現実を熟視する
じゅくじくん　熟字訓
しゅくじつ　国民の祝日
しゅくしゃ　議員宿舎
半分に縮写する
しゅくしゃく　縮尺五万分の一
しゅくしゅ　中間宿主
しゅくしゅく　粛々と進む
しゅくじょ　紳士淑女
しゅくしょう　祝勝　*祝捷
宿将
軍備を縮小する
しゅくず　人生の縮図
じゅくす　機が熟す
じゅくすい　疲れて熟睡する
しゅくする　前途を祝する
京都に宿する
しゅくせ　宿世の縁
しゅくせい　綱紀を粛正する
血の粛清

じゅくせい　塾生
味噌が熟成する
しゅくぜん　粛然と端座する
しゅくだい　学校の宿題
じゅくたつ　英語に熟達する
じゅくち　熟知の仲
しゅくちょく　宿直室
しゅくてき　宿敵を倒す
しゅくてん　祝典の音楽
しゅくでん　祝電を打つ
しゅくとう　祝禱（祝福の祈禱）
じゅくとう　塾頭になる
しゅくとく　淑徳の誉れ
じゅくどく　熟読玩味
しゅくとして　粛として声
なし
じゅくねん　熟年
しゅくば　宿場
しゅくはい　祝杯　*祝盃
しゅくはく　箱根に宿泊する

しゅくばまち　宿場町
しゅくふく　祝福を受ける
しゅくへい　宿弊を改める
しゅくべん　宿便
しゅくほう　祝砲を放つ
しゅくぼう　宿坊に泊まる
宿望を達する
じゅくみん　疲れて熟眠する
しゅくめい　宿命と諦める
しゅくゆう　祝融の災い
しゅくりつ　縮率五〇％
じゅくりょ　熟慮断行
じゅくれん　熟練する
しゅくろう　宿老
しゅくん　主君
殊勲を立てる
じゅくん　受勲する
しゅけい　主計官
しゅげい　手芸を習う
じゅけい　受刑者

しゅけん　国の主権
じゅけん　検査を受検する
大学を受験する
しゅげんどう　修験道
しゅご　主語と述語
京都を守護する
しゅこう　草案を手交する
首肯し難い
酒肴を用意する
殊功を立てる
趣向を凝らす
しゅごう　酒豪
じゅこう　講義を受講する
しゅこうぎょう　手工業
しゅこうげい　手工芸
しゅこうりょう　酒肴料
しゅごしん　守護神
しゅさ　学位論文の主査
しゅざ　主座を降りる
首座に就く

しゅさい　雑誌を主宰する　主祭　主菜　新聞社主催
しゅざい　事件を取材する
しゅざや　朱鞘の刀
しゅざん　珠算教室
じゅさんじょ　授産所
しゅさんち　主産地
じゅさんみ　従三位
しゅし　文の主旨　設立の趣旨　種子植物
しゅじ　指導主事　主辞と賓辞
じゅし　合成樹脂
しゅじい　主治医
しゅしがく　朱子学
しゅじく　チームの主軸
しゅしゃ　経文を手写する

しゅしゃ　取捨選択
じゅしゃ　儒者
しゅしゅ　旧習を守株△する
しゅじゅ　種々雑多　侏儒　*朱儒（こびと）
じゅじゅ　金銭の授受
しゅじゅう　主従の縁
しゅじゅつ　手術する
じゅじゅつ　呪術を使う
しゅしょう　チームの主将　全軍の主将　*首将　首相官邸　運動を主唱する（中心となって）　首唱する（まっさきにとなえる）　殊勝な心掛け
しゅじょう　主上

しゅじょう　衆生を済度する
じゅしょう　勲章を受章する　ノーベル賞を受賞した化学者　勲章の授章式　ノーベル賞の授賞式
しゅしょく　米を主食とする　酒色にふける　酒食の供応
しゅしん　主神　主審　朱唇を綻ばす
しゅじん　主人
じゅしん　電波を受信する　受診を拒む
じゅしんき　受信機
しゅじんこう　主人公
しゅす　繻子の帯
じゅず　数珠　*珠△数

しゅすい　取水口
じゅすい　入△水する
じゅずつなぎ　数珠繋ぎ
しゅずみ　朱墨
じゅする　漢詩を誦する
しゅせい　守成の時期　守勢に立つ　酒精飲料（アルコール）
しゅぜい　酒税
じゅせい　受精卵　人工授精
しゅせき　手跡　*手蹟　国家主席　首席で卒業する　酒席を設ける
しゅせん　主戦投手

鞘　儒　繻

し

じゅせん　酒仙
　教会で受洗する
しゅせんど　守銭奴
しゅそ　病状の主訴
　首△座
じゅそ　人を呪詛する
しゅぞう　酒造家
じゅぞう　受像機
　受贈図書
しゅそく　手足として働く
　首足処を異にす
しゅぞく　種族を保存する
　別な種属
しゅたい　国が主体となる
しゅだい　主題（主な題目）
　首題（初めの題目）
じゅたい　受胎調節
じゅだい　入△内する
しゅだいか　映画の主題歌
しゅたいせい　主体性を失う
じゅたく　委託と受託
じゅだく　要求を受諾する
しゅたくぼん　手沢本
しゅたる　主たる議題
しゅだん　最後の手段
しゅち　主知主義
　趣致に富む
しゅちにくりん　酒池肉林
しゅちゅう　手中に収める
　一家の主柱
じゅちゅう　受注　＊受註
しゅちょ　主著
しゅちょう　主張を押し通す
　自治体の首長

シュツ

［出］シュツ・（スイ）　で-る・だ-す　―　出勤・出現・出産・出身・出版・外出・進出

ジュツ

［術］ジュツ　―　「―を使う」◇術語・術策・術中・学術・技術
［述］ジュツ　の-べる　―　述懐・口述・叙述・著述・陳述

しゅつえん　映画に出演する
しゅっか　天井裏から出火
　野菜を出荷する
しゅつが　稲が出芽する
じゅっかい　当時を述懐する
しゅっかん　出棺する
しゅつがん　特許を出願する
しゅつぎょ　天皇の出御
しゅっきん　出金伝票
　会社へ出勤する
しゅっけ　出家する
じゅっけい　術計が尽きる
しゅつげき　出撃命令
しゅっけつ　出欠を取る
　多量に出血する
しゅつげん　救世主の出現
しゅっこ　出庫伝票
じゅつご　主語と述語
　術後の経過
　植物学の術語
しゅっこう　出向社員
　九時に出航する
　神戸を出港する
　大学に出講する
じゅっこう　一両日熟考する
しゅっこく　出国の手続き
しゅつごく　出獄する
しゅっこんそう　宿根草
じゅっさく　述作にふける
　術策を巡らす
しゅっさつ　出札口
しゅっさん　出産休暇
しゅっし　官庁に出仕する
　事業に出資する

しゅつじ　出自を調べる
しゅっしゃ　九時に出社する
しゅっしょ　出処進退
　出所不明の金
しゅっしょう　出生
しゅつじょう　大会に出場する
しゅっしょうとどけ　出生届
　❖「しゅっせいとどけ」とも。
しゅっしょく　出色のできばえ
しゅっしん　出身地
しゅつじん　学徒出陣
しゅっすい　豪雨で出水する
じゅっすう　権謀術数
しゅっせ　出世する
しゅっせい　男児が出生する
　出征兵士
しゅっせき　出席を取る

じゅつぜん　術前術後の処置
しゅっそう　出走馬
しゅったい　珍事が出来△する
しゅつだい　出題範囲
しゅったつ　夜行で出立する
じゅっちゅう　敵の術中に陥る
しゅっちょう　出張旅費
　出超(輸出超過)
しゅっちょうじょ　出張所
しゅっちん　出陳目録
しゅってい　被告が出廷する
しゅってん　出典を調べる
　駅前に出店する
　試作を出展する
しゅつど　土器が出土する
しゅっとう　出頭を命ずる
しゅつどう　軍隊が出動する
しゅつにゅうこく　出入国
しゅつば　選挙に出馬する

しゅっぱつ　出発が遅れる
しゅっぱん　定時に出帆する
　本を出版する
しゅっぴ　出費がかさむ
しゅっぴん　展覧会への出品
じゅつぶ　主部と述部
しゅっぺい　シベリア出兵
しゅつぼつ　怪盗が出没する
しゅっぽん　郷里を出奔する
しゅつらい　珍事が出来する
しゅつらんのほまれ　出藍の誉れ
しゅつりょう　出漁する
　出猟する
しゅつりょく　出力百馬力
しゅつるい　出塁する
しゅと　日本の首都東京
　首途を祝う
しゅとう　酒盗(塩辛)
　種痘

しゅどう　手動ブレーキ
　主動的
　主導性
しゅどうけん　主導権を握る
じゅどうたい　受動態
しゅとく　権利を取得する
しゅとけん　首都圏
しゅとして　主として
じゅなん　受難曲
しゅにく　朱肉
じゅにゅう　授乳時間
しゅにん　数学科の主任
しゅぬり　朱塗り―の橋
しゅのう　首脳　*主脳
じゅのう　品物を受納する
しゅはい　酒杯　*酒盃

諾
奔
藍

し

じゅはい　銀杯を受杯する
じゅばく　呪縛を解く
しゅはん　主犯と従犯
　首班を指名する
じゅばん　襦袢
しゅひ　守秘義務
しゅび　守備が堅い
　首尾一貫
じゅひ　桜の樹皮
しゅひつ　新聞社の主筆
　朱筆を入れる
しゅびょう　種苗店
じゅひょう　樹氷
しゅひん　宴会の主賓
しゅふ　家庭の主婦
　日本の首府
しゅぶ　主部と述部
じゅふ　呪符
じゅぶつ　呪物崇拝
しゅぶん　判決の主文

じゅふん　自花受粉
　人工授粉
しゅへい　手兵を率いる
　城の守兵
しゅへき　酒癖が悪い
しゅべつ　切手を種別する
しゅほ　酒保
しゅほう　表現の手法
　戦艦の主砲
　ヒマラヤの主峰
じゅほう　呪法を行う
しゅぼうしゃ　反乱の首謀者　＊主謀者
じゅぼくどう　入△木道（書道）
しゅみ　趣味がいい
しゅみせん　須△弥△山△
しゅみゃく　山系の主脈
じゅみょう　寿命が尽きる
しゅむ　主務大臣
しゅめい　主命に従う

じゅめい　大役を受命する
しゅもく　競技種目
　撞木で叩く
じゅもく　樹木を植える
じゅもん　呪文を唱える
しゅやく　主役を務める
しゅゆ　須△臾の命
じゅよ　賞品を授与する
しゅよう　主要な条件
　最も須△要なもの
　悪性腫瘍
じゅよう　異文化の受容
　電力の需用
　需要と供給
しゅよく　飛行機の主翼
しゅら　修羅の巷《ちまた》
じゅらい　御《ご》入△来
じゅらく　入△洛する
しゅらじょう　修羅場と化す
しゅらば　芝居の修羅場

しゅらん　酒乱
じゅり　辞表を受理する
しゅりけん　手裏剣
じゅりつ　国交を樹立する
しゅりゅう　主流派
しゅりゅうだん　手榴弾
しゅりょう　狩猟
　山賊の首領
　酒量を過ごす
じゅりょう　製品を受領する
しゅりょく　主力を注ぐ
じゅりょく　呪力
じゅりん　杉の樹林
しゅるい　多くの種類
しゅれい　守礼の国
じゅれい　樹齢千年の杉
しゅれん　手練の早業
しゅろ　棕櫚　＊棕梠
じゅろうじん　寿老人（七福神の一）

△は常用漢字表にない音訓　｜の付いた仮名は省略してもよい送り仮名　＊は同語の別表記

しゅわ　手話
じゅわき　受話器を取る
しゅわん　手腕を発揮する

シュン

[春]シュン はる ― 春季・春秋・思春期・新春・青春・早春・晩春
[俊]シュン ― 俊英・俊才・俊秀・俊敏・英俊
[瞬]シュン またたく ― 瞬間・瞬時・一瞬
[旬](シュン)・ジュン ― 「―の野菜」
[人峻]シュン たか・たかし ― 峻険・峻別・急峻
[人隼]シュン・ジュン とし・はや・はやぶさ ―
[人竣]シュン すみ ― 竣工・竣成
[人舜]シュン きよ・きよし ― 尭舜禹
[人駿]シュン すすむ・とし ― 駿足・駿馬

ジュン

[純]ジュン ― 「―な人」◇純益・純金・純情・純粋・純度
[順]ジュン ― 「―が狂う」◇順位・順序・順調・順当・順路
[準]ジュン ― 準備・準用・基準・水準・標準
[旬]ジュン・(シュン) ― 旬刊・旬間・旬報・上旬・初旬・中旬
[巡]ジュン めぐる ― 巡回・巡業・巡行・巡査・巡視・巡礼・一巡
[盾]ジュン たて ― 矛盾
[准]ジュン ― 准看護師・准将・批准
[殉]ジュン ― 殉教者・殉国・殉死・殉職・殉難
[循]ジュン ― 循環・因循
[潤]ジュン うるおう・うるおす・うるむ ― 潤色・潤沢・湿潤・豊潤・利潤
[遵]ジュン ― 遵守・遵法・遵奉
[人洵]ジュン まこと ―
[人淳]ジュン あつ・あつし ― 淳質・淳朴
[人詢]ジュン まこと ― 諮詢
[人諄]ジュン まこと ― 諄諄
[人醇]ジュン あつ・あつし ― 醇厚・芳醇
[人楯]ジュン・シュン たち・たて ― 矛楯
[人閏]ジュン うる・うるう ― 閏月・閏年
[人馴]ジュン・シュン なれ・よし ― 馴化

じゅんあい　純愛を捧げる
じゅんい　順位が決まる
じゅんいつ　純一な気持ち
しゅんえい　俊英を集める
じゅんえき　純益十億円
じゅんえつ　管内を巡閲する
じゅんえん　地方を巡演する
　雨天順延
　順縁と逆縁
じゅんおう　環境に順応する
じゅんおくり　順送りにする
しゅんが　春画
じゅんか　純化・*醇化
　風土に順化・*馴化する
じゅんかい　町を巡回する
じゅんかつゆ　潤滑油
しゅんかん　春寒料峭《りょうしょう》の候
　瞬間風速
じゅんかん　旬刊雑誌
　交通安全旬間
　市内を循環する
じゅんかんき　循環器
しゅんき　春季運動会

襦
瘍
櫚

し

春期休暇
しゅんぎく 春菊
じゅんぎゃく 順逆を誤る
じゅんきゅう 準急列車
じゅんきょ 準拠する
しゅんぎょう 春暁
じゅんきょう 殉教者
順境にある
じゅんぎょう 地方巡業
じゅんきょうじゅ 准教授
じゅんきん 純金
じゅんぎん 純銀
じゅんぐり 順繰りに歌う
しゅんけい 春景（春の景色）
しゅんけいぬり 春慶塗
しゅんけつ 維新の俊傑
しゅんげつ 春月
じゅんけつ 純血を保つ
じゅんけつ 純潔を守る
じゅんげつ 旬月の間に迫る

じゅんけっしょう 準決勝
しゅんけん 峻険 *峻嶮な
山道
しゅんげん 俊彦（英才）
峻厳な態度
じゅんけん 各地を巡見する
管内を巡検する
しゅんこう 春耕（春の耕作）
社屋が竣工 *竣
功する
じゅんこう 各地を巡行する
東北御巡幸
巡航する
じゅんこく 殉国の士
じゅんさ 巡査
しゅんさい 俊才 *駿才
じゅんさい 蓴菜の吸い物
じゅんさつ 国境を巡察する
しゅんじ 瞬時も忘れない
じゅんし 管内を巡視する

殉死を禁ずる
じゅんじ 順次席を立つ
しゅんじつ 春日遅々
じゅんじつ 旬日の間に迫る
じゅんしゅ 遵守 *順守
しゅんしゅう 俊秀を集める
春愁を抱く
しゅんじゅう 春秋に富む
しゅんじゅん 逡巡する
じゅんじゅん 諄々と説く
順々に入る
じゅんじょ 順序立てる
しゅんしょう 春宵一刻値千
金
しゅんじょう 春情をそそる
じゅんじょう 純情可憐
規矩《きく》準縄
しゅんしょく 春色たけなわ
じゅんしょく 殉職する
潤色して話す

じゅんじる 職に殉じる
右に準じる
じゅんしん 純真な気持ち
じゅんすい 純水
純粋の日本人
じゅんずる 職に殉ずる
右に準ずる
しゅんせい 船が竣成する
じゅんせい 純正数学
準星
しゅんせつ 春雪
港湾を浚渫する
じゅんせつ 順接と逆接
じゅんぜん 純然たる芸術品
しゅんそう 池塘《ちとう》春草の夢
しゅんそく 駿足
じゅんそく 準則をきめる
じゅんたく 潤沢な資金
しゅんだん 春暖の候
じゅんち 馴致（なれさせる）

じゅんちょう　順調に回復する
じゅんて　順手と逆手
じゅんど　純度が高い
しゅんとう　春灯　*春燈
春闘
しゅんどう　不平分子の蠢動
じゅんとう　順当な結果
じゅんなん　殉難者
じゅんのう　環境に順応する
じゅんぱい　霊場を巡拝する
じゅんぱく　純白の花嫁衣装
しゅんぱつりょく　瞬発力
じゅんばん　順番に並ぶ
じゅんび　準備完了
風俗醇美　*純美
じゅんぴつ　潤筆料
しゅんびん　俊敏な頭脳
しゅんぷう　春風駘蕩《たいとう》

じゅんぷう　順風満帆
じゅんぷうびぞく　醇風美俗
しゅんぶん　春分(二十四気)
じゅんぶんがく　純文学
しゅんべつ　公私を峻別する
じゅんぽう　旬報
命令を遵奉　*順奉する
遵法　*順法精神
じゅんぼく　淳朴　*醇朴
*純朴な人
しゅんぽん　春本
じゅんまいしゅ　純米酒
しゅんまく　鳥の瞬膜
しゅんみん　春眠暁を覚えず
しゅんめ　駿馬△　*俊馬△
じゅんもう　純毛の生地
しゅんや　春夜

じゅんゆう　山陰を巡遊する
じゅんよう　協定を準用する
じゅんようかん　巡洋艦
じゅんら　警官が巡邏する
しゅんらい　春雷
じゅんらん　名所を巡覧する
じゅんり　一億円の純利
じゅんりょう　純良なバター
淳良　*醇良な学生
順良な市民
しゅんれい　峻嶺
じゅんれい　巡礼　*順礼
じゅんれき　国内を巡歴する
しゅんれつ　峻烈な批判
じゅんれつ　順列組み合わせ
じゅんろ　見学の順路

ショ

[処(處)]ショ ― 処刑・処女・処世・処置・処分・処理・善処

[初]ショ　はじ-め・はじ-めて・はつ・うい・そ-める ― 初演・初期・初心者・初日・最初
[所]ショ　ところ ― 所見・所持・所長・所得・所有・住所・近所
[書]ショ　か-く ― 「―を読む」「良寛の―」◇書画・書記・読書
[暑(人暑)]ショ　あつ-い ― 暑気・暑熱・炎暑・向暑・酷暑・残暑・避暑
[署(人署)]ショ ― 「―の仕事」◇署員・署長・署名・分署
[諸(人諸)]ショ ― 諸悪・諸君・諸賢・諸国・諸説・諸般・諸費
[庶]ショ ― 庶幾・庶民・庶務・衆庶
[緒(人緒)]ショ・(チョ)　お ― 「―に

蕁
逡
邏

就く」◇緒言・緒論・情緒

[渚・渚]ショ なぎさ ―汀渚

[曙]ショ あき・あきら・あけ・あけぼの ―曙光・春曙

[杵]ショ き・きね ―

ジョ

[女]ジョ・ニョ・(ニョウ) おんな・め ―女医・女史・女子・女流・少女・処女

[助]ジョ たす-ける・たす-かる・すけ ―助監督・助言・助手・助勢・助命・援助

[序]ジョ ―「長幼の―」◇序曲・序説・序盤・順序・秩序

[除]ジョ・(ジ) のぞ-く ―除外・除数・除雪・除夜・解除

[如]ジョ・ニョ ―如才・如上・欠如・突如・躍如

[叙(敍)]ジョ ―叙位・叙勲・叙景・叙述・直叙

[徐]ジョ ―徐行・徐々・緩徐

[恕]ジョ ゆき・ゆるす ―恕宥・寛恕

[汝]ジョ・ニョ な・なんじ ―爾汝

じょ　研究所
　　たんぽぽの絮

じよ　自余 *爾余

しょあく　諸悪の根源

しょい　天狗の所為

じょい　女医
　　叙位叙勲

しょいこ　背△負△い子

しょいこむ　背△負△い込む

しょいん　研究所の所員
　　税務署の署員
　　書院造り

しょう　二枚の子葉
　　矛盾を止揚する
　　仕様がない
　　文学史要
　　至要の事柄
　　私用をたす
　　機械を使用する
　　枝葉末節
　　試用期間
　　家畜を飼養する

ショウ

[小]ショウ こ・お ちい-さい ―「―の月」◇小計・小心・小説・縮小

[少]ショウ すく-ない・すこ-し ―少憩・少食・少数・少壮・少年・減少

[正]ショウ・セイ ただ-しい・ただ-す・まさ ―正月・正気・正直・正体

[生]ショウ・セイ い-きる・い-かす・い-ける・う-まれる・う-む・お-う・は-える・は-やす・き・なま ―生涯・誕生

[招]ショウ まね-く ―招魂・招請・招待・招致・招来

[承]ショウ うけたまわ-る ―承引・承諾・承知・承認・承服・継承・了承

[松]ショウ まつ ―松竹梅・青松・老松

[性]ショウ・セイ ―「―に合わない」◇性分・相性・気性

[青](ショウ)・セイ あお・あお-い ―紺青・緑青

[昭]ショウ ―昭代・昭和

[政](ショウ)・セイ まつりごと ―摂政

[星](ショウ)・セイ ほし ―明星

[省]ショウ・セイ かえり-みる・はぶ-く ―省議・省庁・省筆・省略・省令・各省

[相]ショウ・ソウ あい ―相伴・国務相・首相

[将(將)]ショウ ―「敗軍の―」◇将棋・将軍・将来・大将

[消]ショウ き-える・け-す ―消化・消失・消息・消灯・消防・消滅・消耗

[笑]ショウ わら-う・え-む ―笑殺・笑覧・談笑・微笑

[唱]ショウ とな-える ―唱歌・合唱・提唱・二重唱

[商] ショウ あきなう ―「割り算の―」◇商業・商人・商売・行商
[章] ショウ ― ―「―を改める」◇章句・印章・勲章・文章
[勝] ショウ かつ・まさる ―勝算・勝敗・勝利・全勝・名勝・優勝・連勝
[焼(人燒)] ショウ やく・やける ―焼却・焼香・焼失・延焼・燃焼
[証(證)] ショウ ― ―証券・証言・証拠・証書・証人・証明・立証
[象] ショウ・ゾウ ― ―象形・象徴・印象・具象・現象・対象・抽象
[装(人裝)] ショウ・ソウ よそおう ―装束・衣装
[照] ショウ てる・てらす・てれる ―照会・照明・参照・残照・日照
[障] ショウ さわる ―障害・障子・故障・支障

[精] (ショウ)・セイ ― ―精進・無精
[賞] ショウ ― ―「―を受ける」◇賞金・賞状・賞味・賞与・受賞
[升] ショウ ます ―一升
[井] (ショウ)・セイ い ―天井
[召] ショウ めす ―召喚・召還・召集・召致・応召
[匠] ショウ ― ―意匠・楽匠・巨匠・師匠・宗匠・刀匠
[床] ショウ とこ・ゆか ―温床・河床・起床・病床・臨床
[抄] ショウ ― ―抄出・抄本・抄物・抄訳・抄録・詩抄
[肖] ショウ ― ―肖像・不肖
[尚] ショウ ― ―尚古・尚早・尚武・和尚・好尚・高尚
[昇] ショウ のぼる ―昇格・昇級・昇給・昇降・昇進・上昇
[沼] ショウ ぬま ―沼沢・湖沼・池沼
[姓] ショウ・セイ ― ―小姓・素姓・百姓

[宵] ショウ よい ―春宵・徹宵
[症] ショウ ― ―症状・症例・炎症・既往症・重症
[祥(人祥)] ショウ ― ―吉祥・発祥地・不祥事
[称(稱)] ショウ ― ―「…の―がある」◇称呼・称賛・名称
[渉(人涉)] ショウ ― ―渉外・干渉・交渉・徒渉
[紹] ショウ ― ―紹介
[訟] ショウ ― ―訴訟
[掌] ショウ ― ―掌握・掌中・掌編・車掌・職掌・落掌
[晶] ショウ ― ―液晶・結晶・水晶
[焦] ショウ こげる・こがす・こがれる・あせる ―焦心・焦燥・焦点・焦土・焦慮
[硝] ショウ ― ―硝安・硝煙・硝酸・硝石・硝薬・煙硝
[粧] ショウ ― ―化粧・美粧

[詔] ショウ みことのり ―詔書・詔勅・大詔
[奨(人奬)] ショウ ― ―奨学・奨励・推奨・選奨
[詳] ショウ くわしい ―詳記・詳言・詳細・詳述・詳説・詳伝・不詳
[彰] ショウ ― ―彰徳・顕彰・表彰状
[衝] ショウ ― ―「―に当たる」◇衝動・衝突・折衝
[償] ショウ つぐなう ―償還・償金・代償・賠償・弁償
[礁] ショウ ― ―暗礁・環礁・岩礁・魚礁・座礁・離礁
[鐘] ショウ かね ―鐘声・鐘楼・警鐘・半鐘・晩鐘
[傷] ショウ きず・いたむ・いためる ―傷害・

絮
爾
揚

感傷・負傷

[憧] ショウ　あこが-れる ―憧憬

人[庄] ショウ ―庄屋

人[昌] ショウ　さかん・まさ ―昌運・繁昌

人[捷] ショウ　かつ・はや ―捷径・敏捷

人[梢] ショウ　こずえ ―末梢

人[笙] ショウ　ふえ ―笙鼓

人[菖] ショウ　あやめ ―菖蒲

人[翔] ショウ ―飛翔

人[頌] ショウ ―頌歌・頌徳・頌春

人[蕉] ショウ ―蕉布・蕉門・芭蕉

人[哨] ショウ ―監視哨

人[嘗] ショウ・ジョウ　ふる ―臥薪嘗胆

人[摺] ショウ・ロウ ―摺本

人[樟] ショウ　くす・くすのき ―樟脳

人[湘] ショウ ―湘南

人[秤] ショウ・ヒョウ・ビン　はかり ―秤量

人[篠] ショウ　しの ―

人[蔣] ショウ ―蔣介石

人[裳] ショウ　も・もすそ ―衣裳

人[醬] ショウ　ひしお ―醬油

人[鞘] ショウ・ソウ　さや ―腱鞘炎

しょう　**鉦**を打ち鳴らす
造兵**廠**
簫を吹き鳴らす

しょう　荷物を**背負**△△う

じょう　**次葉**(次の紙)
自用の車
滋養になる食物

ジョウ

[上] ジョウ・(ショウ)　うえ・(うわ)・かみ・あ-げる・あ-がる・のぼ-る・のぼ-せる・のぼ-す ―上昇・上流・地上

[成] (ジョウ)・セイ　な-る・な-す ―成就・成仏

[条(人條)] ジョウ ―条規・条件・条項・条文・条約・条理・発条

[状(人狀)] ジョウ ―状況・状態・異状・賞状・招待状・白状

[定] ジョウ・テイ　さだ-める・さだ-まる・さだ-か ―「案の―」◇定石・定法・評定

[乗(人乘)] ジョウ　の-る・の-せる ―乗客・乗降・乗車・乗数・乗用・二乗

[城] ジョウ　しろ ―城郭・城下町・城壁・開城・不夜城・落城

[常] ジョウ　つね・とこ ―常温・常勤・常設・常備・常用・日常・非常

[情] ジョウ・(セイ)　なさ-け ―「―が深い」◇情熱・情報・感情・人情

[盛] (ジョウ)・セイ　も-る・さか-る・さか-ん ―繁盛

[場] ジョウ　ば ―場外・運動場・会場・入場

[蒸] ジョウ　む-す・む-れる・む-らす ―蒸気・蒸発

[静(人靜)] (ジョウ)・セイ　しず・しず-か・しず-まる・しず-める ―静脈

[丈] ジョウ　たけ ―丈夫・丈六・一丈・菊五郎丈・方丈

[冗] ジョウ ―冗員・冗句・冗談・冗長・冗費・冗慢

[浄(人淨)] ジョウ ―浄化・浄火・浄財・浄写・浄書・浄土・清浄

[剰(人剩)] ジョウ ―剰員・剰余・過剰・余剰

[畳(人疊)] ジョウ　たた-む・たたみ ―畳語・畳字・一畳・重畳・半畳

[縄(繩)] ジョウ　なわ ―縄文・自縄自縛・捕縄

[壌(壤)] ジョウ ―壌土・天壌無窮・土壌

[嬢(人孃)] ジョウ ―愛嬢・案内嬢・令嬢

し

[錠]ジョウ ― 「―を下ろす」◇錠剤・錠前・手錠

[譲]（人[讓]）ジョウ ゆずる ― 譲位・譲渡・譲歩・譲与・委譲・割譲・謙譲

[醸]（人[釀]）ジョウ かもす ― 醸成・醸造・吟醸酒

人[丞]ジョウ すけ・すすむ ― 丞相

人[穣・人穰]ジョウ みのる ― 豊穣

人[杖]ジョウ・チョウ き・つえ・もち ― 錫杖

人[茸]ジョウ たけ・きのこ ―

じょう　半紙一帖
尉△と姥《うば》
山城少掾

じょうあい　情合い（おもいやり）
夫婦の情愛

しょうあく　部下を掌握する

しょうい　大同小異
少尉
傷痍軍人

じょうい　女性上位の時代
上意に従う
情意投合
尊皇攘夷
国王が譲位する

じょういかたつ　上意下達

じょういき　浄域

しょういだん　焼夷弾

しょういん　就任を承引する
勝因となる
市町村長の証印

じょういん　上院議員
冗員＊剰員を整理する
飛行機の乗員

しょうう　小雨決行
少雨

じょううち　常打ち―の寄席

しょううん　祥雲（瑞雲）
商運に恵まれる

じょうえ　浄衣△を着る

じょうえい　次週に上映する

しょうえき　漿液

じょうえつ　上越国境の山

しょうえん　小宴を張る
招宴を催す
荘△園＊庄園
消炎剤
硝煙弾雨

じょうえん　劇を上演する
情炎を燃やす

しょうおう　首尾照応する

しょうおく　海辺の小屋

しょうおん　消音装置

じょうおん　常温常圧

しょうか　小過を責める
小暇を見つける
樟脳が昇華する
消化不良
消火ポンプ
消夏＊銷夏
小学唱歌
娼家
商科大学
商家の生まれ
頌歌（賛歌）

しょうが　小我を捨てる
生姜＊生薑

じょうか　城下の盟《ちか》い
政界を浄化する
浄火がともる
情火を燃やす

しょうかい　海上を哨戒する
兄弟商会
友人を紹介する

掾

攘

漿

残高を照会する
要点を詳解する
しょうがい　生害を遂げる
生涯を送る
渉外係
傷害致死
障害 ＊障碍を
排除する ＊胃腸
障礙
じょうがい　場外ホームラン
城外に出る
しょうかいせき　蔣介石
しょうかき　消化器
消火器
しょうかく　部長に昇格する
しょうがく　小学一年生
小額紙幣
少額貯蓄
商学博士
じょうかく　城郭 ＊城廓

じょうがく　上顎と下顎
しょうがくきん　奨学金
しょうかたい　松果体
しょうがつ　正月
しょうがっこう　小学校
しょうがない　仕△様△がない
じょうかまち　城下町
しょうかん　小寒(二十四気)
小閑 ＊少閑
小感
証人を召喚する
大使を召還する
将官
消閑の具
横浜英国商館
国債を償還する
しょうがん　珍味を賞翫する
じょうかん　上官の命令
上浣 ＊上澣(上
旬)

空母に乗艦する
フランスの城館
情感をこめる
しょうき　正気の沙汰
匠気たっぷり
沼気の泡
笑気ガス
商機を失う
勝機をつかむ
事情を詳記する
瘴気を払う
鍾馗様
しょうぎ　床机 ＊床几
将棋を指す
商議する
娼妓
じょうき　上気した顔
上記の通り
条規に従う
明窓浄机 ＊浄
几
常軌を逸する
蒸気機関車
じょうぎ　定規 ＊定木
情義を欠く
情誼 ＊情宜
じょうきげん　上機嫌
しょうぎだおし　将棋倒し
しょうきゃく　正客として招く
借入金の消却
＊銷却
ごみを焼却する
減価償却
じょうきゃく　上客として扱う
バスの乗客
常客に割引する
しょうきゅう　二級に昇級する
定期昇給
じょうきゅう　上級裁判所
しょうきゅうし　小休止する

しょうきょ　xを消去する
しょうきょう　商況が活気づく
しょうぎょう　商業道徳
じょうきょう　月末に上京する
状況　*情況
貞享暦
しょうきょく　小曲
消極的
しょうきょほう　消去法
しょうきん　小禽
正金で払う
賞金を出す
事故の償金
じょうきん　常勤講師
しょうきんるい　渉禽類
しょうく　小軀
章句を諳《そら》んずる
じょうく　冗句を避ける
畳句歌

じょうくう　成田の上空
しょうぐん　将軍家
じょうげ　上下に動く
しょうけい　苔むした小径
小計と総計
小憩　*少憩をとる
権利を承継する
学問に捷径なし
勝景を愛《め》でる
象形文字
遠い地への憧憬
じょうけい　上掲の写真
情景　*状景
喜劇めいた場景
しょうげき　笑劇
衝撃を受ける
しょうけつ　猖獗を極める
じょうけつ　浄血作用
しょうけん　小見を捨てる

正絹のネクタイ
商権
証券会社
しょうげん　事実を証言する
さらに詳言する
じょうけん　条件を付ける
じょうげん　上弦の月
価額の上限
しょうこ　尚古思想
称呼する
商賈（商売）
証拠を示す
鉦鼓をたたく
しょうご　正午の時報
じょうこ　上古の文学
じょうご　泣き上戸
冗語　*剰語
畳語
漏斗形
しょうこう　文学論小考

少考する
小康を保つ
昇降口
陸軍将校
無事消光する
症候が現れる
商工会議所
霊前に焼香する
原典と照校する
しょうごう　博士の称号
商号
原典と照合する
じょうこう　上皇
憲法の条項
乗降客
情交
しょうこうぐん　頸肩腕《けいけんわん》症候

蔣
瘴
獗

群
しょうこうねつ　猩紅熱
しょうこく　小国の悲哀
生国に帰る
じょうこく　上告審
しょうこくみん　少国民
しょうこりもなく　性懲りもなく
しょうこん　招魂祭
性根が尽きる
商魂たくましい
生々しい傷痕
しょうごん　本堂の荘△厳
じょうこん　発射弾の条痕
しょうさ　小差で勝つ
少佐
首位との勝差
証左をつかむ
じょうざ　上座に着く
定座

しょうさい　商才にたける
詳細な報告
じょうさい　城塞 *城砦
*城寨を築く
じょうざい　浄財を集める
浄罪
錠剤を飲む
しょうさく　小策を弄する
じょうさく　上作(豊作)
上策ではない
しょうさつ　小冊
噂を笑殺する
焼殺する
蕭殺たる荒野
しょうさっし　小冊子
しょうさん　疑点が消散する
成果を称賛
*称讃 *賞賛
*賞讃する
勝算のない戦い

じょうさん　蒸散作用
しょうし　日本文化小史
小祠
少子時代
生死は世の習い
笑止の沙汰
焼死する
証紙を張る
頌詞(称える言葉)
頌詩(称える詩)
賞詞(ほめる言葉)
しょうじ　小字で書く
小事に拘泥せず
少時休憩する
生死流転する
尚侍
商事
頌辞を捧げる
襖《ふすま》と障子
賞辞を述べる

じょうし　上巳の節句
上司の許可
上使を迎える
上肢と下肢
論文を上梓する
城市
城址 *城趾
情死する
じょうじ　常時携える
情事
畳字(踊り字)
しょうじいれる　請△じ入れる
しょうじがいしゃ　商事会社
しょうじき　正直な人
じょうしき　定式
常識のある人
じょうしきまく　定式幕
しょうしせんばん　笑止千万

しょうしつ　権利を消失する
　書類が焼失する
じょうしつ　上質の洋紙
じょうじつ　情実を排する
しょうしみん　小市民
しょうしゃ　小社
　哨舎
　外国商社
　勝者となる
　X線を照射する
　廠舎
　瀟洒な建物
しょうじゃ　祇園精舎
じょうしゃ　バスに乗車する
　楽譜を浄写する
しょうしゃく　小銃の照尺
じょうしゃけん　乗車券
しょうじゃひっすい　盛者必衰
しょうじゃひつめつ　生者必滅
じょうしゅ　城主
　情趣に富んだ庭
じょうじゅ　大願が成就する
しょうしゅう　国会を召集する
　総会を招集する
　消臭剤
しょうじゅう　小銃
じょうしゅう　常習
じょうじゅうざが　常住坐臥
じょうしゅく　常宿にする旅館
しょうしゅつ　抄出する
しょうじゅつ　経過を詳述する
じょうじゅつ　上述の通り
じょうしゅび　上首尾
しょうしゅん　頌春
しょうじゅん　照準を合わせる
　昇順
じょうじゅん　七月上旬
しようしょ　仕様書
しょうしょ　小暑(二十四気)
　消暑 *銷暑
　国会解散の詔書
　卒業証書
しょうじょ　小序を付ける
　少女趣味
　昇叙 *陞叙
じょうしょ　意見を上書する
　原稿を浄書する
　豊かな情緒
じょうじょ　加減乗除
しょうしょう　少々寒い
　少将
　悄々と進む
　蕭々 *瀟々と降る雨
しょうじょう　小乗仏教
　自覚症状
　六根清浄
　猩々(猿の一種)
　賞状を与える
　霄壌の差
　蕭条たる枯れ野
じょうしょう　上声
　物価が上昇する
じょうしょう　丞相(大臣)
じょうじょう　上々 *上乗
　株式を上場する
　不審の条々
　情状を酌量する
　余韻嫋々
しょうじょうひ　猩々緋

猩
寒
瀟

しょうしょく 小食 *少食
じょうしょく 米を常食とする
しょうじる 問題が生じる
じょうじる 夜陰に乗じる
しょうしん 小心翼々
しょうしん 小身の武士
正真正銘
昇進 *陞進
焦心にかられる
焼身自殺
傷心 *傷神
脚気衝心
しょうじん 小人
戦力を消尽する
建物を焼尽する
画業に精進する
じょうしん 上司に上申する
じょうじん 常人と異なる
情人

しょうじんあげ 精進揚げ|
しょうじんおち 精進落ち
しょうじんけっさい 精進潔斎
じょうしんしょ 上申書
しょうじんぶつ 小人物
しょうじんりょうり 精進料理
じょうず 上手に作る
しょうすい 小水
憔悴した顔
しょうずい 祥瑞が現れる
じょうすい 玉川上水
じょうすいじょう 浄水場
じょうすいどう 上水道
しょうすう 小数点
少数派
じょうすう 乗数と除数
しょうずみ 使用済み|
しょうする 病気と称する

無実を証する
帝徳を頌する
詩を誦する
功を賞する
しょうずる 価値が生ずる
客を請△ずる
*招ずる
じょうずる 勢いに乗ずる
しょうせい 小生
小成に安んずる
使節を招請する
笑声が起こる
勝勢に乗じる
照星と照門
寛永寺の鐘声
じょうせい 上製の本
情勢 *状勢
気運を醸成する
しょうせき 証跡が残る
じょうせき 上席判事

定席に着く
囲碁の定石
将棋の定跡
しょうせつ 小雪(二十四気)
第二小節
小説を読む
問題を詳説する
じょうせつ 常設する
じょうぜつ 饒舌 *冗舌
しょうせっかい 消石灰
しょうせん 商船学校
歳末商戦
しょうぜん 小善をなす
承前
悄然と立ち去る
悚然 *竦然
蕭然たる雪原
じょうせん 乗船 *上船
しょうそ 被告が勝訴する
じょうそ 上訴審

しょうそう　少壮の学者
時期尚早
しょうぞう　焦燥 *焦躁
紙の抄造
父の肖像
じょうそう　民情を上奏する
上層階級
情操教育
じょうぞう　酒を醸造する
しょうそういん　奈良の正倉院
しょうそく　消息を絶つ
しょうぞく　白い装束
しょうそくすじ　消息筋
しょうそつ　将卒
しょうそん　モーターの焼損
しょうたい　小隊長
正体もなく眠る
友人を招待する
じょうたい　上体を起こす
上腿部
健康状態
常態に復する
じょうだい　上代の文学
しょうたく　小宅
小卓
妾宅を構える
沼沢
しょうだく　承諾を求める
じょうたつ　絵が上達する
じょうだま　上玉
しょうたん　賞嘆する
しょうだん　昇段する
商談が成立する
じょうたん　塔の上端
じょうだん　寝台車の上段
冗談を言う
常談平話
しょうち　小知 *小智
部下を召致する
依頼を承知する
工場を招致する
勝地（景勝の地）
じょうち　上知 *上智
委員を常置する
情痴に狂う
じょうちゃく　蒸着する
しょうちゅう　掌中の珠
焼酎をあおる
じょうちゅう　条虫 *條虫
軍隊が常駐する
じょうちょ　豊かな情緒
しょうちょう　小腸
各省庁
勢力の消長
平和を象徴する
じょうちょう　冗長な文章
異国情調
しょうちょうてき　象徴的
しょうちょく　終戦の詔勅

しょうちん　消沈 *銷沈
しょうつきめいにち　祥月命日
じょうてい　上帝
議案を上程する
じょうでき　上出来の成績
しょうてん　小篆
召天する（キリスト教で信者の死）
声点
キリストの昇天
旭日昇天の勢い
商店
焦点距離
意気衝天
しょうでん　漱石の小伝
昇殿を許される

陞
饒
條

し

しょうてんがい　漱石の詳伝　駅前の商店街
じょうてんき　上天気
しょうど　焦土と化す　焼土　照度を測定する
じょうと　家屋を譲渡する
じょうど　西方浄土　壌土
しょうとう　小刀と大刀　小党乱立　松濤（松風）　消灯 *消燈
しょうどう　檣頭に旗が翻る　平和を唱道する　仏教を唱導する　商道に反する　衝動に駆られる　耳目を聳動する

じょうとう　上等な品物　城頭に翻る旗　常套手段
じょうどう　成道する　憲政の常道
しょうどうし　唱導師
じょうとうしき　上棟式
しょうとく　生得の頑固者
しょうどく　車内を消△毒する
しょうとくたいし　聖徳太子
しょうどしま　小豆△島
じょうどしゅう　浄土宗
じょうどしんしゅう　浄土真宗
しょうとつ　意見が衝突する
しょうない　庄内地方
じょうない　城内　場内アナウンス
しょうなごん　少納言

しょうなん　湘南海岸
しょうに　小児
しょうにまひ　小児麻痺
しょうにゅうどう　鍾乳洞
しょうにん　法然上人　親鸞聖△人　小人料金　承認を得る　昇任 *陞任　商人気質　証人を喚問する
じょうにん　常任指揮者
しょうにんずう　少人数
しょうね　性根をすえる
しょうねつ　焦熱地獄
じょうねつ　情熱を燃やす
しょうねん　少年の頃　生年十八歳
じょうねん　情念がこもる
しょうねんば　正念場

しょうのう　小脳　小農　御笑納下さい　虫よけの樟脳
じょうのう　上納する
しょうは　船が小破する　大洋を翔破する
じょうは　種を条播する
じょうば　乗馬クラブ
しょうはい　勝敗は時の運　賞杯 *賞盃　賞牌（メダル）
しょうばい　商売が繁盛する
しょうばいがたき　商売敵
しょうばつ　賞罰なし
じょうはつ　水が蒸発する
しょうばん　お相伴をする
じょうばん　常磐地方
じょうはんしん　上半身
しょうひ　時間を消費する

しょうび　賞美　*称美
薔薇の花
じょうひ　冗費を節約する
じょうび　薬を常備する
しょうひぜい　消費税
しょうびのきゅう　焦眉の急
しょうひょう　商標登録
受領の証票
しょうびょう　傷病兵
しょうひん　小品文
商品
賞品を授与する
じょうひん　上品な人
しょうふ　生麩　*正麩
娼婦
しょうぶ　尚武の気風
勝負をつける
菖蒲の節句
じょうふ　堂々たる丈夫
薩摩上布
情夫
情婦
じょうぶ　丈夫な体
上部団体
しょうふく　妾腹の子
承服　*承伏できない
招福の掛け軸
慴伏　*懾服
*懾伏する（屈服）
しょうふだ　正札を付ける
じょうぶつ　迷わず成仏する
しょうぶん　小文を寄せる
気短な性分
じょうぶん　上聞に達する
冗文を削る
法律の条文
しょうへい　学者を招聘する
哨兵
将兵
傷兵
しょうへいが　障屏画
しょうへき　障壁を取り除く
牆壁を越える
じょうへき　城壁をよじ登る
しょうへん　氷の小片
小編　*小篇
掌編　*掌篇小説
しょうべん　小便
じょうほ　大幅に譲歩する
しょうほう　士族の商法
詳報を待つ
しょうぼう　正法五百年
消防訓練
失火で焼亡する
じょうほう　上方を見る
人間世界の定法
乗法と除法
常法通りの処置
情報をつかむ
しょうぼうげんぞう　正法眼蔵
じょうぼく　上木する
しょうほん　正本
戸籍抄本
しょうま　精力を消磨する
じょうまえ　錠前をかける
しょうまん　小満（二十四気）
じょうまん　冗漫な文章
しょうみ　正味百グラム
御笑味下さい
賞味期限
じょうみ　情味のある人
しょうみつ　詳密な地図
じょうみゃく　静脈と動脈

檣
薔
薇

し

じょうみゃくりゅう 静脈瘤
しょうみょう 声明を唱える
称名 *唱名(念仏)
じょうみょう 定命と悟る
じょうみん 常民文化
じょうむ 乗務員
常務取締役
しょうめい 正真正銘
定理を証明する
室内の照明
しょうめつ 生滅(生死)
罪が消滅する
しょうめん 建物の正面
しょうもう 体力を消耗する
じょうもの 絹の上物
しょうもん 声聞
証文を入れる
照門と照星
蕉門の十哲

じょうもん 定紋入り
城門を閉ざす
縄文時代
しょうや 庄屋
しょうやく 生薬
全訳と抄訳
じょうやく 条約を結ぶ
じょうやど 常宿 *定宿
じょうやとう 常夜灯 *常夜燈
しょうゆ 醤油
しょうゆう 小勇に過ぎない
じょうゆう 城邑
しょうよ 特別賞与
じょうよ 丈余の黒髪
剰余金
財産を譲与する
しょうよう 小用
従容として赴く
称揚 *賞揚

商用で旅行する
林間を逍遥する
参加を慫慂する
じょうよう 乗用車
常用漢字
常傭工
しょうようじゅ 照葉樹
しょうよく 小欲 *小慾
*少欲 *少慾
じょうよく 情欲 *情慾
しょうらい 危機を招来する
松籟を聞く
将来有望である
危機を将来する
仏像を△請来する
じょうらく 上洛する
しょうらん 御笑覧下さい
神仏も照覧あれ
じょうらん 上覧相撲
擾乱を起こす

しょうり 勝利を得る
事務を掌理する
じょうり 条里制
条理にかなう
情理兼ね備わる
ものの常理
じょうりく 台風が上陸する
しょうりつ 勝率五割
しょうりゃく 以下は省略する
じょうりゃく 上略する
しょうりゅう 昇竜 *昇龍
じょうりゅう 上流
蒸留 *蒸溜
しょうりょ 焦慮の色が濃い
しょうりょう 小量な人間
少量の塩
古書を渉猟する
精霊流し
しょうりょく 省力化

じょうりょくじゅ　常緑樹
しょうるい　生類憐れみの令
じょうるい　城塁を築く
じょうるり　浄瑠璃
しょうれい　症例の学会報告
　貯蓄を奨励する
　瘴癘の地(熱病)
じょうれい　条例(自治体の法規)
　条令(箇条書の法令)
　常例に従う
じょうれん　店の定連　*常連
じょうろ　如雨露
しょうろう　檣楼から見張る
　鐘楼に登る
じょうろう　上臈
しょうろく　要点を抄録する
　講演を詳録する

じょうろく　丈六の仏像
しょうろん　小論
　詳論を避ける
しょうわ　小話
　昭和六十四年
　笑話
　万歳を唱和する
じょうわ　佐渡情話
しょうわる　性悪な子
しょえん　本邦初演
　家元所演の能
じょえん　助演する
じょおう　体操界の女王
しょおく　書屋
しょか　初夏
　書架番号
　書家
　諸家の意見
しょが　書画骨董
しょかい　審議会の初会
　初回に得点する
　所懐の一端
じょがい　子供を除外する
しょかつ　所轄の警察署
じょがっこう　女学校
しょかつこうめい　諸葛孔明
しょかん　初刊
　所感を述べる
　法務省の所管
　書簡　*書翰
じょかん　女官
じょかんとく　助監督
しょき　初期の症状
　所期の目的
　書記
　平和を庶幾する
　暑気に中《あた》る
しょきか　フロッピーの初期化

しょきばらい　暑気払い
しょきゅう　初級会話
　初球を打つ
じょきゅう　女給
じょきょ　障害を除去する
しょぎょう　所業　*所行
しょぎょうむじょう　諸行無常
じょきょく　大学祝典序曲
じょきん　除菌する
しよく　私欲　*私慾

ショク

[色] ショク・シキ　いろ　─原色・特色・物色・容色
[食] ショク・(ジキ)　く-う・く-らう・た-べる　─「─が進む」◇食塩・食事・会食

醤

慫

慂

［植］ショク　う-える・う-わる ― 植樹・植皮・植物・植林・移植・誤植・入植

［織］ショク・シキ　お-る ― 織女・織布・織機・混織・製織・染織・紡織

［職］ショク　— ―「―を求める」◇職員・職業・職人・職場・就職

［殖］ショク　ふ-える・ふ-やす ― 殖産・殖民・学殖・貨殖・生殖・繁殖

［飾］ショク　かざ-る ― 虚飾・修飾・装飾・服飾

［触（觸）］ショク　ふ-れる・さわ-る ― 触手・触媒・触発・触覚・感触・接触

［嘱（囑）］ショク　— ― 嘱託・嘱望・嘱目・委嘱

［拭］ショク　ふ-く・ぬぐ-う ― 払拭

［埴］ショク・シ　はに ― 埴土

［燭］ショク・ソク　ともしび ― 百燭

しょく　初句

皆既食 *蝕

しょく　蜀の劉備

ジョク

［辱］ジョク　はずかし-める ― 辱知・汚辱・屈辱・国辱・雪辱・恥辱・侮辱

しょくあたり　食中△り

しょくいき　職域

しょくいん　大学の職員

しょぐう　公平に処遇する

しょくえん　食塩

しょくがい　鼠の食害

しょくぎょう　職業を選ぶ

しょくげん　食言する

しょくご　食後の果物

しょくさい　四季の食彩

しょくざい　新鮮な食材
キリストの贖罪

しょくさん　殖財の才がある
殖産を図る

しょくし　食指を動かす

しょくじ　食事をする
食餌を与える
植字工

しょくしゅ　触手を伸ばす
職種を問わない

しょくじゅ　記念植樹

しょくしょう　食傷気味
職掌柄

しょくじょせい　織女星

しょくじりょうほう　食餌療法
*食事療法

しょくしん　医師の触診

しょくする　肉類を食する
月が太陽を食す
る *蝕する
将来を嘱する

*属△する

じょくせ　濁△世末代

しょくせい　職制を改革する

しょくせき　職責を果たす

しょくぜん　食前に服用する
食膳を賑わす

じょくそう　褥瘡 *蓐瘡（床ずれ）

しょくたい　食滞

しょくだい　銀の燭台

しょくたく　食卓に着く
会社の嘱託
*属△託

じょくち　辱知の間柄

しょくちゅうしょくぶつ　食虫植物

しょくちゅうどく　食中毒

しょくつう　食通の人

しょくど　埴土

しょくどう　食堂

食道癌
しょくどうらく　食道楽
しょくにく　食肉獣
しょくにん　職人気質
しょくのう　職能給
しょくば　職場結婚
しょくばい　触媒作用
しょくはつ　非行を触発する
しょくひ　食費を払う
植皮術
しょくひん　食品衛生
しょくぶつ　植物園
しょくぶん　職分を果たす
しょくべに　食紅
しょくぼう　嘱望 *△属望
しょくみん　植民 *殖民
しょくむ　職務に忠実な人
しょくめい　職名
しょくもう　植毛術
しょくもく　嘱目 *△属目

しょくもたれ　食靠れする
しょくもつ　食物を与える
しょくもつせんい　食物繊維
しょくやすみ　食休み
しょくよう　食用になる
しょくよく　食欲 *食慾
しょくらい　船が触雷する
しょくりょう　食料（食物）
食糧（主食物）
しょくりん　山に植林する
しょくれき　職歴を書く
しょくん　満場の諸君
じょくん　生存者叙勲
しょけい　犯人を処刑する
書痙
諸兄
しょげい　書芸展
諸芸に通じる
じょけい　女系家族

叙景文
しょけつ　懸案を処決する
じょけつ　女傑
しょげる　悄気る
しょけん　初見で演奏する
所見を述べる
書見台
読者諸賢
しょげん　緒言
じょけん　女権拡張
じょげん　助言を与える
序言を書く
しょこ　書庫
しょこう　初更の月
議員諸公
封建諸侯
解決の曙光
じょこう　製糸女工
車が徐行する
しょこく　近東諸国

しょこん　初婚
しょさ　落ち着いた所作
しょさい　紀要所載の論文
書斎にこもる
しょざい　責任の所在
じょさい　神父と助祭
しょざいち　所在地
しょざいない　所在無い
じょさいない　如才ない人
しょさごと　所作事
しょさつ　書冊（書物）
しょさん　初産
研究の所産
じょさんし　助産師
しょし　江湖の処士
初志を貫徹する
所思の一端

贖　蓐　痙

書肆(書店)
書誌を研究する
庶子
生徒諸子
御出席の諸氏

しょじ
凶器を所持する
書字能力
諸事節約する

じょし
女子
山田女史
機関助士
助詞と助動詞
和歌の序詞
序詩

じょじ
女児出生
漢文の助字
助辞(助詞・助動詞)
叙事的

しょしき
書式を整える
諸式が上がる

じょじし
叙事詩

じょしつ
除湿する

しょしひゃっか
諸子百家

しょしゃ
原本を書写する

じょしゃく
叙爵

じょしゅ
助手を雇う

しょしゅう
初秋
所収の作品

しょしゅつ
初出の漢字
登呂所出の土器
庶出の子

じょじゅつ
細かく叙述する

しょしゅん
初春

しょじゅん
三月初旬

しょしょ
所々 *処々
諸所 *諸処
処暑(二十四気)

しょじょ
処女

しょしょう
所掌事項
書証

しょじょう
書状が到着する

じょしょう
料亭の女将
序章

じょじょう
如上の条件
叙上の如く
叙情 *抒情

じょしょく
女色に溺れる

しょじょち
処女地

じょじょに
徐々に速める

しょしん
初心にかえる
初診料
所信を述べる
書信を受け取る

じょしん
女神

しょしんしゃ
初心者

しょす
難局に処す

じょすう
除数と乗数
序数

じょすうし
助数詞
序数詞

しょする
難局に処する
詩文を書する
姓名を署する

じょする
論文に序する
*叙する
勲一等に叙する
罪を恕する
十を五で除する

しょせい
処世の道
初生児
書生
書聖王羲之《おうぎし》
諸政 *庶政を一新する

じょせい
女声合唱
女性
女婿
研究の助成金
友人に助勢する

しょせいじゅつ
処世術

しょせき　書籍
じょせき　除籍になる
しょせつ　所説を翻す
しょせつ　諸説がある
じょせつ　哲学序説
　見解を叙説する
　除雪作業
しょせつふんぷん　諸説紛々
しょせん　初戦（第一戦）
　所詮無理である
　緒戦の連戦連勝
しょそう　社会の諸相
しょぞう　名画を所蔵する
じょそう　女装した男
　助走して跳ぶ
　序奏
　除草する
しょそく　小銃弾の初速
しょぞく　会社に所属する
しょぞん　近く参上の所存

しょたい　所帯　*世△帯
　漢字の書体
しょだい　初代の校長
じょたい　女体の像
じょたい　満期で除隊する
しょたいめん　初対面の挨拶
しょだち　初太刀
しょだな　書棚
しょだん　紛争を処断する
　将棋の初段
　初弾命中
しょち　適切な処置
しょちゅう　書中に申した件
　暑中休暇
じょちゅう　女中
じょちゅうぎく　除虫菊
しょちゅうみまい　暑中見舞
しょちょう　初潮
　研究所の所長
　警察署の署長
じょちょう　悪弊を助長する
しょっかい　職階制
しょっかく　食客となる
　昆虫の触角
　鋭敏な触覚
しょっかん　食間に服用する
　食管制度
　暖かい触感
しょっき　食器棚
　自動織機
しょっきり　初っ切り
しょづくえ　書机
しょっけん　食券を買う
　職権濫用
しょっこう　六十燭光の電球
　職工
しょっぱな　初っ端△の失点
しょて　初手から間違う
しょてい　所定の用紙

じょてい　女帝
しょてん　書店
　以下の諸点
しょでん　初伝と奥伝
　所伝によれば
しょとう　初冬
　初等教育
　新年初頭の挨拶
　蔗糖
　伊豆諸島
しょどう　初動捜査
　書道
じょどうし　助詞と助動詞
しょとく　高額所得
　書牘（手紙）
しょとくぜい　所得税
しょなのか　初七日の法要

肆
蔗
牘

し

じょなん　女難の相
しょにち　展覧会の初日
じょにん　叙任を発表する
しょにんきゅう　初任給
しょねつ　暑熱を避ける
しょねん　平成の初年
じょのくち　暑さは序の口
しょは　諸派が連合する
じょはきゅう　序破急
しょばつ　厳重に処罰する
しょはん　初犯と再犯
　初版本
　諸般の事情
じょばん　序盤戦
しょひょう　書評欄
しょふう　自由奔放な書風
しょふく　書幅を掛ける
しょぶん　土地を処分する
じょぶん　序文を書く
しょへき　書癖

しょへん　初編　*初篇
しょほ　初歩の段階
しょほう　医師の処方
　毛筆の書法
しょぼう　書房
じょほう　除法と乗法
しょほうせん　処方箋
しょほん　平家物語の諸本
じょまくしき　銅像の除幕式
しょみん　庶民の生活
しょむ　庶務課
しょめい　書名を決める
　署名を集める
じょめい　助命を請う
　議員を除名する
しょめん　書面で通知する
しょもう　茶を所望する
しょもく　参考書目
しょもつ　書物を読む

しょや　初夜
じょや　除夜の鐘
しょやく　本邦初訳
じょやく　駅の助役
しょゆう　名画を所有する
じょゆう　映画女優
しょよ　所与の条件
しょよう　所用のため外出
　所要時間
しょり　事務を処理する
じょりゅう　女流作家
しょりょう　所領を賜る
じょりょく　助力を求める
しょるい　書類を作る
じょれつ　序列を決める
しょろう　初老の紳士
　所労のため休養
じょろう　女郎
しょろん　かねての所論
　緒論と本論

じょろん　序論を述べる
しら　白△をきる
しらあえ　白和△え
じらい　地雷を埋める
　爾来（それ以後）
しらうお　白魚のような指
しらが　白髪が増える
しらかば　白樺の林
しらかべ　白壁の土蔵
しらかゆ　白粥
しらき　白木の家具
しらぎ　新△羅△の国
しらくも　白雲がたなびく
　頭の白癬
しらける　座が白ける
しらこ　鯛《たい》の白子
しらさぎ　白鷺
しらさや　白鞘の短刀
しらじら　夜が白々と明ける

し

しらじらしい　白々しい態度
しらす　白州　*白洲
じらす　相手を焦らす
しらすぼし　白子干し
しらせ　虫の知らせ
しらたき　白滝
しらたま　白玉
しらちゃける　白茶ける
しらつゆ　草に白露が置く
しらとり　白鳥
しらなみ　白波　*白浪
しらぬい　不知火
しらぬいがた　不知火型
しらは　白刃が閃《ひらめ》く
しらはえ　白南風
しらはた　白旗を掲げる
しらはのや　白羽の矢
しらふ　素面　*白面
しらべ　調べがつく　琴の調べ
しらべぐるま　調べ車
しらべもの　調べ物をする
しらべる　問題を調べる
しらほ　白帆が見える
しらみ　虱
しらみつぶし　虱潰しの調査
しらむ　東の空が白む
しらやき　鰻《うなぎ》の白焼き
しらゆき　富士の白雪
しらゆきひめ　白雪姫（童話）
しらゆり　白百合
しらんかお　知らん顔
しらんぷり　知らん振り

しり

［尻］しり　尻込み・目尻

しり　尻　*臀
しり　私利を貪る
じり　自利を図る　事理を弁える
しりあい　知り合い　*知合
しりあう　山で知り合う
しりあがり　尻上がりの調子
しりうま　尻馬に乗る
しりがい　鞦を掛ける
しりがる　尻軽に動く
じりき　地力を発揮する　自力更生
しりきれとんぼ　尻切れ蜻蛉
しりごみ　尻込み　*後込み
しりさがり　尻下がり
しりすぼまり　尻窄まり
しりぞく　敵が退く
しりぞける　要求を退ける　*斥ける
しりつ　市立図書館　私立学校
じりつ　而立（三十歳）　自立して働く　自律の精神　侍従が侍立する
じりつしんけい　自律神経
しりとり　尻取り遊び
しりぬく　知り抜く
しりぬぐい　尻拭いをする
しりぬけ　尻抜け
しりはしょり　尻端折り
しりめ　尻目　*後目
しりめつれつ　支離滅裂な話
しりもち　尻餅をつく
しりゅう　信濃川の支流

癬

虱

臀

じりゅう　自流で処理する
　時流におもねる
しりょ　思慮が深い
しりょう　平安時代の史料
　死霊が祟《たた》る
　思料 *思量
　検査の試料
　研究資料
　家畜の飼料
じりょう　寺領
しりょく　死力を尽くす
　視力が落ちる
　資力が無い
じりょく　磁力
しりん　四隣に鳴り響く
しる　うまい汁を吸う
しる　知る *識△る
しるく　夜目にも著△く
しるこ　汁粉
しるし　変事の起こる兆△

しるし　印 *標△をつける
　敵の首 *首△級△
　薬の徴△ *験△
しるしばんてん　印半纏
しるす　足跡を印△す
　記す *誌△す
しるべ　知るべ *知る辺
しるもの　汁物
しれい　司令する
　指令を発する
じれい　稀有《けう》の事例
　外交辞令
しれいとう　司令塔
しれいぶ　司令部
しれごと　痴△れ言を言う
しれつ　歯列矯正
　熾△烈な戦闘
じれったい　焦△れったい
しれとこみさき　知床岬

しれもの　風流の痴△れ者
しれる　程度が知れる
　酔い痴△れる
じれる　ひどく焦△れる
しれわたる　知れ渡る
しれん　試練 *試煉
しろ　白一色
　借金の代
　城を築く
しろあと　城跡 *城址
しろあり　白蟻
しろい　白い目で見る
　皓い歯
しろう　屍蠟
じろう　耳漏
　痔瘻
しろうお　素△魚 *白魚
しろうと　素人
しろかき　田んぼの代掻き

しろがね　白金 *銀△
しろかべ　白壁
しろくじちゅう　四六時中
しろくま　白熊
しろぐみ　白組と赤組
しろくろ　白黒を決める
しろざけ　雛祭りの白酒
しろじ　白地に緑の模様
しろずみ　白炭
しろた　代田
しろたえ　白妙△ *白栲
しろなまず　白癜
しろびかり　白光りがする
しろぼし　白星を拾う
しろみ　白身の魚
　卵の白身 *白味
　白みがかった色
しろむく　白無垢の花嫁
しろめ　白目 *白眼△

しろもの　厄介な代物
しろん　史論
至論
私論
試論
詩論
じろん　持論を曲げない
時論が沸騰する
しわ　皺　*皺が寄る
しわ　史話
詩話
しわい　吝い　*嗇い
しわがれる　声が嗄れる
しわけ　品物の仕分け｜
簿記の仕訳
しわける　物を仕分ける
しわざ　誰の仕業か
しわす　師走（十二月）
しわぶき　咳（せき）
しわぶく　咳く（せきをする）

しわよせ　皺寄せが来る
じわり　地割り｜をする
じわれ　地割れ
しわんぼう　吝ん坊

シン

[心]シン こころ —— 心外・心身・心臓・心配・心霊・感心・中心
[申]シン もうす —— 申告・申請・申達・具申・内申書
[臣]シン・ジン — —— 臣下・君臣・侍臣・重臣・忠臣
[身]シン み —— 身体・身長・身辺・身命・一身・献身・終身
[信]シン — —— 「—を問う」◇信義・信号・信者・信頼・確信
[神（人神）]シン・ジン かみ・（かん・こう） —— 神官・神経・神聖・神秘・精神
[真（人眞）]シン ま —— 「—に迫る」「—の愛国者」◇真意・真理
[針]シン はり —— 針葉樹・針路・運針・指針・長針・秒針
[深]シン ふかい・ふかまる・ふかめる —— 深遠・深海・深謀・深夜・水深
[進]シン すすむ・すすめる —— 進化・進学・進言・進行・進入・行進・前進
[森]シン もり —— 森閑・森厳・森々・森羅万象・森林
[新]シン あたらしい・あらた・にい —— 新鋭・新開地・新設・新年・新聞・刷新
[親]シン おや・したしい・したしむ —— 親愛・親交・親書・親善・親友・肉親
[伸]シン のびる・のばす・のべる —— 伸縮・伸長・屈伸・追伸・二伸
[辛]シン からい —— 辛苦・辛酸・香辛料
[侵]シン おかす —— 侵害・侵入・侵犯・不可侵
[津]シン つ —— 興味津々
[唇]シン くちびる —— 唇音・唇歯・陰唇・口唇・紅唇
[娠]シン — —— 妊娠
[振]シン ふる・ふるう・ふれる —— 振興・振動・振幅・三振・不振
[浸]シン ひたす・ひたる —— 浸食・浸水・浸透・浸入
[紳]シン — —— 紳士・紳商・貴紳・田紳
[診]シン みる —— 診察・診断・診療・往診・回診・誤診・問診
[寝（人寢）]シン ねる・ねかす —— 「—に就く」◇寝具・寝室・寝所
[慎（人愼）]シン つつしむ —— 慎重・謹慎
[審]シン — —— 審議・審判・審美

熾
瘻
皺

眼・審理・球審・再審・不審

[震]シン ふる-う・ふる-える ―震央・震源地・震災・震度・震動・地震

[請](シン)・セイ こ-う・う-ける ―普請

[薪]シン たきぎ ―薪水・薪炭

[芯]シン ｜ ―「鉛筆の―」

[人辰]シン たつ・とき ―辰砂・辰星・北辰

[人晋]シン すすむ ―

[人秦]シン はた ―「―の始皇帝」

[人晨]シン あき・あきら・とき ―晨星・晨旦・早晨

[人榛]シン はり・はる ―

[人槙・人槇]シン まき ―

[人賑]シン たま・たまう・ます ―殷賑

しん
鉛筆の芯 *心
ピリン疹
不幸讖をなす

しん
清△の康熙《こうき》帝

ジン

[人]ジン・ニン ひと ―人員・人口・人種・人類・日本人

[仁]ジン・(ニ) ｜ ―仁義・仁政・御仁・朴念仁

[臣]ジン・シン ｜ ―大臣

[神(人神)]ジン・シン かみ・(かん・こう) ―神宮・神社・神通力・水神・天神

[刃]ジン は ―凶刃・自刃・毒刃・白刃・兵刃・利刃

[尽(人盡)]ジン つ-きる・つ-くす・つ-かす ―尽日・尽力・一網打尽・焼尽

[迅]ジン ｜ ―迅速・迅雷・奮迅

[甚]ジン はなは-だ・はなは-だしい ―甚大・激甚・幸甚・深甚

[陣]ジン ｜ ―「―を取る」◇陣頭・陣容・円陣・報道陣

[尋]ジン たず-ねる ―尋常・尋問・千尋

[腎]ジン ｜ ―腎臓・腎疾患・肝腎

[人壬]ジン・ニン あきら・おおい・つぐ・み・みず・よし ―壬申

[人訊]ジン・シン ｜ ―訊問

じん 浮遊塵

しんあい 信愛
親愛の情

じんあい 仁愛の心
塵埃にまみれる

しんあん 新案の時計

しんい 神威に守られる
神意を伺う
宸意(天子の意向)
真意を悟る

じんい 人為的

しんいき 神域を汚す

しんいり 新入りの弟子

しんいん 心因性
神韻縹渺《ひょうびょう》
真因を確かめる

じんいん 人員を整理する

じんうえん 腎盂炎

しんうち 真打｜ち昇進

しんえい 新鋭のチーム
御真影
親衛隊

じんえい 革新陣営

しんえつ 親閲式
信越地方

しんえん 深淵に臨む
深遠な教義
親縁関係

じんえん 人煙まれな山中
腎炎

しんおう 心奥よりの感激
深奥をきわめる
震央

△は常用漢字表にない音訓　｜の付いた仮名は省略してもよい送り仮名　＊は同語の別表記

し

しんおん　心音を聞く
唇音
しんか　臣下の務め
御神火
真価が問われる
対立が深化する
生物が進化する
じんか　人家が密集する
しんかい　深海
しんがい　心外な批評
権利を侵害する
じんかい　敵を震駭させる
人界を離れる
塵芥処理
じんがい　塵界を超脱する
塵外の趣がある
じんかいせんじゅつ　人海戦術
しんかいち　新開地
しんがお　新顔の社員

しんかく　神格化
しんがく　石田梅岩の心学
神学者
高校に進学する
じんかく　人格を疑う
しんがた　新型車
新形
しんがっこう　神学校
じんがまえ　陣構え
しんから　心から喜ぶ
しんがら　新柄の浴衣《ゆかた》
しんがり　△殿を務める
しんかん　手榴弾の信管
神社の神官
天皇の宸翰
森閑　*深閑としている
新刊紹介
新患
新館
敵を震撼させる
皇帝の親翰

しんがん　心眼を開く
心願が叶う
真贋を見分ける
じんかん　人間（世の中）
しんかんせん　東海道新幹線
しんき　心気が高ぶる
心悸（心臓の鼓動）
心機（心の働き）
神気発動
神機到来
新奇をてらう
新規採用
恭賀新禧
しんぎ　心技ともに充実
神技に等しい
信義を重んじる
真偽を確かめる
能楽の真義
法案を審議する

じんき　人気が荒い
じんぎ　仁義を切る
神祇を祭る
三種の神器
しんきいってん　心機一転
しんきくさい　辛気臭い話
しんきじく　新機軸を出す
しんきしょう　心気症
しんきまきなおし　新規蒔き直し
しんきゅう　三年に進級する
新旧の交替
針灸　*鍼灸
しんきょ　新居を構える
じんきょ　腎虚

讖
宸
鍼

しんきょう 心境の変化
信教の自由
東照宮の神橋
神鏡
進境が著しい
新教と旧教
しんきょう 新疆ウイグル自治区
しんきょく 新曲
ダンテの神曲
しんきろう 蜃気楼
しんきん 宸襟を悩ます
真菌感染
しんぎん 病床に呻吟する
しんきんかん 親近感を抱く
しんきんこうそく 心筋梗塞
しんく 辛苦を嘗める
深紅 *真紅
しんぐ 寝具店

じんく 相撲甚句
しんくう 真空放電
しんぐう 新宮
じんぐう 神宮外苑
じんぐうこうごう 神功△皇后
しんくん 神君家康公
しんぐん 雪原を進軍する
しんけい 神経を刺激する
晨鶏暁を告げる
じんけい 仁兄
仁恵を施す
陣形を立て直す
しんけいしつ 神経質になる
しんけいすいじゃく 神経衰弱
しんけいつう 神経痛
しんげき 敵地に進撃する
新劇
しんけつ 心血を注ぐ

しんげつ 新月が出る
しんけん 神剣を祭る
帝王神権説
真剣勝負
壱万円の新券
親権
しんげん 進言を入れる
森厳の気
ゲーテの箴言
震源地
じんけん 人絹
人権を尊重する
じんけんひ 人件費
しんげんぶくろ 信玄袋
しんこ お新香△を食べる
糝粉細工
しんご 新語辞典
じんご 人後に落ちない
人語を解する鳥
しんこう 信仰が篤い

敵地に侵攻する
貿易を振興する
深更に及ぶ会議
深厚な謝意
列車が進行する
進攻作戦
進航中の船舶
御進講
お新香
新興宗教
親交を結ぶ
しんごう 信号を出す
じんこう 人口十万の都市
人口に膾炙《かいしゃ》する
人工の美
沈△香を焚く
じんこうえいせい 人工衛星
しんこうがかり 進行係
じんこうこきゅう 人工呼吸

吸
じんこうとうせき　人工透析
じんこうみつど　人口密度
しんこきゅう　深呼吸をする
しんこく　所得税の申告
神国
深刻な表情
新穀を供える
しんこくざい　親告罪
じんこつ　千年前の人骨
じんこっき　人国記（書名）
しんこっちょう　真骨頂を示す
しんこん　心魂を傾ける
身魂をなげうつ
新婚旅行
しんごんしゅう　真言宗
しんさ　資格を審査する
保険の診査

しんさい　阪神淡路大震災
じんさい　人災と天災
じんざい　人材を登用する
しんさいばし　心斎橋
しんさく　真作と贋作
新作舞踊
しんさつ　診察する
しんさん　心算が狂う
辛酸を嘗める
神算鬼謀
しんざん　深山幽谷
新参の者
しんし　信士
真摯な態度
紳士淑女
進士（科挙の合格者）
しんじ　芯地　*心地
秋の神事を行う
神璽

信士
じんし　風雅の人士
じんじ　人事
仁慈の心
しんじいけ　心字池
じんじいどう　人事異動
じんじいん　人事院
しんしき　神式の結婚式
新式の電話機
しんじこ　宍道湖
しんしつ　心臓の心室
寝室
しんじつ　信実のある人
真実を語る
深く親昵する
じんじつ　人日（陰暦正月七日）
尽日（大みそか）
じんじふせい　人事不省
しんしゃ　辰砂

協力を深謝する
新車と中古車
漱石に親炙する
しんじゃ　仏教の信者
じんしゃ　仁者は敵なし
じんじゃ　神社に参拝する
しんしゃく　事情を斟酌する
しんしゅ　進取の気象
新酒
新種を発見する
しんじゅ　王権神授説
真珠の指輪
親授式
じんしゅ　人種差別
しんしゅう　神州不滅
真宗
新秋の候

疆
蜃
斟

し

しんじゅう 書籍を新修する / 無理心中
しんしゅく 秀吉に臣従する / 伸縮自在
しんしゅつ 他国に侵出する / 海外に進出する / 新出単語 / 滲出液
しんじゅつ 針術 *鍼術
じんじゅつ 医は仁術
しんしゅつきぼつ 神出鬼没
しんしゅん 新春
しんしょ 心緒を述べる / 信書の秘密 / 新書判 / 大統領の親書 / 詔書に親署する
しんじょ 天佑《てんゆう》神助を祈る / 寝所に入る
しんしょう 心証をよくする / 心象風景 / 身上をつぶす / 小差で辛勝する / 紳商
しんじょう 心情を察する / 身上調書 / 生活の信条 / 真情を吐露する / 粗品を進上する
じんじょう 尋常な手段
しんじょうさい 新嘗祭
しんしょうしゃ 身障者
しんしょうひつばつ 信賞必罰
しんしょうぼうだい 針小棒大
しんしょく 神職 / 領土を侵食 / *侵蝕する / 川の浸食 *浸蝕作用 / 寝食を忘れる
しんじる 神を信じる
しんしん 心身 *身心 / 心神喪失 / 興味津々 / 深々と更ける / 木が森々と茂る / 新進気鋭 / 歳月駸々たり
しんじん 仏教を信心する / 神人同性の関係 / 深甚なる敬意 / 新人歌手 / 審尋期日
じんしん 人心を惑わす / 位人臣を極める
じんしんじこ 人身事故
しんしんしょう 心身症
しんすい 芭蕉に心酔する / 床下浸水 / 船が進水する / 薪水の労 / 親水公園
しんずい 心髄を得る / 神髄 *真髄
じんずうりき 神通力を失う
しんずる 神を信ずる / 茶を進ずる
じんする 山上に陣する
しんせい 心性と教育 / 許可を申請する / 神性 / 神聖な場所 / 真正の学問 / 真性コレラ / 新生の喜び / 新制大学 / 新政を布く / 芸能界の新星

親征する
天皇親政の時代

じんせい　人世の常
人生五十年
人性
仁政を行う

じんせいかん　人生観

じんせいこうろ　人生行路

しんせいじ　新生児

しんせいだい　新生代

しんせいめん　新生面を開く

しんせき　臣籍降下
真跡　*真蹟
親戚一同

じんせきみとう　人跡未踏

しんせつ　臣節を全うする
真説
深雪に埋もれる
新設の医科大学
新雪の山々
新説を立てる
親切　*深切

しんぜる　直して進ぜる

しんせん　神仙境
神饌を供える
池の深浅
新選　*新撰
新鮮な野菜

しんぜん　神前結婚
国際親善

じんせん　人選を急ぐ

しんそ　親疎の別なく

しんそう　神葬
真相を究明する
深窓に育つ
意識の深層
新装成った本店

しんぞう　心像に現れる
心臓
新造の船
人造繊維

じんぞう　腎臓

しんそく　神速果敢

しんぞく　真俗
親族会議

じんそく　迅速な行動

しんそこ　心底　*真底

しんそつ　真率な態度
新卒を採用する

しんたい　身体強健
御神体
進退を決する
教典の真諦△

しんだい　身代を築く
寝台で寝る

じんたい　人体実験
靭帯

じんだい　甚大な損害
神代

しんたいうかがい　進退伺

しんだいかぎり　身代限り

しんたいきわまる　進退窮まる
*進退谷△まる

じんだいこ　陣太鼓を打つ

しんたいし　新体詩

しんたく　信託銀行
神託を受ける
新宅を構える

しんたつ　申達する（下級官庁へ）
進達する（上申の取次ぎ）

じんだて　陣立てをする

しんたん　心胆を寒からしめる
薪炭

駸　饌　靭

し

しんだん 診断を下す
しんだんしょ 診断書
しんち 新地
じんち 人知 *人智
しんちく 陣地を構築する
家を新築する
じんちく 人畜無害
しんちゃ 新茶
しんちゃく 新着の図書
しんちゅう 心中を察する
真鍮
進駐する
じんちゅう 尽忠報国
陣中見舞
しんちょう 体力の伸長
*伸暢
輸出を伸張する
身長を測る
意味深長な笑い
△清朝
慎重に構える
新調の背広
じんちょうげ 沈△丁△花
しんちょく 工事が進捗する
しんちん 深沈と更ける
しんちんたいしゃ 新陳代謝
しんつう 心痛の極み
じんつう 陣痛が起こる
じんつうりき 神通力
しんてい 心底を見透かす
芸道の真諦
粗品を進呈する
新訂版
しんてき 心的傾向
じんてき 人的資源
しんてん 業績が伸展する
事件が進展する
親展の手紙
しんでん 神殿を造営する
新田を開く
大統領の親電
しんでんず 心電図
しんでんづくり 寝殿造り|
しんと キリスト教信徒
新都
しんど 心土
深度計
工事の進度
震度階級
しんとう 怒り心頭に発す
神道教派
神灯 *神燈
新刀と古刀
新党を結成する
内部に浸透
*滲透する
三親等
しんどう 神童と呼ばれる
△弦が振動する
大地が震動する
新道と旧道
じんとう 陣頭に立つ
じんどう 人道主義
しんとうあつ 浸透圧 *滲透圧
しんとく 神徳を被る
じんとく 人徳のある人
仁徳の高い君主
じんどる 前列に陣取る
しんない 新内流し
しんに 真に迫る
じんにく 人肉
しんにち 親日家
しんにゅう 不法に侵入する
濁流が浸入する
列車が進入する
新入社員
しんにょ 信女
真如の月

しんにん　信任が厚い　信認が崩れる　新任の校長　親任式
しんねん　必勝の信念　新年を祝う
しんのう　心嚢炎　神農　親王と内親王
しんぱ　新派の芝居
じんば　人馬一体の妙技
しんぱい　心肺機能　心配の種　御親拝
じんぱい　塵肺
じんばおり　陣羽織
しんぱく　心拍　*心搏
しんばつ　神罰を受ける
しんぱつ　奥地へ進発する
しんばりぼう　心張り棒

しんぱん　領空を侵犯する　信販会社　新版を発行する　運動競技の審判　将軍家の親藩
しんぴ　宇宙の神秘　真皮と表皮　真否を確かめる　親披（脇付《わきづけ》）
しんびがん　審美眼
しんぴつ　天皇の宸筆　芭蕉の真筆　親王の親筆
しんぴょうせい　信憑性
しんぴん　新品同様
じんぴん　人品骨柄
しんぶ　肺の深部
しんぷ　神父　新郎新婦　レコードの新譜

しんぷう　御親父様　新風を吹き込む
しんぷく　先輩に心服する　心腹の友　国王に臣服する　人を信服　*信伏させる　振り子の振幅　震幅が大きい
しんふぜん　心不全
しんぶつ　神仏混淆
じんぶつ　人物が大きい
しんぶん　新聞記事
じんぶん　人文科学
じんぷん　人糞
しんぺい　新兵を訓練する
じんべい　甚平　*甚兵△衛△
しんぺん　身辺を警戒する　神変不可思議

しんぽ　新編の教科書　医学が進歩する
しんぼう　心臓の心房　車の心棒　辛抱が足りない　信望を集める　深謀遠慮
しんぽう　教義を信奉する　熱田神宮の神宝　癌治療の新法
じんぼう　人望のある人
しんぼく　神社の御神木　親睦を図る
しんぼとけ　新仏の供養
しんぽん　新本と古本
しんまい　新米が出回る　新米の店員

鍮　暢　憑

じんましん　蕁麻疹
しんみ　新味を出す
　親身の世話
しんみせ　新店を開く
しんみち　新道を造る
しんみつ　親密な関係
じんみゃく　人脈をつくる
しんみょう　神妙な顔
しんみん　忠良なる臣民
じんみん　人民
じんむてんのう　神武天皇
しんめ　伊勢神宮の神馬△
　新芽が出る
しんめい　身命を捧げる
　天地神明に誓う
じんめい　人名辞典
　人命を救う
しんめいづくり　神明造り|
じんめん　人面獣心
しんめんもく　真面目を発揮

しんもつ　進物を送る
しんもん　証人を審問する
じんもん　人文科学
　陣門に降る
　尋問　*訊問
しんや　深夜料金
じんや　平家の陣屋
しんやく　新訳と旧訳
　癌の新薬
しんやくせいしょ　新約聖書
しんゆう　十数年来の心友
　神佑　*神祐
　深憂に堪えない
　親友になる
しんよ　神輿渡御
しんよう　人を信用する
じんよう　陣容を整える
しんようじゅ　針葉樹
しんらい　信頼に応える

じんらい　疾風迅雷
しんらつ　辛辣な批評
しんらばんしょう　森羅万象
しんらん　親鸞聖人
しんり　人間の心理
　真理を探究する
　審理未了
じんりきしゃ　人力車
しんりゃく　侵略　*侵掠
しんりょ　神慮に叶う
　深慮遠謀
しんりょう　診療を受ける
　新涼の候
しんりょうないか　心療内科
しんりょく　心力を尽くす
　深緑の木々
　新緑の候
じんりょく　人力が及び難い

　実現に尽力する
しんりん　森林地帯
じんりん　人倫に悖《もと》る
しんりんよく　森林浴
しんるい　三塁に進塁する
　親類付き合い
じんるい　人類の祖先
しんれい　心霊現象
　神霊の御加護
　開会の振鈴
しんれき　新暦と旧暦
じんれつ　陣列を作る
しんろ　針路を南に取る
　進路を指導する
しんろう　心労から発病
　辛労を重ねる
　新郎新婦
じんろく　総領の甚六
しんわ　ギリシャ神話
　親和を図る

す

ス

［守］ス・シュ　まも-る・も-り ―― 留守

［子］ス・シ　こ ―― 金子・扇子・様子

［素］ス・ソ　― ―― 素足・素顔・素性・素手・素直・素肌・素裸

［主］(ス)・シュ　ぬし・おも ―― 座主・坊主・法主

［須］ス　― ―― 必須

す　川の州　*洲
　　鳥の巣　*栖
　　酢　*醋
　　簀で囲んだ小屋
　　大根に鬆が入る

ズ

［図(圖)］ズ・ト　はか-る ―― 「―に乗る」◇図画・図解・地図・略図

［頭］ズ・トウ・(ト)　あたま・かしら ―― 「―が高い」◇頭重・頭上・頭脳・竜頭

すあげ　茄子《なす》の素揚げ

すあし　素足で歩く

すあわせ　素袷

ずあん　ポスターの図案

スイ

［推］スイ　お-す ―― 推計・推進・推測・推定・推理・邪推・類推

［吹］スイ　ふ-く ―― 吹管・吹奏・吹鳴・鼓吹

［炊］スイ　た-く ―― 炊煙・炊事・炊飯器・一炊・自炊・雑炊

［帥］スイ　― ―― 元帥・将帥・総帥・統帥

［粋(人粹)］スイ　いき ―― 「―を集める」◇粋狂・粋人・純粋・抜粋

［衰］スイ　おとろ-える ―― 衰運・衰弱・衰微・盛衰・老衰

［酔(人醉)］スイ　よ-う ―― 酔漢・酔客・酔狂・心酔・泥酔・陶酔

［遂］スイ　と-げる ―― 遂行・完遂・既遂・未遂

［睡］スイ　― ―― 睡魔・睡眠・一睡・仮睡・午睡・熟睡

［穂(人穗)］スイ　ほ ―― 穂状・花穂・出穂期

［水］スイ　みず ―― 水域・水運・水泳・水道・水平・海水・噴水

［出］(スイ)・シュツ　で-る・だ-す ―― 出納

［垂］スイ　た-れる・た-らす ―― 垂下・垂線・垂直・胃下垂・懸垂・虫垂

［人彗］スイ　さと・さとし ―― 彗星・彗炎

［人翠］スイ　みどり ―― 翠天・翠雲・翡翠

［人錐］スイ　きり ―― 円錐

すい　酸いも甘いも

ズイ

［随(隨)］ズイ　― ―― 随意・随員・随感・随処・随想・随筆・追随

［髄(髓)］ズイ　― ―― 「骨の―まで…」◇髄質・骨髄・脳髄

［人瑞］ズイ　みず ―― 瑞雲・瑞兆・瑞相

ずい　花の蕊

ずい　隋の煬帝《ようだい》

すいあげる　吸い上げる

すいあつ　水圧を上げる

すいい　水位が下がる

すいい　時代の推移

ずいい　随意に選ぶ

すいいき　危険水域

ずいいち　本邦随一

蕁　鸞　鬆

ずいいん　首相の随員
すいうん　水運の便
　衰運に向かう
ずいうん　瑞雲が現れる
すいえい　水泳大会
すいえん　五重塔の水煙
　炊煙が立ち上る
　垂涎の的
すいおん　水温が上がる
すいか　水火も辞せず
　水禍に遭う
　△西瓜を割る
　番兵が△誰何する
すいがい　水害を被る
すいかく　花見帰りの酔客
すいかずら　△忍△冬のつる
すいがら　吸い殻
すいかん　酔漢に絡《から》まれる
すいがん　酔眼朦朧《もうろう》
ずいかん　随感を記す

ずいき　芋△茎△
　瑞気が満ちる
ずいきのなみだ　随喜の涙
すいきゃく　花見帰りの酔客
すいきゅう　水球大会
すいぎゅう　水牛の角
すいきょ　代表に推挙する
すいぎょ　水魚の交わり
すいきょう　水郷
　酔狂　＊粋狂
すいぎょく　翠玉（エメラルド）
すいぎん　水銀柱
すいくち　たばこの吸い口
すいくん　山上の垂訓
すいぐん　平家の水軍
すいけい　利根川の水系
　人口を推計する
すいげん　水源地
すいこう　水耕法
　結果を推考する
　文を推敲する
　計画を遂行する
すいごう　水郷風景
ずいこう　首相に随行する
　瑞光（吉兆の光）
すいこでん　水滸伝
すいこむ　息を吸い込む
すいさい　水彩と油彩
すいさし　吸いさし
すいさつ　事情を推察する
すいさん　水産物
　飯盒《はんごう》炊爨
　推参する
　千人と推算する
すいざん　衰残の姿
すいさんか　水酸化物
すいし　川で水死する
　出師の表
　衰死する
すいじ　炊事をする

ずいじ　随時募集する
すいしつ　水質を検査する
ずいしつ　皮質と髄質
すいしゃ　水車小屋
すいじゃく　病気で衰弱する
すいしゅ　水腫（むくみ）
ずいじゅう　大臣に随従する
すいじゅん　水準に達する
ずいじゅん　指示に随順する
ずいしょ　随所　＊随処
すいしょう　水晶の印
　推奨銘柄
　推賞　＊推称に値する
すいじょう　水上スキー
ずいしょう　瑞祥が現れる
すいじょうき　水蒸気
すいじょうたい　水晶体
すいしょく　水食　＊水蝕作用

すいしん　水深を測る　運動を推進する
すいじん　水神を祭る　粋人
ずいじん　随身
すいせい　水生植物　水生 *水棲動物　水性塗料　水星　水勢が強い　ハレー彗星　衰勢に向かう
すいせいむし　酔生夢死
すいせん　水仙が咲く　水洗便所　垂線を引く　推薦を受ける
すいぜん　垂涎の的
すいそ　水素

すいそう　水草　水槽を満たす　水葬に付す　国歌を吹奏する
すいぞう　膵臓
ずいそう　随想をまとめる　瑞相が現れる
すいそうがく　吹奏楽
すいそく　結果を推測する
すいぞくかん　水族館
すいた　吹田市
すいたい　衰退 *衰頽　酔態をさらす　総裁に推戴する
すいだす　毒を吸い出す
すいだん　推断を下す
すいち　推知する
すいちゅう　水中に沈む
ずいちょう　瑞兆(吉兆)　瑞鳥が現れる

すいちょく　垂直な線
すいつく　蛭《ひる》が吸い付く
すいてい　水底に没する　年齢を推定する
すいてき　水滴がたまる
すいでん　水田を耕す
すいてんぐう　水天宮
すいとう　水痘にかかる　水筒の水　水稲と陸稲　現金を出納する
すいどう　水道の水　隧道(トンネル)　❖「ずいどう」とも。
すいとりがみ　吸取紙
すいとる　水を吸い取る
すいとん　水団を食べる　水遁の術
すいなん　水難に遭う
すいばく　水爆(水素爆弾)

すいはん　率先垂範　炊飯器
すいばん　生け花の水盤　委員に推輓　*推挽する
ずいはん　社長に随伴する
すいはんき　炊飯器
すいび　文化が衰微する
ずいひつ　随筆
すいふ　水夫
すいふく　先輩に推服する
すいぶん　水分をとる
ずいぶん　随分暑い
すいへい　水平線　勇敢なる水兵
すいほ　蹣跚《まんさん》たる酔歩
すいほう　水泡に帰す

爨
彗
隧

すいぼう　水疱を生じる　水防訓練　国家が衰亡する
すいぼくが　水墨画
すいぼつ　川底に水没する
すいま　睡魔に襲われる
ずいまくえん　髄膜炎
すいまつ　水沫をあげる
すいみつとう　水蜜桃
すいみゃく　地下の水脈
すいみん　睡眠を取る
すいめい　サイレンの吹鳴
すいめつ　生物が衰滅する
すいめん　池の水面
すいもの　お吸い物
すいもん　水門を開く
すいよ　酔余のたわむれ　睡余を驚かす
すいよう　水曜日
すいようえき　水溶液

すいよく　水浴をする
すいらい　水雷艇
すいり　水利がいい　犯人を推理する
すいりく　水陸両用
すいりゅう　水流
すいりょう　豊富な水量　心中を推量する
すいりょく　水力発電　ロケットの推力
すいれい　水冷式エンジン
すいれん　畳の上の水練　睡蓮が咲く
すいろ　水路の測量
すいろん　水論（水争い）　推論を下す

スウ

［数（數）］スウ・（ス）かず・かぞ｜える ― 数回・数学・数字・数人・数量・無数

［枢（樞）］スウ ― 枢機・枢軸・枢密・枢要・中枢
［崇］スウ ― 崇敬・崇高・崇拝・尊崇
［嵩］人 スウ たか・たかし ― 嵩高・嵩山
［雛］人 スウ・ス ひな ― 鳳雛

すう　うまい汁を吸う　たばこを吸う　＊喫△う
すうがく　数学
すうき　枢機に参画する　数奇な運命
すうきけい　枢機卿
すうけい　神を崇敬する
すうこう　崇高な精神　数行の涙　社会の趨向
すうこく　数刻を過ごす
すうし　数詞

すうじ　数字　数次の交渉
すうしき　数式で表す
すうじく　枢軸国
ずうずうしい　図△々しい考え
すうせい　世の趨勢
すうたい　素謡
ずうたい　大きな図体△
すうち　数値を得る
すうとう　数等優れている
すうはい　英雄を崇拝する
すうみついん　枢密院
すうよう　枢要な地位
すうり　数理に明るい
すうりょう　数量を量る
すうれつ　等差数列
すえ　末の子
ずえ　名所図会　山水の図絵
すえおき　料金据｜え置｜き

す

すえおく　*据置　据え置く
すえおそろしい　末恐ろしい
すえかねる　腹に据え兼ねる
すえしじゅう　末始終
すえぜん　据え膳
すえたのもしい　末頼もしい
すえつけ　据え付け
すえつける　据え付ける
すえっこ　末っ子
すえながく　末永くお幸せに
すえひろ　末広の形
すえひろがり　末広がり

す〈える〉
[据]すーえる・すーわる ―「腰を―」

すえる　飯が饐える
すおう　周防の国
すおどり　素踊りで踊る
ずが　図画をかく
ずかい　構造を図解する
ずがいこつ　頭蓋骨
すがお　素顔を見せる
すかさず　透かさず逃げる
すかし　紙幣の透かし
すかしぼり　透かし彫り
すかす　腹を空かす　枝を透かす　なだめ賺す
すがすがしい　清々しい高原の朝
すがた　姿を消す
すがたみ　姿見に映す
すがたやき　鮎《あゆ》の姿焼き
すがめ　眇
すがめる　眇めて見る
ずがら　花の図柄
すがりつく　母に縋り付く
すがる　杖に縋る
すがれる　菊が闌れる　*尽れる　*末枯れる
すがわらみちざね　菅原道真
ずかん　植物図鑑
ずかんそくねつ　頭寒足熱
すかんぴん　素寒貧になる
すかんぽ　酸模の葉
すき　好きな絵　戸の透き　隙をうかがう　数寄　*数奇を凝らす　犂を馬につける　鋤で耕す
すき　主基と悠基《ゆき》

すぎ
[杉]すーぎ ―「―の板」◇杉並木

すぎあや　杉綾のコート
すきおこす　鋤き起こす
すぎおり　杉折
すきかえす　紙を漉き返す
すききらい　好き嫌いなく
すきぐし　梳き櫛
すきごころ　好き心
すぎこしかた　過ぎ来し方
すきこのむ　好き好む
すぎさる　過ぎ去る
すきしゃ　数寄者　*数奇者
すきずき　好き好き
すきっぱら　空きっ腹

趨
饐
賺

すきとおる　水が透き通る
すぎない　過ぎない
❖「…にすぎない」は仮名書きがふつう。
すぎなみき　杉並木
すきはら　空△き腹
すきま　透き間　*隙間
すきみ　透き見　*隙見
すきもの　好き者
すぎもの　過ぎ者の妻
すぎもの　過ぎ物の着物
すきや　数寄屋　*数奇屋造り
すきやき　鋤焼き
すきやばし　数寄屋橋
すぎゆく　年が過ぎ行く
すぎる　時が過ぎる
ずきん　頭巾をかぶる
すく　人を好く

すく　腹が空△く・手が―・電車が―
　間が透く
　髪を梳く
　紙を漉△く
　*抄く
　畑を鋤△く
すぐ　直△ぐに行く
ずく　納得尽くく
すくい　救いを求める
すくいだす　救い出す
すくいなげ　掬い投げ
すくいぬし　救い主の出現
すくう　水を掬う
すくう　国を救う
すくう　虫が巣くう
すぐさま　直△ぐ様断る
すくせ　宿世の因縁
ずくてつ　銑鉄
すくない　少ない　*尠い　*寡△い

すくなからず　少なからず
すくなくとも　少なくとも
すくなめ　少な目に渡す
すくね　武内《たけのうち》宿禰△
すくみあがる　竦み上がる
すくむ　足が竦む
ずくめ　好い事尽くめ
すくめる　首を竦める
すくよか　健△よかに育つ
すぐる　過ぐる日
すぐる　精鋭を選△る
すぐれる　優れる　*勝△れる
すけ　助に来る・飲み―
すげ　菅の笠
ずけい　図形
すけだち　助太刀を頼む
すけっと　助っ人△になる
すげない　素気無い態度

すけべい　助平根性
すける　人を助△ける
すける　裏が透ける
すげる　鼻緒を箝げる
すごい　凄△い目でにらむ
ずこう　図工の授業
すごうで　凄△腕の刑事
すこし　少し大き過ぎる
すこしも　少しも
すごす　酒を過ごす
すこぶる　頗る愉快だ
すこぶるつき　頗る付きの美人
すごみ　凄△味をきかす
すごむ　凄んで見せる
すごもる　鶴が巣籠もる
すこやか　健やかに育つ
すごろく　双△六の上がり
すざく　朱雀
すさび　筆の遊び

す

すさぶ　心が荒△ぶ
すさまじい　凄△まじい勢い
すさむ　心が荒△む
すさる　後ろに退△る
ずさん　杜撰な調査
すし　寿司 *鮨 *鮓
すじ　筋を通す　光の条△
ずし　道順を図示する　玉虫の厨子
すじあい　筋合い
すじかい　筋交い
すじがき　筋書きの通り
すじがねいり　筋金入り
ずしき　図式化
すじこ　筋子
すじだて　話の筋立て
すしだね　寿司種　*鮨△種
すじちがい　筋違いの要求

すしづめ　鮨詰めの電車
すじばる　筋張った腕
すじみち　筋道を立てる
すじむかい　筋向かいの家
すじめ　筋目の正しい家
すじょう　素性 *素姓　*素生 *種△姓
ずじょう　図上作戦　頭上の敵機
すす　煤を払う
すず　鈴の音　錫の合金
ずず　数△珠△
すずかぜ　涼風が吹く
すすき　薄△ *芒の穂
すすぐ　恥を雪ぐ　口を漱ぐ　洗濯物を濯△ぐ
すすける　天井が煤ける
すずしい　涼しい風

すずしろ　清△白（春の七草）
すずな　菘（春の七草）
すずなり　鈴生△りの柿
すすはき　煤掃きをする
すすはらい　年末の煤払い
すすみ　進みが遅い
すずみ　涼みに行く
すすむ　前へ進む
すずむ　河原で涼む
すすめ　入会の勧め　お薦めの品
すずめ　雀の涙
すすめる　前へ進める・—　時計を—・交渉を—
すすめる　入会を勧める　*奨△める　茶を勧める
すすめる　候補に薦める
すずやか　涼やかな表情

すずり　硯と墨
すすりなき　啜り泣き *歔欷
すすりなく　啜り泣く *歔欷く
すずりばこ　硯箱の蓋
すする　粥《かゆ》を啜る
すずろ　漫△ろ
ずせつ　組織を図説する

すそ
［裾］すそ—　裾野

すそさばき　美しい裾捌き
すその　富士の裾野
すそもよう　裾模様を着る
すそよけ　裾除△け
すそわけ　お裾分け

鮨
歔
欷

すだく　虫が集△く
すだち　雛《ひな》の巣立ち
すだつ　雛《ひな》が巣立つ
すだて　簀立て
ずだぶくろ　頭陀袋
すたりもの　廃り物
すたる　男が廃る
すだれ　簾を掛ける
すたれもの　廃れ物
　廃れ者
すたれる　流行が廃れる
ずつ　一個宛△渡す
ずつう　頭痛の種
ずつき　頭突き
すったもんだ　擦った揉ん
　だ
すっとばす　素っ飛ばす
すっとぶ　靴が素っ飛ぶ
すっとんきょう　素っ頓狂

すっぱい　酸っぱい梅干
すっぱだか　素っ裸になる
すっぱぬく　素っ破抜く
すっぽん　月と鼈
すで　素手でつかむ
すていし　捨て石になる
すていん　捨て印を押す
すてうり　捨て売り
すておく　捨て置く
すてがね　捨て金同然
すてき　素敵　*素適
　*素的
すてご　捨て子の保護
すてぜりふ　捨て台△詞△
すでに　既に　*已に遅い
すてね　捨て値で売る
すてば　捨て場がない
すてばち　捨て鉢な態度
すてぶち　捨て扶持△
すてみ　捨て身の戦法

すてる　ごみを捨てる
　*棄△てる
すどおし　素通しの眼鏡
すどおり　素通りする
すどまり　素泊まりの客
すな　砂　*沙△
すなあらし　砂嵐が吹く
すなお　素直な性質
すなぎも　鶏の砂肝
すなけむり　砂煙を上げる
すなご　金砂子
すなじ　砂地に生える
すなどけい　砂時計で計る
すなどる　漁△る
すなば　砂場で遊ぶ
すなはま　砂浜
すなぼこり　砂埃を浴びる
すなやま　砂山
すなわち　それが即△ち愛だ
　戦えば則△ち勝つ

　命あり乃ち帰る
ずにのる　図に乗る
ずぬける　図抜け　*頭抜
　けた才能
すね　脛　*臑
すねかじり　親の脛齧り
すねる　世を拗ねる
ずのう　優れた頭脳
すのこ　簀の子
すのもの　酢の物
すばこ　鳥の巣箱
すばしこい　素早△しこい
すはだ　素肌に着る
すばなれ　雛《ひな》の巣離れ
ずばぬける　ずば抜ける
すはま　州浜　*洲浜
すばやい　素早い動作
すばらしい　素晴らしい眺
　め
すばる　昴(星)

ずはん　図版を入れる
ずひょう　図表で示す
ずふ　植物の図譜
ずぶた　酢豚
ずぶとい　図太い神経
ずぶぬれ　ずぶ濡れ
すぶり　木刀の素振り
すべ　施す術△がない
すべからく　須△く勉強すべし
すべて　凡△て　*総△て　*全て
すべり　滑りをよくする
すべりおちる　滑り落ちる
すべりだい　滑り台で遊ぶ
すべりだし　滑り出し好調
すべる　氷上を滑る　*辷る　国を統べる　*総△べる
すぼし　大根の素干し　*素乾し
ずぼし　図星を指される
すぼまる　先が窄まる
すぼむ　風船が窄む
すぼめる　肩を窄める
すまい　住まい　*住居
すまう　郊外に住まう
すまき　簀△巻きにする
すましがお　澄まし顔
すましじる　澄まし汁　*清△し汁
すます　仕事を済ます　心を澄ます　*清△ます
すまない　父に済まない
すみ　炭を焼く　墨をする　部屋の隅　*角△
ずみ　支出済み
すみえ　墨絵を習う
すみか　終《つい》の住み処△　*栖△　*棲み処△
すみかえ　住み替え需要
すみがま　炭竈　*炭窯
すみこみ　住み込み店員
すみこむ　住み込む
すみずみ　部屋の隅々
すみぞめ　墨染めの衣
すみだがわ　隅田川
すみだわら　炭俵
すみつき　墨付き
すみつぎ　墨継ぎ
すみつく　住み着く
すみっこ　部屋の隅っこ
すみてまえ　炭点前
すみとおる　水が澄み透△る
すみとり　炭取り　*炭斗△
すみながし　墨流し
すみなれる　住み慣れる
すみび　炭火をおこす
すみぶくろ　烏賊《いか》の墨袋
すみやか　速やかな解決
すみやき　炭焼きの小屋
すみれ　菫の花
すみわたる　空が澄み渡る
すむ　住む　*棲む　試験が済む　水が澄む　*清△む
すめらぎ　天△皇△
すめらみこと　天△皇△
すめん　素面で話す
ずめん　図面を引く
すもう　相撲　*角△力
すもうとり　相撲取り
すもも　李の実

簀
竈
菫

す

すやき　素焼きの壺《つぼ》
すり　掏摸にすられる
すりあがる　刷り上がる
すりあし　摺り足で歩く
すりあわせ　擦り合わせ　*擦合せ
すりえ　鳥の擂り餌
すりかえる　擦り替える
すりがらす　△磨り△硝△子
すりきず　擦り傷
すりきり　摺り切り　*擦り切り
すりきれる　擦り切れる
すりこぎ　擂り粉木
すりこみ　刷り込み（インプリンティング）
すりこむ　薬を擦り込む
すりつぶす　△磨り潰す　*擂り潰す
すりぬける　擦り抜ける

すりばち　擂り鉢
すりばん　擦り半が鳴る
すりへらす　△磨り減らす
すりみ　魚の擂り身
すりむく　膝を擦り△剝く
すりもの　刷り物を配る
すりよる　擦り寄る
する　仕事を△為る
名刺を刷る
版木で摺る
ごまを擂る
墨を△磨る
手を擦る　*△摩る
ひげを剃る
財布を掏る　*掏摸る
ずるい　狡い　*猾い
するが　駿河の国
するどい　鋭い目付き

すれあう　葉が擦れ合う
すれすれ　定刻擦れ擦れ
すれちがう　車が擦れ違う
すれっからし　擦れっ枯らし
すれる　足が擦れる　*△摩れる
ずろう　杜漏な計画
ずろく　魚類の図録
すわ　諏△訪湖
すわり　座りがいい　*据わり
すわりこみ　座り込み
すわりこむ　座り込む
すわる　席に座る　*坐る
腰が据わる

スン
[寸]スン ―「―が詰まる」◇寸
暇・寸時・寸書・寸前・原寸

すんいん　寸陰を惜しむ
すんか　寸暇をさく
すんかん　寸△感を述べる
ずんぎり　寸切りにする
すんげき　寸隙もない
寸劇を演じる
すんげん　寸言
すんごう　寸毫も疑わず
すんこく　寸刻を争う
すんし　寸志を贈る
すんしゃく　寸尺を争う
寸借詐欺
すんぜん　ゴール寸前
すんたらず　寸足らずの着物
すんだん　寸断
すんち　寸地も譲らない
すんちょ　寸楮を呈する
すんづまり　寸詰まりの服
すんてつ　寸鉄人を刺す

すんで　既の事・—の所

すんど　寸土も譲れない

ずんどう　寸胴の服

ずんどぎり　寸胴切り—

すんびょう　寸秒を争う
人物寸描

すんぴょう　演劇寸評

すんぶん　寸分たがわぬ

すんぽう　服の寸法を採る

すんわ　財界寸話

せ

せ

[世]セ・セイ　よ　—世界・世間・世襲・世相・世代・現世・出世

[施]セ・シ　ほどこす　—施工・施行・施主・施肥・施療・布施

せ

[瀬(瀨)]せ　—「川の—」◇浅瀬・立つ瀬

せ　背が高い
一反五畝

ぜ

[是]ぜ　—「—が非でも」「…を—とする」◇是正・国是

セイ

[世]セイ・セ　よ　—世紀・一世・近世・時世・処世術

[正]セイ・ショウ　ただしい・ただす・まさ　—「—の整数」◇正解・正論・改正

[生]セイ・ショウ　いきる・いかす・いける・うまれる・うむ・おう・はえる・はやす・き・なま　—生活・生年

[成]セイ・(ジョウ)　なる・なす　—成案・成果・成功・成分・成立・賛成・落成

[西]セイ・サイ　にし　—西欧・西紀・西経・西部・西洋・西暦・北西

[声(聲)]セイ・(ショウ)　こえ・(こわ)　—声援・声楽・声量・声涙・発声・名声

[制]セイ　—制空権・制限・制裁・制度・制動・制服・統制

[性]セイ・ショウ　—「習い、—となる」◇性格・性別・理性

[青]セイ・(ショウ)　あお・あおい　—青雲・青天・青年・丹青

[政]セイ・(ショウ)　まつりごと　—政界・政策・政治・政敵・政党・行政・財政

[星]セイ・(ショウ)　ほし　—星座・星条旗・星図・衛星・巨星・流星

[省]セイ・ショウ　かえりみる・はぶく　—省察・帰省・三省・内省・反省・猛省

[清]セイ・(ショウ)　きよい・きよまる・きよめる　—清音・清教徒・清潔・清算・粛清

[盛]セイ・(ジョウ)　もる・さかる・さかん　—盛宴・盛夏・盛況・盛大・全盛

[晴]セイ　はれる・はらす　—晴雨計・晴天・快晴

[勢]セイ　いきおい　—「敵の—」◇勢力・情勢・優勢

[聖]セイ　—「—なる神」◇聖火・聖書・聖典・聖堂・神聖

[誠]セイ　まこと　—誠意・誠実・至誠・赤誠

[精]セイ・(ショウ)　—「—が出る」◇精製・精選・精読・精力

[製]セイ　—製造・製鉄・製品・精製・粗製・鉄製

[静(靜)]セイ・(ジョウ)　しずか・しずまる・しずめる　—静穏・静観・安静・鎮静

掏

摸

擂

[整]セイ ととの-える・ととの-う ― 整形・整数・整理・規整・修整・端整

[井]セイ・(ショウ) い ― 井然・井目・市井・油井

[姓]セイ・ショウ ― 「―は桜井」 ◇姓氏・姓名・改姓・旧姓

[征]セイ ― 征戦・征途・征伐・征服・遠征・外征・出征

[斉(人齊)]セイ ― 斉唱・一斉

[牲]セイ ― 犠牲

[逝]セイ ゆ-く・い-く ― 逝去・急逝・長逝

[婿]セイ むこ ― 女婿

[歳](セイ)・サイ ― 歳暮

[誓]セイ ちか-う ― 誓願・誓紙・誓詞・誓約・祈誓・宣誓

[請]セイ・(シン) こ-う・う-ける ― 請願・請求・申請・要請

[凄]セイ ― 凄惨・凄絶

[醒]セイ ― 覚醒

[人晟]セイ あき・あきら ―

[人靖]セイ やすし ― 靖国・靖安

[人惺]セイ・ショウ さとし・さとる ― 惺々

[人栖]セイ す・すみ・すみか ― 栖息・隠栖

[人棲]セイ す・すみ・すみか ― 棲息・隠棲

[人甥]セイ おい ―

[人貰]セイ ―

[人錆]セイ・ショウ さび ―

せい 背を比べる　人の所△為にする

ゼイ

[税]ゼイ ― 「―を課する」 ◇税額・税金・税制・関税・脱税

[説](ゼイ)・セツ と-く ― 遊説

ぜい 関東勢　贅を尽くす

せいあい 性愛

せいあくせつ 荀子《じゅんし》の性悪説

せいあつ 力で制圧する　癌を征圧する

せいあん 成案を得る

せいい 誠意を示す　勢威を誇る

せいいき 西域に使する　声域が広い　聖域を侵す

せいいく 稲の生育(植物)　虫の成育(動物)

せいいたいしょうぐん 征夷大将軍

せいいつ 斉一にする

せいいっぱい 精一杯の努力

せいいん 氷山の成因　団体の成員

せいう 晴雨兼用の傘

せいうん 青雲の志を抱く　オリオン星雲　盛運に向かう

せいえい 益々御清栄の段(健康を祝う)　益々御盛栄の段(発展を祝う)　精鋭をすぐる

せいえき 精液

せいえん 声援を送る　凄艶な顔立ち　清婉　*清艶な美女　製塩業

せいおう 西欧諸国

せいおん 声音(こえ)　清音と濁音　静穏を保つ

せいか 現金正価　正貨と紙幣

学校の正課
生花教授
故郷の生家
成果を上げる
声価が高まる
青果市場
盛夏の候
聖火リレー
聖歌を歌う
武士道の精華
製菓会社
製靴業
請暇を申し出る

せいが　清華家
清雅な絵
静臥する

せいかい　正解を出す
政界で活躍する
超満員の盛会

せいかいけん　制海権を握る

せいがいは　青海波

せいかがく　生化学

せいかく　正確（正しく確か）
精確（くわしく確か）
性格が明るい
有力な政客
製革工場

せいがく　声楽家

ぜいがく　税額を決定する

せいかたい　聖歌隊

せいかたんでん　臍下丹田

せいかつ　楽しく生活する

せいかっこう　背格好が似る

せいかん　無事に生還する
性感帯
清閑な生活
清鑑を請う
盛観を呈する
精悍な顔付き
事態を静観する

せいがん　正眼　*青眼に構える
晴眼者
神仏に誓願する
国会に請願する

ぜいかん　税関を通る

せいがんざい　制癌剤

せいかんぶっしつ　星間物質

せいき　天地の正気（正しい気風）
生気に溢れる（活気）
万物の精気
正規の手続き
世紀の英雄
事件が生起する
西紀二〇一〇年
性器
旌旗を掲げる
盛期が過ぎる

せいぎ　正義を守る
盛儀に参列する

せいきまつ　世紀末的世相

せいきゃく　政客

せいきゅう　性急な人
制球力
費用を請求する

せいきゅうしょ　請求書

せいきょ　逝去を悼む
全国制覇の盛挙

せいぎょ　新鮮な生魚
成魚に育つ
制御　*制禦
*制馭装置

贅
臍
旌

せいきょう　ギリシャ正教
生協（生活協同組合）
政教分離
清興を妨げる
満員の盛況
聖教
精強を誇る
せいぎょう　正業に就く
農を生業とする
子の成業を待つ
盛業を誇る
聖業をたたえる
せいきょういく　性教育
せいきょうと　清教徒
せいぎょき　盛漁期
せいきょく　政局が混迷する
せいぎょく　青玉（サファイヤ）
せいきん　精勤する
ぜいきん　税金を納める

せいきんは　星菫派（浪漫詩人の一派）
せいく　故事成句
せいくうけん　制空権を握る
せいくらべ　団栗《どんぐり》の背比べ
せいくん　本国に請訓する
せいけい　正系の弟子
生計を立てる
西経百五十度
胸郭成形術（形を作る）
合成樹脂の成型（型にはめて作る）
整形外科
政経学部
せいけつ　清潔な服装
せいけん　腫瘍を生検する
政見を発表する
政権を握る
聖賢の教え

せいげん　速度を制限する
神前で誓言する
ぜいげん　税源を求める
贅言を要しない
せいご　正誤表
生後一年
故事成語
ぜいご　贅語を要しない
せいこう　正鵠を射る
❖「せいこく」の慣用読み。
生硬な文体
実験に成功する
人の性行
消費性向
性交する
新しい政綱
朱子学の盛行
精巧な時計
製鋼法

せいごう　正号と負号
整合する
せいこううどく　晴耕雨読
せいごうせい　整合性がある
せいこうとうてい　西高東低
せいこうほう　正攻法
せいこく　正鵠を射る
せいこつ　整骨院
ぜいこみ　税込み料金
せいこん　皇太子の御成婚
精根が尽きる（精力と根気）
精魂を傾ける（魂）
せいごん　神前で誓言する
せいさ　性差を認めない
原因を精査する
せいざ　正座 ＊正坐
冬空の星座
仏前に静座

せいさい　*静坐する　正妻　精彩　*生彩を放つ　制裁を加える　精細なリポート
せいざい　製材所　血液製剤
せいさく　卒業制作（美術的作品）　家具を製作する（実用的物品）　政府の政策
せいさつ　制札を立てる　省察を加える　事情を精察する
せいさつよだつ　生殺与奪
せいさん　正餐　米を生産する　成算がある　制酸剤　青酸カリ　凄惨　*悽惨　負債を清算する　運賃を精算する　聖餐式
せいざん　人間到る処青山あり
せいさんせい　生産性が高い
せいし　国家の正史　正使と副使　正視できない　大名の世嗣　*世子　生死不明　姓氏　警官が制止する　青史に名を残す　静止する　しばし静思する　製糸会社　製紙会社　誓詞を読む　誓紙を書く　精子
せいじ　正字と俗字　青磁の皿　政治家　政事に狂奔する　独立式典の盛事　ローマの盛時
せいしき　正式に話をする　病人を清拭する
せいじけっしゃ　政治結社
せいしつ　正室　楽天的な性質
せいじつ　誠実な人　聖日（キリスト教で日曜日）
せいじゃ　正邪を弁《わきま》える　聖者と仰がれる
せいじゃく　静寂な町
ぜいじゃく　脆弱な作り
せいしゅ　清酒を醸造する
せいじゅう　成獣を捕獲する　東夷西戎
ぜいしゅう　税収を高める
せいしゅく　星宿　静粛にする
せいじゅく　果実が成熟する
せいしゅん　青春を謳歌する
せいじゅん　南北朝正閏論　清純な少女
せいしょ　原稿を清書する　盛暑　聖書　誓書を差し出す

鵲　餐　脆

せ

せいじょ 聖女
二は六を整除する
せいしょう 正賞と副賞
大差で制勝する
国歌斉唱
政商
益々御清祥
*清勝の段
せいじょう 正常に復する
鉱物の性状
人の性情
政情不安定
清浄な野菜
聖上陛下
せいじょうき 星条旗
せいしょうなごん 清少納言
せいしょうねん 青少年
せいしょく 生色を取り戻す

野菜を生食する
生殖器
声色を和らげる
星食を観測する
聖職者
製織機械
せいしょほう 英語の正書法
せいしん 生辰を祝す
生新の気
成心を去る
清新の気
日月《じつげつ》星辰
誠心誠意
精神を統一する
聖人の教え
せいじん 成人の日
せいじんしき 成人式
せいしんせいい 誠心誠意
せいしんびょう 精神病
せいじんびょう 成人病

せいず 星図
製図する
せいすい 清水に魚棲まず
栄枯盛衰
現代文学の精粋
静水と流水
せいずい 詩の精髄
せいすう 正数と負数
正の整数
せいする 敵を征する
機先を制する
品物を製する
せいせい 生々発展する
万物が生成する
多士△済々
清々した気分
石油を精製する
せいぜい 精々努力する
ぜいせい 税制の改革
せいせいどうどう 正々堂々

せいせき 成績がよい
聖跡 *聖蹟を巡る
せいぜつ 凄絶 *悽絶
せいせん 生鮮食料品
征戦幾星霜
政戦たけなわ
聖戦
商品を精選する
せいぜん 生前の面影
中国文明の西漸
整然 *井然
せいぜんせつ 孟子の性善説
せいそ 世祖フビライ
清楚な服装
仕事の精粗の差
せいそう 正装(正式の服装)
盛装(華やかな服装)
政争の具とする

幾星霜を重ねる
凄愴　*悽愴
公園を清掃する
清爽な風の音
せいぞう　教会の聖像
商品を製造する
せいそうけん　成層圏飛行
せいそく　正則と変則
生息　*棲息
*栖息する
せいぞく　聖俗
せいぞろい　勢揃いする
せいぞん　生存する
せいぞんきょうそう　生存競争
せいたい　相手と正対する
生体実験
野鳥の生態
成体に育つ
声帯の振動

青黛（まゆずみ）
立憲政体
聖体拝受
静態統計
整体療法
臍帯血
せいだい　公明正大
盛大な見送り
国家の盛代
明治の聖代
せいたいもしゃ　声帯模写
せいたく　請託を受ける
せいだく　清濁併せ飲む
ぜいたく　贅沢に暮らす
せいだす　仕事に精出す
せいたん　日本の西端
生誕を祝う
製炭業
せいだん　大岡政談
清談高論

プレヤデス星団
聖断が下る
せいたんきょく　聖譚曲（オラトリオ）
せいたんさい　聖誕祭（クリスマス）
せいち　キリストの生地
聖地エルサレム
精緻な細工
整地作業
ぜいちく　筮竹で占う
せいちゃ　製茶工場
せいちゃく　正嫡
せいちゅう　太陽が正中する
成虫と幼虫
掣△肘を受ける
誠忠を励む
精虫
せいちょう　正調の民謡
生長する（植物）

成長する（動物・一般的）
経済の成長
成鳥に育つ
穏やかな声調
二次性徴
政庁
清朝活字
清澄な空気
御清聴感謝
講話を静聴する
整腸剤
せいちょうかぶ　成長株
せいつう　事情に精通する
せいてい　規約を制定する
せいてき　性的魅力
政敵を倒す

悽
筮
掣

せ

御清適の段
静的な描写
せいてつ　製鉄業
せいてん　青天の霹靂
戴冠式の盛典
本日は晴天なり
回教の聖典
せいでん　正殿で拝む
せいでんき　静電気
せいてんはくじつ　青天白日
せいと　生徒
征途につく
星斗(ほし)
聖徒
せいど　精度を高める
制度を変える
せいとう　正当な理由
正統と異端
正答を発表する
青鞜派

賊軍を征討する
政党政治
精到な研究
粗糖を精糖する
製糖会社
せいどう　正道を歩む
気韻生動
制動機
青銅器
政道を正す
湯島聖堂
せいとうは　正統派
せいとく　生得の権利
聖徳を讃える
盛徳の君子
せいどく　本を精読する
せいとん　室内を整頓する
せいにく　精肉店
ぜいにく　贅肉を落とす
せいねん　生年不詳

成年に達する
青年男女
盛年重ねて来らず
せいねんがっぴ　生年月日
せいのう　性能のよい機械
精農家
せいは　全国を制覇する
せいはい　成敗は時の運
せいばい　賊を成敗する
せいはく　玄米を精白する
せいはつ　整髪料
せいばつ　賊を征伐する
せいはん　共同正犯
製版技術
せいはんごう　正反合
せいはんたい　正反対な性格
せいひ　正否を見定める
成否を問わない
せいび　書類を整備する

精美な芸術
精微を尽くす
ぜいび　贅美を尽くす
ぜいびき　税引き利益
せいひつ　静謐を保つ
せいひょう　青票を投ずる
製氷業
せいびょう　性病
孔子の聖廟
せいひれい　正比例する
せいひん　正賓(主賓)
清貧に甘んじる
製品検査
せいふ　正負
政府の方針
せいぶ　関東地方の西部
せいふう　一陣の清風
冬山を征服する
せいふく　制服制帽
清福を祝う

△は常用漢字表にない音訓　｜の付いた仮名は省略してもよい送り仮名　＊は同語の別表記

せ

骨折を整復する
せいぶげき　西部劇
せいぶつ　生物　静物を写生する
せいふん　製粉業
せいぶん　条約の正文　成文憲法　薬の成分
せいぶんか　成文化する
せいへい　精兵をすぐる
せいへき　奇妙な性癖
せいべつ　肉親と生別する　性別を問わない
せいへん　正編　*正篇と続編　政変が起こる
せいほ　生保（生命保険）　生母を失う
せいぼ　歳暮を贈る　聖母マリア

せいほう　菓子の製法
せいぼう　声望が高まる　制服制帽
ぜいほう　税法を改正する
せいほうけい　正方形
ぜいぼく　筮卜
せいぼつねん　生没年　*生歿年
せいほん　条約の正本　製本工場
せいまい　精米機
せいみつ　精密機械
せいみょう　精妙な細工
せいむ　政務を執る
ぜいむ　税務署
せいめい　生命の尊厳　声名が上がる　声明を発表する　姓名判断　清明（二十四気）

盛名を馳せる
せいめいせん　生命線
せいめいほけん　生命保険
せいめん　製麺所
せいもん　学校の正門　声門閉鎖音　犯人の声紋　五箇条の御誓文
せいもんばらい　誓文払い
せいや　星夜（星が輝く夜）　聖夜祭
せいやく　取引の成約　制約を受ける　誓約を交わす　製薬会社
せいゆ　精油タンク　製油工場
せいゆう　声優　政友　花鳥風月の清遊

せいよ　声誉を博す
せいよう　西洋と東洋　高原で静養する　整容法
せいよく　性欲　*性慾　制欲　*制慾する
せいらい　生来　*性来の親切心
せいらん　青嵐　御清覧を乞う
せいり　人体の生理　要点を整理する
ぜいりし　税理士
せいりつ　法律が成立する
ぜいりつ　税率を下げる
せいりゃく　政略結婚

鞜
贅
謐

せ

- せいりゅう　山間の清流　整流器
- せいりゅうとう　青竜刀　＊青龍刀
- せいりょ　征旅の軍隊
- せいりょう　豊かな声量　清涼飲料水　精良な磁器
- せいりょうざい　一服の清涼剤
- せいりょうでん　清涼殿
- せいりょく　勢力を伸ばす　精力絶倫
- せいりょくてき　精力的
- せいるい　声涙ともに下る
- せいれい　政令を公布する　制令（制度と法令）　聖霊降臨祭　職務に精励する　精霊が宿る
- せいれき　西暦二〇一〇年
- せいれつ　凄烈な争い　清冽　＊清洌な流れ　校庭に整列する
- せいれん　清廉の士　精練（繊維の雑物を取り除く）　精錬（質のよい金属にする）　製錬（鉱石から金属を製する）
- せいれんけっぱく　清廉潔白
- せいろ　蒸△籠△
- せいろう　天気晴朗　蒸籠△で蒸す
- せいろん　世論　❖「せろん」「よろん」とも。　正論を吐く　政論を戦わす
- せおいなげ　背負｜い投げ　＊背負投
- せおう　子供を背負う
- せおよぎ　背泳ぎ
- せかい　世界の国々
- せかいかん　世界観の違い
- せがき　施餓鬼
- せかす　仕事を急△かす
- せかっこう　背格好が似る
- ぜがひでも　是が非でも
- せがれ　倅　＊伜　＊悴

セキ

- ［跡］セキ　あと　―　遺跡・旧跡・追跡・筆跡　❖「蹟」の書きかえにも。
- ［籍］セキ　―　「―を置く」◇移籍・漢籍・鬼籍・国籍・書籍
- ［夕］セキ　ゆう　―　夕陽・一朝一夕・今夕・朝夕
- ［石］セキ・（シャク・コク）　いし　―　石英・石材・石炭・石油・岩石・宝石
- ［赤］セキ・（シャク）　あか・あか-い・あか-らむ・あか-らめる　―　赤誠・赤道・赤飯・赤化・発赤
- ［昔］セキ・（シャク）　むかし　―　昔時・昔日・昔年・往昔
- ［席］セキ　―　「―を立つ」◇席上・欠席・座席・出席
- ［責］セキ　せ-める　―　責任・責務・引責・重責・職責・免責
- ［積］セキ　つ-む・つ-もる　―　「二数の―」◇積載・積雪・山積・面積
- ［績］セキ　―　業績・功績・成績・戦績・治績・紡績
- ［斥］セキ　―　斥力・斥候・排斥
- ［析］セキ　―　析出・解析・透析・分析
- ［隻］セキ　―　隻眼・隻手・隻腕・

隻脚・数隻・片言隻語

[惜] セキ おーしい・おーしむ ｜ 惜春・惜敗・惜別・愛惜・痛惜

[寂] (セキ)・ジャク さび・さびーしい ｜ 「ーとして声なし」◇寂然

[脊] セキ ｜ 脊髄・脊柱

[戚] セキ ｜ 親戚

[人汐] セキ きよ・しお ｜ 潮汐

[人碩] セキ ひろ・ひろし ｜ 碩学・博碩

[人蹟] セキ あと・ただ ｜ 遺蹟・旧蹟

せき　咳が出る　箱根の関　堰を切る

せきあえず　涙塞き敢えず

せきあく　積悪の報い

せきいん　石印

せきうん　積雲

せきえい　石英　隻影を認めず

せきえん　積怨を晴らす

せきが　席画

せきがいせん　赤外線写真

せきがき　席書き

せきがく　一代の碩学

せきがし　席貸し

せきがはら　関ヶ原の合戦

せきがん　隻眼

せきご　片言隻語

せきこむ　急き込んだ話　軽く咳き込む

せきさい　鉄材を積載する

せきさん　積算電力計

せきし　陛下の赤子

せきじ　席次を争う　昔時を回想する

せきしつ　石室

せきじつ　昔日の面影無し

せきしゅ　赤手空拳　隻手（片手）

せきじゅうじ　赤十字

せきしゅつ　金属を析出する

せきしゅん　惜春の賦

せきじゅん　鍾乳洞の石筍　席順を決める

せきしょ　関所を破る

せきしん　赤心を吐露する

せきずい　脊髄

せきすん　尺寸の地

せきせい　赤誠の人

せきせき　寂々たる冬の夜

せきせつ　積雪量

せきぜん　寂然とした場所　積善の家の余慶

せきぞう　石造の建築　石像

せきぞく　石鏃

せきだい　席代を払う　席題と兼題

せきたてる　急き立てる

せきたん　石炭を燃やす

せきち　尺地

せきちゅう　石柱　脊柱

せきつい　脊椎動物

せきてい　竜安寺の石庭　碁席の席亭

せきとう　石塔

せきどう　赤道

せきとく　尺牘（手紙）　碩徳と仰がれる

せきとして　寂として声なし

せきどめ　咳止め

せきとめる　塞き止める

せきとり　関取

せきにん　責任を果たす

洌　堰　鏃

せ

せきにんかん　責任感が強い
せきねん　昔年の面影
　積年の悪弊
せきのやま　関の山
せきはい　僅差で惜敗する
せきばく　寂漠　*寂寞
　*寂莫たる風景
せきばらい　咳払いをする
せきはん　赤飯をたく
せきばん　石版画
　石盤
せきひ　石碑を立てる
せきひん　赤貧洗うが如し
せきぶつ　大同の石仏
せきぶん　積分と微分
せきへい　積弊を除く
せきべつ　惜別の情
せきぼく　石墨
せきまつ　席末を汚す

せきむ　責務が重い
せきめん　石綿スレート
　赤面の至り
せきゆ　石油
せきゆかがく　石油化学
せぎょう　僧に施行する
せきらら　赤裸々の告白
せきらんうん　積乱雲
せきり　赤痢菌
せきりょう　脊梁山脈
　席料を払う
　寂寥感
せきりょく　斥力と引力
せきろう　石蠟
せきわけ　関脇△
せきわん　隻腕（かたうで）
せく　しきりに咳△く
　気が急く
　水を塞△く
　*堰く

せぐくまる　天に跼る
せけん　世間知らず
ぜげん　女衒△
せけんずれ　世間擦れする
せけんてい　世間体が悪い
せけんなみ　世間並|み
せけんばなし　世間話
せこ　世故にたける
　狩りの勢子△
せこう　工事を施工する
　法律を施行する
　❖「しこう」の慣用読み。
せじ　世事に疎い
　世辞を言う
せしゅ　法要の施主
せしゅう　世襲制
せじょう　世上の噂
　世情に通じる
　施錠する

せじん　世人の注目の的
　世塵を避ける
せすじ　背筋が寒くなる
ぜせい　欠点を是正する
ぜぜひひ　是々非々主義
せそう　世相を語る
せぞく　世俗にこびる
せそん　世尊（釈迦の敬称）
せたい　世帯主
　世態人情
せだい　世代が違う
せたけ　背丈が伸びる
せち　世知　*世智
せちえ　白馬《あおうま》節会
せちがらい　世知辛い　*世智辛い

セツ

[切]　セツ・(サイ)　き-る・き-れる　——「—なる願い」◇切開・切除・切望・親切

[殺(殺)]　(セツ)・サツ・(サイ)　ころ-す　——

殺生

[接]セツ つ-ぐ ― 接客・接近・接合・接待・接着剤・直接・密接

[設]セツ もう-ける ― 設営・設計・設置・設立・建設・常設・新設

[雪]セツ ゆき ― 雪害・雪景・雪渓・雪辱・降雪・積雪・風雪

[節(人節)]セツ・(セチ) ふし ― 「その―は…」◇節約・節電・季節

[説]セツ・(ゼイ) と-く ― 「―を立てる」◇説教・説得・小説・論説

[拙]セツ つたな-い ― 拙稿・拙者・拙速・拙文・拙劣・巧拙・稚拙

[窃(竊)]― セツ ― 窃取・窃盗

[摂(人攝)]― セツ ― 摂関・摂取・摂生・摂理・兼摂

[折]セツ お-る・お-り・お-れる ― 折衝・折損・折衷・折半・屈折・骨折・左折

[刹]― セツ・サツ ― 刹那

[人屑]セツ くず ―

ゼツ

[舌]ゼツ した ― 舌音・舌禍・舌戦・舌端・毒舌・筆舌・弁舌

[絶]ゼツ た-える・た-やす・た-つ ― 絶海・絶景・絶望・絶妙・謝絶・断絶

せつあく　拙悪な作戦

せつえい　拙詠

せつえい　宿舎を設営する

せつえん　雪冤する

せつえん　節煙する

ぜつえん　親類と絶縁する

ぜつえんたい　絶縁体

せっか　考えが赤化する

ぜっか　舌禍事件

ぜっか　風光絶佳の地

せっかい　患部を切開する
石灰岩
お節介な人

せつがい　殺害する

雪害

ぜっかい　絶海の孤島

せっかく　折角の好意・―
御自愛の程

せっかち　性急な男

せっかっしょく　赤褐色

せっかん　子供を折檻する

摂関政治

せつがん　切願する

船が接岸する

接眼レンズ

せっき　石器時代

二十四節気

節季(歳末)

せつぎ　節義を守る

ぜつぎ　絶技を披露する

せっきゃく　隻脚

接客業

せっきょう　子供に説教する

僧の説経

ぜっきょう　絶叫する

せっきょく　積極政策

せっきん　台風が接近する

せっく　節句 *節供

せっく　片言隻句

ぜっく　驚いて絶句する

五言絶句

せっくつ　石窟寺院

せっけ　五摂家

ぜっけ　旧家が絶家する

せっけい　アルプスの雪渓

せっけい　ビルを設計する

ぜっけい　天下の絶景

せつげっか　雪月花

跼 衒 檻

せ

せっけっきゅう　赤血球
せっけん　石鹸
　国王が接見する
　費用を節倹する
　全土を席巻△ *席捲する
せつげん　翻意を切言する
　母船に接舷する
　南極大陸の雪原
　経費を節減する
ぜつご　空前絶後
せっこう　石工の鑿《のみ》
　石膏細工
　斥候を出す
　拙攻を繰り返す
　拙稿
せつごう　両面を接合する
ぜっこう　絶好のチャンス
　友人と絶交する
せっこつ　接骨医

ぜっこん　舌根
せっさく　切削工具
　拙作
　拙策
せっさたくま　切磋琢磨
ぜっさん　絶賛 *絶讃
せっし　摂氏十八度
せつじ　接辞
　説示する
せつじつ　切実な問題
せっしゃ　拙者
　草花を接写する
せっしやくわん　切歯扼腕
せっしゅ　品物を窃取する
　予防接種
　西洋文化の摂取
　節酒する
せつじゅ　外交官の接受
せっしゅう　土地を接収する
せつじょ　胃を切除する

せっしょう　折衝を重ねる
　殺生な話
　殺生（十悪の一）
　摂政
せつじょう　雪上車
ぜっしょう　古今の絶唱
　天下の絶勝
せっしょく　接触を保つ
　動物の摂食行動
　節食する
せつじょく　雪辱を遂げる
ぜっしょく　絶食する
せっすい　節水する
せっする　悲報に接する
　政《まつりごと》を摂する
　酒を節する
ぜっする　言語に絶する
せっせい　病後の摂生
　飲酒を節制する
せつぜい　節税と脱税

ぜっせい　絶世の美人
せつせつ　切々と訴える
せっせん　拙戦で敗れる
　接戦の末勝つ
　円との接線 *切線
　山の雪線
せつぜん　截然と区別する
ぜっせん　舌尖鋭い非難
　舌戦を交える
せっそう　拙僧（僧の自称）
　節操が無い
せっそく　拙速
せつぞく　電線を接続する
ぜっそく　絶息（絶命）
せつぞくし　接続詞
せっそくどうぶつ　節足動物
せっそん　金具が折損する
せった　雪駄△ *雪踏△

せ

せったい　客を接待する
せつだい　設題
ぜったい　舌苔を生じる
　絶対多数
ぜつだい　舌代
　絶大な支援
ぜったいぜつめい　絶体絶命
せったく　拙宅
せつだん　切断　*截断
ぜったん　舌端火を吐く
せっち　支所を設置する
せっちゃく　板を接着する
せっちゅう　折衷　*折中案
せっちょ　拙著
ぜっちょう　人気の絶頂
せっちん　雪隠△
せっつ　摂津の国
せってい　状況を設定する
せってん　東西文明の接点

せつでん　節電する
せつど　節度ある態度
せっとう　窃盗罪
ぜっとう　舌頭鋭く問う
せっとうご　接頭語
せっとく　両親を説得する
せつな　刹那的
せつない　切ない思い
せつなる　切なる願い
せつに　切に希望する
せっぱ　論敵を説破する
せっぱく　事態が切迫する
せっぱつまる　切羽詰|まる
せっぱん　費用を折半する
ぜっぱん　絶版にする
せつび　設備投資
せっぴ　雪庇から転落
せつびご　接尾語
ぜっぴつ　絶筆となる
ぜっぴん　古今の絶品

せっぷく　切腹する
　相手を説伏する
せつぶん　拙文
　節分の豆まき
せっぷん　頬に接吻する
ぜっぺき　絶壁をよじ登る
せっぺん　ガラスの切片
　雪片
せつぼう　援助を切望する
せっぽう　釈迦に説法
ぜつぼう　人生に絶望する
ぜっぽう　舌鋒が鋭い
ぜつみょう　絶妙な技
ぜつむ　絶無に近い
せつめい　内容を説明する
ぜつめい　絶命する
ぜつめつ　事故を絶滅する
せつもん　設問のねらい
せつやく　水を節約する
せつゆ　生徒を説諭する

せつよう　切要の事項
せつり　神の摂理
　岩石の節理
せつりつ　会社を設立する
ぜつりん　精力絶倫
せつれつ　拙劣な演技
せつわ　説話文学
せと　音戸の瀬戸
せど　背戸
せどうか　旋△頭歌
せとぎわ　生死の瀬戸際
せとないかい　瀬戸内海
せとびき　瀬戸引|きの鍋
せともの　瀬戸物
せな　背△の子
せなか　背中を掻く
せなかあわせ　背中合|わせ

鹼
截
刹

ぜに　銭を儲ける
ぜにいれ　銭入れ
ぜにがた　銭形
ぜにん　政策を是認する
せぬい　背縫い
せぬき　背抜きの上着
せのきみ　背の君　*夫△の君
せのび　背伸びをする
せばまる　川が狭まる
せばめる　差を狭める
せばんごう　背番号
せひ　麦に施肥する
ぜひ　是非を論じる
是非出席したい
ぜひとも　是非とも
せひょう　世評を気にする
せびらき　背開き
せびれ　背鰭
せびろ　背広を着る

せぶみ　瀬踏みをする
せぼね　背骨を伸ばす
せまい　狭い　*隘い
せまくるしい　狭苦しい家
せまる　迫る　*逼る
せみ　蟬が鳴く
せみしぐれ　蟬時雨
せむし　傴僂
せめ　攻めに回る
責めを負う
せめあぐむ　攻め倦む
せめおとす　攻め落とす
せめく　地獄の責め苦
せめぐ　兄弟牆《けいていかき》に鬩ぐ
せめぐち　攻め口
せめこむ　城に攻め込む
せめさいなむ　責め苛△む
せめたてる　敵を攻め立てる
人を責め立てる

せめよせる　攻め寄せる
せめる　敵を攻める
失敗を責める
せもたれ　椅子《いす》の背凭れ
せやく　施薬する
せよ　施与を受ける
せり　競り　*糶に出す
せり　芹の葉
せりあい　競り合いになる
せりあう　競り合う
せりあがり　迫△り上がり
せりあげる　役者を舞台へ迫△り上げる
値を競り上げる
せりいち　競り市
せりうり　競り売り
せりおとす　競り落とす
*競落す

せりだし　迫△り出し　*迫△出
せりふ　台△詞△　*科△白△
せりょう　施療患者
せる　値を競る　*糶る
ぜろ　零△
せろん　世論調査
❖「せいろん」「よろん」とも。
せわ　世話を焼く
せわしい　忙△しい日々
せわしない　忙しない
せわにょうぼう　世話女房
せわにん　世話人
せわもの　世話物
せわやく　世話役
せわり　背割りの羽織

セン

[千]セン ち　―「―の位」◇千円・千尋・千里眼・海千山千

[川]セン かわ ― 川柳・河川
[先]セン さき ― 「―を越す」◇先決・先攻・先生・率先・優先
[宣]セン ― ― 宣教師・宣言・宣告・宣誓・宣伝・託宣
[専]（人專）セン もっぱ-ら ― 専業・専攻・専従・専属・専念・専門
[泉]セン いずみ ― 泉水・温泉・源泉・鉱泉・林泉・冷泉
[浅]（淺）セン あさ-い ― 浅学・浅薄・浅慮・深浅
[洗]セン あら-う ― 洗顔・洗剤・洗浄・洗礼・洗練・筆洗
[染]セン そ-める・そ-まる・し-みる・し-み ― 染色・染髪・染料・汚染・感染・伝染
[船]セン ふね・（ふな） ― 船員・船客・船首・船舶・船腹・汽船・乗船
[戦]（人戰）セン いくさ・たたか-う ― 戦役・戦火・戦争・戦略・敗戦・論戦
[銭]（錢）セン ぜに ― 銭湯・悪銭・木戸銭・金銭
[線]セン ― ― 「―を引く」◇線香・線路・光線・直線・有線
[選]セン えら-ぶ ― 「―に漏れる」◇選挙・選手・選択・当選・予選
[仙]セン ― ― 仙界・仙境・仙女・仙人・歌仙・水仙・銘仙
[占]セン し-める・うらな-う ― 占拠・占有・寡占・独占
[扇]セン おうぎ ― 扇形・扇状地・扇子・扇動・扇風機
[栓]セン ― ― 「―を抜く」◇消火栓・脳血栓・密栓・元栓
[旋]セン ― ― 旋回・旋転・旋盤・旋風・旋毛・旋律・周旋
[践]（踐）セン ― ― 実践
[潜]（潛）セン ひそ-む・もぐ-る ― 潜行・潜在・潜水・潜望鏡・沈潜
[遷]セン ― ― 遷移・遷延・遷宮・遷都・三遷・変遷
[薦]セン すす-める ― 薦骨・自薦・推薦・他薦・特薦
[繊]（人纖）セン ― ― 繊維・繊細・繊弱・繊手・化繊・合繊
[鮮]セン あざ-やか ― 鮮魚・鮮血・鮮度・鮮明・鮮烈・新鮮
[煎]セン い-る ― 煎茶
[羨]セン うらや-む・うらや-ましい ― 羨望
[腺]セン ― ― 前立腺・涙腺
[詮]セン ― ― 詮索・所詮
[箋]セン ― ― 処方箋・便箋
[人茜]セン あかね ―
[人尖]セン ― ― 尖塔・舌尖
[人揃]セン ― ―
[人撰]セン・サン ― ― 定家撰
[人穿]セン ― ― 穿孔・穿鑿
[人蟬]セン・ゼン せみ ― 蟬噪
[人釧]セン たまき ―
[人閃]セン ― ― 閃光・一閃

ゼン

[全]ゼン すべ-て まった-く・ ― 全員・全国・全集・全部・全幅・健全・万全
[前]ゼン まえ ― 「―に述べた…」◇前回・前進・空前・事前
[善]ゼン よ-い ― 「―は急げ」◇善悪・善意・善人・善良・慈善
[然]ゼン・ネン ― ― 暗然・自然・当然・必然・冷然
[禅]（人禪）ゼン ― ― 「―の研究」◇禅宗・禅僧・座禅・参禅
[漸]ゼン ― ― 「―を追って」◇漸次・漸進・漸増・東漸
[繕]ゼン つくろ-う ― 営繕・修繕

鰭
鬩
糶

せ

［膳］ゼン ―　［二の―］◇配膳

ぜんあく　善悪の区別
せんい　船医
　戦意を失う
　繊維業界
ぜんい　善意に取る
せんいき　戦域が拡大する
ぜんいき　関東全域
せんいつ　御自愛専一に
ぜんいつ　全一な組織
せんいん　船員組合
ぜんいん　全員一致
せんうん　戦雲急を告げる
せんえい　先鋭　*尖鋭
　船影が現れる
　鮮鋭な録音
ぜんえい　前衛芸術
せんえき　日露戦役
せんえつ　僭越　*僣越

せんえん　決定を遷延する
せんおう　先王の道
　専横な振る舞い
ぜんおん　全音と半音
ぜんおんかい　全音階
ぜんおんぷ　全音符
せんか　声楽専科
　泉下（あの世）
　戦火を免れる
　戦果をあげる
　戦渦に巻き込む
　戦禍を被る
　選科生
せんが　線画
ぜんか　全科を担任する
　前科がある
　禅家
せんかい　仙界に遊ぶ心地
　上空を旋回する
せんがい　選外佳作

ぜんかい　全会一致
　病気が全快する
　弁を全開する
　家屋が全壊
　*全潰する
　前回の続き
せんがき　線描き
せんかく　先覚の教え
せんがく　先学の学恩
　浅学菲才《ひさい》
ぜんがく　全学集会
　全額を負担する
　禅学
せんかくしゃ　先覚者
せんかくしょとう　尖閣諸島
ぜんがくれん　全学連（全日本学生自治会総連合）
せんかし　仙花紙
　*泉貨紙

せんかた　為△ん方
　*詮方ない
せんかん　日本専管水域
　戦艦を撃沈する
　選管（選挙管理委員会）
せんがん　洗眼する
　洗顔する
せんき　疝気を病む
　戦記物語
　戦機が熟す
せんぎ　予算を先議する
　厳しく詮議する
ぜんき　全期を通じて
　前記の箇条
　前期の決算
せんきゃく　先客がある
　船客
せんきゃくばんらい　千客万来

せ

せんきょ　不法に占拠する
　議員を選挙する
　船渠(ドック)
せんぎょ　鮮魚を商う
せんきょう　仙境 *仙郷
　船橋に立つ
　戦況を報告する
せんぎょう　専業農家
　賤業に就く
せんきょうし　宣教師
ぜんきょうとう　全共闘(全学共闘会議)
せんきょく　戦局が進展する
　名曲を選曲する
　選局ダイヤル
せんきょく　選挙区
せんきょけん　選挙権
せんぎり　千切り *繊切り
せんきん　一刻千金に値す

せんく　千鈞の重み
　先駆する
　鉄道の線区
　選句
せんぐ　船具
ぜんく　前駆症状
せんぐう　遷宮
せんくしゃ　先駆者
せんくち　先口がある
ぜんくつ　前屈運動
せんくん　先君の遺訓
　戦訓を生かす
せんげ　親王宣下
　高僧が遷化する
ぜんけい　全形
　町の全景を写す
　前掲の写真
　舞台の前景
　前傾姿勢
せんけつ　先決問題
　部長が専決する
　潜血反応
　鮮血が迸《ほとばし》る
せんげつ　先月
ぜんげつ　前月
せんけん　先見の明
　先遣部隊
　先賢の教え
　専権の誹《そし》り
　浅見を恥じる
せんげん　独立を宣言する
ぜんけん　全権大使
　前件
ぜんげん　前言を翻す
　善言善行
　事故が漸減する
せんけんてき　先験的
せんげんばんご　千言万語
せんこ　千古不易
せんご　先後する
　戦後の風潮
ぜんこ　全戸被災する
　前古(むかし)
ぜんご　前後を弁《わきま》えない
せんこう　時代に先行する
　先攻と後攻
　先考(亡父)
　独断専行
　哲学を専攻する
　穿孔機
　閃光がひらめく
　戦功を立てる
　地下に潜行する
　急速潜航
　線香を立てる
　吉野に遷幸する
　委員を選考する

僭
渠
鈞

*銓衡する
鉱石を選鉱する
繊巧な工芸品
鮮紅色

ぜんこう 全校生徒
前項の規定
善行を表彰する

ぜんこうじ 善光寺

せんこく 先刻承知
死刑を宣告する

せんごく 戦国の世

ぜんこく 日本全国

せんごくぶね 千石船

ぜんごさく 善後策を練る

せんこつ 仙骨を帯びる
薦骨 *仙骨

ぜんごふかく 前後不覚

ぜんこん 善根を積む

せんざ 遷座祭

ぜんざ 前座を務める

せんさい 先妻
浅才を顧みず
戦災に遭う
繊細な神経

せんざい 千歳の後
中性洗剤
前栽の植え込み
潜在意識

ぜんさい 西洋料理の前菜

ぜんざい 栗善哉

せんざいいちぐう 千載一遇

せんさく 穿鑿 *詮索

ぜんさつ 禅刹(禅寺)

せんさばんべつ 千差万別

せんし 先史時代
先師の教え
肋膜を穿刺する
無名戦士の墓
戦史を研究する
南方で戦死する

せんじ 宣旨を下す
戦時体制

ぜんし A判の全紙
維新前史
動物の前肢
昆虫の前翅

ぜんじ 一休禅師
漸次(次第に)

せんじぐすり 煎じ薬

せんしつ 泉質
一等船室

せんじつ 先日の客

ぜんしつ 禅室

ぜんじつ 出発の前日

ぜんじつせい 全日制高校

せんじつめる 煎じ詰める

せんしばんこう 千思万考
千紫万紅

せんしゃ 洗車する
戦車

せんじゃ 応募作の選者
古今集の撰者

ぜんしゃ 全社一丸となる
前車の轍を踏む
前者と後者

せんじゃく 繊弱な子供

ぜんしゃく 前借がある

せんじゃふだ 千社札をはる

せんしゅ 一点を先取する
船主
船首を巡らす
野球の選手
僭主 *僣主

せんしゅう 一日千秋の思い
先週
英語を専修する
選集を編む
書物を撰修する
勅撰集

せんじゅう　先住民族
ぜんしゅう　組合専従者
　文学全集
　禅宗
せんしゅうらく　千秋楽
せんじゅかんのん　千手観音
せんしゅけん　選手権試合
せんしゅつ　代表を選出する
せんじゅつ　仙術
　戦術を転換する
　書物を撰述する
ぜんしゅつ　前出の論文
ぜんじゅつ　前述の通り
せんしゅぼうえい　専守防衛
せんしゅん　浅春の候
せんしょ　選書
ぜんしょ　六法全書
　善処を約束する

せんしょう　先勝
　先蹤を追う
　船檣（マスト）
　王を僭称　*僭称する
　戦勝　*戦捷国
　戦傷を負う
　芸術祭選奨
　鮮少　*尠少（わずか）
せんじょう　洗浄　*洗滌
　❖「洗滌（せんでき）」の慣用読み。
　扇情　*煽情的
　戦場
　僭上　*僣上の行為
　線条
ぜんしょう　全勝の力士
　家が全焼する

　前生の罪業
ぜんじょう　禅定に入る
　帝位を禅譲する
ぜんしょうせん　前哨戦
せんじょうち　扇状地
せんしょく　布を染色する
　染織する
ぜんしょく　前職
せんしょくたい　染色体
せんじる　薬草を煎じる
せんしん　先進
　仕事に専心する
　線審
せんじん　千尋　*千仞の谷
　先人の偉業
　先陣を争う
　戦陣に没す
　戦塵にまみれる
ぜんしん　全身の力
　東京大学の前身
　一歩前進する
　善心
　漸進する
ぜんじん　全人教育
　前人未到
せんしんこく　先進国
ぜんしんぜんれい　全身全霊
せんす　扇子
ぜんず　日本全図
せんすい　泉水の鯉
　深く潜水する
せんすいかん　潜水艦
せんする　開会を宣する
　王を僭する
　*僣する

銓　詮　煽

歌集を撰する
せんずるところ　詮ずる所
ぜんせ　前世の因縁
せんせい　先生
先制攻撃
選手が宣誓する
専制君主
専政を行う
せんぜい　占筮
旧套《きゅうとう》を蟬蛻する
ぜんせい　全盛を極める
善政を布く
せんせいじゅつ　占星術
せんせき　庭園の泉石
船籍
戦跡 *戦蹟
五勝二敗の戦績
せんせん　無主物の先占
宣戦を布告する

西部戦線
せんぜん　戦前の風俗
ぜんせん　全線開通
前線の将兵
寒冷前線
善戦する
ぜんぜん　全然できない
せんせんきょうきょう　戦々恐々
*戦々兢々
せんそ　践祚する
せんぞ　先祖
せんそう　船倉 *船艙
戦争と平和
ぜんそう　前奏曲
禅僧
ぜんぞう　売上げの漸増
せんそく　動脈栓塞
せんぞく　専属歌手
ぜんそく　喘息の発作

ぜんそくりょく　全速力で走る
せんたい　船体が傾く
船隊
戦隊
蘚苔類
せんだい　先代の教え
ぜんたい　全体を統一する
せんだいひら　仙台平の袴《はかま》
ぜんだいみもん　前代未聞
せんたく　洗濯する
職業を選択する
ぜんだく　然諾を重んず
せんたくき　洗濯機
せんたくし　選択肢
せんたくばさみ　洗濯挟み
せんだつ　学界の先達
蟬脱
❖「蟬蛻（せんぜい）」の誤読から生じた語。

せんだって　先達て
ぜんだて　お膳立てする
ぜんだま　善玉と悪玉
せんたん　先端 *尖端
戦端を開く
せんだん　専断 *擅断
栴檀は二葉より芳し
輸送船団
ぜんだん　文章の前段
せんち　戦地
ぜんち　全治一週間
ぜんちし　前置詞
ぜんちしき　善知識
*善智識
ぜんちぜんのう　全知全能
*全智全能
せんちゃ　煎茶をいれる
せんちゃく　先着順

せんちゅう　戦中派
せんちょう　箋注　*箋註
　　貨物船の船長
　　船長百メートル
ぜんちょう　船の全長
　　前兆　*前徴
せんつう　疝痛　*仙痛
ぜんつう　鉄道が全通する
せんて　先手必勝
せんてい　船底
　　枝を剪定する
　　図書を選定する
ぜんてい　概説を全訂する
　　前庭
　　前提条件
せんでき　胃を洗滌する
ぜんてき　全的人格
せんてつ　先哲に学ぶ
　　銑鉄
ぜんてつ　前轍を踏む

ぜんでら　禅寺
せんでん　盛んに宣伝する
せんてんてき　先天的な才能
せんと　遷都する
せんど　ここを先途と戦う
　　先度(さきごろ)
　　鮮度が落ちる
ぜんと　前途を祝す
ぜんど　日本全土
せんとう　仙洞御所
　　先登(まっさき)
　　列の先頭に立つ
　　回教寺院の尖塔
　　戦闘に加わる
　　銭湯
せんどう　校長が先導する
　　扇動　*煽動
　　船頭
　　古墳の羨道

ぜんとう　全身の顫動
　　物価が漸騰する
ぜんどう　思想を善導する
　　禅堂
　　小腸の蠕動
ぜんとうぶ　前頭部
ぜんとうよう　前頭葉
ぜんとようよう　前途洋々
せんない　詮無いこと
せんなり　千生り
　　*千成り瓢簞《ひょうたん》
ぜんに　松下禅尼
せんにく　鮮肉
せんにちこう　千日紅の花
ぜんにちせい　全日制高校
せんにちて　千日手
せんにゅう　敵地に潜入する
せんにゅうかん　先入観を持つ
せんにょ　仙女

せんにん　久米の仙人
　　先任者
　　専任になる
　　委員を選任する
ぜんにん　前任者
　　善人
せんにんばり　千人針
せんにんりき　千人力
せんぬき　栓抜き
せんねん　先年の事件
　　研究に専念する
ぜんねん　前年
せんのう　先王の道
　　洗脳する
ぜんのう　全知全能
　　税金を全納する
　　代金を前納する

栴　顫　蠕

せ

せ

せんのりきゅう　千利休
せんば　船場の問屋街
ぜんば　前場の寄り付き
せんばい　専売する
せんぱい　郷土の先輩
　戦敗国
ぜんぱい　全敗の力士
　制度を全廃する
せんばいとっきょ　専売特許
せんぱく　浅薄な知識
　航行中の船舶
せんばつ　選手を選抜する
せんぱつ　先発メンバー
　洗髪する
　染髪する
せんばづる　千羽鶴
せんばん　迷惑千万
　旋盤で削る
　針金の線番

せんぱん　先般（さきごろ）
　戦犯（戦争犯罪人）
ぜんはん　前半に得点する
ぜんぱん　全般によい
ぜんはんせい　前半生
せんぱんらい　先般来
せんび　船尾と船首
　戦備を整える
せんぴ　戦費を調達する
ぜんび　善美を尽くす
ぜんぴ　前非を悔いる
せんびき　線引き小切手
せんぴつ　染筆を請う
せんびょう　線描画
せんぴょう　決勝の戦評
　作品を選評する
ぜんぴょう　全豹を察する
せんびょうしつ　腺病質の子供
ぜんびん　前便で知らせる

せんぶ　先負
　宣撫工作
せんぷ　先夫
　徳義を宣布する
ぜんぶ　全部読み終える
　前部の座席
　膳部を整える
ぜんぷ　前夫
せんぷう　旋風が起こる
せんぷうき　扇風機
せんぷく　船幅
　船腹に穴があく
　山中に潜伏する
ぜんぷく　全幅の信頼
せんぶん　線分
　碑文を撰文する
ぜんぶん　全文を掲げる
　憲法の前文
せんぶんりつ　千分率
せんべい　煎餅

せんぺい　尖兵 ＊先兵
せんべつ　果物を選別する
　餞別を贈る
せんべん　先鞭をつける
ぜんぺん　全編 ＊全篇
　前編 ＊前篇
せんぺんいちりつ　千編一律
せんぺんばんか　千変万化
せんぼう　羨望の的
せんぽう　先方の出方次第
　部隊の先鋒
　戦法を変える
ぜんぼう　事件の全貌
ぜんぽう　前方不注意
　前方後円墳
せんぼうきょう　潜望鏡
せんぼく　占卜
せんぼつ　戦没 ＊戦歿者
ぜんぽん　善本
せんまい　洗米

ぜんまい　饌米を供える
　時計の発条
　蕨《わらび》と薇
せんまいづけ　京の千枚漬
せんまいどおし　千枚通し
せんまいばり　千枚張りの面《つら》
ぜんみ　禅味がある
せんみつ　千三つ屋
せんみょう　宣命体
せんみん　選民思想
　賤民
せんむ　専務取締役
せんめい　中外に宣明する
　鮮明な映像
　方針を闡明する
ぜんめい　喘鳴
せんめつ　敵を殲滅する
ぜんめつ　部隊が全滅する
せんめん　洗面器
　扇面に字を書く
ぜんめん　全面に広がる
　前面に押し出す
せんめんじょ　洗面所
せんもう　旋毛(つむじ)
　繊毛運動
　譫妄状態に陥る
ぜんもう　全盲の人
せんもん　専門学校
ぜんもん　全問正解
　前門の虎
　禅門
せんもんか　専門家
ぜんもんどう　禅問答
せんや　戦野(戦場)
ぜんや　革命前夜
せんやく　仙薬
　先約がある
　煎薬を飲む
ぜんやく　原書を全訳する
　前約を果たす
ぜんやさい　前夜祭
せんゆう　占有権(自分の物にする)
　専有物(ひとりで所有する)
　戦友
せんゆうりつ　市場占有率
せんよう　土地を占用する
　国威を宣揚する
　専用の車
ぜんよう　事件の全容
　機会を善用する
ぜんら　全裸の死体
ぜんらく　相場が漸落する
せんらん　戦乱の巷《ちまた》
せんりがん　千里眼
せんりつ　旋律が美しい
　戦慄を覚える
ぜんりつせん　前立腺
せんりひん　戦利品
せんりゃく　戦略を誤る
ぜんりゃく　前略
せんりゅう　川柳
せんりょ　千慮の一失
　浅慮を恥じる
せんりょう　千両の紅い実
　首都を占領する
　合成染料
　選良(代議士)
ぜんりょう　善良な市民
せんりょうやくしゃ　千両役者
せんりょく　戦力を増強する
ぜんりょく　全力を尽くす
ぜんりん　善隣友好
　禅林

餞
殲
譫

せ

そ

せんれい　先例にならう
　　　　　洗礼を受ける
ぜんれい　鮮麗な色彩
　　　　　全身全霊
　　　　　前例がない
せんれき　輝かしい戦歴
ぜんれき　前歴を調べる
せんれつ　戦列を離れる
　　　　　鮮烈な印象
ぜんれつ　前列と後列
せんれん　洗練・*洗煉
せんろ　線路工事
ぜんわ　禅話

そ

ソ

[祖(祖)]ソ|——「医学の—」
◇祖先・祖父・元祖

[素]ソ・ス|——素行・素材・素数・素描・素養・元素・平素
[組]ソ く-む・くみ——組閣・組織・組成・改組・織組・労組
[阻]ソ はば-む——阻害・阻止・険阻
[租]ソ|——租界・租借・租税・公租公課・地租・田租・免租
[措]ソ|——措辞・措置・措定・挙措
[粗]ソ あら-い——粗悪・粗雑・粗食・粗暴・粗密・粗野・精粗
[疎]ソ うと-い・うと-む——疎遠・疎開・疎外・疎通・疎密・過疎・空疎
[訴]ソ うった-える——訴因・訴願・訴訟・訴状・訴追・起訴・告訴
[塑]ソ|——塑像・可塑性・彫塑
[礎]ソ いしずえ——礎材・礎石・基礎・定礎
[狙]ソ ねら-う——狙撃
[遡[遡]]ソ さかのぼ-る——遡及・遡上
[楚]ソ うばら・しもと・たか——楚々・四面楚歌
[疏]ソ・ショ|——疏水・疏通
[蘇]ソ いき・はる——蘇生・紫蘇

ゾ

[曽(曾)]|(ゾ)・ソウ——未曽有

そあく　粗悪な品
そあん　素案を作る
そい　素意を述べる
　　　粗衣粗食
そいとげる　添い遂げる
そいね　添い寝をする
そいん　成功の素因
　　　　疎音に打ち過ぎ
　　　　起訴の訴因
そいんすう　素因数

ソウ

[早]ソウ・(サッ) はや-い・はや-まる・はや-める——早期・早計・早春・早退・早朝
[争(争)]ソウ あらそ-う——争議・争奪・争点・競争・戦争・論争
[走]ソウ はし-る——走行・走破・走塁・滑走・競走・疾走
[宗]ソウ・シュウ|——宗家・宗匠・祖宗・大宗・文宗
[奏]ソウ かな-でる——奏楽・演奏・合奏・上奏・伴奏
[相]ソウ・ショウ あい——「水難の—」
◇相愛・相談・相当・真相
[草]ソウ くさ——草案・草原・草稿・草書・雑草・除草・牧草
[送]ソウ おく-る——送還・送呈・送電・送付・送風・発送・放送
[倉]ソウ くら——倉庫・倉皇・倉卒・穀倉・船倉・弾倉
[巣(巣)]ソウ す——営巣・精

そ

巣・病巣・卵巣

[窓] ソウ まど ― 窓外・学窓・車窓・深窓・船窓・同窓会

[創] ソウ つく-る ― 創意・創刊・創作・創設・創造・創立・銃創

[装(人裝)] ソウ・ショウ よそお-う ― 装飾・装置・装備・改装・盛装・変装

[想] ソウ・(ソ) ― 「―を練る」◇想起・想像・感想・理想

[層(人層)] ソウ ― 「選手の―が厚い」◇層状・階層・高層

[総(人總)] ソウ ― 総意・総括・総合・総務・総理・総論・房総

[操] ソウ みさお・あやつ-る ― 操業・操行・操作・操守・操縦・節操・体操

[双(雙)] ソウ ふた ― 双肩・双生児・双発・双方・無双

[壮(人壯)] ソウ ― 「志を―とする」◇壮観・壮年・少壮

[荘(人莊)] ソウ ― 荘厳・荘重・山荘・村荘・別荘

[捜(人搜)] ソウ さが-す ― 捜査・捜索・特捜班・博捜

[挿(人插)] ソウ さ-す ― 挿花・挿画・挿図・挿入・挿話

[桑] ソウ くわ ― 桑園・桑海・桑田・桑門・扶桑

[掃] ソウ は-く ― 掃除・掃射・一掃・清掃

[曹] ソウ ― 海曹・空曹・法曹・法曹界・陸曹

[喪] ソウ も ― 喪家・喪失・喪神・国喪・大喪

[葬] ソウ ほうむ-る ― 葬儀・葬具・葬式・葬列・会葬・火葬・埋葬

[僧(人僧)] ソウ ― 「旅の―」◇僧院・僧職・僧正・尼僧

[遭] ソウ あ-う ― 遭遇・遭難

[槽] ソウ ― 歯槽・浄化槽・水槽・便槽・油槽船・浴槽

[燥] ソウ ― 乾燥・高燥・焦燥

[霜] ソウ しも ― 霜害・霜雪・秋霜・星霜・晩霜

[騒(人騷)] ソウ さわ-ぐ ― 騒音・騒然・騒動・騒乱・物騒

[藻] ソウ も ― 藻類・海藻・詞藻・文藻・緑藻

[爽] ソウ さわ-やか ― 爽快・颯爽

[曽(人曾)] ソウ・(ゾ) ― 曽祖父・曽孫

[痩(瘦)] ソウ や-せる ― 痩身

[踪] ソウ ― 失踪

[人惣] ソウ ― 惣菜・惣領

[人蒼] ソウ しげ・しげる ― 蒼海・蒼天・蒼白・蒼然

[人漱] ソウ きよ・きよし ― 漱石枕流・含漱

[人綜] ソウ おさ・おさむ ― 綜合・錯綜

[人聡] ソウ さと・さとし ― 聡察・聡明

[人叢] ソウ むら ― 叢書・叢林

[人噌] ソウ・ソ ―

[人宋] ソウ・スウ おき・くに ― 宋朝

[人槍] ソウ ほこ・やり ― 槍術

[人湊] ソウ みなと ― 輻湊

[人漕] ソウ ― 漕艇

そう　躁状態　漁船五艘

そう　川に沿う　そばに添う・夫に―　期待に副△う ＊沿う　意見に副△う

麗　躁　艘

ゾウ

[造]ゾウ つく-る ── 造営・造形・造語・造船・構造・製造

[象]ゾウ・ショウ ── 「─の曲芸」◇象眼・巨象

[像]ゾウ ── 「仏の─」◇映像・現像・肖像・想像・人間像

[増([人]增)]ゾウ ま-す・ふ-える・ふ-やす ── 「三割の─」◇増員・増減・倍増

[雑([人]雜)]ゾウ・ザツ ── 雑木林・雑炊・雑兵

[蔵([人]藏)]ゾウ くら ── 「法隆寺の─」◇蔵書・蔵本・貯蔵・秘蔵

[臓([人]臟)]ゾウ ── 臓器・臓物・肝臓・心臓・内臓

[憎([人]憎)]ゾウ にく-む・にく-い・にく-らしい・にく-しみ ── 憎悪・愛憎

[贈([人]贈)]ゾウ・(ソウ) おく-る ── 贈呈・贈答・寄贈

そうあい　相思相愛の仲
ぞうあく　病状が増悪する
そうあげ　総揚|げ
そうあたり　総当た|り制
そうあん　規約の草案
　草庵を結ぶ
　創案する
そうい　僧庵(僧の住居)
　相違　*相異
　満身創痍
　創意工夫
　僧衣をまとう
　全員の総意
ぞうい　死後贈位する
そういっそう　層一層励む
そういん　パルムの僧院
　総員四十名
ぞういん　警官を増員する
そううつびょう　躁鬱病　*躁欝病

そううん　層雲
ぞうえい　宮殿を造営する
ぞうえいざい　造影剤
ぞうえき　減収増益
ぞうえん　造園家
　増援部隊
ぞうお　憎悪を感じる
そうおう　身分相応
そうおく　草屋
そうおん　重代相恩の主君
　騒音　*噪音
そうか　喪家の狗《いぬ》
そうか　草加市
そうが　△爪牙にかかる
　挿画(さしえ)
　装画(装丁の絵)
ぞうか　造化の妙
　造花を作る
　人口が増加する
　増価する
　雑歌

そうかい　壮快な山登り
　掃海艇
　気分爽快
　滄海　*蒼海桑田
　株主総会
そうがい　霜害を受ける
そうがかり　総掛か|り
そうがく　国歌を奏楽する
　予算総額
ぞうがく　予算を増額する
そうかつ　意見を総括する
　事務を総轄する
そうがな　草仮名
そうがら　総柄の着物
そうかん　実に壮観である
　近親相姦
　相関関係
　本国へ送還する

ぞうかん　雑誌を創刊する
警視総監
臨時増刊
ぞうがん　象眼　*象嵌細工
そうがんきょう　双眼鏡
そうき　早期発見
往事を想起する
総記
そうぎ　争議を起こす
葬儀を執り行う
ぞうき　雑木林
臓器移植
そうきゅう　早急に解決する
蒼穹（青空）
躁急（心がいらだちせく）
そうきょ　壮挙を企てる
そうきょう　躁狂
そうぎょう　早暁出発する

そうぎょう　創業以来百年
僧形の者
操業短縮
ぞうきょう　兵力を増強する
そうきょく　箏曲を演奏する
そうきょくせん　双曲線
そうぎり　総桐の箪笥《たんす》
そうきん　学費を送金する
ぞうきん　雑巾を掛ける
そうく　走狗となる
痩躯鶴の如し
そうぐ　葬具
登山の装具
そうぐう　敵と遭遇する
そうくずれ　総崩れになる
そうくつ　悪の巣窟
そうけ　茶道の宗家
ぞうげ　象牙の塔
そうけい　早計に失する
経費を総計する

そうげい　車で送迎する
ぞうけい　造形　*造型美術
造詣が深い
そうけだつ　総毛立つ
ぞうけつ　造血作用
増血　*造血剤
車両を増結する
ぞうげぼり　象牙彫り
そうけん　双肩に担う
身体壮健
書類を送検する
創見に富む
寺社を創建する
想見する（想像）
芝居を総見する
そうげん　草原
ぞうげん　造言飛語
人口の増減
そうこ　製品倉庫

そうご　大言壮語する
相互に助け合う
ぞうご　造語力
そうこう　壮行会
走行距離
作戦が奏功する
新薬が奏効する
草稿を練る
送稿する
倉皇　*蒼惶として行く
装甲車
操行が良い
糟糠の妻
霜降（二十四気）
相好を崩す
そうごう　総合　*綜合

欝
糟
糠

そうごうしょく 総合職
そうこかい 操觚界（言論界）
そうこく 相克 *相剋
そうこん 早婚
そうこん 創痕（きずあと）
そうごん 荘厳な儀式
ぞうごん 悪口雑言
そうさ テレビの走査線
犯人を捜査する
機械を操作する
ぞうさ 造作 *雑作をかける
そうさい 貸借を相殺する
冠婚葬祭
日本銀行総裁
そうざい お総菜 *惣菜
そうさく 犯人を捜索する
作品を創作する
ぞうさく 家の造作
ぞうさつ 雑誌を増刷する

ぞうさない 造作無い *雑作無い
そうざらい 英語の総浚い
そうざん 早産
ぞうさん 半導体の増産
そうし 壮士風の男
相思相愛
絵草紙 *草子
*双紙
創始者
そうし 荘子の寓話《ぐうわ》
そうじ 図形が相似する
在校生の送辞
部屋を掃除する
ぞうし 会社が増資する
そうしき 相識の仲
葬式
そうじき 掃除機
そうじしょく 内閣総辞職
そうしつ 自信を喪失する

そうじて 総じて言えば
そうじまい 総仕舞い|
そうしゃ 駅伝の走者
オルガンの奏者
機銃掃射
総社 *惣社
操車場
そうしゅ 双手をあげて賛成する
ボートの漕手
そうじゅ 電波の送受
そうしゅう 早秋の候
爽秋の候
そうじゅう 飛行機の操縦
ぞうしゅう 増収になる
そうじゅうかん 操縦桿を握る
そうしゅうへん 総集編
ぞうしゅうわい 贈収賄

そうじゅく 早熟な子供
そうしゅけん 宗主権
そうしゅこく 宗主国
そうしゅつ 雇用を創出する
そうじゅつ 槍術指南
そうしゅん 早春の賦
そうしょ 双書 *叢書
草書と行書
ぞうしょ 蔵書家
そうしょう 争訟
俳句の宗匠
父子相承
左右相称
刃物の創傷
総称する
そうじょう 国務を奏上する
相乗作用・―平均
葬場
僧正

層状になる
騒擾罪

ぞうしょう　蔵相
ぞうじょうてん　増長天（仏名）
そうじょうのじん　宋襄の仁
ぞうじょうまん　増上慢
そうしょく　草食動物
室内を装飾する
僧職者
ぞうしょく　細胞が増殖する
そうしん　電波を送信する
痩身長軀
ぞうしん　学力を増進する
そうしんぐ　装身具
そうず　添水（鹿《しし》おどし）
挿図
僧都
そうすい　送水する
総帥（総大将）
ぞうすい　川が増水する
雑炊
そうすう　総数を調べる
そうする　音楽を奏する
吉凶を相する
一文を草する
ぞうする　書画を蔵する
そうせい　早世を惜しむ
早生と晩生
経営学の創成期
宝永元年創製
草木が叢生
*簇生する
そうぜい　総勢五千人
ぞうせい　宅地を造成する
ぞうぜい　増税する
そうせいき　創世記（旧約聖書中の一書）
そうせいじ　双生児

そうせき　僧籍に入る
そうせき　夏目漱石の小説
そうせつ　施設を創設する
総説に述べる
頭に霜雪を置く
そうぜつ　壮絶な争い
ぞうせつ　学校を増設する
そうせん　操船する
そうぜん　古色蒼然
場内騒然となる
ぞうせん　造船所
そうせんきょ　総選挙
そうそう　新年早々
草々　*匆々（手紙）
草創期
葬送　*送葬
錚々たる人々
そうぞう　天地を創造する
想像上の人物
そうぞうしい　騒々しい
そうそく　相即不離
総則を決める
そうぞく　遺産を相続する
僧俗
そうそふ　曽祖父
そうそぼ　曽祖母
そうそん　曽孫
そうだ　操舵する
そうたい　学校を早退する
相対評価
総体によい
そうだい　壮大な規模
卒業生総代
ぞうだい　需要が増大する
そうたいてき　相対的
そうだち　総立ちになる

觚
漱
錚

そ

そうたつ 書類を送達する
そうだつ 争奪戦
そうだん 親に相談する
そうだんやく 相談役
そうち 書類を送致する
受信装置
ぞうちく 離れを増築する
そうちゃく チェーンの装着
そうちょう 早朝マラソン
荘重な儀式
ぞうちょう 陸軍曹長
検事総長
増長する
ぞうちょうてん 増長天(仏名)
そうで 総出で迎える
そうてい 壮丁
景品を送呈する
本の装丁 *装釘 *装幀
条件を想定する
漕艇
ぞうてい 著書を贈呈する
そうてん 論争の争点
弾丸を装填する
試験の総点
蒼天(青空)
歩兵操典
そうでん 一子相伝
送電線
そうと 壮図を抱く
僧徒
そうとう 双頭の鷲《わし》
百円に相当する
残敵掃討 *掃蕩
ヒトラー総統
そうどう 草堂
僧堂
騒動を起こす

ぞうとう 贈答品
そうどういん 総動員
そうとうしゅう 曹洞△宗
そうどうせん 双胴船
そうとく インド総督
そうなめ 総嘗めにする
そうなん 冬山で遭難する
そうに 僧尼
ぞうに 雑煮を祝う
そうにゅう 字句を挿入する
そうねん 壮年に達する
早年(若いとき)
想念が浮かぶ
そうは 争覇戦
砂漠を走破する
掻爬手術
そうば 相場が上がる
そうばい 早梅
薬九層倍
ぞうはい 一円増配する
そうはく 顔面蒼白になる
糟粕をなめる
そうはつ 双発機
総髪の山伏
ぞうはつ 車を増発する
そうばな 総花的
そうばん 早晩実現する
ぞうはん 造反する
そうび 壮美
近代的な装備
そうびょう 宗廟
躁病
ぞうひょう 雑兵
ぞうひん 贓品故買
ぞうびん 増便する
そうふ 送付 *送附
総譜
ぞうふ 臓腑(五臓六腑)
そうふう 送風機

そ

そうふく　狩野派の双幅
ぞうふく　僧服
電流を増幅する
ぞうぶつ　贓物故買
ぞうぶつしゅ　造物主
そうへい　叡山の僧兵
ぞうへい　造幣局
増兵する
そうへき　画壇の双璧
そうべつ　送別の辞
そうべつかい　送別会
そうほ　相補関係にある
ぞうほ　付録を増補する
そうほう　双方の言い分
マラソンの走法
ピアノの奏法
そうぼう　涼しげな双眸
恐ろしい相貌
僧坊　*僧房
蒼氓（人民）
蒼茫たる大海
ぞうぼう　像法千年
ぞうぼく　雑木
そうほん　草本と木本
ぞうほん　造本が良い
図書館の蔵本
そうほんざん　総本山
そうま　相馬の野馬《のま》追い
そうまくり　政界総捲り
そうまとう　走馬灯
*走馬燈
そうむ　総務部
そうむけいやく　双務契約
そうむしょう　総務省
そうめい　百家争鳴
聡明な人
そうめいきょく　奏鳴曲
そうめつ　敵を掃滅　*剿滅する
そうめん　△素麺　*△索麺
そうもう　草莽の臣
そうもく　山川《さんせん》草木
ぞうもつ　鶏の臓物
そうもん　相聞歌
桑門（僧侶）
僧門に入る
禅寺の総門
そうやみさき　宗谷△岬
ぞうよ　財産を贈与する
そうよう　眼鏡の装用
隔靴搔痒（靴の上から搔くようにもどかしい）
そうよく　双翼
そうらん　争乱が起こる
文法総覧　*綜覧
国務を総攬する
騒乱が起こる
そうり　総理大臣
ぞうり　草履をはく
そうりつ　会社を創立する
そうりふ　総理府
ぞうりゅう　寺院を造立する
そうりょ　僧侶
そうりょう　書籍の送料
爽涼な肌触り
総量
総領の甚六
ぞうりょう　薬を増量する
そうりょうじ　総領事
そうりょく　総力をあげる
そうりん　五重塔の相輪
相隣の土地
叢林
ぞうりん　造林事業
そうるい　走塁

贓
氓
攬

そうれい　藻類
　壮麗な宮殿
　壮齢
　葬礼に参列する
　総礼（村の新年の寄り合い）
そうれつ　壮烈な最期
　葬列が進む
そうろう　存じ候
そうろう　早漏
　蹌踉として歩く
そうろうぶん　候文の手紙
そうろん　争論する
　総論を述べる
そうわ　挿話
　支出の総和
ぞうわい　贈賄罪
ぞうわく　割り当ての増枠
そえがき　添え書きする
そえぎ　添え木　*副△え木
そえじょう　添え状
そえぢ　添え乳する
そえもの　添え物
そえる　花を添える
　*副△える
そえん　友と疎遠になる
そか　粗菓
そかい　英国租界
　素懐を遂げる
　学童疎開
そがい　発展を阻害
　*阻碍する
　同僚を疎外する
そかく　組閣に着手する
そがん　訴願する
そぎとる　削△ぎ取る
そきゃく　違法性の阻却
そきゅう　広告の訴求効果
　遡及　*溯及
そぎょう　祖業を継ぐ

ソク

[束] ソク　たば ― 束縛・束髪・結束・検束・拘束・集束・約束
[足] ソク　あし・た‐りる・た‐る・た‐す ― 足跡・遠足・補足
[則] ソク ― 規則・校則・細則・四則・鉄則・変則・法則
[息] ソク　いき ― 息災・息女・安息・気息・休息・子息・消息
[速] ソク　はや‐い・はや‐める・はや‐まる・すみ‐やか ― 速達・速報・速力・急速・時速・迅速
[側] ソク　がわ ― 側圧・側壁・側面・側近・右側・体側
[測] ソク　はか‐る ― 測定・測量・測候所・観測・推測・目測・予測
[即（卽）] ソク ― 「生―死」◇即位・即死・即日・即席
[促] ソク　うなが‐す ― 促音・促進・促成・催促・督促
[塞] ソク・サイ　ふさ‐ぐ・ふさ‐がる ― 脳梗塞・閉塞
[捉] ソク　とら‐える ― 捕捉
そく　社長の息△（むすこ）
そぐ　気勢を削△ぐ　*殺△ぐ

ゾク

[族] ゾク ― 族籍・一族・家族・種族・親族・民族
[属（屬）] ゾク ― 属性・属領・属僚・属国・帰属・金属・所属
[続（續）] ゾク　つづ‐く・つづ‐ける ― 続出・続発・続編・続行・相続・陸続
[俗] ゾク ― 「―な言葉」◇俗事・俗人・俗説・通俗・風俗
[賊] ゾク ― 「―が押し入る」◇賊軍・海賊・山賊・盗賊

そ

[人粟] ゾク・ショク あわ・もみ ―― 粟粒

ぞくあく　俗悪な趣味
そくあつ　側圧
そくい　即位する
そくいん　惻隠の情
ぞくうけ　俗受けする
そくえい　即詠する
ぞくえい　好評で続映する
ぞくえん　俗縁を断ち切る
　好評で続演する
そくおう　事態に即応する
そくおん　促音と拗音《ようおん》
そくおんき　足温器
そくおんびん　促音便
そくが　側臥する
ぞくがら　続柄
そくぎん　即吟する
ぞくぐん　負ければ賊軍
ぞくけ　俗気を離れる

ぞくげん　俗言
　俗諺
ぞくご　俗語
そくざ　即座に返答する
そくさい　無病息災
そくし　即死する
そくじ　即時抗告
ぞくし　乱臣賊子
ぞくじ　俗字と正字
　俗耳に入り易い
　俗事に追われる
そくしつ　側室
そくじつ　即日開票
そくしゃほう　速射砲
そくしゅう　束脩(入門の際、師に贈るお礼)
　語学の速修
ぞくしゅう　俗臭芬々《ふんぷん》
ぞくしゅつ　記録が続出する
そくじょ　息女

ぞくしょう　俗称
そくしん　計画を促進する
　測深機
ぞくしん　俗信
　株価が続伸する
　賊臣
ぞくじん　俗人
　俗塵にまみれる
そくしんじょうぶつ　即身成仏
そくする　事実に即する
　法に則する
ぞくする　旧聞に属する
　国を賊する
ぞくせ　俗世
そくせい　即製の棚
　促成栽培
　速成コース
ぞくせい　俗世を離れる
　物の属性

そくせき　足跡を残す
　即席料理
ぞくせけん　俗世間
ぞくせつ　俗説
そくせん　魚の側線
そくせんそっけつ　速戦即決
そくせんりょく　即戦力になる
ぞくぞく　続々と集まる
そくたい　束帯(正式の礼服)
ぞくたい　俗体
そくたつ　速達郵便
そくだん　即断を要する
　速断に過ぎる
そくだんそっけつ　即断即決

蹌
踉
碍

そくち　測地する
ぞくちょう　族長
ぞくっぽい　俗っぽい
そくてい　距離を測定する
そくていき　測定器
そくど　速度を加える
ぞくと　賊徒
そくとう　即答を避ける
そくとう　速答する
ぞくとう　投手が続投する
　相場が続騰する
そくとうよう　側頭葉
そくどく　速読の練習
ぞくに　俗に言えば
ぞくねん　俗念を払う
そくばい　陶器の展示即売
そくばく　自由を束縛する
そくはつ　束髪
ぞくはつ　事故が続発する
そくび　素首をはねる

そくひつ　速筆
ぞくぶつ　俗物根性
そくぶつてき　即物的
そくぶん　側聞　*仄聞
ぞくへん　続編　*続篇
そくほ　速歩
そくほう　開票を速報する
ぞくほう　事件の続報
そくみょう　当意即妙の答え
ぞくみょう　俗名と戒名
ぞくむ　俗務が煩わしい
ぞくめい　俗名と学名
　賊名を被る
そくめん　様々な側面から
ぞくよう　俗謡
ぞくらく　相場が続落する
ぞくり　俗吏
ぞくりゅう　俗流におもねる
そくりょう　土地を測量する
ぞくりょう　属僚(下級官僚)
　英国の属領

そくりょく　速力が鈍る
そくろう　御足労を願う
ぞくろん　俗論に迎合する
そけいぶ　鼠蹊部　*鼠径部
そげき　敵を狙撃する
そげる　ほおが削△げる
　*殺△げる
そけん　訴件
そげん　遡源　*溯源
そこ　其処△　*其所△
　海の底
そご　祖語
　齟齬を来す
そこあげ　底上げ
そこい　別に底意は無い
そこいじ　底意地が悪い
そこいれ　景気の底入れ
そこう　素行が悪い
　粗酒粗肴
　粗鋼
　川を遡行　*溯行する
　船で遡航　*溯航する
　長江を遡江　*溯江する

そこうち　景気の底打ち
そこく　祖国をしのぶ
そこしれない　底知れない
そこち　底地買い
そこぢから　底力を出す
そこつ　粗忽者
そこなう　器物を損な|う
　*害△う
そこなし　底無しの沼
そこぬけ　底抜け
そこね　底値で買う
そこねる　機嫌を損ねる

△は常用漢字表にない音訓　|の付いた仮名は省略してもよい送り仮名　＊は同語の別表記

*害ねる

そこばく　若干の不安

そこひ　黒底翳　*内障

そこびえ　底冷えがする

そこびかり　底光りがする

そこびきあみ　底引き網　*底曳き網

そさい　蔬菜類

そざい　素材を集める

そざつ　粗雑に扱う

そさん　粗餐を呈する

そし　阻止　*沮止
宗派の祖師
電気回路の素子
素志を貫く

そじ　素地を作る
文章の措辞

そしき　会を組織する

そしつ　素質がよい

そしな　粗品進呈

そしゃく　食物を咀嚼する
租借地

そしゅ　粗酒　粗肴《そこう》

そしょう　訴訟を起こす

そじょう　俎上に上せる
民事訴訟の訴状
鮭の遡上　*溯上

そしょく　粗食に甘んじる

そしらぬ　素知らぬ顔

そしる　人を謗る　*譏る　*誹る

そしん　祖神

そすい　疎水　*疏水工事

そすう　素数

そせい　化合物の組成
塑性
蘇生する

そぜい　租税を納める

そせいらんぞう　粗製濫造

そせき　礎石を置く

そせん　祖先の霊

そそ　楚々とした姿

そそう　意気阻喪　*沮喪
祖宗
粗相の無いよう

そぞう　塑像を造る

そそぐ　水を注ぐ　*灌ぐ
恥を雪ぐ　*濯ぐ

そそのかす　人を唆す　*嗾す

そそりたつ　聳り立つ

そそる　食欲を唆る

そぞろ　気も漫ろになる

そぞろあるき　漫ろ歩き

そだ　粗朶をくべる

そだい　粗大ごみ

そだちざかり　育ち盛りの子

そだつ　苗木が育つ

そだてる　子供を育てる

そち　必要な措置

そちこち　其方此方

そちゃ　粗茶

ソツ

[卒] ソッ ― 卒業・卒中・卒倒・学卒・高卒・兵卒

[率] ソツ・リツ　ひきいる ― 率先・率然・引率・軽率・統率

そつい　訴追を受ける

そつう　疎通　*疏通

そつえん　卒園式

そっか　足下

齟
齬
蔬

そ

そ

ぞっか　環境が俗化する
ぞっかい　俗界の衆生
ぞっかん　俗間
ぞっかん　属官
そっかんせい　速乾性
そっき　講演を速記する
そっきゅう　即急　*速急に対応する
速球投手
そっきょう　即興で演奏する
そつぎょう　卒業証書
ぞっきょく　俗曲
そっきん　即金で払う
首相の側近
そっくび　素っ首
そっくりかえる　反っくり返る
そっけつ　処分を即決する
速決を避ける
そっけない　素っ気無い

そっこう　改革を即行する
即効薬
速攻を掛ける
速効性肥料
道路の側溝
ぞっこう　試合を続行する
そっこうじょ　測候所
そっこく　即刻返答する
ぞっこく　アメリカの属国
そっこん　即今の世相
そつじ　卒爾　*率爾ながら
そつじゅ　卒寿（九十歳）
そっする　俄《にわか》に卒する
そっせん　率先して行う
そつぜん　卒然　*率然として悟る
そっちゅう　卒中で倒れる
そっちょく　率直な意見
そっとう　卒倒する

そっぱ　反っ歯
そつろん　卒論を提出する
そで　袖にする
そてい　措定する
そでがき　袖垣
そでぐち　袖口
そでぐり　袖刳り
そでしょう　袖章
そでたけ　袖丈が長い
そてつ　蘇鉄の実
そでつけ　袖付け
そでなし　袖無しを着る
そでのした　袖の下を使う
そと　外で遊ぶ
そとうば　△卒塔婆
そとうみ　外海に出る
そとがけ　外掛けで倒す
そとがこい　外囲い
そとがまえ　外構え
そとがわ　外側

そどく　漢文を素読する
そとぜい　外税と内税
そとづら　外面がいい
そとね　外寝する
そとのり　外法と内法
そとば　卒塔婆
そとびらき　外開きの扉
そとぼり　外堀　*外濠
そとまご　外孫
そとまわり　外回りの仕事
そとみ　外見がいい
そなえ　万全の備え
そなえつけ　備え付けの品
そなえつけひん　備付品
そなえつける　備え付ける
そなえもの　お供え物
そなえる　台風に備える・器具を—
風格を備える
*具える

そなわる　仏前に供える
　器具が備わる
　気品が備わる
　*具わる
そにん　訴人する
そねむ　人を嫉む
その　学びの園　*苑
その　其の人
そのう　園生
そのうえ　其の上体も弱い
そのうち　其の内わかる
そのご　其の後回復する
そのすじ　其の筋のお達し
そのせつ　其の節は失礼
そのた　其の他大勢
そのはず　それも其の筈
そのひぐらし　其の日暮らし
そのへん　其の辺の事情
そのほか　其の外　*其の他の人
そのまま　其の儘になる
そのもの　其の物ずばり
そば　側　*傍に仕える・家の—
　蕎麦を打つ
そばがき　蕎麦掻き
そばかす　雀斑の少女
そばがら　蕎麦殻の枕
そばだつ　険しい山が峙つ
そばだてる　耳を欹てる
そばづえ　側杖　*傍杖をくう
そばづかえ　側仕え
そばみち　危険な岨道
そばめ　側妻　*側女　*妾
そばめる　目を側める
そばゆ　蕎麦湯
そばようにん　側用人
そびえたつ　聳え立つ
そびえる　山が聳える
そびやかす　肩を聳やかす
そびょう　素描(デッサン)
　計画を粗描する
そひん　粗品
そふ　祖父
そふぼ　祖父母
そぶり　知らぬ素振り
そぼ　祖母
そぼう　粗暴な性格
そほうか　素封家
そほうのうぎょう　粗放農業
そぼく　素朴　*素樸
そぼふる　雨がそぼ降る
そま　杣
そまつ　粗末な品物
そまびと　杣人(きこり)
そまやま　杣山
そまる　朱《あけ》に染まる
そみつ　粗密　*疎密
そむ　気に染まない
そむく　親に背く
　国王に叛く
そむける　顔を背ける
ぞめ　笑い初め
　型絵染
そめあがり　染め上がり
　*染上り
そめあげる　染め上げる
そめいよしの　染井吉野
そめいろ　染め色
そめかえす　布を染め返す
そめかえる　染め変える
　*染め替える
そめこ　染め粉

蕎

聳

樸

そめつけ 染め付け
そめなおす 布を染め直す
そめぬく 紋を染め抜く
そめもの 染め物
そめもよう 染め模様
そめる 思い初める
布を染める
そめわける 染め分ける
そもう 梳毛糸
そもそも 抑 *抑々
そや 粗野な言動
そやつ 其奴
そよう 絵の素養がある
そようちょう 租庸調
そよかぜ 微風が吹く
そよぐ 風に戦ぐ
そら 空を飛ぶ
そらあい 空合い
そらいびき 空鼾をかく
そらうそぶく 空嘯く
そらおそろしい 空恐ろしい
そらおぼえ 空覚え
そらごと 空言を言う
そらす 胸を反らす
話を逸らす
視線を外らす
そらぞらしい 空々しい嘘
そらだのみ 空頼みをする
そらで 空で覚える
そらとぼける 空惚ける
そらなき 空泣きをする
そらなみだ 空涙を流す
そらに 他人の空似
そらね 琴の空音
空寝をする
そらまめ 空豆 *蚕豆
そらみみ 空耳
そらもよう 空模様
そらんじる 詩を諳んじる
そり 反りが合わない
橇に乗る
そりかえる 板が反り返る
そりはし 反り橋
そりみ 反り身になる
そりゃく 粗略 *疎略
そりゅうし 素粒子
そる 表紙が反る
ひげを剃る
それ 其れを下さい
それがし 某
それほど 其れ程でない
それゆえ 其れ故
それる 弾が逸れる
それん ソ連
そろい 揃いの服
そろいぶみ 三役揃い踏み
そろう 疎漏が無いよう
そろう 何でも揃う
そろえる 書類を揃える
そろばん 算盤 *十露盤
そわせる 人を添わせる

ソン

[存]｜ソン・ゾン ― 存在・存続・存亡・既存・現存・残存
[村]むら ソン ― 村会・村長・村落・寒村・農村・無医村
[孫]まご ソン ― 愛孫・外孫・玄孫・子孫・嫡孫・末孫・令孫
[損]そこなう・そこねる ソン ― 「―な立場」◇損益・損害・損失・破損
[尊]たっとい・とうとい・たっとぶ・とうとぶ ソン ― 尊敬・尊厳・尊大・尊重・自尊心・本尊
[遜[遜]]｜ソン ― 謙遜・不遜
[人巽]たつみ ソン ― 巽言
[人噂]うわさ ソン ―
[人樽]たる ソン ― 樽俎折衝
[人鱒]ます ソン ―

ゾン

[存] ゾン・ソン —— 存知・存分・存命・生存・保存

ぞんい　存意を述べる
そんえい　尊影
そんえき　損益計算
そんか　尊下（脇付《わきづけ》）
　尊家
そんかい　家屋が損壊する
そんがい　損害を与える
ぞんがい　存外に思う
そんがいほけん　損害保険
そんがん　尊顔を拝する
そんき　短気は損気
そんぎ　存疑
そんぎかい　村議会
そんきょ　蹲踞　*蹲居の姿勢
そんきん　損金に算入する
そんけい　人を尊敬する
そんげん　人間の尊厳
そんごう　尊号
そんざい　存在を認める
そんし　尊師（師の敬称）
ぞんじ　御存じ　*存知△の通り
ぞんじあげる　存じ上げる
そんしつ　大きな損失
ぞんじます　存じます
そんじゃ　尊者
そんしょう　尊称を奉る
　器具を損傷する
そんじょう　尊攘（尊皇攘夷）
ぞんじょう　存生のみぎり
そんしょく　遜色が無い
ぞんじより　存じ寄り
そんじる　機嫌を損じる
そんすう　尊崇を受ける
そんする　疑問が存する・今なお——
そんずる　相場で損する
　機嫌を損ずる
ぞんずる　存じております
そんぞく　会が存続する
　直系尊属
そんだい　尊大に構える
　尊台（目上の相手の敬称）
そんたく　心中を忖度する
そんち　施設を存置する
ぞんち　存知しない
そんちょう　村長
　意見を尊重する
そんどう　村道
そんとく　損得ずく
ぞんねん　何の存念もない
そんのう　尊皇　*尊王攘夷
そんぱい　制度の存廃
そんぴ　存否を尋ねる
　貴賤尊卑
そんぷ　尊父
そんぷうし　村夫子然
ぞんぶん　思う存分
そんぽ　損保（損害保険）
そんぼう　危急存亡の秋《とき》
そんみん　村民
そんめい　尊名
　尊命（御命令）
ぞんめい　存命する
そんもう　百万円の損亡
　機械が損耗する
そんよう　尊容を拝する
そんらく　村落共同体
そんりつ　存立を脅かす
そんりょう　損料を払う

橇
蹲
踞

そ

た

タ

[太] タ・タイ　ふと-い・ふと-る ― 太郎・丸太

[他] タ　ほか ― 「―を顧みる」◇他意・他界・他国・他用・排他

[多] タ　おお-い ― 「労を―とする」◇多雨・多義・多様・過多

[汰] タ ― 淘汰・沙汰

[(人)詑] タ ―

た　田を耕す

ダ

[打] ダ　う-つ ― 打開・打撃・打診・打電・打破・安打・乱打

[妥] ダ ― 妥協・妥結・妥当

[蛇] ダ・ジャ　へび ― 蛇行・蛇足・長蛇

[堕(墮)] ダ ― 堕胎・堕落

[惰] ダ ― 惰気・惰眠・怠惰

[駄] ダ ― 駄菓子・駄句・駄作・駄賃・駄目・足駄・無駄

[唾] ダ　つば ― 唾液・唾棄

[(人)梛] ダ・ナ　なぎ ―

[(人)楕] ダ・タ ― 楕円

[(人)舵] ダ・タ　かじ ― 方向舵

[(人)陀] ダ・タ ― 阿弥陀・頭陀袋

[(人)雫] ダ　しずく ―

たあいない　他愛ない話

タイ

[大] タイ・ダイ　おお・おお-きい・おお-いに ― 大意・大挙・大局・大軍・大衆

[太] タイ・タ　ふと-い・ふと-る ― 太鼓・太陽・皇太子

[代] タイ・ダイ　か-わる・か-える・よ・しろ ― 代謝・交代

[台(臺)] タイ・ダイ ― 台風・舞台・屋台

[対(對)] タイ・ツイ ― 「A―B」◇対応・対岸・対比・絶対

[体(體)] タイ・テイ　からだ ― 「名は―を表す」◇体育・体験・身体

[待] タイ　ま-つ ― 待機・待遇・待望・待命・期待・接待・優待

[退] タイ　しりぞ-く・しりぞ-ける ― 退化・退学・退却・退屈・後退・辞退

[貸] タイ　か-す ― 貸借・貸費生・貸与・賃貸住宅

[隊] タイ ― 「―を組む」◇隊員・隊商・隊列・楽隊・兵隊

[態] タイ ― 態勢・態度・態様・形態・状態・容態

[耐] タイ　た-える ― 耐圧・耐火・耐寒・耐久・耐熱・耐乏・忍耐

[怠] タイ　おこた-る・なま-ける ― 怠業・怠惰・怠慢・過怠・勤怠

[胎] タイ ― 胎教・胎児・胎動・胎内・胎盤・受胎・母胎

[泰] タイ ― 泰山・泰西・泰然・泰斗・泰平・安泰

[袋] タイ　ふくろ ― 風袋・薬袋・有袋類

[逮] タイ ― 逮捕・逮夜

[替] タイ　か-える・か-わる ― 交替・代替・隆替

[滞((人)滯)] タイ　とどこお-る ― 滞貨・滞京・滞空・滞在・渋滞・沈滞

[帯((人)帶)] タイ　お-びる・おび ― 帯電・帯刀・温帯・携帯・地震帯・連帯

[堆] タイ ― 堆積

[戴] タイ ― 戴冠・頂戴

[(人)黛] タイ　まゆずみ ― 青黛・粉黛

[(人)殆] タイ・ダイ　ちか ― 危殆

[(人)碓] タイ　うす ―

[苔]（人）タイ こけ ― 蘚苔

たい　腐っても鯛
たい　他意は無い
たい　水が飲み度い

ダイ

[大]ダイ・タイ おお・おおきい・おお-いに ― 「―の男」◇大胆・大統領・拡大
[内](ダイ)・ナイ うち ― 内裏・境内・参内
[代]ダイ・タイ か-わる・か-える・よ・しろ ― 「親の―」◇代償・代表・代用・世代
[台(臺)]ダイ・タイ ― 「―の上」◇台座・台地・台帳・灯台
[弟](ダイ)・テイ・(デ) おとうと ― 兄弟
[第]ダイ ― 第一・第三者・及第・次第・落第
[題]ダイ ― 「―を出す」◇題材・題字・題名・演題・問題
[乃]（人）ダイ の ― 乃公・乃父

[醍]（人）ダイ・テイ ― 醍醐味

たいあたり　体当たりする
たいあつ　耐圧力
たいあん　大安
たいあん　対案を練る
だいあん　代案を出す
たいあんきちにち　大安吉日
❖「たいあんきつじつ」とも。
たいい　大尉
　大意をつかむ
　体位が向上する
　国王が退位する
　題意に添った句
たいいく　体育館・―祭
だいいち　安全第一
だいいちいんしょう　第一印象
だいいちぎ　第一義
だいいちにんしゃ　第一人者
だいいっせい　第一声を上げる
だいいっせん　第一線
たいいほう　対位法
たいいん　大隠は市に隠る
　退院する
　越冬隊の隊員
たいいんれき　太陰暦
たいう　大雨
だいえい　題詠
たいえいてき　退嬰的な風潮
たいえき　体液
　退役軍人
たいおう　情況に対応する
　滞欧十箇月
だいおう　大王
　大黄の根
だいおうじょう　大往生
たいおん　体温を測る
だいおん　大恩を受ける
だいおんじょう　大音声
たいか　明暦の大火
　書道の大家
　大廈高楼
　大過なく過ごす
　対価を受け取る
　耐火建築
　器官が退化する
　滞貨の山
　大我と小我
たいが　大河
だいか　代価を払う
たいかい　野球大会
　大海の一滴

鯛
嬰
廈

たいがい　学会を退会する　大概の場合　対外援助
たいかく　台閣に列する　頑丈な体格
たいがく　高校を退学する
だいがく　大学の自治
たいかくせん　対角線
だいかぐら　太△神楽
たいがしょうせつ　大河小説
だいかつ　大喝一声
だいがわり　店の代替わり　数の台替わり
たいかん　大患に倒れる　達人は大観す　風俗大鑑　体感温度　耐寒訓練　定年で退官する　戴冠式

たいがん　大願成就　対岸の火事
だいかん　大寒（二十四気）　代官
だいがん　代願する
たいき　大気を吸う　大器は晩成す　手術を待期する　自宅で待機する
たいぎ　大義親《しん》を滅す　大儀そうに歩く　体技
だいぎ　接ぎ木の台木
たいきけん　大気圏
たいぎご　対義語
だいぎし　代議士
だいきち　大吉
たいきばんせい　大器晩成
たいぎめいぶん　大義名分
たいきゃく　退却する

たいぎゃく　大逆罪
たいきゅう　耐久力
だいきゅう　代休を取る
たいきょ　大挙出動する　国外に退去する
たいきょう　胎教
たいぎょう　維新の大業　怠業（サボタージュ）
だいきょう　大凶　*大兇
たいきょく　大曲を弾く　大局的見地　囲碁の対局　対極的立場
たいきょくけん　太極拳
たいきん　大金を投ずる　退勤する
だいきん　代金を払う
たいく　堂々たる体躯
だいく　日曜大工

たいくう　対空ミサイル　滞空時間
たいぐう　待遇を改善する
たいくつ　退屈な仕事
たいくつしのぎ　退屈凌ぎ
たいぐん　大軍を率いる　いなごの大群
たいけ　大家の若旦那
たいけい　大兄　文学大系　国家百年の大計　大慶の至り　体刑を加える　体形が崩れる　やせ型の体型　理論の体系　戦闘隊形
だいけい　台形
たいけつ　対決する
たいけん　大圏コース

国家の大権
体験を話す
帯剣する
たいげん　体言と用言
理想を体現する
だいげん　民意を代言する
題言
だいげんすい　大元帥
たいげんそうご　大言壮語
たいこ　太古の昔
太鼓を叩く
たいご　大悟徹底
対語
隊伍を整える
たいこう　モナコ大公
大功を立てる
大行は細瑾《さいきん》を顧
みず
計画の大綱
太閤秀吉

体腔
力で対抗する
対校試合
幼児の退行現象
退校に処する
だいこう　乃公出でずんば
社長代行
講師が代講する
だいごう　題号を付ける
たいこうしゃ　対向車
たいこうしょく　退紅色
*褪紅色
たいこうたいごう　太皇太
后
たいこうてんのう　大行天
皇
たいこうば　対抗馬
たいこうぼう　太公望
たいこく　大国と小国
たいごく　安政の大獄

だいこく　大黒天
だいごくでん　大極殿
だいこくばしら　一家の大黒
柱
たいこばん　太鼓判を押す
だいごみ　読書の醍醐味
たいこもち　太鼓持ち　*幇
△間
だいこん　大根下ろし
たいさ　大佐
大差で勝つ
たいざ　対座　*対坐
中途で退座する
だいざ　仏像の台座
たいさい　大祭
たいざい　京都に滞在する
だいざい　大罪を犯す
小説の題材
たいさく　後世に残る大作
対策を講じる

だいさく　弟子が代作する
たいさつ　大冊
たいさん　耐酸性
早々に退散する
たいざん　大山　*太山鳴
動して鼠一匹
だいさん　父の代参をする
だいさんしゃ　第三者
たいし　大志を抱く
全権大使
太子（皇太子。特に
聖徳太子）
たいじ　敵と対峙する
胎児
鬼を退治する
だいし　弘法大師
写真の台紙

戴
醍
醐

た

芝居の台詞
題詞
題詩
だいじ　大事に至る
題字を書く
題辞
だいしきょう　大司教
だいじしん　大地震
たいした　大した出世だ
たいしつ　体質を改善する
対質する
耐湿性
だいしっこう　代執行
たいして　大して
だいじない　大事無い
たいしゃ　出雲大社
大赦
新陳代謝
五時に退社する
だいしゃ　台車

だいじゃ　大蛇
たいしゃいろ　代赭色
たいしゃく　貸借契約
たいしゃくてん　帝△釈天（神名）
だいしゃりん　大車輪で働く
たいしゅ　大酒家
太守
たいじゅ　大儒
寄らば大樹の陰
たいしゅう　大衆の支持
強い体臭
たいじゅう　体重が増える
たいしゅつ　御前を退出する
図書の帯出
たいしょ　特筆大書する
大暑（二十四気）
太初（天地の初め）
事態に対処する
だいしょ　文書を代書する

たいしょう　大正時代
大将
呵々《かか》大笑する
大勝　*大捷
レコード大賞
左右対称
研究の対象
比較対照する
隊商を組む
たいじょう　静かに退場する
だいしょう　大小を差す
高い代償を払う
だいじょう　大乗仏教
だいじょうさい　大嘗祭
だいじょうだん　大上段
たいしょうてき　対照的な例
だいじょうぶ　大丈夫と思う
たいしょうりょうほう　対症療法
たいしょく　大食漢

体色の違い
耐食　*耐蝕
退色　*褪色
定年で退職する
たいしょこうしょ　大所高所
たいしょてき　対蹠的
だいじり　銃の台尻
たいじる　鬼を退治る
たいしん　大身の侍
耐震建築
たいじん　大人の風《ふう》がある
対人関係
川を挟んで対陣
退陣を迫る
だいしん　代診の医師
だいじん　お大尽遊び
国務大臣
だいしんさい　関東大震災
だいず　大豆と小豆《あずき》

たいすい　大酔する
　耐水性
たいすう　大数
　対数（数学）
だいすう　代数と幾何
だいすき　大好きな果物
たいする　意を体する
　人に対する
　刀を帯する
だいする　題する
たいせい　仕事を大成する
　大声疾呼する
　大勢に影響ない
　体制（しくみ）
　体勢（姿勢）
　態勢（身構えや状態）
　葉が対生する
　耐性菌
　胎生動物
　退勢　*頽勢を挽回する
　泰西の名画
たいぜい　大勢を率いる
たいせいほうかん　大政奉還
たいせいよう　大西洋
たいせき　球体の体積
　憤然と退席する
　氷河による堆石
　土砂が堆積する
　貨物が滞積する
たいせきてき　対蹠的
たいせつ　大切な本
　大雪（二十四気）
たいせん　世界大戦
　横綱と対戦する
　対潜哨戒機
　退船する
たいぜん　釣魚大全
　泰然自若
だいせん　題簽
たいそう　歌壇の大宗
　大葬
　大層寒い
　器械体操
たいぞう　物資を退蔵する
だいそう　代走に出る
だいぞうきょう　大蔵経
だいそうじょう　大僧正
たいそく　大息　*太息
　体側
だいそつ　大卒募集
だいそれた　大それた考え
たいだ　怠惰な生活
だいだ　代打に立つ
だいたい　大体いい
　大隊長
　代替品
　❖俗に「だいがえ」とも。
だいだい　家代々の宝
だいだいかぐら　太々△神楽
だいたいこつ　大腿骨
だいだいてき　大々的な宣伝
だいだいり　大内裏
だいたすう　大多数の賛成
たいだん　首相と対談する
　球団を退団する
だいたん　大胆に振る舞う
だいだんえん　大団円を迎える
だいたんふてき　大胆不敵
たいち　対地攻撃
　対置する
だいち　大地を踏む
　大知　*大智

赭
褪
蹠

代置する
武蔵野台地
たいちょ 大著
たいちょう 体長二センチ
体調を整える
退庁時間
景気が退潮する
隊長
だいちょう 大腸
土地台帳
たいてい 大抵は喜ぶ
明治大帝
退廷する
たいてき 油断大敵
対敵行動
たいてん 不磨の大典
たいでん 帯電する
だいてん 大篆
たいと 法学界の泰斗
たいど 寛仁大度

態度を決める
たいとう 大盗
新人の台頭 *擡頭 *抬頭
対当額
対等の立場
苗字帯刀を許す
春風駘蕩
たいどう 正義の大道
新時代の胎動
秘書を帯同する
だいどうげい 大道芸
だいどうしょうい 大同小異
だいどうみゃく 大動脈
だいとうりょう 大統領
たいとく 奥義を体得する
たいどく 胎毒
だいとく 大徳(高僧)
だいどく 式辞を代読する

だいどころ 台所
たいない 対内問題
体内時計
母の胎内
だいなごん 大納言
だいなし 台無しになる
だいなん 大難に遭う
たいにち 対日貿易
滞日七年
だいにちにょらい 大日如来
だいにゅう 数値を代入する
たいにん 大任を果たす
辛酸を体認する
退任する
だいにん 代人を立てる
たいねつ 耐熱ガラス
だいの 大の仲よし
たいのう 滞納 *怠納
だいのう 大脳と小脳

代納する
だいのうかい 大納会
たいは 車体が大破する
だいば 台場
たいはい 大敗を喫する
退廃 *頽廃
だいばかり 台秤で量る
だいはちぐるま 大八車
たいばつ 体罰を加える
だいはっかい 大発会
たいはん 生涯の大半
たいばん 胎盤
たいひ 特徴を対比する
急行を待避する
屋外に退避する
堆肥を施す
貸費生
たいび 大尾(終わり)
だいひつ 父の代筆をする
たいびょう 大病にかかる

だいひょう　日本を代表する
たいふ　大夫
たいぶ　大部の本
退部する
だいふ　乃父
だいぶ　大分暑い
東宮大夫
たいふう　台風　*颱風
だいふくもち　大福餅
たいぶつ　対物レンズ
だいぶつ　大仏開眼《かいげん》
代物弁済
だいぶぶん　大部分
だいぶん　大分以前のこと
たいへい　大兵を動かす
太平　*泰平
たいへいよう　太平洋
たいへいらく　太平楽を並べる
たいべつ　二種に大別する

たいへん　大変美しい
四角形の対辺
だいへん　代返する
だいべん　大便
代弁をする
たいほ　技術が退歩する
犯人を逮捕する
たいほう　天下の大法
大砲を撃つ
たいぼう　大望を抱く
帰国を待望する
たいぼく　独活《うど》の大木
耐乏生活
だいぼさつとうげ　大菩薩
峠
だいほん　映画の台本
だいほんえい　大本営
だいほんざん　大本山
たいま　大麻
たいまい　大枚の金を出す

玳瑁　*瑇瑁（海亀）
たいまつ　松明　*炬火
たいまん　職務怠慢
だいみゃく　代脈（代診）
だいみょう　大名行列
たいめい　大命降下
待命休職
だいめい　題名
だいめいし　代名詞
たいめん　体面を保つ
恩師と対面する
たいもう　大望を抱く
体毛が濃い
だいもく　題目を唱える
だいもん　大門
たいや　逮夜
たいやく　大厄を迎える
大役を果たす
大約三千人

対訳辞書
だいやく　代役を立てる
たいゆう　大勇
たいよ　服を貸与する
たいよう　大洋
大要を述べる
太陽
耐用年数
体様　*態様（ありさま）
だいよう　代用の品
たいようれき　太陽暦
たいよく　大欲　*大慾
たいら　平らな土地
たいらか　平らかな道
たいらがい　平貝
たいらげる　賊を平らげる

擡
駘
蕩

た

たいらのきよもり　平清盛
たいらのまさかど　平将△門
たいらん　大乱が起こる
だいり　内裏
　代理を務める
だいりき　大力無双
たいりく　アジア大陸
たいりくだな　大陸棚
だいりせき　大理石の彫刻
たいりつ　意見が対立する
だいりてん　代理店
だいりびな　内裏雛
たいりゃく　事件の大略
たいりゅう　液体の対流
たいりゅう　英国に滞留する
たいりょう　大量に生産する
　秋刀魚《さんま》の大漁
　大猟
たいりょく　体力が弱る
たいりん　大輪の花

たいれい　即位の大礼
たいれつ　隊列を組む
たいろ　退路を断つ
たいろう　井伊大老
だいろっかん　第六感
たいろん　対論する
たいわ　親子の対話
たいわん　台湾
たいん　多淫
たう　高温多雨
たうえ　田植|えをする
たうち　田打|ち
たえ　妙△なる調べ
たえいる　絶え入る
たえがたい　堪え難い　*耐
　え難い苦痛
だえき　唾液
たえしのぶ　堪え忍ぶ　*耐
　え忍ぶ
たえず　絶えず動く

たえだえ　息も絶え絶え
たえて　絶えて久しい
たえない　遺憾に堪えな
　い・見るに―
たえま　絶え間
たえる　任に堪える・鑑
　賞に―
　重圧に耐える・
　風雪に―
たえる　息が絶える・家
　が―・連絡が―
だえん　楕円形
たおす　木を倒す　*仆
　す
　巨象を倒す　*殪
　す
たおやか　嫋やかな女性
たおやめ　手弱△女
たおる　草花を手折る
たおれる　木が倒れる
　*仆れる
　凶弾に倒れる
　*殪れる
たか　金額の多寡
　高をくくる
　鷹の羽
たが　箍が緩む
だか　生産高
たかい　他界する
たかい　高い塔
たがい　互いの利益
だかい　難局を打開する
たがいちがい　互い違い
たがいに　互いに助ける
たかいびき　高鼾で寝入る
たがう　約束に違△う行為
たがえる　約束を違△える
たかがり　鷹狩|り
たがく　多額の費用
たかくてき　多角的

たかぐもり　高曇り
たかげた　高下駄△
たかさご　高砂△の松
だがし　駄菓子屋
たかしお　高潮
たかしまだ　文金高島田
たかじょう　鷹匠
たがじょう　多賀城市
たかすぎしんさく　高杉晋作
たかせぶね　高瀬舟
たかだい　高台の家
たかだか　高々数百円
たかだかと　高々と掲げる
たかちほのみね　高千穂峰
だかつ　蛇蝎の如く嫌う
たかつき　高槻市
だがっき　打楽器
たかどの　高殿に登る
たかとび　犯人の高飛び
　高跳び
たかな　高菜の漬物
たかなみ　高波に攫《さら》われる
たかなる　胸が高鳴る
たかね　高値を呼ぶ
　高根　*高嶺の花
たがね　鑽　*鏨で彫る
たがねる　綰ねる
たかのぞみ　高望みをする
たかは　鷹派と鳩派
たかはし　高梁市
たかばなし　高話をする
たかびしゃ　高飛車に出る
たかぶる　神経が高ぶる
　*昂る
たかべ　鰖(魚名)
たかまがはら　高天△が原(神話)
たかまくら　高枕で寝る
たかまり　関心の高まり
　*昂まり
たかまる　関心が高まる
　*昂まる
たかみ　高みの見物
たかむしろ　簟
たかむら　竹叢　*篁
たかめ　高めの直球
たかめる　教養を高める
　士気を昂める
たがやす　畑を耕す
たから　宝を探す
たからか　高らかに歌う
たからくじ　宝籤が当たる
たからさがし　宝探し
たからづか　宝塚少女歌劇
たからぶね　宝船の絵
たからもの　宝物
たかる　蟻が集△る
たかわらい　高笑いをする
たかん　多感な少女時代
だかん　兌換紙幣

たき

[滝(人瀧)]—たき—「白糸の—」

たき　多岐に亘る
たぎ　多義語
だき　唾棄すべき人物
　惰気を催す
だきあう　抱き合う
だきあげる　抱き上げる
だきあわせ　抱き合わせ
　*抱合せ
だきおこす　抱き起こす
だきかかえる　抱き抱える
たきぎ　薪を集める
たきぎのう　薪能

殪
蝎
簟

だきぐせ　抱き癖がつく
たきぐち　風呂の焚き口
　　　　　滝口
だきこむ　抱き込む
たきざわばきん　滝沢馬琴
たきしめる　薫△き染める
だきしめる　抱き締める
たきだし　炊き出し
たきたて　炊き立て
だきつく　抱き付く
たきつけ　焚き付け
たきつける　焚き付ける
たきつぼ　滝壺
たきび　焚き火を囲む
だきゅう　鋭い打球が飛ぶ
たきょう　他郷の空
たぎょう　他行する
だきょう　世間と妥協する
たきょく　多極化
たぎる　湯が滾る

タク

[宅]タク ― 「お―の犬」◇宅診・宅地・帰宅・自宅
[択(擇)]タク ― 択一・採択・選択
[沢(澤)]タク さわ ― 遺沢・恵沢・光沢・潤沢・沼沢
[卓]タク ― 卓越・卓上・卓説・卓球・卓見・円卓・食卓
[拓]タク ― 拓本・拓殖・開拓・干拓・魚拓・手拓
[託]タク ― 託児所・託送・委託・結託・受託・宣託
[濯]タク ― 洗濯
[人啄]タク ― 啄木
[人琢・人琢]タク ― 琢磨・彫琢
[人托]タク ― 托鉢・一蓮托生

たく　飯を炊く　火を焚く　香を薫△く　*炷く

ダク

[諾]ダク ― 諾意・諾々・諾否・応諾・快諾・許諾・承諾
[濁]ダク にごる・にごす ― 濁音・濁点・濁流・汚濁・清濁

だく　駄句
だく　子供を抱く
たくあん　沢庵を漬ける
たぐい　類いまれな人
だくい　諾意を示す
たくいつ　二者択一
たくえつ　卓越した技術
たぐえる　金銀に類△える　*比△える
だくおん　濁音と清音
たくさん　沢山の人
たくしき　卓識がある

たくじしょ　託児所
だくしゅ　濁酒
たくしゅつ　卓出した才能
たくしょ　謫所の月
たくしょう　一蓮托生　*託生
たくじょう　卓上電話
たくしょく　拓殖事業
たくす　託す　*托す
だくすい　濁水
たくする　望みを託する　*托する
だくする　快く諾する
だくせ　濁世を厭《いと》う
たくせつ　名論卓説
たくぜつ　卓絶した見識
たくせん　御託宣が下る
たくぜん　卓然
だくだく　唯々《いい》諾々
たくち　宅地を造成する

た

だくてん　濁点をつける
たくはいびん　宅配便
たくはつ　托鉢する
たくばつ　卓抜した技術
だくひ　諾否を問う
たくぼく　石川啄木
たくほん　拓本を取る
たくま　切磋琢磨
たくましい　逞しい男
たくみ　巧みな術
飛騨の工△ *匠△
たくむ　巧まざる文章
たくらみ　企みを感知する
たくらむ　悪事を企△む
たくらん　郭公《かっこう》の托卵
だくりゅう　濁流が渦巻く
たぐりよせる　手繰り寄せる
たぐる　糸を手繰る
だくろう　濁浪に流される

た

たくろん　卓論を述べる
たくわえ　蓄え *貯△え
たくわえる　力を蓄える
*貯△える
たけ　身の丈
竹に雀《すずめ》
谷川岳
❖山名は、多く「だけ」と読む。
茸△が生える
たけ　他家へ嫁ぐ
だけ　一つ丈もらう
❖仮名書きがふつう。
たげい　多芸な人
たけうま　竹馬に乗る
たけがき　竹垣の家
だげき　打撃を受ける
たけくらべ　丈比べをする
たけざお　竹竿

たけす　竹簀
たけだけしい　盗人《ぬすっと》猛△々しい
たけだしんげん　武△田信玄
だけつ　交渉が妥結する
たけづつ　竹筒
たけとんぼ　竹蜻蛉
たけなが　丈長のオーバー
たけなわ　春酣 *闌
たけのこ　竹の子 *筍
たけみじか　丈短なスカート
たけみつ　竹光△
たけやぶ　竹藪
たけやらい　竹矢来
たけやり　竹槍で突く
たけりくるう　猛△り狂う
たける　世故に長△ける
日が闌ける
虎が哮る
心が猛△る

たけん　他見を禁じる
たげん　多元放送
たげん　多言な人
だけん　駄犬

たこ
[凧]人 たこ ― 奴凧

たこ　凧 *紙鳶△
蛸 *章△魚△
胼胝ができる
たこあげ　凧揚げ
たこう　多孔質
御多幸を祈る
だこう　川が蛇行する
たこく　他国者
たこくせき　多国籍企業
たこつぼ　蛸壺

闌
胼
胝

たごのうら	田子ノ浦
たこん	多情多恨
たごん	他言無用
たさい	多才な人
たさい	多彩な催し
たさい	一夫多妻
たざい	妄言多罪
だざいふ	太宰△府（地名）
	大宰△府（古代の官庁名）
たさく	多作な作家
ださく	駄作に過ぎない
たさつ	他殺の疑い
たさん	多産系
ださんてき	打算的な人間
たざんのいし	他山の石
たし	費用の足し
たじ	他事ながら
たじ	内外多事
だし	山車が出る
	出し　*出汁△
だしおくれる	出し遅れる
だしおしみ	出し惜しみ
たしか	確か　*慥かな知らせ
たしかに	確かに見た
たしかめる	意向を確かめる
だしがら	出し殻
だしきる	力を出し切る
たしざん	足し｜算
だししぶる	力を出し渋る
たしせいせい	多士済△々
たじ	多事多端・――多難
たしつ	高温多湿
たじつ	他日を期す
たしなみ	嗜みのよい人
たしなむ	茶の湯を嗜む
たしなめる	無礼を窘める
だしぬく	出し抜く
たじま	但△馬の国
たしまえ	足し前を払う
だしもの	本日の出し物　*演△し物
たしゃ	妄言多謝
だしゃ	打者一巡
だじゃく	惰弱　*懦△弱
だじゃれ	駄洒落
たしゅ	多種多様
だしゅ	舵手
たじゅう	音声多重放送
たしゅつ	他出の事項
たしゅつ	用例が多出する
だじゅん	打順が回る
たしょう	他称と自称
たしょう	多少を問わず
たしょう	一殺多生
たしょう	御多祥を祈る
たじょう	多情な人
だじょうかん	太政官
だじょうだいじん	太政△大臣
たしょうのえん	多生の縁　*他生の縁
たしょくずり	多色刷り｜
だしん	意向を打診する
だじん	強力な打陣
たしんきょう	多神教
たす	二に三を足す
だす	手紙を出す
たすう	多数の意見
だすう	規定打数
たすうけつ	多数決
たすかる	危うく助かる　*救△かる
たすき	襷を掛ける
たずき	暮らしの方△便△　*活△計△
たすけ	助け　*援△け　*扶△け

たすけぶね　助け船を出す
たすける　命を助ける
人を助ける
*救ける　*扶ける
事業を助ける
*援ける　*輔ける
たずさえる　本を携える
たずさわる　仕事に携わる
たずねびと　尋ね人
たずねまわる　尋ね回る
たずねる　知人を訪ねる
由来を尋ねる
道を尋ねる
*訊ねる
だする　模倣に堕する
たぜい　多勢に無勢
だせい　惰性で動く
だせいせっき　打製石器

だせき　打席に立つ
たせん　自薦と他薦
多占的市場
多選知事
たそう　多層建築
たそがれ　黄昏が近い
だそく　蛇足を加える
たた　多々益々弁ず
ただ　値段が只
徒の人
唯これだけ
だだ　駄々をこねる
ただい　多大の労苦
だたい　堕胎する
ただいま　唯今　*只今
たたえる　徳を称える
*讃える
水を湛える
たたかい　戦いを挑む
病気との闘い

たたかう　敵と戦う
病気と闘う
たたき　鰹《かつお》の叩き
玄関の三和土
たたきあげる　叩き上げる
たたきうり　叩き売り
たたきおこす　叩き起こす
たたきおとす　叩き落とす
たたきこむ　頭に叩き込む
たたきだい　叩き台にする
たたきだいく　叩き大工
たたきだす　叩き出す
たたく　戸を叩く
*敲く
ただごと　只事　*徒事
*唯事ではない

ただ〈し〉
［但］ただし　—「—書き」

ただしい　正しい行い

ただしがき　但し書き　*但書
ただす　誤りを正す
罪を糾す
*糺す
真偽を質す
たたずまい　町の佇い
たたずむ　路上に佇む
ただちに　直ちに帰る
だだっこ　駄々っ子
ただなか　直中　*只中
ただならぬ　徒ならぬ顔色
ただに　啻に美しいのみ
ならず味もよい
ただのり　只乗りする
ただばたらき　只働きになる
たたみ　畳を上げる

慥
懦
欅

たたみいわし 畳鰯
たたみおもて 畳表
たたみがえ 畳替えをする
たたみかける 畳み掛ける
たたみこむ 畳み込む
たたむ 店を畳む
ただもの 只者 *徒△者
ただよいつく 舟が漂い着く
ただよう 波間に漂う
ただよわす 芳香を漂わす
たたら 蹈鞴 *踏鞴
たたり 祟りがある
たたる 後々まで祟る
ただれる 皮膚が爛れる
たたん 多事多端
たち 太刀を佩《は》く
飽きっぽい性△
子供達△
質△の悪い悪戯《いたずら》
館△(貴人の邸宅)

だち 塩断ち
たちあい 相撲の立ち合い *立合
取引所の立ち会い *立会
たちあいにん 立会人
たちあう 開票に立ち会う
尋常に立ち合う
たちあがり 立ち上がり好調
裁ち上がり寸法
たちあがる 立ち上がる
たちい 立ち居 *起△ち居振る舞い
たちいた 裁ち板
たちいたる 立ち至る
たちいり 立ち入り *立入を許可する
たちいりきんし 立入禁止
たちいる 立ち入った話
たちうお 太刀魚
たちうち 太刀打ち
たちうり 駅の立ち売り *立売
たちおうじょう 立ち往生
たちおくれ 対策の立ち後れ *立ち遅れ
たちおよぎ 立ち泳ぎ
たちかえる 正気に立ち返る
たちかた 立方と地方《じかた》
和服の裁ち方
たちがれ 立ち枯れの木
たちき 立ち木を切る
たちぎえ 立ち消えになる
たちぎき 立ち聞きする
たちきる 関係を断ち切る
布を裁ち切る

たちぐい 立ち食い蕎麦《そば》
たちぐされ 立ち腐れの家
たちくらみ 立ち眩み *立ち暗みする
たちこめる 立ち籠める *立ち罩める
たちさばき 太刀捌き
たちさる 立ち去る
たちさわぐ 立ち騒ぐ群衆
たちしょうべん 立ち小便
たちすがた 立ち姿
たちすくむ 立ち竦む
たちすじ 太刀筋がよい
たちつくす 立ち尽くす
たちづめ 立ち詰め
たちどおし 立ち通し
たちどころに 立ち所に
たちどまる 立ち止まる

たちなおる　＊立止る　景気が立ち直る
たちならぶ　立ち並ぶ人々
たちぬい　裁ち縫い
たちのき　立ち退きを迫られる
たちのく　家を立ち退く
たちのぼる　煙が立ち上る　＊立ち昇る
たちば　立場を考える
たちばさみ　裁ち鋏
たちばな　橘の花
たちばなし　立ち話をする
たちばん　立ち番をする
たちふさがる　立ち塞がる
たちふるまう　立ち振る舞う　＊立振舞う
たちまさる　立ち勝る

たちまち　忽ちのうちに
たちまわり　立ち回り先
たちまわる　立ち回る
たちみ　立ち見の客
たちみせき　立見席
たちむかう　立ち向かう
たちもどる　立ち戻る
たちもの　断ち物をする　裁ち物板
たちやく　立ち役
たちゆく　立ち行く
だちょう　駝鳥の羽
たちよみ　立ち読みする
たちよる　家に立ち寄る
だちん　駄賃を払う

タツ

［達］タッ ― 達意・達観・達人・達成・調達・伝達・到達

たつ　辰年　竜　＊龍
たつ　演壇に立つ・席を―・危機に―・見通しが―　家が建つ　毛が立つ　＊起△つ　鳥が立つ　＊翔つ　京へ発△つ　＊立つ
たつ　月日が経△つ
たつ　退路を断つ・快刀乱麻を―・食を―・思いを―・命を―・連絡を―　後を絶たない　紙を裁つ　＊截つ

ダツ

［脱］ダツ ぬぐ・ぬげる ―「―サラリーマン」◇脱会・脱出・逸脱
［奪］ダツ うばう ― 奪回・奪還・奪取・収奪・争奪・略奪

たつい　達意の文章
だつい　脱衣所
だっかい　脱会する
だっかい　陣地を奪回する
たっかん　人生を達観する
だっかん　陣地を奪還する
たつき　世を渡る方△便　＊活△計
だっき　妲己（紂王《ちゅうおう》の妃）
だっきゃく　不振を脱却する
たっきゅう　卓球
だっきゅう　肩を脱臼する
たづくり　田作り
たっけい　磔刑に処する
たっけん　卓見（他を抜いて

蹈
鞴
罩

優れた意見)
達見（事理を見通した見識）
だっこ　抱っこをする
だっこう　脱肛する
　脱稿する
だっこく　稲を脱穀する
だつごく　脱獄する
たっし　その筋のお達し
　*達示
だつじ　誤字脱字
たっしき　達識の人
だっしにゅう　脱脂乳
だっしめん　脱脂綿
たっしゃ　英語の達者な人
だっしゅ　三振を奪取する
だっしゅう　脱臭剤
だっしゅつ　窮地を脱出する
だっしょく　脱色剤
たつじん　剣道の達人

だっすい　脱水症状
たっする　目標に達する
だっする　危機を脱する
たつせ　立つ瀬がない
たっせい　目的を達成する
だつぜい　脱税する
だっせん　列車が脱線する
だっそう　兵隊が脱走する
だつぞく　脱俗する
だったい　連盟を脱退する
たつたひめ　竜田姫　*龍田姫　*立田姫
だったん　韃靼人
たっちゅう　興福寺の塔△頭△
だっちょう　脱腸
たっつけばかま　裁っ着け袴
だっと　脱兎の如く
たっとい　尊い神
　貴い体験

だっとう　脱党する
たっとぶ　兵は神速を尚△ぶ
　親を尊ぶ
　名誉を貴ぶ
たづな　手綱を締める
だっぱん　脱藩する
だっぴ　蛇の脱皮
たっぴつ　達筆な人
たつぶん　達文（上手な文）
だつぶん　脱文がある
だっぷん　脱糞する
だつぼう　脱帽する
だっぽう　脱法行為
たつまき　竜巻き　*龍巻き
たつみ　巽　*辰巳
だつもう　脱毛剤
だつらく　脱落する
だつりゃく　奪略　*奪掠
だつりょくかん　脱力感

だつろう　脱漏が目立つ
たて　矛と盾△　*楯
　殺△陣△を演じる
　縦　*竪と横
　武田信玄の館△
たで　蓼食う虫
だて　二本立ての映画
　二階建ての家
　ドル建て
　伊達△の薄着
たてあな　縦穴　*竪穴
たてあみ　立て網　*建て網
たていた　立て板に水
たていと　縦糸　*経糸
たてうり　建て売り　*建売住宅
たておやま　立女形△
たてかえ　代金立て替え
　家の建て替え

た

たてかえきん　立替金
たてかえる　代金を立て替える　家を建て替える
たてがき　縦書き
たてかける　壁に立て掛ける
たてがみ　馬の鬣
たてかんばん　立て看板
たてぎょうじ　立て行司
たてきる　戸を立て切る　*閉△て切る
たてぐ　建具
たてぐみ　縦組みの本
たてこう　縦坑　*竪坑　*立て坑
たてごと　竪琴を弾く
たてこむ　店内が立て込む　家が建て込む
たてこめる　煙が立て籠める
たてこもる　城に立て籠もる
たてしお　立て塩
たてじま　縦縞の模様
だてしゃ　伊達△者
たてつく　親に盾突く　*楯突く
たてつけ　立て付け　*立付け　*建て付け　*建付
たてつづけ　立て続けに
たてつぼ　建坪三十坪の家
たてなおす　計画を立て直す　家を建て直す
たてね　建値を上げる
たてば　屑屋の立て場　*建て場
たてひざ　立て膝
たてぶえ　縦笛　*竪笛
たてふだ　立て札
たてまえ　建て前　*立て前と本音　家の建て前　お茶の点△前
だてまき　伊達△巻き
だてまさむね　伊達△政△宗△
たてまし　家の建て増し
たてまつる　お供えを奉る
たてむすび　縦結び
たてもの　建物を建てる
たてや　建屋が増える
たてやくしゃ　立て役者
たてゆれ　地震の縦揺れ
たてる　柱を立てる・計画を―・手柄を―・顔を―　家を建てる　茶を点△てる　戸を閉てる
たてわり　縦割り行政
だてん　勝利打点
だでん　訃報を打電する
たとい　仮令　*縦△令△冗談でも
だとう　敵を打倒する
だとう　妥当な案
たとうがみ　畳紙
たどうし　他動詞
たとえ　仮△令　*縦△令△冗談でも
たとえ　例えを挙げる　譬△え　*喩△えで言う

韃
蓼
鬣

た

たとえば　例えば
たとえばなし　譬え話　*喩△え話
たとえる　例える　花に譬える　*喩△える
たどく　多読と精読
たとする　労を多とする
たどたどしい　辿々しく話す
たどりつく　家に辿り着く
たどる　記憶を辿る
たどん　炭団を並べる

たな

［棚］たな　棚・大陸棚　「—を吊る」　◇戸
たな　店△を出す
たなあげ　棚上げする
たなおろし　棚卸し　*店△卸し

たなぎょう　棚経
たなご　店△子と大家
たなごころ　掌△を返す
たなざらえ　棚浚△えセール
たなざらし　店△晒△しの商品
たなだ　棚田
たなばた　七夕　*棚機
たなん　前途多難
たに　深い谷　*渓△
だに　壁蝨△
たにあい　谷間△の村
たにかぜ　谷風
たにがわ　谷川　*渓△川
たにく　多肉植物
たにざきじゅんいちろう　谷崎潤一郎
たにし　田螺△の和え物
たにそこ　谷底へ落ちる
たにぶんちょう　谷文晁

たにま　谷間の村
たにょう　多尿症
たにわたり　鶯《うぐいす》の谷渡り
たにん　他人行儀
たにんずう　多人数
たぬき　狸の腹鼓
たぬきねいり　狸寝入り
たね　花の種　*種子△
たね　胤を宿す
たねあかし　種明かし
たねいも　種芋
たねうま　種馬
たねがしま　種子△島
たねぎれ　種切れになる
たねつけ　種付けをする
たねび　種火を残す
たねほん　小説の種本
たねまき　種蒔きをする
たねもの　蕎麦《そば》屋の種物
たねもみ　種籾

たねん　他念無い
　他年（将来）
　多年の弊害
たねんそう　多年草
たのう　多芸多能な人
たのしい　楽しい　*愉しい
たのしむ　音楽を楽しむ　*愉しむ
たのみ　兄を頼みにする
たのみこむ　頼み込む
たのむ　援助を頼む
　自らを恃む
たのもしい　頼もしい人
たのもしこう　頼母子講
たば　束になる
だは　旧弊を打破する
だば　駄馬
たばい　薄利多売
たばかる　人を謀△る　*誑

る

たばこ　煙△草△　*莨　*烟

草△を吸う

たばさむ　両刀を手挟む

たばしる　霰《あられ》迸る

たはた　田畑　*田畠

たはつ　事故が多発する

たばねる　藁を束ねる

たび　足袋をはく

行く度に

❖「…するたび」などは仮名書きがふつう。

旅に出る

だび　荼毘に付する

たびかさなる　度重なる醜態

たびがらす　旅烏　*旅鴉

たびげいにん　旅芸人

たびごころ　旅心

たびさき　旅先からの便り

たびじ　心の旅路

たびだち　旅立ちの準備

たびだつ　都を旅立つ

たびたび　度々注意する

たびなれる　旅慣れる　*旅馴れる

たびね　旅寝の夢

たびはだし　足袋跣

たびびと　旅人

たびまくら　旅枕

たびまわり　旅回りの役者

たびょう　才子多病

だふ　懦夫

たぶさ　髻をつかむ

たぶらかす　人を誑かす

たぶん　他聞を憚《はばか》る

たぶん　多分の心付け

多分大丈夫だ

だぶん　駄文を書く

たべごろ　食べ頃の果物

たべざかり　食べ盛りの子

たべすぎ　食べ過ぎ

たべずぎらい　食べず嫌い

たべのこし　食べ残し

たべもの　食べ物

たべる　御飯を食べる

だべる　長時間駄弁△る

たべん　多弁な人

だべん　駄弁を弄する

たぼ　銀杏《いちょう》がえしの髱

だほ　船を拿捕する

たほう　他方

たぼう　多忙を極める

前途多望

だほう　一本足打法

たほうとう　多宝塔

たほうめん　多方面に亘《わた》る

たぼく　打撲傷を負う

だぼら　駄法△螺を吹く

だほん　駄本

たま　目の玉

玉　*珠に瑕《きず》・—を磨く

電気の球・—を投げる

小銃の弾　*弾△

丸

たま　偶△の休み

たま　霊　*魂

たまいし　玉石の垣根

たまう　金一封を賜△う

召し給△う

たまおくり　霊送り　*魂△送り

たまがき　神社の玉垣

だまかす　人を騙かす

譬
蝨
髱

た

たまがわ 多摩川
たまき 環 *鐶
たまぐし 玉串を捧げる
たまくら 手枕
たまげる 魂消た話
たまご 鳥の卵 *玉子
たまごがた 卵形の顔
たまごやき 卵焼き *玉子焼き
たまころがし 玉転がし
たまさか 偶さかの休み
たまざん 玉算 *珠算
たましい 魂 *霊が抜ける
だましうち 騙し討ち
だましえ 騙し絵
たまじゃり 玉砂利を踏む
だます 人を騙す
たまずさ 玉章
たますだれ 玉簾の花
たまだな 霊棚の牛

たまたま 偶々 *適々
たまつき 玉突き *撞球
たまてばこ 玉手箱
たまに 偶に行く
たまねぎ 玉葱を刻む
たまのお 玉の緒
たまのこし 玉の輿に乗る
たまのり 玉乗り *球乗り
たままつり 霊祭り *魂祭り
たまむかえ 霊迎え *魂迎え
たまむしいろ 玉虫色の解決
たまもの 努力の賜物 *賜
たまや 霊屋
たまゆら 玉響の命
たまよけ 弾除け *玉除け

たまらない 嫌《いや》で堪らない *耐らない
たまり 溜まり漬け
だまりこむ 黙り込む
たまりば 溜まり場
たまる 負けて堪るか 水が溜まる
だまる 泣く子も黙る
たまわりもの 神の賜り物
たまわる 賜る *賜わる *給わる
たみ 流浪の民
たみくさ 民草
だみごえ 濁声でしゃべる
だみん 惰眠を貪る
たむけ 手向けの花
たむける 花を手向ける
たむろする 兵士が屯する
ため 人の為になる ごみ溜め

だめ 駄目になる
ためいき 溜め息をつく
ためいけ 溜め池を掘る
だめおし 駄目押し
ためがき 為書き
ためし 例しがない 物は試し *験し
ためしに 試しに使う
ためす 実力を試す *験す
ためつすがめつ 矯めつ眇めつ
ためなおす 矯め直す
ためにする 為にする
ためらう 返事を躊躇う
ためる 金を貯める 水を溜める 枝を撓める 角《つの》を矯める

ためん　他面において
　多面的
たもつ　面目を保つ
たもと　袂を分かつ
だもの　駄物を買う
たもんてん　多聞天（仏名）
たやす　火種を絶やす
たやすい　容易い仕事
たゆう　大夫 *太夫
たゆたう　波に揺蕩う舟
たゆまず　倦《う》まず弛まず
たゆむ　弛むことなく
たよう　他用で外出する
　御多用中
　多種多様
たよく　多欲 *多慾
たより　旅の便り
　頼りにする
たよりない　頼り無い人
たよる　人を頼る

たら　楤の芽
　鱈の干物
たらい　盥で洗濯する
たらいまわし　政権の盥回し
だらく　堕落を戒める
たらしこむ　娘を誑し込む
たらす　涎《よだれ》を垂らす
　女を誑す
たらず　一時間足らず
たらばがに　鱈場蟹
たらふく　鱈腹食う
たりき　他力を頼む
たりきほんがん　他力本願
たりつ　他律的
だりつ　高い打率
たりない　人が足りない
たりゅう　他流試合
たりょう　多量の水
だりょく　打力に勝る
　惰力で続ける

たりる　百円で足りる
たる　樽に詰める
たる　一読するに足る
だるい　足が怠い *懈い
たるき　垂木 *棰
たるざけ　樽酒
だるま　達磨市
たるむ　糸が弛む
たれ　蒲焼の垂れ
　誰かある

だれ

[誰]だれ　―　「―か来る」

だれかれ　誰彼の区別なく
たれさがる　垂れ下がる
だれそれ　誰某
たれながし　工場廃液の垂れ|
　流し
たれまく　垂れ幕
たれめ　垂れ目

たれる　教訓を垂れる
だれる　試合が弛れる
たろうかじゃ　太郎冠者
たわいない　他愛無い話
たわけもの　戯け者
たわける　戯ける
たわごと　戯言を言う
たわし　束子でこする
たわむ　枝が撓む
たわむれ　戯れの恋
たわむれる　犬と戯れる
たわめる　枝を撓める
たわら　俵に詰める
たわわ　枝も撓わに実る

タン

[反]（タン）・ハン・（ホン）　そ-る・そ-らす　―　反別・
反物

騙　撓　鱈

[担(擔)] タン かつ-ぐ・にな-う ― 担架・担当・担保・負担・分担
[単(人單)] タン ― 単位・単価・単元・単語・単独・簡単
[炭] タン すみ ― 炭坑・炭鉱・炭酸・炭素・採炭・石炭・木炭
[探] タン さぐ-る・さが-す ― 探求・探究・探検・探索・探勝・探訪
[短] タン みじか-い ― 短歌・短気・短期・短銃・短所・短命・短慮
[誕] タン ― 誕生・降誕・生誕・妄誕
[丹] タン ― 丹心・丹精・丹前・丹田・丹念・仙丹
[胆(膽)] タン ― 胆汁・胆石・胆力・魂胆・大胆・落胆
[淡] タン あわ-い ― 淡彩・淡水・淡々・枯淡・濃淡・冷淡
[嘆(人嘆)] タン なげ-く・なげ-かわしい ― 嘆願・嘆息・感嘆・悲嘆

[端] タン はし・は・はた ― 「…に―を発する」◇端正・極端・末端
[鍛] タン きた-える ― 鍛工・鍛鋼・鍛造・鍛鉄・鍛錬
[旦] タン・ダン ― 旦夕・一旦・元旦・月旦評
[綻] タン ほころ-びる ― 破綻
[人坦] タン あきら・かつ・しずか・たいら・ひら・ひろ・ひろし・ひろむ・やす・ゆたか ― 平坦・虚心坦懐
[人歎] タン ― 歎息・感歎
[人湛] タン・チン・ジン・セン きよ・たたう・たたえ・やす ― 湛然
[人箪] タン ― 箪笥・瓢箪
[人耽] タン ― 耽読・耽美

たん
- 二反・*段△の畑
- 髀肉の嘆 *歎
- 痰を吐く
- 冒険譚

ダン

[団(人團)] ダン・(トン) ― 「―の精神」◇団結・団体・集団
[男] ダン・ナン おとこ ― 男系・男子・男女・男性・男装
[段] ダン ― 「上の―」◇段階・段落・階段・算段・手段・値段
[断(人斷)] ダン た-つ・ことわ-る ― 「―を下す」◇断言・断交・判断
[暖] ダン あたた-か・あたた-かい・あたた-まる・あたた-める ― 「―をとる」◇暖色・暖地
[談] ダン ― 「会長の―」◇談義・談合・談笑・談判・相談
[弾(人彈)] ダン ひ-く・はず-む・たま ― 弾圧・弾性・弾薬・弾力・散弾・爆弾
[壇] ダン・(タン) ― 壇上・演壇・花壇・歌壇・教壇・祭壇・文壇
[旦] ダン・タン ― 旦那
[人檀] ダン まゆみ ― 檀家・檀紙
[人灘] ダン・タン なだ ― 急灘

だんあつ 弾圧を加える
だんあん 断案を下す
たんい 長さの単位
だんい 将棋の段位
たんいつ 単一民族
だんいほうしょく 暖衣飽食
だんいん 合唱団の団員
だんう 砲煙弾雨
たんおん 単音ハーモニカ／短音と長音
たんおんかい 短音階
たんか 担架で運ぶ／商品の単価／炭化水素／啖呵を切る／短歌と長歌／譚歌(バラード)

だんか　檀家総代
たんかい　虚心坦懐
だんかい　準備段階にある
だんかい　団塊の世代
だんがい　断崖絶壁
　政府を弾劾する
たんかだいがく　単科大学
たんがん　単眼と複眼
　釈放を嘆願
　*歎願する
だんかん　断簡零墨
だんがん　弾丸が飛び交《か》う
たんき　単記投票
　単機
　単騎
　短気は損気
　短期で結着する
だんき　断機の戒め
　暖気
だんぎ　談義 *談議

たんきだいがく　短期大学
たんきゅう　幸福の探求
　真理の探究
だんきゅう　河岸段丘
たんきょり　短距離競走
だんきん　断金の契り
　弾琴
たんく　短軀の人
たんけい　長円の短径
　短檠の灯
　端渓の硯《すずり》
たんげい　端倪すべからず
だんけい　男系の親族
だんけつ　一致団結する
たんけん　南極を探検
　*探険する
　短見(浅い見識)
　短剣
たんげん　単元学習
　端厳な態度

だんげん　断言する
たんご　単語と熟語
　端午の節句
たんご　丹後の国
だんこ　断固 *断乎
だんご　花より団子
たんこう　炭坑(石炭を掘る穴)
　炭鉱 *炭礦(石炭の鉱山)
　重力探鉱
だんこう　改革を断行する
　隣国と断交する
だんごう　皆で談合する
たんこうぼん　単行本
たんこぶ　目の上のたん瘤
だんこん　男根崇拝
　壁の弾痕
たんさ　海底を探査する
たんざ　端座 *端坐

だんさ　この先段差あり
たんさい　浅学短才
　淡彩画
だんさい　断裁 *断截
だんざい　断罪に服す
たんさいぼう　単細胞
たんさく　単作地帯
　犯人を探索する
たんざく　短冊 *短尺△
たんさん　炭酸ソーダ
たんし　短詩
　電気の端子
だんし　男子の本懐
　檀紙
だんじ　九州男児
だんじき　断食療法
たんじく　楕円の短軸

譚
軀
檠

た

たんじつ　短日植物
だんじて　断じて行う
たんしゃ　単車（オートバイ）
　炭車
だんしゃく　男爵
だんしゅ　断酒する
　断種する
たんしゅう　反収　*段△収
たんじゅう　胆汁
　短銃
たんしゅく　期間を短縮する
たんじゅん　単純に考える
たんしょ　古書の探書
　短所を自覚する
　端緒となる
だんじょ　男女共学
たんしょう　探勝の旅
　短小と長大
　短章
　名画を嘆賞
　*嘆称　*歎称
　する
たんじょう　女児が誕生する
だんしょう　男娼
　詩の断章
　友人と談笑する
だんじょう　壇上から訴える
たんじょうせき　誕生石
たんしょうとう　探照灯
　*探照燈
たんしょく　単色光
だんしょく　男色
　暖色と寒色
だんじり　祭りの楽△車△
　*山△車△　*地△車△
たんじる　世相を嘆じる
　*歎じる
だんじる　有罪と断じる
　琴を弾じる
　政治を談じる
たんしん　丹心（まごころ）
　単身赴任
　短信
　時計の短針
たんじん　炭塵爆発
たんす　総桐の箪笥
たんすい　淡水魚
だんすい　断水する
たんすいかぶつ　炭水化物
たんすう　単数と複数
たんずる　世相を嘆ずる
　*歎ずる
だんずる　有罪と断ずる
　琴を弾ずる
　政治を談ずる
たんせい　丹青の妙
　丹精して作る
　丹誠無二（真心）
　嘆声　*歎声
　端正な芸風
　端整な顔立ち
だんせい　男声合唱
　男性的
　弾性がある
たんせき　命旦夕に迫る
　胆石の手術
だんぜつ　親子の断絶
たんせん　単線の鉄道
たんぜん　丹前を着る
　端然と座る
だんせん　台風で断線する
だんぜん　断然有利になる
たんそ　炭素
たんそう　炭層
たんぞう　鍛造機械
だんそう　男装の麗人
　断想
　断層地震
　弾奏楽器
　銃の弾倉

たんそく　探測気球
　胴長短足
　嘆息　*歎息
だんぞく　断続して降る
だんそんじょひ　男尊女卑
たんだ　短打と長打
たんだい　六波羅探題
　短大（短期大学）
だんたい　団体の役員・―
　交渉・―旅行
　暖帯
たんたん　坦々とした道
　虎視眈々
　淡々と話す
だんだん　団々たる月
　段々をのぼる
　段々白くなる
だんだんばたけ　段々畑
たんち　秘密を探知する
だんち　工業団地
　暖地と寒地
だんちがい　段違いの実力
たんちき　魚群探知機
たんちゃ　磚茶（固めた茶）
たんちょ　端緒
たんちょう　単調な仕事
　探鳥会
　短調と長調
だんちょう　使節団の団長
　断腸の思い
たんちょうづる　丹頂鶴
だんつう　段通　*緞通
たんつぼ　痰壺
たんてい　探偵小説
　短艇　*端艇
だんてい　犯人と断定する
たんてき　端的に言えば
たんでき　酒色に耽溺する
たんてつ　鍛鉄
たんでん　臍下《せいか》丹田
　筑豊炭田
だんと　檀徒
たんとう　経理を担当する
　短刀
だんとう　核弾頭
　暖冬異変
だんどう　弾道を描く
だんとうだい　断頭台
たんとうちょくにゅう　単刀直入
たんどく　丹毒
　単独で行動する
　耽読した作品
だんどり　段取りがつく
だんな　旦那　*檀那
たんなる　単なる噂
たんに　単に参考とする
たんにん　担任の先生
だんねつ　断熱材
たんねん　丹念に読む
だんねん　参加を断念する
たんのう　胆嚢炎
　経理に堪能な人
だんのうら　壇ノ浦
たんば　丹波の国
たんぱ　短波受信機
たんぱく　淡泊　*淡白
たんぱくしつ　蛋白質
たんぱつ　単発銃
だんぱつ　断髪式
だんぱん　膝詰め談判
たんび　嘆美　*歎美
　耽美主義
たんぴょう　時事短評
だんびら　段平を振り回す
たんぴん　単品生産
たんぶ　二反歩　*段歩

簞
磚
鍛

た

たんぷく 単複同形
たんぶん 単文と複文
短文と長文
たんぺいきゅう 短兵急な要求
たんべつ 反別・*段△別割
たんべん 単弁花
たんぺん 短辺と長辺
短編・*短篇
だんぺん 断片的
断編・*断篇
たんぼ 田圃
たんぽ 担保に入れる
たんぼう 探訪記事
だんぼう 暖房・*煖房
たんぽぽ 蒲△公英△の花
だんまく 段幕を張る
弾幕を張る
たんまつ 端末機
だんまつま 断末魔
*断末摩の叫び
だんまり 黙△りを続ける
たんめい 短命に終わる
だんめん 社会の断面
たんもの 反物を買う
だんもの 語りの段物
たんや 鍛冶する
だんやく 弾薬庫
だんゆう 男優
たんよう 単葉機
だんらく 段落に分ける
たんらくてき 短絡的対応
だんらん 一家団欒
たんり 単利と複利
だんりゅう 暖流と寒流
たんりょ 短慮を起こす
たんりょく 胆力を試す
淡緑色
だんりょく 弾力がある
たんれい 容姿端麗
だんれつ アキレス腱断裂
たんれん 鍛錬・*鍛練
だんろ 暖炉・*煖炉
だんろんふうはつ 談論風発
だんわ 談話室

ち

チ

[地] チ・ジ｜ ― 「―の利」◇地位・地下・地球・地理・土地
[池] チ いけ ― 池沼・池亭・池畔・貯水池・電池
[知] チ し-る ― 「―と勇」◇知覚・知識・知人・知性・通知
[治] チ・ジ おさ-まる・なお-る ― 「―に いて乱を忘れず」◇治安・自治
[値] チ ね・あたい ― 価値・数値・絶対値・偏差値
[置] チ お-く ― 置換・安置・位置・処置・措置・存置・放置
[恥] チ は-じる・はじ・は-じらう・は-ずかしい ― 恥骨・恥辱・恥部・恥毛・破廉恥
[致] チ いた-す ― 致仕・致死・合致・極致・招致・風致・誘致
[遅(遲)] チ おく-れる・おく-らす・おそ-い ― 遅延・遅刻・遅参・遅速・遅滞
[痴(癡)] チ｜ ― 痴漢・痴愚・痴情・痴話・音痴・愚痴・白痴
[稚] チ｜ ― 稚気・稚魚・稚拙・幼稚
[緻] チ｜ ― 緻密・精緻
[人 智] チ さと・さとし・とも ― 智恵・智謀・智嚢・才智
[人 馳] チ とし・はやし ― 馳駆・御馳走

ち 千度《たび》

ちあい　血の気が多い
ちあい　羽織の乳
ちあい　鰹《かつお》の血合い
ちあゆ　稚鮎の放流
ちあん　治安の維持
ちい　高い地位につく
ちい　天変地異
ちいき　地域社会
ちいく　知育と徳育
ちいさい　小さい音
ちいさな　小さな親切
ちいさめ　小さ目に作る
ちいん　年来の知音
ちえ　知恵　*智恵
ちえ　*智慧
ちえん　地縁社会
ちえん　列車が遅延する
ちおん　地温を測る
ちか　地下資源
ちか　地価が上がる

ちかい　英国の治下
ちかい　誓いを立てる
ちかい　城下の盟△い
ちかい　地階の駐車場
ちかい　駅に近い
ちがい　違いが分かる
ちかいあう　誓い合う
ちがいだな　違い棚
ちがいほうけん　治外法権
ちかう　神前で誓う
ちかう　同盟を盟△う
ちがう　答えが違う
ちがえる　方法を違える
ちかがい　地下街
ちかく　近くの店
ちかく　地殻変動
ちかく　地核
ちかく　知覚神経
ちがく　地学
ちかけい　地下茎

ちかごろ　近頃の若い者
ちかしい　近しい間柄
ちかぢか　近々伺います
ちかづき　お近付きの印《しるし》
ちかづく　夏が近付く
ちかづける　顔を近付ける
ちかてつ　地下鉄
ちかどう　地下道
ちかば　近場で遊ぶ
ちかま　近間な所に住む
ちかまつもんざえもん　近松門左衛△門
ちかみち　成功への近道
ちかめ　近目　*近眼△
ちかよる　柵に近寄る
ちから　力がある
ちからいっぱい　力一杯押す
ちからおとし　お力落とし のないよう

ちからがみ　力紙を使う
ちからこぶ　力瘤を入れる
ちからしごと　力仕事をする
ちからずく　力ずくでやる
ちからぞえ　力添えをする
ちからだのみ　力頼みにする
ちからだめし　力試しをする
ちからづける　力付ける
ちからづよい　力強い言葉
ちからない　力無い返事
ちからまかせ　力任せに押す
ちからまけ　力負けする
ちからみず　力水をつける
ちからもち　力持ち
ちからもち　力餅
ちからわざ　力業
ちかん　痴漢に襲われる

煖　欒　慧

ち

ちき　分子を置換する
　知己を頼る
ちぎ　稚気満々
　神殿の千木
　天神地祇
　遅疑逡巡する
ちきゅう　地球
ちきゅうぎ　地球儀
ちぎょ　稚魚を放流する
ちきょう　パナマ地峡
ちぎょう　知行取り
ちきょうだい　乳兄弟
ちぎり　契りを結ぶ
ちぎる　二世を契る
　紙を千切る

チク

[竹]《チク たけ》——竹簡・竹馬・竹林・竹工・紫竹・爆竹
[築]《チク きず-く》——「―五年」◇築城・移築・改築・建築・構築
[畜]《チク —》——畜産・畜生・家畜・牧畜
[逐]《チク —》——逐一・逐次・逐日・逐条・角逐・駆逐
[蓄]《チク たくわ-える》——蓄財・蓄積・蓄電池・含蓄・貯蓄
[人筑]《チク —》——筑豊・筑摩

ちく　文教地区
　馬を馳駆する
ちぐ　痴愚
ちくいち　逐一報告する
ちぐう　知遇を得る
ちくおんき　蓄音機
ちくかん　竹簡
ちくご　筑後の国
ちくごやく　逐語訳
ちぐさ　庭の千草
ちくざい　蓄財する
ちくさん　畜産物
ちくじ　逐次発表する
ちくしょう　畜生
ちくじょう　逐条審議する
　築城する
ちくせき　資本の蓄積
ちくぜん　筑前の国
ちくぞう　ダムを築造する
ちくてい　築庭
　築堤
ちくでん　逐電する
ちくでんち　蓄電池
ちくねん　逐年増加する
ちくのうしょう　蓄膿症
ちくはく　名を竹帛に垂る
ちくばのとも　竹馬の友
ちくび　乳首を吸う
ちくまがわ　千曲△川
ちくりん　竹林の七賢
ちくるい　畜類
ちくれい　蓄冷剤
ちくろくせん　逐鹿△戦
ちくわ　竹輪
ちくわぶ　竹輪麩
ちけい　地形図
ちけむり　血煙を上げる
ちけん　知見を広める
　治験例
ちけんしゃ　地権者
ちご　稚児
ちこう　ライン地溝帯
　治効が現れる
　遅効性の肥料
ちこく　遅刻する
ちこつ　恥骨
ちさ　萵苣の葉
ちさん　治山治水
　会合に遅参する
ちし　地史学
　郷土の地誌
　知歯 *智歯

△は常用漢字表にない音訓　|の付いた仮名は省略してもよい送り仮名　＊は同語の別表記

致仕する
過失致死罪
ちじ　県知事
ちしお　血潮　*血汐
ちしき　知識を広める
善智識
ちじき　地磁気
ちじく　地軸を揺るがす
ちしつ　地質を調べる
内情を知悉する
ちじつ　遅日
ちしぶき　血飛沫
ちしまれっとう　千島列島
ちしゃ　治者
知者　*智者
萵苣の葉
ちしゅん　遅春
ちしょう　池沼
地象を観測する
知将　*智将

過失致傷罪
ちじょう　地上の楽園
痴情の果て
ちじょく　恥辱を受ける
ちしりょう　致死量
ちじん　天神と地神
知人を紹介する
痴人の夢
ちず　世界地図
ちすい　治水工事
ちすじ　血筋は争えない
ちせい　地勢が険しい
徳川氏の治世
治政のよろしきを得る
知性がある
ちせいがく　地政学
ちせき　地積を測る
地籍台帳
治績があがる

ちせつ　稚拙な文章
ちそ　地租を納める
ちそう　地相がいい
地層を調べる
御馳走を並べる
ちそく　進度の遅速
ちぞめ　血染めの旗
ちたい　工業地帯
事務が遅滞する
痴態を演ずる
ちだい　地代を払う
ちち　父の教え
乳を飲む
ちち　遅々たる歩み
ちちうえ　父上
ちちおや　父親
ちちかた　父方の伯父
ちぢかむ　手が縮かむ
ちちくさい　乳臭い小娘
ちちくりあう　乳繰り合う

ちぢこまる　隅に縮こまる
ちぢに　千々に乱れる
ちちばなれ　乳離れしない
ちちはは　父母
ちちぶ　秩父地方
ちぢまる　差が縮まる
ちぢみ　縮みの着物
ちぢむ　布が縮む
ちぢめる　日程を縮める
ちちゅう　地中に埋める
ちぢらす　髪を縮らす
ちぢれげ　縮れ毛
ちぢれる　髪が縮れる

チツ

[秩]―チツ ― 秩序
[窒]―チツ ― 窒素・窒息

帛
麩
萵

ちつ　帙を繙《ひもと》く
　膣 *腟
ちっきょ　蟄居を命じる
ちつじょ　秩序が乱れる
ちっそ　窒素化合物
ちっそく　窒息する
ちつづき　血続きの間柄
ちてい　地底
　池亭
ちてき　知的な顔立ち
ちてん　予定の地点
ちとく　知得する
　知徳を磨く
ちとせ　千△歳(千年)
ちとせあめ　千△歳飴
ちどめ　血止めの薬
ちどり　千鳥が鳴く
ちどりあし　千鳥足で歩く
ちどりぬい　千鳥縫|い
ちどん　遅鈍な動作
　痴鈍な考察力
ちなまぐさい　血腥い事件
ちなみに　△因に
ちなむ　花に△因んだ名前
ちにく　血肉を分け合う
ちにち　知日家
ちねつ　地熱発電
ちのう　知能 *智能
　智嚢を集める
ちのうはん　知能犯
ちのけ　血の気が多い
ちのみご　乳飲み子
　*乳呑み子
ちのみち　血の道
ちのめぐり　血の巡りが悪い
ちのり　血糊がつく
ちのり　地の利を得る
ちば　千葉県
ちはい　郵便物の遅配
ちばしる　目が血走る
ちはつ　列車が遅発する
　薙髪する
ちばなれ　乳離れ|しない
ちはらい　給料の遅払|い
ちはん　池畔
ちばん　地番を変更する
ちひつ　遅筆の作家
ちひょう　地表
ちびょう　稚苗と成苗
ちびる　禿びた鉛筆
ちひろ　千△尋の海底
ちぶ　社会の恥部
ちぶさ　豊かな乳房
ちふぶき　地吹雪
ちへいせん　地平線
ちへん　天災地変
ちほ　地歩を占める
ちほう　地方銀行・―公務員・―自治体・―紙・―色・―税・―分権
　痴呆症
ちぼう　知謀 *智謀
ちまき　粽を食べる
ちまた　巷の声
ちまつり　血祭|りに上げる
ちまなこ　血眼で捜す
ちまみれ　血△塗れになる
ちまめ　血豆ができる
ちまよう　血迷った犯人
ちみ　地味が肥える
ちみち　血道を上げる
ちみつ　緻密な計画
ちみどろ　血みどろ
ちみもうりょう　魑魅魍魎
ちめい　外国の地名
　知命(五十歳)
ちめいしょう　致命傷を負う
ちめいてき　致命的な打撃

ちめいど　知名度が高い
ちもう　恥毛
ちもく　地目を転換する
ちもんがく　地文学

チャ

［茶］チャ・サ ―「お―を濁す」
◇茶色・茶器・茶席・茶屋・緑茶

ちゃーはん　炒飯△
ちゃいれ　茶入れ|
ちゃいろ　茶色の封筒
ちゃうけ　お茶請け|
ちゃうす　茶臼
ちゃえん　茶園
ちゃか　茶菓
ちゃかい　お茶会を開く
ちゃがけ　茶掛け|
ちゃがし　お茶菓子
ちゃかす　話を茶化す
ちゃかっしょく　茶褐色
ちゃがま　茶釜
ちゃがゆ　茶粥
ちゃがら　茶殻
ちゃき　茶器
ちゃきんしぼり　茶巾絞り

チャク

［着］チャク・(ジャク)　き-る・き-せる・つ-く・つ-ける ― 着眼・着実・着手・着任・落着
［嫡］チャク ― 嫡子・嫡出・嫡孫・嫡男・嫡流・廃嫡

ちゃくい　着衣が乱れる
　着意する
ちゃくえき　着駅と発駅
ちゃくがん　船が着岸する
　着眼が鋭い
ちゃくざ　末席に着座する
ちゃくさい　下絵に着彩する
ちゃくし　嫡子
　嫡嗣
ちゃくじつ　着実に努力する
ちゃくしゅ　工事に着手する
ちゃくしゅつ　嫡出の子
ちゃくじゅん　ダービーの着順
ちゃくしょう　卵子が着床する
ちゃくしょく　赤く着色する
ちゃくしん　着信と発信
ちゃくすい　着水する
ちゃくする　横浜に着する
ちゃくせき　着席する
ちゃくせつ　電線に着雪する
ちゃくそう　部品を着装する
　優れた着想
ちゃくそん　嫡孫
ちゃくだつ　着脱自在
ちゃくだん　着弾距離
ちゃくち　着地する
ちゃくちゃく　着々と進む
　北条氏の嫡々
ちゃくなん　嫡男
ちゃくにん　空路着任する
ちゃくばらい　代金の着払い|
ちゃくひょう　翼に着氷する
ちゃくふく　公金を着服する
ちゃくもく　着目に値する
ちゃくよう　制服を着用する
ちゃくりく　空港に着陸する
ちゃくりゅう　源氏の嫡流
ちゃこし　茶漉し|
ちゃさじ　茶匙一杯の塩
ちゃしつ　茶室
ちゃしぶ　茶渋
ちゃしゃく　茶杓
ちゃじん　茶人

膣
粽
魑

ち

ちゃせき 茶席
ちゃせん 茶筅髪
ちゃたく 茶托に載せる
ちゃだち 茶断ちをする
ちゃだんす 茶簞笥
ちゃちゃ 茶々を入れる
ちゃっか 着火する
大量に着荷する
ちゃづけ お茶漬｜け
ちゃっこう 着工する
ちゃづつ 茶筒に入れる
ちゃつぼ 茶壺
ちゃつみ 茶摘｜みをする
ちゃどう 茶道
ちゃどうぐ 茶道具
ちゃのま 茶の間
ちゃのみばなし 茶飲｜み話
ちゃのゆ 茶の湯
ちゃばおり 茶羽織
ちゃばこ 茶箱

ちゃばしら 茶柱が立つ
ちゃばたけ 茶畑
ちゃばな 茶花
ちゃばなし 茶話をする
ちゃばら 茶腹も一時
ちゃばん 茶番劇
ちゃびん 茶瓶頭
ちゃぶだい 卓△袱台
ちゃほ 茶舗
ちゃぼ 矮鶏△の卵
ちゃぼうず 茶坊主
ちゃみせ 茶店で休む
ちゃめ お茶目な人
ちゃめし おでんに茶飯
ちゃめっけ 茶目っ気
ちゃもみ 茶揉｜み
ちゃや 茶屋
ちゃわかい 茶話会
ちゃわん 茶碗 *茶盌
ちゆ 病気が治癒する

ちゅう 知友を訪ねる
知勇 *智勇

チュウ

[中]チュウ・(ジュウ) なか ―「成績は―の上」◇中心・中絶・胸中・夢中
[仲]チュウ なか ― 仲夏・仲介・仲兄・仲裁・仲冬・伯仲
[虫(蟲)]チュウ むし ― 虫害・益虫・害虫・昆虫・防虫・幼虫
[宙]チュウ ― 「―に浮かぶ」◇宙返り・宇宙
[忠]チュウ ― 「―と孝」◇忠義・忠勤・忠孝・忠実・忠誠
[注]チュウ そそ-ぐ ― 「―を付ける」◇注意・注記・注射・注入・発注
[昼(人晝)]チュウ ひる ― 昼食・昼夜・白昼
[柱]チュウ はしら ― 柱石・円柱・支柱・電柱・氷柱
[沖]チュウ おき ― 沖積層・沖天
[抽]チュウ ― 抽出・抽象
[衷]チュウ ― 衷情・衷心・苦衷・折衷・微衷
[鋳(人鑄)]チュウ い-る ― 鋳金・鋳造・鋳鉄・改鋳
[駐]チュウ ― 駐在・駐車・駐屯・駐留・常駐・進駐
[酎]チュウ ― 焼酎
[人丑]チュウ うし ―
[人紬]チュウ つむぎ ―
[人厨]チュウ・ズ くりや ― 厨芥・厨房
[人紐]チュウ・ジュウ くみ・ひも ― 紐帯
[人註]チュウ ― 註釈・註文

ちゅう 注 *註を付ける
ちゅう 誅に伏する
ちゅう 殷《いん》の紂王
ちゅうい 中尉
注意する

ちゅういほう　注意報
ちゅういん　中陰の四十九日
ちゅうう　中有に迷う
ちゅうおう　中央
ちゅうおうしゅうけん　中央集権
ちゅうおうぶんりたい　中央分離帯
ちゅうか　中夏(夏の半ば)
仲夏(旧暦五月)
中華料理
ちゅうかい　仲介の労を執る
注解　*註解書
厨芥(台所のごみ)
ちゅうがい　中外に宣言する
虫害をうける
ちゅうがえり　宙返りをする
ちゅうかく　社会の中核
ちゅうがく　中学一年生
ちゅうがた　中形の鍋
中型車
ちゅうがっこう　中学校
ちゅうかん　中浣　*中澣(中旬)
中間の地点
忠諫
昼間人口
ちゅうかんしょく　中間色
ちゅうき　中気を病む
江戸時代中期
巻末に注記
*註記する
ちゅうぎ　忠義な武士
ちゅうぎだて　忠義立て
ちゅうきゅう　中級英文法
苛斂《かれん》誅求
ちゅうきん　忠勤を励む
ちゅうきんとう　中近東地方
ちゅうくう　中空になる
宙空に浮かぶ
ちゅうぐう　中宮
ちゅうぐらい　中位の大きさ
ちゅうけい　試合を中継する
ちゅうけん　中堅社員
忠犬ハチ公
ちゅうげん　御中元
中原に鹿を逐《お》う
中間　*仲間
忠言耳に逆らう
ちゅうこ　中古車
ちゅうこう　畑の中耕
中興の祖
忠孝両全
昼光灯
鋳鋼
ちゅうこうねん　中高年層
ちゅうこく　忠告を受ける
ちゅうごく　中国地方
中国大使館
ちゅうごし　中腰になる
ちゅうさ　中佐
ちゅうざ　会議を中座する
ちゅうさい　争議を仲裁する
ちゅうざい　英国に駐在する
ちゅうざいしょ　駐在所
ちゅうさつ　反徒を誅殺する
駐箚大使
ちゅうさん　昼餐会
ちゅうさんかいきゅう　中産階級
ちゅうし　雨で中止になる
裁定を注視する
ちゅうじえん　中耳炎
ちゅうじき　昼食　*中食
ちゅうじく　中軸打線
ちゅうじつ　忠実な部下
ちゅうしゃ　注射器

矮
澣
箚

ち

駐車を禁止する
ちゅうしゃく 注釈 ＊註釈
ちゅうしゅう 中秋（旧暦八月十五日）
仲秋（旧暦八月）
ちゅうしゅつ 要素を抽出する
ちゅうしゅん 仲春（旧暦二月）
ちゅうじゅん 三月中旬
ちゅうしょう 中小企業
中称の代名詞
他人を中傷する
抽象画
ちゅうじょう 中将
衷情を訴える
ちゅうしょく 昼食 ＊中食
ちゅうしん 市の中心
中震
社長に注進する
忠臣

衷心から喜ぶ
ちゅうしんぐら 忠臣蔵
ちゅうすい 消防が注水する
ちゅうすいえん 虫垂炎
ちゅうすう 国家の中枢
ちゅうする 天に沖する
＊冲する黒煙
欄外に注する
＊註する
逆賊を誅する
ちゅうせい 中正を保つ
中世史
中性
忠誠を誓う
ちゅうぜい 中肉中背
ちゅうせいだい 中生代
ちゅうせき 国家の柱石
ちゅうせきせい 沖積世
ちゅうせきそう 沖積層
ちゅうせつ 忠節を尽くす

ちゅうぜつ 研究を中絶する
ちゅうせん 抽籤 ＊抽選
ちゅうそ 注疏 ＊註疏
ちゅうそう 中層雲
ちゅうぞう 貨幣を鋳造する
ちゅうそつ 中卒募集
ちゅうたい 大学を中退する
中隊長
社会的紐帯
ちゅうだん 中段に構える
試合が中断する
ちゅうちょ 断定を躊躇する
ちゅうっぱら 中っ腹
ちゅうづり 宙吊りになる
ちゅうてつ 鋳鉄
ちゅうてん 月が中天に昇る
線分の中点
沖天 ＊冲天
ちゅうと 中途でやめる
ちゅうとう 中等教育

偸盗（十悪の一）
仲冬（旧暦十一月）
ちゅうとう 中東地方
ちゅうどう 中道勢力
ちゅうどく ガス中毒
ちゅうとはんぱ 中途半端
ちゅうとん 部隊が駐屯する
ちゅうなごん 中納言
ちゅうなんべい 中南米
ちゅうにく 中肉中背
ちゅうにち 彼岸の中日
駐日大使
ちゅうにゅう 水を注入する
ちゅうにん 仲人を頼まれる
ちゅうねん 中年期
ちゅうのり 宙乗り
ちゅうは 中波の放送局
ちゅうばいか 虫媒花
ちゅうばつ 悪人を誅伐する
ちゅうばん 中盤戦

ちゅうび　中火で焼く
ちゅうぶ　アメリカ中部
ちゅうぶう　中風で倒れる
ちゅうふう　中風で倒れる
ちゅうふく　山の中腹
ちゅうぶらりん　宙ぶらりん　*中ぶらりん
ちゅうふりそで　中振り袖
ちゅうぶる　中古の写真機
ちゅうべい　中米
ちゅうへん　中編　*中篇
ちゅうぼう　厨房に入る
ちゅうぼく　忠僕
ちゅうみつ　人口稠密な地方
ちゅうめつ　反徒を誅滅する
ちゅうもく　注目を浴びる
ちゅうもん　注文　*註文
ちゅうや　昼夜兼行
ちゅうゆ　機械に注油する
ちゅうゆう　忠勇無双

ちゅうよう　中庸を得る
明治の中葉
ちゅうりきこ　中力粉
ちゅうりく　奸物を誅戮する
ちゅうりつ　中立を守る
ちゅうりつこく　中立国
ちゅうりゃく　中略
ちゅうりゅう　ナイルの中流
中流階級
駐留軍
ちゅうりょう　忠良なる臣民
ちゅうりん　駐輪場
ちゅうるい　虫類
ちゅうろう　中老の紳士
中﨟
柱廊
ちゅうわ　酸を中和する
ちょ　千代に八千代に

チョ

[著(著)]チョ　あらわ-す・いちじる-しい —「山中氏の—」◇著作・著者・顕著

[貯]チョ — 貯金・貯水池・貯蔵・貯炭・貯蓄

[緒(緒)]（チョ）・ショ　お —「—に就く」◇緒言・緒論・情緒

[猪・猪]チョ　い・しし — 猪突・猪勇

[儲]チョ　そえ —

チョウ

[丁]チョウ・テイ —「—か半か」「豆腐一—」◇丁数・横丁

[庁(廳)]チョウ — 庁舎・官庁・県庁・登庁

[兆]チョウ　きざ-す・きざ-し —「減少の—がある」◇兆候・億兆・前兆

[町]チョウ　まち — 町営・町会・町政・町村・町内

[長]チョウ　なが-い —「一家の—」◇長所・長女・校長・成長

[重]チョウ・ジュウ　え・おも-い・かさ-ねる・かさ-なる — 重畳・重複・貴重・慎重・尊重

[帳]チョウ — 帳簿・帳面・台帳・通帳・日記帳

[張]チョウ　は-る — 張力・拡張・緊張・主張・出張

[頂]チョウ　いただき　いただ-く — 頂上・頂点・骨頂・山頂・絶頂・頭頂

[鳥]チョウ　とり — 鳥獣・鳥類・一石二鳥・野鳥

[朝]チョウ　あさ — 朝刊・朝食・朝野・朝礼・帰朝・早朝・平安朝

[腸]チョウ — 腸炎・胃腸・大腸・断腸・盲腸

[潮]チョウ　しお — 潮位・潮流・干

躊
躇
稠

潮・紅潮・高潮・思潮・風潮
[調]チョウ しらべる・ととのう・ととのえる ― 調査・調理・調和・好調・単調
[弔]チョウ とむらう ― 弔辞・弔銃・弔電・弔文・弔問・慶弔・追弔
[挑]チョウ いどむ ― 挑戦・挑発
[彫]チョウ ほる ― 彫金・彫工・彫刻・彫塑・彫像・木彫
[眺]チョウ ながめる ― 眺望
[釣]チョウ つる ― 釣果・釣魚・釣趣・釣艇
[超]チョウ こえる・こす ― 「拾万円―」◇超越・超音波・超過・超然
[跳]チョウ はねる・とぶ ― 跳馬・跳躍
[徴(徵)]チョウ ― 徴収・徴税・徴用・象徴・追徴・特徴
[澄]チョウ すむ・すます ― 澄明・清澄・明澄
[聴(聽)]チョウ きく ― 聴覚・聴講・聴取・聴衆・傾聴・傍聴

[懲(懲)]チョウ こりる・こらす・こらしめる ― 懲役・懲戒・懲罰・勧善懲悪
[貼]チョウ はる ― 貼付
[嘲]チョウ あざける ― 嘲笑・自嘲
[暢]チョウ のぶ ― 暢達・流暢
[肇]チョウ はじむ・はじめ ― 肇国
[蔦]チョウ つた ―
[蝶]チョウ ― 胡蝶・蝶番
[鯛]チョウ たい ―
[喋]チョウ・トウ ― 喋々喃々
[寵]チョウ うつくし・よし ― 「―を集める」◇寵愛・恩寵
[帖]チョウ・ジョウ さだ・ただ ― 画帖・秘帖
[牒]チョウ・ジョウ ― 最後通牒・符牒

ちょう　首の疔が痛む
輿《こし》一挺
写真帳 ＊帖

ちょうあい　帳合 ＊丁合
寵愛を受ける
ちょうあく　勧善懲悪
ちょうい　弔意を表する
弔慰する
満潮時の潮位
ちょういん　条約に調印する
ちょうえき　無期懲役
ちょうえつ　利害を超越する
ちょうえん　長円(楕円《だえん》)
腸炎
ちょうおん　長音と短音
朝恩(皇恩)
楽器を調音する
聴音機
ちょうおんかい　長音階
ちょうおんそく　超音速
ちょうか　弔歌を捧げる
町家が立て込む
長歌と短歌

釣果(釣りの獲物)
予算を超過する
ちょうが　新年朝賀の式
ちょうかい　町会長
朝会
潮解性の物質
懲戒処分
ちょうかく　聴覚が鋭い
ちょうかん　防衛庁長官
鳥瞰 ＊鳥観図
朝刊と夕刊
腸管
聴感
ちょうき　弔旗を掲げる
長期欠席
玄宗の寵姫△
ちょうぎ　朝議が一決する
ちょうきゅう　武運長久
ちょうぎょ　釣魚
ちょうきょう　馬を調教する

ちょうきょり　長距離電話
ちょうきん　彫金師
　超勤（超過勤務）
ちょうく　長駆する
　痩身長軀
ちょうぐう　詩人を寵遇する
ちょうけい　長兄
　長円の長径
ちょうけし　帳消しにする
ちょうけん　長剣
　朝見の儀
　朝憲紊乱《びんらん》
ちょうげん　チェロの調弦
ちょうこう　兆候　*徴候
　長考二時間
　長講一席
　朝貢する
　調光装置
　調香師
　聴講する

ちょうごう　薬を調合する
ちょうこうぜつ　長広舌
ちょうこく　仏像を彫刻する
　苦境を超克する
　肇国の精神
ちょうごんか　長恨歌
ちょうさ　人口を調査する
ちょうざ　長座する
ちょうざい　調剤する
ちょうさん　逃散
ちょうさんぼし　朝三暮四
ちょうし　弔詞を呈する
　弔詩
　長子
　長姉
　お銚子をつける
　調子を合わせる
ちょうし　銚子市
ちょうじ　丁子　*丁字油
　弔辞を述べる

ちょうじ　時代の寵児
ちょうじく　楕円《だえん》の長軸
ちょうしぜん　超自然
ちょうじつ　長日植物
ちょうしはずれ　調子外れ
ちょうしゃ　県庁の庁舎
　動物園の鳥舎
ちょうじゃ　億万長者
ちょうしゅ　事情を聴取する
ちょうじゅ　不老長寿
ちょうしゅう　会費を徴収する
　物資を徴集する
　演説会の聴衆
ちょうじゅう　鳥獣戯画
　勧告に聴従する
ちょうしゅつ　項目が重出する
ちょうしょ　長所を伸ばす
　調書を作成する

ちょうじょ　長女
ちょうしょう　弔鐘を鳴らす
　虎が長嘯する
　内部徴証
　嘲笑を買う
　寵妾
ちょうじょう　長上の命に従う
　万里の長城
　山岳重畳
　山の頂上
　超常現象
ちょうしょく　朝食
ちょうじり　帳尻合わせ
ちょうじる　数学に長じる
ちょうしん　長身痩軀
　長針と短針

寵
肇
嘯

ち

朝臣
調度を調進する
聴診する
寵臣

ちょうじん　鳥人
釣人
超人的

ちょうしんき　聴診器

ちょうしんるこつ　彫心鏤骨

ちょうず　手水を使う

ちょうずばち　手水鉢

ちょうする　死を弔する
意見を徴する
美姫を寵する

ちょうずる　数学に長ずる

ちょうせい　町制を布く
長生する
万里長征する
長逝する
朝政を聴く

靴を調製する
意見を調整する

ちょうぜい　徴税する

ちょうせき　朝夕の間
潮汐表

ちょうせつ　室温を調節する

ちょうぜつ　古今に超絶する

ちょうせん　記録に挑戦する

ちょうせん　朝鮮人参

ちょうぜん　超然とした様子

ちょうそ　皇極天皇の重祚
彫塑と絵画

ちょうそう　チベットの鳥葬

ちょうぞう　大理石の彫像

ちょうそく　長足の進歩

ちょうぞく　超俗的

ちょうそん　町村合併

ちょうだ　長打と短打
長蛇の列

ちょうだい　長大な作品

賞状を頂戴する

ちょうたいそく　長大息する

ちょうたく　文章を彫琢する

ちょうたつ　暢達な文章
旅費を調達する

ちょうだつ　世俗を超脱する

ちょうたん　長短を測る
長嘆 *長歎

ちょうたんぱ　超短波

ちょうちゃく　打擲する

ちょうちょう　町長
長調と短調
蝶々が舞う

ちょうちょうはっし　丁々発止

ちょうちん　提灯 *提燈

ちょうつがい　蝶番が外れる

ちょうつけ　帳付けをする

ちょうづめ　腸詰め

ちょうづら　帳面を合わせる

ちょうてい　朝廷に仕える
紛争を調停する

ちょうてき　朝敵

ちょうてん　三角形の頂点

ちょうでん　弔電を打つ

ちょうでんどう　超電導（電気）*超伝導（物理学）

ちょうと　長途の旅行

ちょうど　丁度 *恰度
調度品

ちょうとうは　超党派外交

ちょうどきゅう　超弩級

ちょうとっきゅう　超特急

ちょうな　手斧で削る

ちょうない　町内会

ちょうなん　長男

ちょうにん　町人

ちょうねんてん　腸捻転

ちょうのうりょく　超能力

ちょうは　長波無線
ちょうば　ほんの一《ひと》丁場だ
帳場に預ける
跳馬（体操競技）
人を嘲罵する
ちょうばいか　鳥媒花
ちょうはつ　長髪
挑発 *挑撥
物資を徴発する
調髪をする
ちょうばつ　懲罰を受ける
ちょうはん　丁半
ちょうび　掉尾を飾る
ちょうふ　写真を貼付する
薬品を貼布する
ちょうぶ　五町歩の山林
ちょうふく　話が重複する
ちょうぶく　悪霊を調伏する
ちょうぶつ　無用の長物
ちょうぶん　弔文を読む
長文と短文
ちょうへい　徴兵制度
ちょうへいそく　腸閉塞
ちょうへん　長辺と短辺
長編 *長篇
ちょうぼ　帳簿をつける
朝暮
ちょうほう　徴募に応じる
弔砲をうつ
重宝 *調法
諜報活動
ちょうぼう　眺望が開ける
ちょうほうけい　長方形
ちょうぼん　超凡な技能
ちょうほんにん　事件の張本人
ちょうみりょう　調味料
ちょうみん　町民
ちょうむすび　蝶結びにする

ちょうめ　銀座四丁目
ちょうめい　町名変更
長命の人
朝命に抗する
澄明な空気
ちょうめん　帳面
ちょうもく　鳥目を置く
ちょうもん　弔問する
聴聞会
ちょうもんきゃく　弔問客
ちょうや　長夜の眠り
朝野の名士
ちょうやく　跳躍競技
調薬する
ちょうよう　長幼の序
身内を重用する
重陽の節句
徴用を受ける
ちょうらい　朝来の大雨
ちょうらく　平家が凋落する
ちょうり　食品を調理する
ちょうりつ　町立病院
ピアノの調律
ちょうりゅう　潮流が速い
ちょうりょう　悪人が跳梁する
ちょうりょく　表面張力
潮力発電
聴力検査
ちょうるい　鳥類
ちょうれい　朝礼
ちょうれいぼかい　朝令暮改
ちょうれん　新兵を調練する
ちょうろう　政界の長老
嘲弄する
ちょうわ　調和を保つ

蝶
諜
凋

ち

ちよがみ　千代紙
ちょきぶね　猪牙△舟
ちょきん　郵便貯金

チョク

［直］チョク・ジキ　ただ-ちに・なお-す・なお-る ― 直接・直線・直属・直面・直結・垂直
［勅（敕）］チョク ―「―を賜る」◇勅語・勅使・勅選・詔勅
［捗］チョク ― 進捗

ちょく　猪口に酒をつぐ
ちょくえい　電鉄直営
ちょくおう　直往邁進《まいしん》
ちょくがん　勅願の寺院
ちょくげき　直撃を受ける
ちょくげん　敢えて直言する
ちょくご　直前直後
ちょくご　勅語と詔書
ちょくさい　直截
❖正しくは「ちょくせつ」。
直裁する
勅裁を仰ぐ
ちょくし　現実を直視する
勅旨を体する
勅使を差遣する
ちょくしゃ　事実を直写する
直射日光
ちょくしょ　勅書
ちょくじょ　精細に直叙する
ちょくじょう　直上直下
勅定　＊勅諚
ちょくじょうけいこう　直情径行
ちょくしん　目標に直進する
ちょくせつ　直接に影響する
簡明直截
ちょくせつぜい　直接税
ちょくせん　直線を引く
ちょくぜん　直前直後
ちょくせんしゅう　勅撰集
ちょくそう　産地直送
ちょくぞく　直属の上司
ちょくだい　歌会始の勅題
ちょくちょう　直腸
ちょくつう　直通電話
ちょくとう　直答を避ける
ちょくどく　直読直解
ちょくのう　工場に直納する
ちょくばい　製品を直売する
ちょくはん　製品を直販する
ちょくひつ　懸腕直筆
ちょくほうたい　直方体
ちょくめい　勅命に抗する
ちょくめん　危機に直面する
ちょくやく　直訳と意訳
ちょくゆ　直喩と隠喩
軍人勅諭
ちょくゆにゅう　直輸入
ちょくりつ　直立不動
ちょくりゅう　直流と交流
ちょくれい　緊急勅令
ちょくれつ　直列につなぐ
ちょげん　緒△言
ちょこ　猪△口に酒をつぐ
ちょこざい　猪口△才な小僧
ちょさく　著作
ちょさくけん　著作権
ちょしゃ　著者
ちょじゅつ　著述業
ちょしょ　著書
ちょすいち　貯水池
ちょせん　緒戦を飾る
ちょぞう　穀物を貯蔵する
ちょだい　数が著大になる
ちょちく　貯蓄を奨励する
ちょっか　赤道直下
ちょっかく　直角三角形
直覚する

ちょっかつ　直轄する
ちょっかん　危険を直感する
首相の直管事項
直観が鋭い
社長に直諫する
勅勘を被る
ちょっきゅう　直球を投げる
ちょっきょ　勅許を得る
ちょっけい　直系の子孫
円の直径
ちょっけつ　生活に直結する
ちょっこう　二線が直交する
駅へ直行する
香港へ直航する
ちょっと　一寸 *鳥渡
ちょっとみ　一寸見 *鳥渡見
ちょとつ　猪突猛進
ちょぼく　貯木場
ちょめい　著名な学者
著明な事実
ちょりつ　佇立する
ちょろず　千万の神
ちょろん　緒論
ちょんまげ　丁髷を結う
ちらかる　紙が散らかる
ちらし　散らしを配る
ちらしずし　散らし鮨
ちらす　花を散らす
ちらばる　紙が散らばる
ちり　地理に明るい
塵が積もる
ちりあくた　塵芥
ちりがみ　塵紙
ちりしく　花が散り敷く
ちりぢりに　散り散りに
ちりとり　塵取り
ちりばめる　宝石を鏤める
ちりめん　縮緬の着物
ちりめんじゃこ　縮緬雑魚
ちりゃく　知略 *智略
ちりょ　知慮 *智慮
ちりょう　耳を治療する
ちりょく　地力を保つ
知力 *智力
ちる　花が散る
ちれい　地霊
ちろり　銚釐（酒を温める器）
ちわげんか　痴話喧嘩

チン

［賃］チン ―　賃金・賃貸・運賃・工賃・電車賃・家賃
［沈］チン しず-む・しず-める ―　沈下・沈降・沈潜・沈滞・沈着・沈没・沈黙
［珍］チン めずら-しい ―　「―とするに足る」◇珍奇・珍事・珍重
［朕］チン ―　❖天子の自称。
［陳］チン ―　陳謝・陳述・陳腐・陳弁・陳列・開陳・出陳
［鎮（鎭）］チン しず-める・しず-まる ―　鎮圧・鎮火・鎮座・鎮守・鎮静・重鎮
［椿］チン つばき・ひさ ―　椿事
［砧］チン おと・きぬ・きぬた ―

ちん　狆（犬の一種）
ちん　池のほとりの亭
ちんあげ　賃上げをする
ちんあつ　暴徒を鎮圧する
ちんうつ　沈鬱 *沈欝
ちんか　地盤が沈下する
鎮火する
ちんがいざい　鎮咳剤
ちんがし　家の賃貸し
ちんがり　家の賃借り

猪
緬
釐

ちんき　珍奇な風習
　珍稀な品物
ちんきゃく　珍客
ちんきん　沈金蒔絵《まきえ》
ちんぎん　沈吟する
　賃金　＊賃銀
ちんご　国家を鎮護する
ちんこう　沈降海岸
ちんこんきょく　鎮魂曲
ちんざ　鎮座まします
ちんさげ　賃下げ
ちんし　沈思黙考
ちんじ　珍事（珍しい出来事）
　椿事が起きる（思いがけない出来事）
ちんしゃ　政府が陳謝する
ちんしゃく　賃借料
ちんしゅ　珍種を発見する
ちんじゅ　鎮守の森

ちんじゅう　珍獣
ちんじゅつ　陳述書
ちんじょう　国会に陳情する
ちんせい　景気が沈静する
　動乱を鎮静する
ちんぜい　鎮西（九州）
ちんせいざい　鎮静剤
ちんせつ　珍説
ちんせん　研究に沈潜する
　賃銭
ちんたい　沈滞した空気
　賃貸価格
ちんたいしゃく　賃貸借
ちんだん　珍談奇談
ちんちゃく　沈着な行動
ちんちょう　古銭を珍重する
ちんちん　夜沈々と更ける
ちんつう　沈痛な面持ち
　鎮痛剤
ちんてい　反乱を鎮定する

ちんでん　沈殿　＊沈澱
ちんとう　枕△頭の書
　珍答
ちんにゅう　暴漢が闖入する
ちんば　跛の下駄
ちんぴ　陳皮
ちんぴん　珍品
ちんぶ　暴徒を鎮撫する
ちんぷ　陳腐な話
ちんぶん　珍聞奇聞
ちんぷんかん　珍紛漢な答え
ちんべん　陳弁これ努める
ちんぽう　珍宝
ちんぼつ　船が沈没する
ちんぽん　珍本を漁《あさ》る
ちんみ　山海の珍味
ちんみょう　珍妙な味
ちんむるい　珍無類の話
ちんめん　酒色に沈湎する

ちんもく　沈黙を守る
ちんもん　珍問奇問
ちんゆう　沈勇の人
ちんりん　沈淪の身
ちんれつ　商品を陳列する

つ

ツ

［都（都）］（ツ）・ト　みやこ ―― 都合・都度
つ　津（みなと）
つ　津市

ツイ

［対（對）］ツイ・タイ ―― 「―の着物」◇対句・対語・対幅・一対
［追］ツイ　おう ―― 追加・追撃・追従・

追跡・追想・追突・追放
［墜］ツイ ― 墜死・墜落・撃墜・失墜
［椎］ツイ ― 椎骨・椎間板・脊椎・鉄椎
［槌］人 ツイ つち ― 鉄槌

つい　終△の住処《すみか》
ついえ　費えがかさむ
ついえる　時間が費える　野望が潰△える
ついおく　追憶にふける
ついか　予算を追加する
ついかい　追懐の情
ついかんばん　椎間板ヘルニア
ついき　追記を書く
ついきゅう　責任を追及する　利潤を追求する　真理を追究　*追窮する　不足分の追給
ついく　対句を成す
ついげき　敵を追撃する
ついご　対語
ついごう　追号する
ついこつ　椎骨
ついし　追試を行う　墜△死する
ついじ　築△地
ついしけん　追試験
ついしゅ　堆△朱の花瓶
ついじゅう　他人に追従する
ついしょう　お追従を言う
ついしん　追伸
ついずい　追随を許さない
ついせき　犯人を追跡する
ついぜん　追善供養
ついそ　追訴する
ついぞ　終△ぞ聞かない
ついそう　犯人を追走する　書類を追送する　往時を追想する
ついぞう　追贈する
ついたち　一日・*朔△日
ついたて　衝△立で仕切る
ついちょう　追徴する
ついちょうきん　追徴金
ついて　これに就いて考慮する　❖「…について」は仮名書きがふつう。
ついで　次いで　お序△での節
ついでに　序△でに言う
ついては　就いては　❖ふつう仮名書き。
ついとう　平家を追討する　故人を追悼する
ついとつ　車が追突する
ついな　追儺
ついに　遂△に・*終△に　*竟に成功した
ついにん　事実を追認する
ついばむ　木の実を啄む
ついひ　追肥を施す
ついび　敵を追尾する
ついぼ　恩師を追慕する
ついほう　国外に追放する
ついやす　時間を費やす
ついらく　墜落する
ついろく　追録する

ツウ

［通］ツウ・(ツ) とおる・とおす・かよう ― 「芝居の―」◇通勤・通信・交通
［痛］ツウ いたい・いたむ・いためる ― 痛飲・

闖
湎
儺

痛快・痛感・痛撃・痛切・苦痛

つういん　治療に通院する
つういん　同僚と痛飲する
つううん　通運会社
つうか　通貨膨張
つうか　列車が通過する
つうかい　痛快な出来事
つうかぎれい　通過儀礼
つうかく　痛覚
つうがく　高校に通学する
つうかん　通巻十三号
　通関手続き
　国史を通観する
　必要を痛感する
つうき　通気のよい建物
つうぎょう　国情に通暁する
つうきん　電車で通勤する
つうく　痛苦
つうげき　痛撃を加える

つうげん　痛言する
つうこう　右側を通行する
　通交条約
つうこうどめ　通行止め｜
つうこく　断交を通告する
　墓前で痛哭する
つうこん　痛恨の極み
つうさん　損害を通算する
つうさんしょう　通産省
つうし　西洋音楽の通史
つうじ　通じがない
　通事　＊通辞
　＊通詞（通訳）
つうしゃく　万葉集通釈
つうしょう　通称で呼ぶ
　通商を開く
つうじょう　通常の業務
つうじる　電話が通じる
つうしん　通信が途絶える
つうじん　通人

つうしんえいせい　通信衛星
つうしんき　通信機
つうしんしゃ　通信社
つうしんはんばい　通信販売
つうしんぼ　通信簿
つうずる　電話が通ずる
つうせき　早世を痛惜する
つうせつ　通説を覆す
　痛切に感じる
つうそく　通則に従う
つうぞくてき　通俗的
つうだ　痛打を浴びせる
つうたつ　通達を出す
つうち　合格を通知する
つうちょう　預金通帳
　最後通牒
つうてい　通底し合う
つうてん　痛点

つうでん　通電する
つうてんかく　通天閣
つうどく　解説を通読する
つうねん　通年講義
　社会通念
つうば　痛罵を浴びる
つうはん　通販（通信販売）
つうふう　通風がいい
　痛風の発作
つうふん　不正を痛憤する
つうぶん　分数を通分する
つうへい　役人の通弊
つうべん　通弁
つうほう　警察に通報する
つうぼう　痛棒を食らわす
つうやく　通訳する
つうゆうせい　通有性
つうよう　貨幣が通用する
　痛痒を感じない

つうようもん　通用門
つうらん　報告を通覧する
つうりき　通力（神通力）
つうれい　通例になる
つうれつ　痛烈に非難する
つうろ　狭い通路
つうろん　哲学通論　無策を痛論する
つうわ　通話する
つえ　転ばぬ先の杖

つか

[塚]―つか―　一里塚・貝塚

つか　束△のある本　刀の柄△　一里塚
つかい　使い・*遣い
つがい　小鳥の番△
つかいかた　辞書の使い方
つかいがって　使い勝手
つかいこみ　使い込み
つかいこむ　長年使い込んだ万年筆
つかいすて　使い捨ての皿
つかいはしり　使い走り
つかいはたす　使い果たす
つかいふるす　使い古す
つかいみち　使い道がない
つかいもの　使い物にならない　お遣い物
つかいわける　使い分ける
つかう　機械を使う・ガスを―・人を―　気を遣う　*使う
つがう　小鳥が番△う
つかえ　胸の痞△え
つかえる　車が支△える　*閊える　胸が痞△える　主君に仕△える　父母に事△える
つがえる　矢を番△える
つかがしら　柄頭を叩《たた》く
つかさ　織部の司△
つかさどる　司る・*掌△る
つかす　愛想を尽かす
つかぬこと　付かぬ事
つかねる　手を束△ねる
つかのま　束△の間の幸せ
つかまえる　鳥を捕まえる　袖を掴まえる　*捉△まえる
つかまつる　失礼を仕△る
つかまる　警官に捕まる　柱に掴まる　*捉△まる
つかみあい　掴み合い
つかみどころ　掴み所がない
つかむ　金を掴む　*攫む
つかる　水に漬かる　*浸△かる
つがるかいきょう　津軽海峡
つかれ　疲れが出る
つかれはてる　疲れ果てる
つかれめ　疲れ目
つかれる　神経が疲れる　狐に憑かれる
つかわす　使者を遣わす
つき　月が昇る　火の付きが悪い　条件付き採用　病気に就き欠席

❖ふつう仮名書き

牒　痞　閊

付き　*憑きが回る
運の尽き
剣道の突き
搗きの浅い米

つぎ　次の会合
継ぎを当てる

づき　審議室付

つきあい　長い付き合い

つきあう　付き合う

つきあかり　月明かりの道

つきあげる　突き上げる

つきあし　月足

つきあたる　壁に突き当たる　*突当る

つきあわす　顔を突き合わす　*突合す

つきおくれ　月遅れ　*月後れのお盆

つきおとす　突き落とす　*突落す

つきかえす　抗議文を突き返す

つきかげ　月影さやかな夜

つきがけ　月掛け

つきがわり　月代わりの当番
月替わりの取引

つぎき　接ぎ木

つきぎめ　月決め　*月極△め購読

つききり　付き切りの看病

つきくずす　突き崩す

つぎこむ　金を注△ぎ込む

つぎざお　継ぎ竿(釣竿)
継ぎ棹(三味線)

つきさす　胸を突き刺す

つきじ　築△地の魚河岸

つきしたがう　付き従う

つきずえ　月末

つきすすむ　突き進む

つきせぬ　尽きせぬ思い

つきそい　付き添い　*付添

つきそいにん　付添人

つきそう　付き添う

つきたおす　突き倒す

つきだす　警察へ突き出す

つぎたす　竿を継ぎ足す

つきたらず　月足らずの子

つきづき　月々の積立金

つぎつぎ　次々に来る

つきっきり　付きっ切りの看病

つきつける　突き付ける

つきつめる　突き詰める

つぎて　家業の継ぎ手
鉄管の接ぎ手

つきでる　突き出る

つきとおす　板を突き通す

つきとめる　家を突き止める

つきなみ　月並みな趣向
月次△　*月例△の句会

つぎに　次になすべき事

つきぬける　突き抜ける

つぎのま　次の間

つぎはぎ　継ぎ接△ぎする

つきはじめ　月初め

つきはてる　尽き果てる

つきはなす　突き放す

つきばらい　月払いで買う

つきばん　月番

つきひ　月日がたつ

つきびと　歌手の付き人

つぎほ　話の接ぎ穂

つ

つきまとう　付き纏う
つきみ　月見をする
つきみそう　月見草の花
つぎめ　板の継ぎ目
　木の接ぎ目
つきもの　梅に鶯《うぐいす》は付き物
　憑き物が落ちる
つきやぶる　突き破る
つきやま　庭の築山
つきゆび　突き指
つきよ　月夜に提灯
つきる　万策が尽きる
つきわり　月割りで払う
つく　泥が付く・味方に―・利息が―
　仕事が手に付かない
　灯が付く　*点△く
　席に着く・手紙が―・東京に―
つく　緒に就く・床に―・職に―
　位に即△く
つく　付い　*憑いている日
つく　狐が憑く
つく　床まで水が漬く
つく　うそを吐△く
つく　やりで突く
　意気天を衝△く・本質を―
つく　鐘を撞△く
つく　米を搗△く
　*舂く
つぐ　富士に次ぐ山
　布を継ぐ
　跡を継ぐ
　*嗣△ぐ
　木を接ぐ
　お茶を注△ぐ
づく　おじけ付く
つくえ　机△の脚
つくし　土△筆△を摘む
つくし　筑紫平野
つくす　夫に尽くす
　死力を尽くす
つくだに　佃煮
つぐない　償いをする
つぐなう　罪を償う
つくねる　粘土を捏ねる
つくばい　蹲　*蹲踞
つくばさん　筑波山
つぐみ　鶇が鳴く
つぐむ　口を噤△む
つくもがみ　九十△九△髪
つくり　偏と旁
　立派な作り　*造りの家
つくりかえる　服を作り替える
　塀を造り替える
つくりかた　詩の作り方
　庭の造り方
つくりごえ　作り声を出す
つくりごと　作り事を言う
つくりざかや　造り酒屋
つくりだす　作り出す
つくりつけ　作り付け　*造り付け
つくりなおし　服の作り直し
　塀の造り直し
つくりばなし　作り話をする
つくりみ　作り身
つくりもの　作り物の花

舂
鶇
噤

つ

つくりわらい　作り笑い
つくる　米を作る・規則を―・家具を―・刺身に―
　詩を作る
　船を造る・貨幣を―・庭園を―・酒を―
　新しい文化を創る
つくろいもの　繕い物をする
つくろう　破れを繕う
つけ　付けで買う
つげ　黄楊△　*柘植△のくし
づけ　三日付け|で発令
つけあい　連歌の付合
つけあがる　付け上|がる　*付上る
つけあわす　付け合わ|す　*付合す
つけいる　無知に付け|入る
つけうま　付け|馬
つけぐすり　付け|薬
つげぐち　告げ|口する
つけくわえる　付け|加える
つけこむ　弱みに付け|込む
　大根を漬け|込む
つけだい　すし屋の付け台
つけたし　付け|足し
つけだし　幕下付け|出し
つけたり　付けたり
つけどころ　目の付け|所
つけとどけ　盆暮れの付け|届け
つけな　漬け|菜
つけね　足の付け根
つけねらう　後を付け|狙う
つけび　付け|火をする
つけひげ　付け髭
つけぶみ　付け文をする
つけまわす　後を付け|回す
つけもの　漬物
つけやきば　付け|焼き刃　*付焼刃

つ〈ける〉
[漬]つ-ける・つ-かる　―「大根を―」

つける　名を付ける・気を―・条件を―
　灯火を付ける　*点△ける
　船を岸に着ける・仕事に手を―・身に―
　役に就ける
　位に即△ける
つける　跡を蹤△ける　*尾△ける
つける　水に浸△ける
つげる　全員に告げる
つごう　都合がよい
　都合十日掛かる
つごもり　晦蕎麦《そば》

つじ
[人辻]つじ　―四つ辻

つじうら　辻占△|売り
つじぎり　辻斬り
つじせっぽう　辻説法
つじつま　辻褄△を合わせる
つしま　対馬△の国
つた　蔦の葉
つたう　石垣を伝△う
つたえ　伝えによると
つたえきく　伝え聞く

つたえる　熱を伝える
つたない　拙い芸
つたわる　噂《うわさ》が伝わる
つち　土が付く
　槌を振り上げる
つちいじり　土弄りする
つちおと　槌音が響く
つちかう　公徳心を培う
つちくさい　土臭い身なり
つちくれ　土塊を砕く
つちけいろ　土気色の顔
つちけむり　土煙が立つ
つちつかず　土付かず
つちのえ　戊
つちのと　己
つちふまず　土踏まず
つちぼこり　土埃が立つ
つつ　竹の筒
つつうらうら　全国津々浦々
つつおと　轟く筒音

つっかいぼう　突っ支い棒
つっかえす　金を突っ返す
つっかかる　すぐ相手に突っ掛かる
つっかけ　突っ掛け
つっかける　突っ掛ける
つつがない　恙無く帰国
つつがむしびょう　恙虫病
つづき　話の続き
つづきがら　続き柄
つづきもの　続き物の小説
つつぎり　筒切りにする
つっきる　大通りを突っ切る
つつく　鳥がえさを突く
つづく　晴天が続く
つづけざまに　続け様に
つづける　仕事を続ける
つっけんどん　突っ慳貪
つっこみ　演技に突っ込みが足りない
つっこむ　足を突っ込む
つつさき　ホースの筒先
つつじ　躑躅の花
つつしみ　慎みがない
つつしみぶかい　慎み深い
つつしむ　身を慎む・酒を—・言葉を—
つつしんで　謹んで聞く
つつそで　筒袖の着物
つったつ　突っ立つ
つつぬけ　筒抜けになる
つっぱる　突っ張る
つつましい　慎ましい微笑
つつましやか　慎ましやか
つづまやか　約やかな生活
つづまる　丈が約まる
つつみ　本の包み
　川の堤
つづみ　鼓を打つ

つつみかくす　包み隠す
つつみがみ　商店の包み紙
つつみこむ　包み込む
つつむ　本を包む
つづめる　文を約める
つつもたせ　美人局
つづら　葛籠にしまう
つづらおり　葛折り・*九十九折りの道
つづり　報告書の綴り
つづりかた　綴り方
つづりじ　英語の綴り字
つづる　文章を綴る
つづれおり　綴れ織り・*綴織
つて　伝・*伝手を求

慳
躑
躅

つ

める
つと　納豆の苞
つど　その都度
つどい　食後の集い
つどう　若者が集う
つとに　夙に留学を志す
つとまる　教師が勤まる
　委員長が務まる
つとめ　親の務め
　勤めに出る
つとめぐち　勤め口を捜す
つとめさき　勤め先
つとめて　努めて　*勉△め
　て平気を装う
つとめにん　勤め人
つとめる　解決に努める
　学問に勉△める
　議長を務める
　会社に勤める
つな　綱を張る

つながり　繋がり
つながる　血が繋がる
つなぐ　舟を繋ぐ
つなひき　綱引|き　*綱曳
　き
つなみ　津波　*津浪△
　*海△嘯
つなわたり　綱渡りをする
つね　常と変わらない
つねづね　常々思うこと
つねに　常に　*恒△に
つねひごろ　常日頃
つねる　身を抓る
つの　鹿の角
つのがき　角書|き
つのかくし　角隠|し
つのだる　角樽
つのつきあい　角突き合|い
つのぶえ　角笛を吹く
つのる　希望者を募る

　不安が募る
つば　唾を吐く
　刀の鍔　*鐔
つばき　唾を吐く
　椿の花
つばくろ　燕
つばさ　翼を広げる
つばぜりあい　鍔迫△り|合い
つばめ　燕の巣
つぶ　粒が小さい
　螺△焼き(貝)
つぶさに　具△に　*備△に　調
　べる
つぶし　潰しがきく
つぶす　時間を潰す
つぶぞろい　粒揃いの生徒
つぶて　紙の礫△　*飛礫
つぶやく　不平を呟く
つぶより　粒選△りの品
つぶら　円△らな目

つぶる　目を瞑る
つぶれる　会社が潰れる

つぼ
[坪]|つぼ|　坪数・建坪

つぼ　素焼きの壺
つぼざら　壺皿
つぼすう　建物の坪数
つぼにわ　坪庭
つぼね　春日の局△
つぼまる　先が窄まる
つぼみ　蕾　*莟が膨らむ
つぼむ　花が窄む
　蕾む(蕾になる)
つぼめる　傘を窄める
つぼやき　壺焼|き

つま
[爪]|(つま)・つめ|　爪先・爪弾く

つま　妻をめとる

つ

刺身の具△
棲を取る
屋根の端△

つまおと　澄んだ爪音
つまかわ　爪皮　*爪革
つまぐる　数珠を爪繰る
つまごい　妻恋　*嬬恋
つまさき　爪先で立つ
つまさきあがり　爪先上がり
つまさきだつ　爪先立つ
つましい　倹しい生活
つまずく　石に躓く
つまはじき　爪弾きにする
つまびく　ギターを爪弾△く
つまびらか　詳らか　*審らかにする
つまみ　ふたの摘△まみ　*抓み
つまみぐい　摘△まみ食い

つまみだす　摘△まみ出す
つまむ　鼻を摘△まむ　*撮む　*抓む
つまようじ　爪楊枝　*爪楊子
つまらない　詰まらない話
つまり　詰まり同じだ
つまる　返答に詰まる
つみ　将棋の詰み　罪を犯す
つみあげる　積み上げる
つみいれ　鰯《いわし》の摘み入れ
つみおろし　積み降ろし　*積み下ろし　*積み卸し
つみかえ　荷の積み替え
つみかえる　積み替える
つみかさなる　積み重なる
つみかさね　積み重ね
つみき　積み木

つみくさ　摘み草
つみこみ　荷の積み込み
つみこむ　積み込む
つみだし　積み出し
つみだす　船で積み出す
つみたて　積み立て　*積立
つみたてきん　積立金
つみたてる　積み立てる
つみつくり　罪作りな話
つみとが　罪科△のない者
つみとる　芽を摘み取る
つみに　積み荷
つみのこし　積み残しが出る
つみびと　罪人
つみほろぼし　罪滅ぼしをする
つみれ　鰯《いわし》の摘みれ
つむ　錘　*紡△錘

つむ　将棋が詰む　花を摘む　荷を積む
つむぎ　紬の着物
つむぐ　糸を紡ぐ
つむじ　旋△毛を曲げる
つむじかぜ　旋風が吹く
つむり　頭を丸める
つむる　目を瞑る

つめ
[爪]｜つめ・(つま) ──「｜を切る」
◇生爪

つめ　最後の詰め
づめ　支店詰　歩き詰め
つめあと　台風の爪痕

鍔
蕾
嬬

つめあわせ　お菓子の詰め合わせ　*詰合せ
つめいん　爪印を押す
つめえり　詰め襟の制服
つめかえ　詰め替え
つめかえる　中身を詰め替える
つめかける　大勢詰め掛ける
つめきり　爪切り
つめご　詰め碁
つめこむ　頭に詰め込む
つめしょ　詰め所
つめしょうぎ　詰め将棋
つめたい　冷たい水
つめたさ　冷たさ
つめばら　詰め腹
つめびき　三味線の爪弾き
つめもの　詰め物

つめよる　詰め寄る
つめる　弁当を詰める
つもり　行く積もり　*心△算△
つもる　雪が積もる
つや　通夜をする
つや　皮膚の艶
つやけ　艶気のない顔
つやけし　艶消しの仕上げ
つやっぽい　艶っぽい話題
つやつや　艶々している
つやめく　艶めく
つゆ　お汁△
つゆ　梅雨に入る
つゆ　露が置く
つゆ　露疑わない
❖副詞は仮名書きがふつう。
つゆあけ　梅雨明け
つゆいり　梅雨入り

つゆけし　露けし
つゆじも　露霜が降りる
つゆぞら　梅雨空
つゆはらい　露払い
つゆびえ　梅雨冷え
つゆほども　露程も
つよい　力が強い　*勁い
つよがり　強がりを言う
つよがる　強がる
つよき　強気に出る
つよび　強火で煮る
つよまる　風が強まる
つよみ　強みを持つ
つよめる　語気を強める
つら　どの面△下げて
つらい　辛△い仕事
つらがまえ　不敵な面構え
つらだましい　一癖ある面魂
つらつき　面付きが悪い
つらつら　熟△々考えるに

つらなる　末席に連なる　*列△なる
つらにくい　面憎い奴
つらぬく　初志を貫く
つらね　「暫《しばらく》」の連ね
つらねる　名を連ねる　*列△ねる
つらのかわ　面の皮が厚い
つらよごし　仲間の面汚し
つらら　氷△柱△が下がる
つり　釣り
つりあい　釣り合い　*釣合が取れる
つりあう　力が釣り合う
つりあげる　鯛を釣り上げる
つりあげる　目を吊り上げて怒る
つりいと　釣り糸
つりおとす　大魚を釣り落

とす　*釣落す

つりがき　釣り書き　*釣書を取り交わす

つりがね　釣り鐘　*吊り鐘

つりかわ　釣り革　*吊り革

つりぐ　釣り具

つりこむ　話に釣り込まれる

つりざお　釣り竿

つりさげる　釣り下げる　*吊り下げる

つりし　釣り師

つりせん　釣り銭

つりだす　横綱を吊り出す　甘言で釣り出す

つりだな　釣り棚　*吊り棚

つりだま　釣り球

つりて　蚊帳の吊り手　魚の釣り手

つりどうぐ　釣り道具

つりば　釣り場

つりばし　釣り橋　*吊り橋

つりばり　釣り針

つりびと　釣り人

つりひも　吊り紐

つりぶね　釣り舟　*釣り船

つりぼり　釣り堀

つりめ　吊り目

つりわ　吊り輪

つる
［鶴］つる　―「―の一声」◇千羽鶴

つる　弓に弦を張る　なべの鉉

つる　草の蔓　棚を吊る　魚を釣る　足が痙る　*攣る

つる　都留市

つるが　敦賀湾

つるかめ　鶴亀

つるぎ　剣の舞

つるくさ　蔓草がはびこる

つるし　吊しの洋服

つるしあげ　吊し上げ

つるしがき　吊し柿

つるす　天井から吊す

つるはし　鶴嘴を振るう

つるべ　釣瓶で水を汲む

つるべおとし　釣瓶落とし

つれ　連れ　*伴れの女

づれ　親子連れ

つれあい　連れ合い

つれこ　連れ子

つれこむ　宿に連れ込む

つれさる　連れ去る

つれそう　長年連れ添う

つれだす　連れ出す

つれづれ　徒然を慰める

つれづれぐさ　徒然草

つれて　時世に連れて

つれもどす　連れ戻す

つれる　犬を連れる　足が痙れる　*攣れる

つわぶき　石蕗　*槖吾の葉

艶　攣　槖

つわもの　兵△どもが夢の跡／その道の強△者
つわり　悪△阻△がひどい
つんざく　耳を劈く　＊擘く爆音
つんぼさじき　聾桟敷に置く

て

て　手を握る
で　人の出が少ない
てあい　この手合い|
であい　人との出会い|
であい　＊出合い|
であいがしら　出会い|頭／＊出合い|頭
であう　友人に出会う／＊出合う

てあか　手垢がつく
てあき　手空き／＊手明きの人
てあし　手足を伸ばす
であし　出足が速い車／投票者の出足
てあたりしだい　手当たり|次第
てあつい　手厚い看護
てあて　傷の手当て|／家族手当
てあぶり　手焙り|
てあみ　手編み|の手袋
てあらい　手洗い|に立つ
てあらい　手荒い扱い
であるく　よく出歩く
てあわせ　碁の手合わせ|

テイ

[丁]テイ・チョウ ― 丁字路・丁寧・甲乙丙丁・壮丁

[低]テイ ひく-い・ひく-める・ひく-まる ― 低下・低級・低俗・低調・低迷・高低
[弟]テイ・(ダイ・デ) おとうと ― 「兄たり難く―たり難し」◇弟妹・師弟
[体(體)]テイ・タイ からだ ― 「困惑の―」◇体裁・世間体・風体
[定]テイ・ジョウ さだ-める・さだ-まる・さだ-か ― 定員・定義・安定・決定・予定
[底]テイ そこ ― 底辺・底本・底面・底流・海底・到底
[庭]テイ にわ ― 庭園・庭球・庭前・家庭・校庭・茶庭
[停]テイ ― 停学・停止・停滞・停電・停留所・調停
[提]テイ さ-げる ― 提案・提供・提示・提出・提唱・提訴・前提
[程]テイ ほど ― 程度・音程・過程・射程・日程・旅程

[呈]テイ ― 呈上・謹呈・献呈・進呈・贈呈・拝呈
[廷]テイ ― 廷臣・開廷・宮廷・出廷・朝廷・法廷・満廷
[抵]テイ ― 抵抗・抵触・抵当・大抵
[邸]テイ ― 邸宅・邸内・官邸・豪邸・私邸・別邸・本邸
[亭]テイ ― 亭主・亭々・旗亭・席亭・池亭・茶亭・料亭
[貞]テイ ― 貞淑・貞女・貞節・貞操・貞婦・童貞・不貞
[帝]テイ ― 帝位・帝王・帝国・帝政・皇帝・女帝・先帝
[訂]テイ ― 訂正・改訂・校訂・三訂・修訂・補訂
[逓(遞)]テイ ― 逓減・逓次・逓信・逓増・駅逓
[偵]テイ ― 偵察・探偵・内偵・密偵

[堤]テイ つつみ —— 堤防・築堤・長堤・突堤・防波堤

[艇]テイ —— 艇庫・艇首・艇身・艦艇・競艇・舟艇・飛行艇

[締]テイ しめる しまる・ —— 締結・締約

[諦]テイ あきらめる —— 諦観・諦念

人[汀]テイ みぎわ なぎさ・ —— 汀渚・汀線

人[悌]テイ —— 悌友・孝悌

人[禎・人禎]テイ さだ ——

人[挺]テイ・チョウ —— 挺身・空挺

人[梯]テイ はし・はしご —— 梯形・階梯

人[綴]テイ・テツ —— 綴集・補綴

人[薙]テイ・チ —— 薙髪

人[蹄]テイ ひづめ —— 蹄鉄・偶蹄類

人[逞]テイ たくま・とし・ゆき・ゆた・よし —— 不逞

人[鄭]テイ・ジョウ —— 鄭重

人[釘]テイ くぎ —— 装釘

人[鵜]テイ う ——

人[鼎]テイ かなえ・かね —— 鼎談・鼎立

てい　満足の体　*ほうほうの態△で退散する

デイ

[泥]デイ どろ —— 泥酔・泥炭・泥土・雲泥・金泥・拘泥

人[禰・人祢]デイ・ネ ——

ていあつ　低圧の電流
　定圧を保つ

ていあん　動議を提案する

ていい　低位株
　定位
　帝位を継ぐ

ていいん　定員に達する

ていえん　日本庭園

ていおう　無冠の帝王

ていおうせっかい　帝王切開

ていおん　低音で歌う
　低温殺菌
　定温動物

ていか　実力が低下する
　定価を付ける

ていかい　低回　*低徊
　*低徊趣味

ていがく　低額所得者
　定額を貯金する
　停学処分

ていがくねん　低学年

ていかん　会社の定款
　時勢を諦観する

ていかんし　定冠詞

ていき　定期に刊行する
　問題を提起する

ていぎ　直線の定義
　延期を提議する

ていきあつ　低気圧

ていきけん　定期券

ていきゅう　低級な趣味
　定休日
　庭球の試合
　涕泣する

ていきょう　労力を提供する

ていきん　提琴演奏家

ていくう　低空飛行

ていけ　手活△けの花

ていけい　定形郵便物
　梯形（台形）
　商社と提携する

ていけいし　定型詩

ていけつ　貞潔な婦人
　条約を締結する

ていけつあつ　低血圧

ていけん　定見がない

ていげん　生産が低減する
　（減る）
　収穫逓減の法則

劈　擘　逓

（次第に減る）
試案を提言する
ていこ　艇庫
ていこう　弾圧に抵抗する
ていこく　定刻に開会する
ローマ帝国
ていこくしゅぎ　帝国主義
ていさい　体裁がよい
ていさつ　敵状を偵察する
ていし　支払を停止する
ていじ　低次な問題
条件を提示する
手形を提示
＊呈示する
定時に開会する
綴字法
ていしき　定式化
ていじけい　丁字形
ていしせい　低姿勢になる
ていじせい　定時制高校

ていしつ　低湿な土地
帝室
ていしゃ　急行が停車する
ていしゅ　亭主関白
ていじゅう　東京に定住する
ていしゅうは　低周波
ていしゅく　貞淑な妻
ていしゅつ　信任状の呈出
論文を提出する
ていじょ　貞女の鑑
ていしょう　定昇（定期昇給）
新説を提唱する
ていじょう　一書を呈上する
でいじょう　泥状
ていしょく　法律に抵触
＊牴触　＊觝触する
和風定食
畑に定植する
定職を持つ

停職処分
ていじろ　丁字路
ていしん　廷臣
挺身斬り込み
逓信事業
三艇身の差
でいすい　泥水
泥酔する
ていすう　定数に満たない
ていする　奇観を呈する
一書を呈する
身を挺する
ていせい　字句を訂正する
帝政ロシア
ていせつ　定説を覆す
貞節を重んじる
満潮時の汀線
ていせん　停船を命じる
停戦協定
ていそ　定礎式

国連に提訴する
ていそう　低層住宅
貞操を守る
ていぞう　人口が逓増する
ていそく　低速で運転する
会の定則を守る
ていぞく　低俗な歌
ていたい　事務が停滞する
ていたい　手痛い失策
ていだい　帝大（帝国大学）
ていたく　邸宅を構える
ていたらく　散々の体たらく
ていだん　鼎談する
でいたん　泥炭地
ていち　低地と高地
漁具を定置する
ていちあみ　定置網
ていちゃく　都市に定着する
でいちゅう　泥中の蓮《はす》
ていちょう　丁重　＊鄭重に

て

扱う
低調な試合
魚雷艇の艇長
ていっぱい　手一杯になる
ていてい　亭々たる大樹
ていてつ　馬の蹄鉄
ていてん　定点観測
ていでん　停電する
ていと　帝都（東京の旧称）
ていど　程度が高い
でいど　泥土
ていとう　平身低頭する
抵当に入れる
ていとく　提督
ていとん　交渉が停頓する
ていない　邸内の植え込み
ていねい　丁寧な言葉
でいねい　泥濘の海
ていねん　定年 *停年
諦念

ていのう　低能
ていはく　停泊 *碇泊
ていはつ　剃髪する
ていばん　定番の品
ていひょう　定評がある
ていふつ　国内が鼎沸する
ていへん　社会の底辺
ていぼう　堤防が決壊する
ていぼく　低木と高木
ていほん　定本万葉集
校訂の底本
ていまい　弟妹
ていめい　下位に低迷する
ていめん　円柱の底面
ていもう　剃毛
ていやく　定訳
条約を締約する
ていよう　生物学提要
ていよく　体良く断る
ていらく　物価が低落する

ていり　低利で借りる
廷吏
定理を証明する
でいり　出入りの商人
でいりぐち　出入り口
ていりつ　低率の経済成長
定立と反定立
定律
定率の税金
三国が鼎立する
ていりゅう　意識の底流
停留する
でいりゅう　泥流が渦《うず》巻く
ていりゅうじょ　バスの停留所
ていりょう　定量の薬
ていれ　靴の手入れ
ていれい　定例の閣議
ていれつ　低劣な趣味
ていれん　低廉な品

てうえ　手植えの松
てうす　手薄になる
てうち　手打ち蕎麦《そば》
手討ちにする
てうちしき　手打ち式
ておい　手負いの獅子
ておくれ　手後れ *手遅れになる
でおくれる　出遅れる
ておけ　手桶
ておしぐるま　手押し車
ておち　係の手落ち
ておの　手斧
ており　手織りの木綿
でがいちょう　出開帳
てかがみ　手鏡で見る
古筆の手鑑△

鄭
濘
剃

て

てがかり　手掛かり　*手懸かりをつかむ
てかぎ　手鉤無用
てがき　手書きで書く　手描き友禅
てがける　長年手掛ける　*手懸ける
でかける　町へ出掛ける
てかげん　手加減をする
てかず　手数が掛かる
てかせ　手枷足枷
でかせぎ　出稼ぎに行く
てがた　手形を振り出す
でかた　敵の出方を見る
てがたい　手堅い商売
てがたな　手刀を切る
でがたり　歌舞伎の出語り
てがたわりびき　手形割引
てがみ　手紙を書く

てがら　手柄を立てる
でがらし　出涸らしの茶
てがる　手軽な食事

テキ

[的]テキ まと —的中・科学的・標的・目的
[笛]テキ ふえ —汽笛・警笛・号笛・鼓笛隊・牧笛・霧笛
[適]テキ —適応・適合・適切・適度・適当・適任・快適
[敵]テキ かたき —「女性の—」◇敵意・敵視・敵対・強敵・匹敵
[摘]テキ つ-む —摘果・摘出・摘発・摘要・摘記・指摘
[滴]テキ しずく・したた-る —滴下・滴定・一滴・水滴・点滴・余滴
人[迪]テキ すすむ・みち —啓迪
人[擢]テキ・タク —擢用・抜擢
人[荻]テキ おぎ —

デキ

[溺]デキ おぼ-れる —溺愛・溺死

でき　出来がいい
できあい　出来合いの服　子供を溺愛する
できあがり　出来上がり
できあがる　出来上がる
てきい　敵意を抱く
てきえい　敵営　敵影を認めず
てきおう　環境に適応する
てきおん　適温を保つ
てきか　摘果する　試薬を滴下する
てきが　盆栽の摘芽
てきがいしん　敵愾心を煽《あお》る
てきかく　的確な判断　適確な措置

適格審査
てきがた　敵方の大将
てきかん　敵艦
てきぎ　適宜な処置
てきぐん　敵軍
てきごう　環境に適合する
てきこく　敵国
できごころ　出来心で盗む
できごと　昨日の出来事
てきざい　適材適所
てきさく　適地適作
てきし　相手を敵視する
てきじ　適時打
できし　溺死する
てきしつ　敵失で得点する
てきしゅう　敵襲に備える
てきしゅつ　腎臓を摘出　*剔出する
てきしょ　適材適所
てきじょ　胃を摘除　*剔除

△は常用漢字表にない音訓　|の付いた仮名は省略してもよい送り仮名　*は同語の別表記

除する
てきしょう　敵将
てきじょう　敵状　*敵情
てきしょく　適職
てきじん　敵陣に切り込む
てきず　手傷　*手疵を負う
てきする　健康に適する　衆寡敵せず
てきせい　適正な価格　適性を調べる　敵性国家
てきぜい　敵勢を迎え撃つ
てきせつ　適切な表現
てきぜん　敵前上陸
できそこない　出来損ない
てきたい　政府に敵対する
できだか　出来高で払う
できたて　出来立て
てきち　適地適作　敵地に侵入する
てきちゅう　予想が的中　*適中する　敵中突破
てきど　適度な運動
てきとう　適当な機会
てきにん　適任の人
できばえ　出来栄え　*出来映え
てきはつ　不正を摘発する
てきひ　適否を判断する
てきびしい　手厳しい批判
てきへい　敵兵
てきほう　適法行為
てきめん　効果覿面
できもの　出来物
てきや　的屋
てきやく　適役　適訳が無い
てきよう　摘要欄　法律を適用する
てきりょう　適量の酒
できる　用事が出来る　誰でも出来る　❖可能を表す場合は仮名書きがふつう。
てぎれ　手切れ
てきれい　適例をあげる
てきれいき　適齢期
てぎれきん　手切れ金
てきろく　講演を摘録する
てぎわ　手際がいい
てきん　手金を打つ
てぐすねひく　手薬煉△引く
てくせ　手癖が悪い
てくだ　手管を弄する
てぐち　泥棒の手口
でぐち　出口と入口
でくのぼう　木△偶△の坊
てくばり　手配りをする
てくび　手首を摑む
てぐり　手繰りの糸
てぐりあみ　手繰り網
てぐるま　手車に乗せる
でくわす　友人に出くわす
でげいこ　出稽古
てこ　梃　*梃子
てこいれ　梃入れをする
てごころ　手心を加える
てこずる　手古摺る　*梃子摺る
てごたえ　手応え　*手答えがない
でこぼこ　凸凹な道
てごま　手駒を使う

愾
剔
覿

て

てこまい　手古舞
てごめ　手込め　＊手籠めにする
てごろ　手頃な大きさ
てごわい　手強い　＊手剛い相手
てざいく　手細工
でさかり　桃の出盛り
てさき　手先が器用
でさき　出先機関
てさぐり　手探りで捜す
てさげ　手提げ鞄《かばん》
てさばき　器用な手捌き
てざわり　手触りがいい
でし　弟子になる
てしお　手塩に掛ける
でしお　出潮と入り潮
てしごと　手仕事をする
てした　盗賊の手下
てじな　手品の種明かし

てじまい　手仕舞い（相場取引の清算）
てじめ　手締めをする
てじゃく　手酌で飲む
てじゅん　手順が狂う
てじょう　手錠を掛ける
てしょく　手燭をともす
てしょく　手職がある
でしょく　出職と居職
でじろ　出城を構える
てすう　手数を掛ける
てすうりょう　手数料を払う
てずから　手ずから渡す
てすき　手透き　＊手隙の時間
　手漉きの和紙
ですぎる　出過ぎた態度
てすさび　手遊びの俳句
てすじ　手筋がいい

でずっぱり　出突っ張り
てすり　手摺り
てせい　手製のケーキ
てぜい　手勢を率いる
てぜま　手狭な部屋
てそう　手相を見る
でぞめしき　出初め式
でそろう　稲穂が出揃う
てだい　手代と番頭
てだし　手出しをする
でだし　出出しがいい
てだすけ　手助けをする
てだて　よい手立て
てだま　手玉に取る
でたらめ　出鱈目な話
てだれ　手練　＊手足れの槍
てぢか　手近な所
てちがい　手違いがある
てちょう　手帳　＊手帖

テツ
[鉄(鐵)]テツ ―「―の意志」
◇鉄則・鉄道・鉄壁・鋼鉄
[迭]テツ ― 更迭
[哲]テツ ― 哲学・哲人・哲理・十哲・先哲・変哲・明哲
[徹]テツ ― 徹宵・徹底・徹夜・一徹・貫徹・透徹・冷徹
[撤]テツ ― 撤回・撤去・撤収・撤退・撤廃・撤兵
[姪]テツ・チツ　めい ―

てつ　前車の轍を踏む
てつあれい　鉄亜鈴
てっか　鉄火をくぐる
てっかい　前言を撤回する
てっかく　的確な判断
　適確な措置
　適格審査
てつがく　哲学

てつかず　手付かずの品
てっかどんぶり　鉄火丼
てっかば　鉄火場
てつかぶと　鉄兜
てづかみ　手摑みで食う
てっかみそ　鉄火味噌
てつき　器用な手付き
てっき　鉄器時代
大要を摘記する
種まきの適期
敵機が襲来する
てっきょ　施設を撤去する
てっきょう　鉄橋を渡る
てっきん　鉄筋八階建て
鉄琴を演奏する
でつくす　出尽くす
てづくり　手作りの料理
てつけ　手付けを打つ
てつけきん　手付金
てっけつ　不正を剔抉する

てっけん　鉄拳がとぶ
てっこう　手っ甲脚半
てっこう　鉄工所
鉄鉱
鉄鋼
てつごうし　鉄格子
てっこうせき　鉄鉱石
てっこつ　鉄骨構造
てっさ　鉄鎖に繋がれる
てつざい　鉄材を運ぶ
鉄剤を飲む
てっさく　鉄柵で囲む
鉄索で吊る
てつじ　綴字法
てっしゅう　基地を撤収する
てっしょう　徹宵看護する
てつじょうもう　鉄条網
てつじん　哲人カント
鉄人ビスマルク
てっする　信念に徹する
陣を撤する

てっせい　鉄製の鎖
てっせき　鉄石の意志
てっせん　鉄扇で打つ
有刺鉄線
供物を撤饌する
てっそく　鉄則を守る
てったい　部隊が撤退する
てつだい　家事の手伝い
てつだう　仕事を手伝う
でっち　△丁稚奉公
でっちあげる　捏ち上げる
てっちゅう　鉄柱
でっちり　出っ△尻
てっつい　鉄槌　*鉄鎚を下す
てつづき　手続きが済む
てってい　趣旨を徹底する
てっていてき　徹底的な調査
てっとう　送電用の鉄塔

てつどう　鉄道を敷設する
てっとうてつび　徹頭徹尾
てっとりばやい　手っ取り早い
でっぱ　出っ歯
てっぱい　統制を撤廃する
でっぱる　窓が出っ張る
てっぱん　鉄板で焼く
てっぴつ　鉄筆
てつびん　鉄瓶
てつぶん　鉄分をとる
てっぷん　鉄粉
てっぺい　撤兵する
てっぺき　鉄壁の守り
てっぺん　頭の天△辺
鉄片
てつぼう　鉄棒をする

轍
饌
鎚

て

てっぽう 鉄砲を撃つ
てっぽうだま 鉄砲玉
てっぽうみず 鉄砲水
てづま 手妻△(手品)
てづまり 八方手詰まり
てつめんぴ 鉄面皮な男
てつや 徹夜で頑張る
てつり 人生の哲理
てづり 手釣り
てづる 手蔓を求める
てつろ 鉄路
てつわん 鉄腕投手
てなしご 父無△し子
でどころ 出所 *出処△
てどり 手取り額
手捕りにする
てとりあしとり 手取り足取り教える
てないしょく 手内職
てなおし 案文の手直し

でなおす 改めて出直す
てなぐさみ 手慰みにする
てなげだん 手投げ弾
てなずける 犬を手懐△ける
てなみ お手並み拝見
てならい 六十の手習い
てならし 手慣らし
*手馴らし
てなれる 手慣れる
*手馴れる
てにもつ 手荷物
てにをは 弖爾乎波
てぬい 手縫いの洋服
てぬかり 手抜かりなく
てぬき 手抜き工事
てぬぐい 手拭いを絞る
てぬるい 手緩△い処置
てのうち 手の内を読む
てのうら 手の裏を返す
てのこう 手の甲

てのひら 掌△ *手の平
*手のひらを返す
てのもの 手の者
てば 手羽肉
でば 出場がない
てはい 会場を手配する
ではいり 出入りが多い
てばこ 手箱
てはじめ 手始めにする
ではじめ 出始め
でばしょ 噂の出場所
てはず 手筈を整える
ではずれ 出外れ
てばた 手旗信号
てばな 手鼻をかむ
でばな 番茶も出花
出端△ *出鼻をくじく
てばなし 手放しで喜ぶ

てばなす 蔵書を手放す
*手離す
てばなれ 手離れ
てばやい 手早い *手速い処置
でぼうちょう 出刃包丁
ではらう 車が出払う
でばん 出番になる
てびかえ 手控えをする
てびかえる 意見を手控える
てびき 手引きをする
指導の手引き
てひどい 手酷△い仕打ち
てびょうし 手拍子を取る
てびろい 手広い商売
てふうきん 手風琴
てふき 手拭き
てぶくろ 皮の手袋
でぶしょう 出無精 *出

不精な人
てぶそく　手不足
てふだ　手札判
でふね　出船入り船
てぶら　手ぶらで帰る
てぶり　身振り手振り
てぶんこ　手文庫
でべそ　出臍
てべんとう　手弁当で働く
てぼうき　手箒
てほどき　将棋の手解き
てぼり　手彫りの熊
てほん　手本にする
てま　手間が掛かる
てまえ　一つ手前の駅
茶の湯の点前
でまえ　出前迅速
てまえみそ　手前味噌
でまえもち　出前持ち
でまかせ　出任せを言う

てまくら　手枕で寝る
てまちん　手間賃を払う
でまど　出窓を付ける
てまどる　手間取る
てまね　手真似で話す
てまねき　手招きをする
てまひま　手間暇掛ける
てまめ　手まめな人
てまり　手鞠　*手毬
てまわし　手回しがいい
てまわりひん　手回品
でまわる　偽札が出回る
てみじか　手短に話す
てみず　手水を使う
でみず　出水
でみせ　出店をつくる
てみやげ　手土産
てむかい　手向かいをする
てむかう　親に手向かう

でむかえ　出迎えに行く
でむかえる　出迎える
でむく　町まで出向く
てもち　手持ちの資金
てもちひん　手持品
てもちぶさた　手持ち無沙汰
てもと　手元　*手許
てもとふにょい　手元不如意
でもどり　出戻りの娘
てもなく　手も無く
でもの　出物を捜す
てもり　お手盛り予算
てら　寺の和尚さん
てらう　奇を衒う
てらこや　寺子屋
てらしあわせる　照らし合わせる　*照し合せる

てらしだす　照らし出す
てらす　事実に照らす
てらせん　寺銭
てり　照りが出る
てりかえし　照り返しが強い
てりつける　照り付ける
てりはえる　照り映える
てりやき　ぶりの照り焼き　*照焼
てりゅうだん　手榴弾
てりょうり　手料理
てる　日が照る
でる　外へ出る
てるてるぼうず　照る照る坊主
てれかくし　照れ隠し

蔓
弖
鞠

てれくさい　照れ臭い表情
てれしょう　照れ性の人
てれや　照れ屋
てれる　人前で照れる
てれわらい　照れ笑い
てれんてくだ　手練手管
でわ　出羽の国
てわけ　手分けする
てわたし　手渡しする
てわたす　手紙を手渡す

テン

[天]テン あめ・(あま) ―「―を仰ぐ」
◇天下・天気・天候・天才
[典]テン ― 典雅・典拠・典籍・典礼・恩典・古典・式典
[店]テン みせ ― 店員・店頭・店舗・開店・商店・本店・露店
[点(點)]テン ―「疑問の―」
◇点検・点在・欠点・原点
[展]テン ― 展開・展示・展性・進展・発展・美術展
[添]テン そ-える・そ-う ― 添加・添削・添乗員・添付
[殿]テン・デン との・どの ― 殿上人・御殿
[転(人轉)]テン ころ-がる・ころ-げる・ころ-がす・ころ-ぶ ― 転出・回転・運転
[塡]テン ― 装塡・補塡
[人淀]テン・デン よど ―
[人纏]テン まき・まとむ ― 纏綿・半纏
[人辿]テン まき・まとむ ―
[人顛]テン かみ ― 顛覆・顛末
てん　貂の毛皮

デン

[田]デン た ― 田園・田楽・田地・塩田・水田・油田
[伝(人傳)]デン つた-わる・つた-える・つた-う ―「いつもの―で…」◇伝説・宣伝
[電]デン ― 電圧・電気・電磁波・電灯・電波・電報・発電
[殿]デン・テン との・どの ― 殿下・殿堂・貴殿・宮殿・神殿・拝殿
[人佃]デン・テン つくだ ―

でんあつ　電圧を上げる
てんい　天意に従う
　原子の転位
　癌が転移する
でんい　電位差
てんいむほう　天衣無縫
てんいん　店員
　患者が転院する
てんうん　天運と諦める
でんえん　田園風景
てんおん　天恩
てんか　天下を取る
　ガスに点火する
　添加物
　絶望が希望に転化する
　英文に転科する
　責任を転嫁する
　語音の転訛
てんが　典雅な調べ
でんか　皇太子殿下
　電化製品
　正の電荷
てんかい　天界の神秘
　論争を展開する
　百八十度の転回
てんがい　奇想天外
　天涯孤独
　本堂の天蓋
でんかい　電界(電場)
　電解(電気分解)
てんかいっぴん　天下一品
てんかく　点画
でんがく　田楽

てんかたいへい　天下太平　*天下泰平
でんかのほうとう　伝家の宝刀
てんかふん　天花粉　*天瓜粉
てんから　天から違う
てんかん　天漢（天の川）　国宝を展観する　方向を転換する　癲癇の発作
てんがん　目薬を点眼する
てんがんきょう　天眼鏡
てんき　天気になる　天機を洩らす　死の転帰をとる　元帳に転記する　転機を迎える
てんぎ　原義と転義
でんき　伝奇小説　偉人の伝記　電気を起こす　電機メーカー　電器メーカー
でんきがま　電気釜
てんきず　天気図
てんきぼ　点鬼簿に入る
でんきゅう　白熱電球
てんきゅうぎ　天球儀
てんきょ　典拠を示す　転居通知
てんぎょう　転業する
でんぎょうだいし　伝教大師
でんきょく　電極
てんきよほう　天気予報
てんきん　天金の豪華本　地方へ転勤する
てんぐ　天狗になる
てんくう　天空に聳《そび》え立つ
てんぐさ　天草
てんけい　天恵の豊かな国　天啓（天の啓示）　日本人の典型　点景　*添景人物
でんげき　電撃作戦
てんけつ　起承転結
てんけん　天険　*天嶮　天譴を受ける　ガス器具の点検
てんげん　碁盤の天元
でんけん　電鍵
でんげん　電源を切る
てんこ　点呼を取る　典故に通じる
てんこう　天候不順　右派に転向する　転校する
でんこう　電工（電気工業）　電光掲示板
でんこうせっか　電光石火
てんこく　篆刻家
てんごく　天国と地獄
でんごん　伝言する
てんさ　点差が開く
てんさい　天才　天災地変　甜菜を栽培する　転載を禁ずる
てんざい　民家が点在する
てんさく　作文を添削する　転作する
でんさんき　電算機
てんさんぶつ　天産物
てんし　天子　白衣の天使

癲　譴　甜

てんじ　天資英明
てんじ　典侍
でんし　点字図書館
見本を展示する
篆字
でんし　電子工学
てんじく　天竺―木綿
でんじしゃく　電磁石
てんじつえん　天日塩
てんじてんのう　天智天皇
でんじは　電磁波
てんしばん　展翅板
てんしゃ　転写する
てんじゃ　連歌の点者
でんしゃ　電車
殿舎
てんしゃく　本を転借する
てんしゅ　天主
天守が聳《そび》える
店主敬白

てんじゅ　天寿を全うする
天授の才
でんじゅ　秘伝を伝授する
てんじゅう　大阪に転住する
でんしゅう　伝習を受ける
てんしゅかく　天守閣　＊天主閣に登る
てんしゅつ　点出する
支社へ転出する
てんしゅどう　天主堂
てんしょ　恩師の添書
篆書
てんじょ　神佑天助
てんしょう　天象を観測する
てんじょう　天上界
天井知らず
天壌無窮
添乗員
でんしょう　民間伝承
古代詩の伝誦

てんじょうさじき　天井桟敷
てんじょうびと　殿上人
てんしょく　天職を見出す
転職する
でんしょく　電飾（イルミネーション）
でんしょばと　伝書鳩
てんじる　茶を点じる
目を転じる
てんしん　月が天心に上る
点心（中華料理）
プロに転身する
部隊が転進する
てんじん　天神様
でんしん　電信
でんしんばしら　電信柱
てんしんらんまん　天真爛漫
てんすいおけ　天水桶

てんすう　点数を稼ぐ
てんずる　茶を点ずる
目を転ずる
てんせい　天声人語
天成の音楽家
天性を生かす
金属の展性
仏の転生
❖「てんしょう」とも。
てんせき　和漢の典籍
転石苔生《む》さず
東京へ転籍する
でんせつ　日本の伝説
てんせん　点線と実線
各地を転戦する
てんぜん　恬然として恥じない
でんせん　病気が伝染する
靴下が伝線する

電線
てんそう　手紙を転送する
でんそう　電送写真
情報を伝送する
てんそく　天測航法
纏足の弊風
てんぞく　支店に転属する
てんそん　天孫降臨
てんたい　天体望遠鏡
店を転貸する
てんだいしゅう　天台宗
てんたく　転宅する
でんたく　電卓をたたく
でんたつ　命令を伝達する
てんたん　無欲恬澹＊恬淡
てんち　天地
転地療養
でんち　田地田畑
電池

てんちかいびゃく天地開闢
てんちしんめい　天地神明に誓う
てんちむよう　天地無用
てんちゃ　点茶
てんちゅう　天誅を加える
転注文字
でんちゅう　殿中で刃傷《にんじょう》する
電柱
てんちゅうさつ　天中殺
てんちょう　天頂
天聴に達する
店長
長調に転調する
てんちょうせつ　天長節（天皇誕生日の旧称）
てんてい　天帝
洋館が点綴する
てんてき　天敵
点滴をする

てんてこまい　天手古舞い
てんてつ　洋館が点綴する
でんてつ　電鉄
てんてつき　転轍機
てんてん　点々と家が建つ
居を転々とする
てんてんはんそく　輾転反側　＊展転反側
側
てんと　東京に奠都する
てんとう　お天道様
店頭に並ぶ
点灯＊点燈
転倒＊顛倒
てんどう　天道に背く
でんとう　伝統を守る
電灯＊電燈
でんどう　回転を伝動する
伝道する
熱を伝導する

芸術の殿堂
でんどうき　電動式
電動機
でんどうし　伝道師
てんどうせつ　天動説
てんとうむし　天道虫
てんとして　恬として
てんとりむし　点取り虫
てんどん　天丼
てんにゅう　東京へ転入する
てんにょ　天女の羽衣
てんにん　天人の五衰
支社に転任する
でんねつき　電熱器
てんねん　天然の良港
てんねんきねんぶつ　天然記念物

篆　翅　輾

て

てんねんとう　天然痘
てんのう　天皇陛下
てんのうざん　天王山
てんのうせい　天王星
　天皇制
でんぱ　文化が伝播する
　電波に乗る
てんばい　農地を転売する
でんばた　田地田畑
てんばつ　天罰覿面《てきめん》
てんばん　机の天板
てんぱん　皇室典範
てんぴ　天日に晒す
　天火で焼く
てんびき　天引｜き貯金
てんびょう　人物点描
てんぴょう　天平△時代
でんぴょう　伝票の整理
てんびん　天秤に掛ける
てんぴん　天稟を現す

てんぶ　転部する
てんぷ　天賦の素質
　書類を添付
　*添附する
　写真を貼付
　*貼附する
でんぶ　鯛の田麩
　臀部
でんぷ　田夫野人
てんぷく　転覆 *顚覆
てんぷくろ　天袋と地袋
てんぷら　えびの天麩羅
てんぶん　天分に恵まれる
でんぶん　伝聞する
　電文
でんぷん　澱粉質
てんぺん　有為《うい》転変
てんぺんちい　天変地異
てんぽ　店舗を拡張する
てんぼう　展望がきく

てんぽう　会津に転封する
でんぽう　伝法な口をきく
　電報を打つ
でんぽうはだ　伝法肌
てんまく　天幕を張る
てんません　伝馬船
てんまつ　事件の顚末
てんまど　天窓
てんまんぐう　天満宮
てんむてんのう　天武天皇
てんめい　天命を知る
てんめつ　光が点滅する
てんめん　情緒纏綿
てんもうかいかい　天網恢々
てんもく　天目茶碗
てんもんがく　天文学
てんもんだい　天文台
でんや　田野
てんやく　辞書を点訳する

　点薬する
てんやもの　店屋物
てんゆう　天佑 *天祐
てんよ　天与の才能
てんよう　予算を転用する
てんらい　天来の啓示
　天籟（風の音）
でんらい　父祖伝来の刀
てんらく　転落 *顚落
てんらん　天覧試合
　展覧する
でんらん　電纜（ケーブル）
てんらんかい　展覧会
でんり　原子が電離する
てんりきょう　天理教
でんりそう　電離層
でんりゅう　電流を流す
てんりゅうがわ　天竜川
　*天龍川
てんりょう　天領

でんりょく　電力料金
てんれい　典礼（儀式）
典例（先例）
典麗な姿
でんれい　伝令を出す
電鈴が鳴る
てんろ　転炉
でんわ　電話を掛ける
でんわき　電話機

と

ト

［土］ト・ド　つち　―　土佐犬・土地
［図（圖）］ト・ズ　はかる　―　図書・意図・企図・壮図・雄図
［徒］ト　―　「無頼の―」◇徒手・徒弟・徒歩・徒労・生徒
［都（都）］ト・（ツ）　みやこ　―　「―の方針」◇都会・都市・古都・首都
［登］ト・トウ　のぼる　―　登山・登城・登頂
［斗］ト　―　斗酒・一斗・泰斗・北斗七星・冷汗三斗・漏斗
［吐］ト　はく　―　吐息・吐血・吐剤・吐乳・吐露・音吐朗々
［途］ト　―　「帰国の―に就く」◇途上・帰途・前途
［渡］ト　わたる・わたす　―　渡航・渡渉・渡世・過渡期・譲渡
［塗］ト　ぬる　―　塗装・塗炭・塗板・塗布・塗抹・塗料・道聴塗説
［妬］ト　ねたむ　―　嫉妬
［賭］ト　かける　―　賭場・賭博
［杜］ト　もり　―　杜氏・杜若・杜絶
［兎］ト　う・うさ・うさぎ　―　兎に角・脱兎
［堵］ト　かき　―　「―に安んずる」◇安堵

と　十人十色
戸を開ける

ド

［土］ド・ト　つち　―　土管・土器・土台・土木・国土・粘土・領土
［努］ド　つとめる　―　努力
［度］ド・（ト・タク）　たび　―　「―を超す」◇度胸・度量・一度・温度・強度・限度
［奴］ド　―　奴輩・奴隷・守銭奴・農奴・売国奴
［怒］ド　いかる・おこる　―　怒気・怒号・怒声・怒髪・激怒

ど　弩（大弓）
どあい　強弱の度合い
とあみ　投網を打つ
とい　問いに答える
樋で水を引く
といあわす　問い合わす　*問合す
といあわせ　問い合わせ　*問合せ
といあわせる　問い合わせる　*問合せる
といき　青息吐息
といし　砥石で研ぐ
といた　戸板で運ぶ
といただす　問い質す　*問い糺す
といつめる　問い詰める
といとしょく　徒衣徒食
といや　問屋
といろ　十人十色

トウ

［当（當）］トウ　あたる・あてる　―　「―

顚
澱
弩

を得る」◇当時・当然・担当
[投]トウ なげる―投球・投稿・投資・投手・投書・投票
[豆]トウ・(ズ) まめ―豆乳・豆腐・納豆
[東]トウ ひがし―東国・東西・東上・東天・以東・極東
[島(嶋)]トウ しま―島民・群島・孤島・諸島・半島・列島
[討]トウ うつ―討議・討幕・討伐・討論・検討・追討
[党(黨)]トウ―「―の方針」◇党首・党派・政党・徒党
[納](トウ)・ノウ・(ナッ・ナ・ナン) おさめる・おさまる―出納
[湯]トウ ゆ―湯治・銭湯・熱湯・微温湯・薬湯
[登]トウ・ト のぼる―登記・登校・登場・登庁・登頂・登録
[答]トウ こたえる・こたえ―答案・答申・答弁・応答・解答・確答・問答
[等]トウ ひとしい―等級・等分・等量・一等・対等・同等・平等
[統]トウ すべる―統一・統轄・統計・統合・統制・大統領・伝統
[糖]トウ ―「尿に―が出る」◇糖分・砂糖・製糖・麦芽糖
[頭]トウ・ズ・(ト) あたま・かしら―頭髪・頭部・頭領・街頭・先頭・船頭・筆頭
[到]トウ ―到達・到着・殺到・周到・精到・想到
[逃]トウ にげる・にがす・のがす・のがれる―逃走・逃亡
[倒]トウ たおれる・たおす―倒壊・倒閣・倒産・倒置・圧倒・傾倒・転倒
[凍]トウ こおる・こごえる―凍結・凍死・凍傷・凍土・解凍・冷凍
[唐]トウ から―「―の文物」◇唐音・唐突・唐本・荒唐
[桃]トウ もも―桃花・桃源郷・桜桃・白桃
[透]トウ すく・すかす・すける―透過・透視・透析・透徹・透明・浸透
[悼]トウ いたむ―悼辞・哀悼・追悼
[盗(盜)]トウ ぬすむ―盗作・盗賊・盗聴・盗難・盗癖・盗用・強盗
[陶]トウ ―陶器・陶芸・陶工・陶酔・陶製・薫陶
[塔]トウ ―「五重の―」◇塔影・管制塔・石塔・鉄塔
[搭]トウ ―搭載・搭乗・搭乗券
[棟]トウ むね・(むな)―上棟式・病棟
[痘]トウ ―痘苗・牛痘・種痘・水痘・天然痘
[筒]トウ つつ―筒状・円筒・水筒・発煙筒・封筒
[稲(稻)]トウ いね・(いな)―稲苗・水稲・陸稲
[踏]トウ ふむ・ふまえる―踏査・踏襲・踏破・雑踏・舞踏・前人未踏
[謄]トウ ―謄写版・謄本
[闘(鬭)]トウ たたかう―闘牛・闘魂・闘志・闘争・闘病・戦闘
[騰]トウ ―騰貴・騰勢・騰落・急騰・高騰・沸騰・暴騰
[刀]トウ かたな―刀剣・刀身・短刀・抜刀・名刀
[冬]トウ ふゆ―冬季・冬期・冬至・冬眠・越冬・立冬
[灯(燈)]トウ ひ―灯火・灯油・消灯・走馬灯・電灯・白熱灯
[藤]トウ ふじ―藤架・葛藤
[桐]トウ きり―梧桐

と

［兜］トウ・ト かぶと ―
［宕］トウ ―
［樋］トウ とい・ひ ―
［櫂］トウ かい ― 櫂歌
［套］トウ なが ― 外套・常套手段
［桶］トウ おけ ― 湯桶読み
［橙］トウ だいだい ― 橙皮
［沓］トウ かず・くつ ― 雑沓
［禱・祷］トウ ― 祈禱・黙禱
［萄］トウ・ドウ ―
［董］トウ しげ・しげる・ただ・ただし・ただす・なお・のぶ・まこと・まさ・よし ― 骨董
［逗］トウ・ズ ― 逗留

とう　籐の籠　薹が立つ
とう　安否を問う　友を訪う

ドウ

［同］ドウ おな‐じ ― 同意・同化・同居・同情・同姓・同調・異同
［動］ドウ うご‐く・うご‐かす ― 動員・動詞・動物・動脈・動乱・移動・活動
［堂］ドウ ― 「―に入る」◇講堂・母堂・礼拝堂
［童］ドウ わらべ ― 童顔・童女・童心・童貞・童謡・童話・児童
［道］ドウ・（トウ） みち ― 道義・道具・道化・道徳・道楽・道路・報道
［働］ドウ はたら‐く ― 稼働・実働・就働率・労働
［銅］ドウ ― 「―の産出量」◇銅器・銅像・銅板・青銅
［導］ドウ みちび‐く ― 導管・導入・指導・半導体
［洞］ドウ ほら ― 洞穴・洞見・洞察・洞門・空洞・雪洞・風洞
［胴］ドウ ― 「―が長い」「三味線の―」◇胴衣・胴体
［瞳］ドウ ひとみ ― 瞳孔
［撞］ドウ・トウ・シュ ― 撞球・自家撞着

どう　山田一郎　同　＊仝　二郎
とうあ　東亜
どうあく　獰悪な人物
どうあげ　胴上げ　＊胴揚げする
とうあつせん　等圧線
とうあん　偸安を貪る　答案を書く
とうい　当為の哲学　東夷西戎《せいじゅう》　等位の高下
どうい　同位で入賞する　提案に同意する　救命胴衣
どういげんそ　同位元素
とういじょう　糖衣錠
とういす　籐椅子
とういそくみょう　当意即妙
とういつ　見解を統一する
どういつ　同一の結果
どういつし　同一視する
とういん　党員　議員が登院する　頭韻を踏む
どういん　大戦勃発の動因　デモに動員する　戦争の導因
どうう　宏壮な堂宇
どううら　胴裏を付ける
とうえい　灯影　＊燈影　投映する

籐　薹　偸

投影図
とうえんめい 陶淵明の詩
とうおう 東欧諸国
とうおん 唐音と漢音
どうおん 同音の語
とうか 灯下 *燈下に
書を繙《ひもと》く
灯火 *燈火親
しむべし
爆弾を投下する
光が透過する
等価で交換する
澱粉《でんぷん》を糖化する
とうが 陶画
どうか 同化する
道家の思想
道歌
十円銅貨
どうが 動画
童画

とうかい 東海の小島
家屋が倒壊する
*倒潰する
才能を韜晦する
とうがい 当該事項
晩霜による凍害
等外に落ちる
とうかいどう 東海道新幹線
とうかく 当確（当選確実）
倒閣運動
統覚作用
頭角を現す
どうかく 同格に扱う
どうがく 同学の士
同額の品物
どうがくしゃ 道学者
どうかせん 導火線
とうかつ 統括責任者
全軍を統轄する

どうかつ 恫喝 *恫愒
とうがらし 唐辛子
*唐芥子
とうかん 手紙を投函する
等閑に付する
演習を統監する
とうがん 冬瓜を食べる
どうかん 全く同感である
動感にあふれる
導管 *道管
どうがん 童顔の老人
とうき 冬季五輪大会
冬期休暇
当季（今シーズン）
当期（この期間）
ごみを投棄する
投機の対象
党紀を乱す
党規に反する
陶器の花瓶

家屋を登記する
物価が騰貴する
とうぎ 党議に服する
対策を討議する
どうき 同気相求む
同期に卒業する
動悸が激しい
不純な動機
銅器時代
どうぎ 胴着 *胴衣△
動議を提出する
道義に反する
どうぎご 同義語
とうきび 唐黍
とうきゅう 全力で投球する
等級を付ける
とうぎゅう 闘牛
どうきゅう 同級
撞球（玉突き）
とうぎょ 国を統御する

どうきょ　両親と同居する
とうきょう　東京都
どうきょう　同郷の友人
　道教
どうぎょう　同行二人
　同業組合
　童形
とうきょく　当局の発表
　登極（即位）
とうぎり　当限
どうきん　同衾する
とうく　投句する
どうぐ　道具を使う
とうぐう　東宮 ＊春宮
どうぐだて　道具立て
とうくつ　古墳の盗掘
どうくつ　洞窟の探検
どうくん　一に同君の尽力による
　同訓異義

とうけ　当家

とうげ
［峠］とうげ　―「―を越す」◇峠道

どうけ　道化師
とうけい　東経百三十度
　統計を取る
　闘鶏
　刀圭家（医者）
とうげい　陶芸教室
どうけい　同形の語
　同型の車
　同系の会社
　御同慶の至り
　憧憬の的
とうけつ　湖が凍結する
どうけつ　洞穴生活
どうげつ　同月八日
とうげみち　峠道

とうけん　刀剣を鑑定する
　闘犬
どうけん　男女同権
どうげん　同源 ＊同原
どうげん　道元禅師
とうげんきょう　桃源郷
とうご　倒語
　手紙の頭語
どうこ　銅壺
とうこう　刀工
　灯光 ＊燈光
　敵軍に投降する
　雑誌に投稿する
　陶工柿右衛門
　登校する
とうごう　意気投合する
　等号と不等号
　町村を統合する
どうこう　同好の士
　妻子を同行する
　社会の動向
　銅鉱石
　瞳孔が開く
どうこういきょく　同工異曲
とうこうせん　等高線
とうごく　投獄する
　東国の武士
どうこく　墓前で慟哭する
とうこつ　橈骨と尺骨
　頭骨
とうこん　額の刀痕
　当今の時勢
　不屈の闘魂
どうこん　同根
とうさ　実地に踏査する
とうざ　当座の小遣い

韜
黍
橈

と

どうさ　当座預金　動作が鈍い　紙に礬水△　＊陶△砂を引く
とうさい　当歳馬　名簿に登載する　貨物を搭載する　演習を統裁する
とうざい　東西を見失う
とうさきゅうすう　等差級数
とうさく　倒錯した心理　盗作する
どうさつ　将来を洞察する
とうさん　父さん　会社が倒産する
とうざん　唐桟の羽織
どうさん　動産と不動産
どうざん　銅山
とうさんさい　唐三彩の焼物
とうさんどう　東山道
とうし　事業に投資する　冬山で凍死する　唐詩　X線で透視する　労働運動の闘士　闘志を燃やす
とうじ　冬至（二十四気）　当時の流行　杜氏　悼辞を述べる　湯治に行く　答辞を読む　蕩児（放蕩《ほうとう》息子）
どうし　友人同士　同志をつのる　動詞の活用形　道士　導師の読経
どうじ　同時通訳　三歳の童子
どうしうち　同士討ち｜　＊同士打ち｜
とうしき　等式
とうじき　陶磁器
どうじく　同軸ケーブル
とうじしゃ　事件の当事者
とうしせん　唐詩選
とうしつ　等質の製品　糖質の食べ物
とうじつ　試験の当日
どうしつ　同室の友人　同質の製品
どうじつ　同日の談でない
とうじば　湯治場
とうしゃ　当社の製品　光を投射する　透写する　謄写する
どうじゃく　瞠若たらしめる
とうしゃばん　謄写版
とうしゅ　当主　投手と捕手　党首会談　物を盗取する　頭首と仰ぐ
どうしゅ　同種の問題
とうしゅう　踏襲　＊蹈襲
どうしゅう　呉越同舟　同臭の徒　銅臭芬々《ふんぷん》たる人
とうしゅく　旅館に投宿する
どうしゅく　同宿の人
どうしゅつ　結論を導出する
どうじゅつ　道術
とうしょ　当初の予定　当所　＊当処　新聞に投書する　多くの島嶼

と

どうしょ　同所にて会談
どうじょ　童女
とうしょう　刀匠
刀傷
凍傷にかかる
闘将
とうじょう　東上する
線路が凍上する
搭乗する
登場人物
闘諍する
どうしょう　道床が流失する
どうじょう　同上
車に同乗する
境遇に同情する
堂上華族
道場に通う
どうしょういむ　同床異夢
とうじょういん　搭乗員
とうしょく　当職

どうしょくぶつ　動植物
とうじる　機に投じる
どうじる　ものに動じない
とうしろう　藤四郎（素人）
とうしん　刀身
灯心　＊燈心
投身自殺
盗心を起こす
大臣に答申する
等身像
三等親
八頭身
とうじん　党人政治家
唐人の寝言
財産を蕩尽する
どうしん　与力と同心
童心に返る
道心の堅固な僧
どうじん　「心の花」同人
道人

どうしんえん　同心円
どうじんざっし　同人雑誌
とうしんだい　等身大
とうすい　透水性
名演に陶酔する
軍を統帥する
どうすい　導水管
とうすいけん　統帥権
とうすう　飼育頭数
どうすう　賛否同数
とうずる　一石を投ずる
どうずる　提案に同ずる
動ずる所がない
とうせい　当世のはやり
東征する
党勢を拡大する
陶製の人形
価格を統制する
濤声を聞く
騰勢が鈍る

どうせい　同姓同名
同性の友人
同棲する
動静を探る
どうぜい　同勢十人
とうせいふう　当世風
とうせき　投石する
党籍を離脱する
死者を悼惜する
血液を透析する
どうせき　会談に同席する
とうせつ　当節の若い者
とうせん　議員に当選する
当籤する
渇しても盗泉の水を飲まず
羽化登仙

礬
嶼
濤

とうぜん　当然の話
仏教の東漸
陶然とした気分
どうせん　台所仕事の動線
銅銭
銅線
導線
どうぜん　同前（前に同じ）
紙屑同然になる
とうそう　刀創
逃走を企てる
党争を事とする
凍瘡
痘瘡（天然痘）
闘争本能
どうそう　同窓会
どうぞう　銅像を建てる
とうそく　党則を改正する
とうぞく　盗賊の一味
どうぞく　同族会社
同属元素
どうそじん　道祖神
とうそつ　部下を統率する
とうた　自然淘汰
とうだい　当代随一
灯台　*燈台下《もと》暗し
どうたい　一心同体
胴体着陸
動体視力
動態調査
電気の導体
どうたく　銅鐸
とうたつ　山頂に到達する
とうたん　日本の東端
とうだん　弁士が登壇する
どうだん　以下同断
言語《ごんご》道断
とうち　御当地
主語を倒置する
国を統治する
とうちゃく　九時に到着する
どうちゃく　同着になる
自家撞着
とうちゅう　頭注　*頭註
どうちゅう　道中御無事で
とうちゅうかそう　冬虫夏草
とうちょう　電話を盗聴する
十時に登庁する
エベレスト登頂
頭頂部
どうちょう　提案に同調する
とうちょく　当直する
とうちん　陶枕△
とうつう　疼痛を覚える
とうてい　到底できない
どうてい　菌種を同定する
童貞
一日の道程
どうていこ　洞庭湖
とうてき　投擲競技
どうてき　動的に描写する
とうてつ　透徹した理論
とうてん　冬天の時候
当店自慢の品
読点を打つ
どうてん　同点決勝
動転　*動顛
とうてんこう　東天紅
とうと　東都
とうど　凍土帯
唐土に渡る
陶土
とうとい　尊い神・―犠牲
貴い体験
とうとう　到頭成功した
犬・猿等々
滔々と流れる
蕩々（広大なさま）

どうとう　同等の資格　堂塔伽藍
どうどう　友人に同道する　堂々たる構え
どうどうめぐり　*堂々回り　堂々巡り
どうとく　道徳を守る
とうとつ　唐突な話
とうとぶ　武を尚ぶ　銭を貴ぶ　神を尊ぶ
とうどり　銀行の頭取
どうとんぼり　道頓堀
どうなが　胴長の体型
とうなん　東南アジア　盗難に遭う
とうに　疾うに
とうにゅう　兵力を投入する　豆乳
どうにゅう　外資を導入する

とうにょうびょう　糖尿病
とうにん　当人が決める事
どうにん　「心の花」同人
どうぬき　胴抜きの背広
とうねん　当年十九歳
どうねん　同年四月
とうの　当の本人
とうのむかし　疾うの昔
とうは　党派　山々を踏破する
とうば　塔婆
どうは　真理を道破する
どうはい　職場の同輩
とうばく　倒幕運動　尊皇討幕　統幕
どうはち　銅鉢
とうはちけん　藤八拳
とうはつ　頭髪を伸ばす

とうばつ　反徒を討伐する　山林を盗伐する
とうはん　盗犯防止　登坂能力　岩壁を登攀する
とうばん　掃除当番　投手が登板する
どうはん　夫人を同伴する
どうばん　銅版印刷
とうひ　当否は別として　現実からの逃避
とうび　掉尾を飾る
とうひきゅうすう　等比級数
とうひこう　恋の逃避行
とうひょう　投票する
とうびょう　港に投錨する　痘苗ワクチン　闘病生活
どうひょう　道標

どうびょう　同病相憐れむ
とうひん　盗品故買
とうふ　豆腐
とうぶ　頭部を打つ　関東地方の東部
とうふう　唐風の文化
どうふう　写真を同封する
とうふく　稲が倒伏する
どうふく　同腹の兄　道服
とうぶつ　唐物屋
どうぶつ　動物
どうぶるい　胴震いする
とうぶん　当分の間　等分に分ける　糖分の多い果物
どうぶん　同文電報

鐸
擲
滔

と

と

とうへき　盗癖がある
とうへん　二等辺三角形
とうべん　国会で答弁する
とうへんぼく　唐変木
どうぼ　同母兄
とうほう　当方の手落ち
投法
とうぼう　国外へ逃亡する
陶房
どうほう　同胞
とうほく　東北地方
とうぼく　倒木
唐木
とうほん　唐本（漢籍）
戸籍謄本
とうほんせいそう　東奔西走
どうまき　胴巻|き
どうまごえ　胴間声
とうまるかご　唐丸籠

どうまわり　胴回り　*胴廻り
りを測る
とうみつ　糖蜜
どうみゃく　動脈と静脈
どうみゃくこうか　動脈硬化
どうみゃくりゅう　動脈瘤
とうみょう　灯明　*燈明
唐名（とうめい）
どうみょうじ　道明寺
とうみん　蛙が冬眠する
島民
とうむ　党務
とうめい　中納言の唐名
透明な液体
どうめい　同姓同名
同盟を結ぶ
とうめん　当面の問題
どうもう　童蒙の玩具
獰猛な顔付き

とうもく　山賊の頭目
どうもく　進歩に瞠目する
どうもと　胴元　*△筒元
どうもり　堂守
とうもろこし　玉△蜀黍
どうもん　同門のよしみ
青の洞門
とうや　事件当夜
人格を陶冶する
屋上の塔屋
とうやく　投薬する
湯薬に親しむ
とうやこ　洞△爺湖
とうゆ　灯油　*燈油
どうゆう　同友
同憂の士
とうよ　薬剤を投与する
とうよう　当用日記
東洋と西洋
デザインの盗用
新人を登用
*登庸する

どうよう　ただ同様の安値
人心が動揺する
童謡歌手
とうらい　時節が到来する
とうらいもの　到来物
とうらく　当落が判明する
株価の騰落
どうらく　道楽をする
どうらん　植物採集の胴乱
動乱が起こる
とうり　桃李
どうり　道理を弁《わきま》える
とうりつ　倒立する
どうりつ　同率首位
どうりで　道理で寒い
とうりとうりゃく　党利党略
とうりゅう　京都に逗留する

とうりゅうもん　登竜門　*登龍門
とうりょう　投了する
　大工の棟梁　源氏の棟梁　*頭領　*統領
　等量の水
どうりょう　同量の水
　職場の同僚
どうりょく　水を動力にする
どうりん　機関車の動輪
とうるい　盗塁する
　糖類
どうるい　同類の植物
とうれい　答礼する
どうれつ　同列に論じる
とうろ　当路者
どうろ　高速道路
とうろう　灯籠　*燈籠流し

と

　蟷螂　*螳螂の斧
とうろく　商標を登録する
とうろん　問題を討論する
どうわ　同和教育
　童話作家
　道話
とうわく　難題に当惑する
どうわすれ　胴忘れ（度忘れ）
とえい　都営バス
　渡英する
とえはたえ　十重二十重
とお　十
とおあさ　遠浅の海
とおい　遠い道
とおう　渡欧する
とおえん　遠縁に当たる
とおか　十日の菊
とおく　遠くを見る
とおざかる　車が遠ざかる

とおし　通しで演じる
とおしきょうげん　通し狂言
とおす　糸を通す
　光を透△す
　岩をも徹△す
とおせんぼう　通せん坊
とおで　遠出をする
とおとうみ　遠江△の国
とおね　琴の遠音
とおのく　足音が遠退△く
とおのり　馬の遠乗り
とおび　遠火で焼く
とおぼえ　犬の遠吠え
とおまき　遠巻きにする
とおまわし　遠回しに言う　*遠廻し
とおまわり　遠回りをする　*遠廻り
とおみ　遠見がいい

とおめ　夜目遠目傘の内
とおめがね　遠眼鏡
とおり　通りを歩く
　次の通りである
　❖「…のとおり」などは仮名書きがふつう。
とおりあめ　通り雨に遭う
とおりあわす　通り合わす
とおりいっぺん　通り一遍
とおりがかり　通り掛かり
とおりかかる　通り掛かる
とおりこす　通り越す
とおりすがり　通りすがり
とおりすぎる　通り過ぎる
とおりそうば　通り相場
とおりな　通り名

獰

蟷

螂

と

とおりぬけ　通り抜け禁止
とおりぬける　通り抜ける
とおりま　通り魔
とおりみち　通り道　*通り路△
とおる　人が通る
　光が透△る
　声が徹△る
とか　都下西多摩郡
　敵前で渡河する
とが　咎△　*科△を負う
とかい　都会の雑踏
どかい　渡海する
　土塊
どがいし　度外視
とがき　脚本のト書き
とかく　兎△角するうちに
とかげ　蜥蜴の皮
　髪を梳△かす
とかす　水に溶かす
　金属を溶かす
　*熔△かす
　*鎔△かす
　氷を解かす
　*融かす
どかた　土方
とがにん　咎△人　*科△人
とがめ　咎めを受ける
とがめる　人を咎める
とがらす　神経を尖らす
とがる　先が尖る
どかん　排水の土管
とき　危急存亡の秋△
　時は金なり
　事故の時は連絡する
　❖「…のとき」などは仮名書きがふつう。
　鶏が時を作る
　僧侶の斎△
　鬨△　*鯨△波△を作る
　朱鷺△　*鴇　*鴾
とぎ　夜の伽
どき　弥生式土器
　怒気を含む
ときあかす　説き明かす
　*解き明かす
ときいろ　朱鷺△色
　*鴇色
ときおこす　説き起こす
　*説起す
ときおり　時折雨が降る
とぎかい　都議会
ときかた　問題の解き方
とぎし　研ぎ師
ときしも　時しも八月
とぎしる　米の磨△ぎ汁
とぎすます　研ぎ澄ます
とぎだし　研ぎ出し
ときたま　時たま会う人
ときどき　時々見掛ける
ときに　時に見掛ける
ときのこえ　鬨の声　*鯨波△の声
ときのひと　時の人
ときはなす　解き放す
ときはなつ　解き放つ
ときふせる　説き伏せる
ときめく　今を時めく
どぎも　度胆△　*度肝
ときもの　解き物をする
とぎもの　研ぎ物をする
ときよ　時世時節
とぎょ　神輿《みこし》の渡御
　蠹魚(紙魚《しみ》)
どきょう　度胸を決める
　読経が始まる
ときょうそう　徒競走

とぎれる　話が途切れる
*跡△切れる
ときわぎ　常磐△木
ときわず　常磐△津
ときん　と金
頭巾　*兜巾
銀で鍍金する

トク

【特】トク ― 特殊・特色・特性・特定・特別・特急・独特
【徳(德)】トク ― 「―を慕う」◇徳育・徳性・徳用・道徳
【読(讀)】トク・ドク・(トウ) よ-む ― 読本
【匿】トク ― 匿名・隠匿・秘匿
【督】トク ― 督戦・督促・督励・家督・監督・総督・提督
【篤】トク ― 篤学・篤志・篤実・篤農家・篤行・危篤・懇篤
【得】トク え-る・う-る ― 「―をする」「―な方法」◇得意・得策・会得

とく　髪を梳△く
とく　絵の具を溶く
包囲を解く・問題を―・結び目を―
とく　道を説く
とぐ　刀を研ぐ　*磨△ぐ

ドク

【毒】ドク ― 「―を盛る」◇毒殺・毒蛇・毒舌・毒薬・中毒
【独(獨)】ドク ひと-り ― 独学・独裁・独自・独創・独立・独力・孤独
【読(讀)】ドク・トク・(トウ) よ-む ― 読書・読破・音読・購読・朗読

どく　退△いて下さい
どくあたり　毒中り
とくい　特異な才能
英語が得意な人
お得意先
とくいく　徳育と知育
とくいたいしつ　特異体質
とくいび　台風の特異日
どぐう　土偶
どくえき　毒液
どくえんかい　独演会
どくおう　自主独往
どくが　毒牙に掛かる
毒蛾
どくがい　主君を毒害する
とくがく　篤学の士
どくがく　独学で勉強する
とくがわいえやす　徳川家康△
どくがん　独眼

とくぎ　特技を持つ
徳義を守る
どくぎょ　毒魚
どくぎん　謡曲を独吟する
どくけ　毒気に当たる
どくけし　毒消し
どくご　独語(ドイツ語)
独語する
読後の感想
とくさ　木賊△で磨く
どくさい　独裁政治
とくさく　得策ではない
どくさつ　国王を毒殺する
とくさん　地方の特産
とくし　特使を派遣する
どくし　毒死する
どくじ　独自の見解

蜥
蜴
闃

と

とくしか　篤志家
とくしつ　日本文化の特質
　利害得失
とくじつ　篤実な人
とくしま　徳島県
とくしゃ　特赦を行う
どくしゃ　読者
どくじゃ　毒蛇
どくしゃく　独酌で飲む
とくしゅ　特殊な装置
　特種郵便物
とくじゅ　特需産業
どくしゅ　毒手にかかる
　毒酒
どくじゅ　読誦する（読経）
とくしゅう　特集　*特輯
どくしゅう　独習　*独修
とくしゅつ　特出した力量
どくしょ　読書の秋
とくしょう　特賞に入選する

とくじょう　特上の品
どくしょう　歌曲を独唱する
とくしょく　本書の特色
　瀆職事件
どくしょし　読書子
とくしん　二階級特進
　得心がいく
　篤信の人
　瀆神的行為
どくしん　独身貴族
どくじん　毒刃に倒れる
どくしんじゅつ　読心術
　読唇術
どくず　読図する
とくすき　特漉きの紙
とくする　買って得する
どくする　社会を毒する
とくせい　日本人の特性
　特製の品
　徳性を養う

　徳政一揆
どくせい　毒性が強い
とくせつ　会場を特設する
どくぜつ　毒舌を振るう
とくせん　特選で入賞する
　特撰の帯地
　督戦する
どくせん　市場を独占する
どくぜん　独善的
どくせんきんしほう　独占禁止法
どくせんじょう　独擅場
どくそ　毒素
とくそう　特捜班
どくそう　毒草
　独走態勢
　ピアノ独奏
どくそうてき　独創的な意見
とくそく　返済を督促する

とくそくじょう　納税の督促状
とくだい　特大のシャツ
とくたいせい　特待生
とくだね　特種記事
とくだわら　徳俵（土俵）
とくだん　特段の措置
どくだん　独断で行う
どくだんじょう　独壇場
❖「独擅場（どくせんじょう）」の誤読から生じた語。
どくだんせんこう　独断専行
とぐち　戸口に立つ
とくちゅう　部品を特注する
とくちょう　特徴のある声
　特長を生かす
どくづく　毒突く
とくてい　特定の人

とくてん　植物名の特定
特典を与える
得点する
とくと　篤と考える
とくど　得度する
とくとう　禿頭の人
特等の席
とくとく　得々と語る
どくとく　独特　*独得
どくどくしい　毒々しい色
とくに　特に許可する
とくにん　特認する
とくのう　篤農家
とくは　記者を特派する
どくは　全巻を読破する
とくばい　特売の品
とくはいん　特派員
どくはく　独白する
とくはつ　特発性疾患
とくひつ　禿筆を呵《か》す

どくひつ　特筆に値する
毒筆を振るう
とくひつたいしょ　特筆大書
とくひょう　大量に得票する
どくふ　毒婦
読譜
どくぶつ　毒物を検出する
どくぶん　独文を和訳する
とくべつ　特別に扱う
どくへび　毒蛇
とくほう　選挙特報
とくぼう　徳望の高い人
どくぼう　独房
とくほん　国語読本
どくみ　毒味　*毒見
とくむ　特務を帯びる
どくむし　毒虫に刺される
とくめい　匿名の投書
特命を受ける

とくもく　徳目
どくや　毒矢に当たる
どくやく　和文独訳
毒薬を飲む
とくやくてん　特約店
とくゆう　特有の味
とくよう　徳用　*得用
とくり　徳利の酒
どくりつ　独立する
どくりつさいさんせい　独立採算制
どくりょう　一気に読了する
どくりょく　独力で開拓する
とぐるま　戸車
とくれい　特例を認める
部下を督△励する
とぐろ　蜷△局を巻く
どくろ　髑髏
どくわ　独和辞典
独話する

とげ　刺△　*棘を刺す
とけあう　水と塩が溶け合う
心が解け合う
とけい　無期徒刑
時計を合わせる
とけこむ　中に溶け込む
どげざ　土下座する
とけつ　吐血する
とげとげしい　刺△々しい
*棘々しい言葉
とげぬき　刺△抜き
とける　水に溶ける
金属が溶ける
*熔ける
*鎔ける
ひもが解ける

瀆
擅
蜷

と

疑いが解ける
氷が解ける
*融△ける
とげる 望みを遂△げる
どける 荷物を退△ける
*除△ける
どけんぎょう 土建業
とこ 床を敷く
どこ 何処△ *何△所△
とこあげ 床上げの祝い
とこいり 床入りする
とこう 海外へ渡航する
どこう 土工
土侯国
どごう 土豪
怒号が飛ぶ
とこかざり 床飾りをする
とこしえに 永△えに栄える
とこずれ 床擦れを防ぐ
とこだたみ 床畳を敷く

とこつち 苗床の床土
とこなつ 常夏の国
とこなめ 常滑焼
とこのま 床の間
とこばしら 床柱
とこばらい 床払いする
とこはる 常春の国
とこや 床屋
とこやま 床山（髪結い）
とこやみ 常闇
とこよ 常世の国
ところ 所 *処△を得る
❖「今のところ」などは仮名書きがふつう。
ところがき 封筒の所書き
ところがら 所柄
ところざわ 所△沢市
ところてん 心△太△
ところどころ 所々に咲く花

とこわき 床脇の棚
とさ 土佐の国
とざい 吐剤
どざえもん 土左衛△門
とさか 雄鶏の鶏△冠△
とざす 閉ざす *鎖△す
とさつ 牛を屠殺する
塗△擦剤
とざま 外様△の大名
とざん 冬山登山
どさん 土産の品
どさんこ 道△産子
とし 年 *歳 *齢△
とし 都市計画
とじ 綴△じがゆるむ
母刀△自
とじ 帰国の途次
としあけ 年明け
としうえ 年上の人
としおとこ 年男 *歳△男

としおんな 年女 *歳△女
としがい 年甲斐△もなく
としかさ 年嵩の人
どしがたい 度し難いやつ
としかっこう 年格好が似る
としご 年子
としごいのまつり 祈△年祭△
としこし 年越しの蕎麦《そば》
とじこむ 書類を綴じ込む
とじこめる 閉じ込める
とじこもる 閉じ籠もる
*閉籠る
としごろ 年頃の娘
としした 年下の子
とじしろ 綴じ代
どしつ 土質を改良する
としつき 年月を重ねる
としとり 年取り
としとる 年取った人

としなみ　寄る年波
としのいち　△歳の市　*年の市が立つ
としのくれ　年の暮れ
としのこう　年の功
としのころ　年の頃十七、八
としのせ　年の瀬を越す
としは　年端も行かぬ
とじぶた　割れ鍋に綴じ蓋
としま　年△増の女
とじまり　戸締まり
としまわり　年回りがいい
とじめ　書類の綴じ目
としゃ　吐瀉する
どしゃ　土砂崩れ
とじゃく　杜若（かきつばた）
どしゃぶり　土砂降りの雨
としゅ　斗酒なお辞せず
徒手体操
としゅくうけん　徒手空拳

としょ　図書の整理
屠所の羊
としょう　徒渉（歩いて渡る）
とじょう　発展の途上
登城する
どじょう　肥えた土壌
△泥鰌
どしょうぼね　土性骨がある
としょかん　図書館
としょく　無為徒食
としより　お年寄り
相撲の年寄
とじる　口を閉じる
*△緘じる
紙を綴じる
としわすれ　年忘れ
としん　兎唇
都心に出る
どじん　土人
とじんし　都人士

とす　△鳥栖市
とする　生命を賭する
とせい　都政
しがない渡世
どせい　土星の環
怒声を発する
どせきりゅう　土石流
とぜつ　途絶　*杜絶
とせんきょう　渡線橋
とせんば　渡船場
とそ　屠蘇を祝う
とそう　塗装する
どそう　土葬する
どぞう　土蔵
どそく　土足厳禁
どぞく　土俗の研究
どだい　土台を固める
土台無理がある
❖副詞は仮名書きがふつう。

とだえる　道が途絶える
*△跡絶える
とだな　戸棚の整理
とたん　出かけた途端に雨が降る
とたん　亜△鉛の板
どたんば　土壇場

とち
［栃］（とち）―栃木県

とち　栃　*橡の木
とち　土地
とちかん　土地勘　*土地鑑
とちぎ　栃木県
とちめんぼう　栃麺棒
どちゃく　土着の人々

綴
鰌
橡

と

とちゅう　途中下車
どちゅう　土中に埋める
とちょう　徒長した枝
東京都庁
マナスル登頂
どちょう　静脈が怒張する

トツ

［凸］⊥トッ ―「レンズの―の面」
◇凸版・凸面鏡・凹凸
［突（突）］⊥トッ つ‐く ―突起・突撃・突出・突如・突進・突然・衝突

とつおう　凸凹
とっか　分野を特化する
特価千円
徳化する
どっかい　文章を読解する
とっかかり　取っ掛かり
とっかん　突貫工事
吶喊の声
とっき　突起する
特記事項
どつき　度付きサングラス
どっき　毒気を抜かれる
とつぎさき　嫁ぎ先
とつきとおか　十月十日
とっきゅう　特急に乗る
特級の酒
とっきょ　特許を申請する
どっきょ　独居する
どっきんほう　独禁法（独占禁止法）
とつぐ　隣村に嫁ぐ
とっくみあい　取っ組み合い
とっくむ　取っ組む
とっくり　徳△利の酒
とっくん　特訓を受ける
どっけ　毒気を抜かれる
とっけい　特恵関税
とつげき　突撃する
とっけん　特権階級
とっこ　独鈷△
とっこう　特効薬
特高警察
徳行の君子
篤行を称える
どっこう　独立独行
どっこうせん　独航船
とっこうたい　特攻隊
とっさ　咄嗟の機転
とっしゅつ　岩が突出する
ガス突出事故
とつじょ　突如姿を現す
とっしん　突進する
とつぜん　突然の出来事
とったん　岬の突端
とっつき　取っ付きが悪い
とって　ドアの取っ手
*把△っ手
とってい　港の突堤
とっておき　取って置き
とってかわる　取って代わる
とつとつ　訥々　*吶々と話す
とっとり　鳥△取県
とつにゅう　ストに突入する
とっぱ　囲みを突破する
とっぱつ　事故が突発する
とっぱん　凸版で印刷する
とっぴ　突飛な考え
とっぴょうし　突拍子もない
とっぷう　突風が吹く
とつべん　訥弁の人
どっぽ　古今独歩の風格
とつめんきょう　凸面鏡
どて　土手　*土堤△

と

とてい　徒弟制度
どてっぱら　土手っ腹
とてつもない　途轍もない
とても　迚もできない
どてら　縕袍　*縕袍
とでん　都電が走る
どどいつ　都々逸△
ととう　徒党を組む
ととう　渡島する
どとう　怒濤の勢い
とどうふけん　都道府県
とどく　手紙が届く
とどけ　届けを出す　欠席届
とどけいで　届け出△で
とどけさき　荷物の届け先
とどけしょ　届け書
とどけで　被害の届け出
とどけでる　役所へ届け出る

とど〈ける〉
［届］とどける・とどく　―「書類を―」

とどこおり　滞りなく終了
とどこおる　家賃が滞る
ととのう　準備が整う　整った文章　嫁入道具が調う・縁談が―
ととのえる　隊列を整える・調子を―　家を斉△える　家具を調える・味を―・費用を―
とどのつまり　とどの詰まり
とどまる　京都に止△まる　*留△まる
とどめ　止△めを刺す

どどめ　土留め
とどめる　足跡を止△める　*留△める
とどろく　砲声が轟く
とない　都内
となえる　林姓を称△える　万歳を唱える
どなべ　土鍋
となみ　砺波市
となり　隣の庭
となりあう　家が隣り合う
となりあわせ　隣り合わせ　*隣合せ
となりきんじょ　隣近所
どなりこむ　怒鳴り込む
となる　隣る
どなる　大声で怒鳴る　*呶鳴る
とにかく　兎に角行く
とにゅう　吐乳する

とねり　舎人△
との　殿　山田太郎殿
とのい　宿△直△の武士
どのう　土嚢を積む
とのがた　殿方
とのこ　砥の粉
とのご　殿御
とのさま　殿様
とば　賭場を荒らす
どば　駑馬に鞭打つ
とばえ　鳥羽絵
とばく　賭博開帳
とばくち　取材のとば口
とばす　車を飛ばす
どはずれ　度外れの計画
どはつ　怒髪天を衝《つ》く

縕
袍
駑

とばり　夜の帳△　*帷
とひ　時間を徒費する
とひ　都鄙（都会と田舎）
とび　鳶が鷹を生む
どひ　土匪の襲撃
とびあがる　飛び上がる　*飛上る
とびあがる　跳び上がる　*跳上る
とびいし　飛び石
とびいしれんきゅう　飛び石連休
とびいり　飛び入り歓迎
とびいろ　鳶色
とびおきる　飛び起きる
とびおりる　飛び下りる　*飛び降りる
とびかう　鳥が飛び交う
とびかかる　飛び掛かる　*飛掛る　*跳び掛かる　*跳掛る
とびきゅう　飛び級
とびきり　飛び切り上等
とびぐち　鳶口
とびこえる　飛び越える　跳び越える
とびこす　先輩を飛び越して出世する　溝を跳び越す
とびこみ　飛び込み
とびこみだい　飛込台
とびこむ　海に飛び込む
とびしょく　鳶職
とびすさる　跳び退△る
とびだしないふ　飛び出しナイフ
とびだす　家を飛び出す
とびたつ　鳥が飛び立つ
とびち　飛び地
とびちる　水が飛び散る
とびつく　犬が飛び付く　*跳び付く
とびでる　飛び出る　*跳び出る
とびどうぐ　飛び道具
とびとび　飛び飛び
とびぬける　飛び抜ける
とびのく　飛び退△く　*跳び退△く
とびのる　車に飛び乗る
とびばこ　跳び箱　*飛び箱
とびはねる　跳び跳ねる
とびひ　飛び火する
とびまわる　空を飛び回る　犬が跳び回る
どひょう　土俵に上がる
どひょういり　土俵入り
とびら　扉を開く
どびん　土瓶
どびんむし　土瓶蒸し
とふ　薬品を塗布する
とぶ　鳥が空を飛ぶ　*翔ぶ　アフリカに飛ぶ・デマが—　溝を跳ぶ・ぴょんと—
どぶ　溝△をさらう
どぶいた　溝△板
とぶくろ　戸袋
とふつ　渡仏△する
どぶねずみ　溝△鼠
とぶらう　死を弔△う
どぶろく　濁△酒△
とべい　渡米する
どべい　土塀
とほ　徒歩で行く
とほ　詩聖杜甫

とほう 途方に暮れる
どぼく 土木工事
とぼける 恍ける *惚ける
とぼしい 経験が乏しい
とぼす 点△す *灯△す
どま 土間
とまこまい 苫小牧△市
とます 斗升 *斗枡△ *斗桝
とます 家を富ます
とまつ 文字を塗抹する
とまどい 戸惑いの表情
とまどう 処置に戸惑う *途惑う
とまや 浦の苫屋
とまり 泊まりの客
とまりがけ 泊まり掛け
とまりぎ 止まり木
とまりこみ 泊まり込み

とまる 交通が止まる・水道が― 船が泊まる・宿に― 目に留まる 鳥が留まる *止まる 車が止まる *停△まる
どまんじゅう 土饅頭△
とみ 富を築く
とみに 頓△に活気づく
とみもとぶし 富本節
とみん 都民の日
どみん 土民一揆
とむ 資源に富む
とむね 吐胸 *と胸を突く
とむらい 弔いの言葉
とむらいがっせん 弔い合戦

とむらう 死を弔う
とめ 止めの印 留め
とめおき 留め置き
とめおく 留め置く
とめがね 止め金 *留め金
とめそで 留め袖
とめだて 止め立て *留め立て
とめど 止め処△ *留め処△が無い
とめばり 留め針
とめゆく 尋△め行く
とめる 息を止める 客を泊める ピンで留める 車を止める *停△める *駐△める

とも 進退を共にする 二人共学生です 送料共千円 親しい友 お供 *伴△ 鞆 船の艫
ども 私共 ❖仮名書きがふつう。
ともうら 共裏
ともえ 巴の模様
ともえせん 巴戦
ともえなげ 巴投げ(柔道)
ともえり 共襟
ともがき 友垣(友人)
ともかく 兎も角断る

匪
鞆
艫

ともかせぎ　共稼ぎの夫婦
ともがら　邪見の輩△
ともぎれ　共切れ　＊共布△
ともぐい　共食い
ともし　行灯《あんどん》の灯△
ともしび　灯△し火　＊灯△
ともす　点△す　＊灯△す
ともぞろえ　供揃え
ともだおれ　共倒れになる
ともだち　仲のいい友達
ともづな　纜を解く
ともづり　鮎《あゆ》の友釣り｜
ともども　親子共々
ともなう　夫人を伴う
ともに　共に語らう　声涙倶に下る　時と共に忘れる
❖「…とともに」は仮名書きがふつう。

ともね　共寝をする
とものうら　鞆ノ浦
ともばたらき　共働きの夫婦
ともびき　友引
ともまわり　供回り
どもり　吃り
土盛り｜　体温計の度盛り｜
ともる　点△る　＊灯△る
どもる　吃る
とや　塒　＊鳥△屋につく
とやかく　兎や角言う
とやま　富山県
とゆう　都邑
とよあしはら　豊△葦原
どよう　土用の入り　土曜日
どようなみ　土用波　＊土用浪△
どようぼし　土用干し｜

とよとみひでよし　豊△臣△秀△吉△
とよはし　豊△橋市
どよむ　響△む
どよめく　観衆が響△めく
とら　虎を野に放つ　寅年
どら　銅△鑼を鳴らす
とらい　仏教が渡来する
とらえどころ　捕らえ｜所
とらえる　賊を捕らえ｜る　＊捉える　要点を捉える
とらがり　虎刈り｜
どらねこ　どら猫
とらのこ　虎の子
とらのまき　虎の巻
とらふ　虎斑△
とらふぐ　虎河△豚△
とらまえる　捕△らまえる

どらむすこ　どら息子
どらやき　銅△鑼焼き｜
とらわれ　捕ら｜われ　＊囚△われの身
とらわれる　敵に捕ら｜われる　＊囚△われる　先入観に囚△われる
とり　酉年　取り（寄席の最終出演者）　鳥が鳴く　鶏△肉
とりあい　点の取り｜合い
とりあう　手を取り｜合う
とりあえず　取り｜敢△えず
とりあげる　本を取り｜上げる　提案を採り｜上げる

げる

とりあつかい　取り扱い　＊取扱

とりあつかいだか　取扱高

とりあつかいちゅうい　取扱注意

とりあつかいひん　取扱品

とりあつかいほう　取扱法

とりあつかう　慎重に取り扱う

とりあわせ　取り合わせ　＊取合せの妙　鶏合わせ

とりあわない　取り合わない　＊取合ない（相手にしない）

とりい　神社の鳥居

とりいそぐ　取り急ぎお知らせいたします

とりいる　人に取り入る

とりいれ　水の取り入れ　稲の穫△り入れ

とりいれぐち　水の取入口

とりいれる　洗濯物を取り入れる　稲を穫△り入れる

とりうちぼう　鳥打帽

とりえ　取り柄　＊取り得が無い

とりおい　鳥追い

とりおこなう　式を執り行う　＊執り行なう

とりおさえる　取り押さえる　＊取押える　＊取り抑える

とりおどし　鳥脅し　＊鳥威△し

とりかえ　水の取り替え　＊取替　部品の取り換え　＊取換

とりかえし　取り返しがつかない

とりかえす　金を取り返す

とりかえる　水槽の水を取り替える　部品を取り換える

とりかかる　取り掛かる　＊取掛る

とりかご　鳥籠

とりかこむ　鍋を取り囲む

とりかじ　取り舵

とりかた　捕り方

とりかたづける　取り片付ける

とりかわす　取り交わす

とりき　取り木

とりきめ　取り決め　＊取り極△め

とりきめる　取り決める　＊取り極△める

とりくずし　積立金の取り崩し

とりくずす　積立金を取り崩す

とりくち　相撲の取り口

とりくみ　難問との取り組み　相撲の取組

とりくむ　難問に取り組む

とりけし　取り消し　＊取

纜

塒

鑼

とりけししょぶん　取消処分
とりけす　前言を取り|消す
とりこ　恋の虜△　*擒になる
とりこしぐろう　取り|越し苦労　*取越苦労
とりこみさぎ　取り|込み詐欺　*取込詐欺
とりこむ　取り|込む
とりごや　鳥小屋
とりこわし　家の取り|壊し
とりこわす　家を取り|壊す
とりさげ　訴訟取り|下げ
とりさげる　取り|下げる
とりさし　鳥刺|し

とりざた　取り|沙汰する
とりざら　取り|皿
とりさる　痛みを取り|去る
とりしきる　店を取り|仕切る
とりしまり　取り|締まり　*取締り
とりしまりほう　覚醒剤取締法
とりしまりやく　取締役
とりしまる　取り|締まる　*取締る
とりしらべ　警察の取り|調べ
とりしらべる　取り|調べる
とりすがる　袖に取り|縋る
とりそろえる　品を取り|揃える
とりだか　各自の取り高

とりだす　箱から取り|出す
とりたて　税の取り|立て　*取立
とりたてきん　取立金
とりたてそしょう　取立訴訟
とりたてる　取り|立てる
とりちがえる　取り|違える
とりちらす　取り|散らす
とりつぎ　取り|次ぎ　*取次
とりつぎてん　取次店
とりつく　研究に取り|付く
　狐が取り|憑く
とりつぐ　客を取り|次ぐ
とりつくしま　取り|付く島もない
とりつくす　取り尽|くす

とりつくろう　人前を取り|繕う
とりつけ　取り|付け　*取付作業
　銀行の取り|付け　*取付
とりつけこうじ　取付工事
とりつける　取り|付ける
とりで　最後の砦
とりてき　取的(下位の力士)
とりとめ　取り|留め　*取り|止めのない話
とりとめる　一命を取り|留める
　*取り|止める
とりどり　色取り|取り
とりなおし　相撲の取り|直し
とりなおす　気を取り|直す

とりなす　仲を執り成す　*取り成す
とりなわ　捕り縄
とりにがす　取り逃がす　*取逃す
とりのいち　酉の市
とりのける　取り除△ける
とりのこがみ　鳥の子紙
とりのこし　取り残しがある
とりのこす　後に取り残す
とりのぞく　石を取り除く
とりはからい　粋《いき》な取り計らい　*取計い
とりはからう　取り計らう　*取計う
とりはこぶ　事を取り運ぶ
とりばし　取り箸
とりはずす　柵を取り外す

とりはだ　鳥肌　*鳥膚△
とりはらい　取り払い　*取払
とりはらう　塀を取り払う
とりひき　取り引き　*取引
とりひきじょ　証券取引所
とりぶん　各自の取り分を決める
とりまき　取り巻き連中
とりまぎれる　取り紛れる
とりまく　城を取り巻く
とりまぜる　取り混ぜる
とりまとめる　票を取り纏める
とりまわし　家事の取り回し
とりみだす　心を取り乱す
とりむすぶ　仲を取り結ぶ
とりめ　鳥目

とりもち　座の取り持ち　鳥黐を竿《さお》に塗る
とりもつ　仲を取り持つ
とりもどし　取り戻し
とりもどす　金を取り戻す
とりもなおさず　取りも直さず
とりもの　深夜の捕り物
とりやめ　会の取り止△め
とりょう　塗料を塗る
どりょう　度量が大きい
どりょうこう　度量衡
どりょく　一心に努力する
とりよせる　本を取り寄せる
とりわけ　取り分け目立つ
とりわける　取り分ける
とる　手に取る・汚れを―・資格を―・メモを―・連絡を―・年を―
魚を取る　*獲△る
米を取る　*穫△る
栄養を取る　*摂△る
金を盗△る　*奪△る
血を採る・高卒を―・決を―
事務を執る・措置を―・指揮を―・教鞭を―
筆を執る　*把△る

擒
縋
黐

剣を把△る
ねずみを捕る・
飛球を―
写真を撮る・映
画を―
ビデオに録△る

どるい　土塁
どれい　奴隷解放
とれだか　取れ高
とれたて　取れたての魚
とろ　川の瀞
とろ　真情を吐露する
どろ　顔に泥を塗る
どろあし　泥足で上がる
とろう　徒労に終わる
どろうみ　一面の泥海
どろえのぐ　泥絵の具
とろかす　心を蕩かす
どろくさい　泥臭い
とろける　口中で蕩ける

どろじあい　泥仕合になる
どろた　泥田
どろなわ　泥縄式
どろぬま　泥沼にはまる
とろび　とろ火で煮る
どろぼう　泥棒　*泥坊
どろまみれ　泥塗△れになる
どろみず　泥水が流れる
とろろいも　薯蕷芋
どろんこ　泥んこの道
とわ　永△久△の眠り
とわずがたり　問わず語り
どわすれ　度忘れする
とわだ　十和田湖

トン

[屯]トン ― 屯営・屯所・屯田兵・駐屯地
[豚]トン ぶた ― 豚児・豚舎・養豚
[頓]トン ― 頓着・整頓
[人惇]トン あつ・あつし ―
[人敦]トン あつ・あつし ― 敦煌
[人沌]トン・テン ― 混沌
[人遁]トン・シュン ― 遁走・隠遁

ドン

[鈍]ドン にぶ|い・にぶ|る ― 鈍感・鈍器・鈍行・鈍重・愚鈍
[曇]ドン くも|る ― 曇天・晴曇
[貪]ドン むさぼ|る ― 貪欲
[人呑]ドン・トン のみ ― 呑吐・併呑

どん

[丼]― (どん)・どんぶり ― 牛丼・天丼

とんえい　屯営
どんか　勢いが鈍化する
どんかく　鈍角三角形
とんかつ　豚カツ
とんがる　先が尖る

どんかん　鈍感な人
どんき　鈍器で殴る
とんきょう　頓狂な声を出す
どんぐり　団△栗の背比べ
とんこう　敦煌
どんこう　鈍行電車
どんこん　鈍根と利根
とんざ　事業が頓挫する
とんさい　頓知頓才
どんさい　鈍才
とんし　頓死する
とんじ　豚児
遁辞(逃げ口上)
とんしゃ　豚舎
とんじゃく　頓着しない
とんしゅ　頓首再拝
どんじゅう　鈍重な動作
とんしょ　新撰組の屯所
どんしょく　貪食する
どんじり　どん尻

とんじる　豚汁
どんす　金襴緞子
どんする　貧すれば鈍する
とんせい　遁世生活
とんそう　遁走する
とんそうきょく　遁走曲（フーガ）
どんそく　鈍足
どんぞこ　どん底の生活
とんち　頓知　*頓智
とんちき　頓痴気
とんちゃく　頓着しない
どんちょう　緞帳を上げる
とんちんかん　頓珍漢な返事
どんつう　鈍痛を覚える
どんづまり　どん詰まり
どんてん　曇天
とんでんへい　屯田兵
とんと　頓と分からない

どんとう　鈍刀
とんび　鳶が鷹を生む
とんぷく　頓服を飲む
どんぶつ　鈍物と才物

どんぶり

[丼]―どんぶり・(どん)―　丼飯

どんぶりかんじょう　丼勘定
とんぼ　蜻蛉　*蜻蜓
とんぼがえり　蜻蛉返り　*筋斗返り
とんま　頓馬なやつ
どんま　神経が鈍麻する　頭が鈍磨する
とんや　問屋
どんよく　貪欲　*貪慾な男
どんらん　貪婪な目付き

な

ナ

[那]―ナ―　那辺・那落・支那・旦那・刹那

[奈]―ナ―　奈辺・奈落

な　名を名乗る　菜を漬ける
なあて　手紙の名宛

ナイ

[内]―ナイ・(ダイ)／うち―　内示・内通・内定・内紛・内容・家内・国内

ない　今は亡き父　金が無い　地震
ないあつ　内圧と外圧

ないい　内意を伝える
ないいん　内因と外因　寺院の内院
ないえつ　内謁を願い出る　文書を内閲する
ないえん　明治神宮の内苑　内縁の妻
ないおう　敵に内応する　心の内奥
ないか　内科医院
ないかい　内海を航行する　内界と外界
ないがい　国の内外
ないかく　内角高目の球　内閣の首班　内郭　*内廓
ないがしろ　親を蔑ろにする

瀞
遁
蔑

ないかん　外憂内患
　自己を内観する
ないき　内規に反する
ないぎ　お内儀
ないきょく　内局と外局
ないきん　内勤の社員
ないくう　伊勢の内宮△
ないけん　文書を内見する
ないこう　内向する性格
　病気が内攻する
　内訌が絶えない
ないこうせい　内向性
ないこく　内国航路
ないさい　内妻
　内済にする
　内債を発行する
ないざい　内在する要因
ないし　内侍△
　一名乃至四名
ないじ　予算を内示する
　内耳と中耳
ないしきょう　内視鏡
ないしつ　御内室
ないじつ　内実を告げる
ないしゃく　内借する
ないじゅ　内需が拡大する
ないしゅうげん　内祝言
ないしゅっけつ　内出血
ないしょ　内緒　＊内証△の話
ないじょ　内助の功
ないしょう　内証の話
ないじょう　内情を探る
ないしょく　内職をする
ないしん　内心心配する
　内診する
ないじん　神社の内陣
ないしんしょ　内申書
ないしんのう　内親王
ないせい　内政に干渉する
　深く内省する
ないせつ　内接　＊内切円
ないせん　内戦が絶えない
　内線の電話
ないそう　天皇に内奏する
　内装工事
ないぞう　内蔵する諸問題
　内臓疾患
ないだい　書物の内題
ないだいじん　内大臣
ないだく　内諾を与える
ないたつ　内達を受ける
ないだん　内談がある
ないち　内地留学
ないつう　敵に内通する
ないてい　採用が内定する
　内偵を進める
ないてき　内的経験
ないてん　内典と外典《げてん》
ないない　内々の話
ないねんきかん　内燃機関
ないはつ　内発的発展
ないひ　内皮
ないぶ　内部の事情
ないふく　内福な家庭
ないふくやく　内服薬
ないふん　内紛が絶えない
ないぶん　内分に済ます
　内聞に達する
ないぶんぴつ　内分泌
ないへき　胃の内壁
ないほう　矛盾を内包する
　内報が入る
ないまく　内膜症
ないまぜ　綯い交ぜにする
ないみつ　内密に済ませる
ないむ　内務を司る
ないめい　内命を受ける
ないめん　内面生活

な

ないや　内野席
ないやく　内約を与える
ないゆうがいかん　内憂外患
ないよう　内用薬　本の内容
ないらん　内乱が起きる　文書を内覧する
ないりく　内陸部
ないりんざん　内輪山
ないれ　名入れタオル
なう　縄を綯う
なうて　名うての大工
なえ　苗を植える
なえぎ　杉の苗木
なえどこ　苗床
なえる　草花が萎える
なお　尚・*猶その上に
なおかつ　尚且つ美しい
なおきさんじゅうご　直木三十五

なおさら　尚更悪い
なおざり　等閑にする
なおし　直しに出す
なおしもの　直し物
なおす　誤りを直す・機械を—・服装を—　病気を治す　*癒す
なおも　尚も反対する
なおもって　尚以て困る
なおらい　直会（祭儀後の宴）
なおる　歪《ゆが》みが直る　病気が治る　*癒る
なおれ　名折れになる
なか　箱の中・両者の—に入る　仲がいい・—を取り持つ

ながあめ　秋の長雨
なかい　料理屋の仲居
ながい　長居は無用
ながい　長い髪の毛・—道・気が—・—年月・—一日　枝が長く伸びる　日が永い・—眠り　末永く契る
ながいあいだ　長い間　*永い間
ながいかふう　永井荷風
ながいき　長生きをする
ながいす　長椅子
ながいも　長芋・*長薯　*薯蕷
なかいり　相撲の中入り
ながうた　長唄の師匠
なかうり　中売り

ながえ　長柄の傘　牛車《ぎっしゃ》の轅
ながおい　長追いする
ながおかきょう　長岡京市
なかおち　鮪《まぐろ》の中落ち
なかおもて　中表に畳む
なかおれぼう　中折れ帽
なかがい　仲買人
なかぎり　中限
ながぐつ　長靴
なかご　重箱の中子
なかごろ　四月の中頃
ながさ　長さ一メートル
ながさき　長崎県
ながし　流しで洗う
ながしあみ　流し網
ながしうち　流し打ち

訌
綯
轅

ながしかく 長四角
なかじき 中敷き
なかじきり 中仕切り
ながしこむ 型に流し込む
ながしだい 流し台
ながしだす 流し出す
ながしどり 流し撮りする
ながしば 流し場
ながじばん 長襦袢
なかじま 中島
なかじめ 宴会の中締め
ながしめ 流し目 ＊流眄を使う
ながじゅばん 長襦袢
ながじり 長尻の人
なかす 中州 ＊中洲
なかす 子供を泣かす
なかす 鶯《うぐいす》を鳴かす
ながす 水に流す
なかせんどう 中山道 ＊中仙道
ながそで 長袖の服
なかぞら 中空に浮かぶ月
なかだか 中高の顔
なかたがい 仲違△いをする
なかだち 茶席の中立ち
仲立ち ＊媒△
なかだちにん 仲立人
ながたび 長旅をする
ながたらしい 長たらしい話
なかだるみ 中弛みの状態
ながだんぎ 下手の長談義
ながちょうば 長丁場
なかつぎ 中継ぎ ＊中次ぎ
ながつき 長月（陰暦九月）
ながっちり 長っ尻△の人
ながつづき 永続き ＊長続きする
なかづり 中吊り広告
なかて 中手 ＊中稲△
ながでんわ 長電話
なかと 中砥と粗砥
ながと 長門△の国
ながとうりゅう 長逗留する
なかなおり 仲直りをする
なかなか 中々治らない
ながなが 永々 ＊長々
なかにわ 中庭
なかぬり 壁の中塗り
なかね 中値
ながねぎ 長葱
ながねん 永年 ＊長年世話になる
ながの 永の別れ
ながの 長野県
なかのおおえのおうじ 中大兄皇子△
なかば 八月の半ば
ながばかま 長袴△
なかばたらき 仲働き
ながばなし 長話をする
なかび 夏場所の中日
ながびく 会議が長引く
ながびつ 長櫃
ながひばち 長火鉢
ながほそい 長細い窓
なかほど 中程に詰める
なかぼね 魚の中骨
なかま 仲間を裏切る
なかまく 中幕
なかまはずれ 仲間外れ
なかまわれ 仲間割れ
なかみ 中身 ＊中味
なかみせ 仲見世 ＊仲店
ながめ 長め ＊長目に切る
ながめる 眺めがよい 山から眺める

ながもち　箪笥《たんす》と長持　長持ちする靴
ながや　棟割り長屋
なかやすみ　中休みする
ながやみ　長病みする
ながゆ　長湯をする
なかゆび　中指
なかゆるし　茶道の中許し
なかよし　仲良し *仲好△し　小良し
なから　山の半ら　*半腹△
ながら　失礼乍ら
ながらえる　命を長らえる　*永らえる　*存△える
ながらがわ　長良川△
ながらく　長らく *永らく　療養中
なかれ　驚く莫れ

ながれ　*勿れ *毋れ　流れに逆らう
ながれあるく　流れ歩く
ながれこむ　水が流れ込む
ながれさぎょう　流れ作業
ながれだす　流れ出す
ながれだま　流れ弾に当たる
ながれつく　島に流れ着く
ながれぼし　流れ星
ながれもの　流れ者
ながれる　水が流れる
ながわきざし　長脇差
ながわずらい　長患いをする
なかんずく　就△中△犬が好きだ
なき　泣きを入れる
なき　無きに等しい
なき　亡き父をしのぶ

なぎ
［凪］なぎ｜「海が｜になる」

なきあかす　泣き明かす　*泣明す
なきおとし　泣き落とし　*泣落し
なきがお　泣き顔になる
なきかず　亡き数に入る
なきがら　亡骸△を葬る
なきくずれる　泣き崩れる
なきくらす　泣き暮らす
なきごえ　人の泣き声　鳥の鳴き声
なきごと　泣き言を言う
なぎさ　渚 *汀
なきさけぶ　泣き叫ぶ声
なきしきる　鳥が鳴き頻△る
なきじゃくる　泣き噦る少女
なきじょうご　泣き上戸
なきすな　鳴き砂
なぎたおす　敵を薙ぎ倒す
なきつく　親に泣き付く

なきつづける　泣き続ける
なきっつら　泣きっ面に蜂
なきつら　泣き面に蜂
なきどころ　弁慶の泣き所
なぎなた　長△刀 *薙△刀
なきぬれる　泣き濡れる
なきねいり　泣き寝入り
なぎはらう　草を薙ぎ払う
なきはらす　赤く泣き腫らした目
なきふす　泣き伏す
なぎふせる　草を薙ぎ伏せる
なきまね　泣き真似△する　鳥の鳴き真似△
なきむし　泣き虫
なきもの　亡き者にする

眄
噦
薙

なきりぼうちょう　菜切り包丁
なきわかれ　親子の泣き別れ
なきわらい　泣き笑いする
なく　人が泣く　＊哭く　鳥が鳴く　＊啼く
なぐ　心が和ぐ　風が凪ぐ　草を薙ぐ
なぐさみ　慰みに絵を描く
なぐさみもの　慰み者　慰み物
なぐさむ　心が慰む
なぐさめ　慰めの言葉
なぐさめる　友を慰める
なくしもの　無くし物
なくす　父を亡くす　金を無くす　＊失くす
なくなる　親が亡くなる　物が無くなる
なぐりあい　殴り合い
なぐりかかる　殴り掛かる
なぐりがき　殴り書きする
なぐりこみ　殴り込み
なぐりたおす　殴り倒す
なぐりつける　殴り付ける
なぐる　顔を殴る　＊撲る
なげいれ　菊の投げ入れ
なげいれる　投げ入れる
なげうつ　仕事を擲つ　＊抛つ
なげうり　投げ売り　＊投売
なげかける　投げ掛ける
なげかわしい　嘆かわしい世
なげき　嘆き　＊歎き　＊慨きに沈む
なげく　友の死を嘆く　＊歎く　＊慨く
なげこむ　川に投げ込む
なげし　長押の槍《やり》
なげすて　たばこの投げ捨て
なげすてる　投げ捨てる　＊投げ棄てる
なげだす　命を投げ出す
なげつける　投げ付ける
なげづり　投げ釣り
なげとばす　投げ飛ばす
なげなし　無けなしの金
なげなわ　投げ縄
なげもの　投げ物
なげやり　投げ遣りな態度　投げ槍
なげる　球を投げる　＊擲げる
なげわざ　投げ技
なこうど　仲人を頼む
なこうどぐち　仲人口
なごむ　心が和む
なごやおび　名古屋帯
なごやか　和やかな会合
なごり　名残を惜しむ　台風の余波
なさけ　情けをかける
なさけしらず　情け知らず
なさけない　情け無い境遇
なさけぶかい　情け深い人
なざし　名指しの非難
なざす　名指す
なさぬなか　生さぬ仲

なし
[梨]なし ——「—の実」

な

なし　無しとしない
なじかは　何△じかは
なしくずし　済△し崩し
なしじ　梨△子地　＊梨地の文箱《ふばこ》
なしとげる　偉業を成し遂げる　＊為△し遂げる
なしのつぶて　梨の礫
なじみ　馴染みが深い
なじむ　環境に馴染む
なじる　失策を詰△る
なす　茄子　＊茄の漬物
なす　子を生△す
　形を成△す
　事を為△す
なすこん　茄子紺
なずな　薺△（春の七草）
なすび　茄子△　＊茄の花

なずむ　旧習に泥△む
なずらえる　花に準△える　＊准△える　＊擬△える
なすりあい　責任の擦△り合い
なすりつける　擦り|付ける
なする　人に罪を擦△る
なぜ　何故泣くのか
なぜる　頭を撫△ぜる

なぞ
［謎［謎］］なぞ —— 「——を掛ける」

なぞめく　謎めいた人物
なぞらえる　花に準△える　＊准△える　＊擬△える
なた　鉈を振るう
なだ　灘の生一本

なだい　名代の桜餅
なだい　名題役者
なだかい　名高い寺
なだたる　名立たる俳優
なたね　菜種梅雨
なだめる　双方を宥める
なだれ　雪崩を打つ
なだれこむ　雪崩込む
なだれる　雪崩れる　＊頽△れる

ナツ
［捺《人》］ナツ とし —— 捺印・押捺

なつ　夏の夜
なついん　署名捺印する
なつがけ　夏掛け
なつかしい　懐かしい故郷
なつかしむ　昔を懐かしむ
なつがれ　夏枯れ|の時期
なつぎ　夏着

なつく　子供が懐く
なつくさ　夏草
なつぐも　夏雲
なつげ　夏毛と冬毛
なづけ　菜漬け|
なづけおや　名付け親
なつける　犬を懐ける
なづける　京子と名付ける
なつこだち　夏木立
なつじかん　夏時間
なっしょ　納所坊主
なっせん　花柄を捺染する
なつっこい　懐っこい声
なっとう　納豆の苞《つと》
なっとく　納得が行かない
なっとくずく　納得ずく

擲
薺
灘

なつの 夏野
なつば 夏場
なっぱ 大根の菜っ葉
なつばしょ 夏場所
なつばて 夏ばてを防ぐ
なつび 夏日
なつふく 夏服
なつまけ 夏負けする
なつまつり 夏祭|り
なつみかん 夏蜜△柑
なつむき 夏向きの家
なつめ 棗の実
なつめそうせき 夏目漱石
なつもの 夏物
なつやすみ 夏休みの宿題
なつやせ 夏痩せ
なつやま 夏山シーズン
なでおろす 胸を撫で下|ろす *撫下す
なでがた 撫で肩の人

なでしこ 撫子 *瞿麦△
なでつける 髪を撫で|付ける
なでる 頭を撫でる
など 犬や猫等△ *抔
などころ 鎧《よろい》の名所
などなど 等△々
なとり 踊りの名取|り
なな 七色
ななえ 七重八重
ななくさ 春の七草 七種△の宝
ななくさがゆ 七種粥 *七草粥
ななくせ 無くて七癖
ななころびやおき 七転び八起き
ななし 名無しの権兵衛
ななそじ 七十△路
ななつ 七つ

ななつさがり 七つ下が|り
ななつどうぐ 七つ道具
ななのか 七七日
ななひかり 親の光は七光|り
ななまがり 七曲が|りの道
ななめ 斜めになる
ななめならず 斜めならず喜ぶ
ななめよみ 斜め読みする
なに 何が見えますか
なにがし なんの某△ 何がしかの金
なにかと 何彼△と
なにかなし 何か無し悲しい
なにかにつけ 何彼△に付け
なにくそ 何糞と頑張る
なにくれと 何呉△となく
なにくわぬ 何食わぬ顔

なにげない 何気無い言葉
なにごと 何事かささやく
なにさま 自分を何様と思っているのか
なにしおう 名にし負う強打者
なにしろ 何しろ寒い
なにする 何するものぞ
なにとぞ 何卒△よろしく
なになに 何々が必要か
なにはさておき 何は扠置き
なにぶん 何分にも
なにほど 何程でもない
なにもかも 何も彼△も嫌だ
なにもの 何物も残さない 相手は何者か
なにやかや 何や彼△や
なにやつ 一体何奴△だ
なにゆえ 何故失敗したか

なにわ　難波　*浪速　*浪花
なにわぶし　浪花節
なぬか　七日
なぬし　名主
なのか　七日
なのはな　菜の花
なのり　名乗りを上げる
なのる　名を名乗る
なは　那覇市
なびかす　黒髪を靡かす
なびく　草木が靡く
なびろめ　名広め　*名披露目
なふだ　名札を付ける
なぶりもの　嬲り物にする
なぶる　人を嬲る

なべ
【鍋】なべ　――「―と釜」◇鍋料理

なべしまやき　鍋島焼
なべぞこ　鍋底
なべづる　鍋鉉を持つ
なべて　並べて平凡だ
なべもの　鍋物
なべやきうどん　鍋焼き｜饂飩
なへん　那辺　*奈辺にありや
なま　生の野菜
なまあくび　生欠伸をする
なまあげ　生揚げ｜
なまあたたかい　生暖かい風
なまあたらしい　生新しい記憶
なまいき　生意気な子
なまえ　名前を書く
なまえんそう　生演奏
なまがくもん　生学問
なまがし　生菓子

なまかじり　生噛りの知識
なまかべ　生壁
なまかわ　生皮をはぐ
なまがわき　生乾きの服
なまき　生木を裂く
なまきず　生傷　*生疵
なまぐさい　生臭い　*腥い
なまぐさぼうず　生臭坊主
なまくび　生首をさらす
なまくら　鈍な刀
なまけぐせ　怠け癖がつく
なまけごころ　怠け心
なまけもの　怠け者
なまける　仕事を怠ける
なまげんこう　生原稿
なまこ　海鼠の酢の物
なまごろし　蛇の生殺し
なまざかな　生魚を食べる
なまじ　憖じ口を出すからいけない

なまじい　憖じい
なまじっか　憖じっか
なまじろい　生白い顔
なます　大根の膾　*鱠
なまず　皮膚の癜　鯰のひげ
なまたまご　生卵
なまち　生血を吸う
なまちゅうけい　生中継
なまつば　生唾を飲み込む
なまづめ　生爪をはがす
なまなか　生半のこと
なまなましい　生々しい記憶
なまにえ　生煮えの芋
なまぬるい　風が生温い　生緩い態度
なまはんか　生半可な知識

靡
嬲
憖

なまびょうほう　生兵法
なまふ　生麩
なまへんじ　生返事をする
なまほうそう　生放送
なまぼし　生干|し　＊生乾△|しの魚
なまみ　生身の体
なまみず　生水を飲む
なまめかしい　艶△めかしい女
なまめく　艶△めいた声
なまもの　生物を食べる
なまやけ　生焼けの魚
なまやさしい　生易しい
なまゆで　生茹で
なまよい　生酔|い気分
なまり　訛|りがある
なまり　鉛
なまりいろ　鉛色
なまりぶし　生△節

なまる　発音が訛る　腕が鈍△る
なみ　波　＊浪△　＊濤
なみ　並の品　世間並み
なみあし　並足と早足
なみいた　波板で囲う
なみいる　並|み居る人々
なみうちぎわ　波打ち|際
なみうつ　波打つ稲穂
なみがしら　白い波頭
なみかぜ　波風を立てる
なみき　桜の並木
なみきみち　並木道
なみじ　波路遥か
なみする　反対を蔑△する
なみせい　並製の本
なみせん　波線を引く
なみだ　涙　＊泪　＊涕
なみたいてい　並大抵

なみだきん　涙金で縁を切る
なみだぐましい　涙ぐましい
なみだぐむ　涙ぐむ
なみだごえ　涙声で話す
なみだする　涙する
なみだつ　海が波立つ
なみだもろい　涙脆い性格
なみなみならぬ　並々ならぬ
なみのはな　波の花　＊浪△の花
なみのり　波乗りをする
なみはずれる　並外れた才能
なみはば　並幅　＊並巾△
なみま　波間に漂う
なみまくら　波枕
なむ　南無
なむあみだぶつ　南無阿弥△陀仏

なむさんぼう　南無三宝
なむし　菜虫
なむみょうほうれんげきょう　南無妙法蓮華経
なめくじ　蛞蝓に塩
なめこ　滑子の味噌汁
なめし　菜飯
なめしがわ　鞣し|革
なめす　皮を鞣す
なめずる　舌を舐めずる
なめみそ　嘗め|味噌
なめらか　滑らかな肌
なめる　飴を嘗める　＊舐める
なや　納屋にしまう
なやましい　悩ましい姿
なやます　頭を悩ます
なやみ　悩みの種
なやみぬく　悩み抜く

なやむ　頭痛に悩む
なよせちょう　名寄帳
なよたけ　雪にたわむ弱竹
なら　楢の大木
なら　奈良県
ならい　習い性となる
ならいおぼえる　習い覚える
ならう　前例に倣う
　ピアノを習う
ならく　奈落の底
ならす　土地を均す
　鐘を鳴らす
　体を慣らす
　*馴らす
ならずもの　ならず者　*破落戸
ならび　家の並び
ならびたつ　両雄並び立たず

ならびない　並び無い
ならびに　住所並びに氏名
ならぶ　二列に並ぶ
ならべたてる　並べ立てる
ならべる　二つ並べる　*列べる
ならわし　土地の習わし
　*慣わし
ならわす　言い慣わす
なり　金五千円也
　将棋の成り
　形が小さい
　鳴りを潜める
なりあがり　成り上がり
　*成上り
なりあがる　成り上がる
　*成上る
なりかわる　親に成り代わる　*成代る
なりき　生り木責め

なりきん　土地成金
なりさがる　成り下がる
　*成下る
なりすます　成り済ます
なりたち　会の成り立ち
なりたつ　会が成り立つ
なりて　嫁の為り手
なりどし　柿の生り年
なりひびく　鳴り響く
なりふり　形振り構わず
なりもの　生り物の栽培
　鳴り物（邦楽の楽器）
なりものいり　鳴り物入り
なりゆき　事の成り行き
なりわい　生業を求める
なりわたる　鳴り渡る
なる　木の実が生る
　新装成る・飛車が―
　古く為る
　❖「…になる」は仮名書きがふつう。
　鐘が鳴る
なるこ　鳴子で鳥を追う
なるたけ　成る丈歩く
なるとまき　鳴門巻き
　❖ふつう仮名書き。
なるべく　成るべく
なるほど　成る程と思う
なれ　汝
　舞台慣れ
なれあい　馴れ合い試合
なれしたしむ　慣れ親しむ
なれずし　熟鮨　*熟鮓
なれそめ　馴れ初めの頃《ころ》
なれっこ　慣れっこになる

蛞
蝓
蝚

な

なれなれしい　馴れ馴れしい　*馴々しい
なれのはて　成れの果て|
なれる　寵愛《ちょうあい》に狎れる
　犬が馴れる
　仕事に慣れる
　すしが△熟れる
なわ　縄をなう
なわしろ　苗代の苗
なわつき　縄付き|を出す
なわて　畷　*縄手（あぜ道）
なわとび　縄跳びをする
なわのれん　縄暖△簾を潜る
なわばしご　縄梯子
なわばり　縄張り|を争う
なわめ　縄目の恥

ナン

［男］ナン・ダン　おとこ ― 一男一女・善男・長男・美男

［南］ナン・(ナ)　みなみ ― 南緯・南下・南画・南極・南国・南北・指南
［難（難）］ナン　かた-い・むずか-しい ― 「―を言えば…」◇難易・困難
［軟］ナン　やわ-らか・やわ-らかい ― 軟化・軟球・軟禁・軟骨・軟弱・軟派
［楠］ナン　くす・くすのき ― 楠公

なん　何という町か
なんい　南緯三十五度
　仕事の難易
なんおう　南欧諸国
なんか　南下する
　態度が軟化する
なんが　南画と北画
なんかい　南海の孤島
　難解な文章
なんかん　難関を突破する
なんぎ　難儀をする
なんきつ　相手を難詰する

なんきゅう　軟球と硬球
　難球をさばく
なんきょう　難境を脱する
なんぎょう　難行苦行
　難業が完成する
なんきょく　南極大陸
　難曲に取り組む
　難局を打開する
なんきょくかい　南極海
なんきん　軟禁する
なんきんじょう　南△京錠
なんきんまめ　南京豆
なんく　難句
なんくせ　難癖を付ける
なんくん　難訓索引
なんけん　難件を処理する
なんげん　白樺の南限
なんご　難語集
なんこう　軟膏を塗る
　工事が難航
　*難行する
　船が難航する
　楠公（楠木正成）
なんこうふらく　難攻不落
なんごく　南国
なんこつ　鮫《さめ》の軟骨
なんざん　難産
なんし　テレビ難視地域
なんじ　汝　*爾
なんじ　何時ですか
　難字難訓
　難治の病
　難事を処理する
なんしき　軟式庭球
なんじゃく　軟弱な地盤
なんじゅう　難渋を極める
なんしょ　交通の難所
なんしょう　難症
なんじょう　何条たまるべき
なんしょく　難色を示す

なんしん　船が南進する
なんすい　軟水と硬水
なんずる　失策を難ずる
なんせん　台風で難船する
なんせんほくば　南船北馬
なんぞ　何ぞ知らん
なんだい　難題を出す
なんたいどうぶつ　軟体動物
なんだか　何だか変だ
なんたん　日本の南端
なんち　難治の病
なんちゃくりく　軟着陸する
なんちゅう　太陽が南中する
難中の難事
なんちょう　南朝と北朝
軟調の印画紙
難聴
なんて　何て言ったか
なんで　何で泣くのか

なんてき　難敵を倒す
なんてつ　軟鉄
なんでも　何でもする
なんてん　南天の実
難点のない人物
なんと　何と暑いこと
なんと　南都北嶺
なんど　何度も尋ねる
納戸にしまう
なんどき　何時たりとも
なんどく　難読の地名
なんとも　何とも驚いた
なんなく　難無く出来る
なんなん　喋々《ちょうちょう》喃々
なんなんとする　五時間に垂△んとする試合
なんにも　何にもない
なんにょ　老若《ろうにゃく》男女
なんにん　何人もの人
なんねん　何年か経過する

なんぱ　軟派の学生
船が難破する
なんぱく　野菜を軟白する
なんぱせん　難破船
なんばん　南蛮人
なんぴと　何人といえども
なんびょう　難病を克服する
なんぶ　関東地方南部
なんぷう　南風競わず
軟風（そよ風）
なんぶつ　なかなかの難物
なんぶん　難文を読解する
なんぶんがく　軟文学
なんべい　南米諸国
なんべん　何遍も繰り返す
軟便
なんぽう　南方の島
なんぼく　東西南北
なんぼくちょう　南北朝時代
なんみん　難民を救済する

なんめん　道路に南面する
なんもん　難問を解決する
なんやく　難役をこなす
なんよう　南洋
なんら　何ら関係がない
なんらか　何らかの処分
なんろ　難路を切り開く

に

［二］ニ　ふた・ふたつ　―二月・二個・二束三文・二分
［仁］|（ニ）・ジン　―仁王
［児（兒）］|（ニ）・ジ　―小児科
［尼］ニ　あま　―尼僧・国分尼寺・修

狎
畷
喃

道尼・禅尼・老尼

[弐(貳)]ニ ― 弐万円

に　丹△の鳥居
母親似
荷が重い
煮が足りない
にあい　似合いの夫婦
にあう　帽子が似合う
にあげ　荷揚げ作業
にあし　荷足が速い
にあつかい　荷扱いが荒い
にあわしい　似合わしい
にいがた　新潟県
にいさん　兄さん
にいじまじょう　新島襄
にいづま　新妻
にいなめさい　新嘗祭
にいぼん　亡父の新盆
にいまくら　新枕をかわす

にいろ　丹△色(赤色)
にうけ　荷受けをする
にうけにん　荷受人
にうごき　荷動きが速い
にえ　煮えが早い
刀の錵　*沸△
鵙《もず》の贄　*牲△
にえかえる　湯が煮え返る
にえきらない　煮え切らない
にえくりかえる　はらわたが煮え繰り返る
にえたぎる　湯が煮え滾る
にえたつ　湯が煮え立つ
にえゆ　煮え湯を飲ます
にえる　芋が煮える
におい　花の匂い
ガスの臭い
においぶくろ　匂袋

におう〈う〉

[匂]におう ―「梅の花が―」

におう　ガスが臭う
におう　仁王　*二王
におうだち　仁王立ち
におくり　荷送り人
におも　荷重な仕事
におやか　匂やかな菊
におろし　荷下ろし
*荷降ろし
*荷卸し
にかい　二階から目薬
にがい　苦い味
にかいだて　二階建ての家
にかいや　二階屋　*二階家に住む
にがうり　苦瓜
にかえす　魚を煮返す
にがお　似顔を描く

にがさ　荷嵩になる
にがす　鳥を逃がす
にがて　苦手の学科
にがにがしい　苦々しい思い
にがみ　苦み　*苦味
にがみばしる　苦味走った男
にがむし　苦虫を嚙み潰す
にかよう　事情が似通う
にがり　苦塩△　*苦汁
にがりきる　苦り切った顔
にかわ　膠で付ける
にがわらい　苦笑いをする
にきさく　二期作
にぎてき　二義的な問題
にぎにぎ　握々をする
にぎにぎしい　賑々しい式場
にきび　面皰△ができる
にぎやか　賑やかな町
にきょくか　二極化が進む
にぎり　ステッキの握り

に

にぎりこぶし　握り拳
にぎりしめる　握り締める
にぎりずし　握り鮨
にぎりつぶす　案を握り潰す
にぎりめし　握り飯を食う
にぎる　手を握る
にぎわう　町が賑わう
にぎわす　紙面を賑わす

ニク

［肉］ニク ―「牛の―」◇肉親・肉薄・肉欲・肉類・筋肉

にくあつ　肉厚に切る
にくい　憎いやつ
　話し難い　*悪い
にくいれ　印と肉入れ
にくいろ　肉色
にくが　肉芽組織
にくがん　肉眼でも見える
にくぎゅう　肉牛
にくげ　憎げ　*憎気がない男
にくさ　憎さ百倍
にくじきさいたい　肉食妻帯
にくしみ　憎しみが増す
にくしゅ　肉腫
にくじゅう　肉汁
にくじゅばん　肉襦袢
にくしょく　肉食動物
にくしん　肉親の情
にくずれ　荷崩れする
　煮崩れする
にくせい　肉声
にくたい　肉体と精神
にくたらしい　憎たらしい
にくだん　肉弾戦
にくだんご　肉団子
にくち　印鑑と肉池
にくづき　肉付きがよい
にくづけ　肉付けをする
にくてい　憎体な口をきく
にくてき　肉的と霊的
にくにくしい　憎々しい表情
にくはく　肉薄　*肉迫
にくばなれ　足の肉離れ
にくひつ　肉筆の絵
にくぶと　肉太の字
にくぼそ　肉細の字
にくまれぐち　憎まれ口
にくまれっこ　憎まれっ子
にくまんじゅう　肉饅頭
にくむ　憎む　*悪む
にくよく　肉欲　*肉慾
にぐら　荷鞍に括《くく》る
にくらしい　憎らしい人
にくるい　肉類を好む
にぐるま　荷車を引く
にぐん　二軍の選手
にげ　逃げを打つ
にげあし　逃げ足が速い
にげうせる　逃げ失せる
にげうま　逃げ馬
にげおくれる　逃げ遅れる
にげかくれ　逃げ隠れする
にげきる　逃げ切る
にげこうじょう　逃げ口上
にげごし　逃げ腰になる
にげこむ　家に逃げ込む
にげだす　外へ逃げ出す
にげない　似気無い
にげのびる　逃げ延びる
にげば　逃げ場を失う
にげまどう　逃げ惑う人々
にげまわる　逃げ回る
にげみず　逃げ水

襄
滾
匏

に

にげみち　逃げ｜道を捜す
にげる　鳥が逃げる　＊迯げる　＊遁げる
にげん　二元放送
にげんきん　二弦琴　＊二絃琴
にこげ　和△毛
にこごり　魚の煮凝△り｜
にごしらえ　荷拵えをする
にごす　言葉を濁す
にこぼれる　煮零△れる
にこむ　いもを煮込む
にごらす　水を濁らす
にごり　水の濁り
にごりざけ　濁り酒
にごりみず　濁り水
にごる　水が濁る
にころがし　芋の煮転がし
にごん　武士に二言なし

にざかな　煮魚
にさばき　荷捌き｜
にさん　二三の質問
にさんか　二酸化炭素
にし　西と東
　　螺

にじ
［虹］にじ｜——「—が架かる」

にしあかり　西明かり｜
にじかい　二次会
にしかぜ　西風
にしがわ　西側
にしき　故郷に錦を飾る
にしきえ　錦絵
にしきごい　錦鯉
にしきのみはた　錦の御旗△
にじげん　二次元
にしじんおり　西陣織
にしだきたろう　西田幾多郎
にしのみや　西宮市
にしはんきゅう　西半球
にしび　西日が射す
にじます　虹鱒を釣る
にじみでる　滲み｜出る
にじむ　血が滲む
にしむき　西向きの部屋
にしめ　煮染△め｜
にしゃたくいつ　二者択一
にじゅう　二重に包む
にじゅうしき　二十四気
(二十四節気)
にじゅうしょう　二重唱
にじゅうそう　二重奏
にじゅうどり　二重取り
にじゅうはっしゅく　二十八宿
にじゅうまわし　二重回し
にじょう　数を二乗する

にじりぐち　茶室の躙り口
にじりよる　側《そば》に躙り寄る
にしる　煮汁
にじる　ひざを躙らせる
にしん　鰊　＊鯡の卵
にしん　二心
　　＊弐心を抱く
にしん　二伸
にしんほう　二進法
にす　仮△漆△を塗る
にすがた　水に映る似姿
にせ　偽　＊贋の医者
にせ　二世を契る
にせい　二世誕生
にせがね　偽金　＊贋金
にせさつ　偽札　＊贋札
にせもの　偽者　＊贋者
　　偽物　＊贋物
にせる　本物に似せる
にそう　尼僧

△は常用漢字表にない音訓　｜の付いた仮名は省略してもよい送り仮名　＊は同語の別表記

にそくさんもん　二束三文
にそくのわらじ　二足の草△鞋
にだ　荷駄
にだい　トラックの荷台
にたき　煮炊きをする
にだしじる　煮出し汁
にたつ　湯が煮立つ
にたてる　湯を煮立てる
にだな　荷棚に載せる
にたりよったり　似たり寄ったり

ニチ
[日] ニチ・ジツ　ひ・か ―― 日時・日常・日没・日曜・日光・毎日

にちぎん　日銀（日本銀行）
にちげつ　日月
にちげん　締切の日限
にちじ　会合の日時
にちじょう　日常の生活
にちじょうさはんじ　日常茶飯事
にちにち　日々の出来事
にちぶ　日舞（日本舞踊）
にちぼつ　日没の時刻
にちや　日夜研究に励む
にちよう　日用の雑貨
日曜日
にちりん　日輪（太陽）
にちれんしゅう　日蓮宗
にちろく　日録をつける
にっか　日貨を排斥する
日課を守る
にっかい　肉界と霊界
肉塊
につかわしい　似つかわしい
にっかん　日刊新聞
にっかんてき　肉感的
にっき　日記をつける
にっきちょう　日記帳
にっきゅう　日給
につく　似ても似付かない
にづくり　荷造りをする
につけ　魚の煮付け
にっけい　日系米人
肉桂の香り
にっけいひょう　日計表
にっけいれん　日経連
にっこう　日光を浴びる
にっこうよく　日光浴をする
にっさん　役所へ日参する
日産二百台
にっし　五年の日子（日数）
航海日誌
にっしゃびょう　日射病
にっしゅう　日収一万円
にっしゅつ　日出の時刻
にっしょう　漢字の入△声
日照時間
にっしょうき　日章旗
にっしょうけん　日照権
にっしょく　日食　*日蝕
にっしんげっぽ　日進月歩
にっすう　出席日数
にったよしさだ　新田義△貞
にっちもさっちも　二△進も三△進もいかない
にっちゅう　日中の気温
にっちょく　日直をする
にってい　日程を立てる
にっとう　入△唐する
日当を払う
にっぱち　二八の月
にっぽう　営業日報

逃
躙
鰊

に

にっぽん　日本
につまる　話が煮詰|まる
にづみ　荷積|みをする
につめる　案を煮詰める
にてひなる　似て非なる
＊似而非なる
にてんさんてん　二転三転
にと　二兎を追う
二途に分かれる
にど　二度とない機会
にとうへんさんかっけい　二等辺三角形
にとうりゅう　二刀流
にどざき　二度咲き
にとべいなぞう　新渡△戸△稲造
にな　蜷
にないて　次代の担い手
になう　重責を担う
ににんさんきゃく　二人三脚
ににんしょう　二人称
にぬし　荷主
にぬり　丹△塗|りの鳥居
にのあし　二の足を踏む
にのうで　二の腕
にのく　二の句が継げない
にのぜん　二の膳が付く
にのつぎ　二の次にする
にのまい　二の舞（舞楽）
二の舞|い（他人の失敗の繰り返し）
にのまる　二の丸
にのや　二の矢を継ぐ
にはいず　二杯酢
にばしゃ　荷馬車
にばんせんじ　二番煎じ
にびいろ　鈍△色の雲
にびたし　煮浸|し
にひゃくとおか　二百十日
にひゃくはつか　二百二十日
にびょうし　二拍子の曲
にぶい　動作が鈍い
にふだ　荷札を付ける
にぶらす　決意を鈍らす
にぶる　切れ味が鈍る
にぶん　天下を二分する
にべ　鰾膠も無く断る
にぼし　煮干|し
にほん　日本
にほんいち　日本一の山
にほんが　日本画
にほんかい　日本海
にほんがみ　日本髪を結う
にほんざし　二本差|し
にほんしゅ　日本酒
にほんしょき　日本書紀
にほんだて　二本立て興行
にほんとう　日本刀
にほんのうえん　日本脳炎
にほんばれ　日本晴|れ
にほんま　日本間と洋間
にまいがい　二枚貝
にまいごし　二枚腰
にまいじた　二枚舌を使う
にまいめ　二枚目の俳優
にまめ　煮豆
にもうさく　二毛作
にもかかわらず　にも拘△らず
にもつ　荷物を運ぶ
にもの　煮物をする
にやく　荷役に従事する

ニャク

［若］（ニャク）・ジャク　わか-い・も-しくは　―　老若

にやける　若△気た若者
にやす　業を煮やす

にやっかい　荷厄介な仕事

ニュウ

[入]ニュウ　い-る・い-れる・はい-る ― 入学・入手・入場・入念・入門・収入

[乳]ニュウ　ちち・ち ― 乳液・乳牛・乳児・牛乳・粉乳

[柔]ニュウ・ジュウ　やわ-らか・やわ-らかい ― 柔弱・柔和

にゅういん　入院する
にゅうえい　入営する
にゅうえき　乳液をつける
にゅうえん　入園する
にゅうか　野菜が入荷する
　乳化剤
にゅうかい　入会する
にゅうかく　入閣を果たす
にゅうがく　高校に入学する
にゅうかん　入棺する
　入館する

にゅうがん　乳癌
にゅうぎゅう　乳牛
にゅうきょ　団地に入居する
　修理に入渠する
にゅうぎょ　入漁料
にゅうきょう　入京する
にゅうぎょう　乳業
にゅうきん　入金がある
にゅうこ　電車が入庫する
にゅうこう　入坑する
　入貢する
　神戸に入港する
　一番線に入構
にゅうこく　入国の手続き
にゅうごく　入獄する
にゅうこん　入魂の作品
にゅうざい　石油乳剤
にゅうさつ　入札する
にゅうざん　叡山に入山する
にゅうさんきん　乳酸菌

にゅうし　入試を受ける
　乳歯が生える
にゅうじ　乳児
にゅうしち　時計を入質する
にゅうしつ　入室を禁ずる
にゅうしゃ　新人が入社する
　入車する
にゅうしゃかく　入射角
にゅうじゃく　高僧が入寂する
　柔弱な体
にゅうしゅ　珍本を入手する
　原稿に入朱する
にゅうじゅう　乳汁
にゅうしょ　入所する
にゅうしょう　四位に入賞する
にゅうじょう　高僧が入定する
　入城する
　選手が入場する
　乳状クリーム
にゅうしょく　南米に入植する
にゅうしん　仏教に入信する
　入神の美技
にゅうすい　入水自殺
にゅうせいひん　乳製品
にゅうせき　内妻を入籍する
にゅうせん　列車が入線する
　日展に入選する
　乳腺
にゅうたい　入隊する
にゅうだく　乳濁液
にゅうだん　球団に入団する
にゅうちょう　入朝する
にゅうてい　判事が入廷する

蜷　鰾　膠

に

にゅうてん　ビルに入店する
にゅうでん　支局からの入電
にゅうとう　ウエディングケーキに入刀する
政党に入党する
入湯税
乳頭
乳糖
にゅうどう　清盛入道
にゅうどうぐも　入道雲
にゅうねん　入念に仕上げる
にゅうばい　入梅（六月十一日頃）
にゅうはくしょく　乳白色
にゅうばち　乳鉢で擂《す》る
にゅうぶ　入部する
にゅうぼう　乳房
乳棒と乳鉢
にゅうまく　入幕を果たす
にゅうめつ　釈迦《しゃか》の入滅

にゅうもん　入門の手引き
にゅうよう　入用の品
にゅうよく　入浴する
にゅうらい　福の神の御入来
にゅうらく　入洛する
乳酪（バター）
にゅうりょう　入猟税
入寮者
にゅうりょく　入力装置
にゅうろう　入牢する
にゅうわ　柔和な表情

ニョ

［女］ニョ・(ニョウ)・ジョ　おんな・め　──　女人・天女

［如］ニョ・ジョ　──　如実・如来・一如・真如・不如意

にょい　如意宝珠
にょいぼう　如意棒
にょいりんかんのん　如意輪観音
にょいん　女院
にょう　二様に解釈する

ニョウ

［尿］ニョウ　──「─の検査」◇尿意・尿素・尿道・血尿・排尿

にょう　漢字の繞
にょうい　尿意を催す
にょういん　女院
にょうご　女御
にょうさん　尿酸
にょうどう　尿道
にょうどくしょう　尿毒症
にょうはち　鐃鈸の音
にょうぼう　女房
にょうろ　尿路感染症
にょごがしま　女護が島
にょじつ　如実に物語る
にょしょう　女性

にょぜがもん　如是我聞
にょたい　女体
にょにん　女人禁制《きんぜい》
にょほう　如法暗夜
にょぼん　女△犯の罪
にょらい　釈迦如来
により　似寄りの夫婦
にら　韮　＊韭
にらみ　睨みをきかせる
にらみあう　睨み｜合う
にらみあわせる　睨み合わ｜せる　＊睨合せる
にらみすえる　睨み｜据える
にらみつける　睨み｜付ける
にらむ　人を睨む
にらめっこ　睨めっこする
にらんせい　二卵性双生児
にりつはいはん　二律背反
にりゅう　二流の画家

に

にりんしゃ　二輪車
にる　親に似る　魚を煮る
にるい　二塁を守る
にろくじちゅう　二六時中
にわ　庭を掃く
にわいし　庭石
にわいじり　庭弄り
にわか　仁輪加　*俄
にわか　俄か　*遽か
にわかあめ　俄か雨
にわかじこみ　俄か仕込み　*俄仕込
にわかに　俄かに旅立つ
にわき　庭木
にわくさ　庭草
にわげた　庭下駄
にわさき　庭先に出る
にわし　庭師
にわとこ　接骨木
にわとり　鶏の卵

ニン

［人］ニン・ジン　ひと —— 人気・人間・人情・人相・住人・証人
［任］ニン　まか-せる・まか-す —— 「—を果たす」◇任意・任期・任務・責任
［認］ニン　みと-める —— 認可・認識・認証・認知・認定・確認・承認
［妊］ニン —— 妊娠・妊婦・懐妊・避妊・不妊
［忍］ニン　しの-ぶ・しの-ばせる —— 「—の一字」◇忍従・忍術・忍耐・残忍

にん　あんずの仁
にんい　任意の方法
にんか　認可がおりる
にんかん　任官する
にんき　人気がある
にんき　任期が切れる
にんきょ　申請を認許する
にんぎょ　人魚
にんきょう　任侠　*仁俠
にんぎょう　人形
にんぎょうじょうるり　人形浄瑠璃
にんぎょうつかい　人形遣い
にんく　忍苦の一生
にんげん　人間
にんげんみ　人間味がある
にんげんわざ　人間業
にんごく　任国へ下る
にんしき　認識が足りない
にんじゃ　忍者
にんじゅう　忍従の生活
にんじゅつ　忍術を使う
にんしょう　人称代名詞
にんしょう　認証式
にんじょう　人情の無い人
にんじょう　刃傷沙汰
にんじょうぼん　人情本
にんじょうみ　人情味がある
にんじる　所長に任じる
にんしん　妊娠する
にんじん　人参
にんじん　*胡蘿蔔
にんず　人数が多い
にんずう　人数が多い
にんずる　所長に任ずる
にんそう　人相が悪い
にんそく　川越しの人足
にんたい　忍耐を要する
にんち　任地に赴く
にんち　子を認知する
にんちゅう　人中（鼻の下の溝）
にんてい　怪しい人体　*人態の男

繞
韮
蘿

に

学力を認定する
にんとうぜい　人頭税
にんにく　大蒜△の臭い　慈悲忍辱△
にんにん　人々(めいめい)
にんのう　人皇百二十五代
にんぴ　訴因の認否
にんぴにん　人非人
にんぷ　人夫　妊婦
にんべつちょう　人別帳
にんぽう　忍法
にんむ　任務に就く
にんめい　委員に任命する
にんめん　教職員の任免
にんめんじゅうしん　人面獣心
にんよう　本官に任用する　価値を認容する

ぬ

ぬい　丁寧な縫い
ぬいあがる　浴衣が一枚縫い|上がる
ぬいあげ　縫い|上げ　*縫い|揚げをする
ぬいあげる　縫い|上げる
ぬいあわす　縫い|合わす
ぬいいと　縫い|糸
ぬいかえし　縫い|返しをする
ぬいかえす　縫い|返す
ぬいぐるみ　縫いぐるみ
ぬいこみ　縫い|込み　*縫込
ぬいこむ　縫い|込む
ぬいしろ　縫い代
ぬいつける　縫い|付ける
ぬいとり　金糸の縫い|取り　*縫取
ぬいなおす　縫い|直す
ぬいはく　縫い|箔
ぬいばり　縫い|針
ぬいめ　縫い|目が粗い
ぬいもの　縫い|物をする
ぬいもん　羽織の縫い|紋
ぬう　着物を縫う　金糸を繡△う
ぬえ　鵺△　*鵼△(怪獣)
ぬか　糠に釘
ぬかあぶら　糠油
ぬかあめ　糠雨(きりさめ)
ぬかす　腰を抜かす　何を吐△かすか
ぬかずく　神前に額△ずく
ぬかづけ　なすの糠漬け|
ぬかどこ　糠床
ぬかばたらき　糠働き
ぬかぶくろ　糠袋
ぬかぼし　糠星
ぬかみそ　糠味噌
ぬかよろこび　糠喜びに終わる
ぬかり　抜かり|が無い
ぬかる　抜からぬ顔　道が泥濘△る
ぬかるみ　泥濘△にはまる
ぬき　理屈抜き・十人―　柱の貫△　織物の緯△
ぬきあし　抜き足差し足
ぬきいと　緯△糸
ぬきうち　抜き|打ち検査
ぬきえもん　抜き|衣紋
ぬきえり　抜き|襟　*抜き|衿

ぬきがき 抜き書き *抜書
ぬきがた 抜き型
ぬきがたい 抜き難い不安
ぬきさし 抜き差しならない気持ち
ぬぎすてる 脱ぎ捨てる
ぬきずり 抜き刷り *抜刷
ぬきだす 要点を抜き出す
ぬきて 抜き手
ぬきとり 抜き取り *抜取
ぬきとりけんさ 抜取り検査
ぬきとる 一本抜き取る
ぬきに 抜き荷
ぬきはなつ 刀を抜き放つ
ぬきみ 抜き身を下げる

ぬきんでる 抜きん出る *抽んでる *擢んでる
ぬく 刀を抜く
ぬぐ 靴を脱ぐ
ぬくい 温い日
ぬぐいとる 泥を拭い取る
ぬぐう 汗を拭う
ぬくぬく 温々と暮らす
ぬくまる 体が温まる
ぬくみ 体の温み
ぬくめる 体を温める
ぬくもり 懐炉の温もり
ぬくもる 体が温もる
ぬけあがる 額《ひたい》が抜け上がる
ぬけあな 城の抜け穴
ぬけがけ 抜け駆けの功名
ぬけがら 蟬《せみ》の抜け殻 *脱け殻

ぬけかわる 抜け替わる *抜替る
ぬけげ 抜け毛
ぬけさく 抜け作
ぬけだす 会を抜け出す *脱け出す
ぬけに 抜け荷（密貿易）
ぬけみち 抜け道がある
ぬけめ 抜け目がない
ぬける 毛が抜ける *脱ける・会を—
ぬげる 靴が脱げる
ぬさ 幣を供える
ぬし 城の主 塗師
ぬすっと 盗人猛々しい
ぬすびと 盗人に追い銭
ぬすみ 盗みを働く
ぬすみぎき 盗み聞きする

ぬすみぐい 盗み食い
ぬすみどり 盗み撮り 盗み録り
ぬすみとる 盗み取る
ぬすみみ 盗み見をする
ぬすみよみ 盗み読み
ぬすむ 金を盗む *偸む *窃む *竊む
ぬた わけぎの饅
ぬの 麻の布
ぬのぎれ 布切れ
ぬのこ 布子（木綿の綿入れ）
ぬのじ 布地を裁つ
ぬのめ 布目が荒い
ぬま 沼

蒜 鵺 竊

ぬまち 沼地
ぬまづ 沼津市
ぬめかわ 絖革
ぬめり 滑△り
ぬめる 岩が苔《こけ》で滑△る
ぬらす 袖を濡らす
ぬり 塗りがはげる
春慶塗
ぬりあげる 塗り上げる
ぬりえ 塗り絵
ぬりかえ 壁の塗り替え
ぬりかえる 塗り替える
ぬりかためる 塗り固める
ぬりぐすり 塗り薬
ぬりげた 塗り下駄△
ぬりし 塗り師
ぬりたて ペンキ塗り立て
ぬりたてる 塗り立てる
ぬりづくえ 塗り机

ぬりつぶす 塗り潰す
ぬりなおす 壁を塗り直す
ぬりばし 塗り箸
ぬりぼん 塗り盆
ぬりもの 漆の塗り物
ぬる ペンキを塗る
ぬるい 温△い風呂
ぬるまゆ 微△温△湯に入る
ぬるむ 水温△む春
ぬれいろ 濡れ色に光る
ぬれえん 濡れ縁
ぬれがみ 濡れ髪
ぬれぎぬ 濡れ衣△を着る
ぬれそぼつ 濡れそぼつ
ぬれて 濡れ手で粟《あわ》
ぬれねずみ 濡れ鼠になる
ぬれば 芝居の濡れ場
ぬればいろ 烏《からす》の濡れ羽色
ぬれる 雨に濡れる

ね

ね 子△年
虫の音
値が高い
木の根
寝が足りない
ねあか 根明
ねあがり 値上がりする
根上がりの松
ねあげ 運賃の値上げ
ねあせ 寝汗 *盗△汗

ネイ
[寧]ネイ — 寧日・安寧・丁寧

ねいかん 佞奸 *佞姦
ねいき 寝息をうかがう
ねいげん 佞言(へつらい)

ねいじつ 寧日が無い
ねいしん 佞臣
ねいす 寝椅子
ねいりばな 寝入り端△
ねいる 子供が寝入る
ねいろ 音色がよい
ねうごき 激しい値動き
ねうち 値打ちがある
ねえさん 姉さん
料理屋の姐さん
ねえや 姐や *姉や
ねおい 根生い
ねおき 寝起きが悪い
ねおし ズボンの寝押し
ねがい 願いがかなう
休暇願
ねがいあげる 願い上げる
ねがいごと 願い事が叶う
ねがいさげ 願い下げ
ねがいさげる 願い下げる

ねがいで　願い出
ねがいでる　願い出る
ねがう　願う　*希△う
ねがえり　寝返りを打つ
ねがえる　敵に寝返る
ねがお　かわいい寝顔
ねがさ　値嵩の株
ねかしつける　寝かし付ける
ねかす　子供を寝かす
ねかた　松の根方
ねかぶ　三つ葉の根株
ねがわくは　願わくは
ねがわくば　願わくば
ねがわしい　願わしい方向
ねかん　寝棺
ねぎ　葱を刻む　禰宜　*祢宜（神官）
ねぎごと　祈△ぎ事が叶う

ねぎぼうず　葱坊主
ねぎま　葱鮪
ねぎらう　労を犒う　*労△う
ねぎる　百円値切る
ねぎわ　寝際に一杯飲む
ねくずれ　値崩れを誘う
ねぐせ　寝癖のついた髪
ねくび　寝首を掻く
ねくら　根暗
ねぐら　塒に帰る
ねぐるしい　寝苦しい夜
ねこ　猫に小判
ねこあし　猫足　*猫脚
ねこかぶり　猫被り
ねこかわいがり　猫可愛△がり
ねこぎ　根扱△ぎにする
ねごこち　寝心地がいい
ねござ　寝茣蓙

ねこじた　猫舌
ねこぜ　猫背の男
ねこそぎ　根刮ぎにする
ねこっけ　猫っ毛の子供
ねごと　寝言を言う
ねこなでごえ　猫撫で声
ねこばば　猫糞する
ねこまたぎ　猫跨ぎ
ねこみ　寝込みを襲う
ねこむ　風邪で寝込む
ねこめいし　猫目石
ねこやなぎ　猫柳の花
ねごろぬり　根来塗
ねころぶ　野原に寝転ぶ
ねさがり　値下がりする
ねさげ　料金の値下げ
ねざけ　寝酒を飲む
ねざす　生活に根差す
ねざめ　寝覚めが悪い
ねざや　値鞘を稼ぐ

ねじ　捻△子　*螺子　*捩子が緩む
ねじあげる　腕を捩じ上げる　*捻△じ上げる
ねじきる　捻△じ切る　*捩じ切る
ねじくぎ　捻△子釘　*螺子釘　*捩子釘
ねじける　心が拗ける
ねじこむ　懐に捩じ込む
ねしずまる　寝静まる
ねしな　寝しな
ねじはちまき　捩じ鉢巻き　*捩鉢巻
ねじふせる　泥棒を捩じ伏

葱
禰
茣

ね

せる

ねじまげる 捩じ|曲げる

ねじまわし 捻△子回し *螺子回し *捩子回し

ねじめ 粋《いき》な音締め| 庭木の根締め|

ねしょうがつ 寝正月

ねしょうべん 寝小便

ねじりはちまき 捩じ|り鉢巻き *捩り鉢巻

ねじる 針金を捩じ|る *捻△じ|る

ねじれる ひもが捩れる *捻△れる

ねじろ 悪人の根城

ねすごす 寝過ごす

ねずのばん 寝ずの番

ねずみ 鼠

ねずみいらず 鼠入らず

ねずみいろ 鼠色

ねずみこう 鼠講

ねずみざん 鼠算で増える

ねずみとり 鼠捕り *鼠取り

ねぞう 寝相が悪い

ねそべる 寝そべる

ねだ 根太が傷む

ねたましい 妬ましい *嫉△ましい

ねたむ 妬む *嫉△む

ねだめ 寝溜め|をする

ねだやし 悪を根絶やしにする

ねだる 父に強△請△る

ねだん 値段が高い

ねちがえる 首を寝違える

ネツ

[熱] ネツ あつ-い ―「―を上げる」◇

熱意・熱気・熱心・情熱・発熱

ねつあい 芸術を熱愛する

ねつい 熱意を示す

ねつえん 俳優が熱演する

ねっから 根っから

ねつかん 熱感がある

ねつがん 入門を熱願する

ねつき 寝付き|がいい

ねっき 熱気を帯びる

ねつぎ ばらの根接ぎ| 柱の根継ぎ|

ねつききゅう 熱気球

ねっきゅう 砂をかむ熱球

ねっきょう 試合に熱狂する

ねつく 風邪で寝付く

ねづく 深く根付く

ねつけ 根付け|

体に熱気がある

ねっけつかん 熱血漢

ねつげん 熱源

ねっこ 木の根っ子

ねっさ 熱砂 *熱沙

ねつさまし 熱冷まし|の薬

ねっしゃびょう 熱射病

ねつじょう 熱情を込める

ねっしん 熱心に聞く

ねっする 鉄を熱する

ねっせい 熱誠を込める

ねっせん 熱戦を展開する 熱線による火傷

ねつぞう 話を捏△造する

ねったい 熱帯植物・―雨 林・―魚・―夜

ねっちゅう 話に熱中する

ねつっぽい 熱っぽい口調

ねってつ 熱鉄を飲む思い

ねつど 反対の熱度が高まる

ねっとう 熱湯消毒

熱闘数刻

ねっぱ　熱波と寒波
ねつびょう　熱病にかかる
ねっぷう　熱風
ねつべん　熱弁を振るう
ねつぼう　熱望にこたえる
ねづもり　値積もり
ねづよい　根強い伝統
ねつらい　熱雷
ねづり　根釣り
ねつりょう　都市ガスの熱量
ねつるい　熱涙を落とす
ねつれつ　熱烈な声援
ねつろん　熱論を闘わす
ねていとう　根抵当
ねてもさめても　寝ても覚めても
ねどこ　寝床に入る
ねとまり　寝泊まりする
ねとり　音取り

ねとる　寝取られる
ねなしぐさ　根無し草
ねばい　粘い性格の人
ねばつく　粘つく
ねばっこい　粘っこい性格
ねばつち　粘土
ねはば　値幅がある
ねばり　粘りのある人
ねばりけ　粘り気がある
ねばりごし　粘り腰
ねばりづよい　粘り強い性質
ねばる　最後まで粘る
ねはん　涅槃に入る
ねはんえ　涅槃会
ねびえ　寝冷えする
ねびき　一割値引きする
ねぶか　根深(葱《ねぎ》)
ねぶかい　根深い対立
ねぶくろ　寝袋
ねぶそく　寝不足になる

ねふだ　値札を付ける
ねぶと　根太が出来る
ねぶみ　値踏みをする
ねぶる　手を舐める
ねぼう　寝坊をする
ねぼけまなこ　寝惚け眼　*寝呆け眼
ねぼける　寝惚ける　*寝呆ける
ねほりはほり　根掘り葉掘り
ねま　寝間
ねまき　寝巻き　*寝間着
ねまちのつき　寝待ちの月
ねまわし　根回しをする
ねみだれる　寝乱れる
ねみみにみず　寝耳に水
ねむ　合歓の花
ねむい　眠い　*睡い

ねむがる　眠がる　*睡がる
ねむけ　眠気　*睡気
ねむけざまし　眠気覚まし　*睡気覚まし
ねむたい　眠たい　*睡たい
ねむたがる　眠たがる　*睡たがる
ねむらす　子供を眠らす
ねむり　眠り　*睡り
ねむりぐすり　眠り薬　*睡り薬を飲む
ねむりこむ　眠り込む
ねむる　眠る　*睡る
ねむろ　根室市
ねめつける　睨め付ける

鼠
涅
槃

ね

ねもと 根元 *根本
ねものがたり 寝物語をする
ねや 閨
ねゆき 根雪になる
ねらい 狙いをつける
ねらいうち 狙い撃ちにする
ねらいめ 狙い目がいい
ねらう すきを狙う
ねり 練り *煉りが足りない
ねりあげる 練り上げる
ねりあるく 町を練り歩く *邌り歩く
ねりあわせる 練り合わせる *練合せる *煉り合わせる *煉合せる

ねりあん 練り餡 *煉り餡
ねりいと 練り糸と生糸
ねりうに 練り雲丹△ *煉り雲丹△
ねりえ 練り餌 *煉り餌
ねりおしろい 練り白粉△ *煉り白粉△
ねりかためる 練り固める *煉り固める
ねりがらし 練り辛子 *煉り辛子
ねりぎぬ 練り絹
ねりきり 練り切り *煉り切り
ねりぐすり 練り薬 *煉り薬
ねりこう 練り香
ねりなおし 案の練り直し

ねりなおす 案を練り直す
ねりはみがき 練り歯磨 *煉り歯磨
ねりべい 練り塀 *煉り塀
ねりまだいこん 練馬大根
ねりみそ 練り味噌 *煉り味噌
ねりもの 練り物 *煉り物
ねりようかん 練り羊羹 *煉り羊羹
ねる 寝る *寐る
案を練る
餡を練る *煉る
技を練る *錬△る
山車《だし》が町を練る *邌る

ねれる 練れた人
ねわけ 菊の根分け
ねわざ 寝業 *寝技
ねわら 寝藁

ネン

[年] ネン とし ―「―に一度」◇年賀・年号・年表・年輪・少年
[念] ― ネン ―「―を入れる」◇念願・念頭・概念・断念
[然] ― ネン・ゼン ― 寂然・天然・黙然
[燃] ネン も-える・も-やす・も-す ― 燃焼・燃費・燃料・再燃・内燃機関
[粘] ネン ねば-る ― 粘液・粘着・粘土
[捻] ― ネン ― 捻挫・捻出
[人稔] ネン とし・みのる ― 豊稔
[人鮎] ネン・デン あゆ ―

ねんあけ 年明けになる

ねんいり　念入りな仕事
ねんえき　粘液を分泌する
ねんおう　年央
ねんおし　念押しする
ねんが　年賀に出掛ける
ねんがく　年額千円の会費
ねんがじょう　年賀状
ねんがっぴ　年月日
ねんかん　年刊の学術雑誌
　年間収入
　統計年鑑
ねんがん　念願がかなう
ねんき　年忌
　年季 *年期
ねんきぼうこう　年季奉公 *年期奉公
ねんきゅう　年給
ねんきん　国民年金
ねんぐ　年貢を納める
ねんげつ　年月を経る

ねんげん　在職年限
ねんこう　年功序列
ねんごう　年号
ねんごろ　懇ろにもてなす
ねんざ　足を捻挫する
ねんさい　故人の年祭
ねんさん　年産十万台
ねんし　年始に回る
　撚糸
ねんじ　年次予算
ねんしき　自動車の年式
ねんじゅ　念珠をまさぐる
　念誦する
ねんしゅう　年収五百万円
ねんじゅう　年中忙しい
ねんじゅうぎょうじ　年中行事
ねんしゅつ　捻出 *拈出
ねんしょ　年初の計画
　念書を取る

ねんしょう　年少の者
　年商百億円
　完全に燃焼する
ねんじる　合格を念じる
ねんすう　耐久年数
ねんずる　合格を念ずる
ねんせい　粘性
ねんだい　年代の順
ねんだいもの　年代物
ねんちゃくりょく　粘着力
ねんちゅうぎょうじ　年中行事
ねんちょう　年長の人
ねんてん　体を捻転する
ねんど　年度が変わる
　粘土細工
ねんとう　年頭の挨拶
　念頭に無い
ねんない　年内に完成する
ねんねんさいさい　年々歳々

ねんのため　念の為△話す
ねんぱい　年配 *年輩
ねんぴ　燃費のいい車
ねんぴょう　歴史年表
ねんぷ　十年の年賦
　文学者の年譜
ねんぶつ　念仏を唱える
ねんぽう　年俸一千万円
　研究年報
ねんまく　鼻の粘膜
ねんまつ　年末と年始
ねんらい　年来の望み
ねんり　年利〇・二%
ねんりき　念力岩をも通す
ねんりつ　年率三%の増加
ねんりょ　念慮が足りない
ねんりょう　燃料を補給する

閠 邌 寐

ね

ねんりん　年輪を数える
ねんれい　年齢

の

の　三布△　*幅△
　春の野
のあそび　野遊びをする
のいちご　野苺を摘む
のいばら　野茨

ノウ

［納］ノウ・(ナッ・ナ・ナン・トウ)　おさ-める・おさ-まる ―― 納期・納骨・納税・納入・収納
［能］ノウ ―― 「―がない」 ◇能楽・能弁・能力・可能・芸能
［脳(腦)］ノウ ―― 「―が弱い」 ◇脳死・脳髄・首脳・頭脳
［農］ノウ ―― 農家・農業・農具・農耕・農村・農民・酪農
［悩(惱)］ノウ　なや-む・なや-ます ―― 悩殺・苦悩・煩悩
［濃］ノウ　こ-い ―― 濃褐色・濃厚・濃紺・濃淡・濃度・濃霧

のう　喃、旅のお方
のういっけつ　脳溢血
のうえん　日本脳炎
　農園を経営する
　濃艶な女性
のうか　農科大学
　農家に育つ
　塩分を濃化する
のうかい　寒稽古の納会
のうがき　能書｜きを並べる
のうがく　能楽の面
　農学
のうかすいたい　脳下垂体
のうかん　納棺する
　脳幹
のうかんき　農閑期
のうき　納期が迫る
　農期
のうきぐ　農機具
のうきょう　平家納経
　農協
のうぎょう　農業
のうきょうげん　能狂言
のうきん　納金する
のうぐ　農具
のうけっせん　脳血栓
のうこう　農耕民族
　濃厚な味・嫌疑が―
のうこうそく　脳梗塞
のうこつ　納骨する
のうこん　濃紺の背広
のうさい　納采の儀
のうさぎ　野兎
のうさぎょう　農作業
のうさくぶつ　農作物
のうさつ　男性を悩殺する
　社寺に納札する
のうさんぶつ　農産物
のうし　脳死の判定基準
のうじ　能事終われり
のうしゃ　納車する
　農舎
のうしゅ　膿腫
　嚢腫
のうじゅ　祈願を納受する
のうじゅう　膿汁
のうしゅく　溶液を濃縮する
のうしゅっけつ　脳出血
のうしゅよう　脳腫瘍
のうしょ　能書家
のうしょう　脳症
　脳漿を絞る
のうじょう　農場
のうしんとう　脳振盪　*脳

震盪
のうずい 脳髄
のうすいしょう 農水省（農林水産省）
のうせい 脳性小児麻痺
農政
のうぜい 納税の義務
のうぜんかずら 凌霄花
のうそくせん 脳塞栓
のうそっちゅう 脳卒中
のうそん 農村
のうたん 色の濃淡
のうち 農地と宅地
のうちゅう 脳中を去来する
囊中の錐《きり》
のうてい 囊底をはたく
のうてん 脳天から出す声
のうてんき 脳天気
*能天気
*能転気な息子

のうど 農奴の解放
溶液の濃度
のうどう 農道
のうどうたい 能動態
のうどうてき 能動的
のうない 脳内出血
のうなし 能無しの男
のうなんかしょう 脳軟化症
のうにゅう 会費を納入する
のうは 脳波を調べる
のうはんき 農繁期
のうひ 能否を検討する
のうひつ 能筆の人
のうびょう 脳病
のうひん 納品する
のうひんけつ 脳貧血
のうふ 税金を納付する
農夫
農婦

のうぶたい 能舞台
のうぶんか 能文家
のうべん 能弁に話す
のうほう 焼畑農法
のうほん 納本する
のうほんしゅぎ 農本主義
のうまくえん 脳膜炎
のうみそ 脳味噌を絞る
のうみつ 濃密な描写
のうみん 農民
のうむ 濃霧注意報
のうめん 能面のような顔
のうやく 農薬を散布する
のうやくしゃ 能役者
のうよう 農用地
膿瘍
のうらん 辛苦悩乱する
のうり 能吏
脳裏 *脳裡
のうりつ 能率を上げる

のうりょう 納涼大会
のうりょく 能力がある
濃緑の候
のがい 牛馬の野飼い
のがけ 野駆け
のがす 逃す *遁す
のがれる 逃れる *遁れる
のき 軒を連ねる
のぎ 稲の芒
のぎく 野菊が咲く
のきさき 軒先を借りる
のきした 軒下で雨宿り
のきなみ 軒並み枯れる
のきば 軒端の梅
のきみせ 軒店を借りる
のく 退いてもらう

囊
盪
霄

のぐちひでよ　野口英世△
のけぞる　のけ反る
のけもの　除△け者にする　除け物
のける　石を退△ける　彼を除△けては話にならない
のこぎり　鋸△でひく
のこくず　鋸屑
のこす　手紙を残す　財を残す　*遺△す
のこらず　残らず食べる
のこり　残りがない
のこりおしい　残り惜しい　(残念)
のこりが　残り香
のこりび　残り火
のこりもの　残り物に福
のこる　雪が残る　財産が残る　*遺△る
のざらし　野晒しになる
のし　伸しで泳ぐ　熨△斗を付ける
のしあがる　伸し上|がる
のしあるく　伸△し歩く
のしあわび　熨△斗鮑△
のしいか　伸し烏賊△
のしかかる　伸△し掛|かる
のしぶくろ　熨△斗△袋
のしもち　伸△し|餅
のじゅく　野宿する
のす　勢力を伸△す　布のしわを熨す
のせる　自動車に人を乗せる・電波に―・計略に―　車に貨物を載せる・書棚に本を―・雑誌に広告を―
のぞきからくり　覗△き|機△関
のぞきこむ　覗き|込む
のぞきみる　覗き|見る
のぞく　不安を除く　窓から覗く　*覘△く
のそだち　野育ちに育つ
のぞましい　望ましい
のぞみ　望みがかなう
のぞみうす　当分望み薄だ
のぞむ　平和を望む・遥△か大島を―　会議に臨む・海に―地　別れに臨んで
のだいこ　野太鼓　*野幇△間
のたうつ　のた打ち回る
のだて　野点△の茶会　野立て広告
のたまう　宣△う　*曰△う
のたまわく　曰わく　*宣△わく
のたれじに　野垂れ死に|
のち　曇後晴れ
のちざん　後産
のちぞい　後添い
のちのち　後々のため
のちのよ　後の世
のちほど　後程お話する
のっかる　車に乗っかる
のっとる　法に則△る　*法△る　城を乗っ取る
のっぴき　退△っ引きならぬ
のっぺい　濃△餅
のっぺらぼう　野箆△坊な顔
のづみ　野積みにする

の

のづら　野面
のてん　野天風呂
のと　能登半島
のど　喉・*咽が渇く
のどか　長閑な春の日
のどくび　喉首・*喉頸
のどけし　長閑けし
のどごし　喉越しがよい
のどじまん　喉自慢大会
のどぶえ　喉笛
のどぼとけ　喉仏
のどもと　喉元過ぎれば
のなか　野中の一軒家
のねずみ　野鼠
ののしる　人を罵る
のばす　手足を伸ばす・勢力を―・針金を―
　出発を延ばす・開会を―・線路を―・支払いを―・期日を―
のばなし　野放しにする
のはら　野原
のばら　野薔薇
のび　伸びをする
　寿命の延び
のび　野火の煙
のびあがる　伸び上がる
のびちぢみ　伸び縮みする
のびなやむ　伸び悩む業績
のびのび　伸び伸び育つ
　完成が延び延びになる
のびやか　伸びやか
のびりつ　伸び率
のびる　草が伸びる・身長が―・学力が―
　鉄道が延びる・寿命が―
のびる　野蒜(植物)
のぶし　野武士・*野伏
のぶとい　野太い男の声
のぶどう　野葡萄の実
のぶれば　拝啓…陳者
のべ　延べ百人に及ぶ
　野辺に咲く花
のべいた　延べ板
のべおか　延岡市
のべざお　延べ竿(釣竿)
　延べ棹(三味線)
のへじ　野辺地(青森)
のべつまくなし　のべつ幕無し
のべのおくり　野辺の送り
のべばらい　代金延べ払い
　*延払
のべぼう　延べ棒
のべる　手を伸べる
　日を延べる
　意見を述べる
　*陳べる・*宣べる
のほうず　野放図な生活
のぼす　意識に上す
のぼせあがる　逆上せ上がる
のぼせる　議題に上せる
　湯に逆上せる
のぼらす　屋根に上らす
のぼり　上り東京行き
　急な登り
　幟を立てる
のぼりおり　階段の上り下り
のぼりがま　登り窯
のぼりくだり　坂の上り下り

鋸
熨
幇

の

り

のぼりぐち　階段の上り口　山の登り口
のぼりざか　上り坂になる
のぼりちょうし　上り調子
のぼりつめる　上り詰める　*登り詰める
のぼる　水銀柱が上る・損害が一億円に―・川を―　日が昇る　*上る・天に―　官位が陞る　山に登る・木に―・演壇に―
のまおい　野馬追い
のみ　蚤の夫婦　鑿を振るう
のみ　而已　*耳△
のみあかす　飲み明かす　*呑み明かす
のみあるく　飲み歩く
のみかけ　飲み掛けの茶
のみくい　飲み食いする
のみぐすり　飲み薬
のみくだす　薬を飲み下す　*呑み下す　*嚥み下す
のみくち　飲み口がいい　*呑み口
のみぐち　飲み口　*呑み口
のみこうい　呑み行為
のみこみ　飲み込み　*呑み込みが早い
のみこむ　要領を飲み込む　*呑み込む　薬を飲み込む　*嚥み込む
のみしろ　飲み代　*呑み代
のみたおす　飲み倒す　*呑み倒す
のみち　野道を行く
のみつぶれる　飲み潰れる　*呑み潰れる
のみて　飲み手　*呑み手
のみで　飲みで　*呑みでがある
のみとりまなこ　蚤取り眼
のみにげ　飲み逃げ
のみのいち　蚤の市
のみほす　一杯飲み干す　*呑み干す
のみみず　飲み水
のみもの　飲み物
のみや　飲み屋　*呑み屋
のむ　水を飲む　*呑む　たばこを飲む　*喫△む　薬を飲む　*嚥む
のもりそう　野守草(はぎ)
のやき　野焼き
のやま　野山の錦
のら　野良に出る
のらいぬ　野良犬
のらぎ　野良着
のらねこ　野良猫
のり　法△　*則△　*矩を越えず　おしろいの乗り　糊で張る　海苔△を焼く
のりあい　乗り合い　*乗合バス

△は常用漢字表にない音訓　|の付いた仮名は省略してもよい送り仮名　＊は同語の別表記

のりあいじどうしゃ　乗合自動車
のりあげる　船が浅瀬に乗り上げる
のりあわす　乗り合わす　*乗合す
のりいれ　相互乗り入れ
のりいれる　車を乗り入れる
のりうつる　霊が乗り移る
のりおくれる　乗り遅れる
のりおり　乗り降りする
のりかえ　乗り換え　*乗換
のりかえる　急行に乗り換える・新方式に―
のりかかる　乗り掛かっ　*乗掛った船
のりき　乗り気になる

のりきる　難を乗り切る
のりくみいん　乗組員
のりくむ　船に乗り組む
のりくらだけ　乗鞍岳
のりこえる　乗り越える
のりごこち　乗り心地
のりこし　乗り越し　*乗越料金
のりこす　一駅乗り越す
のりこむ　乗り込む
のりしろ　封筒の糊代
のりすごす　乗り過ごす　*乗過す
のりすてる　乗り捨てる
のりする　口を糊する
のりそこなう　乗り損なう　*乗損う
のりだす　膝を乗り出す
のりつぐ　列車を乗り継ぐ

のりづけ　糊付けにする
のりつける　車で乗り付ける
のりづめ　乗り詰め
のりて　乗り手
のりと　祝詞を上げる
のりにげ　乗り逃げ
のりば　バス乗り場
のりまき　海苔巻き
のりまわす　車を乗り回す
のりもの　乗り物
のる　船に乗る・時流に―・相談に―・口車に―・スピードに―・雑誌に載る・机に―本
のるかそるか　伸るか反るかの勝負に出る
のれん　暖簾に腕押し

のろい　呪い　*詛い
のろい　足が鈍い
のろう　人を呪う　*詛う
のろくさい　鈍臭い
のろけ　惚気を聞かせる
のろける　惚気る
のろし　狼煙　*烽火をあげる
のろま　鈍間　*野呂間
のろわしい　呪わしい事故
のわき　野分きの風
のんき　暢気　*呑気な父さん
のんべえ　飲ん兵衛　*呑兵衛

蚤
鑿
暢

の

は

ハ

[派]｜ハ｜「二つの—がある」◇派遣・派生・派閥・流派

[波]ハ なみ｜波及・波長・波動・波紋・波浪・第二波・電波

[破]ハ やぶる・やぶれる｜破壊・破格・破局・破産・破線・破談・破片

[把]｜ハ｜把握・把持・把捉・一把・十把・銃把

[覇(霸)]｜ハ｜「—を競う」◇覇気・覇権・覇者・制覇

[人巴]ハ とも・ともえ｜

[人播]ハ・ハン・バン かし・すけ・ひろ｜播種・伝播

[人杷]｜ハ｜

[人琶]｜ハ｜

[人頗]｜ハ｜偏頗

は　刃がこぼれる
　　葉が茂る
　　歯が生える

バ

[馬]バ うま・(ま)｜馬脚・馬車・馬術・馬力・競馬・出馬・乗馬

[婆]｜バ｜産婆・老婆

[罵]バ ののしる｜罵声・罵倒

[人芭]｜バ・ハ｜芭蕉

ば　場が持たない
　　鳥が三羽
　　ねぎ三把

ぱ　鳥が十羽
　　ねぎ十把

ばあい　時と場合による

はあく　大意を把握する

ばあさん　隣の婆△さん
　　私のお祖△母△さん

ばあたり　場当たり主義

ばあや　婆△や

はあり　羽蟻

ハイ

[拝(人拜)]ハイ おがむ｜拝見・拝察・拝借・拝聴・拝読・参拝

[背]ハイ せ・せい・そむく・そむける｜背景・背後・背信・背任・背反・背理

[肺]｜ハイ｜「—を病む」◇肺炎・肺活量・肺病・心肺

[俳]｜ハイ｜俳画・俳句・俳人・俳壇・俳風・俳味・俳優

[配]ハイ くばる｜配給・配合・配色・配達・配分・交配・心配

[敗]ハイ やぶれる｜敗因・敗戦・敗訴・敗走・敗北・失敗・腐敗

[杯(人盃)]ハイ さかずき｜一杯・乾杯・玉杯・苦杯・献杯・賜杯・祝杯

[排]｜ハイ｜排撃・排出・排除・排水・排他・排便・排卵

[廃(廢)]ハイ すたれる・すたる｜廃屋・廃棄・廃業・廃止・荒廃

[輩]｜ハイ｜輩出・軽輩・後輩・若輩・先輩・同輩・末輩

はい　灰になる

はい　蠅

はい　杯＊盃を重ねる
　　種子の胚

バイ

[売(人賣)]バイ うる・うれる｜売買・売品・売名・商売・販売

[倍]｜バイ｜「体重が私の—もある」◇倍額・倍率

[梅(人梅)]バイ うめ｜梅雨・梅園・梅花・梅林・紅梅

[買]バイ かう｜買価・買収・購買・

故買・売買・不買
［培］バイ　つちか-う ― 培養・啓培・栽培・肥培
［陪］バイ ― 陪観・陪従・陪食・陪臣・陪審・陪席・陪聴
［媒］バイ ― 媒介・媒材・媒酌・媒体・触媒・虫媒花
［賠］バイ ― 賠償
［煤］バイ　すす ― 煤煙
［苺］バイ・マイ　いちご ―

ばい　貝・*海蠃
ぱい　麻雀《マージャン》の牌
はいあがる　這い上がる
はいあん　廃案になる
はいい　皇帝を廃位する
はいいろ　灰色の雲
はいいん　敗因を探る
ばいいん　売淫する
ばいう　梅雨前線

はいえい　背泳の選手
はいえき　排液
　工場の廃液
はいえつ　天皇に拝謁する
はいえん　肺炎
　工場の排煙
ばいえん　廃園　*廃苑
　梅園　*梅苑
　煤煙で汚れる
はいおく　廃屋
ばいおん　倍音と基音
はいか　配下　*輩下
　故郷の廃家
はいが　宮中拝賀
　胚芽
　俳画
ばいか　売価千円
　元気が倍加する
　梅花
はいかい　俳諧　*誹諧

はいがい　通りを徘徊する
　拝外主義
　排外思想
ばいかい　伝染病の媒介
はいかき　灰搔き
ばいがく　倍額増資
はいかぐら　灰神楽が立つ
はいかつりょう　肺活量
はいがまい　胚芽米
はいかん　仏像を拝観する
　肺肝を砕く
　肺患
　配管工事
　雑誌を廃刊する
はいがん　拝顔の栄に浴す
　肺癌
はいき　排気する
　神前に拝跪する
　条約を廃棄する
はいきがす　排気ガス

はいきしゅ　肺気腫
ばいきゃく　土地を売却する
はいきゅう　排球（バレーボール）
　巧みな配球
　米を配給する
　建物が廃朽する
ばいきゅう　倍旧のお引立
はいきょ　廃墟　*廃虚
はいぎょう　銭湯を廃業する
はいきょうしゃ　背教者
はいきん　拝金主義
ばいきん　黴菌が入る
はいきんりょく　背筋力
はいく　俳句
はいぐうしゃ　配偶者
はいぐん　敗軍の将

蠃
墟
黴

は

は

はいけい　拝啓
事件の背景
はいげき　迷信を排撃する
はいけっかく　肺結核
はいけつしょう　敗血症
はいけん　佩剣を抜く
拝見する
はいご　背後に回る
廃語
はいこう　廃坑
廃鉱
廃校する
はいごう　俳号
色の配合がよい
部局を廃合する
ばいこくど　売国奴
はいざい　天の配剤
廃材を処分する
はいさつ　拝察する
はいざら　灰皿を割る

はいざん　廃残の身
はいざんへい　敗残兵
はいし　敗死する
制度を廃止する
廃市
はいじ　稗史小説
叙勲を拝辞する
はいしつ　肺疾
はいしつしゃ　廃疾者　*癈疾者
はいしゃ　歯医者
はいしゃ　厚意を拝謝する
配車係
敗者復活戦
廃車にする
はいしゃく　本を拝借する
ばいしゃく　媒酌　*媒妁
はいしゅ　胚珠
はいじゅ　大命を拝受する
ばいしゅう　土地を買収する

はいしゅつ　体外へ排出する
人材が輩出する
ばいしゅん　売春をする
買春処罰
はいしょ　俳書
配所の月を見る
はいじょ　障害を排除する
相続人の廃除
はいしょう　手紙を拝誦する
廃娼運動
ばいしょう　損害を賠償する
ばいしょうふ　売笑婦
はいしょく　配色がいい
敗色が濃い
ばいしょく　御陪食を賜る
はいしん　背信行為
時流に背進する
記事の配信
はいじん　俳人
廃人　*癈人

ばいしん　陪臣
陪審制度
ばいじん　煤塵
ばいしんいん　陪審員
はいすい　配水管
家庭排水
工場の廃水
はいすいこう　排水溝
はいすいのじん　背水の陣
はいすいりょう　排水量
はいすう　早速拝趨する
ばいすう　三の倍数
はいする　神仏を拝する
松に梅を配する
万難を排する
虚礼を廃する
はいずる　這いずる　*匍いずる
ばいする　味方に倍する敵
はいせい　敗勢を挽回する

はいせき　日貨を排斥する
ばいせき　陪席する
はいせつ　排泄する
はいぜつ　名家が廃絶する
はいせん　杯と杯洗　*盃洗
肺尖カタル
電話の配線
敗戦
廃船にする
はいぜん　沛然たる豪雨
配膳の係
ばいせん　コーヒーの焙煎
はいそ　原告が敗訴する
はいそう　拝送する
背走して好捕
買上品の配送
敵を敗走させる
はいぞう　肺臓
ばいぞう　所得が倍増する

はいぞく　新人を配属する
はいた　歯痛
ばいた　売△女
はいたい　危機が胚胎する
初戦で敗退する
廃頽　*廃退した感じ
ばいたい　広告の媒体
はいだす　虫が這い出す
はいたつ　新聞を配達する
はいたてき　排他的
はいだん　俳談
俳壇
はいち　家具を配置する
方針に背馳する
ばいち　培地
はいちゃく　敗着(敗因となった置石)
廃嫡する
はいちょう　御高説拝聴

ばいちょう　陪聴する
はいてい　著書を拝呈する
廃帝
はいでる　虫が這い出る
はいてん　配点
はいでん　神社の拝殿
ばいてん　駅の売店
はいでんばん　配電盤
はいとう　佩刀を抜く
二割配当する
廃刀令
はいとく　背徳　*悖徳
はいどく　貴書を拝読する
ばいどく　梅毒　*黴毒
はいとりがみ　蠅取り紙
はいにち　排日運動
はいにゅう　胚乳
はいにょう　排尿する
はいにん　背任する
ばいにん　麻薬の売人

はいねつ　廃熱利用
排熱器
はいのう　背嚢を背負う
ばいばい　売買の契約
はいはん　背反　*悖反
主君に背叛する
はいばん　廃盤になる
はいはんちけん　廃藩置県
はいばんろうぜき　杯盤狼藉
はいび　委細は拝眉の上
軍隊を配備する
はいびょう　肺病
はいひん　廃品を回収する
ばいひん　売品
はいふ　肺腑を衝《つ》く訴え
資料を配付する

佩
稗
癈

は

選挙公報の配布
予算を配賦する
はいぶ　背部
廃部する
はいふう　俳風　*誹風
はいふき　灰吹|き
はいふく　拝復
はいぶつ　廃物を利用する
はいぶつきしゃく　廃仏毀釈
はいぶん　俳文　*誹文
拝聞する
利益を配分する
ばいぶんぎょう　売文業
はいべん　排便する
はいほう　肺胞
はいぼう　敗亡する
はいぼく　敗北を喫する
ばいぼく　売卜者
はいほん　第一回配本

はいみ　俳味のある掛物
はいめい　俳名
大使を拝命する
ばいめい　売名行為
はいめつ　敗滅する
廃滅する
はいめん　背面から攻める
はいやく　背約する
ドラマの配役
ばいやく　売薬
ばいやくずみ　売約済|み
はいゆ　廃油を投棄する
はいゆう　俳優
はいよう　勲章を佩用する
肺葉を切除する
胚葉
ばいよう　細菌を培養する
はいらん　排卵期
はいり　背理法
感情が背離する

はいりぐち　入り|口
はいりこむ　入り|込む
はいりつ　国王を廃立する
ばいりつ　試験の倍率
はいりょ　行き届いた配慮
はいりょう　拝領の刀
ばいりょう　倍量の水
ばいりん　梅林
はいる　配流の身
はいる　大学に入る
穴に入る
*這入る
はいれい　神仏に拝礼する
はいれつ　配列　*排列
はいろん　俳論
はいわ　俳話
はう　蔓《つる》草が壁に這う
はうた　端唄△の師匠
はえ　南△風△
蠅がたかる

はえある　栄えある勝利
はえかわる　生え変|わる
はえぎわ　額の生え|際
はえたたき　蠅叩き
はえちょう　蠅帳
はえとりがみ　蠅取り|紙
はえなわ　延△縄漁業
はえぬき　生|え抜き
はえる　草が生える
優勝に栄える
夕日に映える
はおう　覇王
はおと　虫の羽音
木々の葉音
はおり　羽織の紐
はおる　縕袍《どてら》を羽△織る
はか　捗△　*量△が行く
墓
はか　破瓜
ばか　馬鹿　*莫迦

はかあな　墓穴
はかい　破戒した僧　建物を破壊する
はかいし　墓石
はがいじめ　羽交い締め
はがき　葉書　*端書
はかく　破格の扱い
はがくれ　葉隠れの花
はかげ　椰子《やし》の葉陰
ばかさわぎ　馬鹿騒ぎする
はかす　水を捌かす
はがす　切手を剝がす
ばかす　うまく化かす
ばかず　場数を踏む
はかせ　物知り博士
はかぜ　蝶の羽風　萩《はぎ》の葉風
はがた　歯形がつく
はかたおり　博多織
はがため　歯固め

ばかぢから　馬鹿力
はかどる　仕事が捗る
はかない　果敢無い　*儚い夢
はかなむ　世を儚む
ばかに　馬鹿に大きい
はがね　鋼のように強い
はかば　墓場
はかばかしい　捗々しい
ばかばかしい　馬鹿馬鹿しい　*莫迦莫迦しい
はかぶ　端株を整理する
はかま　袴をはく
はかまいり　墓参りをする
はかまぎ　袴着
はがみ　歯噛みをする
はかもり　墓守
ばかやろう　馬鹿野郎

はがゆい　歯痒い態度
はからい　親切な計らい
はからう　適当に計らう
ばからしい　馬鹿らしい
はからずも　図らずも
はかり　秤にかける
ばかり　五つ許り
はかりうり　量り売り
はかりごと　謀を巡らす
はかりしれない　計り知れない恩恵
はかる　合理化を図る・解決を—・便宜を—
はかる　時間を計る　うまく計られる
はかる　水深を測る・標高を—・距離を—・面積を—
はかる　目方を量る・升で—・容積を—

はかる　暗殺を謀る
はかる　審議会に諮る
はがれる　紙が剝がれる
はがんいっしょう　破顔一笑
はき　契約を破棄　*破毀する　覇気に富む
はぎ　着物の接ぎ　脛（すね）　萩の花
はぎあわす　接ぎ合わす
はききよめる　掃き清める
はきけ　吐き気を催す
はぎしり　歯軋りをする
はきすてる　吐き捨てる
はきだし　掃き出し

蠅
捗
儚

は

はきだす 煙を吐き出す
はきだす 庭へ掃き出す
はきだめ 掃き溜め ＊掃溜の鶴
はきちがえる 履き違える
はぎとる 服を剝ぎ取る
はきもの 履物を脱ぐ
ばきゃく 馬脚を現す
はきゅう 周囲に波及する
はきょう 破鏡の嘆
はぎょう 覇業を遂げる
はきょく 破局を迎える
はぎれ 歯切れがよい
はぎれ 端切れ ＊端布△で縫う

ハク

[白] ハク・ビャク しろ・(しら)・しろ-い ―「―一色」◇白紙・白書・白状・明白
[博] ハク・(バク) ― 博愛・博学・博識・博士号・博物館・博覧
[伯] ハク ― 伯爵・伯仲・伯父・伯楽・画伯・侯伯
[拍] ハク・(ヒョウ) ― 拍車・拍手・拍動・一拍・脈拍
[泊] ハク と-まる・と-める ―「車中―」◇宿泊・淡泊・停泊・漂泊
[迫] ハク せま-る ― 迫害・迫真・迫力・圧迫・急迫・脅迫・緊迫
[舶] ハク ― 舶載・舶来・船舶
[薄] ハク うす-い・うす-める・うす-まる・うす-らぐ・うす-れる ― 薄遇・薄情・薄氷・軽薄
[剝] ハク は-がす・は-ぐ・は-がれる・は-げる ― 剝製・剝脱
[人 柏] ハク・ヒャク かしわ ― 松柏
[人 珀] ハク ― 琥珀
[人 箔] ハク ―「―を付ける」◇金箔

はく 息を吐く
はく へどを嘔く
はく 刀を佩く
はく 靴下を穿く
はく 庭を掃く
はく 紅を刷△く
はく 靴を履く
はく 品物を捌く
はぐ 皮を剝ぐ
はぐ 布を接△ぐ
はぐ 矢を矧ぐ

バク

[麦(麥)] バク むぎ ― 麦芽・麦秋・精麦・米麦
[幕] バク・マク ― 幕営・幕府・幕末・幕僚・幕閣
[暴] (バク)・ボウ あば-く・あば-れる ― 暴露
[漠] バク ―「―とした考え」◇漠然・空漠・広漠・砂漠
[縛] バク しば-る ―「―に就く」◇緊縛・就縛・束縛・捕縛
[爆] バク ― 爆撃・爆笑・爆発・爆薬・爆裂・原爆・自爆
[人 曝] バク・ホク ― 曝書・被曝
[人 莫] バク・マク・ボ さだ-む・とう・とし・なか ― 莫大・寂寞

ばく 貘は夢を食う
ばぐ 馬具
はくあ 白亜 ＊白堊の殿堂
はくあい 博愛主義
はくい 白衣の天使
はくい 羽咋市
はくいんぼうしょう 博引旁証
ばくえい 幕営する
ばくえき 博奕(ばくち)
はくえん 白煙が上がる
はくおし 箔押し
ばくおん 爆音が轟く

は

はくが　博雅の士
ばくが　麦芽
はくがい　迫害を加える
はくがく　博学多才
はくがんし　白眼視する
はぐき　歯茎がはれる
ばくぎゃく　莫逆の友
はくぎん　白銀は招く
はぐくむ　愛情を育む
はくげき　迫撃する
ばくげき　論説を駁撃する
基地を爆撃する
はくさい　白菜を漬ける
香料を舶載する
ばくさい　博才がある
岩を爆砕する
はくさせいしょう　白砂青松
はくし　白紙に返す
博士

はくじ　白磁の壺
ばくし　爆死する
はくしき　博識な人
はくじつ　白日の下《もと》に晒す
はくじつむ　白日夢
はくしゃ　白砂
拍車を掛ける
薄謝を呈する
ばくしゃ　幕舎
はくしゃく　伯爵
はくじゃく　薄弱な根拠
はくしゅ　拍手喝采
はくじゅ　白寿（九十九歳）
はくしゅう　白秋（秋の異称）
ばくしゅう　麦秋（六月頃）
はくしょ　経済白書
薄暑（初夏の暑さ）
ばくしょ　曝書（本の虫干し）
はくじょう　罪を白状する
薄情な人

ばくしょう　爆笑する
はくしょく　白色人種
はくしん　迫真の演技
はくじん　白人
白刃の下を潜る
ばくしん　幕臣
列車が驀進する
爆心地
はくする　名声を博する
ばくする　罪人を縛する
論説を駁する
はくせい　剝製の動物
はくせき　白皙の青年
はくせん　白扇
白線を引く
白癬
はくぜん　白髯の老翁
ばくぜん　漠然と考える
はくそ　歯屎
ばくそう　爆走する

はくだい　博大な知識
ばくだい　莫大な利益
はくだく　水晶体の白濁
はくだつ　塗料が剝脱する
権利を剝奪する
ばくたる　漠たる不安
ばくだん　爆弾を投下する
はくち　白痴
泊地
ばくち　博打△　＊博奕
ばくちく　爆竹を鳴らす
はくちず　白地図
はくちゅう　白昼堂々と
勢力が伯仲する
はくちゅうむ　白昼夢
はくちょう　白鳥の湖
ばくちん　敵艦を爆沈する

剝
貘
驀

は

ばくと 博徒
はくとう 岡山の白桃
はくとう 白頭の翁
はくどう 心臓の拍動 ＊搏動
はくどうか 白銅貨
はくないしょう 白内障
はくねつ 議論が白熱する
はくば 白馬
ばくは 城壁を爆破する
はくばい 白梅
はくはつ 白髪の老人
ばくはつ 怒りが爆発する
はくび 歴史小説の白眉
はくひょう 白票を投ずる
薄氷を踏む思い
はくびょうが 白描画
ばくふ 江戸幕府
ナイアガラ瀑布
ばくふう 爆風

はくぶつがく 博物学
はくぶつかん 博物館
はくぶん 白文
はくへいせん 白兵戦
はくへん 雲母の薄片
はくぼ 薄暮が迫る
はくぼく 白墨
はくまい 白米
ばくまつ 幕末の頃
はくめい 薄明時
佳人薄命
はくめん 白面の書生
はくや 北欧の白夜
ばくやく 爆薬
はくらい 舶来の品物
ばくらい 爆雷を投下する
はくらく 伯楽
塗料が剝落する
はくらくてん 白楽天の詩
はくらん 博覧する

はくらんきょうき 博覧強記
はくり 網膜が剝離する
薄利多売
はくりきこ 薄力粉
ばくりゅうしゅ 麦粒腫
ばくりょう 幕僚
曝涼（虫干し）
はくりょく 迫力のある演技
はぐるま お羽車
歯車
ばくれつだん 爆裂弾
はぐれる 仲間に逸△れる
ばくれん 莫連女
はくろ 白露（二十四気）
ばくろ 暴露 ＊曝露
ばくろう 博労 ＊馬喰
ばくろん 批判に駁論する
はけ 刷△毛 ＊刷△子△
捌けがいい

はげ 禿げ｜
はげあたま 禿げ頭
はげおちる 剝げ落ちる
はけぐち 不満の捌け△口
はげしい 激しい ＊烈△しい ＊劇△しい風
ばけつ 馬△穴△で水をくむ
ばけのかわ 化けの皮
はげまし 励ましの言葉
はげます 選手を励ます
はげむ 仕事に励む
はけめ 刷△毛目
ばけもの 化け｜物屋敷
はげやま 禿げ｜山
はける 商品が捌ける
はげる 頭が禿げる
はげる 皮が剝げる
ばける 狐が化ける
はけん 特使を派遣する
覇権を握る

は

ばけん　馬券を買う
ばげん　罵言を浴びせる

はこ
[箱]はこ　一　箱庭・小箱

はこ　箱　*函　*筥
はごいた　羽子板市《いち》
はこいり　箱入りの茶碗
はこいりむすめ　箱入り娘
はこう　波高三メートル
景気が跛行する
はこがき　箱書き
はこせこ　筥迫△　*筥狭△子
はごたえ　歯応えがある
はこだて　函△館市
はこづめ　箱詰め
はこにわ　箱庭
はこね　箱根温泉
はこび　足の運び

はこぶ　荷物を運ぶ
はこぶね　ノアの箱船　*方△舟
はこぼれ　刃毀△れする
はこまくら　箱枕
はこや　箱屋
はごろも　天《あま》の羽衣
はさ　稲△架△に掛ける
はさい　鉱石を破砕
*破摧する
はざかいき　米の端境期
はさき　刃先が鈍る
はざくら　葉桜になる
はざま　岩壁の狭△間
*間△　*迫△間
はさまる　間に挟まる
はさみ　鋏を入れる
蟹の螯
はさみうち　挟み打ち　*挟み撃ち

はさみこむ　挟み込む
はさむ　箸で挟む
枝を鋏む
*剪△む
はざわり　歯触り
はさん　破産する

はし
[箸]はし　一　「一で食べる」

はし　棒の端
いすかの嘴　*觜
橋を架ける
はじ　土△師
はじ　恥　*辱△をかく
はじ　堅く把持する
はしい　縁先に端居する
はじいる　深く恥じ入る
はしおき　箸置き
はしか　麻△疹にかかる
はしがかり　能の橋懸かり
*橋掛かり

はしがき　著者の端書き
はじきだす　弾△き出す
はじく　水を弾△く
*潑△く
はしくれ　学者の端くれ
はしけ　連絡用の艀
はしげた　橋桁
はじける　豆が弾△ける
はしご　梯子を掛ける
はしこい　敏△い子供
はしござけ　梯子酒
はじさらし　一家の恥曝し
はじしらず　恥知らずな人
はしたがね　端た金
はしたない　端たないまね
はしため　端た女　*婢女

瀑
螯
艀

はしぢか 端近に座る
はしっこ 端っこの方
はしづめ 京橋の橋詰め|
ばじとうふう 馬耳東風
はしなくも 端無くも
はしばこ 箸箱
はしばし 言葉の端々に
はじまり 事の始|まり
はじまる 会が始|まる
はじめ 年の初め　初めこう思った　始めと終わり　…を始めとして　御用始　国の肇
はじめて 初めての経験
はじめね 始値
はじめる 仕事を始める　*創△める
はしゃ 学生野球の覇者

ばしゃ 馬車
ばしゃうま 馬車馬
はしゃぐ 子供が燥△ぐ
はしやすめ 箸休め
はしゅ 播種（たねまき）
ばしゅ 優勝馬の馬主　馬首を巡らす
ばじゅつ 馬術競技
はしゅつじょ 派出所
はしゅつふ 派出婦
ばしょ 場所を取る
はじょう 波状
ばしょう 松尾芭蕉
ばじょう 馬上の人となる
ばしょうふ 芭蕉布
はしょうふう 破傷風
ばしょがら 場所柄
はしょる 裾を端△折△る
はしら 一家の柱
はじらい 恥じらい　*羞△じらい
はじらう 花も恥じらう　*羞△じらう
はしり いちごの走り
はしりがき 走り|書き　*走り書
はしりたかとび 走り|高跳び　*走高跳
はしりだす 走り|出す
はしりづかい 走り|使い
はしりづゆ 走り梅雨
はしりはばとび 走り|幅跳び　*走幅跳
はしりまわる 走り|回る
はしりよる 走り|寄る
はしる 車が走る　敵側に奔△る　軽薄に趨△る
はじる 不明を恥じる　*羞△じる　*愧△じる

はしわたし 橋渡しをする
はす 斜△に切る　蓮の花
はず 明日来る筈だ
はすい 破水する
はすう 端数は切り捨て
はずえ 葉末を渡る風
ばすえ 場末の映画館
はすかい 斜△交いの店
はずかしい 恥ずか|しい
はずかしめ 辱めを受ける
はずかしめる 社名を辱める
はずす 席を外す
はすっぱ 蓮っ葉な女
はずみ 弾みがつく
はずむ 息が弾む
はすむかい 斜△向か|いの家
はする 人を派する
はずれ 期待外れ

はずれる　予想が外れる
はせ　稲△架△に掛ける
はぜ　沙魚　*鯊を釣る
　黄△櫨　*櫨の実
はせい　問題が派生する
ばせい　罵声を浴びせる
はせさんじる　馳せ参じる
はせる　思いを馳せる
はぜる　栗が爆△ぜる
はせん　波線（〜〜）
　破線（……）
　破船（難破船）
ばぞく　馬賊
ばそり　馬橇
はそん　屋根が破損する

はた
［畑］はた・はたけ ― 畑作
［畠］はた・はたけ ― 畠仕事

はた　傍△　*側△で心配する
　旗を立てる
　幡（のぼりばた）
　池の端
　機を織る

はだ
［肌］はだ ― 肌色・地肌

はだ　肌　*膚△が荒れる
はだあい　肌合いが違う
はたあげ　源氏の旗揚げ
　*旗挙げ
はだあれ　肌荒れ
ばたい　馬体が回復する
ばだい　場代を取る
はたいろ　旗色が悪い
はだいろ　肌色
はだえ　雪の肌△
はたおり　機織り

はだか　裸の王様
はだかいっかん　裸一貫
はだかうま　裸馬
はたがしら　一方の旗頭
はだかでんきゅう　裸電球
はだかび　裸火厳禁
はだかむぎ　裸麦
はたき　叩き
はだぎ　肌着　*肌衣△
はたく　ちりを叩く
はたぐも　旗雲

はたけ
［畑］はたけ・はた ― 畑違い・麦畑

はたけ　畑　*畠を耕す
　顔に疥△ができる
はたけちがい　畑違いの仕事
はだける　胸を開△ける
はたご　旅籠△
はたざお　旗竿

はたさく　畑作
はたさしもの　旗指物　*旗差物
はださむ　肌寒
はださむい　肌寒い風
はだざわり　肌触りがいい
はだし　跣△　*裸△足△　*跣
　足△で歩く
はたしあい　果たし合い
はたしじょう　果たし状
はたして　果たして
はだじばん　肌襦袢
はだじゅばん　肌襦袢
はたじるし　旗印　*旗標△
はたす　約束を果たす
はたち　二十　*二十歳
　畑地

趨
鯊
櫨

は

ばたち　場立ち
はたとせ　二十年・＊二十歳
はたはた　鱩・＊鰰
はだぬぎ　肌脱ぎになる
はたび　旗日
はたびらき　旗開き
はだみ　肌身離さず持つ
はため　傍目を気にする
はためいわく　傍迷惑な話
はたもと　旗本八万騎
はたや　機屋
はたらかす　知恵を働かす
はたらき　薬の働き
はたらきかける　働き掛ける
はたらきざかり　働き盛り
はたらきて　働き手が無い
はたらく　真面目に働く
はだれゆき　斑雪

はたん　破綻を来す　金属が破断する
はだん　破談になる

ハチ

［八］ハチ　や・や-つ・やっ-つ・(よう)――八月・八面・八頭身・八方・黄八丈
［鉢］ハチ・(ハツ)――「―に盛る」◇植木鉢・火鉢

はち　蜂の巣をつつく

バチ

［罰］バチ・バツ――「―が当たる」◇罰当たり・仏罰

ばち　撥(琵琶《びわ》・三味線)　太鼓の枹
ばちあたり　罰当たりなことをする
はちあわせ　鉢合わせ
はちうえ　鉢植えにする

ばちがい　場違いの挨拶
はちく　破竹の勢い　淡竹(大形の竹)
はちじゅうはちや　八十八夜
はちじょうじま　八丈島
はちす　蓮の台《うてな》
はちのじひげ　八字髭
はちぶんめ　腹八分目
はちまき　鉢巻きをする
はちまんぐう　八幡宮
はちまんたい　八幡平温泉郷
はちみつ　蜂蜜
はちめんろっぴ　八面六臂
はちもの　鉢物
はちゅうるい　爬虫類
はちょう　波長を合わせる

ハツ

［発(發)］ハツ・ホツ――「上野―」◇発育・発音・発生・活発
［鉢］(ハツ)・ハチ――衣鉢・鉄鉢
［髪(髮)］ハツ　かみ――金髪・整髪・頭髪・白髪・毛髪

はつ　初の受賞

バツ

［末］バツ・マツ　すえ――末子・末席・末孫・末弟
［伐］バツ――伐採・伐木・殺伐・征伐・討伐・盗伐・濫伐
［抜(拔)］バツ　ぬ-く・ぬ-ける・ぬ-かす・ぬ-かる――抜群・抜歯・抜粋・海抜・選抜
［罰］バツ・バチ――「―を受ける」◇罰金・罰則・刑罰・天罰
［閥］バツ――「―を作る」◇閥族・学閥・軍閥・財閥・派閥

ばつ　跋を書く
はつあかり　初明り

はつあき　初秋
はつあらし　初嵐
はつあられ　初霰
はつあん　発案する
はつい　彼の発意による
はついく　子供が発育する
はつうま　初午
はつえき　発駅と着駅
はつえんとう　発煙筒
　発炎筒
はつおん　発音する
　撥音と拗音
はつか　二十日
はっか　発火する
　薄荷の味
はつが　稲が発芽する
ばっか　幕下の将軍たち
はっかい　発会する
はつがお　初顔
はつかおあわせ　初顔合わせ
はっかく　悪事が発覚する
はつがつお　初鰹
はつかねずみ　二十日鼠
はつがま　初釜
はっかん　雑誌を発刊する
　発汗する
ばっかん　麦稈
はつがんぶっしつ　発癌物質
はっき　実力を発揮する
はつぎ　国会が発議する
はづき　葉月（陰暦八月）
はっきゅう　白球が飛ぶ
　旅券を発給する
　薄給に甘んじる
はっきょう　発狂する
はっきり　判然しない
はっきん　白金
　発禁になった本
ばっきん　罰金を取る
はっくつ　古墳を発掘する
はづくろい　鳥の羽繕い
ばつぐん　抜群の成績
はっけ　八卦を見る
はっけっきゅう　白血球
はっけつびょう　白血病
はっけん　新種を発見する
　乗車券の発券
はつげん　発言を控える
　効果が発現する
はつご　初子
　発語
ばっこ　悪人が跋扈する
はつこい　初恋の人
はっこう　白光
　新聞を発行する
　発光する
　外地へ発向する
　条約が発効する
　果汁が発酵
　*醱酵する
　薄幸　*薄倖な
　一生
はっこうださん　八甲田山
はつごおり　初氷が張る
はっこつ　白骨
ばっさい　森林を伐採する
はっさく　八朔
はっさん　熱を発散する
はつざん　初産
ばっし　末子と長子
　抜糸する
　虫歯を抜歯する
はつしぐれ　初時雨
はつしも　初霜が降りる
はっしゃ　列車が発車する

鰰　扈　醱

は

はっしょう 弾丸を発射する
発祥の地
発症
はつじょう 発条（ばね）
発情する
ばっしょう 野山を跋渉する
はっしょく 発色のいい染物
はっしん 発信する
発振器
発疹が出る
基地を発進する
はっすい 撥水性
ばっすい 抜粋 *抜萃
はっする 光を発する
ばっする 罪人を罰する
はっすん 日本料理の八寸
はっせい 事件が発生する
発声を練習する
はっせき 皮膚が発赤する
ばっせき 末席を汚す

はつぜっく 初節句
はっそう 一斉に発走する
荷物を発送する
すぐれた発想
はっそく 会が発足する
ばっそく 罰則を設ける
ばつぞく 閥族
ばっそん 末孫
ばった 飛△蝗
はったいこ 麨粉 *糗粉
はったつ 交通が発達する
はつだより 桜の初便り
はったん 八端 *八反の
座布団
はっちゃく バスが発着する
はっちゅう 品物を発注する
はっちょう 口も八丁
ばってい 末弟
ばってき 主役に抜擢する
はってん 事業が発展する

はつでん 発電する
ばってん 罰点をもらう
はつでんしょ 発電所
はっと 法度になる
はつどう 強権を発動する
ばっとう 抜刀する
はっとうしん 八頭身 *八
等身
はづな 馬の端綱を引く
ばつなぎ 場繋ぎ
はつなり 初生△りのなす
はつに 初荷が入る
はつね うぐいすの初音
初値
はつねつ 風邪で発熱する
はつのり 初乗り運賃
はっぱ 大根の葉っぱ
はっぱ 発破を掛ける
はつばい 前売券の発売
はっぱく 八白（九星の一）

はつばしょ 大相撲初場所
はつはる 初春
はつひ 初日
はっぴ 法被を着る
はつひので 初日の出
はっぴゃくやちょう 江戸八百
八町
はつびょう 急に発病する
はっぴょう 研究を発表する
ばつびょう 堺港を抜錨する
はっぷ 憲法を発布する
はつぶたい 初舞台を踏む
はつふゆ 初冬
はっぷん 発憤 *発奮
ばつぶん 序文と跋文
はつほ 初穂を供える
はっぽう 四方八方
発泡スチロール
敵に発砲する
はっぽうびじん 八方美人

はっぽうふさがり 八方塞がり
はっぽうやぶれ 八方破れ
ばつぼく 伐木
はつぼし 初星をあげる
はつぼん 初盆
ばっぽんてき 抜本的な改革
はつまいり 初参りする
はつまご 初孫の顔
はつみみ 初耳の話
はつめい 機械を発明する
はつもう 発毛剤
はつもうで 初詣で
はつもの 初物の野菜
はつもん 発問する
はつやく 初役
はつゆ 初湯
はつゆき 初雪が降る
はつゆめ 初夢を見る
はつゆるし 茶道の初許し

はつよう 国威を発揚する
はつらつ 潑剌 *潑溂
はつれい 十日に発令する
はつろ 愛校心の発露
はて 世界の果て *涯△
はで 派手なネクタイ
ばてい 馬丁
馬蹄に掛ける
はてしない 果てしない
*涯△しない海
はてる 命が果てる
はてんこう 破天荒な計画
はと 鳩に豆鉄砲
はとう 白い波頭
波濤を越える
はどう 波動が伝わる
王道と覇道
ばとう 相手を罵倒する
ばとうかんのん 馬頭観音
はとこ 再△従△兄△弟△（男性）
再△従△姉△妹△（女性）
はとは 鳩派と鷹派
はとば 横浜の波止場
はとぶえ 鳩笛
はとむぎ 鳩麦
はとむね 鳩胸
はとめ 鳩目
はどめ 歯止めにする
はな 花が咲く
武士道の華
洟をかむ
端△から無視する
鼻が高い
役者に纏△頭を与える
はなあらし 花嵐
はなあわせ 花合わせ
はないかだ 花筏

はないき 鼻息が荒い
はないけ 花生け *花活△け
はないろもめん 花色木綿
はなうた 鼻歌 *鼻唄
はなうたまじり 鼻歌交じり *鼻唄交じり
はなお 鼻緒をすげる
はなかがり 花篝
はなかご 花籠
はながさ 花笠
はながしら 鼻頭
はながすみ 花霞
はなかぜ 鼻風邪をひく
はながた 花形選手
はながつお 花鰹

跋
麨
潑

は

はながみ　鼻紙
はながら　花柄の婦人服
花殻を摘《つ》む
はなかんざし　花簪
はなぐすり　鼻薬をかがせる
はなくそ　鼻糞　*鼻屎
はなぐもり　花曇りの空
はなげ　鼻毛を抜く
はなごえ　鼻声を出す
はなござ　花茣蓙
はなことば　花言葉
はなごよみ　花暦
はなこん　花紺（明るい紺）
はなざかり　桜の花盛り
はなさき　鼻先であしらう
はなし　話がはずむ
落とし咄　*噺
はなしあい　話し合い
はなしあいて　話し相手
はなしあう　友と話し合う

はなしか　咄家　*噺家
はなしがい　放し飼いの馬
はなしかける　話し掛ける
はなしかた　うまい話し方
はなしごえ　話し声
はなしことば　話し言葉
はなしこむ　話し込む
はなしじょうず　話し上手
はなしずき　話し好きな人
はなして　話し手
はなしぶり　話し振り
はなしべた　話し下手
はなしょうぶ　花菖蒲
はなじる　鼻汁
はなじろむ　大敗に鼻白む
はなす　鳥を放す
間を離す・目を
―
はなす　考えを話す
はなすじ　鼻筋が通る

はなぞの　花園　*花苑
はなだい　花代
はなだいろ　縹色
はなたかだか　鼻高々で話す
はなたけ　鼻茸
はなたて　墓前の花立て
はなたば　花束を贈る
はなだより　各地の花便り
はなたれこぞう　洟垂れ小
僧
はなぢ　鼻血が出る
はなつ　異彩を放つ
はなつくり　花作り
はなっつら　鼻っ面
牛の鼻綱
はなっぱし　鼻っぱしが強い
はなっぱしら　鼻っ柱が強い
はなつまみ　鼻摘△まみ　*鼻
抓み
はなづまり　鼻詰まり

はなつみ　花摘みに行く
はなづら　馬の鼻面
はなでんしゃ　花電車
はなばさみ　花鋏
はなばしら　鼻柱を折る
はなはだ　甚だ愉快だ
はなばたけ　花畑
はなはだしい　甚だしい誤解
はなばなしい　華々しい
*花々しい活躍
はなび　花火の打ち上げ
はなびえ　花冷え
はなひげ　鼻髭を生やす
はなびら　花弁△　*花片△
はなぶさ　藤の花房　*英△
はなふだ　花札
はなふぶき　花吹雪が舞う
はなまがり　鼻曲がり
はなまち　花街（三業地）
はなまつり　花祭りの甘茶

はなまる　花丸
はなみ　花見に行く
　花実が咲く
　鳥の羽並み
　整った歯並み
はなみず　鼻水　*洟水
はなみち　花道を飾る
はなみどう　花御△堂
はなむけ　餞　*贐の言葉
はなむこ　花婿　*花聟
はなむしろ　花蓆　*花筵
はなむすび　花結びにする
はなめ　花芽がつく
はなめがね　鼻眼鏡
はなもじ　花文字
はなもち　花持ちがいい
　鼻持ちならぬ
はなもの　花物と葉物
はなもよう　花模様
はなもり　花守

はなや　花屋
はなやか　華やか
　*花やかな服装
はなやぐ　席が華やぐ
　*花やぐ
はなよめ　花嫁修業
はならび　歯並びがいい
はなれ　母屋と離れ
ばなれ　日本人離れ
ばなれ　場慣れする
　*場馴れ
はなれうま　放れ馬
はなれじま　離れ島に流す
はなればなれ　離れ離れ
はなれや　山中の離れ家
　*離れ屋
はなれる　矢が弦を放れる
　職を離れる・遠く—
はなれわざ　離れ業

はなわ　花輪　*花環△
　牛の鼻輪
はなをあかす　鼻を明かす
はに　埴の土
はにかむ　少女が含△羞△む
はにく　歯肉
ばにく　馬肉
はにわ　古墳の埴輪
はぬけ　歯抜け
はね　鳥の羽
　ばったの翅
　羽根を突く
　泥の跳ね
　漢字の撥ね
ばね　発△条△　*撥条△
はねあがり　跳ね上がり
はねあがる　跳ね上がる
はねあり　羽蟻
はねかえす　水を跳ね返す
　*撥ね返す

はねかえり　跳ね返り
はねかえる　泥が跳ね返る
はねかかる　跳ね掛かる
　*跳掛る
はねかける　跳ね掛ける
はねかす　水を跳ねかす
はねぐるま　羽根車
はねっかえり　跳ねっ返り
はねつき　羽根突き
はねつける　要求を撥ね付ける
はねつるべ　撥ね釣瓶△
はねとばす　跳ね飛ばす
　*撥ね飛ばす
はねばし　撥ね橋
はねぶとん　羽布団
　*羽根布団

縹
洟
贐

はねぼうき 羽箒 *羽帚
はねまわる 犬が跳ね|回る
はねる 首を刎ねる
馬が跳ねる
上前を撥ねる
はは 母の愛
はば 幅をきかせる
ばば 馬場
祖△母△
婆△
ははうえ 母上
ははおや 母親
ははかた 母方の祖父
はばかり 師に対する憚り
はばかりさま 憚り様
はばかりながら 憚り乍ら
はばかる あたりを憚る
はばきき 財界の幅利き
はばたく 鳥が羽搏く
*羽撃△く

はばつ 派閥を作る
はばとび 幅跳び|
ばばぬき 婆△抜き
はばひろい 幅広い趣味
はばむ 阻む *沮む
はびこる 雑草が蔓延△る
ばひつ 馬匹を改良する
はふ 屋根の破風
はぶく 無駄を省く
はぶたえ 羽二重の布団
はぶらし 歯刷△子△
はぶり 羽振りがよい
ばふん 馬糞
はへい 海外に派兵する
はべる おそばに侍△る
はへん ガラスの破片
はぼまいしょとう 歯△舞諸
島
はほん 端本
はま 浜の真砂

はまかぜ 浜風
はまき 葉巻をくゆらす
はまぐり 蛤の吸い物
はまちどり 浜千鳥
はまづたい 浜伝いに行く
はまなこ 浜名湖
はまなべ 蛤鍋
はまね 鰊の浜値
はまべ 月夜の浜辺
はまや 破魔矢
はまやき 鯛の浜焼き|
はまゆう 浜木△綿△の花
はまゆみ 破魔弓
はまりやく 嵌ま|り役
はまる 計略に嵌ま|る
*填△ま|る
はみ 馬△銜をくわえる
はみがき 歯磨きをする
歯磨を使う
はみがきこ 歯磨粉

はみだす 道に食△み出す
はみでる 道に食△み出る
はむ 禄を食△む
はむかう 刃向かう *歯
向かう
はむし 鶏の羽虫
うりの葉虫
はめ 羽目 *破目を
外す・別れる—
になる
はめいた 羽目板を破る
はめこむ 穴に嵌め|込む
*填△め|込む
はめころし 嵌め殺しの窓
はめつ 身の破滅
はめる 手袋を嵌める
*填△める
ばめん 息詰まる場面
はも 鱧の洗い
はもの 刃物を振り回す

端物の安売り
葉物と花物
はもん　波紋が広がる
弟子を破門する
はや　早三年が過ぎる
はやあし　早足　*速歩△
はやい　時期が早い・気が―
流れが速い・投手の球が―・テンポが―
疾△きこと風の如し
はやいものがち　早い者勝ち
はやうち　早打ちの碁
早撃ちの名人
はやうま　早馬で知らせる
はやうまれ　早生まれの人
はやおき　早寝早起き

はやがえり　早帰りする
はやがてん　早合点をする
はやがね　早鐘を打つ
はやがわり　芝居の早変わり
はやく　破約する
端役を勤める
はやくち　早口で話す
はやざき　早咲きの桜
はやざし　早指しの将棋
はやし　松の林
お囃△子が入る
はやしたてる　囃し立てる
はやじに　早死にする
はやじまい　早仕舞い
はやじも　早霜
はやす　ひげを生やす
見物人が囃す
はやせ　早瀬を下る
はやだち　早立ちの旅人

はやて　疾△風△の如く
はやで　早出と遅出
はやてまわし　早手回し
はやと　薩摩隼人
はやにえ　もずの早贄
はやね　早寝早起き
はやばまい　早場米
はやばや　早々と旅立つ
はやばん　早番と遅番
はやびけ　早引け　*早退△けをする
はやま　端山の陰
はやまる　予定が早まる
速度が速まる
はやまわり　早回り
はやみち　早道
はやみひょう　早見表
はやみみ　早耳
はやめ　早目に寝る
はやめる　予定を早める
足を速める

はやり　流△行りの色
はやりぎ　逸△り気
はやりすたり　流△行り廃△り
はやる　風邪が流△行る
気が逸△る
はやわかり　数学早分かり
はやわざ　早業　*早技
はら　武蔵野の原
腹　*肚を立てる
胎(胎内)
ばら　薔薇のとげ
はらあて　腹当て
はらい　払いが悪い
お祓△い
はらいこみ　会費払い込み
*払込

悍
鱧
囃

は

はらいこみきん　払込金
はらいこむ　払い|込む
はらいさげ　払い|下げ　*払下
はらいさげひん　払下品
はらいさげる　払い|下げる
はらいせ　腹癒△せをする
はらいた　腹痛を起こす
はらいだし　預金の払い|出し
はらいだしきん　払出金　*払出
はらいだす　払い|出す
はらいっぱい　腹一杯食べる
はらいのける　手を払い|除△ける
はらいもどし　払い|戻し　*払戻
はらいもどしきん　払戻金
はらいもどす　払い|戻す
はらいもの　払い|物

ばらいろ　薔薇色の人生
はらいわたし　代金払い|渡し　*払渡
はらいわたしきん　払渡金
はらいわたす　払い|渡す
はらう　代金を払う
　ちりを払う
　穢《けが》れを祓う
はらおび　腹帯を締める
はらがけ　腹掛け|
はらから　みな同△胞△と思う
はらぐあい　腹具合が悪い
はらくだし　腹下し
はらぐろい　腹黒い　*肚黒い男
はらげい　腹芸を見せる
はらご　腹仔
はらごしらえ　腹拵えをする
はらごなし　腹ごなし
はらす　恨みを晴ら|す
　目を腫らす

ばらせん　散△銭
はらだたしい　腹立たしい
はらだち　腹立ち
はらだちまぎれ　腹立ち紛れ
はらちがい　腹違いの兄弟
はらつづみ　腹鼓を打つ
はらっぱ　原っぱで遊ぶ
はらづもり　腹積も|り
はらのむし　腹の虫
はらばい　腹這いになる
はらはちぶ　腹八分
はらまき　腹巻き|
はらむ　子を孕△む
はらもち　腹持ちがいい
ばらもん　婆△羅△門△
はらわた　腸△の腐った男
はらん　波瀾　*波乱
はらんばんじょう　波瀾万丈
　*波乱万丈

はり　針で縫う
　鉤に餌をつける
　鍼を打つ
　張りのある仕事
　家の梁
はり　玻璃の杯
ばり　罵詈雑言
ばり　ゴッホ張り|の絵
はりあい　張り|合い
はりあう　張り|合う
はりい　鍼医　*針医
はりいた　張り|板
はりおうぎ　張り|扇
はりかえ　障子の張り|替え
はりかえる　張り|替える
はりがね　針金
はりがみ　張り|紙　*貼り|

紙

ばりき　馬力を掛ける

はりきゅう　鍼灸

はりきる　張り切る

はりくよう　針供養

はりこ　お針子　張り子の虎

はりこみ　徹夜の張り込み

はりこむ　張り込む

はりさける　張り裂ける

はりさし　針刺し

はりし　鍼師

はりしごと　針仕事

はりたおす　張り倒す

はりだし　張り出し窓　張出大関

はりだす　張り出す　＊貼り出す

はりつく　張り付く　＊貼り付く

はりつけ　磔になる

はりつめる　張り詰める

はりて　相撲の張り手

はりばこ　針箱　張り箱　＊貼り箱

はりばん　張り番をする

はりふだ　張り札　＊貼り札

はりぼて　張りぼて

はりま　播磨の国

はりめ　針目がほつれる

はりめぐらす　張り巡らす

はりやま　針山

ばりょう　馬糧　＊馬料

はりん　破倫の行為

はる　春の宵

はる　根が張る　糊で張る　＊貼る

はるあらし　春嵐

はるいちばん　春一番が吹く

はるうらら　春△麗ら

はるか　遥かかなた

はるがすみ　春霞

はるかぜ　春風が吹く

はるぎ　春着

はるけし　遥けくも来つるものかな

はるさき　春先と秋口

はるさむ　春寒をかこつ

はるさめ　春雨に濡れる

はるばしょ　春場所

はるばる　遥々上京する

はるまき　春巻き　春蒔き

はるめく　気候が春めく

はるやすみ　春休み

はれ　晴れのち曇り　腫れがひく

はれあがる　晴れ上がる　＊晴上る　腫れ上がる　＊腫上る

ばれい　馬齢を重ねる

ばれいしょ　馬鈴薯

はれがましい　晴れがましい

はれぎ　晴れ着を着る

はれすがた　晴れ姿

はれつ　管が破裂する

はればれ　晴れ晴れ　＊晴々する

はれま　梅雨の晴れ間

はれもの　腫れ物に触る

はれやか　晴れやかな顔

孕

詈

磔

は

はれる　空が晴れる　*霽れる　足が腫れる　*脹れる

はれわたる　空が晴れ渡る

ばれん　馬楝　*馬連（木版用具）　まといの馬簾

はれんち　破廉恥な行為

はろう　波浪注意報

はわたり　刃渡り三寸

ハン

[反] ハン・（ホン・タン）　そ-る・そ-らす ― 反映・反抗・反射・反対・反動・違反

[半] ハン　なか-ば ― 「丁か―か」◇半減・半島・半分・半面・前半

[犯] ハン　おか-す ― 犯意・犯行・犯罪・犯人・共犯・現行犯・侵犯

[判] ハン・バン ― 「―を押す」◇判型・判決・判断・批判

[坂] ハン　さか ― 急坂・登坂能力

[板] ハン・バン　いた ― 板木・板本・甲板・乾板・鉄板

[版] ハン ― 「―を重ねる」◇版画・写真版・出版

[班] ハン ― 「―に分ける」◇班員・班長・救護班

[飯] ハン　めし ― 飯台・飯場・飯米・御飯・炊飯・赤飯

[帆] ハン　ほ ― 帆船・帆走・帰帆・出帆・順風満帆

[伴] ハン・バン　ともな-う ― 随伴・同伴

[畔] ハン ― 河畔・橋畔・湖畔・池畔

[般] ハン ― 一般・各般・過般・今般・諸般・先般・全般

[販] ハン ― 販売・販路・市販・信販・直販

[搬] ハン ― 搬出・搬送・搬入・運搬

[煩] ハン・（ボン）　わずら-う・わずら-わす ― 「―をいとわず」◇煩雑・煩忙

[頒] ハン ― 頒価・頒布

[範] ハン ― 「―を垂れる」◇範囲・範例・師範・垂範・模範

[繁（(人)繁）] ハン ― 繁栄・繁華街・繁茂・農繁期

[藩] ハン ― 「―の財政」◇藩士・藩主・藩閥・脱藩・廃藩

[氾] ハン ― 氾濫

[汎] ハン ― 汎用・汎米主義

[阪] ハン ― 阪神・京阪

[斑] ハン ― 斑点

[(人)幡] ハン・ホン　はた ― 幡然

バン

[万（(人)萬）] バン・マン ― 「―やむを得ず」◇万事・万全・万物

[判] バン・ハン ― 「―が大きい」◇大判・小判・新書判

[板] バン・ハン　いた ― 板金・板書・回覧板・看板・黒板・登板

[晩（(人)晩）] バン ― 「明日の―」◇晩夏・晩婚・晩鐘

[番] バン ― 「―をする」◇番組・番犬・番地・順番・当番

[伴] バン・ハン　ともな-う ― 伴食・伴奏・相伴

[蛮（蠻）] バン ― 蛮行・蛮人・蛮声・蛮勇・野蛮

[盤] バン ― 「将棋の―」◇盤面・円盤・基盤・碁盤

[(人)挽] バン・ベン・メン ― 挽歌・挽回

[(人)磐] バン・ハン　いわ ― 磐石・磐梯山

[(人)絆] バン・ハン　きずな ― 絆創膏

[(人)蕃] バン・ハン・ヒ　しく・しげ・しげり・しげる・ふさ・みつ・もり ― 蕃夷・蕃族

ばん　縮刷版

幡を柱に懸ける

ぱん　麺麭を焼く

はんい　犯意が無い
叛意を抱《いだ》く
範囲が広い

ばんい　蛮夷 *蕃夷

はんいご　反意語

はんえい　意見を反映する
一家が繁栄する

はんえいきゅうてき　半永久的

はんえり　半襟を掛ける

はんえん　半円

はんおん　半音上げる

はんか　長歌と反歌
頒価五百円
繁華な通り

はんが　版画の年賀状

ばんか　挽歌
晩夏の候

はんかい　家屋が半壊する

ばんかい　勢力を挽回する

ばんがい　番外の余興

はんがえし　半返し

はんかがい　繁華街

はんがく　半額の料金

ばんがく　晩学

ばんがさ　番傘を差す

ばんかず　番数が多い

ばんがた　晩方

はんかち　手巾を振る

はんかつう　半可通

はんかん　反間苦肉の策
反感を抱く
業務の繁閑
繁簡よろしきを得る

はんがん　瞼《まぶた》を半眼に開く
判官

ばんかん　万感交々《こもごも》至る

はんかんはんみん　半官半民

はんき　反旗 *叛旗を翻す
半季奉公
半期の決算
半旗を掲げる

はんぎ　版木 *板木

ばんき　万機公論に決す
唐の晩期

ばんぎ　板木が鳴り響く

はんぎゃく　反逆 *叛逆

はんきゅう　半弓
半休をとる
半球

ばんきょ　盤踞 *蟠踞

はんきょう　声が反響する

はんぎょく　半玉

はんきん　半金だけ払う

ばんきん　万鈞の重み
板金 *鈑金

輓近の社会情勢

ばんぐみ　テレビの番組

ばんくるわせ　番狂わせ

はんぐん　反軍思想
叛軍 *反軍

はんけい　円の半径
書籍の判型

ばんけい　瀬戸内海の晩景
盤景を飾る

はんげき　反撃に転じる
繁劇の任に就く

はんげしょう　半夏生

はんけつ　判決を下す

はんげつ　半月と満月

はんけん　入場券の半券
版権を譲渡する

霽
蟠
輓

はんげん　興味が半減する
ばんけん　番犬
はんこ　判こ　＊判子
はんご　反語
ばんこ　万古不易
はんこう　反攻に転じる
親に反抗する
犯行を重ねる
版行を急ぐ
藩侯
藩校　＊藩黌
はんごう　飯盒炊爨《すいさん》
ばんこう　蛮行
ばんごう　番号を付ける
ばんこく　万国博覧会
万斛の涙を注ぐ
はんこつ　反骨　＊叛骨精神
ばんこつ　万骨枯る
ばんごや　番小屋

はんごろし　半殺しにする
はんこん　瘢痕が残る
ばんこん　晩婚
はんさ　煩瑣な手続き
はんさい　紙を半裁　＊半截する
半歳にわたる
はんざい　犯罪を犯す
ばんざい　万歳を三唱する
はんさく　半作の年
ばんさく　万策尽きる
はんさつ　藩札
はんざつ　煩雑な手続き
繁雑な規定
はんさよう　反作用
ばんさんかい　晩餐会
はんし　半紙
藩士
範士（剣道）
はんじ　判示する
判事
ばんし　罪万死に値する
ばんじ　万事休す
はんじえ　判じ絵
はんした　版下
はんしはんしょう　半死半生
はんじもの　判じ物を解く
はんしゃ　鏡に反射する
はんじゃ　歌合の判者
ばんしゃく　晩酌を楽しむ
ばんじゃく　磐石　＊盤石の守り
はんしゅ　藩主
はんしゅう　地球を半周する
ばんしゅう　晩秋
蛮習を改める
はんじゅく　半熟の卵
ばんじゅく　晩熟
はんしゅつ　家具を搬出する

ばんしゅん　晩春
ばんしょ　先生が板書する
番所に詰める
はんしょう　反証を挙げる
夕映えの反照
建物が半焼する
半鐘を鳴らす
汎称
はんじょう　半畳を入れる
繁盛　＊繁昌
ばんしょう　森羅万象
万障お繰り合わせの上
晩鐘
ばんじょう　万丈の山
番匠（大工）
はんしょく　繁殖　＊蕃殖
はんじょく　繁縟な規則
ばんしょく　伴食（お相伴）
晩食をとる

は

はんじる　可否を判じる
はんしん　反臣　*叛臣
　半身
はんしん　阪神工業地帯
　叛心を抱《いだ》く
ばんじん　万人の目に付く
　蛮人　*蕃人
はんしんはんぎ　半信半疑
はんしんふずい　半身不随
はんしんろん　汎神論
はんすい　半睡状態
はんすう　生徒の半数
　反芻動物
はんする　予期に反する
はんずる　可否を判ずる
はんせい　反省を促す
　半生を費やす
　藩政
ばんせい　万世一系
　晩生と早生
　大器は晩成する
　蛮声を上げる
はんせきほうかん　版籍奉還
はんせつ　漢字の反切
　紙を半切
　*半折　*半截にする
ばんせつ　晩節を全うする
はんせん　反戦論
　帆船
はんぜん　判然としない
ばんせん　列車の到着番線
ばんぜん　万全を期する
はんそ　反訴を起こす
はんそう　帆走する
　荷物を搬送する
ばんそう　走者に伴走する
　ピアノの伴奏
　導師と伴僧
　晩霜が降りる
ばんそうこう　絆創膏を張る
はんそく　反則を犯す
　法律の犯則
　輾転《てんてん》反側
はんぞく　反俗の精神
ばんぞく　蛮族　*蕃族
はんそで　半袖のシャツ
はんた　煩多　*繁多
ばんだ　万朶の桜
はんたい　決定に反対する
はんだい　飯台
ばんだい　銭湯の番台
　万代不易
　魚屋の盤台
ばんだいさん　磐梯山
はんだくおん　半濁音
はんだづけ　半田付け　*盤△陀付け
はんだん　判断を下す
ばんたん　準備万端整う
ばんち　蛮地　*蕃地
　一丁目一番地
ばんちゃ　番茶も出花
はんちゅう　別の範疇に属す
はんちょう　班長
ばんちょう　番長
はんつき　半月が経つ
はんつきまい　半搗き米
ばんづけ　相撲の番付
ばんて　番手（糸の太さの単位）
　一番手の選手
はんてい　判定で勝つ
　藩邸
はんてん　半天に懸かる月
　半纏　*半天

舋
磐
疇

は

はんと　白い斑点
　北京飯店
　機首を反転する
　反徒 ＊叛徒
　学業半途にして
はんとう　版図を拡張する
　株価が反騰する
　房総半島
はんどう　反動を起こす
ばんとう　晩冬
　晩稲
　宿屋の番頭
ばんどう　坂△東武者
はんどうたい　半導体
はんとき　半時が過ぎる
はんどく　手紙を判読する
　史書を繙読する
はんとし　半年
ばんなん　万難を排す
はんにち　反日運動
　半日を費やす
はんにゃ　般若△の面
はんにゅう　作品を搬入する
はんにん　犯人を逮捕する
ばんにん　万人が認める
　別荘の番人
はんにんまえ　半人前
はんね　半値で売る
ばんねん　晩年
はんのう　反応を示す
　半農半漁
ばんのう　科学万能の社会
はんば　飯場
はんぱ　半端な仕事
ばんば　輓馬
はんばい　図書を販売する
はんばく　非難に反駁する
はんぱく　半白の髪
はんばつ　藩閥政治
はんぱつ　反発 ＊反撥
ばんばん　失敗は万々あるまい
ばんぱん　万般の準備
はんびょうにん　半病人
はんぴれい　反比例する
はんぷ　実費で頒布する
ばんぷ　万夫も開く無し
ばんぷう　蛮風
はんぷく　反復 ＊反覆
　叛服常なし
ばんぷく　万福を祈る
ばんぶつ　万物の霊長
はんぶん　半分にする
はんぶんじょくれい　繁文縟礼
はんぺい　皇室の藩屏
ばんぺい　番兵
はんべつ　雌雄を判別する
はんぺん　半片 ＊半平△を食べる
はんぼう　繁忙を極める
ばんぽう　万邦共栄
はんぽん　版本 ＊板本
はんま　半間なやつ
はんまい　飯米
はんみ　半身に構える
ばんみん　万民の幸福
はんむ　繁務の間に
はんめい　身元が判明する
ばんめし　晩飯
はんめん　便利な反面欠点もある
　楯《たて》の半面
ばんめん　盤面を見詰める
はんめんきょうし　反面教師
はんも　夏草が繁茂する
はんもく　互いに反目する
はんもと　版元 ＊板元
はんもん　半文の値打ち

反問する
斑紋 *斑文
日夜煩悶する

はんや　半夜（まよなか）
ばんや　番屋
はんやく　反訳する
ばんゆう　蛮勇を振るう
ばんゆういんりょく　万有引力
はんよう　汎用モーター
御繁用中
はんら　半裸
ばんらい　万雷の拍手
万籟響く
はんらん　反乱 *叛乱
川が氾濫する
ばんり　万里の長城
はんりょ　一生の伴侶
はんりん　半輪の月
はんるい　煩累を避ける
はんれい　辞書の凡例
❖俗に「ぼんれい」とも。
反例（反対の例）
裁判の判例
はんろ　販路を拡張する
はんろう　煩労を厭《いと》わない
はんろん　非難に反論する
芸術汎論

ひ

ヒ

[比]ヒ くら-べる ——「その—ではない」◇比重・比
[皮]ヒ かわ —— 皮革・皮相・皮肉・皮膚・樹皮・表皮
[否]ヒ いな ——「原案を—とする」◇否定・否認・拒否・適否
[批]ヒ —— 批准・批判・批評
[肥]ヒ こ-える・こえ・こ-やす・こ-やし —— 肥育・肥厚・肥大・肥満・肥料・施肥
[非]ヒ —— 「—を鳴らす」◇非行・非常・非道・非難・是非
[飛]ヒ と-ぶ・と-ばす —— 飛球・飛行・飛躍・飛来・突飛・雄飛
[秘（人祕）]ヒ ひ-める —— 「—中の—」◇秘境・秘書・秘密・神秘
[悲]ヒ かな-しい・かな-しむ —— 悲哀・悲願・悲喜・悲境
[費]ヒ つい-やす・つい-える —— 費目・費用・会費・経費・出費・消費
[妃]ヒ —— 妃殿下・王妃・皇太子妃・公妃
[彼]ヒ かれ・（かの） —— 彼我・彼岸
[披]ヒ —— 披見・披講・披針形・披露・直披
[泌]ヒ・ヒツ —— 泌尿器・分泌
[卑（人卑）]ヒ いや-しい・いや-しむ・いや-しめる —— 卑近・卑屈・卑下・尊卑・野卑
[疲]ヒ つか-れる —— 疲弊・疲労
[被]ヒ こうむ-る —— 被害・被疑者・被告・被写体・被爆・被服
[扉]ヒ とびら —— 開扉・鉄扉・防潮扉・門扉
[碑（人碑）]ヒ —— 「—を建てる」◇碑銘・記念碑・石碑
[罷]ヒ —— 罷業・罷免
[避]ヒ さ-ける —— 避寒・避暑・避難・避妊・逃避・不可避
[人斐]ヒ —— 斐然・甲斐
[人緋]ヒ あか —— 緋色・緋毛氈
[人庇]ヒ ひさし —— 庇護

ひ　日が長い

駁
縟
籟

陽が差す
火が燃える
機織りの杼
灯がともる
樋で水を引く

ビ

[美]ビ うつく-しい ―「自然の―」◇美学・美観・美術・優美
[備]ビ そな-える・そな-わる ―備考・備品・備忘・警備・守備・準備・予備
[鼻]ビ はな ―鼻炎・鼻音・鼻孔・鼻濁音・耳鼻科
[尾]ビ お ―尾行・尾骨・尾灯・尾翼・首尾・末尾・竜頭蛇尾
[微]ビ ―「―に入り細をうがつ」◇微細・微笑・衰微
[眉]ビ・(ミ) まゆ ―眉宇・眉目・焦眉・白眉
[人枇]ビ・ヒ ―枇杷
[人梶]ビ かじ ―
[人毘]ビ・ヒ すけ・たる・てる・とも・のぶ・まさ・やす・よし ―毘沙門天・荼毘
[人琵]ビ ―

ひあい　人生の悲哀
ひあがる　田が干上がる　*乾上がる
ひあし　日脚　*日足が延びる
　火脚　*火足が早い
ひあそび　子供の火遊び
ひあたり　日当たり
ひあぶり　火炙り　*火焙りになる
ひい　非違を弾劾する
びい　微意を表す
ひいき　贔屓の引き倒し
ひいく　和牛を肥育する
ひいじいさん　曽祖父さん
びいしき　美意識
ひいちにち　日一日と寒くなる
ひいては　延いては
ひいでる　語学に秀でる
ひいばあさん　曽祖母さん
ひいまご　曽孫
ひいらぎ　柊の葉
びーる　麦酒
ひいれ　炉の火入れ
ひいろ　窯の火色を見る
　緋色の服
びう　眉宇に漂う決意
　微雨（こさめ）
ひうちいし　火打ち石　*燧石
ひうん　非運　*否運（悪い運命）
　悲運（悲しい運命）
ひえ　冷えがひどい
　稗の飯
ひえいざん　比叡山
ひえき　社会に裨益する
ひえこむ　朝は冷え込む
ひえしょう　冷え性の人
ひえつ　書状を披閲する
ひえびえ　冷え冷えする
ひえる　体が冷える
ひえん　飛燕の早技
びえん　鼻炎
ひおう　剣の秘奥
ひおうぎ　檜扇　*射干
ひおおい　日覆いをする
ひおけ　火桶
ひおどし　緋縅の鎧《よろい》
びおん　美音をきかせる
　微音（かすかな音）
　鼻音
びおんてき　微温的な処置

△は常用漢字表にない音訓　｜の付いた仮名は省略してもよい送り仮名　＊は同語の別表記

ひか　皮下に注射する
　悲歌（エレジー）
ひが　彼我の比較
　秘画（春画）
びか　現実を美化する
　美果を収める
ひがい　被害を受ける
ぴかいち　ぴか一の俳優
ひがいもうそう　被害妄想
ひかえ　書類の控え
ひかえしつ　控え室で待つ
ひかえめ　控え目な態度
ひがえり　日帰りの旅行
ひかえる　手帳に控える
ひかがみ　膕を伸ばす
ひがき　檜垣
ひかく　前と比較する
　皮革製品
びがく　美学
ひかげ　日影（日の光）
　日陰　*日蔭で休む・―者
ひがけ　日掛けの貯金
ひかげん　火加減を見る
ひがごと　僻事
ひがさ　日傘を差す
ひかされる　情に引かされる
ひがし　東
ひがし　干菓子
　*乾菓子
ひがしかぜ　東風
ひがしがわ　東側
ひがしはんきゅう　東半球
ひがしむき　東向きの部屋
ひかす　値を引かす
　芸者を落籍す
ひかず　日数を数える
ひがた　干潟の生物
ひがないちにち　日がな一日

ひがね　日金が入る
ひがみ　僻み根性
ひがみみ　僻耳
ひがむ　心が僻む
ひがめ　僻目
ひがら　日柄がいい
ひからす　目を光らす
ひからびる　田が干涸びる
　*乾涸びる
ひかり　光を放つ
　目の光りが違う
ひかりかがやく　光り輝く
ひかりもの　光物
ひかる　星が光る
ひかれもの　引かれ者の小唄
ひかれる　心を引かれる
　*惹かれる
ひがわり　日替わり定食
ひかん　平家の被官
　*被管
ひがん　前途を悲観する
　伊豆に避寒する
　彼岸の入り
　悲願を達成する
びかん　美感を欠く
　美観を損なう
びがん　美顔術
ひかんざくら　緋寒桜
ひがんざくら　彼岸桜
ひがんばな　彼岸花
ひき　先輩の引き
　蟇（ひきがえる）
ひき　数匹　*疋
　絹五疋
　悲喜交々《こもごも》至る
ひぎ　非議　*誹議

贔
燧
膕

秘技を見せる
宗教上の秘儀

びき　美姫△
びぎ　美技を競う
美妓を侍らす
ひきあい　引き合いに出す
商品の引合
ひきあう　引き合う値段
ひきあげ　賃金引き上げ
引き揚げ準備
ひきあげる　米価を引き上げる
国へ引き揚げる
ひきあし　引き足
ひきあてきん　引当金
ひきあわす　引き合わす
ひきあわせ　引き合わせ
*引合せ

ひきいる　一軍を率いる
ひきいれる　引き入れる
ひきうけ　身元引き受け
ひきうけにん　身元の引受人
ひきうける　引き受ける
ひきうす　碾臼　*挽臼
ひきうた　引き歌
ひきうつし　本の引き写し
ひきうつす　引き写す
ひきおこす　問題を引き起こす
*引起す
*惹き起こす
ひきおとし　引き落とし
ひきおとす　口座から引き落とす
*引落す
ひきおろす　引き降ろす
ひきかえ　代金と引き換えに受け取る
代金引換

ひきかえす　家に引き返す
ひきかえる　引き換える
それに引き替え
ひきがえる　蟇蛙　*蟾蜍
ひきがたり　弾き語り
ひきがね　引き金を引く
ひきぎわ　引き際を誤る
ひきぐす　引き具す
ひきくらべる　引き比べる
ひきげき　悲喜劇
ひきこみ　線の引き込み
ひきこみせん　引込線
ひきこむ　中に引き込む
ひきこもる　引き籠もる
*引籠る
ひきころす　車で轢き殺す
ひきさがる　引き下がる
ひきさく　布を引き裂く

ひきさげ　金利引き下げ
ひきさげる　引き下げる
ひきざん　引き算
ひきしお　引き潮
ひきしぼる　弓を引き絞る
ひきしまる　身が引き締まる
*引締る
ひきしめ　金融引き締め
ひきしめる　引き締める
ひぎしゃ　被疑者
ひきすえる　引き据える
ひきずる　裾を引き摺る
ひきたおし　贔屓《ひいき》の引き倒し
ひきだし　机の引き出し
*抽△斗△　*抽△出
ひきだす　金を引き出す
ひきたつ　服が引き立つ
ひきたてやく　引立役

ひきたてる　後輩を引き立てる
ひきちぎる　引き千切る
ひきちゃ　碾き茶　*挽き茶
ひきつぎ　事務引き継ぎ
ひきつぐ　芸を引き継ぐ
ひきつけ　子供が引き付けを起こす
ひきつける　手元に引き付ける
人を惹き付ける
ひきつづき　引き続き行う
ひきつづく　引き続く
ひきづな　引き綱
ひきつる　足が引き攣る
ひきつれる　供を引き連れる
顔が引き攣れる

ひきて　襖《ふすま》の引き手
琴の弾き手
ひきでもの　引き出物
ひきど　引き戸
ひきどき　身の引き時
*△退き時
ひきとめる　引き止める
*引き留める
ひきとり　物の引き取り
ひきとりにん　引取人
ひきとる　物を引き取る
ひきにく　挽き肉
ひきにげ　轢き逃げ
ひきぬき　選手引き抜き
ひきぬく　草を引き抜く
ひきのばし　引き伸ばし
*引伸し写真
引き延ばし
*引延し作戦

ひきのばす　写真を引き伸ばす
*引伸す
話を引き延ばす
*引延す
ひきはがす　引き剝がす
ひきはなす　他を引き離す
ひきはらう　宿を引き払う
ひきふだ　引き札
ひきふね　引き船　*曳き船
ひきまく　引き幕
ひきまど　引き窓
ひきまゆ　引き眉
ひきまわし　江戸引き回し
ひきまわす　馬を引き回す
ひきもきらず　引きも切らず
ひきもどす　引き戻す

ひきもの　祝宴の引き物
ひきゃく　飛脚を立てる
ひぎゃく　被虐趣味
ひきやぶる　引き破る
ひきゅう　飛球を追う
びきょ　隠れた美挙
ひきょう　比況の助動詞
卑怯な男
秘境を探検する
悲況に陥る
悲境に泣く
ひぎょう　同盟罷業
ひきょく　琴の秘曲
ひきよせる　引き寄せる
ひきょり　打球の飛距離
ひきわけ　引き分け
ひきわざ　引き技

碾
蟾
轢

ひ

ひきわた　引き綿
ひきわたし　品の引き渡し
ひきわたしにん　引渡人
ひきわたす　引き渡す
ひきわり　碾き割りの麦
　挽き割りの材木
ひきん　卑近な例
びぎん　微吟する
ひく　線を引く・例を―・手を―
　車を引く
　*牽く
　すそを引く
　*曳く・尾を―
　潮が引く
　*退く
　目を引く
　*惹く
　くじを引く
　*抽く
　のこぎりで挽く
　ピアノを弾く
　粉を碾く
　車が人を轢く
びく　比丘(僧)
　魚籠 *魚籃
ひくい　背が低い
びくしょう　微苦笑する
ひぐち　火口に点火する
ひぐちいちよう　樋口一葉
ひくつ　卑屈な考え
ひくて　引く手数多《あまた》
びくに　比丘尼(尼僧)
ひぐま　北海道の羆
ひくまる　丘陵が低まる
ひくめ　低め *低目
ひくめる　音を低める
ひぐらし　蜩 *茅蜩 *日暮らし
ひぐれ　日暮れになる
びくん　微醺を帯びる
ひけ　引けを取らない
ひげ　髭(口ひげ)
　髯(ほおひげ)
　鬚(あごひげ)
ひげ　卑下する
ひけい　秘計をめぐらす
びけい　美形(美人)
　美景をめでる
ひげき　悲劇
ひけぎわ　会社の引け際
　*退け際
ひけし　火消し
ひけつ　法案を否決する
　秘訣を教える
　秘結する(便秘)
ひげづら　髭面の男
ひけどき　引け時 *退け時の混雑
ひけね　引け値
ひげね　髭根
ひけむり　火煙が立つ
ひけめ　引け目がある
ひける　気が引ける
　学校が退ける
ひけん　師に比肩する
　書面を披見する
　卑見 *鄙見を述べる
びげん　美言を弄する
　人口が微減する
ひけんしゃ　被検者
　被験者
ひこ　子・孫・曽孫
ひご　竹の籤
ひご　庇護を受ける
　卑語 *鄙語
　流言飛語 *蜚語

ひ

ひご　肥後の国
ひごい　緋鯉と真鯉
ひこう　非行に走る
　肥効が大きい
　表皮が肥厚する
　歌会で披講する
　低空を飛行する
　飛蝗（とびばった）
　罷工（ストライキ）
ひごう　非業の死
びこう　犯人を尾行する
　美肴が続く
　備考欄
　備荒作物
　微光を放つ
　将軍の微行
　鼻孔（鼻の穴）
　鼻腔
ひこうかい　非公開の裁判
ひこうき　飛行機

ひこうしき　非公式の会見
ひごうほう　非合法の活動
ひこく　被告と原告
ひこくにん　被告人
ひこくみん　非国民
ひこさん　英彦山
ひこつ　腓骨
びこつ　尾骨
　鼻骨
ひごと　日毎に励む
ひごのかみ　肥後守
ひこばえ　蘖
ひこぼし　彦星
ひこまご　子・孫・曽孫
ひごろ　日頃の行い

ひざ
[膝]ひざ ―「―を打つ」◇膝頭

ひさい　浅学非才　*菲才

びさい　地震で被災する
　微細な生物
びざい　微罪釈放
ひざおくり　お膝送り
ひざかけ　膝掛け
ひざがしら　膝頭を打つ
ひさかたぶり　久方振り
ひざかり　夏の日盛り
ひさく　秘策を授ける
ひさぐ　春を鬻ぐ
ひざぐみ　膝組み（あぐら）
ひざくりげ　膝栗毛で行く
ひさご　瓠　*瓢
ひざこぞう　膝小僧を出す
ひさし　庇　*廂
ひざし　日差し　*陽射しが強い
ひさしい　別れて久しい
ひさしぶり　久し振り
ひざづめ　膝詰めの談判

ひさびさ　久々の帰郷
ひざまくら　膝枕
ひざまずく　神前に跪く
ひさめ　氷雨が降る
ひざもと　親の膝元
　*膝許　*膝下
ひざら　きせるの火皿
ひさん　風に飛散する雪
　悲惨　*悲酸
ひし　菱の実
ひし　皮脂を分泌する
　彼此相通ずる
　昭和外交秘史
　吉野朝悲史

ひじ
[肘]ひじ ― 肘掛け

蜩　醺　鬻

ひ

ひじ　肘 *肱 *臂
ひじ　秘事を暴く
びじ　美辞を連ねる
ひしお　醤(なめみそ)
　醢(肉類の塩漬)
ひしがた　菱形
ひしかわもろのぶ　菱川師△宣△
ひじき　鹿△尾△菜△
ひしぐ　鬼をも拉△ぐ
ひしげる　箱が拉△げる
ひししょくぶつ　被子植物
ひしつ　副腎皮質
びしつ　美質を備える
ひじつき　肘突き
びしてき　微視的に見る
ひじでっぽう　肘鉄砲をくう
ひしと　緊△と *犇と
ひじまくら　肘枕で寝る
ひしめく　群衆が犇めく

ひしゃ　飛車と角行
ひしゃく　柄△杓で水を汲む
びじゃく　微弱な地震
ひしゃたい　被写体
びしゃもんてん　毘沙△門天
ひしゅ　匕首(あいくち)
びしゅ　美酒に酔う
ひしゅう　悲愁を帯びた声
ひじゅう　比重が大きい
びしゅう　美醜
ひじゅつ　秘術を尽くす
びじゅつ　東洋の美術
ひじゅん　条約を批准する
ひしょ　社長の秘書
ひしょ　高原に避暑する
びじょ　絶世の美女
ひしょう　卑小な動機
　卑称
　大空を飛翔する
　公金を費消する

ひじょう　人を悲傷させる
ひじょう　非常の場合・―階段・―口・―事態・―線
　非情な男
びしょう　美称
　微小な生物
　微少な金額
　微笑を浮かべる
　微傷も負わない
ひじょうきん　非常勤の講師
ひじょうしき　非常識な人
びしょうじょ　美少女
ひじょうすう　被乗数
びしょうねん　紅顔の美少年
びじょうふ　美丈夫
びしょくか　美食家
ひじょすう　被除数
びしょぬれ　びしょ△濡れ
ひじり　聖△の教え

びじれいく　美辞麗句
びしん　美身術
　美神ビーナス
　微震
びじん　絶世の美人
ひしんけい　皮針形
　*披針形の葉
ひず　鮭の氷頭
ひず　秘図
ひすい　翡翠の指輪
びすい　微酔を帯びる
　微睡をとる
ひずみ　歪みがある
ひずむ　形が歪む
ひする　欧米と比する
　名を秘する
ひせい　御批正を乞う
　非勢に陥る
　秕政を一掃する
びせい　美声を聞かせる

びせいぶつ　微生物
ひせき　帯電粒子の飛跡　秘跡　*秘蹟を受ける
ひせつ　碑石　秘説を伝える　飛雪紛々
ひぜに　日銭が入る
ひぜめ　城の火攻め　火責めの拷問
ひせん　卑賤の身
ひぜん　皮癬
ひぜん　肥前の国
びせん　微賤の身
びぜん　美髯を蓄える
びぜん　備前の国
ひそ　砒素
びそ　近代医学の鼻祖
ひそう　皮相の見解　悲壮な決意

ひぞう　悲愴な一生　名画を秘蔵する　脾臓
びそう　美装を凝らす
びぞう　利益が微増する
ひそか　密か　*窃か　*秘か　*私か
ひぞく　卑俗な歌　鄙俗な風習　直系卑属　匪賊の頭目
びそく　鼻息をうかがう
びぞく　醇風《じゅんぷう》美俗
ひぞっこ　秘蔵っ子
ひそまる　森閑と潜まる
ひそみ　顰みにならう
ひそむ　物陰に潜む
ひそめる　声を潜める　眉を顰める
ひそやか　密やかに話す

ひぞる　板が干反る　*乾反る
ひだ　袴の襞
ひだ　飛騨の国
ひたい　額を集める
ひだい　扁桃腺の肥大
びたい　媚態を示す
ひたいぎわ　額際
びたいちもん　鐚一文
ひたおし　直押しに押す
ひたかくし　直隠しに隠す
びだくおん　鼻濁音
ひたしもの　浸し物
ひたす　水に浸す
ひたすら　只管神に祈る
びたせん　鐚銭
ひたたれ　烏帽子《えぼし》と直垂
ひたち　常陸の国
ひだち　産後の肥立ち
ひだて　日建て

ひだね　火種を貰う
ひたはしり　直走りに走る
ひだま　火玉が飛ぶ
ひだまり　日溜まり
ひたむき　直向きな情熱
ひだり　左へ曲がる
ひだりうちわ　左団扇
ひだりきき　左利き
ひだりづま　左褄を取る
ひだりて　左手
ひだりまえ　左前になる
ひだりまき　左巻き
ひたる　喜びに浸る
ひだるい　饑い時にまずいものなし
ひだるま　火達磨になる
ひたん　飛湍(早瀬)

顰
鐚
饑

ひ

悲嘆 ＊悲歎に暮れる

ひだん　被弾する

びだん　美談

びだんし　美男子

びちく　食糧を備蓄する

びちゅう　微衷を汲む

ひちょう　飛鳥の如く

ひちょう　秘帖

ひちょう　悲調

びちょうせい　微調整

ひちりき　笙《しょう》と篳篥

ひぢりめん　緋縮緬

ヒツ

[必] ヒツ かならず ── 必携・必見・必勝・必然・必中・必読・必要

[筆] ヒツ ふで ── 「定家の─」◇筆記・筆者・筆順・筆致・文筆

[匹] ヒツ ひき ── 匹敵・匹夫・匹婦・馬匹

[泌] ヒツ・ヒ ── 内分泌・分泌

[畢]人 ヒツ・ヒチ ── 畢竟・畢生

[疋]人 ヒツ・ショ・ソ ただ・ひき ── 一疋

ひつ　櫃の蓋

ひつあつ　筆圧が強い

ひつい　筆意

ひつう　悲痛な叫び声

ひっか　筆禍を招く

ひっかかる　引っ掛かる

ひっかく　筆画を省略する

ひっかく　引っ掻く

ひっかける　引っ掛ける

ひっかぶる　引っ被る

ひつき　火付きがいい

ひっき　講義を筆記する

ひつぎ　柩に納める

ひつぎ　日嗣

ひっきょう　畢竟 ＊必竟

ひっきりなし　引っ切り無し

ひっくくる　賊を引っ括る

びっくり　吃驚 ＊喫驚

ひっくりかえす　決定を引っ繰り返す

ひっくりかえる　決定が引っ繰り返る

ひっくるめる　引っ括める

ひづけ　消印の日付

ひっけい　必携の書

ひづけへんこうせん　日付変更線

ひつけやく　火付け役

ひっけん　必見の書

ひっけん　筆硯に親しむ

びっこ　跛をひく

ひっこう　筆耕料

ひっこし　引っ越しする

ひっこす　村へ引っ越す

ひっこぬく　引っこ抜く

ひっこみ　引っ込みがつかない

ひっこみじあん　引っ込み思案な性格

ひっこむ　村へ引っ込む

ひっこめる　引っ込める

ひっさげる　引っ提げる

ひっさつ　必殺の技

ひっさらう　引っ攫う

ひっさん　筆算する

ひっし　必死の努力

ひっし　解散は必至だ

ひっし　筆紙に尽くし難い喜び

ひつじ　未年

ひつじ　狼と羊

ひつじかい　羊飼い

ひつじぐも　羊雲

ひつじさる　坤（南西） ＊未申

ひっしゃ　筆写する

ひ

筆者
ひっしゅう　必修の科目
ひっしゅつ　必出問題
ひつじゅひん　必需品
ひつじゅん　漢字の筆順
ひっしょう　必勝を祈る
ひつじょう　失敗は必定だ
ひっしょく　ゴッホの筆触
ひつじん　筆陣を張る
ひっす　必須の条件
ひっせい　畢生の大作
　力強い筆勢
ひっせき　筆跡 *筆蹟
ひつぜつ　筆舌に尽くし難い喜び
ひっせん　硯《すずり》と筆洗
　筆戦を交える
ひつぜん　必然の結果
ひっそく　郷里に逼塞する
ひっそりかん　ひっそり閑

ひったくり　引っ手繰り
ひったてる　引っ立てる
ひったん　筆端
ひつだん　筆談する
ひっち　軽妙な筆致
ひっちゃく　八日必着
ひっちゅう　一発必中
　筆誅を加える
びっちゅう　備中の国
ひっつかむ　髪を引っ摑む
ひっつめがみ　引っ詰め髪
　*引詰髪
ひってき　名人に匹敵する
ひっとう　候補者の筆頭
ひつどく　必読の書
ひっとらえる　犯人を引っ捕らえる
ひっぱく　財政が逼迫する
ひっぱりだこ　引っ張り凧
ひっぱりまわす　引っ張り回す
ひっぱる　足を引っ張る
ひつび　必備の本
ひっぷ　匹夫の勇
ひっぽう　同じ筆法で書く
　鋭い筆鋒で迫る
ひつぼく　筆墨を携える
ひづめ　蹄の音
ひつめい　筆名
ひつめつ　生者《しょうじゃ》必滅
ひつよう　日常必用の品
　必要な品
ひつりょく　筆力が衰えない
ひつろく　筆録する
ひてい　場所を比定する
　関係を否定する
びていこつ　尾骶骨
びてき　美的な感覚
ひでり　日照り *旱
ひてん　批点を打つ

ひでん　芸道の秘伝
びてん　飛電一閃
びてん　日本人の美点
びでん　美田を買わず
ひでんか　皇太子妃殿下
ひと　人の一生
　他人は他人《ひと》
　素敵な女
ひとあし　一足踏み出す
　人足が絶える
ひとあじ　一味違う
ひとあせ　一汗かく
ひとあたり　人当たり
ひとあつめ　人集め
ひとあめ　一雨降る
ひとあれ　一荒れする
ひとあわ　一泡吹かせる

篳
畢
骶

ひとあんしん 一安心する
ひどい 酷△い *非道△い
ひといき 一息入れる
ひといきれ 人いきれ *人熅れ
ひといちばい 人一倍の努力
ひといろ 一色に塗る
ひとう 山間の秘湯
ひどう 極悪非道
びどう 微動だにしない
ひとうけ 人受けがいい
ひとうち 一打ちにする
ひとえ 紙一重の差
単△ *単△衣△
ひとえおび 単△帯
ひとえに 偏△にお願いする
ひとおし 一押しする
ひとおじ 人怖△じしない
ひとおもいに 一思いに殺す
ひとかい 人買い

ひとかかえ 一抱えの荷物
ひとがき 人垣を作る
ひとかげ 人影が無い
人陰 *人蔭に隠れる
ひとかず 人数に入らない
ひとかせぎ 一稼ぎする
ひとかた お一方
ひとがた 人形
ひとかたならず 一方ならず
ひとかたまり 一塊になる
ひとかど 一廉△ *一角の人物
ひとがら 温厚な人柄
ひとからげ 十把一絡△げ
ひとかわ 一皮むく
ひとぎき 人聞きが悪い
ひときれ 一切れの肉
ひときわ 一際目立つ
ひとく 内容を秘匿する

びとく 謙譲の美徳
ひとくぎり 一区切り
ひとくくり 一括△りにする
ひとくさり 一鎖 *一齣論じる
ひとくせ 一癖ある人
ひとくだり 一行△読む
ひとくち 一口に言えば
ひとくちばなし 一口話
ひとくみ 一組みになる
ひとけ 人気がない山道
ひどけい 日時計
ひとけた 昭和一桁生まれ
ひとこいしい 人恋しい
ひとこえ 一声掛ける
ひとごこち 人心地がつく
ひとごころ 人心がつく
ひとこし 一腰の刀
ひとこと 一言多い
ひとごと 人事
*他△人△事
ひとこま 映画の一齣
ひとごみ 人込み
ひとごろし 人殺し
ひとさし 一差し舞う
ひとさしゆび 人指し指 *人差し指
ひとざと 人里離れた山奥
ひとさま 人様 *他△人△様
ひとさらい 人攫い
ひとさわがせ 人騒がせな話
ひとざわり 人触りがいい
ひとしい 長さが等しい *均△しい *斉△しい
ひとしお 感激も一入△だ
一塩の鮭
ひとしきり 一頻△りの雨
ひとしく 斉△しく望む

ひとじち 人質になる
ひとしなみ 等し並みに扱う
ひとじに 人死にが出る
ひとしれず 人知れず悩む
ひとずき 人好きがする
ひとすじ 一筋の光
ひとすじなわ 一筋縄
ひとずれ 人擦れしない
ひとそろい 一揃いの道具
ひとだかり 人集りがする
ひとだすけ 人助けをする
ひとだのみ 人頼みする
ひとたび 一度は我慢する
ひとだま 人魂が飛ぶ
ひとたまり 一溜まりもない
ひとちがい 人違いをする
ひとつ 一つ、二つ、三つ
一つやってみる
ひとつおぼえ 馬鹿の一つ覚え
ひとづかい 人使いが荒い
ひとつかみ 一摑みの米
ひとつき 一月かかる
一突きで倒す
ひとづきあい 人付き合い
*人付合
ひとっこひとり 人っ子一人
ひとつづき 一続きの文
ひとづて 人伝に聞く
ひとつぶ 一粒の麦
ひとつぶだね 一粒種
ひとづま 人妻となる
ひとつまみ 一抓み *一撮みの塩
ひとつみ 一つ身の着物
ひとつや 一つ家に住む
ひとで 人手を借りる
人出が多い
海星
*海盤車
ひとでなし 人で無し
ひとどおり 一通りの知識
人通りが多い
ひととき 楽しい一時
ひとところ 一所に集まる
ひととせ 一年
ひととなり 彼の人となり
*為人
ひととび 一飛びに飛ぶ
ひとなか 人中で恥をかく
ひとなかせ 人泣かせ
ひとなつっこい 人懐っこい
ひとなぬか 一七日
ひとなみ 人波にもまれる
人並みの生活
ひとにぎり 一握りの砂
ひとねいり 一寝入りする
ひとねむり 一眠りする
ひとは 一葉(桐一葉)
ひとばしら 人柱に立つ
ひとはしり 一走りする
ひとはた 一旗揚げる
ひとはだ 一肌脱ぐ
人肌の燗《かん》
ひとはな 一花咲かせる
ひとばらい 人払いをする
ひとばん 一晩過ごす
ひとひ 一日を過ごす
ひとびと 人々
ひとひねり 一捻りする
ひとひら 花が一片散る
ひとふさ 一房のぶどう
ひとふし 一節歌う
ひとふでがき 一筆書き
ひとふり 一振り *一口の剣

熅
攫
抓

ひとふろ　一風呂浴びる
ひとべらし　人減らしする
ひとほね　一骨折る
ひとま　一間にこもる
ひとまえ　人前に出る
ひとまかせ　人任せにする
ひとまくみ　一幕見
ひとまず　一先△ず中止
ひとまたぎ　一跨ぎ
ひとまちがお　人待ち|顔
ひとまとめ　一纏めにする
ひとまね　人真似△をする
ひとまわり　一回り小さい
ひとみ　瞳　*眸を凝らす
ひとみごくう　人身御供△
ひとみしり　人見知りする
ひとむかし　十年一昔
ひとむら　一叢のすすき
ひとむれ　一群れの雁
ひとめ　一目会う
人目を忍ぶ
ひとめぐり　一巡りする
ひとめぼれ　一目惚れ
ひともうけ　一儲けする
ひともじ　一文字（葱《ねぎ》）
人文字を作る
ひともしごろ　火点△し頃
*灯点△し頃
ひともと　一本の棗《なつめ》の木
ひともなげ　人も無げ
ひとやく　一役買う
ひとやすみ　一休みする
ひとやま　一山当てる
人山を築く
ひとよ　一夜を過ごす
ひとよぎり　一節△切
ひとよせ　人寄せの口上
ひとよづま　一夜妻
ひとり　一人（人数）
独りを楽しむ
ひどり　旅行の日取り|
ひとりあたま　一人頭千円
ひとりあるき　夜の一人歩き
社会に出て独り歩きする
ひとりい　独り居
ひとりがてん　独り合点
ひとりぎめ　独り決め
ひとりぐち　一人口
ひとりぐらし　一人暮|らし
独り暮|らし
ひとりごちる　独りごちる
ひとりごと　独り言を言う
ひとりじめ　独り占め
ひとりずまい　一人住|まい
独り住|まい
ひとりずもう　独り相撲
ひとりだち　独り立ちする
ひとりたび　一人旅
ひとりっこ　一人っ子
ひとりでに　独りでに開く
ひとりならず　一人ならず
ひとりね　独り寝
幼児の一人寝
ひとりびとり　一人一人
ひとりぶたい　独り舞台
ひとりぼっち　独りぼっち
ひとりまえ　一人前になる
ひとりみ　独り身
ひとりむし　火取り|虫
ひとりむすこ　一人息子
ひとりむすめ　一人娘
ひとりもの　独り者
ひとりよがり　独り善がり
ひとわたり　一渡り　*一亘り　*一渉△り読む
ひな　鄙には稀《まれ》な美人
鶏の雛
ひなあそび　雛遊び

△は常用漢字表にない音訓　|の付いた仮名は省略してもよい送り仮名　*は同語の別表記

ひ

ひなあられ　雛霰
ひなか　昼の日中に
ひなが　春の日永
ひながた　雛型を作る
ひなた　日向に出る
ひなたくさい　日向臭い
ひなたぼっこ　日向ぼっこ
ひなたみず　日向水
ひなだん　雛壇を飾る
ひなどり　雛鳥
ひなにんぎょう　雛人形
ひなびる　鄙びた駅
ひなまつり　雛祭り
ひなみ　日並みがよい
ひなわじゅう　火縄銃
ひなん　非難 *批難を浴びる
　高台に避難する
ひにく　皮肉を言う
ひにくる　皮肉る

ひにち　日にちが経つ
ひにひに　日に日に高まる
ひにょうき　泌尿器
ひにん　犯行を否認する
　避妊薬
ひにんじょう　非人情
ひねくる　理屈を捻くる
ひねくれる　捻くれる
ひねつ　水の比熱
びねつ　微熱が出る
ひねもす　終日本を読む
ひねりつぶす　捻り潰す
ひねりまわす　捻り回す
ひねる　首を捻る *拈る *撚る
　陳ねた子供
ひのいり　日の入り
ひのえ　丙
ひのえうま　丙午

ひのき　檜の風呂
ひのきぶたい　檜舞台を踏む
ひのくるま　台所は火の車
ひのけ　火の気がない
ひのこ　火の粉を払う
ひのし　火熨斗
ひのたま　火の玉
ひのて　火の手が上がる
ひので　日の出の勢い
ひのと　丁
ひのばん　火の番
ひのべ　日延べになる
ひのまる　日の丸の旗
ひのみやぐら　火の見櫓
ひのめ　日の目を見る
ひのもと　日の本
　火の元に注意
ひば　干葉 *乾葉
　檜葉の生垣
ひはい　心身が疲憊する

びばい　美唄市
ひばい　植物を肥培する
ひばいひん　非売品
ひばく　五十丈の飛瀑
　原爆に被爆する
　放射線の被曝
ひばし　火箸
ひばしら　火柱が立つ
びはだ　美肌作用
ひばち　火鉢に当たる
ひばな　火花を散らす
ひばら　脾腹を突く
ひばり　雲雀が鳴く
ひはん　政府を批判する
ひばん　非番
ひひ　狒々の群れ
　霏々と舞う雪

睥
狒
霏

ひ

ひび　日々の仕事
　皹 *皸がきれる
　海中の篊
ひび　瓶に罅が入る
びび　微々たる増加
ひびかす　汽笛を響かす
ひびき　響きが伝わる
ひびきわたる　サイレンが響き|渡る
ひびく　腹の底に響く
びびしい　美々しい服装
ひひょう　作品を批評する
ひびわれ　罅割れ
ひびわれる　瓶が罅割れる
びひん　会社の備品
ひふ　皮膚が荒れる
ひふ　被布 *被風
ひぶ　日歩一銭三厘
ひぶ　秘部を暴く
ひふう　悲風惨雨

びふう　相互扶助の美風
　さわやかな微風
ひふきだけ　火吹き|竹
ひふく　被服を購入する
　被覆電線
ひぶくれ　火膨れになる
ひぶた　火蓋を切る
ひぶつ　秘仏を開帳する
ひふん　悲憤の涙
ひぶん　碑文
びふん　微粉
びぶん　美文調
　微分と積分
ひふんこうがい　悲憤慷慨
ひへい　財政が疲弊する
ひほう　漢方の秘方
　秘法を授ける
　ソロモンの秘宝
　飛報が到着する
　悲報に接する

ひぼう　非望を抱く
　同僚を誹謗する
びぼう　美貌を誇る
　備忘のため記す
びほうさく　△弥縫策
びぼうろく　備忘録
ひぼし　干乾△しになる
　日干し *日乾△しにする
ひほん　秘本
ひぼん　非凡な腕前
びほん　美本
ひま　暇をつぶす
ひまく　虚実皮膜の間
　被膜に覆われる
ひまご　子・孫・曽△孫
ひまし　日増し
ひましゅ　蓖麻子油
ひまじん　暇人 *閑人
ひまつ　飛沫を上げる

ひまつぶし　暇潰しをする
ひまつり　鞍馬の火祭り|
ひまどる　買物に暇取る
ひまわり　向△日△葵の花
ひまん　肥満した人
びまん　悪習が瀰漫する
びみ　天下の美味
ひみつ　秘密を守る
びみょう　美妙な調べ
　微妙な問題
ひむろ　氷室に入れる

ひめ
［姫］ひめ ― 姫松

ひめ　姫 *媛
ひめい　非命の最期
　悲鳴をあげる
　碑銘
びめい　美名に隠れる
ひめかわ　姫皮

ひめぎみ　姫君
ひめくり　日捲りの暦
ひめごと　秘め事
ひめじ　姫路城
ひめます　姫鱒△を釣る
ひめゆり　姫百△合△の花
ひめる　胸に秘める
ひめん　苔生《こけむ》した碑面
　大臣を罷免する
ひも　紐を結ぶ
ひもく　会計の費目
びもく　眉目秀麗
ひもじい　饑△じい思い
ひもすがら　終△日△
ひもち　火持ち　＊火保△
　ちのいい炭
　日持ち　＊日保△
　ちのいい菓子
ひもつき　紐付きの融資
ひもと　火元に注意する

ひもとく　史書を繙く
ひもの　干物　＊乾△物
ひもろぎ　神△籬
ひもん　秘文を唱える
ひや　火矢　＊火箭
　冷やで飲む
ひやあせ　冷や汗をかく
ひやかし　冷やかし　＊素△見△
ひやかす　店を冷やかす　＊素△見△す
ひやく　非役になる
　論理の飛躍
　家伝の秘薬
　宇宙説明の秘鑰

ヒャク
[百]ヒャク ─「─も承知」◇百害・百姓・百万・数百・凡百

びやく　媚薬

ビャク
[白]ビャク・ハク しろ・（しら）・しろ-い ─ 白衣・黒白

びゃくえ　白衣△の天使
ひゃくがい　百害
びゃくごう　地蔵尊の白毫
ひゃくしゃくかんとう　百尺竿頭一歩を進める
ひゃくじゅう　百獣の王
ひゃくしゅつ　議論が百出する
ひゃくしょう　百姓
ひゃくせい　百世に稀《まれ》な才能
ひゃくせん　百千の軍勢
　百戦錬磨
　名所百選
ひゃくたい　釣り百態
ひゃくだい　名を百代に残す

びゃくだん　白檀の香り
ひゃくてんまんてん　百点満点
ひゃくどまいり　お百度参り
ひゃくにちぜき　百日咳
ひゃくにんいっしゅ　百人一首
ひゃくにんりき　百人力
ひゃくぶん　百聞は一見に如かず
ひゃくぶんりつ　百分率
ひゃくまんげん　百万言を費やす
ひゃくまんべん　百万遍
ひゃくめんそう　百面相
ひゃくものがたり　百物語

鎛　瀰　鑰

びゃくや　北欧の白夜
ひゃくやく　酒は百薬の長
ひゃくようばこ　百葉箱
ひやけ　日焼け　*日焦△け　*陽灼け
ひやざけ　冷や酒
ひやす　頭を冷やす
ひゃっか　百花咲き乱れる
ひゃっかじてん　百科事典　*百科辞典
ひゃっかぜんしょ　百科全書
ひゃっかそうめい　百家争鳴
ひゃっかてん　百貨店
ひゃっかにち　百箇日
ひゃっかりょうらん　百花繚乱　*百花撩乱
ひゃっかん　文武百官
ひゃっきやこう　百鬼夜行
ひゃっけい　百計が尽きる

びゃっこ　白狐　白虎
ひやっこい　冷やっこい
びゃっこたい　白虎隊
ひやっと　冷やっとする
ひゃっぱつひゃくちゅう　百発百中
ひゃっぱん　武芸百般
ひゃっぺん　読書百遍
ひやとい　日雇い　*日傭い
ひやひや　冷や冷やする
ひやみず　年寄りの冷や水
ひやむぎ　冷や麦
ひやめし　冷や飯を食う
ひややか　冷ややかな声
ひややっこ　冷や奴△
ひやりと　冷やりとする
ひゆ　比喩　*譬喩の多い文章

ひゅうが　日△向△の国
びゅうけん　謬見を捨て去る
びゅうせつ　謬説に対抗する
ひよう　日傭取り
　飛揚する
　費用が掛かる

ヒョウ

〔氷〕ヒョウ こおり・ひ ― 氷河・氷塊・氷解・氷結・氷山・薄氷・流氷
〔兵〕ヒョウ・ヘイ ― 兵法・兵糧・小兵・雑兵
〔表〕ヒョウ おもて・あらわす・あらわれる ―「出欠の―」◇表現・表面・発表
〔俵〕ヒョウ たわら ― 一俵・土俵
〔票〕ヒョウ ―「―の数」◇票決・開票・証票・伝票・投票
〔評〕ヒョウ ―「選者の―」◇評価・評判・評論・書評・定評
〔標〕ヒョウ ― 標語・標高・標準・標本・目標
〔拍〕(ヒョウ)・ハク ― 拍子
〔漂〕ヒョウ ただよう ― 漂着・漂鳥・漂白・漂泊・漂流
〔彪〕人 ヒョウ たけ・たけし ―
〔瓢〕人 ヒョウ ひさご ― 瓢簞・干瓢
〔豹〕人 ヒョウ・ホウ はだら ―「―の皮」◇豹変

ひょう　雹が降る
びよう　美容と健康
　微恙にかかる

ビョウ

〔平〕ビョウ・ヘイ たいら・ひら ― 平等・不平等
〔秒〕ビョウ ―「―読み」◇秒針・秒速・寸秒
〔病〕ビョウ・(ヘイ) やむ・やまい ― 病院・病気・病苦・病床・病没・看病・発病
〔苗〕ビョウ なえ・(なわ) ― 種苗・痘苗
〔描〕ビョウ えがく・かく ― 描画・描写・

描出・寸描・素描・点描

[猫]ビョウ ねこ ── 猫額大・愛猫

[廟]ビョウ・ミョウ いえ ──「孔子の ──」◇宗廟

びょう　鋲を打つ
ひょうい　表意文字
　憑依する
ひょういつ　飄逸な男
びよういん　美容院
びょういん　病因を調べる
　病院に入る
びょうえい　源氏の苗裔
ひょうおん　氷温で貯蔵する
　表音文字
ひょうか　氷菓
　評家の忠言
　正当に評価する
ひょうが　氷河時代
びょうが　長く病臥する
　描画する
ひょうかい　氷海
　氷塊
　疑問が氷解する
ひょうがい　表外漢字
　雹害
びょうがい　作物の病害
ひょうかく　花柳界の嫖客
ひょうがため　票固めをする
ひょうかん　剽悍な兵士
びょうかん　病患に苦しむ
　病間を慰める
　病感あり
ひょうき　日本語の表記
　標記の件につき
ひょうぎ　評議一決
びょうき　病気になる
びょうぎ　廟議で決定する
ひょうぎいん　評議員
ひょうきょ　憑拠を求める
ひょうきん　剽軽△な人
ひょうぐ　表具師
びょうく　病苦に悩む
　病軀を押す
ひょうけい　表敬訪問
ひょうけつ　湖が氷結する
　表決する
　票決する
　評決する
びょうけつ　会社を病欠する
ひょうげん　氷原
　文章に表現する
　評言を加える
びょうげん　病原 *病源
びょうげんたい　病原体
　*病源体
ひょうご　評語を添える
　交通安全の標語
ひょうご　兵庫県
びょうご　病後の養生
ひょうこう　標高千メートル
びょうこん　病根を除く
びょうさ　秒差
ひょうさつ　表札 *標札
ひょうざん　氷山の一角
ひょうし　拍子を取る
　本の表紙
ひょうじ　価格を表示する
　順路を標示する
びようし　美容師
びょうし　病死する
ひょうしき　交通標識
ひょうしぎ　拍子木
ひょうしつ　氷室
　リンクの氷質
　小舟が漂失する
びょうしつ　病室

謬
雹
憑

ひょうしぬけ　拍子抜け
ひょうしゃ　評者の言
びょうしゃ　病舎
　病者
　風景を描写する
ひょうしゃく　疑問が氷釈する
　万葉集の評釈
びょうじゃく　病弱な体質
ひょうしゅつ　感情を表出する
びょうしゅつ　心理を描出する
ひょうじゅん　標準を定める
ひょうじゅんご　標準語
ひょうしょう　漢字の△平声
　巻雲を作る氷晶
　知覚表象
　功績を表彰する
　冬季大会の標章

ひょうじょう　氷上競技
　明るい表情
　小田原評定
びょうしょう　病床　*病牀
　病症（症状）
びょうじょう　病状が悪化する
びょうじょく　病褥　*病蓐
びょうしん　秒針と分針
　病身の人
ひょうする　敬意を表する
　人を評する
びょうせい　病勢が峠を越す
　絵画を描成する
ひょうせつ　氷雪
　剽窃する
ひょうぜん　飄然　*漂然
ひょうそ　瘭疽
ひょうそう　掛け軸の表装
　表層雪崩

びょうそう　病巣　*病竈
　病窓から眺める
ひょうそく　△平仄が合わない
びょうそく　秒速十メートル
ひょうだい　表題　*標題
びょうたい　病体
　病態生理学
びょうたる　眇たる小島
ひょうたん　氷炭相容れない
　瓢箪から駒
ひょうだん　評壇
びょうち　船の錨地
ひょうちゃく　海岸に漂着する
ひょうちゅう　氷柱
　評注　*評註
　標注　*標註
　標柱を立てる
びょうちゅうがい　病虫害
ひょうちょう　平和の表徴

　漂鳥
ひょうてい　成績を評定する
ひょうてき　標的を撃つ
びょうてき　病的な心理
ひょうてん　氷点下
　評点が甘い
ひょうでん　選挙の票田
　西郷隆盛の評伝
ひょうど　表土
ひょうとう　剽盗が横行する
びょうとう　外科の病棟
びょうどう　法の下の平等
　廟堂の議
びょうどく　病毒に侵される
びょうにん　病人を看護する
ひょうのう　氷嚢で冷やす
ひょうはく　信条を表白する
　布を漂白する
　漂泊の旅
ひょうばん　評判がいい

ひょうひ　表皮
ひょうひょう　飄々とした人物
ひょうびょう　縹渺たる荒野
びょうびょう　眇々たる孤島　渺々　*淼々たる海
びょうぶ　屏風で仕切る
びょうへい　病弊が潜む
ひょうへき　氷壁
びょうへき　病癖
ひょうへん　氷片　君子豹変す
びょうへん　病変が起こる
びょうほ　苗圃
ひょうほう　兵法（へいほう）
ひょうぼう　正義を標榜する
びょうほう　大胆な描法
びょうぼう　渺茫たる大海
びょうぼつ　病没　*病歿

ひょうほん　昆虫の標本
びょうま　病魔に侵される
ひょうむ　氷霧
ひょうめい　辞意を表明する
びょうめい　病名をつける
ひょうめん　表面に出る
ひょうめんせき　表面積
ひょうめんちょうりょく　表面張力
ひょうもく　標目
ひょうよみ　票読み
びょうよみ　秒読みの段階
ひょうり　表裏一体
びょうり　病理を研究する
ひょうりゅう　海を漂流する
ひょうりょう　秤量十キロ
ひょうれい　憑霊（つきもの）
びょうれき　病歴
ひょうろう　兵糧　*兵粮攻め　漂浪する

ひょうろん　評論する
ひょうろんか　評論家
ひよく　肥沃な土地　比翼の鳥（仲むつまじい男女）
びよく　飛行機の尾翼　鼻翼呼吸
ひよけ　店先の日除△け　火除△けのお札
ひよこ　雛
ひよどり　鵯
ひよめき　囟門△　*顖門△
ひより　日和がいい
ひよりげた　日和下駄△
ひよりみ　日和見主義
ひよわ　ひ弱な子供
ひら　平と役付き
ひら　一片△の花びら
ひらあやまり　平謝りに謝る

ひらい　白鳥が飛来する
ひらいしん　避雷針
ひらうち　平打ちの紐
ひらおよぎ　平泳ぎ
ひらおり　平織り
ひらがげんない　平賀源内
ひらかた　枚方△市
ひらがな　平仮名
ひらき　両者間の開き
ひらきど　開き戸
ひらきなおる　開き直る
ひらきふう　開き封で郵送
ひらく　戸を開く　荒れ地を開く　*拓△く　蒙を開く　*啓△く

瘭　渺　顖

ひ

大きな教科書体は常用漢字　大きな明朝体は常用漢字以外の漢字

ページを開く *披△く
ひらぐけ 平絎
ひらける 運が開ける
ひらざら 平皿に盛る
ひらじろ 平城と山城
ひらぞこ 平底の鍋
ひらたい 平たい皿
ひらて 平手で撲《なぐ》る
ひらでまえ 平点△前
ひらに 平にお許しを
ひらばち 平鉢に植える
ひらひも 平紐
ひらべったい 平べったい顔
ひらまく 平幕の力士
ひらめ 平目 *比△目△魚△
*鮃
ひらめく よい考えが閃く
ひらやだて 平家建て *平屋建て

ひらわん 平椀
びらん 糜爛した死体
ひり 非理を正す
ひりき 己の非力を悟る
ひりつ 男女の比率
びりゅうし 微粒子
ひりょう 肥料を施す
びりょう 微量の塩分
鼻梁
ひりょうず 飛竜△頭
*飛龍頭
ひりょく 非力
臂力を強くする
びりょく 微力を尽くす
ひりん 比倫が無い
比隣に伝わる
びりん 檜《ひのき》の美林
ひる 昼と夜
蛭が吸い付く
ひる 潮が干る

屁を放△る
ひるあんどん 昼行灯△
*昼行燈
ひるい 比類が無い
ひるがえす 自説を翻す
ひるがえって 翻って考える
ひるがえる 国旗が翻る
ひるがお 昼顔 *旋花△
ひるげ 昼餉(昼食)
ひるさがり 夏の昼下がり
ひるすぎ 昼過ぎに着く
ひるどき 昼時
ひるなか 昼中
ひるね 昼寝をする
ひるひなか 昼日中から
ひるま 昼間
ひるむ 一瞬怯む
ひるめし 昼飯
ひるやすみ 昼休み
ひれ 鱶《ふか》の鰭

ひれい 比例する
非礼を詫びる
びれい 美麗な装飾
ひれき 披瀝 *披歴
ひれつ 卑劣 *鄙劣
ひれふす 神前に平伏△す
ひれん 悲恋に泣く
ひろ 十尋△の海底
ひろい 広い草原
知識が広い *博△い
心が広い *寛△い
*宏い
ひろいぬし 拾い主
ひろいもの 拾い物
ひろいよみ 本の拾い読み
ひろう 財布を拾う
ひろう 新作を披露する
卑陋 *鄙陋な考え

ひ

極度に疲労する
びろう　尾籠な話
ひろうえん　披露宴
ひろえん　広縁
びろーど　天鵞絨の服
ひろがり　広がりを増す
ひろがる　噂が広がる　*拡がる
ひろく　秘録を公開する
びろく　天の美禄　微禄を食《は》む
ひろくち　広口の瓶
ひろげる　道を広げる　*拡げる
ひろこうじ　広小路
ひろさき　弘前市
ひろしま　広島県
ひろの　広野
ひろば　駅前の広場
ひろびろ　広々とした部屋

ひろま　広間
ひろまる　噂が広まる　*弘まる
ひろめ　お広め　*披露目をする
ひろめる　噂を広める　*弘める
ひわ　終戦秘話　平家滅亡の悲話
びわ　枇杷の実　琵琶を弾く
ひわい　卑猥　*鄙猥な話
びわこ　琵琶湖
ひわだぶき　檜皮葺き
ひわたり　火渡りの荒行
ひわり　日割り
ひわれ　道路の干割れ　木材の日割れ
ひわれる　田が干割れる

ヒン

[品]ヒン しな ―「―がある」◇品行・品質・品性・作品・上品
[貧]ヒン・ビン まず-しい ― 貧血・貧相・貧農・貧富・清貧
[浜(濱)]ヒン はま ― 海浜・京浜
[賓(賓)]ヒン ― 賓客・貴賓・迎賓・主賓・来賓
[頻(頻)]ヒン ― 頻度・頻尿・頻発・頻繁・頻々
[彬]ヒン あき・あきら ―
[瀕]ヒン ― 瀕死
[稟]ヒン・ホン・リン うくる ― 稟質・稟性

ビン

[便]ビン・ベン たよ-り ―「次の―で行く」◇便乗・穏便・郵便
[貧]ビン・ヒン まず-しい ― 貧乏
[敏(敏)]ビン ―「機を見るに―」◇敏感・敏速・機敏
[瓶(瓶)]ビン ―「ガラスの―」◇瓶詰・花瓶・小瓶・鉄瓶

びん　ビールの瓶　*壜　鬢のほつれ
ひんい　品位を汚す
ひんか　貧家に生まれる
ひんかく　品格が備わる
ひんがし　東の野
びんがた　紅型
びんかつ　敏活な動作
ひんかん　貧寒とした部屋
びんかん　敏感な反応
ひんきゃく　賓客を迎える
ひんきゅう　貧窮に陥る
ひんく　貧苦に耐える

糜
瀝
陋

ひ

ひんけつ　貧血を起こす
びんご　備△後の国
ひんこう　品行方正
　貧攻と拙守
ひんこん　貧困な発想
びんざさら　編△木△＊拍△板△
びんさつ　御憫察を乞う
ひんし　品詞
　瀕死の重傷
ひんしつ　品質を保証する
　品騭（品評）
　稟質（天性）
ひんじゃ　貧者の一灯
ひんじゃく　貧弱な施設
ひんしゅ　品種を改良する
ひんしゅく　顰蹙を買う
ひんしゅつ　難問が頻出する
ひんしょう　貧小な内容
びんしょう　敏捷な動作
びんしょう　憫笑を買う

びんじょう　時流に便乗する
ひんする　貧すれば鈍する
　危機に瀕する
ひんせい　品性の下劣な人
　優れた稟性
ひんせき　擯斥を受ける
ひんせん　貧賤
びんせん　便船を待つ
　便箋に書く
びんぜん　憫然＊愍然
ひんそう　貧相な男
びんそく　敏速に処理する
びんつけあぶら　鬢付|け油
びんづめ　瓶詰＊壜詰
びんでん　便殿
ひんど　頻度が高い
ひんとう　みかんの品等
ひんにょう　頻尿
ひんのう　貧農
ひんば　牝馬

ひんぱつ　盗難が頻発する
びんぱつ　鬢髪に霜を置く
ひんぱん　車が頻繁に通る
ひんぴょう　品評会
ひんぴん　頻々と起こる
ひんぷ　貧富の差
びんぼう　貧乏
びんぼうがみ　貧乏神
びんぼうくじ　貧乏籤を引く
びんぼうしょう　貧乏性の人
びんぼうゆすり　貧乏揺すり
ひんみゃく　頻脈
ひんみん　貧民
ひんむく　ひん剝△く
ひんめい　品名
ひんもく　品目を書き出す
びんらん　便覧
　風紀を紊乱する
びんわん　敏腕な刑事

ふ

フ

［婦］フ ―― 婦女・婦人・看護婦・主婦・夫婦・裸婦・烈婦

［富〔冨〕］フ・（フウ） と-む・とみ ―― 富強・富裕・国富・貧富・豊富

［扶］フ ―― 扶育・扶植・扶助料・扶桑・扶養・扶翼・家扶

［怖］フ こわ-い ―― 恐怖

［附］フ ―― 附則・附属・附帯・附置・寄附

［赴］フ おもむ-く ―― 赴任

［浮］フ う-く・う-かれる・う-かぶ・う-かべる ―― 浮上・浮動・浮薄・浮遊・浮力

［符］フ ―― 符号・符合・符節・音符・感嘆符・切符・護符

［夫］フ・（フウ） おっと ―― 夫君・夫妻・

夫人・先夫・農夫・亡夫

[普] フ　ー ― 普及・普請・普茶料理・普通・普遍的

[不] フ・ブ　ー ― 不運・不屈・不在・不足・不能・不明・不利

[腐] フ　くさる・くされる・くさらす ― 腐食・腐心・腐肉・腐敗・腐乱・陳腐

[敷] フ　しく ― 敷設

[膚] フ　ー ― 完膚・身体髪膚・皮膚

[賦] フ　ー ― 「早春の―」◇賦役・賦課・月賦・天賦・年賦

[譜] フ　ー ― 「―を読む」◇楽譜・系譜・年譜

[父] フ　ちち ― 父君・父兄・父祖・父母・実父・神父・養父

[付] フ　つける・つく ― 付与・給付・交付

[布] フ　ぬの ― 布教・布告・布陣・布石・塗布・分布・綿布

[府] フ　ー ― 「文教の―」◇府下・府議・府県・首府・政府

[歩(人步)] (フ)・ホ・ブ　あるく・あゆむ ― 「将棋の―」

[負] フ　まける・まかす・おう ― 「―の整数」◇負荷・負債・負傷・抱負

[訃] フ　ー ― 「―に接する」◇訃報

[阜] フ　ー ― 岐阜県

[人芙] フ　はす ― 芙蓉

[人斧] フ　おの・はじめ ― 斧鑿・斧正

ふ

腑に落ちない

斑△が入る

鯉に麩をやる

ブ

[不] ブ・フ　ー ― 不気味・不器量・不細工・不祝儀・不調法

[分] ブ・フン・ブン　わかれる・わかる ― 「―が悪い」◇分限者・一分一厘

[武] ブ・ム　ー ― 「―の道」◇武器・武芸・武士・武術・武力

[歩(人步)] ブ・ホ・(フ)　あるく・あゆむ ― 「―に合わない」◇歩合・一町歩

[部] ブ　ー ― 「昼の―」◇部下・部数・部族・部分・本部

[無] ブ・ム　ない ― 無愛想・無様・無事・無精・無難・無礼

[侮(人侮)] ブ　あなどる ― 侮辱・侮蔑・軽侮

[舞] ブ　まう・まい ― 舞楽・舞曲・舞台・舞踏・歌舞・剣舞・鼓舞

[人撫] ブ・フ　やす・よし ― 愛撫・慰撫

[人葡] ブ・ホ　ー ― 葡萄

[人蕪] ブ・ム　かぶら・かぶ ― 蕪辞・荒蕪

ぶあい　歩合をとる

ぶあいそう　無愛想な人

ぶあつい　分厚い　*部厚い本

ふあん　不安な気持ち

ふあんてい　不安定な状態

ふあんない　不案内な土地

ふい　不意を打つ

ぶい　武威を輝かす／牛肉の部位

ふいうち　不意打ち｜*不意討ち

ふいく　子供を扶育する／王子を傅育する

ぶいく　幼児を撫育する

ふいご　鞴　*韛

ふいちょう　吹△聴して回る

ふいつ　不一　*不乙△

ふいり　不入りが続く／斑△入りの朝顔

ふいん 訃音に接する
ぶいん 野球部の部員
御無音

フウ
[風]フウ・(フ) かぜ・(かざ) ──「昔の──を守る」◇風雲・風格・風習
[封]フウ・ホウ ──「──を切る」◇封印・封鎖・封書・開封
[楓]（人）フウ かえで ──霜楓

ふうあい 麻の風合|い
ふうあつ 反対を封圧する
すさまじい風圧
ふうい 風位(かざ向き)
諷意を寓する
ふういん 封印をする
風韻に富む作品
ふうう 風雨が強まる
ふううん 風雲急を告げる
ふうえい 花鳥諷詠

ふうか 岩石が風化する
ふうが 風雅の道
ふうかい 風懐を述べる
ふうがい 風害を被る
ふうかく 風格のある文章
ふうがわり 風変わ|りな人
ふうかん 手紙を封緘する
ふうき 風紀を乱す
富貴を求める
ふうぎ 風儀が乱れる
ふうきょう 風狂の士
風教上の問題
ふうきり 映画の封切|り
ふうきん 風琴の調べ
ふうけい 風景がよい
ふうげつ 風月を友とする
ふうこう 風向(かざ向き)
ふうこうめいび 風光明媚
*風光明美
ふうこつ 教養豊かな風骨

ふうさ 港湾を封鎖する
ふうさい 風災(風害)
風采があがらない老人
ふうさつ 二塁で封殺する
ふうし 夫子自身
世相を風刺
*諷刺する
矍鑠《かくしゃく》たる風姿
ふうじこめる 封じ|込める
ふうじて 封じ手
ふうじめ 封じ目
ふうしゃ 風車小屋
ふうじゃ 風邪の気味
ふうしゅ 秋の風趣
ふうじゅ 経文を諷誦する
ふうしゅう 地方の風習
ふうしょ 封書
ふうしょう 漢詩を諷誦する
ふうしょく 風食 *風蝕

ふうじる 口を封じる
ふうしん 風疹
ふうじん 風神と雷神
風塵を避ける
ふうすいがい 風水害
ふうする 時局を諷する
ふうずる 口を封ずる
ふうせい 風勢が強まる
ふうせつ 風雪に耐える
風説を流す
ふうせん 風船を飛ばす
ふうぜん 風前の灯《ともしび》
ふうそう 風葬
風霜に耐える
ふうそく 風速十メートル
ふうぞく 都会の風俗
ふうたい 掛け軸の風帯
ふうたく 五重塔の風鐸
ふうち 風致地区
ふうちょう 社会の風潮

ふ

ふうちん　掛け軸の風鎮
ふうてい　怪しい風体の人
ふうてん　瘋癲
ふうど　日本の風土
ふうとう　封筒
ふうどう　風洞実験
ふうとうぼく　風倒木
ふうどびょう　風土病
ふうにゅう　書類を封入する
ふうばいか　風媒花
ふうはく　風伯雨師
ふうはつ　談論風発
ふうひ　封皮をはぐ
ふうび　一世を風靡する
ふうひょう　風評が立つ
ふうふ　夫婦は二世
ふうぶつ　都会の風物
ふうぶつし　夏の風物詩
ふうふなか　夫婦仲がよい
ふうぶん　風聞に過ぎない

ふうぼう　風防ガラス
堂々たる風貌
*風丰
ふうみ　風味がよい
ふうもん　砂丘の風紋
ふうゆ　諷諭　*風諭
ふうらいぼう　風来坊
ふうりゅう　風流を解する
ふうりょく　風力を計る
ふうりん　風鈴の音
ふうろう　封蠟
風浪にもまれる
ふうん　不運を嘆く
浮雲
ぶうん　武運長久を祈る
ふえ　吭(のどぶえ)
笛の音
魚の鰾
ふえ　不壊△の白珠
ふえいようか　富栄養化

ふえき　千古不易
ぶえき　賦役を課する
夫役△に使われる
ふえつ　斧鉞を加える
ふえて　不得手な学科
ふえふき　笛吹き
ふえる　財産が殖える・
細胞が―
人数が増える・
水量が―
ふえん　不縁になる
説明を敷衍
*布衍　*敷延
する
ぶえんりょ　無遠慮な人
ぶおとこ　醜男△
ふおん　不穏な空気
ふおんとう　不穏当な発言
ふか　鱶のひれ
ふか　不可とする
付加　*附加
負荷の大任
浮華な享楽生活
卵を孵化する
税金を賦課する
ぶか　部下を使う
ふかい　不快な話
付会　*附会(こじつけ)
ふかい　欲が深い
ぶかい　部会を開く
ぶがい　部外者
ふがいない　腑甲△斐無い
*不甲△斐無い
ふかいり　深入りする
ふかおい　深追いする
ふかかい　不可解な事件

鉞
鱶
孵

ふかく　不覚を取る
ふかく　俯角と仰角
ふがく　富岳百景
ぶがく　舞楽
ふかけつ　不可欠の要件
ふかこうりょく　不可抗力
ふかさ　深さを測る
ふかざけ　深酒をする
ふかし　不可視光線
ふかしいも　蒸△かし芋
ふかしぎ　不可思議な話
ふかしん　不可侵条約
ふかす　煙草《たばこ》を吹かす
　夜を更か|す
　芋を蒸△かす
ぶかっこう　不格好
　*不恰好な足
ふかつざい　賦活剤
ふかづめ　深爪を切る
ふかで　深手　*深傷△

ふかなさけ　悪女の深情け
ふかのう　実現不可能
ふかひ　不可避の事態
ふかぶかと　深々と
ふかぶん　不可分の関係
ふかま　深間にはまる
ふかまり　秋の深まり
ふかまる　愛が深まる
ふかみ　深みにはまる
ふかみどり　深緑
ふかめる　認識を深める
ふかよい　深酔いする
ふかん　空から俯瞰する
ぶかん　文官と武官
　武鑑
ふかんしょう　不感症
ふかんぜん　不完全な施設
ふき　蕗の葉
ふき　不軌を企む
　不帰の客となる
　不羈　*不羇独立
　感想を付記
　*附記する
ふぎ　不義の子
　付議　*附議
　府議
ぶき　武器を執る
ぶぎ　武技を練る
　舞妓
ふきあげる　風が吹き|上げる
　蒸気を噴き|上げる
ふきあれる　吹き|荒れる
ふきおろす　吹き|下ろす
　*吹き|降ろす
ふきかえ　声の吹き|替え
　*吹替
　瓦の葺き|替え
　*葺替
ふきかえす　息を吹き|返す
ふきかける　吹き|掛ける
ふきけす　火を吹き|消す
ふきげん　不機嫌な顔
ふきこむ　曲を吹き|込む
　柱を拭き|込む
ふきさらし　吹き|曝しの道
ふきすさぶ　風が吹き|荒△ぶ
ふきすさむ　嵐が吹き|荒△む
ふきそうじ　拭き|掃除
ふきそく　不規則な生活
ふきたおす　吹き|倒す
ふきだす　風が吹き|出す
　火を噴き|出す
　思わず噴き|出す
ふきだまり　吹き溜まり|
　*吹溜り
ふきつ　不吉な予感

ふきつける　吹き付ける
ふきつのる　風が吹き募る
ふきでもの　顔の吹き出物
ふきとおし　風の吹き通し
ふきとばす　吹き飛ばす
ふきとぶ　吹き飛ぶ
ふきとる　泥を拭き取る
ふきながし　吹き流し　*吹流
ふきぬけ　吹き抜けの天井
ふきぬける　風が吹き抜ける
ふきのとう　蕗の薹
ふきはらう　雲を吹き払う
ふきぶり　吹き降りの雨
ふきまくる　風が吹き捲る
ふきまめ　富貴豆
ふきまわし　吹き回し
ぶきみ　不気味　*無気味な音
ふきや　吹き矢
ふきやむ　風が吹き止△む
ふきゅう　不眠不休の努力　不朽の名作　不急不要の仕事　教育が普及する　土台が腐朽する
ふきょう　不況対策　不興を買う　布教する　国の富強を図る
ふぎょう　俯仰天地に恥じず
ぶきよう　不器用　*無器用な人
ぶぎょう　奉行
ふぎょうせき　不行跡
ふきょうわおん　不協和音
ぶきょく　部局を統合する　ハンガリー舞曲
ふきよせ　吹き寄せ
ふきよせる　吹き寄せる
ふきょふくせい　不許複製
ふぎり　不義理をする
ぶきりょう　不器量　*無器量な人
ふきん　付近　*附近　布巾で拭く
ふきんこう　不均衡を直す
ふきんしん　不謹慎な態度

フク

[服]フク ― ——「―を着る」◇服役・服従・服装・服用・洋服
[副]フク ― ——「正―二通」◇副議長・副業・副作用・副題
[復]フク ― —— 復員・復縁・復職・復活・復帰・往復・報復
[福(福)]フク ― ——「―の神」◇福祉・福茶・福徳・幸福
[腹]フク はら —— 腹案・腹背・復筋・空腹・山腹・中腹
[複]フク ― —— 複合・複雑・複数・複線・単複・重複
[伏]フク ふ-せる・ふ-す —— 伏在・伏線・伏兵・伏角・起伏・潜伏
[幅]フク はば —— 幅員・一幅・画幅・紙幅・条幅・振幅・全幅
[覆]フク おお-う・くつがえ-す・くつがえ-る —— 覆面・転覆・被覆

ふく　風が吹く　布巾で拭く　屋根を葺く　火山が煙を噴く
ふぐ　河豚△の刺身
ふぐ　不具になる

瞰　羈　葺

ぶぐ　武具
ふくあん　腹案を示す
ふくい　国王が復位する
腹囲の測定
ふくい　福井県
ふくいく　馥郁たる梅の香
ふくいん　主因と副因
道路の幅員
南方からの復員
福音をもたらす
ふぐう　不遇を託《かこ》つ
ふくうん　福運に恵まれる
ふくえき　服役を終える
ふくえん　復縁を迫る
ふくおか　福岡県
ふくおん　複音ハーモニカ
ふくが　伏臥する
ふくがく　復学を許可する
ふくかん　副官
ふくがん　復顔像
昆虫の複眼
ふくぎょう　農家の副業
復業する
ふくけい　復啓
ふくげん　復元　*復原
ふくげんりょく　復原力
ふくごう　複合する
ふくさ　主査と副査
袱紗　*帛紗
*服紗に包む
ふくさい　主菜と副菜
ふくざい　原因が伏在する
服罪する
ふくざつ　複雑な関係
ふくさよう　薬品の副作用
ふくざわゆきち　福沢諭吉
ふくさんぶつ　副産物
ふくし　正使と副使
副詞
公共の福祉
ふくじ　服地
ふくしきこきゅう　腹式呼吸
ふくしきぼき　複式簿記
ふくじてき　副次的な現象
ふくしま　福島県
ふくしゃ　文書を複写する
輻射熱
ふくしゅ　研究室の副手
ふくしゅう　予習と復習
復讐　*復讎
ふくじゅう　命令に服従する
ふくじゅそう　福寿草の花
ふくしょ　詔書に副署する
ふくしょう　主将と副将
副賞十万円
復唱　*復誦
ふくしょうしき　複勝式馬券
ふくしょく　服飾に凝《こ》る
主食と副食
本職と副職
復職する
ふくしん　主審と副審
腹心の部下
最高裁の覆審
ふくじん　副腎皮質
ふくじんづけ　福神漬
ふくすい　腹水がたまる
覆水盆に返らず
ふくすう　複数の事例
ふくすけ　福助
ふくする　威に伏する
命令に服する
旧に復する
ふくせい　復姓する
名画を複製する
ふくせき　復籍する
ふくせん　伏線を張る
複線の鉄道
ふくそう　服装を整える

ふ

福相な人
事務が輻湊
*輻輳する
ふくぞう 腹蔵のない意見
ふくそうひん 副葬品
ふくぞく 大国に服属する
ふくだい 副題を付ける
ふぐたいてん 不倶戴天
ふくちゅう 腹中を探る
ふくちょう 艦長と副長
体が復調する
ふくつ 不屈の精神
ふくつう 腹痛を起こす
ふくど 種に覆土する
ふくとう 復党する
ふくとく 福徳円満
ふくどく 服毒自殺
ふくどくほん 副読本
ふくのかみ 福の神
ふくはい 復配する

腹背
ふくびき 歳末の福引き
ふくぶ 腹部
ふくぶくしい 福々しい顔
ふくふくせん 複々線の鉄道
ふくぶくろ 福袋
ふくぶん 契約書の副文
翻訳の復文
単文と複文
ふくべ 瓠 *匏 *瓢
ふくへい 伏兵を置く
ふくへき 腹壁
ふくぼく 副木を添える
ふくぼつ 船が覆没する
ふくほん 正本と副本
原本と複本
ふくまく 腹膜
ふくまでん 伏魔殿
ふくまめ 福豆
ふくみ 含みを持たす

ふくみごえ 含み声
ふくみしさん 含み資産
ふくみみ 福耳
ふくみわらい 含み笑い
ふくむ 服務する
ふくむ 水を含む
ふくめい 上官に復命する
ふくめつ 敵軍を覆滅する
ふくめに 栗の含め煮
ふくめる 噛んで含める
ふくめん 覆面の強盗
ふくも 服喪する
ふくやく 食後に服薬する
ふくよう 胃薬を服用する
拳々服膺する
複葉の飛行機
ふくよか 膨よか *脹よ
かな顔
ふくらす 頬を膨らす
*脹らす

ふくらはぎ 脹ら脛 *腓
ふくらます 胸を膨らます
*脹らます
ふくらみ 膨らみ
*脹らみ
ふくらむ 希望が膨らむ
*脹らむ
ふくり 福利厚生
複利と単利
ふくりゅう 伏流する
ふくりゅうえん たばこの副流
煙
ふくりゅうすい 伏流水
ふくれっつら 膨れっ面
*脹れっ面
ふくれる 餅が膨れる
*脹れる

馥 袱 瓠

ふくろ　袋 *嚢
　復路と往路
ふくろう　梟の鳴き声
ふくろおび　袋帯
ふくろおり　袋織|り
ふくろかけ　桃の袋掛け
ふくろくじゅ　福禄寿(七福神の一)
ふくろこうじ　袋小路
ふくろだたき　袋叩きにする
ふくろだな　袋棚
ふくろち　袋地
ふくろづめ　袋詰め|
ふくろとじ　袋綴|じの本
ふくろぬい　袖の袋縫い|
ふくろもの　袋物
ふくわじゅつ　腹話術
ふくん　夫君
　父君
ぶくん　武勲を立てる

ふけ　雲△脂△が出る
ぶけ　武家
ふけい　噴け井
ふけい　不敬な言動
　父兄が同伴する
　父系と母系
　府警(府警察)
　婦警(婦人警察官)
ぶげい　武芸十八般
ふけいき　不景気な顔
ふけいざい　不経済な方法
ふけこむ　急に老け込む
ふけつ　不潔な手
ふけやく　老け役
ふける　老けて見える
　夜が更ける
　読書に耽△る
　芋が蒸△ける
ふけん　夫権
　父権

ふげん　付言 *附言
ぶげん　侮言
　誣言
ふけんしき　不見識な行動
ふげんじっこう　不言実行
ぶげんしゃ　分限者
ふけんぜん　不健全な娯楽
ふげんぼさつ　普賢菩薩
ふご　畚(もっこ)
ふこう　不孝を重ねる
　不幸な人
　富鉱と貧鉱
ふごう　正号と負号
　符号をつける
　事実と符合する
　世界一の富豪
ぶこう　武功を立てる
ふごうかく　不合格になる
ふこうへい　不公平な判定
ふごうり　不合理な話

ふこく　布告を出す
　富国強兵
ぶこく　誣告罪
ふこころえ　不心得な人
ぶこつ　武骨 *無骨
ふさ　ぶどうの房
　カーテンの総△
ふざ　結跏《けっか》趺坐
ふさい　不才を顧みず
　夫妻同伴
　付載する
　負債の整理
ふざい　不在証明
ぶさいく　不細工 *無細工
ふさかざり　房飾り|
ふさがる　道が塞がる
ふさぎのむし　塞ぎの虫
ふさく　百年の不作
　斧鑿の跡

ふさぐ　道を塞ぐ
気が鬱ぐ
ふさくい　不作為犯
ふざける　巫山戯る
ぶさた　御無沙汰する
ぶざつ　蕪雑な文章
ぶさほう　無作法　*不作法な人
ぶざま　無様　*不様
ふさわしい　彼に相応しい
ふさん　不参の詫び
ふし　疑わしい節
歌の節がいい
追分節
ふし　不老不死
父子相伝
ふじ　藤の花
ふじ　不二(無二)
不治の病
不時の出費
ぶし　武士

ぶじ　武事と文事
無事に帰る
蕪辞を連ねる
ふしあな　節穴からのぞく
ふしあわせ　不幸せ　*不仕合わせな境遇
ふじいろ　藤色
ふしおがむ　伏し拝む
ふしぎ　不思議な話
ふしくれだつ　節榑立った指
ふじさん　富士山
ふしぜん　不自然な態度
ふじちゃく　不時着する
ふしちょう　不死鳥
ふしつ　不悉
ふじつ　不日参上の積り
不実な男
ぶしつ　運動部の部室
ぶしつけ　不躾　*無躾

ふして　伏して
ぶしどう　武士道
ふじばかま　藤袴の花
ふじびたい　富士額
ふしぶし　体の節々が痛む
ふしまつ　火の不始末
ふしまわし　民謡の節回し
*節廻し
ふしみ　伏見城
ふじみ　不死身の人
ふじむらさき　藤紫
ふしめ　伏し目勝ち
人生の節目
ふしゃ　富者
ふしゅ　浮腫(むくみ)
ぶしゅ　漢字の部首
ふしゅう　腐臭を放つ
俘囚(捕虜)
ふじゆう　不自由な生活
ぶしゅうぎ　不祝儀が続く

ふじゅうぶん　不十分　*不充分な説明
ふしゅつ　門外不出
ふじゅつ　巫術
ぶじゅつ　武術の心得
ふしゅび　不首尾
ふじゅん　不純な動機
不順な天候
ふじょ　巫女(みこ)
生活を扶助する
婦女をいたわる
ぶしょ　部署に就く
ふしょう　不肖の子
不祥事件
身元不詳
事故で負傷する
ふじょう　老少不定

梟
誣
榑

不浄の金
水面へ浮上する
富饒の地
ぶしょう　無精　*不精
戦国の武将
ふしょうじ　不祥事を招く
ふしょうじき　不正直な人
ふしょうち　不承知
ふしょうぶしょう　不承不承
ふしょうふずい　夫唱婦随
ふじょうり　不条理な話
ふしょく　勢力を扶植する
金属が腐食
*腐蝕する
腐植土
ぶじょく　人を侮辱する
ふしょくふ　不織布
ふじょし　婦女子
ふじわらのかまたり　藤原鎌足△
ふじわらのていか　藤原定家
ふじわらのみちなが　藤原道長
ふしん　不信を表明する
業績不振
不審に思う
家を普請する
対策に腐心する
ふじん　不尽
夫人を同伴する
対岸に布陣する
婦人
ぶしん　武神
ぶじん　武人の鑑
ふしんかん　不信感が募る
ふしんじん　不信心
ふしんせつ　不親切
ふしんにん　内閣不信任
ふしんばん　不寝番に立つ
ふしんび　不審火
ふじんびょう　婦人病
ふす　裁判に付す　*附す
地に伏す
病床に臥す
ふず　付図　*附図
ぶす　腕を撫す
ふずい　半身不随
義務が付随
*附随する
ぶすい　無粋　*不粋
ふすう　正数と負数
ぶすう　発行部数
ふすぶる　燻ぶる(くすぶる)
ふすべる　木を燻べる
ふすま　衾を掛ける
麬　*麩の餌
襖を閉める
ふする　裁判に付する
*附する
ぶする　詩を賦する
腕を撫する
ふせ　お布施を包む
ふせい　不正を働く
脈が不整になる
斧正を乞う
ふぜい　風情のある景色
ぶぜい　多勢に無勢
ふせいあい　父性愛
ふせいじつ　不誠実な対応
ふせいしゅつ　不世出の英雄
ふせいみゃく　不整脈
ふせき　布石を誤る
ふせぐ　事故を防ぐ
敵を防ぐ　*禦ぐ
ふせじ　本の伏せ|字
ふせつ　付設　*附設

付説　*附説
水道を布設する
浮説紛々《ふんぷん》
符節を合わせる
鉄道を敷設する
ふせっせい　不摂生をする
ふせる　地に伏せる
病床に臥せる
ふせん　不戦の誓い
付箋　*附箋
ふぜん　発育不全
不善を成す
ぶぜん　憮然とした顔
ぶぜん　豊前の国
ふせんしょう　不戦勝
ふせんぱい　不戦敗
ふそ　父祖伝来の土地
ふそう　扶桑(日本の別称)
ぶそう　武装する
ふそうおう　身分不相応

ふそく　物資が不足する
不測の事態
本則と付則
*附則
ふぞく　付属　*附属
ぶぞく　部族
ふそくふり　不即不離
ふぞろい　不揃いの品
ふそん　不遜な態度
ぶそん　与謝蕪村
ふた　二桁
蓋をあける
ふだ　札を下げる
ぶた　豚を飼う
ふたあけ　連休の蓋明け
*蓋開け
ふたい　付帯　*附帯
ふだい　譜代の大名
ぶたい　戦闘部隊
舞台に立つ

ぶたいうら　舞台裏
ふたいけつぎ　付帯決議
ふたいてん　不退転の決意
ふたいとこ　二従兄弟
二従姉妹
ふたえ　二重に包む
ふたえまぶた　二重瞼
ふたおや　二親
ふたかた　お二方
ふたく　委員会付託
*附託
負託にこたえる
ふたご　双子　*二子
ふたごころ　二心　*弐心を抱く
ふたことめには　二言目には
ぶたごや　豚小屋
ふださし　札差し
ふたしか　不確かな話

ふだしょ　札所
ふたたび　再び出会う
ふたつ　二つに一つ
ふたつ　布達する
ふたつおり　二つ折り
ふだつき　札付きの悪党
ふたつへんじ　二つ返事
ふたつわり　二つ割り
ふたて　二手に分かれる
ぶだて　部立て
ふたとせ　二年
ふだどめ　札止めの盛況
ふたなぬか　二七日
ぶたにく　豚肉
ふたば　双葉　*二葉
ぶたばこ　豚箱に入る
ふたばていしめい　二葉亭四迷

麬
禦
蓋

迷
ふたまた 二股をかける
ふたみち 二道をかける
ふため 二目と見られぬ
身の不為△
ふたもの 蓋物
ふだらく 補△陀落 *普陀落
ふたり 二人
ふたん 費用を負担する
ふだん 不断の努力
普段の行い
ぶだん 武断政治
ふだんぎ 普段着
ふち 淵と瀬
眼鏡の縁
ふち 不治の病
不知を許さない
研究所の付置 *附置

庭石を布置する
ぶち 扶持△米
斑△の犬
ふちいし 歩道の縁石
ふちかがり 縁△縢りする
ぶちかます 打△ち噛ます
ぶちこむ 弾を打△ち込む
ぶちこわす 話を打△ち壊す
ふちどり 花壇の縁取り
ふちどる 刺繍《ししゅう》で縁取る
ふちゃく 郵便物の不着
泥が付着
*附着する
ふちゃりょうり 普茶料理
ふちゅう 不忠の臣
付注 *附註
ふちゅうい 不注意
ふちょう 不調に終わる
婦長
符丁 *符牒

*符帳
ぶちょう 部長
ぶちょうほう 不調法 *無調法
ふちん 不沈艦
人生の浮沈

フツ

[払(人拂)]フツ はら-う —払暁・払底
[沸]フツ わ-く・わ-かす —沸点・沸騰・沸々・煮沸

ブツ

[仏(人佛)]ブツ ほとけ —仏教・仏事・仏像・仏法・成仏・念仏
[物]ブツ・モツ もの —物価・物件・物資・物質・物理・見物・動物
[人勿]ブツ・モチ・モツ —

ぶつ 演説を打△つ

ふつう 音信不通
普通の家庭
ぶつえん 仏縁
ぶつおん 仏恩
ふつか 二日
ぶっか 仏果
物価が上がる
ぶつが 仏画
物我一如《いちにょ》
ぶっかい 仏界
物界
ふっかく 伏角
ぶっかく 神社仏閣
ふっかける 吹っ掛ける
ふっかつ 予算を復活する
ふつかよい 二日酔い *宿△酔
ぶつかる 打△つかる
ふっかん 副官
雑誌を復刊する

ふ

ふっき　職場に復帰する
　富貴の人
ふづき　文月(陰暦七月)
ぶつぎ　物議を醸《かも》す
ふっきゅう　復仇する
　復旧の見込み
ふつぎょう　払暁に出発する
ぶっきょう　仏教に帰依する
ぶっきらぼう　ぶっきら棒
ぶつぎり　鮪《まぐろ》のぶつ切り
ふっきれる　吹っ切れる
ふっきん　腹筋運動
ぶつぐ　仏具屋
ふづくえ　文机
ふっけい　復啓
ぶつける　打つける
ふっけん　復権する
ぶっけん　証拠の物件
　用益物権
ふっこ　王政に復古する

ふつご　仏語と英語
ぶっこ　物故する
ぶつご　仏語(仏教用語)
ふっこう　復校を許可する
　町が復興する
　腹腔
　❖医学では「ふっくう」。
ふつごう　不都合な話
ふっこく　名著の復刻
　*覆刻 *複刻
ぶっこしゃ　物故者
ぶっさつ　仏刹(寺院)
ぶっさん　仏参に行く
　物産に富む
ぶっし　仏師(仏像製作者)
　物資の補給
ぶつじ　仏寺
　仏事(法要)
ふっしき　疑念を払拭する

ぶっしき　仏式による葬儀
ぶっしつ　物質
ぶっしゃり　仏舎利
ぶっしょ　仏書
ぶっしょう　仏性
　物証を固める
　物象
ぶっしょうえ　仏生会
ぶつじょうそうぜん　物情騒然
ふっしょく　疑念を払拭する
ぶっしょく　品物を物色する
ぶっしん　多情仏心
　仏身
　物心両面
　物神崇拝
ぶっせい　物性論
ぶっせき　仏跡 *仏蹟
ぶっせつ　仏説
ふつぜん　怫然として色を作《な》す

ぶつぜん　仏前に供える
ぶっそ　仏祖釈迦《しゃか》
ぶっそう　物騒な世の中
ぶつぞう　仏像を彫《ほ》る
ぶっそくせき　仏足石
ぶっだ　仏陀の教え
ぶったい　単なる物体
ぶつだん　仏壇
ぶっちょうづら　仏頂面をする
ふつつか　不束者
ぶっつけ　打っ付け本番
ぶっつづけ　一月《ひとつき》打っ続け
ふってい　紙が払底する
ぶってき　物的証拠
ぶつでし　仏弟子

淵
縢
牒

ふ

ふってわく　降って湧く
ふってん　水の沸点
ぶってん　仏典を伝える
ぶつでん　仏殿
ぶっと　仏徒
ぶつど　仏土
ふっとう　議論が沸騰する
ぶっとう　仏塔
ぶつどう　仏堂
仏道を修行する
ふっとぶ　傘が吹っ飛ぶ
ぶつのう　相続税の物納
ぶつばつ　仏罰を受ける
ぶっぴん　物品を購入する
ふつふつ　沸々と湧き起こる思い
ぶつぶつこうかん　物々交換
ふつぶん　仏文を和訳する
ぶっぽう　仏法を説く
ぶっぽうそう　仏法僧

ぶつま　仏間
ぶづみ　歩積み預金
ぶつめつ　仏滅
ぶつもん　仏門に入る
ふつやく　和文を仏訳する
ぶつよく　物欲　*物慾
ぶつり　物理と化学
ふつりあい　不釣り合い
*不釣合
ぶつりゅう　物流管理
ぶつりょう　物量作戦
物療内科
ふつわ　仏和辞典
ふで　筆を執る
ふてい　住所不定
不貞をはたらく
不逞の輩《やから》
ふていき　不定期列車
ふていさい　不体裁
ふていしゅうそ　不定愁訴

ふでいれ　筆入れ
ふでおろし　筆下ろし
ふてき　職の適不適
不敵な面構え
ふでき　不出来な作品
ふてぎわ　不手際な処理
ふてくされる　不貞腐れる
ふでくせ　作家の筆癖
ふでさき　筆先で稼ぐ
ふでじ　筆字
ふでたて　筆立て
ふでづか　筆塚
ふでづかい　見事な筆遣い
ふてってい　不徹底な処置
ふてね　不貞寝をする
ふでばこ　筆箱
ふでぶしょう　筆無精　*筆不精
ふてぶてしい　太々しい態度
ふでぶと　筆太の字

ふでまめ　筆忠実な人
ふてん　普天の下《もと》
ふと　不図思い出す
❖ふつう仮名書き。
ふと　浮図　*浮屠（仏陀）
ふとい　線が太い
ふとう　不当な利益
最長不倒距離
埠頭（波止場）
ふどう　順序不同
不動の信念
浮動する
婦道を全うする
ぶとう　舞踏
ぶどう　武道を習う
無道な振る舞い
葡萄の実
ふとういつ　意見の不統一
ふとうえき　不凍液

ふ

ぶとうかい 舞踏会を開く
ふとうごう 等号と不等号
ふどうさん 動産と不動産
ふとうしき 不等式
ぶどうしゅ 葡萄酒
ふどうそん 不動尊
ふどうとく 不道徳
ふどうひょう 浮動票
ふとうふくつ 不撓不屈
ふどうみょうおう 不動明王
ふとおり 太織り
ふどき 風土記
ふとく 不徳の至す所
婦徳を積む
ぶとく 武徳殿
ふとくさく 不得策
ふとくてい 不特定多数
ふところ 母の懐
ふところがたな 懐刀

ふところかんじょう 懐勘定
ふところぐあい 懐具合
ふところで 懐手をする
ふとざお 太棹の三味線
ふとじ 太字で書く
ふとっぱら 太っ腹な人
ふとどき 不届きなやつ
ふとばし 太箸（新年の白木の箸）
ふとぶと 太々と書く
ふとまき 太巻き
ぶどまり 歩留まり *歩止まり
ふとめ 太め *太目
ふともの 太物を商う
ふともも 太腿 *太股
ふとりじし 太り肉
ふとる 太る *肥る
ふとん 布団 *蒲団
ふな 鮒の甘露煮

ぶな 橅 *山毛欅
ふなあし 船脚 *船足
ふなあそび 舟遊び *船遊び
ぶない 部内の者
ふないた 船板
ふなうた 舟歌 *船唄
ふなか 不仲になる
ふながかり 船繋りする
ふなかた 船方 *舟方（船頭）
ふなくだり 舟下り *船下り
ふなじ 船路
ふなぞこ 船底に穴があく
ふなだいく 船大工
ふなたび 快適な船旅
ふなだま 船霊さま
ふなだまり 船溜まり
ふなちん 船賃を払う

ふなつきば 船着き場
ふなづみ 船積みする
ふなで 神戸を船出する
ふなに 船荷
ふなぬし 船主
ふなのり 船乗り
ふなばし 船橋を渡る
ふなばた 船端 *舷
ふなびと 舟人 *船人（船頭）
ふなびん 船便で送る
ふなべり 船縁 *舷
ふなまち 船待ち
ふなもり 舟盛りの刺身
ふなやど 舟宿 *船宿
ふなよい 船酔い
ふなれ 不慣れ *不馴れ

屠 葡 萄

ふ

れな仕事
ぶなん　無難な方法
ふにあい　不似合|い
ふにく　腐肉に群がる
ふにょい　手元不如意
ふにん　不妊
青森へ赴任する
ぶにん　無人で寂しい
ふにんしょう　不妊症
ふにんじょう　不人情
ふぬけ　腑抜け
ふね　刺身一舟
舟(小さなふね)
船(大きなふね)
紙すきの槽△
ふねん　不燃住宅
ふのう　料金の不納
再起不能
富農
ふはい　不敗を誇る

肉が腐敗する
ふばい　用地の不売運動
不買同盟
ふはく　軽佻△浮薄
ふばこ　文箱
ふはつ　不発に終わる
ふばらい　不払|い
賦払|い(分割払)
ぶばる　武張った態度
ふび　計画の不備
ふひょう　不評を買う
付表　*附表
付票　*附票
浮氷
航路の浮標
楽譜の譜表
ふびょうどう　不平等な扱い
ふびん　菲才《ひさい》不敏
不憫　*不愍に
思う

ぶひん　ラジオの部品
ぶふうりゅう　不風流　*無
風流
ふぶき　吹雪の夜
ふふく　不服を唱える
ふぶく　吹△雪△く
ぶぶん　全体と部分
ふぶんりつ　不文律になる
ふへい　不平を鳴らす
ぶべつ　人を侮蔑する
ふへん　不変の真理
人類普遍の原理
ふべん　不便な所
ぶへん　武辺者
ぶべん　一介の武弁
ふへんせい　普遍性
ふへんてき　普遍的
ふへんふとう　不偏不党
ふぼ　父母の教え
ふほう　不法な要求

訃報に接する
ふぼく　盲亀の浮木
ふぼん　一生不犯△
ふほんい　不本意な結果
ふま　不磨の大典
ふまえる　踏まえる
ふまじめ　不真面目
ふまん　不満をもらす
ふみ　文を差し上げる
書△読む月日
ふみあらす　踏み|荒ら|す
*踏荒す
ふみいし　踏み|石
ふみいた　踏み|板
ふみいれる　踏み|入れる
ふみえ　踏み|絵
ふみかためる　踏み|固める
ふみきり　踏切を渡る
ジャンプ競技の踏
み|切り　*踏

ふ

切
ふみきる　踏み切る
ふみこえる　踏み越える
ふみこたえる　踏み堪える
ふみこみ　鋭い踏み込み　*踏込
ふみこむ　一歩踏み込む
ふみしだく　草を踏み拉く
ふみしめる　踏み締める
ふみだい　踏み台
ふみたおす　借金を踏み倒す
ふみだす　一歩踏み出す
ふみだん　踏み段
ふみづき　文月(陰暦七月)
ふみつけ　人を踏み付け　*踏付にする
ふみつける　踏み付ける
ふみどころ　足の踏み所
ふみとどまる　踏み止まる

ふみならす　踏み鳴らす
ふみにじる　好意を踏み躙る
ふみぬく　床を踏み抜く
ふみば　足の踏み場
ふみはずす　足を踏み外す
ふみもち　不身持ち
ふみわける　踏み分ける
ふみん　不眠不休の努力
ふみんしょう　不眠症
ふむ　踏む　*蹈む　*履む　*践む
ふむき　不向きな仕事
ふめい　不明を恥じる・原因が―
ぶめい　武名を揚げる
ふめつ　不滅の業績
ふめん　譜面を読む
ぶめん　現実的な部面
ふめんぼく　不面目な話

ふもう　不毛の地
ふもと　山の麓
ふもん　不問に付す
ぶもん　武門の誉れ　生産部門
ふやじょう　不夜城
ふやす　種子を殖やす・財産を―　分量を増やす・人数を―
ふゆ　冬の朝
ぶゆ　蚋に刺される
ふゆう　水面に浮遊　*浮游する　富裕な生活　富有の人　蜉蝣の命
ぶゆう　武勇の誉れ
ふゆうがき　富有柿
ぶゆうでん　武勇伝

ふゆかい　不愉快な話
ふゆがこい　冬囲い
ふゆがまえ　冬構え
ふゆがれ　冬枯れの景色
ふゆぎ　冬着
ふゆきとどき　不行き届き
ふゆげ　夏毛と冬毛
ふゆげしょう　冬化粧
ふゆごし　冬越しの準備
ふゆこだち　冬木立
ふゆごもり　冬籠もり
ふゆざれ　冬ざれの野
ふゆじたく　冬支度　*冬仕度
ふゆしょうぐん　冬将軍到来
ふゆぞら　冬空
ふゆどり　冬鳥

憫　慇　蹈

ふ

ふゆの　冬野
ふゆば　冬場
ふゆび　冬日
ふゆふく　冬服
ふゆもの　冬物
ふゆやすみ　冬休み
ふゆやま　冬山に登る
ふよ　不予（天皇の病気）
　権利を付与
　*附与する
　才能を賦与する
ふよう　不用の品
　不要不急の仕事
　両親を扶養する
　芙蓉の花
　景気を浮揚する
ぶよう　日本舞踊
ふようい　不用意な発言
ふようじょう　医者の不養生
ぶようじん　不用心　*無用心
ふようせい　不溶性
ふようど　腐葉土
ぶらい　無頼の徒
ぶらいかん　無頼漢
ぶらく　部落
ぶらさがる　ぶら下|がる
ふらす　雨を降らす
ふらち　不埒千万
ふらん　腐乱　*腐爛
ふらんき　孵卵器
ぶらんこ　鞦韆に乗る
ふり　刀一振り|　*口△
　バットの振り
　見ない振り　*風△
ふり　不利になる
　ひどい降り
　不即不離
　浮利を追う
ぶり　鰤の刺身
ぶり　勉強振り△
ふりあう　手を振り|合う
　袖触り|合う
ふりあおぐ　天を振り|仰ぐ
ふりあげる　拳を振り|上げる
ふりあてる　振り|当てる
ふりあらい　振り|洗い
ふりうり　魚の振り|売り
　*振売
ふりえき　不利益な商談
ふりおとす　振り落|とす
　*振落す
ふりかえ　振り|替え休日
　郵便振替
ぶりかえす　病気が振△り|返す
ふりかえる　昔を振り|返る
　バス輸送に振り|替える
ふりかかる　降り懸|かる
　*降り掛|かる
ふりかけ　振り|掛け海苔《のり》
ふりかざす　刀を振り|翳す
ふりかた　身の振り方
ふりがな　振り仮名
ふりかぶる　振りかぶる
ぶりき　錻力△の缶
ふりきる　手を振り|切る
ふりこ　時計の振り|子
ふりこう　契約不履行
ふりこみきん　振込金
ふりこむ　口座に振り|込む
　雨が降り|込む
ふりこめる　雨に降り|籠められる
ふりしきる　雨が降り|頻△る
ふりしく　降り敷く雪
ふりしぼる　声を振り|絞る

ふ

ふりすてる　振り捨てる
ふりそそぐ　雨が降り注ぐ
ふりそで　振り袖
ふりだし　振り出しに戻る
ふりだしにん　手形の振出人
ふりだす　手形を振り出す
　雨が降り出す
ふりたてる　頭を振り立てる
ふりつけ　振り付け　*振付師
ふりつける　振り付ける
ふりつのる　雨が降り募る
ふりつもる　降り積もる　*降積る
ふりにげ　振り逃げ
ふりはなす　手を振り放す
ふりはらう　袖を振り払う

ふりまく　愛嬌を振り撒く
ふりまわす　刀を振り回す
ふりみだす　髪を振り乱す
ふりみふらずみ　降りみ降らずみ
ふりむく　後ろを振り向く
ふりむける　費用を振り向ける
ぶりゃく　武略の奥義
ふりやむ　雨が降り止△む
ふりょ　不慮の災難
ふりょう　俘虜を収容する
　不良な品
　不猟をかこつ
　鮭の不漁年
ぶりょう　無聊を紛《まぎ》らす
ふりょうけん　不料簡△　*不了見

ふりょく　浮力が作用する
　富力がある
ぶりょく　武力を行使する
ふりわけ　振り分け　*振分
ふりわけにもつ　振り分け荷物
ふりわける　振り分ける
ふりん　不倫の恋
ふる　古新聞
ふる　手を振る
　雨が降る
ぶる　大物振△る
　❖ふつう仮名書き。
ふるい　震いが来る
　篩に掛ける
ふるい　型が古い　*旧△い
ぶるい　部類に分ける
ふるいおこす　奮い起こす
ふるいおとす　篩い落とす　*篩落す

ふるいたつ　奮い立つ
ふるいつく　震い付く
ふるう　士気が振るう・刀を―
　事業が振るわない
　筆を揮△う
　体が震う
　土を篩う
　勇気を奮う
ふるえ　震えが来る
ふるえあがる　震え上がる
ふるえごえ　震え声で言う
ふるえる　手が震える
ふるがお　古顔の客
ふるかぶ　古株になる

鞦
韆
篩

ふるぎ 古着屋
ふるきず 古傷 *古疵
ふるぎつね 古狐
ふるくさい 古臭△い考え
ふるさと 故△郷△ *古里 *故里
ふるす 古巣に戻る
ふるす 使い古す
ふるだぬき 古狸
ふるづけ 古漬け
ふるって 奮っての参加
ふるつわもの 古兵△ *古強△者
ふるて 古手の役人
ふるどうぐ 古道具
ふるなじみ 古馴染み
ふるびる 古びた建物
ふるぼける 古ぼけた家
ふるほん 古本
ふるまい 振る舞い *振舞
ふるまいざけ 振る舞い酒 *振舞酒
ふるまう 勝手に振る舞う
ふるみち 古道と新道
ふるめかしい 古めかしい服
ふるもの 古物屋
ふるわす 声を震わす *顫わす
ふれ 磁針の振れ 触れ *布令△を出す
ふれあう 心が触れ合う
ふれあるく 噂を触れ歩く
ふれい 不例（天皇の病気）
ぶれい 無礼な態度
ぶれいこう 無礼講
ふれがき お触れ書き *触書
ふれこみ 触れ込み
ふれじょう 触れ状
ふれだいこ 触れ太鼓
ふれまわる 触れ回る
ふれる 気が狂△れる 磁針が振れる 目に触れる
ふろ 風呂に入る 風炉点前
ふろう 不老長寿 父老 各地を浮浪する
ふろうしゃ 浮浪者
ふろうしょとく 不労所得
ふろく 付録 *附録
ふろしき 風呂敷
ふろふき 風呂吹き大根
ふわ 不和になる
ふわく 不惑（四十歳）
ふわけ 腑分け
ふわたり 不渡りになる
ふわたりてがた 不渡手形
ふわらいどう 付和雷同 *附和雷同

フン

[分] フン・ブン・ブ わ-ける・わ-かれる・わ-かる・わ-かつ —— 分銅・分別・五分間・毎分
[紛] フン まぎ-れる・まぎ-らす・まぎ-らわす・まぎ-らわしい —— 紛糾・紛失・紛争・紛乱・内紛
[粉] フン こ・こな —— 粉砕・粉食・粉飾・粉乳・粉末・製粉
[奮] フン ふる-う —— 奮起・奮戦・奮闘・奮発・興奮・発奮
[雰] フン —— 雰囲気
[噴] フン ふ-く —— 噴煙・噴射・噴出・噴水・噴霧器・噴流
[墳] フン —— 墳墓・古墳
[憤] フン いきどお-る —— 憤慨・憤激・

ふ

憤死・義憤・悲憤

[吻] フン・ブン ― | ―吻合・口吻

[焚] フン・ボン ― | ―焚刑・焚書坑儒

ふん　犬の糞

ブン

[分] ブン・フン・ブ　わ-ける・わ-かれる・わ-かる・わ-かつ | ―分布・分別・分娩

[文] ブン・モン　ふみ | ―「―は人なり」

◇文化・文学・文鎮・論文

[聞] ブン・モン　き-く・き-こえる | ―見聞・新聞・風聞

ぷん　三十分

ぶんあん　文案を練る

ぶんい　文意をつかむ

ふんいき　雰囲気が良い

ふんいん　分陰を惜しむ

ぶんいん　分院と本院

ぶんうん　文運隆盛

ふんえん　噴煙を上げる

ぶんえん　分煙化基準

文苑

ふんか　火山が噴火する

ぶんか　機能が分化する

分科

分課規程

江戸の文化

文科と理科

ぶんが　文雅の士

ふんがい　不正に憤慨する

ぶんかい　分会

分界線

機械を分解する

ぶんがい　分外の望み

ぶんかかい　分科会

ぶんがく　文学

ぶんがくしゃ　文学者

ぶんかくんしょう　文化勲章

ふんかこう　噴火口

ぶんかこうろうしゃ　文化功労者

ぶんかさい　文化祭

ぶんかざい　文化財

ぶんかつ　分割して支払う

領土を分轄する

ぶんかつばらい　分割払い

ぶんかん　文官と武官

図書館の分館

ふんき　噴気

奮起する

ふんぎ　紛議が絶えない

ぶんき　鉄道が分岐する

ふんきこう　火山の噴気孔

ぶんきてん　損益分岐点

ふんきゅう　会議が紛糾する

古墳時代の墳丘

ぶんきょう　文教地区

ぶんぎょう　医薬分業

ぶんきょくか　分極化する

ふんぎり　踏ん切り

ぶんきんたかしまだ　文金高島田

ぶんぐ　文具店

ぶんけ　分家する

ふんけい　焚刑に処する

ぶんけい　文系と理系

英語の文型

ぶんげい　文芸作品

ふんけいのまじわり　刎頸の交わり

ぶんけつ　稲が分蘖する

ぶんけん　分遣する

地方分権

参考文献

顫　糞　蘖

ぶんげん　分限を守る
　手紙の文言
ぶんこ　文庫本
ぶんご　文語文
ぶんご　豊△後の国
ふんごう　吻合手術
ぶんこう　分校と本校
　聞香
ぶんごう　世界的文豪
ぶんこうき　分光器
ぶんごたい　文語体
ぶんこつ　郷里に分骨する
ふんこつさいしん　粉骨砕身
ふんさい　敵を粉砕する
ぶんさい　文才がある
ぶんざい　学生の分際で
ぶんさつ　第一分冊
ぶんさん　勢力を分散する
ふんし　憤死する

ぶんし　分母と分子
　三文文士
ぶんじ　文事と武事
　文治派
　称賛の文辞
ふんしつ　書類を紛失する
ぶんしつ　分室
ぶんしつひんぴん　文質彬々
ふんじばる　ふん縛る
ふんしゃ　噴射する
ぶんじゃく　文弱に流れる
ぶんしゅう　分衆の時代
　文集を作る
ぶんしゅく　三軒に分宿する
ふんしゅつ　石油が噴出する
ぶんしょ　文書で回答する
ふんじょう　粉状
　紛擾を起こす
ぶんしょう　事務を分掌する
　文章を書く

ぶんじょう　二台に分乗する
　土地を分譲する
ふんしょく　粉飾　*扮飾
ぶんしょく　文飾を施す
ふんしょくけっさん　粉飾決算
ふんしん　分針と時針
ふんじん　粉塵公害
　獅子奮迅
ぶんしん　子は親の分身
　文身（入れ墨）
ぶんじん　文人墨客
ぶんじんが　文人画
ふんすい　噴水
ぶんすい　分水する
ぶんすいれい　分水嶺
ぶんすう　分数
ふんする　女王に扮する
ぶんせき　情勢を分析する
　分籍する

　文責在記者
ぶんせつ　分節
　文節で区切る
ふんせん　噴泉
　奮戦する
ふんぜん　紛然とした光景
　憤然　*忿然と
　席を立つ
　奮然事に当たる
ぶんせん　文選と植字
ふんそう　山伏に扮装する
　紛争を収拾する
ぶんそう　文藻に富む
ぶんそうおう　分相応の生活
ふんそく　分速百メートル
ふんぞりかえる　踏ん反り返る
ふんたい　粉黛
ぶんたい　分隊長
　口語の文体

△は常用漢字表にない音訓　|の付いた仮名は省略してもよい送り仮名　＊は同語の別表記

ぶんだい　文台
　　　　　文題
ぶんたん　作業を分担する
ぶんたん　文旦の実
ぶんだん　消防分団
　　　　　東西に分断する
　　　　　文壇に出る
ぶんち　文治派
　　　　　聞知しない
ぶんちゅう　軍隊が分駐する
　　　　　文中
ぶんちょう　手乗りの文鳥
ぶんちん　硯と文鎮
ぶんつう　友人と文通する
ふんづける　踏ん付ける
ふんづまり　糞詰まり
ぶんてん　分店を出す
　　　　　分点
　　　　　日本語文典
ふんとう　間欠泉の噴湯
　　　　　孤軍奮闘する
ふんどう　はかりと分銅
ぶんとう　文頭の語
ぶんどき　分度器
ふんどし　褌　*犢鼻△褌
ぶんどる　予算を分捕る
ふんにゅう　脱脂粉乳
ふんにょう　糞尿処理
ふんぬ　憤怒△　*忿怒△の
　　　　　形相
ぶんのう　会費を分納する
ぶんぱ　分派を立てる
ぶんばい　全集を分売する
ぶんぱい　平等に分配する
ふんぱつ　奮発する
ふんばる　足を踏ん張る
ふんぱんもの　噴飯物
ぶんぴ　胃液を分泌する
ぶんぴつ　胃液を分泌する
　　　　　土地を分筆する
　　　　　文筆生活
ふんびょう　分秒を争う
ぶんぶ　文武両道
ぶんぷ　全国に分布する
ぶんぶつ　西欧の文物
ふんぷん　芬々たる香気
　　　　　諸説紛々
ふんべつ　分別がある
ぶんべつ　ごみを分別する
ふんべつくさい　分別臭い
ふんべつざかり　分別盛り
ふんべん　糞便
ぶんべん　男児を分娩する
ふんぼ　墳墓の地
ぶんぼ　分母と分子
ぶんぽう　蜜蜂が分封する
　　　　　英語の文法
ぶんぼうぐ　文房具
ふんぽん　粉本の丸写し
ふんまつ　粉末ジュース
ぶんまつ　文末
ふんまん　憤懣　*忿懣や
　　　　　る方なし
ぶんみゃく　文脈をたどる
ぶんみん　文民
ふんむ　噴霧器
ぶんめい　性質が分明する
　　　　　文名を高める
　　　　　文明が進歩する
ぶんめん　手紙の文面
ふんもん　噴門　痙攣《けいれん》
ぶんや　新しい分野
ぶんゆう　建物を分有する
ぶんよ　財産を分与する
ぶんらく　文楽
ふんらん　情緒が紛乱する
ぶんらん　風紀が紊乱する

褌
犢
懣

ふ

ぶんり　熱の分利
　三つに分離する
　文理
ぶんりつ　三権の分立
ふんりゅう　気体が噴流する
ぶんりゅう　利根川の分流
　石油を分留
　*分溜する
ぶんりょう　仕事の分量
ぶんりょく　分力と合力
ぶんるい　植物を分類する
ふんれい　奮励努力する
ぶんれい　文例を集める
ぶんれつ　分列行進
　細胞が分裂する

へ

へ　屁とも思わない

ヘイ

[平] ヘイ・ビョウ たい-ら・ひら — 平易・平常・平静・平凡・平面・平和・水平
[兵] ヘイ・ヒョウ — 「—を進める」◇兵役・兵器・兵隊・徴兵
[並(竝)] ヘイ なみ・なら-べる・なら-ぶ・なら-びに — 並行・並置・並立・並列
[陛] ヘイ — 陛下
[閉] ヘイ と-じる・と-ざす・し-める・し-まる — 閉会・閉口・閉店・閉幕・密閉・幽閉
[丙] ヘイ — 丙種・甲乙丙
[併(倂)] ヘイ あわ-せる — 併合・併殺・併用・合併
[柄] ヘイ がら・え — 横柄・権柄・葉柄・話柄
[塀(塀)] ヘイ — 「—で囲む」◇塀際・板塀・土塀
[幣] ヘイ — 幣制・貨幣・御幣・紙幣
[弊] ヘイ — 「—を改める」◇弊害・弊社・旧弊・疲弊
[蔽] ヘイ — 隠蔽
[餅(餠)[餅]] ヘイ もち — 煎餅

ベイ

[米] ベイ・マイ こめ — 米価・米穀・米作・米食・渡米

へいあん　一路平安を祈る
へいあんきょう　平安京
へいい　平易な言葉
へいいはぼう　弊衣破帽
　*敝衣破帽
へいいん　兵員を増強する
へいえい　併映の映画
へいえき　兵役の義務
へいえん　閉園する
べいえん　米塩の資を得る
へいおく　弊屋
へいおん　平温
　平穏無事
へいか　平価の切り下げ
　兵戈を交える
　兵火を免れる
　勝敗は兵家の常
　罰金を併科する
　併課する
　天皇陛下
へいが　平臥する
べいか　米価の引き上げ
　米菓（せんべい等）
へいかい　閉会の辞
へいがい　弊害が出る
へいがく　兵学
へいかつ　平滑な道路
へいかん　五時に閉館する
へいがん　他校も併願する
へいき　平気な顔
　兵器

へいきょ　両案を併記する
山荘に閉居する
へいぎょう　閉業する
へいきょく　平曲(平家琵琶)
閉局する
へいきん　成績を平均する
へいきんだい　平均台
へいけ　平家の赤旗
へいげい　天下を睥睨する
へいけびわ　平家琵琶
へいけん　兵権を握る
へいげん　平原
へいこ　炳乎として耀《かがや》く
べいご　米語
へいこう　平行する二直線
道と並行する鉄道・―して実施
併行審理
平衡を保つ
暑さに閉口する
閉校する
講義が閉講する
へいごう　両者を併合する
へいこうしへんけい　平行四辺形
へいこうせん　平行線
べいこく　米国
米穀年度
へいごし　△塀越しに見る
べいごま　貝△独△楽
へいさ　工場を閉鎖する
へいさい　併催する
併載する
べいさく　米作農家
へいさつ　走者を併殺する
へいざん　炭鉱を閉山する
へいし　平氏の赤旗
兵士
△瓶子
月経閉止
斃死する
へいじ　平時の編制
へいじつ　平日の時刻表
へいしゃ　兵舎
弊社
べいじゅ　米寿(八十八歳)
へいしゅう　弊習を改める
へいしゅつ　併出　*並出する
へいじゅんか　賃金の平準化
へいしょ　兵書
閉所恐怖症
へいしょう　白秋と併称
*並称される詩人
へいじょう　平常の生活
博覧会場の閉場
へいじょうきょう　平城京
へいじょうしん　平常心
べいしょく　米食
へいじょぶん　平叙文
へいしん　平信
並進　*併進
へいじん　兵刃を交える
へいしんていとう　平身低頭
へいする　講師を聘する
へいせい　平成九年
平静な気持ち
兵制
幣制を改革する
弊政に苦しむ
へいぜい　平生の心掛け
へいせき　兵籍に入る
へいせつ　研究所の併設
へいぜん　平然としている
炳然と照らす

瓶
斃
聘

べいせん 米銭に事欠く
へいそ 平素の行い
へいそう 海軍兵曹長
選手と並走 *併走する
へいそく 運動が屏息する
港口を閉塞する
幣束を供える
へいぞく 平俗な叙述
へいそつ 兵卒
へいぞん 併存 *並存
へいたい 兵隊
へいたん 平坦な道
平淡な趣がある
兵站線(軍需補給)
兵端を開く
へいだん 兵団
へいち 平地に波瀾《はらん》を起こす
併置 *並置

へいてい 天下を平定する
へいてん 閉廷する
閉店の時間
弊店
へいどく 二紙を併読する
へいどん 隣国を併呑する
へいねつ 平熱に下がる
へいねん 平年並み
へいば 兵馬の権
へいはく 幣帛を供える
べいばく 米麦
へいはつ 余病を併発する
へいはん 平版印刷
へいばん 平板な文章
べいはん 米飯
へいび 兵備を整える
へいふう 弊風を矯正する
へいふく 足元に平伏する
平服で出席する
平復を祈る

へいぶん 費用を平分する
べいふん 米粉
へいべい 面積五十平米
へいへいぼんぼん 平々凡々
べいべつ 旧友と袂別する
へいほう 平方メートル
孫子の兵法
へいほうこん 平方根
へいぼん 平凡な日を送る
へいまく 大会が閉幕する
へいみん 平民宰相
へいめい 平明な文章
へいめん 平面
へいもつ 幣物を捧げる
へいもん 閉門時間
へいや 関東平野
へいゆ 病の平癒を祈る
へいよう 薬を併用する
へいらん 兵乱の巷《ちまた》と化す
へいり 弊履 *敝履の如く捨てる
へいりつ 二党が並立する
へいりゃく 兵略を練る
へいりょく 兵力を増強する
へいれつ 並列につなぐ
へいわ 平和に暮らす
ぺーじ 頁を繰る
べからず 見る可△からず

ヘキ

[壁] ヘキ かべ — 壁画・壁面・外壁・岸壁・城壁・絶壁・防壁
[癖] ヘキ くせ — 「…の—がある」◇悪癖・潔癖・性癖・病癖
[璧] ヘキ — 完璧・双璧
[碧]（人） ヘキ みどり — 碧眼・碧玉・紺碧

へぎ 折△ *片△木
べき 冪 *巾△
へきうん 碧雲

へきえき　質問に辟易する
へきえん　僻遠の地
へきが　法隆寺の壁画
へきかい　碧海
　方解石の劈開
へきがん　紅毛碧眼
へきぎょく　碧玉
へきくう　碧空を仰ぐ
へきけん　僻見を持つ
へきしょ　大内家壁書
へきすい　碧水
へきすう　僻陬の地に住む
へきする　一方に僻する
へきせつ　僻説
へきそん　山間の僻村
へきち　僻地に赴任する
へきとう　劈頭第一に書く
へきめん　壁面
へきれき　青天の霹靂
へきろん　僻論に固執する

へぐ　剝△ぐ(薄く削る)
へこおび　兵△児△帯
へこむ　押せば凹△む
へさき　舳先　*舳に立つ
べし　注意す可△し
へしあい　押し合い圧△し合い
へしおる　枝を圧△し折る
へずる　予算を剰△る
へそ　臍を曲げる
へそくり　臍繰り
へそのお　臍の緒を切る
へそまがり　臍曲がりの人
へた　柿の蔕
　巻き貝の厴
　下手の横好き
へたくそ　下手糞
へだたり　三年の隔たり
へだたる　心が隔たる
へだて　隔ての無い態度

へだてる　間を隔てる
へちま　糸瓜△のたわし

ベツ

[別]ベツ わか-れる ―「―の本」◇別掲・別離・区別・特別

[蔑]ベツ さげす-む ―蔑視・軽蔑

[瞥]《人》ベツ・ヘツ ―瞥見・一瞥

べつあつらえ　別誂えの家具
べついん　別院と本院
べつえん　別宴を張る
べっかく　別格の取り扱い
べっかん　本館と別館
　別巻
べっき　別記の通り決定
べつぎ　別儀ではない
べっきょ　妻子と別居する
べつくち　別口の仕事
べっけい　別掲の図
べっけん　別件で逮捕する
　秘宝を瞥見する
べつげん　別言すれば
べっこ　別個　*別箇△
べっこう　別項の如く定む
　鼈甲の櫛
べっこん　別懇の間柄
べっさつ　別冊の付録
べっし　別使を立てる
　別紙の通り
　人を蔑視する
べつじ　別辞を述べる
べっしつ　別室に通す
べっして　別して大きい
べっしゅ　別種の問題
べっしょ　湘南の別墅
べっしょう　別称
　蔑称

霹
靂
蔕

へ

べつじょう　別条無く暮らす
　命に別状はない
べつじん　別人の観がある
べつずり　別刷りの口絵
べっせい　夫婦別姓
　別製の洋菓子
べっせかい　別世界の人間
べっそう　別荘
　商品を別送する
べったく　別宅
べつだて　別建て　＊別立
　てで扱う
べつだん　別段変化はない
べっち　別置図書
べっちん　別珍の足袋
へっつい　竈(かまど)
べってい　別邸
べつでん　別伝によれば
べってんち　別天地
べっと　別途に考慮する

べっとう　寺の別当
べつどうたい　別働隊　＊別動隊
べつに　別に悪くない
べつのう　料金を別納する
べっぱ　別派を立てる
べっぱい　別杯　＊別盃
べっぴょう　別表
へっぴりごし　屁っ放り腰
べつびん　別便で送る
べっぴん　別嬪さん
べっぷ　別府市
べつべつ　別々の仕事
べつむね　別棟に住む
べつめい　別名を使う
　別命を受ける
べつもの　全くの別物
べつもんだい　別問題
へつらい　諂い　＊諛い
へつらう　諂う　＊諛う

べつり　別離を惜しむ
べつるい　別涙にむせぶ
べつわく　別枠で支給する
へど　反吐を吐く
へなちょこ　へな猪口
べに　紅を差す
べにおしろい　紅白粉
べにがら　紅殻の縞
べにさしゆび　紅差し指
べにしょうが　紅生姜　＊紅生薑
べにばな　紅花
へのかっぱ　屁の河童
へび　蛇
へめぐる　諸国を経巡る
へや　部屋を借りる
へやずみ　部屋住み
へやわり　部屋割り
へら　竹の箆
へらす　予算を減らす

へらずぐち　減らず口
べらぼう　箆棒に高い
へり　減りを見込む
　川の縁
へりいし　道の縁石
へりくだる　遜る　＊謙る
へりくつ　屁理屈
へる　時を経る
　＊歴る
　事故が減る

ヘン

[片]ヘン かた——片影・片言・金属片・紙片・断片・破片
[辺(邊)]ヘン あたり・べ——「この—で…」◇辺境・一辺・周辺
[返]ヘン かえす・かえる——返還・返却・返事・返上・返納・返品・代返
[変(變)]ヘン かわる・かえる——「—な人」◇変化・変人・異変・大変
[編]ヘン あむ——「歴史学会の—」

◇編曲・編集・編成・長編

[偏]ヘン かたよ-る ——「漢字の—」◇偏見・偏食・偏西風・不偏

[遍]ヘン —— 遍在・遍照・遍歴・遍路・一遍・普遍

[篇]ヘン あむ・かく —— 前篇・短篇

へん　完結編 *篇

ベン

[弁(辨・瓣・辯)]ベン —— 「—が立つ」◇弁解・弁当・花弁

[便]ベン・ビン たよ-り ——「交通の—」◇便益・便所・便利・方便

[勉(勉)]ベン —— 勉学・勉強・勉励・勤勉・猛勉

[娩]ベン・バン —— 分娩

[鞭]ベン・ヘン むち —— 鞭撻・先鞭

へんあい　末子を偏愛する

へんあつき　変圧器

へんい　変位電流

突然変異

時代の変移

一方に偏倚する

べんい　便意を催す

へんうん　片雲

へんえい　片影も認めない

べんえき　便益を与える

へんおんどうぶつ　変温動物

へんか　返歌

情勢が変化する

へんかい　制度を変改する

べんかい　弁解する

へんかく　社会を変革する

変格活用

へんがく　扁額を掲げる

べんがく　勉学にいそしむ

べんがら　紅殻 *弁柄格子

へんかん　領土を返還する

べんき　方針を変換する

便器

べんぎ　便宜を図る

へんきゃく　本を返却する

へんきゅう　捕手に返球する

へんきょう　辺境 *辺疆の地

偏狭 *褊狭な考え

べんきょう　英語を勉強する

へんきょく　変局に対処する

編曲する

へんきん　残額を返金する

へんくつ　偏屈 *偏窟

へんげ　妖怪変化

へんけい　伝説が変形する

A5判の変型

べんけい　弁慶の七つ道具

へんけん　偏見を持つ

へんげん　変幻自在

へんげんせきご　片言隻語

べんご　行為を弁護する

へんこう　予定を変更する

偏光フィルター

偏向を是正する

べんごし　弁護士

へんさ　標準偏差

べんざ　便座

へんさい　借金を返済する

へんざい　富が偏在する

全国に遍在する

べんさい　弁才がある

債務を弁済する

べんざいてん　弁才天 *弁財天

へんさち　偏差値

へんさん　辞書を編纂する

嬪

諂

疆

へ

へんし　変死する
へんじ　片時も忘れない
　手紙の返事
　*返辞
　変事が起こる
べんし　応援の弁士
へんしつ　薬品が変質する
　自説に偏執する
へんしゃ　辞典の編者
へんしゅ　朝顔の変種
　品物を騙取する
へんしゅう　自説に偏執する
　辞書を編修する
　雑誌を編集
　*編輯する
へんしゅうきょう　偏執狂
へんじゅつ　通史を編述する
へんしょ　返書を出す
べんじょ　便所
へんしょう　夕陽の返照

へんじょう　休暇を返上する
　世界を遍照する
べんしょう　実費で弁償する
べんしょうほう　弁証法
へんしょく　写真が変色する
　子供の偏食
へんじる　形を変じる
べんじる　善悪を弁じる
　使用に便じる
へんしん　返信を書く
　変心を責める
　華麗に変身する
へんじん　変人　*偏人
へんすう　辺陬の地
　変数と定数
へんずつう　偏頭痛
　❖医学では「片頭痛」が慣用。
へんする　見方が偏する
　大宰権帥《だざいのごんのそつ》に貶する

へんずる　形を変ずる
べんずる　理解に便ずる
べんずる　善悪を弁ずる
　使用に便ずる
へんせい　変性アルコール
　八両編成の列車・予算の—・番組の—
　学級を編制する・戦時—
　戸籍を編製する
へんせいがん　変成岩
へんせいき　変声期
へんせいふう　偏西風
へんせつ　変節する
　変説する
べんぜつ　弁舌さわやか
へんせん　世相が変遷する
べんそ　弁疏の余地無し

へんそう　荷物を返送する
　巧みに変装する
へんぞう　貨幣を変造する
へんそうきょく　変奏曲
へんそく　変則的
　変速装置
へんたい　変体と正体
　変態性欲
　蝶の変態
　五機編隊
へんたいがな　変体仮名
べんたつ　生徒を鞭撻する
へんち　辺地に住む
へんちょ　編著
へんちょう　体に変調を来す
　成績を偏重する
べんつう　便通がない
へんてこ　変梃な理屈
へんてつ　何の変哲も無い
へんてん　時代が変転する

へんでん　返電を打つ
べんてん　弁天様
へんでんしょ　変電所
へんど　辺土(辺地)
へんとう　返答に窮する
へんどう　変動が起こる
べんとう　弁当を持参する
へんとうせん　扁桃腺
へんにゅう　二年に編入する
へんねんたい　編年体
へんのう　図書を返納する
へんぱ　偏頗な考え
へんぱい　返杯 *返盃
べんぱく　非難を弁駁する
べんぱつ　弁髪 *辮髪
へんぴ　辺鄙な土地
べんぴ　便秘に悩む
へんぴん　返品する
へんぷ　返付 *返附
へんぷく　辺幅を飾る

べんぷく　便服(ふだん着)
へんぶつ　変物 *偏物
へんぺい　扁平な形
へんぺいそく　扁平足
べんべつ　善悪を弁別する
へんぺん　片々たる文句
べんべん　便々たる太鼓腹
　便々と日を送る
へんぼう　変貌を遂げる
へんぽう　返報を恐れる
べんぽう　便法を講じる
へんぽん　返本する
　旗が翩翻と翻る
べんまく　心臓の弁膜
べんむかん　弁務官
へんめい　変名を使う
べんめい　弁明する
べんもう　鞭毛
へんもく　編目 *篇目
へんやく　変約する

へんよう　変容を遂げる
べんらん　便覧
べんり　便利な道具
べんりし　弁理士
へんりょう　変量
へんりん　片鱗を示す
へんれい　返礼をする
　商品を返戻する
べんれい　刻苦勉励する
へんれいきん　返戻金
べんれいたい　四六駢儷体
へんれき　諸国を遍歴する
へんろ　お遍路さん
べんろん　弁論大会

ほ

ホ

[歩(人歩)] ホ・ブ・(フ)　あるーく・あゆーむ　―「―を進める」◇歩行・散歩・進歩

[保] ホ　たもーつ　―保育・保温・保管・保護・保存・保有・確保

[補] ホ　おぎなーう　―補給・補欠・補充・補助・候補・増補

[捕] ホ　とーらえる・とーる・つかーまえる　―捕獲・捕球・捕手・捕縛・捕虜・逮捕

[舗] ホ　―舗装・舗道・茶舗・店舗・本舗・老舗

[哺] ホ　―哺乳類

[人甫] ホ　すけ・はじめ　―

[人輔] ホ　すけ・たすく　―輔佐・輔弼

[人圃] ホ　その　―圃場・採取圃

[人蒲] ホ・ブ・フ　がま　―蒲柳

ほ　帆を揚げる

鞭
辮
翩

麦の穂

ボ

[母] ボ はは —— 母艦・母校・母性・母体・祖母・父母・養母

[墓] ボ はか —— 墓穴・墓参・墓地・墓碑・墓標・展墓・墳墓

[暮] ボ く-れる・く-らす —— 暮春・暮色・歳暮・薄暮

[模] ボ・モ | —— 規模

[募] ボ つの-る —— 募金・募集・応募・急募・公募・召募・徴募

[慕] ボ した-う —— 慕情・愛慕・敬慕・思慕・追慕・恋慕

[簿] ボ | —— 簿記・家計簿・原簿・帳簿・登記簿・名簿

人[姥] ボ おけ・とめ ——

人[戊] ボ・ム さかる・しげ・しげる —— 戊辰・戊夜

人[牡] ボ おす —— 牡丹

人[菩] ボ・ホ・ハイ・バイ | —— 菩薩・菩提

ぼあい　暮靄の中

ほあん　町の保安を守る

ほい　布△衣の身

　　　補遺を付ける

ぼいき　墓域

ほいく　幼児を保育する

　　　乳児を哺育

　　　*保育する

ほいっぽ　歩一歩近付く

ほいろ　焙炉でほうじる

ぼいん　母音と子音

　　　拇印 *母印を押す

ホウ

[方] ホウ かた —— 「東の—」◇方角・方針・方便・方法・地方

[包] ホウ つつ-む —— 包囲・包括・包含・包帯・包容力・空包・内包

[宝(寶)] ホウ たから —— 宝鑑・宝庫・宝石・宝物・国宝・財宝・名宝

[放] ホウ はな-す・はな-つ・はな-れる・ほう-る —— 放棄・放送・放置・放牧・放浪・追放

[法] ホウ・(ハッ・ホッ) | —— 「—に背く」◇法規・法廷・法律・文法

[訪] ホウ おとず-れる・たず-ねる —— 訪欧・訪日・訪問・探訪・来訪・歴訪

[報] ホウ むく-いる —— 「…の—に接する」◇報告・報酬・情報

[豊(豐)] ホウ ゆた-か —— 豊凶・豊作・豊潤・豊年・豊富・豊満・豊麗

[芳] ホウ かんば-しい —— 芳紀・芳香・芳志・芳情・遺芳

[邦] ホウ | —— 邦貨・邦画・邦楽・邦文・万邦・友邦・連邦

[奉] ホウ・(ブ) たてまつ-る —— 奉公・奉仕・奉祝・奉職・奉納・遵奉・信奉

[抱] ホウ だ-く・いだ-く・かか-える —— 抱懐・抱負・抱擁・抱卵・介抱・辛抱

[泡] ホウ あわ —— 気泡・水泡・発泡

[胞] ホウ | —— 胞子・細胞・同胞・肺胞

[封] ホウ・フウ | —— 封建・封土・移封・素封家

[俸] ホウ | —— 俸給・加俸・月俸・減俸・増俸・年俸・本俸

[倣] ホウ なら-う —— 模倣

[峰[人峯]] ホウ みね —— 奇峰・孤峰・秀峰・主峰・霊峰・連峰

[砲] ホウ | —— 砲火・砲撃・砲手・砲弾・銃砲・大砲・鉄砲

[飽] ホウ あ-きる・あ-かす —— 飽食・飽満・飽和

[褒(襃)] ホウ ほ-める —— 褒章・褒賞・褒美・過褒

[縫] ホウ ぬ-う —— 縫合・縫製・裁縫・天衣無縫

[崩] ホウ くず-れる・くず-す —— 崩壊・崩御・崩落
[蜂] ホウ はち —— 蜂起
[人朋] ホウ とも —— 朋輩・朋友・同朋
[萌・人萠] ホウ もえ —— 萌芽・萌生
[人鳳] ホウ — —— 鳳凰・瑞鳳
[人鵬] ホウ とも・ゆき —— 鵬翼
[人捧] ホウ かた・たか・もち —— 捧持・捧腹絶倒
[人蓬] ホウ・ブ・ブウ よもぎ —— 蓬頭垢面・蓬萊
[人逢] ホウ・ブ あい —— 逢着
[人鋒] ホウ さき・ほこ —— 先鋒・舌鋒
[人鞄] ホウ かばん ——

ほう　水芭蕉《みずばしょう》の苞　袍を着ける

ボウ

[亡] ボウ・(モウ) な-い —— 亡父・亡命・亡霊・死亡・存亡・逃亡・滅亡
[忘] ボウ わす-れる —— 忘恩・忘却・忘失・忘年会・健忘症・備忘録
[防] ボウ ふせ-ぐ —— 防火・防寒・防止・防除・防犯・防備・消防
[望] ボウ・モウ のぞ-む —— 望外・望郷・望見・一望・希望・失望・野望
[棒] ボウ — —— 「—に振る」◇棒暗記・棒状・棒線・鉄棒
[貿] ボウ — —— 貿易
[暴] ボウ・(バク) あば-く・あば-れる —— 暴言・暴行・暴走・暴動・暴利・横暴
[乏] ボウ とぼ-しい —— 欠乏・耐乏・貧乏
[忙] ボウ いそが-しい —— 忙殺・忙事・忙中・多忙・繁忙
[妄] ボウ・モウ — —— 妄言
[坊] ボウ・(ボッ) — —— 坊間・坊主・宿坊・僧坊・寝坊
[妨] ボウ さまた-げる —— 妨害
[房] ボウ ふさ —— 房事・房内・雑居房・僧房・独房・女房・冷房
[肪] ボウ — —— 脂肪
[某] ボウ — —— 某月某日・某国・某氏・某所・某々・何某
[冒] ボウ おか-す —— 冒険・冒頭・感冒
[剖] ボウ — —— 剖検・解剖
[紡] ボウ つむ-ぐ —— 紡錘・紡績・紡毛・混紡・綿紡
[傍] ボウ かたわ-ら —— 傍観・傍系・傍若無人・傍証・傍聴・路傍
[帽] ボウ — —— 帽子・帽章・赤帽・角帽・制帽・脱帽・無帽
[謀] ボウ・(ム) はか-る —— 謀議・謀殺・謀略・首謀者・無謀
[膨] ボウ ふく-らむ・ふく-れる —— 膨大・膨張・膨脹
[貌] ボウ — —— 変貌・美貌
[人卯] ボウ う —— 卯酒
[人茅] ボウ かや・ち —— 茅屋・茅舎
[人眸] ボウ ひとみ —— 明眸・双眸
[人昴] ボウ すばる —— 昴宿
[人牟] ボウ・ム ます・もと ——

ぼうあく　暴悪な振る舞い
ほうあん　法案を提出する　神霊を奉安する
ぼうあんき　棒暗記　*棒諳記
ほうい　方位を定める　敵を包囲する
ほうい　法衣をまとう
ぼうい　暴威を振るう
ほういがく　法医学
ほういつ　放逸　*放佚
ほういん　法印
ぼういん　暴飲暴食

靄　袍　諳

ほうえ 法会を営む
法衣△をまとう
ほうえい プロ野球の放映
ぼうえい 国土を防衛する
ぼうえき 防疫対策
中国と貿易する
ぼうえきふう 貿易風
ほうえつ 法悦の境地
ほうえん 方円の器
砲煙弾雨
豊艶な女体
ぼうえん 防炎加工
望遠レンズ
ぼうえんきょう 望遠鏡
ほうおう ローマ法王
法皇の院政
訪欧の旅
鳳凰の飾り
ぼうおく 茅屋（あばらや）
ほうおん 芳恩に報いる
親への報恩
ぼうおん 忘恩の徒
防音装置
ほうか 邦家のため
邦貨に換算する
建物に放火する
放歌高吟
法科の学生
法家（諸子百家の一）
法貨（法定貨幣）
砲火を交える
烽火（のろし）
蜂窩（はちの巣）
ほうが 邦画と洋画
奉賀新年
悪の萌芽
ぼうか 防火建築
ぼうが 忘我の境地
ほうかい 信念を抱懐する
法界悋気
建物が崩壊
*崩潰する
ほうがい 法外な値段
ぼうがい 安眠を妨害
*妨碍する
望外の喜び
ほうかいせき 方解石
ほうがく 方角を見失う
邦楽鑑賞
法学博士
ほうかご 放課後
ほうがちょう 奉加帳を回す
ほうかつ 全体を包括する
ほうかん 大政を奉還する
宝冠を戴く
文章宝鑑
法官
砲艦
幇間（太鼓持ち）
ほうがん 危機を包含する
九郎判官△
砲丸
ぼうかん 坊間の伝える所
防寒の設備
危機を傍観する
暴漢に襲われる
ほうがんし 方眼紙
ほうき 箒 *帚
ほうき 芳紀十八歳
宝器
権利を放棄
*抛棄する
交通法規を守る
農民が蜂起する
ほうき 伯耆△の国
ぼうぎ 共同謀議
ほうきぼし 箒星 *帚星
ほうきゃく 訪客
ぼうきゃく 忘却の彼方《かなた》

ほ

ぼうぎゃく　暴虐な行為
ほうきゅう　俸給を受け取る
ほうぎょ　天皇の崩御
ぼうきょ　暴挙に出る
ぼうぎょ　防御 *防禦
ほうきょう　稲作の豊凶
　豊頰の美人
ぼうきょう　望郷の念
ほうきょうじゅつ　豊胸術
ほうぎょく　宝玉を鏤《ちりば》める
ぼうきれ　棒切れ
ほうぎん　高歌放吟する
ぼうぐ　防具をつける
ぼうぐい　棒杭を打つ
ぼうくう　防空壕
ぼうぐらふ　棒グラフ
ぼうくん　亡君の仇を報ず
　暴君ネロ
ほうけい　方形の器
　包茎

ほうげい　貴人を奉迎する
ぼうけい　傍系の会社
　謀計を巡らす
ほうげき　砲撃を加える
ぼうげつ　某月某日
ほうける　遊びに呆ける
　*惚ける
ほうけん　神社に奉献する
　宝剣
　封建制度
ほうげん　関西の方言
　放言する
　狩野法眼元信
ぼうけん　冒険を好む
　遺体を剖検する
　富士を望見する
ぼうげん　妄言を謝す
　暴言を吐く
ほうこ　魚の宝庫
ほうご　邦語に訳す

　法語
ぼうこ　茫乎とした
ぼうご　防護する
　妄語
ほうこう　方向を変える
　町を彷徨する
　芳香が漂う
　虎が咆哮する
　酒屋に奉公する
　放校処分
　砲口を向ける
ほうごう　抱合する
　仏家の法号
　傷口を縫合する
ぼうこう　膀胱
　暴行を働く
ほうこく　神前に奉告する
　経過を報告する
　尽忠報国
ぼうこく　亡国の恨み

　某国大使館
ぼうこん　亡魂(死者の魂)
ぼうさい　亡妻
　防災対策
　防塞(とりで)
ほうさく　方策を立てる
　豊作と凶作
ぼうさつ　忙殺される
　謀殺の疑い
ほうさん　奉賛会
　熱気を放散する
　硼酸
ほうし　芳志に感謝する
　社会に奉仕する
　放恣 *放肆な生活
　西行法師

鳳　凰　膀

ほ

しだの胞子

ほうじ　褒詞（ほめことば）　邦字新聞　法事を営む　校旗を捧持　*奉持する　褒辞

ぼうし　事故を防止する　某氏　紡糸　帽子を被る

ぼうじ　亡児　房事

ほうしき　方式　法式

ほうじちゃ　焙じ茶を飲む

ぼうしつ　現金を亡失する　書類を忘失する　防湿剤　房室（部屋）

ぼうじつ　某月某日

ぼうじま　棒縞

ほうしゃ　光を放射する　砲車　金子《きんす》を報謝する

ぼうじゃくぶじん　傍若無人

ほうしゃじょう　放射状道路

ほうしゃのう　放射能

ほうしゃれいきゃく　放射冷却

ほうしゅ　法主　砲手

ほうじゅ　宝珠の玉

ぼうしゅ　芒種（二十四気）　卯酒（うの刻の酒）

ぼうじゅ　無電を傍受する

ほうしゅう　報酬を受ける

ほうじゅう　放縦な生活

ぼうしゅう　防臭剤

ほうしゅく　奉祝行事

ほうしゅつ　物資を放出する

ほうじゅつ　方術　砲術

ぼうじゅつ　棒術

ほうじゅん　芳醇　*芳純　豊潤な平野

ほうしょ　御芳書拝見　奉書紙

ほうじょ　自殺を幇助する

ぼうしょ　都内某所

ぼうじょ　虫害を防除する

ほうしょう　国歌を奉唱する　報賞状（善行・功労の表彰）　報奨金（奨励）　報償金（損失の埋め合わせ）　褒賞金（褒美）　黄綬褒章

ほうじょう　方丈の部屋　御芳情を謝する　習字の法帖　豊饒な土地　五穀豊穣　褒状を授ける

ぼうしょう　傍証を固める　帽章

ぼうじょう　棒状　暴状が目に余る

ほうじょうえ　放生会

ほうじょうときむね　北条△時宗△

ほうしょうりゅう　宝生流

ほうしょく　宝飾品　官庁に奉職する　暖衣飽食

ぼうしょく　紡織機械　暴飲暴食

ほうじる　命《めい》を奉じる

ほ

ほうしん　恩に報じる
茶を焙じる
教育の方針
御芳心を謝する
芳信拝読
放心状態
砲身が焼ける
疱疹
ほうじん　方陣
在外邦人
財団法人
ぼうじん　防塵マスク
ほうず　方図が無い
ぼうず　坊主
ほうすい　放水する
ぼうすい　防水加工
紡錘
ぼうすいけい　紡錘形
ほうすう　鳳雛
ぼうずがり　坊主刈り

ほうずる　命を奉ずる
大名に封ずる
恩に報ずる
天皇が崩ずる
ぼうずる　故郷忘じ難し
ほうすん　方寸の地
ほうせい　品行方正
法制(法律と制度)
砲声が轟く
縫製工場
ぼうせい　暴政に反抗する
ほうせき　宝石
ぼうせき　紡績業
ほうせつ　包摂する
ぼうせつ　防雪林
ほうせん　砲戦を交える
ぼうせん　防戦に努める
傍線を引く
棒線グラフ
ぼうぜん　呆然と見送る

茫然自失
ほうせんか　鳳仙花が咲く
ほうそう　品物を包装する
貴人を奉送する
放送する
法曹(法律家)
疱瘡の跡
ほうぞう　内部に包蔵する
宝蔵
ぼうそう　電車が暴走する
ぼうそう　房総半島
ほうそうかい　法曹界
ほうそく　万有引力の法則
ぼうだ　涙が滂沱として流れる
ほうたい　大詔を奉戴する
包帯 *繃帯
ほうだい　食い放題
砲台
ぼうだい　膨大 *厖大

傍題を付ける
ぼうたかとび　棒高跳び
ぼうだち　棒立ちになる
ほうたん　放胆な作戦
ほうだん　新春放談
法談(法話)
砲弾が破裂する
ぼうだん　防弾チョッキ
ほうち　法治国家
屋外に放置する
大名の封地
火災報知機
ほうちく　町から放逐する
ほうちゃく　困難に逢着する
ぼうちゅう　忙中閑あり
防虫剤
傍注 *旁註

褒
疱
繃

ほうちょう　包丁 *庖丁
　放鳥する
ぼうちょう　防諜機関
　会議を傍聴する
　膨張 *膨脹
ほうちょく　奉勅命令
ほうてい　法廷を開く
　法定伝染病
ほうていしき　方程式
ほうてき　法的な根拠
　仏教の法敵
　任務を放擲
　*抛擲する
ほうてん　育児宝典
　ハムラビ法典
　玉串を奉奠する
ほうでん　宝殿
　放電する
ぼうてん　傍点を打つ
ほうと　方途に迷う

ほうど　邦土（国土）
　大名の封土
ぼうと　暴徒を鎮圧する
ほうとう　勅語に奉答する
　伝家の宝刀
　宝塔
　息子が放蕩する
　朋党を作る
　法灯 *法燈を掲げる（仏教）
　法統（仏教の伝統）
　戦艦の砲塔
　蓬頭垢面《こうめん》
ほうどう　事件を報道する
ぼうとう　会議の冒頭
　暴投する
　物価が暴騰する
ぼうどう　暴動が起こる
ほうとく　報徳の念を持つ
ほうどく　奉読 *捧読

ぼうとく　神を冒瀆する
ぼうどく　防毒マスク
ほうなん　法難
ほうにち　訪日の途につく
ほうにょう　放尿する
ほうにん　自由放任
ほうねつ　放熱器
ほうねん　豊年満作
ほうねん　法然上人
ぼうねん　防燃加工
　某年某月
ぼうねんかい　忘年会
ほうのう　神楽《かぐら》を奉納する
ほうはい　仏像を奉拝する
　機運が澎湃として起こる
ほうばい　朋輩 *傍△輩
ぼうはく　傍白
ぼうばく　茫漠たる前途
ほうはつ　垢面《こうめん》蓬髪

ぼうはつ　拳銃が暴発する
ぼうはてい　防波堤
ぼうばり　棒針
ぼうはん　防犯ベル
ほうひ　包皮
　放屁する
ほうび　褒美を貰う
ぼうび　防備を固める
ぼうびき　借金の棒引き
ぼうびろく　忘備録
ほうふ　抱負を語る
　豊富な資源
ほうふ　防△府市
ぼうふ　亡夫
　亡父
　防腐
ぼうふう　防風林
　暴風
ぼうふうう　暴風雨
ほうふく　裁判官の法服

ほ

敵に報復する
ほうふくぜっとう　抱腹絶倒　*捧腹絶倒
ぼうふざい　防腐剤
ほうふつ　父の面影が彷彿　*髣髴とする
ほうぶつせん　放物線　*抛物線を描く
ぼうふら　孑孒　*孑孑
❖「孑孑」は誤りの慣用化。
ほうぶん　邦文タイプ　法文に規定する
ほうへい　神前に奉幣する　砲兵
ぼうへき　防壁を築く
ほうへん　毀誉褒貶
ほうべん　うそも方便
ぼうぼ　亡母

ほうほう　方法を考える
ほうぼう　方々にある
ぼうぼう　某々　茫々たる原野
ほうほうのてい　這々の体
ほうぼく　牛馬を放牧する
ほうまつ　泡沫候補
ほうまん　放漫な政策　豊満な肉体　珍味に飽満する
ぼうまん　暴慢な態度　腹部膨満
ほうみょう　法名と俗名
ぼうみん　暴民
ほうむしょう　法務省
ほうむりさる　葬り去る
ほうむる　墓に葬る
ぼうめい　外国に亡命する
ほうめいろく　芳名録
ほうめん　関西方面　無罪放免
ほうもつ　宝物殿
ほうもん　砲門を開く　友人を訪問する
ぼうや　坊やはよい子だ
ほうやく　邦訳
ほうゆう　朋友知己(友人)
ぼうゆう　亡友　暴勇を振るう
ほうよう　包容する　熱い抱擁　法要を営む
ぼうよう　多岐亡羊　茫洋　*芒洋たる海原
ほうようりょく　包容力
ほうよく　豊沃な土地　鵬翼(おおとりのつばさ)
ぼうよみ　棒読みにする

ほうらい　蓬萊山
ほうらく　目の法楽　*放楽をする　米価が崩落する
ぼうらく　株が暴落する
ほうらつ　放埒な男
ぼうり　暴利をむさぼる
ほうりあげる　放り上げる
ほうりき　法力
ほうりだす　本を放り出す　*抛り出す
ほうりつ　法律を制定する
ほうりゃく　経営方略
ぼうりゃく　謀略に乗る
ほうりゅう　稚魚を放流する
ぼうりゅう　学界の傍流
ほうりゅうじ　法隆寺の壁画

蓬

澎

湃

ほ

ほうりょう　豊猟　鮭の豊漁
ぼうりょく　暴力を振るう
ほうりん　法輪
ほうる　石を放る　*抛る
強敵を屠る
ほうるい　堡塁　*保△塁
ぼうるい　防塁を築く
ほうれい　法令
法例
豊麗な頰
ぼうれい　亡霊が出る
暴戻な振る舞い
ほうれつ　芳烈な香り
カメラの放列
砲列をしく
ほうれん　鳳輦
ほうれんそう　菠薐草
ほうろう　放浪の旅
琺瑯のなべ
報労金
ぼうろう　望楼
ほうろく　俸禄を食《は》む
焙烙で炒《い》る
ほうろん　法論を戦わせる
ぼうろん　暴論を吐く
ほうわ　住職の法話
飽和状態
ほえづら　吠え面をかく
ほえる　犬が吠える
虎が吼える
*咆える

ほお

[頰] ほお —「—を染める」◇頰張る

ほお　朴△の木
ほおえましい　微△笑ましい
*頰笑ましい
ほおえむ　幼児が微△笑む
*頰笑む
ほおがえし　頰返し
ほおかぶり　頰被△りをする
ほおかむり　頰被△りをする
ほおける　表紙が蓬△ける
ほおずき　酸漿　*鬼△灯△
ほおずり　頰擦りをする
ほおづえ　頰杖を突く
ほおば　朴△歯の下駄
ほおばる　飯を頰張る
ほおひげ　頰髭　*髯
ほおべに　頰紅を付ける
ほおぼね　頰骨
ほおん　保温装置
ぼおん　母音と子音
ほか　外　*他の方法
❖「特別の場合を除くほか」などは、仮名書きがふつう。
ほかく　保革逆転
象を捕獲する
補角
ほかげ　火影　*灯△影が揺らめく
帆影が見える
ほかけぶね　帆掛|け船
ぼかし　彩色の暈し
ほかす　放△す
ぼかす　話を暈す
ほかならない　外ならない
*他ならない
ほがらか　朗らかな人
ほかん　図面を保管する
相互に補完する
補巻
ぼかん　母艦を発進する
ほき　補記する
ぼき　複式簿記

ほ

ほぎうた　祝△ぎ歌
ほきゅう　栄養を補給する
ほきょう　床を補強する
ぼきん　募金を集める
ほきんしゃ　赤痢の保菌者

ホク

[北] ホク きた ― 北緯・北欧・北進・北端・北部・北極・敗北

ボク

[木] ボク・モク き・(こ) ― 木石・木刀・木剣・大木・土木
[牧] ボク まき ― 牧師・牧場・牧草・牧童・牧歌・放牧・遊牧
[朴] ボク ― 質朴・純朴・素朴
[僕] ボク ― 「君と―」◇下僕・公僕
[墨(人墨)] ボク すみ ― 遺墨・白墨・筆墨
[撲] ボク ― 撲殺・撲滅・打撲傷
[睦] ボク ― 親睦・和睦
[人卜] ボク・ホク うら ― 卜者・亀卜

ほくい　北緯五十度
ほくおう　北欧諸国
ほくが　北画と南画
ぼくが　墨画
ぼくぎゅう　牧牛
ほくげん　稲作の北限
ぼくさつ　狂犬を撲殺する
ぼくし　牧師
ぼくしゃ　卜者
　牧者
　牧舎
ぼくしゅ　規約を墨守する
ぼくじゅう　墨汁
ぼくしょ　墨書する
ほくじょう　台風が北上する
ぼくじょう　牧場

ぼくしょく　墨色
ほくしん　北辰(北極星)
　船が北進する
ぼくしん　牧神
ぼくじん　牧人
ほぐす　気持ちを解△す
ぼくする　吉日を卜する
ほくせい　北西
ぼくぜい　卜筮(うらない)
ぼくせき　木石にあらず
　鮮やかな墨跡
　*墨蹟
ぼくそう　牧草を刈る
ほくそえむ　北叟笑む
ぼくたく　社会の木鐸
ほくたん　日本の北端
ほくち　火口
ぼくちく　牧畜を営む
ほくちょう　北朝と南朝
ぼくちょく　朴直　*樸直

ぼくてい　墨堤の桜
ほくてき　南蛮北狄
ほくとう　北東
ぼくとう　木刀を振る
ぼくどう　牧童
ぼくとうきだん　濹東綺譚
ほくとしちせい　北斗七星
ぼくとつ　木訥　*朴訥
ぼくねんじん　朴念仁
ほくび　槍の穂首
ほくぶ　北部
ほくべい　北米大陸
ほくへん　北辺の守り
ぼくめつ　害虫を撲滅する
ぼくや　牧野
ほくよう　北洋漁業
ぼくよう　牧羊

稜
暈
濹

ほ

ぼくようしん　牧羊神
ぼくら　僕△等
ぼくり　木履の音
ほくりく　北陸地方
ほくれい　南都北嶺
ほぐれる　緊張が△解れる
ほくろ　△黒△子
ほげい　捕鯨
ぼけい　母系家族
　活字の母型
ぼけい　暮景
ほけきょう　法△華経
ほげた　帆桁
ほけつ　補欠選挙
　補血剤
ぼけつ　墓穴を掘る
ぼける　頭が惚ける
　*呆ける　*耄ける
　色が暈ける

ほけん　保健体育
　保険を掛ける
ぼけん　母権制度
ほけんじょ　保健所
ぼげんびょう　母原病
ほこ　矛　*鉾　*戈
ほご　野鳥を保護する
　補語
　反△故　*反△古にする
ぼご　母語
ほこう　歩行困難
　補講をする
ぼこう　母校
　母港
ぼこく　母国を懐しむ
ほこさき　矛先　*鋒
ほごしょく　保護色
ほごす　警戒心を△解す
ほこら　小さな祠

ほこらか　誇らかに語る
ほこらしい　誇らしい思い
ほこり　埃が立つ
　誇り　*矜り
ほこる　伝統を誇る
ほころばす　顔を綻ばす
ほころびる　着物が綻びる
ほころぶ　顔が綻ぶ
ほさ　補佐　*輔佐
ほさき　槍の穂先
ほさつ　熊を捕殺する
　走者を補殺する
ぼさつ　菩薩
ぼさん　墓参をする
ほし　満天の星
ほじ　記録を保持する
ぼし　母子(母と子)
　拇指　*母指
　墓誌
ほしあみ　干し|網

ほしい　水が欲しい
　❖「…てほしい」は仮名書きがふつう。
ほしいい　干し|飯　*△乾し|飯　*△糒
ほしいまま　権力を△恣　*△縦にする
ほしうお　干し|魚　*△乾し|魚
ほしうらない　星占い
ほしか　干し|鰯　*△乾し|鰯
ほしがき　干し|柿　*△乾し|柿
ほしかげ　星影が瞬く
ほしがたい　安全は保し難い
ほしがる　欲しがる
ほしくさ　干し|草　*△乾し|草

草

ほしくず　星屑
ほしぞら　星空が美しい
ほしつ　保湿剤
ほしづきよ　星月夜
ほしとりひょう　星取り表
ほしぶどう　干し葡萄　*乾し葡萄
ほしまつり　星祭り
ほしまわり　星回りがいい
ほしめ　星目　*星眼
ぼしめい　墓誌銘
ほしもの　干し物　*乾し物
ほしゃく　保釈になる
ほしゅ　保守政党
　投手と捕手
ほしゅう　捕囚の身
　屋根を補修する
　授業の補習

ほじゅう　欠員を補充する
ぼしゅう　社員を募集する
　暮秋の候
ぼしゅん　暮春の候
ほじょ　資金を補助する
ぼしょ　墓所
ほしょう　歩哨に立つ
　身元を保証する
　安全を保障する
　損害を補償する
ほじょう　捕縄
　圃場（農園）
ぼしょう　暮鐘
ぼじょう　慕情を抱く
ほしょうにん　保証人
ほしょく　鼠を捕食する
　赤の補色
　補職する
ぼしょく　暮色が濃くなる
ほじる　火鉢の火を穿る

ほしん　保身の術
ほす　干す　*乾す
ほすう　歩数を数える
ほする　安全は保し難い
　局長に補する
ほせい　予算を補正する
　仮縫で補整する
ぼせい　母性の本能
ぼせき　墓石
ほせつ　補説する
ほせん　保線工事
　補選（補欠選挙）
ほぜん　国土を保全する
ぼせん　捕鯨母船
ぼぜん　墓前にぬかずく
ほぞ　木材の枘
　臍を噛む
ほそい　細い糸
ほそう　舗装　*鋪装
ぼそう　墓相

ほそうで　女の細腕
ほそおもて　細面の美人
ほそく　歩速を速める
　距離を歩測する
　真意を捕捉する
　説明を補足する
　補則を付ける
ほそごし　細腰の女性
ほそじ　細字で書く
ほそながい　細長い顔
ほそびき　細引きで縛る
ほそぼそ　細々と暮らす
ほそみ　細身のズボン
ほそみち　細道
ほそめ　細め　*細目
　細目を開ける
ほそめる　目を細める

鯨　鉾　糒

ほ

ほそる 身も細る思い
ほぞん 史跡を保存する
ほだ 榾を焚く
ぼたい 母体 保護・推薦—
母胎を離れる
ぼだい 菩提を弔う
ぼだいじ 菩提寺
ぼだいじゅ 菩提樹
ほたかだけ 穂高岳
ほだされる 情に絆される
ほたてがい 帆立貝
ほだび 榾火
ぼたもち 牡丹餅
ぼたやま 炭鉱の硬山
ほたる 蛍の光
ほたるがり 蛍狩|り
ぼたん 釦が取れる
ぼたん 大輪の牡丹
ぼたんゆき 牡丹雪が降る

ぼち 墓地に埋葬する
ほちゅう 補注 ＊補註
ほちゅうあみ 捕虫網
ほちょう 歩調を揃える
ほちょうき 補聴器

ホツ

［発（發）］ホツ・ハツ —— 発起・発句・発作・発心・発足・発端

ボツ

［没］ボツ —— 「原稿を—にする」「大正三年—」◇没年・出没
［勃］ボツ —— 勃興・勃発

ぼつ 平成二年没 ＊歿
ほつい 発意する
ぼつが 没我の境に入る
ほっかい 北海油田
ほっかいどう 北海道
ぼっかく 文人墨客

ぼっかてき 牧歌的な風景
ほっかぶり 頬っ被り
ほつがん 大仏殿建立を発願する
ほっき 一念発起
ほつぎ 散会を発議する
ぼっき 勃起する
ほっきにん 発起人
ぼっきゃく 理性を没却する
ぼっきょ 卜居する
ほっきょう 法橋
ほっきょく 北極探検・—海・—圏・—星
ほっく 発句
ぽっくり 木履の音
ほっけ 𩸽（海産魚）
ほっけ 法華八講
ぼっけん 木剣
ぼつご 没後 ＊歿後
ぼっこう 新勢力の勃興

ぼっこうしょう 没交渉になる
ほっこく 北国
ぼっこん 墨痕鮮やか
ほっさ 発作が起こる
ほっしゅ 法主
ぼっしゅ 没取する
ぼっしゅう 財産を没収する
ぼっしゅみ 没趣味
ぼっしょ 没書
ほっしん 発心する
ほっしん 発疹チフス
ほっす 払子（仏具）
ほっす 法主
ほっする 名誉を欲する
ぼっする 日が没する
ぼっする 七十で没する
＊歿する
ぼつぜん 没前 ＊歿前
勃然

ほっそく　会が発足する
ほったい　法体
ほったてごや　掘っ建て小屋　*掘建小屋　*掘っ立て小屋　*掘立小屋
ほったん　事件の発端
ぼっちゃん　坊ちゃん
ほづつ　火筒の響き
ほっと　吻とする
ぼっとう　研究に没頭する
ほづな　帆綱を張る
ぼつにゅう　研究に没入する
ぼつねん　没年　*歿年
ぼっぱつ　戦争が勃発する
ほっぺた　赤い頰っぺた
ほっぽう　北方領土
ぼつぼつ　勇気勃々
ぼつらく　貴族が没落する

ぼつりそう　没理想
ほつれげ　解れ毛
ほつれる　袖口が解れる
ほてい　布袋腹
　歩程十キロ
　補訂する
　文章を補綴する
ほてつ　歯の補綴
ほてる　顔が火照る
ほてん　赤字を補塡する
ほど　身の程を知る
ほど　三日程経過した
❖助詞は仮名書きがふつう。
ほどあい　程合いの甘さ
ほどう　歩道と車道
　補導　*輔導を受ける
　舗道　*鋪道(舗装道路)

ぼどう　母堂
ほどうきょう　歩道橋
ほどく　結び目を解く
ほとけ　仏の顔も三度
ほとけごころ　仏心を起こす
ほとけさま　仏様
ほとけのざ　仏の座(春の七草)
ほどける　ひもが解ける
ほどこし　施しをする
ほどこす　恩恵を施す
ほどちかい　駅に程近い家
ほどとおい　実現には程遠い
ほととぎす　時鳥　*杜鵑　*子規　*不如帰
ほどなく　程無く着く
ほとばしる　血が迸る
ほとびる　椎茸《しいたけ》が潤びる
ほどほど　程々にする

ほとぼり　熱りが冷める
ほどよい　程好い　*程良い大きさ
ほとり　湖の辺　*畔
ほとんど　殆ど知らない
ほなみ　穂並みが揃う
　黄金の穂波
ぼにゅう　母乳で育てる
ほにゅうるい　哺乳類
ほね　骨が折れる
ほねおしみ　骨惜しみする
ほねおり　無駄な骨折り
ほねおりぞん　骨折り損
ほねぐみ　家の骨組み
ほねつぎ　骨接ぎ
ほねっぷし　骨っ節が太い
ほねっぽい　骨っぽい意見

歿
鵑
迸

ほ

ほねなし 骨無し
ほねぬき 骨抜きにする
ほねばる 骨張った手
ほねぶと 骨太の体
ほねぼそ 骨細の体
ほねみ 骨身を惜しまず
ほねやすめ 骨休めをする
ほの 仄白い
ほのお 炎 *焔
ほのか 仄かな光
ほのぐらい 仄暗い道
ほのぼのと 仄々とした話
ほのみえる 仄見える
ほのめかす 辞意を仄めかす
ほのめく 光りが仄めく
ほばく 犯人を捕縛する
ほばしら 帆柱
ほはば 歩幅が広い
ぼひ 墓碑を建てる
ほひつ 一言補筆する 補弼 *輔弼の任
ぼひめい 墓碑銘を刻む
ぼひょう 墓標 *墓表
ほふく 匍匐前進
ほふる 強敵を屠る
ほへい 歩兵
ぼへい 募兵する
ほほ 頬を染める
ほぼ 略 *略々
ほぼ 保母 *保姆
ほほえましい 微笑ましい *頬笑ましい
ほほえむ 子供が微笑む *頬笑む
ほまえせん 帆前船
ほまれ 一門の誉れ
ほむら 嫉妬の炎 *焔
ほめあげる 褒め上げる
ほめことば 褒め言葉
ほめそやす 褒めそやす
ほめたたえる 褒め称える
ほめちぎる 褒めちぎる
ほめる 子供を褒める *誉める
ほや ランプの火屋
ほや 海鞘の酢の物
ぼや 小火を出す 暮夜ひそかに
ほゆう 軍備を保有する
ほよう 温泉で保養する
ほら 大木の洞 法螺を吹く
ぼら 鯔は出世魚
ほらあな 洞穴
ほらがい 法螺貝を吹く
ほらふき 法螺吹き

ほり
[堀]ほり― 外堀・釣堀

ほり 城の堀 *濠 彫りの深い顔
ほり 捕吏
ぼり 鎌倉彫(工芸品)
ほりあてる 掘り当てる
ほりおこす 掘り起こす
ほりかえす 土を掘り返す
ほりごたつ 掘り火燵 *掘り炬燵
ほりさげる 掘り下げる
ほりだしもの 掘り出し物 *掘出物
ほりだす 宝を掘り出す
ほりぬきいど 掘り抜き井戸 *掘抜井戸
ほりばた 堀端 *濠端
ほりもの 彫り物
ほりものし 彫物師
ほりゅう 態度を保留する

ほりゅうのしつ　蒲柳の質
ほりょ　捕虜を収容する
ほりわり　掘り割り　*掘割　*堀割
ほる　穴を掘る
(ほる)　像を彫る
ほるい　堡塁　*保塁
ほれこむ　人物に惚れ込む
ほれぼれ　惚れ惚れする
ほれる　女に惚れる
ほろ　人力車の幌
(ほろ)　母衣を着ける
ぼろ　襤褸をまとう
ぼろきれ　襤褸切れ
ほろにがい　微苦い思い
ほろばしゃ　幌馬車
ほろびる　国が滅びる
(ほろびる)　*亡びる
ほろぶ　国が滅ぶ
(ほろぶ)　*亡ぶ
ほろぼす　国を滅ぼす
(ほろぼす)　*亡ぼす
ぼろもうけ　ぼろ儲け
ほろよい　ほろ酔い気分
ほわた　穂綿　*穂絮

ホン

［本］ホン もと ——「—を読む」◇本意・本気・本拠・本能・根本

［奔］ホン —— 奔出・奔走・奔騰・奔馬・奔流・狂奔・出奔

［翻］（人 飜）ホン ひるがえる・ひるがえす —— 翻案・翻意・翻刻・翻然・翻訳

ボン

［凡］ボン・（ハン）—— 凡愚・凡作・凡人・凡百・凡夫・平凡

［盆］ボン ——「—に載せる」『—と正月』◇盆栽・旧盆

［煩］（ボン）・ハン わずらう・わずらわす —— 煩悩

ほんあん　小説を翻案する
ほんい　人物本位
(ほんい)　本意ではない
(ほんい)　翻意を促す
ほんいつ　奔逸する
ほんいん　本院と分院
ほんいんぼう　本因坊
ほんえい　本営
ほんおく　本屋
ぼんおどり　盆踊り
ほんか　本科と予科
(ほんか)　本歌
ほんかい　本懐を遂げる
(ほんかい)　（大学の自称）
ほんかくてき　本格的な研究
ほんかどり　本歌取り
ほんかん　本官に任命する
(ほんかん)　ガスの本管
(ほんかん)　本館と別館
ほんがん　本願を成就する
ぼんがん　凡眼
ほんき　本気にする
ほんぎ　本紀と列伝
(ほんぎ)　憲政の本義
ほんぎまり　本決まり
ほんきゅう　本給
ほんきょ　本拠を置く
ほんぎょう　本業に励む
ほんきょく　本局と支局
ぼんぐ　凡愚の及ばぬ所
ほんぐう　本宮と新宮
ほんぐもり　本曇り
ぼんくれ　盆暮れの挨拶
ほんけ　本家と分家
ぼんげ　凡下なる者
ぼんけい　盆景
ほんけがえり　本卦帰り

鯔　襤　褸

ほ

*本卦還△り
ほんけん　本件
　本絹の布地
ほんげん　本源まで遡《さかのぼ》る
ぼんご　梵語
ほんこう　本校
ほんこく　古典を翻刻する
ほんごく　本国に送還する
ほんごし　本腰を入れる
ぼんこつ　凡骨(平凡な素質)
ほんさい　本妻
ぼんさい　凡才
　梅の盆栽
ぼんさく　凡作
　凡策
ほんざん　本山と末寺
ほんし　本旨に反する
　本志ではない
　本紙(新聞)
　本誌(雑誌)

ほんじ　本字で書く
　翻字する
ぼんじ　梵字
ほんしき　本式の訓練
ほんじすいじゃく　本地垂迹
ほんしつ　文学の本質
ほんじつ　本日休診
ぼんしつ　凡失を繰り返す
ほんしゃ　本社と支社
ぼんしゅ　凡手(平凡な腕前)
　凡守と拙攻
ほんしゅう　本州・四国・九州
ほんしゅつ　水が奔出する
ほんしょ　本書
　本署
ほんしょう　本性を現す
　本省の課長
ぼんしょう　凡小

　凡将
　梵鐘の音
ぼんじょう　凡情の浅ましさ
ほんしょく　本職顔負け
ほんしん　本心を明かす
　本震と余震
　翻心する
ほんじん　宿場の本陣
ぼんじん　凡人
ほんすじ　話を本筋に戻す
ほんせい　本姓
　本性を現す
ほんせき　本夕
　本籍地
ぼんせき　盆石
ぼんせつ　梵刹(寺院)
ほんせん　本船
　東海道本線
　コンクール本選
ほんぜん　本然の姿

　本膳料理
　翻然と悟る
ぼんせん　凡戦に終わる
ほんそう　本葬を営む
　金策に奔走する
ほんぞうがく　本草学
ほんそく　本則に従う
ぼんぞく　凡俗な人物
ほんぞん　御本尊
ぼんだ　凡打する
ほんたい　宇宙の本体
　本隊と支隊
ほんだい　話が本題に入る
ぼんたい　三者凡退
ほんたく　本宅
ほんたて　本立|て
ほんだな　本棚を整理する
ほんたん　奔湍(急流)
ぼんち　近江盆地
ほんちょう　本庁

本朝二十四孝
ぼんちょう　凡調に終わる
ほんちょうし　本調子を出す
ほんづくり　本造りの醤油《しょうゆ》
ほんてい　本邸
ほんてん　本店と支店
体を翻転させる
ほんでん　本殿と拝殿
ぼんてん　梵天(神名)
ほんど　日本の本土
ほんとう　本当の話
本島
物価が奔騰する
ほんどう　寺院の本堂
本道に立ち戻る
ほんに　本に困っている
ほんにん　本人に尋ねる
ほんね　本音と建て前
ほんねん　本年の抱負
本然の姿

ほんの　本の少し
❖ふつう仮名書き。
ほんのう　人間の本能
ぼんのう　煩悩を断つ
ほんのうじ　本能寺の変
ぼんのくぼ　盆の窪
ほんば　本場で仕込む
奔馬を御する
ほんばこ　本箱
ほんばしょ　大相撲本場所
ほんばん　ぶっつけ本番
ぼんぴゃく　凡百の人間
ほんぶ　大学の本部
ほんぷ　本譜と略譜
ぼんぷ　凡夫の浅ましさ
ほんぷく　本復を祝う
ほんぶし　本節と亀節
ほんぶたい　本舞台を踏む
ほんぶり　本降りになる
ほんぶん　学生の本分

本文を参照する
ほんぽ　本舗
ほんぽう　本邦初演
本法
本俸
自由奔放
ぼんぼり　雪洞を飾る
ぼんぼん　凡々たる人生
ほんまつてんとう　本末転倒　*本末顚倒
ほんまる　城の本丸
ほんみょう　本名を明かす
ほんむ　本務を忘れる
ほんめい　本命の馬
奔命に疲れる
ほんもう　本望を遂げる
ほんもと　本家本元
ほんもの　本物と偽物
ほんもん　本文を参照する

ほんや　本屋
ほんやく　小説を翻訳する
前厄　本厄　後厄
ぼんやすみ　盆休み
ぼんよう　凡庸な人
ほんよみ　台本の本読み・
なかなかの―
ほんらい　本来の使命
ほんりゅう　信濃川の本流
奔流にのまれる
ぼんりょ　凡慮
ほんりょう　本領を発揮する
ほんるい　本塁に滑り込む
ほんれき　本暦
ほんろう　敵を翻弄する
ほんろん　本論に入る
ほんわり　本割り(相撲)

梵
翻
弄

ほ

ま

マ

［磨］マ みがく ― 研磨
［麻］マ あさ ― 麻酔・麻薬・亜麻
［魔］マ ― 「―がさす」◇魔境・魔術・魔女・魔力・悪魔
［摩］マ ― 摩擦・摩天楼
［茉］(人) マ・マツ ― 茉莉花

ま　真に受ける　間を置く・明かずの―
まあい　間合いをとる
まーじゃん　麻△雀
まあたらしい　真新しい　スーッ
まーぼーどうふ　麻△婆△豆腐

マイ

［毎(毎)］(人) マイ ― 毎回・毎号・毎時・毎度・毎日・毎年・毎々
［米］マイ・ベイ こめ ― 玄米・古米・新米・精米・白米
［妹］マイ いもうと ― 義妹・姉妹・令妹
［枚］マイ ― 枚挙・枚数・大枚
［埋］マイ うめる・うまる・うもれる ― 埋骨式・埋設・埋葬・埋蔵・埋没
［昧］マイ ― 曖昧・三昧

まい　舞を舞う
まいあがる　舞い上がる
まいあさ　毎朝体操をする
まいおうぎ　舞扇
まいおさめ　舞い納め
まいき　毎期の業績
まいきょ　枚挙に遑《いとま》がない
まいげつ　毎月十日に休む
まいこ　舞い子　*舞妓
まいご　迷子になる
まいこつ　埋骨する
まいこむ　雪が舞い込む
まいじ　毎次(そのたび)
　　　　毎時六十キロ
まいしゅう　毎週の集まり
まいしょく　毎食食べる好物
まいしん　一路邁△進する
まいす　売△僧
まいすう　枚数を数える
まいせつ　下水を埋設する
まいそう　死者を埋葬する
まいぞう　金を埋蔵する
まいぞめ　舞初め
まいちもんじ　真一文字
まいつき　毎月十日に休む
まいづる　舞鶴市
まいど　毎度世話になる
まいとし　毎年二月に開く
まいない　賂△を贈る
まいにち　毎日残業する
まいねん　毎年二月に開く
まいばん　毎晩遅く帰る
まいふく　埋伏する
まいぼつ　地中に埋没する
まいもどる　家へ舞い戻る
まいゆう　毎夕五時の集会
まいよ　毎夜夢を見る
まいり　お参り　*詣△り
まいる　お宮に参る　*詣△る
　　　　寒さに参る
まう　舞を舞う
　　　目が眩う思い
まうえ　頭の真上
まうしろ　真後ろにある
まえ　前を見る
まえあし　前足　*前脚
まえいわい　前祝い

まえうしろ　前後ろに着る
まえうり　前売り
まえうりけん　前売券
まえおき　前置きが長い
まえかがみ　前屈△みに歩く
まえがき　前書き
まえかけ　前掛け
まえがし　前貸し
まえがしら　前頭二枚目
まえかた　前方お願いした
まえがみ　前髪をたらす
まえがり　給料の前借り
まえきん　前金を払う
まえくづけ　前句付
まえげいき　前景気
まえこうじょう　前口上
まえこごみ　前屈△みになる
まえさがり　前下がりの裾
まえだおし　償却の前倒し
まえだれ　前垂れをする

まえば　前歯と奥歯
まえばらい　代金の前払い
まえぶれ　嵐の前触れ
まえみごろ　前身頃
まえむき　前向きの姿勢
まえもって　前以△て断る
まえやく　前厄と後厄
まえわたし　現品の前渡し
まえわたしきん　前渡し金
まおう　魔王
まおとこ　間男をする
まかい　魔界
まがい　詐欺紛△いの商売
まがいぶつ　磨崖仏　*摩崖仏
まがいもの　紛△い物の壺
まがう　雪に紛△う
まがうかた　紛△う方無き
まがお　真顔で忠告する
まがき　籬

まかげ　目陰　*目蔭△をさす
まがごと　禍△事
まがし　間貸しをする
まかす　人に任す　*委す　横綱を負かす
まかず　間数が多い
まかせる　人に任せる　*委△せる
まがたま　勾玉　*曲玉
まかない　賄い付き下宿
まかないにん　賄い人
まかなう　千円で賄う
まかふしぎ　摩訶不思議
まがまがしい　禍△々しい運命
まがり　曲がりを直す　間借りをする
まがりかど　道の曲がり角
まがりがね　曲尺△　*曲金

まかりでる　罷△り出る
まかりとおる　悪が罷△り通る
まかりならぬ　罷△り成らぬ
まがりなりにも　曲がりなりにも
まがりにん　間借り人
まかりまちがう　罷△り間違う
まかる　負からない　黄泉路《よみじ》へ罷△る
まがる　道を曲がる
まき　巻の一　巻きが緩い　薪△を割る
まきあげる　巻き上げる　*捲△き揚げる

邁　賂　籬

ま

まきあみ　巻き網　*旋網
まきえ　蒔絵の箱
鳥の撒き餌
まきおこす　波瀾を巻き起こす
まきがい　巻き貝
まきかえし　巻き返しをはかる
まきかえす　巻き返す
まきがみ　巻紙の手紙
まきがり　富士の巻き狩り　*巻狩
まきげ　巻き毛　*捲き毛
まきこむ　巻き込む　*捲き込む
まきじた　巻き舌
まきじゃく　巻き尺
まきずし　巻き鮨
まきぞえ　巻き添え

まきたばこ　巻き煙草
まきちらす　撒き散らす
まきつく　糸が巻き付く
まきつけ　種の蒔き付け　*蒔付　*播き付け　*播付
まきつける　巻き付ける
まきとる　巻き取る
まきなおし　新規蒔き直し
まきなみ　巻き波
まきば　緑の牧場
まきひげ　豌豆《えんどう》の巻き鬚
まきもどし　巻き戻し
まきもの　巻き物
まきょう　魔境
まぎらす　気を紛らす
まぎらわしい　紛らわしい
名
まぎらわす　紛らわす
まぎる　帆船が間切る

まぎれ　紛れも無い事実
まぎれこむ　列に紛れ込む
まぎれる　闇に紛れる
まぎわ　間際　*真際
まきわり　薪割り

マク

［膜］マク　―「薄い―をはぐ」◇
膜質・膜壁・粘膜・腹膜
［幕］マク・バク　―「―が開く」◇
暗幕・開幕・天幕

まく　ねじを巻く　*捲く
種を蒔く　*播く
水を撒く
まくあい　幕間
まくあき　時代の幕開き
まくあけ　時代の幕開け
まくうち　幕内の力士

まくぎれ　意外な幕切れ
まぐさ　秣を与える
まくした　幕下の力士
まくしたてる　捲し立てる
まくじり　幕尻の力士
まぐそ　馬糞
まぐち　間口を広げる
まくつ　魔窟
まくのうち　幕の内弁当
まくひき　幕引き役
まくみ　幕見

まくら

［枕］まくら　―「―を並べる」◇
枕元

まくらがみ　枕上に立つ
まくらぎ　線路の枕木
まくらぎょう　枕経
まくらことば　枕詞
まくらさがし　枕探し　*枕

ま

捜しを働く
まくらのそうし　枕草子
まくらべ　枕辺で語る
まくらもと　枕元　*枕許△
まくる　腕を捲る
まぐれ　紛△れで当たる
まぐろ　鮪の刺身
まけ　負けが込む
まげ　髷を結う
まけいくさ　負け戦
まけいぬ　負け犬
まけおしみ　負け惜しみ
まげきざいく　曲げ木細工
まけぐせ　負け癖がつく
まけこす　負け越す
まけこみ　負け込み予想
まけじだましい　負けじ魂
まけずおとらず　負けず劣らず
まけずぎらい　負けず嫌い

まげて　枉げて御承知願いたい
まげもの　髷物の映画　曲げ物(木の器)
まける　戦争に負ける
まげる　針金を曲げる　法を曲げる　*枉げる
まけんき　負けん気
まこ　真子と白子
まご　孫
まご　馬子にも衣装
まごう　雪に紛△う
まごうかた　紛△う方無き
まごうけ　孫請けの企業
まごこ　孫子の代まで
まごころ　真心を込める
まごでし　孫弟子
まこと　誠を尽くす　真△・*実△の話

まことしやか　真△しやか　*実しやかな話
まことに　誠に　*真△に　*実に立派だ
まごのて　孫の手
まごびき　資料の孫引き
まごむすめ　孫娘
まこも　真菰の花

まさ
【柾】(人) まさ・まさき ― 柾目

まさおかしき　正岡子規
まさか　真逆の時　❖ふつう仮名書き。
まさかり　鉞を担ぐ
まさぐる　ポケットを弄△る
まさご　浜の真砂△
まさしく　正しく私だ
まさつ　摩擦を生じる
まさに　正に　*当△にその通り　今将△に

まさむね　正宗の名刀
まさめ　柾目　*正目
まさゆめ　正夢と逆夢《さかゆめ》
まざりもの　混ざり物　*交ざり物
まさる　勝る　*優る　水嵩《かさ》が増さる
まざる　綿に麻が交ざる(とけ合わない)　酒に水が混ざる　*雑ざる(とけ合う)
まし　五割増し　増しな方法
まじえる　一戦交える

鮪　髷　菰

ま

ましかく　真四角の紙
まじきり　間仕切|り
ましこやき　益△子焼
ました　橋の真下
まして　況△して子供には無理だ
まじない　呪△いをする
まします　天に在△す　＊坐す
ましみず　増し水
まじめ　真面目な人
ましゃく　間尺に合わない
ましゅ　魔手にかかる
ましゅうこ　摩周湖
まじゅつ　魔術を使う
まじょ　魔女
ましょう　魔性を現す
まじょがり　魔女狩|り
ましら　猿△の如く
まじらい　交|じらいを結ぶ

まじりけ　混じり気　＊交じり気
まじりもの　混じり物　＊交じり物
まじる　麻が交じる（とけ合わない）　西洋人の血が混じる（とけ合う）　雑音が混じる　＊雑じる
まじろぎ　瞬△ぎもしない
まじわり　友との交わり
まじわる　友と交わる
ましん　バットの真芯
ましん　麻疹（はしか）
まじん　魔神
ます　升　＊枡　＊桝
ます　鱒△を釣る
ます　水嵩《かさ》が増す
まず　先△ず間違いない

ますい　麻酔を掛ける
まずい　字が拙△い　味が不味△い
ますがた　升形　＊枡形　＊桝形
ますざけ　升酒　＊枡酒　＊桝酒
まずしい　貧しい家
ますせき　升席　＊枡席　＊桝席
ますます　益々　＊益△ゝ　＊益△
まずまず　先△ず先△ずの成果
ますめ　升目　＊枡目　＊桝目
まずもって　先△ず以△て
ますらお　益△荒△男　＊丈△夫△
まぜおり　交|ぜ織りの布

まぜかえす　話を交ぜ返す　＊混ぜ返す
まぜもの　混ぜ物
ませる　早△熟る
まぜる　赤い糸を交ぜる・土に砂を混ぜる・絵の具を―
まそん　機械の歯車が磨△損する

また
［又］また―　「―は」「―の機会」「これも―」
［俣△］また―　水俣病

また　道の叉△
また　足の股△
まだ　未△だ見ない
まだい　間△代を払う
またいとこ　又従△兄△弟（男性）

△は常用漢字表にない音訓　｜の付いた仮名は省略してもよい送り仮名　＊は同語の別表記

ま

またがし　又従姉妹（女性）
またがみ　本の又貸し
またがり　ズボンの股上
またがる　本の又借り
　馬に跨がる
　*股がる
またぎき　話の又聞き
またぐ　敷居を跨ぐ
またぐら　股座
またした　ズボンの股下
またしても　又しても
まだしも　未だしも
またずれ　股擦れ
またぞろ　又候やってくる
またたき　星の瞬き
またたく　星が瞬く
またたくま　瞬く間に
またたび　猫に木天蓼
　股旅物

またとない　又と無い機会
または　雨又は雪
またひばち　股火鉢
またもや　又もや失敗
まだら　斑にはげる
まだるい　間怠い言い方
まだるっこい　間怠っこい
まち　町と村
　学生の街
　和服の襠
まちあい　待合
まちあいしつ　待合室
まちあぐむ　春を待ち倦む
まちあわす　待ち合わす
　*待合す
まちあわせ　待ち合わせ
　*待合せ
まちあわせる　待ち合わせる
　*待合せる

まちいしゃ　町医者
まちうける　待ち受ける
まぢか　間近に迫る
まちがい　計算の間違い
まぢかい　試験も間近い
まちがう　計算が間違う
まちがえる　数を間違える
まちかた　町方
まちかど　街角　*町角
まちかねる　待ち兼ねる
まちかまえる　待ち構える
まちこうば　町工場
まちこがれる　待ち焦がれる
まちじかん　待ち時間
まちどおしい　待ち遠しい
まちなか　町中の家
まちなみ　町並み　*街並み
まちのぞむ　春を待ち望む

まちば　町場の住まい
まちはずれ　町外れの丘
まちばり　待ち針
まちびけし　町火消
まちびと　待ち人来らず
まちぶぎょう　町奉行
まちぶせ　待ち伏せする
まちぶせる　待ち伏せる
まちぼうけ　待ち惚けを食わされる
まちまち　意見が区々だ
まちもうける　待ち設ける
まちや　京の町家
　*町屋
まちやくば　町役場
まちわびる　待ち侘びる
まちわり　町割りの決定

摩
鱒
襠

ま

マツ

［末］マツ・バツ すえ ― 末世・末席・末代・末端・月末・粉末・文末

［抹］| マツ ― 抹香・抹殺・抹消・抹茶・一抹・塗抹

［人沫］マツ・バツ・マチ あわ・わ ― 飛沫・泡沫

まつ 松の枝
バスを待つ
後人に俟つ
まつい 末位の数字
まつえ 松江市
まつえい 平氏の末裔
まっか 真っ赤な夕日
まつがく 末学
まつかさ 松毬
まつかざり 松飾り|
まつかぜ 松風の音
まっき 江戸時代の末期

まつぎ 末技
まっくら 真っ暗な部屋
まっくらやみ 真っ暗闇
まっくろ 真っ黒になる
まつげ 睫 *睫毛
まつご 末期の水
まっこう 抹香臭い
真っ向から反対する
まつざ 末座に控える
まっさいちゅう 真っ最中
まっさお 真っ青 *真っ蒼
まっさかさま 真っ逆様
まっさかり 夏の真っ盛り
まっさき 真っ先に進む
まっさつ 意見を抹殺する
まっさら 真っ更 *真っ新△のシャツ
まっし 末子

まつじ 末寺
まっしぐら 驀地△に走る
まつじつ 一月末日
まっしゃ 末社
まっしょう 末梢神経
文字を抹消する
まっしょうじき 真っ正直
まっしょうてき 末梢的な問題
まっしょうめん 真っ正面
まっしろ 真っ白な紙
まっすぐ 真っ直△ぐな道
まっせ 末世
まっせき 末席を汚す
まっせつ 枝葉末節
まっそん 末孫
まったい 全△い思想
まつだい 末代までの恥
まったき 全き *完△きを得る

まったく 全く驚いた
まつたけ 松茸
まっただなか 真っ只中 *真っ直△中
まったん 末端まで伝わる
まっち 燐寸△を擦る
まっちゃ 抹茶をたてる
まってい 末弟
まっとう 真っ当な商売
まっとうする 天寿を全うする *完△うする
まつねん 明治の末年
まつのうち 松の内
まつば 松葉
まつばい 末輩
まっぱだか 真っ裸
まつばづえ 松葉杖を突く
まつばやし 松林
まつばら 三保の松原

まつび　末尾の文
まっぴつ　末筆ながら
まっぴら　真っ平御免だ
まっぴるま　真っ昼間
まっぷたつ　真っ二つ
まつぶん　末文
まっぽう　末法思想
まつぼっくり　松毬
まつむし　松虫が鳴く
まつやに　松脂
まつよいぐさ　待宵草の花
まつよう　明治末葉
まつり　祭り
まつりあげる　会長に祭り上げる
まつりか　茉莉花
まつりごと　政を執る
まつりゅう　平家の末流
まつる　捧げ奉る　祖先を祭る　*祀る
　裾を纏る
まつろ　英雄の末路
まつわりつく　纏わり付く
まつわる　月に纏わる話
まで　東京迄行く
まてき　魔笛
まてんろう　摩天楼
まと　的を射る
まど　窓を開ける
まどあかり　窓明かり
まとい　纏を持つ
まどい　団居　*円居
　心の惑い
まといつく　纏い付く
まとう　薄物を纏う
まどう　魔道に落ちる
まどう　処置に惑う
まどお　間遠になる
まどおい　間遠くなる

まどか　円かな月
まどぎわ　窓際の席・—族
まどぐち　役所の窓口
まどごし　窓越し
まとはずれ　的外れの批判
まどべ　窓辺
まとまる　考えが纏まる
まとめる　荷物を纏める
まとも　真面に取り組む
まどり　家の間取り
まどろむ　しばし微睡む
　*仮睡む
まどわす　人心を惑わす
まとわりつく　纏わり付く
まな　真名　*真字
まないた　俎　*俎板
まなかい　目交いに浮かぶ
まなこ　眼を開く
まなざし　眼差し
まなじり　眦を決する

まなつ　真夏
まなつび　真夏日
まなでし　愛弟子
まなびとる　学び取る
まなびや　学び舎
まなぶ　文学を学ぶ
まなむすめ　愛娘
まにあう　間に合う
まにあわせ　間に合わせ
まにうける　真に受ける
まにまに　波の随に漂う
まぬかれる　災難を免れる
まぬがれる　災難を免れる
まぬけ　間抜けな奴
まね　人の真似をする
まねき　招きを受ける
まねきねこ　招き猫

睫
驀
纏

ま

まねく 客を招く
まねごと 大工の真似事
まねる 方法を真似る
まのあたり 目の当たり
まのび 間延びした顔
まばたき 瞬きをする
まばゆい 目映い *眩い
まばら 疎らな人影
まひ 神経が麻痺する
まびき 間引き運転
まびく 大根を間引く
まびさし 目庇 *眉庇
まひる 真昼
まぶ 間夫を持つ
まぶか 目深に被る
まぶしい 光が眩しい
まぶす 粉を塗す
まぶた 瞼を閉じる
まぶち 目縁が黒ずむ
まふゆ 真冬
まふゆび 真冬日
まほ 真帆と片帆
まほう 魔法使い
まほうじん 魔方陣
まほうびん 魔法瓶
まぼろし 幻を見る
まま 間々見受ける
もとの儘
ままおや 継親
ままこ 継子と実子
継粉ができる
ままごと 飯事で遊ぶ
ままならぬ 儘ならぬ世
ままはは 継母
まみえる 戦場で見える
まみず 真水
まみれる 泥に塗れる
まむかい 真向かいの家
まむし 蝮にかまれる
まめ 指に肉刺を作る
豆を炒《い》る
忠実に働く
まめかす 豆粕
まめしぼり 豆絞りの手拭
まめたん 豆炭
まめつ 磨滅 *摩滅
まめつぶ 豆粒ほどの機影
まめでっぽう 鳩に豆鉄砲
まめまき 豆撒き
まめめいげつ 豆名月（十三夜）
まめめし 豆飯を炊く
まもう 磨耗 *摩耗
まもなく 間も無く済む
まもの 魔物が出る
まもり 守りを固める
まもりがたな 守り刀
まもりがみ 守り神
まもりぶくろ 守り袋
まもりふだ 守り札
まもる 約束を守る
身を守る *護る
まやく 麻薬の密売
まゆ 眉をひそめる
蚕の繭
まゆげ 眉毛
まゆじり 眉尻
まゆずみ 眉墨 *黛
まゆだま 繭玉
まゆつば 眉唾物
まゆね 眉根を寄せる
まよい 迷いが覚める
まよいご 迷い子
まよいばし 迷い箸
まよう 道に迷う
まよけ 魔除けのお札
まよこ 真横を向く
まよなか 真夜中
まよわす 心を迷わす

ま

△は常用漢字表にない音訓　|の付いた仮名は省略してもよい送り仮名　＊は同語の別表記

まよわせる　心を迷わせる
まら　魔羅
まり　毬 *鞠
まりも　阿寒湖の毬藻
まりょく　魔力を持つ
まる　丸をつける・―三年
四角と円
まるあらい　丸洗いにする
まるあんき　丸暗記する
まるい　顔が丸い *円い
い・―人柄
まるうつし　丸写しする
まるえり　丸襟
まるおび　丸帯
まるがお　丸顔の人
まるがかえ　丸抱えにする
まるかじり　丸齧り
まるがり　丸刈りの頭
まるき　丸木橋・―舟

まるきり　丸切り違う
まるぐけ　丸絎け|
まるくび　丸首のシャツ
まるごし　丸腰で戦う
まるごと　丸ごとかじる
まるぞめ　丸染め|
まるぞん　丸損になる
まるた　丸太の小屋
まるだし　お国訛《なまり》丸出し
まるっきり　丸っ切り違う
まるつぶれ　面目丸潰れ
まるで　丸で夢のようだ
まるてんじょう　円天井 *丸天井
まるどり　利益の丸取り
まるなげ　下請けに丸投げする
まるのうち　丸ノ内のビル
まるのみ　丸飲み *丸呑み

まるはだか　丸裸になる
まるぼうず　丸坊主になる
まるぼし　鰯《いわし》の丸干し|
まるぽちゃ　丸ぽちゃ
まるほん　丸本
まるまげ　丸髷に結う
まるまど　円窓 *丸窓
まるまる　丸まって寝る
まるみ　人柄に丸み *円み
みが出る・―を
帯びる
まるみえ　丸見えになる
まるむぎ　丸麦
まるめこむ　親を丸め込む
まるめる　紙を丸める
まるもうけ　坊主丸儲け
まるやき　鳥の丸焼き|
まるやけ　丸焼けになる
まるやね　円屋根
まれに　稀に *希△に

まろ
［麿］まろ―
まろうど　客△人△ *賓△客△
まろぶ　転△ぶ
まろやか　円△やかな風味
まわしのみ　回し飲み
まわしもの　敵の回し者
まわしよみ　回し読み
まわす　手を回す *廻す
まわた　真綿の布団
まわり　身の回り・火の
―が早い
池の周り・―の
人
まわりあわせ　回り合わせ|
まわりくどい　回り諄い方法

瞼
儘
繭

ま

まわりどうろう　回り灯籠
*回り燈籠
まわりどおい　回り遠い話
まわりぶたい　回り舞台
まわりみち　回り道をする
まわりもち　回り持ち
まわる　回る *廻る

マン

[万（萬）]マン・バン　―　「―の位」◇万年筆・万病・巨万・百万
[満（滿）]マン　みちる・みたす　―　「―を持する」◇満員・円満
[慢]マン　―　慢心・慢性・我慢・緩慢・高慢・自慢・怠慢
[漫]マン　―　漫画・漫才・漫然・漫歩・散漫・冗漫・放漫
[蔓]マン　つる　―　蔓延

まんいち　万一に備える
まんいん　満員の電車
まんえつ　御満悦の体
まんえん　病気が蔓延する
まんが　漫画
まんかい　桜が満開になる
まんがいち　万が一にも
まんがく　満額回答
まんかん　潮の満干
まんがん　万巻の書
満願の日
まんかんしょく　満艦飾
まんき　十年満期
まんきつ　涼味を満喫する
まんきん　万金を費やす
万鈞の重み
まんぎん　漫吟する
まんげきょう　万華鏡
まんげつ　満月の夜
まんげん　万言を費やす
漫言
まんこう　満腔の謝意
まんざ　満座の中
まんさい　石炭を満載する
まんざい　三河万歳
漫才師
まんさく　万作の花
豊年満作
まんざら　満更でもない
まんじ　卍
まんしつ　満室のアパート
まんじともえ　卍巴と降る雪
まんしゅう　満州 *満洲
まんじゅう　饅頭△
まんじゅしゃげ　曼珠沙△華
まんじょう　満場一致
まんしん　満身の力
成功に慢心する
まんすい　満水のダム
まんずる　才能に慢ずる
まんせい　慢性の胃病
まんせき　満席の特急
まんぜん　漫然と暮らす
まんぞく　回答に満足する
まんだら　曼陀羅
*曼荼羅
まんだん　漫談
まんちゃく　国民を瞞着する
まんちょう　満潮になる
まんてい　満廷の人々
まんてん　満天の星
まんてん　満点をとる
まんてんか　満天下の人々
まんと　満都をわかす
まんどう　万灯 *万燈
満堂の喝采
まんどころ　政△所
まんなか　真ん中に座る
まんにん　万人に向く
まんねん　万年候補・―床・―雪

まんねんひつ　万年筆
まんねんれい　満年齢
まんば　漫罵　*慢罵
まんぱい　満杯の容器
まんびき　万引き
まんぴつ　漫筆
まんびょう　風邪は万病の元
まんぴょう　満票で選出する
漫評する
まんぷく　万福を祈る
満幅の信頼
満腹する
まんぶん　漫文
まんべんなく　満遍無く
*万遍無く
まんぽ　町内を漫歩する
まんぽけい　万歩計
まんまえ　家の真ん前
まんまく　幔幕を張る
まんまる　真ん丸の月

まんまん　自信満々
漫々たる水
まんめん　満面朱を注ぐ
まんもく　満目紅葉
まんゆう　世界を漫遊する
まんようがな　万葉仮名
まんようしゅう　万葉集
まんりき　万力
まんりょう　万両の実
任期が満了する
満量のタンク

み

ミ

[未] ミ ― 未開・未完・未熟・未詳・未成年・未満・未来

[味] ミ　あじ・あじ-わう ― 味覚・一味・意味・酸味・真剣味・風味

[魅] ミ ― 魅了・魅力・魅惑

[眉] (ミ)・ビ　まゆ ― 眉間

み　三月《つき》
巳年
身を守る
実を結ぶ
御仏
箕でふるう
みあい　見合い結婚
みあう　収支が見合う
みあかし　御灯　*御燈
みあきる　見飽きた景色
みあげる　空を見上げる
みあたる　欲しい本が見当たらない
みあやまる　信号を見誤る
みあらわす　見顕す
みあわす　旅を見合わす
みあわせる　見合わせる

みいだす　才能を見出す
みいら　木乃伊
みいり　実入りがいい
みいる　熱心に見入る
天魔に魅入られる
みいわい　全快身祝い
みうけ　身請け
*身受けする
みうける　時々見受ける
みうごき　身動き
みうしなう　姿を見失う
みうち　身内の者
みうめ　実梅
みうり　身売りをする
みえ　見え　*見栄を張る

饅
瞞
幔

みえ　見え　*見得を切る
みえ　三重県
みえがくれ　見え隠れする
みえすく　見え透いた嘘《うそ》
みえっぱり　見えっ張り　*見栄△っ張り
みえぼう　見え坊　*見栄△坊
みえる　山が見える
みお　水△脈△　*澪
みおくり　見送りの人々
みおくる　駅で見送る
みおさめ　見納め　*見収め
みおつくし　澪標△
みおとす　名を見落|とす
みおとり　見劣りがする
みおぼえ　見覚えがある
みおも　身重の体

みおろす　下を見下ろす
みかい　未開の原野
みかいけつ　未解決の問題
みかいたく　未開拓の分野
みかいはつ　未開発の地域
みかえし　本の見返し
みかえす　相手を見返す
みかえり　見返りの品
みかえる　後ろを見返る
みがき　磨きを掛ける
みがきあげる△　磨き上|げる
みがきこ　磨き|粉
みがきたてる　磨き立|てる
みかきにしん　身欠き鰊
みかぎる　相手を見限る
みかく　味覚の秋
みがく　磨く　*研く
みかけ　見掛けがいい
みかげいし　御△影石
みかけだおし　見掛け|倒し

みかける　時々見掛ける
みかた　物の見方
　味方　*身方
みがため　身固めをする
みかづき　三日月
みがって　身勝手な行動
みかど　延喜の帝△
　*御△門
みかねる　見兼ねて叱る
みがまえる　身構える
みがら　身柄を引き取る
みがる　身軽な服装
みかわ　三河の国
みかわす　顔を見交|わす
みがわり　身代わ|り
みかん　未刊の本
　未完の小説
　蜜柑の実
みかんせい　未完成の絵
みき　木の幹

みき　お御△酒△　*神△酒△
みぎ　右から左
みぎあがり　右上がり
みぎうで　社長の右腕
みききき　見聞きする
みぎきき　右利き
みぎて　右手
みぎひだり　右左を見て渡る
みぎまき　右巻|き
みきり　見切|りをつける
みぎり　酷寒の砌△
みきりひん　見切り品
みきる　見切る
みぎれい　身奇麗
　*身綺△麗にする
みぎわ　汀△　*渚
みきわめる　先を見極める
みくじ　御神△籤△を引く
みくず　水屑△となる
みくだす　人を見下す

み

みくだりはん 三行半 *三下り半
みくびる 相手を見縊る
みくらべる 見比べる
みぐるしい 見苦しい行為
みぐるみ 身包みはぐ
みけつ 未決の事項
みけねこ 三毛猫
みけん 眉間の傷
みこ 巫女のお告げ
日嗣の皇子 *御子
斎《いつき》の皇女
みごうしゃ 芝居の見巧者
みこし 見越しの松
神輿を担ぐ
みごしらえ 旅の身拵え
みこす 先を見越す
みごたえ 見応えがある
みこと 日本武《やまとたけるの》尊

みこと 大国主《おおくにぬしの》命
みごと 見事 *美事
みことのり 詔 *勅
みごなし 身熟し
みこみ 見込みが無い
みこみちがい 見込み違い
みこみはずれ 見込み外れ
みこむ 増収を見込む
みごもる 身籠もる
みごろ 桜の見頃
前身頃 *裑
みごろし 見殺しにする
みこん 未婚の女性
みさい 未済の借金
全集未載の資料
みさお 操を立てる
みさかい 見境が無い

みさき
[岬]—みさき—「—の灯台」

みさげる 人を見下げる
みささぎ 仁徳天皇の陵
みさだめる 力を見定める
みじかい 気が短い
みじかめ 短めのコート
みじかよ 夏の短夜
みじたく 身支度
*身仕度をする
みじまい 身仕舞い
みじめ 惨めな思い
みしゅう 未収の金額
みじゅく 未熟な技術
みじゅくじ 未熟児
みしょう 未生以前
作者未詳
実生の柿の木
みしらぬ 見知らぬ人
みしりおく お見知り置きください
みしりごし 見知り越し

みしる 見知らぬ人
みじろぎ 身動ぎもせず
みじん 微塵に砕く
みじんこ 微塵子（節足動物）
微塵粉（いった餅米の粉）
みす 御簾を掲げる
みず 水をまく
みずあか 水垢がつく
みずあげ 水揚げ
みずあげだか 水揚げ高
みずあそび 水遊びをする
みずあたり 水中り
みずあび 水浴びに行く
みずあめ 水飴
みずあらい 水洗いする

澪
砌
裑

み

みずあらそい 水争い
みすい 殺人未遂
みずいらず 親子水入らず
みずいろ 水色
みずうみ 湖を一周する
みすえる 敵を見据える
みずおち 鳩尾を突く
みずおと 水音
みずがい 水貝（料理の名）
みずかがみ 水鏡に映す
みずかき 水掻き *蹼
みずがき 瑞垣 *瑞籬
みずかけろん 水掛け論
みずかさ 水嵩が増す
みずがし 水菓子（果物）
みすかす 腹を見透かす
みずがめ 水瓶 *水甕
みずから 自ら進んでする
みずがれ 水枯れ *水涸れの時期
みすぎ 身過ぎ世過ぎ
みずぎ 水着
みずぎわ 水際作戦
みずぎわだつ 水際立つ
みずぐき 水茎の跡
みずくさ 水草
みずくさい 水臭い話
みずぐすり 水薬を飲む
みずくみ 水汲み
みずぐるま 水車
みずけ 水気の多い果物
みずげい 水芸
みずけむり 水煙が上がる
みずこ 水子を供養する
みずごころ 魚心あれば水心
みすごす 見過ごす
みずこぼし 水翻し
みずごり 水垢離をとる
みずさいばい 水栽培
みずさかずき 水杯 *水盃
みずさきあんない 水先案内
みずさし 水差し
みずしごと 水仕事
みずしも 水霜
みずしょうばい 水商売
みずしらず 見ず知らず
みずぜめ 城の水攻め
水責めの拷問
みずた 水田
みずたき とりの水炊き
みずだし 水出し珈琲《コーヒー》
みずたま 水玉模様
みずたまり 水溜まり
みずち 蛟 *虬
みずぢゃや 水茶屋
みずっぱな 水っ洟が出る
みずっぽい 水っぽい味
みずでっぽう 水鉄砲
みすてる 見捨てる *見棄てる
みずてん 不見転芸者
みずとり 水鳥の羽音
みずに さばの水煮
みずのあわ 苦心も水の泡
みずのえ 壬
みずのと 癸
みずのみ 水飲み場
水呑み百姓
みずば 水場
みずはき といの水吐き
みずはけ 水捌けがよい
みずばしょう 水芭蕉の花
みずばしら 水柱が立つ
みずばな 水洟をすする
みずばら 水腹
みずひき 紅白の水引
みずびたし 水浸しになる
みずぶき 水拭き

みずぶくれ 水膨れ
みずぶとり 水太り
みずぶね 水船
みずぶろ 水風呂に入る
みずべ 水辺の柳
みずほ 瑞穂の国
みずぼうそう 水疱瘡
みすぼらしい 見窄らしい
みずまき 水撒き
みずまくら 水枕
みずまし 水増しする
みすます 油断を見澄ます
みずまわり 水回り
みすみす 見す見すの損
みずみずしい 瑞々しい *水々しい若葉
みずむし 水虫の薬
みずも 水面
みずもち 水餅

みずもの 選挙は水物
みずもれ 水漏れに注意
みずや 水屋
みずようかん 水羊羹
みずら 角髪 *角子
みする 聴衆を魅する
みずわり 水割り
みせ 店を出す 仲見世
みせい 未成の作品
みせいねん 未成年
みせかけ 見せ掛け
みせがね 見せ金
みせがまえ 立派な店構え
みせさき 店先に並べる
みせじまい 店仕舞いする
みせしめ 見せしめ
みせつける 見せ付ける
みぜに 身銭を切る
みせば 芝居の見せ場

みせばん 店番をする
みせびらかす 見せびらかす
みせびらき 店開きをする
みせもの 見世物 *見せ物
みせや 店屋
みせる 顔を見せる
みぜん 未然に防ぐ
みそ 味噌を付ける
みぞ 溝を掘る
みぞう 未曽有
みぞおち 鳩尾を突く
みそか 三十日 *晦日払い
みそかごと 密か事
みそぎ 禊をする
みそぎはらい 禊祓い
みそこし 味噌漉し
みそこなう 人を見損なう

みそさざい 鷦鷯
みそじ 三十路
みそしる 味噌汁
みそっかす 味噌っ滓
みそづけ 味噌漬け
みそっぱ 味噌っ歯
みそひともじ 三十一文字
みそまめ 味噌豆
みそめる 見初める
みそら 若い身空
みぞれ 霙が降る
みそれる 見逸れる
みだいどころ 御台所
みたけ 身丈を測る
みだし 新聞の見出し
みだしなみ 身嗜みがよい
みたす 満たす

禊
鷦
鷯

みだす　*充△たす　乱す　*紊す
みたて　医師の見立て
みたてる　帯を見立てる
みたま　御△霊
みたましろ　御△霊代
みたまや　御△霊屋
みだら　淫△ら　*猥ら
みたらし　御手洗△
みたり　三人△
みだりがわしい　猥△りがわしい
みだりに　濫△りに　*漫△りに　*妄りに
みだれ　心の乱れ
みだれがみ　乱れ髪を直す
みだれとぶ　噂が乱れ飛ぶ
みだればこ　乱れ箱の着物
みだれる　順序が乱れる　風紀が乱れる　*紊れる

みち　道　*路△　*途△　*径△
みち　未知の世界
みちあんない　道案内
みちおしえ　道教え（斑猫《はんみょう》）
みぢか　身近な問題
みちがえる　見違える
みちかけ　月の満ち欠け　*盈ち虧△け
みちくさ　道草をくう
みちしお　満ち潮になる
みちじゅん　道順を聞く
みちしるべ　道標△を立てる
みちすう　未知数の人物
みちすがら　道すがら話す
みちすじ　行進の道筋
みちたりる　満ち足りる
みちづれ　旅は道連れ
みちならぬ　道ならぬ恋

みちのく　陸△奥△（東北地方）
みちのべ　道の辺△の花
みちのり　遠い道程△を歩く
みちばた　道端の雑草
みちひ　潮の満ち干
みちひき　満ち引き
みちびき　神のお導き
みちびきだす　導き出す
みちびく　後輩を導く
みちぶしん　道普請
みちゃく　未着の品物
みちゆき　道行き
みちる　月が満ちる　*充ちる　*盈ちる

ミツ

［密］ミツ ―― 「連絡を―にする」　◇密会・密告・密度・秘密
［蜜］ミツ ―― 「―を吸う」　◇蜜月

みつあみ　三つ編み
みつうん　密雲
みっか　三日
みっかい　男女が密会する
みっかぼうず　三日坊主で終わる
みつかる　人に見付かる
みつき　三月
みつぎ　宗教上の密儀　密議を凝らす
みつぎもの　貢ぎ物
みっきょう　密教と顕教
みつぐ　男に貢ぐ
みづく　水漬△く屍《かばね》
みつくち　兎△唇
みづくろい　身繕いをする
みつくろう　適当に見繕う
みつけ　見付門
みっけい　密計を謀る
みつげつ　蜜月旅行

みつける　本を見付ける
みつご　三つ子の魂
男女の蜜語
みっこう　密行する
密航を企てる
みっこく　警察に密告する
みっし　密使を派遣する
みつじ　密事が露顕する
みっしつ　密室殺人
みっしゅう　密宗
人家が密集する
みっしょ　密書を携える
みっせい　毛が密生する
みっせつ　密接な関係
みっせん　密栓する
みっそ　官憲に密訴する
みっそう　金を密送する
密葬と本葬
みつぞう　酒を密造する
みつぞろい　三つ揃い　＊三
揃の背広
みつだん　密談を交わす
みっちゃく　密着する
みっちょく　討幕の密勅
みっつ　三つ
みっつう　密通する
みってい　密偵を放つ
みつど　密度が高い
みつどもえ　三つ巴になる
みつにゅうこく　密入国
みつば　三つ葉
みつばい　麻薬を密売する
みつばち　蜜蜂
みっぷう　瓶を密封する
みっぺい　部屋を密閉する
みつぼう　密謀を巡らす
みつぼうえき　密貿易
みつまた　三つ叉　＊三つ
叉に分かれた道
三椏と楮《こうぞ》
みつまめ　蜜豆
みつめい　密命を帯びる
みつめる　星を見詰める
みつもり　見積もり　＊見
積
みつもりしょ　見積書
みつもる　高く見積もる
みつやく　密約を結ぶ
みつゆ　宝石を密輸する
みつゆしゅつ　密輸出
みつゆにゅう　密輸入
みつゆび　三つ指をつく
みづらい　画面が見辛△い
みつりょう　鳥獣の密猟
魚の密漁
みつりん　熱帯の密林
みつろう　蜜蠟
みてい　期日は未定
みてくれ　見て呉△れが悪
い
みてとる　様子を見て取
る
＊看△て取る
みと　水△戸市
みとう　前人未到の業績
人跡未踏の奥地
みどうすじ　大阪の御△堂筋
みとうほう　未登峰
＊未踏峰
みとおし　見通しがつく
みとおす　先まで見通す
みとがめる　見咎める
みとく　神髄を味得する
みどく　未読の本
作品を味読する
みとこうもん　水△戸黄門
みどころ　見所がある

紊
霊
虧

み

みとせ　三年△
みとどける　見届ける
みとめいん　認め印を押す
みとめる　人影を認める
みども　身共
みどり　緑　*翠の若葉
みどりご　嬰児△
みとりざん　見取り算
みとりず　家の見取り図
みとる　状況を見取る
　　　　病人を看△取る
みとれる　花に見蕩れる
みな　皆に相談する
みなおす　再度見直す
みなかみ　水△上
みなぎる　元気が漲△る
みなくち　田の水口△
みなげ　身投げ
みなごろし　皆殺し　*鏖
みなさま　皆様

みなさん　皆さん
みなしご　孤児△を引き取る
みなす　欠席と見做す
　　　　*看做す
みなそこ　水△底
みなづき　水△無月（陰暦六月）
みなと　港　*湊
みなのか　三七日
みなまたびょう　水俣△病
みなみ　南の海
みなみかいきせん　南回帰線
みなみがわ　南側
みなみじゅうじせい　南十字星
みなみはんきゅう　南半球
みなみむき　南向きの部屋
みなも　水△面△
みなもと　文化の源

みなもとのよしつね　源義△経△
みなもとのよりとも　源頼朝
みならい　見習い期間
みならう　先輩を見習う
みなり　身形△
　　　　*身装△り
みなれる　見慣れる
　　　　*見馴れる
みなわ　水泡△　*水沫
みにくい　見難い字
　　　　醜い行為
みぬく　うそを見抜く
みね　峰　*峯　*嶺
みねうち　峰打ちにする
みねづたい　峰伝い
みねつづき　峰続きの山
みの　三布　*三幅△布団
　　　蓑を着る
みの　美△濃△の国

みのう　会費未納
みのうえ　身の上を話す
みのお　箕面△市
みのかさ　蓑笠
みのがす　犯人を見逃△す
みのがみ　美濃紙
みのけ　身の毛がよだつ
みのしろきん　身の代金
みのたけ　身の丈六尺
みのほど　身の程知らず
みのまわり　身の回りの世話
みのむし　蓑虫
みのも　水面△
みのり　秋の実り
　　　　*稔り
みのる　努力が実る
　　　　稲が実る
　　　　*稔る
みば　見場をよくする

△は常用漢字表にない音訓　|の付いた仮名は省略してもよい送り仮名　*は同語の別表記

み

みばえ 見栄えがする
みはからう 時間を見計らう
みはてぬ 見果てぬ夢
みはなす 医者が見放す *見離す
みはば 身幅
みはらい 未払い
みはらいきん 未払金
みはらし 見晴らし
みはらす 海を見晴らす
みはり 見張りをおく
みはりばん 見張り番
みはる 外を見張る 目を瞠る
みはるかす 見晴かす *見霽かす山々
みびいき 身贔屓
みひつのこい 未必の故意
みひとつ 身一つで上京

みひらき 見開きページ
みひらく 目を見開く
みふたつ 身二つになる
みぶり 身振りで示す
みぶるい 身震いをする
みぶん 身分が高い
みぼうじん 未亡人
みほとけ 御仏
みほれる 花に見惚れる
みほん 商品の見本
みまい 見舞いの言葉
みまいきゃく 見舞客
みまう 病床を見舞う
みまがう 雪と見紛う花
みまかる 身罷る(死ぬ)
みまさか 美作の国
みまちがえる 見間違える
みまね 見様見真似
みまもる 経緯を見守る
みまわす 周囲を見回す

みまわり 校内の見回り
みまん 十歳未満
みみ 耳が痛い
みみあか 耳垢
みみあたらしい 耳新しい話
みみうち 耳打ちをする
みみかき 耳掻き
みみがくもん 耳学問
みみかざり 耳飾り
みみこすり 耳擦りをする
みみざとい 耳聡い子
みみざわり 耳触りが良い 耳障りな音
みみず 蚯蚓
みみずく 木菟
みみずばれ 蚯蚓脹れ
みみだつ 雑音が耳立つ
みみたぶ 耳朶
みみだれ 耳垂れ
みみどおい 耳遠い話

みみどしま 耳年増
みみなしやま 耳成山
みみなり 耳鳴りがする
みみなれる 耳慣れ *耳馴れない話
みみもと 耳元 *耳許
みみより 耳寄りな話
みみわ 耳輪 *耳環
みむき 見向きもせず
みめ 見目麗しい
みめい 未明に出発予定
みめかたち 見目形
みめよい 見目好い
みもしらぬ 見も知らぬ人
みもだえ 身悶えする
みもち 身持ちがいい
みもと 身元 *身許

鏖 蚯 蚓

みもとほしょうにん　身元保証人
みもの　結果が見物だ
みもん　前代未聞
みや　一の宮
秋篠《あきしのの》宮
みやぎ　宮城県

ミヤク

[脈]ミャク ―「―をとる」◇脈動・脈々・山脈・動脈・乱脈

みゃくうつ　情熱が脈打つ　＊脈搏つ
みゃくどう　新時代の脈動
みゃくどころ　脈所を押さえる
みゃくはく　脈搏　＊脈拍
みゃくみゃく　脈々と続く
みゃくらく　脈絡の無い話
みやけ　三笠《みかさの》宮家

みやげ　土産
みやこ　住めば都
みやこいり　都入り
みやこおおじ　都大路
みやこおち　平家の都落ち
みやこそだち　都育ち
みやこどり　都鳥
みやざき　宮崎県
みやさま　宮様
みやざわけんじ　宮沢賢治
みやすい　見易△い印刷物
みやだいく　宮大工
みやづかえ　宮仕えをする
みやつくち　身八つ口
みやび　雅△を競う
みやびやか　雅△やかな服装
みやぶる　うそを見破る
みやま　深△山
みやまいり　宮参り
みやもとむさし　宮本武蔵△

みやる　遠くを見遣△る
みゆき　深△雪
御△幸△　＊行△幸△
みよ　御△代　＊御△世
みよい　見好△い座席
みよう　見様見真似《みまね》

ミョウ

[名]ミョウ・メイ　な ― 名字・名代・大名・本名
[命]ミョウ・メイ　いのち ― 寿命・宣命
[明]ミョウ・メイ　あ-かり・あか-るい・あか-るむ・あか-らむ・あき-らか・あ-ける・あ-く・あ-くる・あ-かす ― 明日・灯明
[妙]ミョウ ―「―な話」「造化の―」◇妙案・妙齢・奇妙
[冥]ミョウ・メイ ― 冥加・冥利

みょうあさ　明朝伺います
みょうあん　妙案が浮かぶ
みょうおう　不動明王

みょうが　茗△荷の子
冥加に余る
みょうがきん　冥加金
みょうぎ　妙技を披露する
みょうぎさん　妙義山
みょうけい　妙計を案じる
みょうご　明後三日
神の冥護がある
みょうごう　六字の名号
みょうごにち　明後日
みょうさく　妙策が無い
みょうじ　名字　＊苗△字
みょうじたいとう　名字帯刀
みょうじつ　明日
みょうしゅ　碁で妙手を打つ
妙趣を味わう
みょうしょ　作品の中の妙所
みょうじょう　明けの明星
みょうじん　大明神

みょうせき　名跡を継ぐ
みょうだい　父の名代
みょうちきりん　妙ちきりん
みょうちょう　明朝△を伺います
みょうと　夫△婦△
みょうに　妙に気になる
みょうにち　明日
みょうねん　明年
みょうばん　明晩　焼き明礬
みょうほう　妙法蓮華経　妙法を考え出す
みょうみ　妙味がある
みょうみまね　見様見真似△
みょうもく　名目
みょうもん　名聞
みょうや　明夜
みょうやく　妙薬

みょうり　名利を求める　冥利に尽きる
みょうれい　妙齢の婦人
みよし　舳　*船△首△
みより　身寄りが無い
みらい　未来の都市　味蕾
みらいえいごう　未来永劫
みりょう　審議未了　読者を魅了する
みりょく　魅力がある
みりん　味醂
みる　景色を見る・映画を―・面倒を―　患者を診る（診断）　前方を見る　*視△る（気を付けてみる）　老後を看△る（看護）

芝居を観△る
❖「…てみる」は仮名書きがふつう。
みるかげもない　見る影も無い
みれん　未練が残る
みろく　弥△勒菩薩
みわく　観衆を魅惑する
みわけ　見分けがつく
みわける　見分ける
みわすれる　友を見忘れる
みわたす　全体を見渡す
みわやま　三輪山
みをもって　身を以△て示す

ミン

［民］ミン たみ ―― 民意・民間・民芸・民生・民族・国民・市民
［眠］ミン ねむ-る・ねむ-い ―― 安眠・永眠・睡眠・不眠

みん　明△の永楽帝
みんい　民意を反映する
みんえい　民営の事業
みんか　民家
みんかん　民間の企業
みんぐ　民具
みんげいひん　民芸品
みんけん　自由民権
みんこう　岷江（中国の河）
みんじ　民事事件
みんじゅ　民需産業
みんしゅう　民衆の声
みんしゅく　民宿
みんしゅしゅぎ　民主主義
みんしゅてき　民主的な政策
みんじょう　民情を視察する
みんしん　民心の安定

搏
礬
醂

みんせい　民生委員
みんせい　民政と軍政
みんせん　民選の議員
みんぞく　民俗芸能
　民族衣装
みんぞくがく　民俗学（民間伝承の研究）
　民族学（諸民族文化の比較研究）
みんちょう　明朝△活字
みんど　民度が高い
みんな　皆△
みんぱく　民泊する
みんぺい　民兵
みんぼう　民望を集める
みんぽう　民放（民間放送）
　民法と刑法
みんぽんしゅぎ　民本主義
みんゆう　民有地
みんよう　日本の民謡
みんりょく　民力を蓄える
みんわ　民話

む

ム
［武］ム・ブ ― 武者人形・荒武者
［務］ム つと-める・つと-まる ― 義務・勤務・事務・執務・職務・庶務・任務
［無］ム・ブ な-い ― 「好意を―にする」◇無限・無視・無償・皆無
［夢］ム ゆめ ― 夢幻・夢精・夢想・夢中・夢遊病・悪夢・霊夢
［矛］ム ほこ ― 矛盾
［霧］ム きり ― 霧笛・霧氷・雲散霧消・煙霧・濃霧・噴霧器

む　六月《つき》
むい　無位無官
　無為に日を送る
むいか　六日のあやめ
むいしき　無意識
むいそん　無医村地帯
むいちもつ　無一物になる
むいちもん　無一文になる
むいみ　無意味な努力
むえき　無益な競争
むえん　孤立無援
　無煙火薬
　無塩バター
　私には無縁の話
むえんぼとけ　無縁仏
むが　無我の境地
むかい　向かいの家
むがい　人畜無害
　無蓋貨車
むかいあう　向かい合う
むかいあわせ　向かい合わせ　＊向い合せ
むかいかぜ　向かい風
むかう　京都に向かう
むかえ　迎えに行く
むかえいれる　迎え入れる
むかえうつ　敵を迎え撃つ
　＊邀え撃つ
むかえざけ　迎え酒
むかえび　迎え火を焚《た》く
むかえる　客を迎える
むがく　無学文盲
むかし　昔を偲△ぶ
むかしかたぎ　昔気質△の老人
むかしがたり　昔語りを聞く
むかしなじみ　昔馴染み
むかしばなし　昔話をする
むかしふう　昔風の人
むかっぱら　向かっ腹が立つ

むかで　百足　*蜈蚣
むがむちゅう　無我夢中
むかん　無位無官
　無冠の帝王
むかんがえ　無考えな行動
むかんかく　無感覚な人
むかんけい　無関係
むかんしん　無関心を装う
むき　向きを変える・ご希望の―は
むき　無季の俳句
　無期延期
　無機化学
むぎ　一粒の麦
むきあう　向き合う
むぎあき　麦秋（六月頃）
むきげん　無期限のスト
むぎこがし　麦焦がし
むきず　無傷　*無疵
むきだし　感情剥き出し

むぎちゃ　麦茶
むきどう　無軌道な生活
むきなおる　向き直る
むぎばたけ　麦畑
むぎぶえ　麦笛
むきぶつ　無機物
むぎふみ　麦踏みをする
むきみ　貝の剥き身
むきめい　無記名投票
むぎめし　麦飯
むぎゆ　麦湯
むきゅう　年中無休
　無給で働く
　天壌無窮
むきりょく　無気力になる
むぎわら　麦藁帽子
むきん　無菌室
むく　清浄無垢
むく　右を向く
むく　皮を剥く

むくい　報いを受ける
むくいぬ　尨犬
むくいる　労に報いる
　*酬いる
むくげ　木槿の花
　尨毛の犬
むくち　無口な人
むくどり　椋鳥
むくみ　足に浮腫が来る
むくむ　足が浮腫む
むくれる　叱られて剥れる
むくろ　冷たい骸　*軀
むくわれる　努力が報われる
　*酬われる
むけ　子供向けの本
むげ　融通無碍　*無礙
むけい　無形文化財
むげい　無芸大食
むけつ　完全無欠

むげつ　無血革命
　中秋無月
むげに　無下に断れない
むける　足を向ける
　皮が剥ける
むげん　無限に広がる
　夢幻の境
むげんじごく　無間地獄
むげんだい　無限大
むこ　婿　*聟
むこ　無辜の民
むごい　惨い　*酷い
むこいり　婿入りをする
むこう　向こうの家・―
　側・―岸
むこう　無効になる
むこう　向日市

蜈
礙
辜

む

むこういき 向こ|う意気
むこうきず 向こ|う傷
むこうずね 向こ|う脛
むこうっき 向こ|うっ気
むこうづけ 向こ|う付け *向付
むこうみず 向こ|う見ず
むこくせき 無国籍料理
むごたらしい 惨△たらしい
むことり 婿取|り
むこようし 婿養子
むこん 事実無根
むごん 無言の教え
むさい 無学無才
むざい 無罪の判決
むさく 無為無策
むさくい 無作為抽出
むさし 武蔵△の国
むざつ 純一にして無雑
むさべつ 無差別爆撃

むさぼる 暴利を貪る
むさん 無産階級 疑念が霧散する
むざん 無残 *無惨な最後 破戒無慙 *無慚△
むし 虫の音
むし 公平無私
むし 注意を無視する
むじ 無地の洋服
むしあつい 蒸|し暑い夜
むしおくり 虫送りの行事
むしおさえ 虫押|さえの薬
むしかえす 話を蒸|し返す
むじかく 無自覚な行動
むしかご 虫籠
むしがれい 虫鰈△(魚の名) 蒸|し鰈(料理)
むしき 蒸|し器

むしくい 虫食い *虫喰いの栗
むしくだし 虫下しを飲む
むしけ 虫気が起こる
むしけら 虫螻同然
むしけん 無試験入学
むしず 虫酸 *虫唾△
むじつ 無実の罪
むじな 同じ穴の貉 *狢
むしのいき 虫の息
むしば 虫歯 *齲歯
むしばむ 心を蝕む
むじひ 無慈悲な人
むしふうじ 虫封じの護符
むしぶろ 蒸|し風呂
むしぼし 虫干|し
むしめがね 虫眼鏡
むしもの 蒸|し物
むしゃ 武者修行・—人形

むしやき 蒸|し焼き *蒸焼
むじゃき 無邪気な人
むしゃぶりつく 武者振り付く
むしゃぶるい 武者震いする
むじゅう 無住の寺
むじゅうりょく 無重力状態
むしゅく 無宿者
むしゅみ 無趣味な人
むじゅん 主張が矛盾する
むしょう 無償で配布する
むしょう 雲散霧消する
むじょう 無上の光栄
むじょう 諸行無常
むじょう 無情の雨
むしようかん 蒸|し羊羹
むじょうかん 無常観
むじょうけん 無条件降伏

む

むしょうに　無性に眠い
むしょく　無色透明
　無職の人
むしょけ　虫除△けの薬
むしょぞく　無所属の議員
むしりとる　羽を毟り取る
　*挘り取る
むしる　毛を毟る
　*挘る
むしろ　蓆 *筵を敷く
むしろ　寧△ろ山を好む
むしろばた　蓆旗 *筵旗
むしん　無心に遊ぶ
むじん　無人の野を行く
　縦横無尽
むしんけい　無神経な人
むじんぞう　無尽蔵の資源
むじんとう　無人島
むしんろんしゃ　無神論者
むす　青苔が生△す *産△す
　蒸籠《せいろう》で蒸す
むすう　無数の星
むずかしい　難しい問題
むずがゆい　むず痒い
むずかる　子供が憤△る
むすこ　息子
むすび　結びの言葉
むすびきり　結び切り
むすびつく　結び付く
むすびつける　結び付ける
むすびめ　結び目をとく
むすぶ　水を掬ぶ
　ひもを結ぶ
むすぼれる　糸が結ぼれる

むすめ
［娘］むすめ　娘心・小娘

むすめごころ　娘心
むすめざかり　娘盛り
むすめむこ　娘婿
むせい　夢精
むぜい　無税の品
むせいえいが　無声映画
むせいおん　無声音
むせいげん　無制限
むせいふ　無政府状態
むせいぶつ　無生物
むせいらん　無精卵
むせかえる　煙で噎せ返る
むせき　無籍の人
むせきにん　無責任な発言
むせびなき　噎び泣き
　*咽△び泣き
むせぶ　涙に噎ぶ
　*咽△ぶ
むせる　煙に噎せる
　*咽△せる
むせん　無銭飲食
　無線電信
むそう　怪力無双
　無念無想
　夢想だにしない
むぞうさ　無造作
　*無雑作
むだ　無駄 *徒△
むだあし　無駄足を踏む
むたい　無体財産
　無体な要求
むだがね　無駄金を使う
むだぐち　無駄口を叩く
むだづかい　無駄遣い
むだばな　無駄花
むだばなし　無駄話をする
むだぼね　無駄骨を折る
むだめし　無駄飯を食う
むたん　夢譚(夢物語)

蓆
筵
噎

むだん　無断で外出する
むち　鞭 *笞
むち　無知 *無智　厚顔無恥
むちうちしょう　鞭打ち症
むちうつ　老骨に鞭打つ
むちゃ　無茶な話
むちゃくちゃ　無茶苦茶
むちゅう　夢中になる
むちんじょうしゃ　無賃乗車
むつ　暮れ六△つ△の鐘
むつ　陸△奥△の国
むつかしい　難しい
むつき　六月目
むつき　睦△月（陰暦一月）
むつき　襁褓（おむつ）
むつごと　睦△言を交わす
むっつ　六つ
むつまじい　仲睦△まじい

むつむ　互いに睦△む
むて　無手で向かう
むてかつりゅう　無手勝流
むてき　無敵を誇る
むてき　霧笛信号
むてっぽう　無鉄砲な男
むてんか　無添加食品
むどう　悪逆無道
むとうひょう　無投票当選
むどく　無毒の蛇
むとどけ　無届け欠勤
むとんじゃく　無頓着な人
むないた　胸板が厚い
むなかた　宗△像△市
むながわら　棟瓦
むなぎ　棟木
むなくそ　胸糞が悪い
むなぐら　胸倉 *胸座△
むなぐるしい　胸苦しい
むなげ　胸毛

むなさき　胸先に突き出す
むなさわぎ　胸騒ぎがする
むなざんよう　胸算△用△をする
むなしい　空△しい *虚△しい
むなだか　帯を胸高に結ぶ
むなつきはっちょう　胸突き八丁
むなびれ　胸鰭と背鰭
むなもと　胸元が苦しい
むに　無二の親友
むにする　好意を無にする
むにんしょ　無任所大臣
むね　刀の刀△背△　その旨を伝える　質素を旨 *宗△とする　胸を張る　棟を上げる・一棟

むねあげ　棟上げをする
むねあて　胸当て
むねかざり　胸飾り
むねがわら　棟瓦
むねさんずん　胸三寸に納める
むねやけ　胸焼け
むねわりながや　棟割り長屋
むねん　無念の涙
むのう　無能な人
むはい　無配の会社
むはい　無敗を誇る
むひ　痛快無比
むび　夢寐にも忘れぬ
むひつ　無筆の人
むびゅう　無謬の真実
むひょう　霧氷
むびょう　無病息災
むひょうじょう　無表情な顔

むふう　無風状態
むふんべつ　無分別な行動
むべ　郁△子△の実　宜△なるかな
むへん　広大無辺
むほう　無法
むぼう　無謀な計画
むほうしゅう　無報酬で働く
むほん　謀反 *謀叛
むま　夢魔に襲われる
むみ　無味無臭
むみかんそう　無味乾燥な話
むみょう　無明の闇
むめい　無名の作家・―戦士　無銘の刀
むめんきょ　無免許運転
むもくてき　無目的に動く
むやく　無役で勤める

むやみ　無闇に食べる
むゆうびょう　夢遊病
むよう　無用の長物
むよく　無欲 *無慾
むら　村の役場　色の斑△ができる
むらおこし　村興し *村起こし
むらがる　人が群がる　*叢がる
むらき　斑△気の男
むらくも　月に群雲 *叢雲花に風
むらさき　紫の花・―色
むらさきしきぶ　紫式部
むらざと　村里
むらさめ　村雨 *叢雨
むらしぐれ　村時雨 *叢時雨
むらしばい　村芝居

むらす　御飯を蒸らす
むらすずめ　群雀
むらはずれ　村外れ
むらはちぶ　村八分にする
むらびと　村人
むらまつり　村祭り―
むらやくば　村役場
むり　無理を通す・―を言う・―に押す　夢裏 *夢裡に経験する
むりおし　無理押し
むりからぬ　無理からぬ話
むりし　無利子
むりじい　無理強いする
むりすう　無理数
むりそく　無利息
むりなんだい　無理難題
むりやり　無理矢理 *無理遣△り

むりょ　無慮五万の観衆
むりょう　入場無料　感慨無量
むりょく　無力な人
むるい　無類の正直者
むれ　鳥の群れ―
むれとぶ　鳥が群れ飛ぶ
むれる　鳥が群れる　御飯が蒸れる
むろ　室に入れる
むろうさいせい　室生犀△星
むろく　無禄で仕える
むろとざき　室戸岬△灯台
むろまち　室町時代
むろらん　室蘭市
むろん　無論行くとも

鞭　襁　裸

む

め

め　目・*眼△をつぶる
一月目
少な目・控え―
❖性質・傾向を表す接尾語は仮名書きがふつう。
芽が出る
雌・*牝牛
腰抜け奴△
めあかし　目明か|し
めあき　目明き千人
めあたらしい　目新しい方法
めあて　目当ての品
めあわせる　娘を娶せる

メイ

[名]メイ・ミョウ な ― 名案・名医・名門・名誉・有名・両名・令名
[命]メイ・ミョウ いのち ― 「―に背く」◇命題・命中・命令・運命
[明]メイ・ミョウ あか-り・あか-るい・あか-るむ・あか-らむ・あき-らか・あ-ける・あ-く・あ-くる・あ-かす ― 「先見の―」
[迷]メイ ま-よう ― 迷宮・迷信・迷路・迷惑・低迷
[盟]メイ ― 「―を破る」◇盟邦・盟約・盟友・同盟・連盟
[鳴]メイ な-く・な-る・な-らす ― 鳴動・共鳴・悲鳴・雷鳴
[銘]メイ ― 「刀の―」◇銘菓・銘柄・銘記・感銘・碑銘
[冥]メイ・ミョウ ― 冥福

めい　姪
めいあん　名案が浮かぶ
明暗を分ける
めいい　名医
めいうつ　特産と銘打つ
めいうん　命運が尽きる
めいえん　名園・*名苑
めいおうせい　冥王星
めいか　名家の出
名菓(優れた菓子)
郷土銘菓(特別の名を持つ菓子)
めいが　秘蔵の名画
めいかい　明快な論旨
明解な注釈
冥界に入る
めいかく　明確に答える
めいがら　酒の銘柄
めいかん　美術家名鑑
めいき　天下の名器
条文に明記する
心に銘記する
めいぎ　名義を変更する
めいきゅう　迷宮入りの事件
めいきょうしすい　明鏡止水
めいきょく　名曲を鑑賞する
めいく　芭蕉の名句
めいくん　名君(優れた君主)
明君(賢明な君主)
めいげつ　中秋の名月
明月の晩(澄みわたった満月)
めいげん　名言集
明言を避ける
めいこう　名工柿右衛門
めいさい　明細書
迷彩を施す
めいさく　古今の名作
めいさつ　京都の名刹
御明察
めいさん　土地の名産
めいざん　名山霊峰
めいし　土地の名士

めいじ　名刺を交換する
めいじ　名詞と動詞　内容を明示する
めいじ　明治維新
めいじつ　名実相伴う
めいしゃ　目医者　*眼△医者
めいしゃ　鳴謝する(深謝)
めいしゅ　射撃の名手　名主(優れた君主)　明主(賢明な君主)　盟主と仰ぐ　名酒(優れた酒)　銘酒(特別の名を持つ酒)
めいしょ　名所旧跡
めいしょう　名匠の作品　名将　新製品の名称　名勝を探る

明証を示す
めいじょう　名状し難い
めいじる　用を命じる　肝に銘じる
めいしん　迷信を信じる
めいじん　笛の名人
めいす　以《もっ》て瞑すべし
めいすい　名水(名高い水)　銘水(特別の名を持つ水)
めいすう　名数　命数が尽きる
めいずる　用を命ずる　肝に銘ずる
めいせい　名声を博する
めいせき　頭脳明晰　*明晢
めいせつ　名節を重んじる
めいせん　銘仙の着物
めいそう　名僧智識

瞑想　*冥想にふける
めいだい　命題を解明する
めいたつ　明達の士
めいだん　明断を下す
めいち　明知　*明智
めいちゃ　銘茶
めいちゅう　的に命中する
めいちょ　古今の名著
めいちょう　国体明徴　明澄の気
めいっぱい　目一杯
めいてい　酩酊する
めいてんがい　名店街
めいど　色の明度と彩度　冥土　*冥途
めいとう　正宗の名刀(優れた刀)　銘刀(銘のある刀)　御名答

明答を避ける
めいどう　大山鳴動して鼠一匹
めいにち　祥月命日
めいば　名馬
めいはく　明白な事実
めいび　風光明媚　*明美
めいひつ　道風の名筆
めいひん　焼物の名品
めいびん　明敏な頭脳
めいふ　冥府(死後の世界)
めいふく　冥福を祈る
めいぶつ　土地の名物
めいぶん　大義名分　名文で書かれる　名聞にこだわる

娶
瞑
媚

め

明文化する
釣り鐘の銘文
めいぼ　同窓会の名簿
めいほう　名宝
名峰富士
盟邦（同盟国）
めいぼう　名望を集める
めいぼうこうし　明眸皓歯
めいぼく　名木（立木）
銘木（材木）
めいみゃく　命脈を保つ
めいむ　迷夢から覚める
迷霧が晴れる
めいめい　太郎と命名する
冥々の裡《うち》
銘々の考え・―
皿
めいめつ　ネオンの明滅
めいもう　迷妄を断つ
めいもく　名目が立つ
瞑目する
めいもん　名門の出
めいやく　名訳
盟約を結ぶ
めいゆう　名優市川団十郎
無二の盟友
めいよ　名誉を傷つける
めいよきそん　名誉毀損
*名誉棄損
めいよしょく　名誉職
めいり　名利を求める
めいりょう　明瞭な事実
めいる　気が滅入る
めいれい　命令を受ける
めいろ　目色を変える
迷路に入り込む
めいろう　明朗な人
めいろん　名論卓説
めいわく　迷惑を掛ける
めうえ　目上の人
めうし　雌牛　*牝牛
めうち　目打|ち
めうつり　目移りがする
めおと　夫婦になる
めがお　目顔で知らせる
めかくし　目隠しをする
めかけ　妾を囲う
めがける　的を目掛ける
めかご　目籠で水を汲む
めかしこむ　粧し込む
めがしら　目頭が熱くなる
めかす　美しく粧す
めかた　目方を量る
めかど　目角を立てる
めがね　眼鏡を掛ける
めがみ　勝利の女神
めきき　目利きをする
めくぎ　目釘を湿す
めくされがね　目腐れ金
めくじら　目くじらを立てる
めぐすり　目薬を差す
めくそ　目糞　*目屎
めくばせ　目配せ　*眴
めくばり　目配りをする
めぐまれる　恵まれた環境
めぐみ　恵みの雨
めぐむ　金を恵む
草木が芽ぐむ
めくら　盲
めぐらす　策を巡らす
*回らす　*廻らす
めくらばん　盲判を押す
めくらまし　目眩し
めくらめっぽう　盲滅法走る
めぐり　名所巡り
*回り　*廻り
めぐりあい　巡り|合い
*回り合い

*邂逅

めぐりあう　友に巡り合う　*回り合う

めぐりあるく　巡り歩く

めぐりあわせ　巡り合わせ　*巡合せ

めくる　ページを捲る

めぐる　池を巡る　*回る　*廻る

めくるめく　目眩く魅力

めこぼし　お目溢し願う

めさき　目先が利く

めざし　目刺し

めざす　頂上を目指す

めざとい　目敏く見付ける

めざまし　目覚まし時計

めざましい　目覚ましい

めざめる　性に目覚める

めざわり　目障りな看板

めし　飯を食う

めじ　石塀の目地　丘が目路　*眼路を遮る

めしあがる　召し上がる

めしあげる　召し上げる

めしい　盲

めしいる　盲いる

めしうど　歌会始の召人

めしかかえる　召し抱える

めした　目下の者

めしたき　飯炊き

めしつかい　召し使い　*召使

めしつかう　召し使う

めしつぶ　飯粒

めしつれる　召し連れる

めしとる　召し捕る

めしびつ　飯櫃

めしべ　雌蕊と雄蕊

めしゅうど　歌会始の召人　❖正式には「めしうど」。　囚人

めしょう　目性が悪い

めしよせる　召し寄せる

めじり　目尻　*眥　*眦

めじるし　目印を付ける

めじろおし　目白押し

めす　雌　*牝

めす　お気に召す

めずらしい　珍しい客

めずる　虫愛ずる姫君

めせん　目線が合う

めだち　楓《かえで》の芽立ち

めだつ　目立つ服装

めたて　鋸の目立て

めだま　目玉

めだまやき　目玉焼き

めちがい　目違い

めちゃ　芽茶　滅茶　*目茶を言う

めちゃくちゃ　目茶苦茶　*滅茶苦茶

めちゃめちゃ　目茶目茶　*滅茶滅茶

メツ

［滅］メツ　ほろびる・ほろぼす ― 滅却・滅菌・滅亡・消滅・絶滅・全滅

めづかい　目遣い

めつき　鋭い目付き

めっき　銀鍍金

めつぎ　芽接ぎ

めっきゃく　心頭を滅却する

めっきん　滅菌牛乳

めつけやく　目付役

眴　邂　鍍

め

めつざい　懺悔《ざんげ》滅罪
めっしつ　滅失する
めっしほうこう　滅私奉公
めっする　滅する
めっそうもない　滅相もない
めった　滅多な事
めったうち　滅多打ち
めったに　滅多に見ない
めったやたら　滅多矢鱈
めつぶし　目潰しを食う
めつぼう　国が滅亡する
めっぽう　滅法寒い
めづまり　目詰まり
めづもり　目積もり
めて　右手　＊馬手
めでたい　目出度い　＊芽出度い日
めでる　花を愛でる
めど　目処がつく
　　針孔に糸を通す
めどおし　お目通し願う
めどおり　目通りが叶《かな》う
めとる　妻を娶る
めなみ　男波に女波
めならし　目慣らし
めぬき　目抜きの場所
　　刀の目貫
めぬきどおり　目抜き通り
めぬり　土蔵の目塗り
めねじ　雌捻子
めのう　瑪瑙の指輪
めのかたき　目の敵にする
めのこざん　目の子算
めのした　目の下一尺の鯉
めのと　乳母　＊乳人
めばえ　芽生え
めばえる　恋が芽生える
めはし　目端が利く
めはな　目鼻が付く
めばな　雌花と雄花
めはなだち　目鼻立ち
めばり　障子の目張り
　　＊目貼り
めぶく　柳が芽吹く
めぶんりょう　目分量
めべり　貯金の目減り
めぼし　目星を付ける
めぼしい　目ぼしい
めまい　眩暈　＊目眩
めまぐるしい　目紛しい変化
めまぜ　目交ぜする
めめしい　女々しい男
めもと　目元　＊目許
めもり　目盛りを読む
めやす　目安を立てる
めやに　目脂が出る
めりこむ　土に減り込む
めりはり　減り張り　＊乙張り
　　張りの利いた声
めろう　女郎

メン

[綿]メン わた ―「―の着物」◇綿花・綿糸・綿布・綿密・連綿
[免(免)]メン まぬか-れる ―免許・免除・免税・放免
[面]メン おもて・おも・つら ―「―と向かう」◇面会・面積・顔面・方面
[麺(麵)]メン ―麺類

めん　麺　＊麪
めんえき　免疫になる
めんおりもの　綿織物
めんか　綿花　＊棉花
めんかい　面会を謝絶する
めんかん　依願免官
めんきつ　係を面詰する
めんきょ　免許証
めんきょかいでん　免許皆伝

め

も

めんくい　面食い
めんくらう　面食らう　*面喰らう
めんこ　面子
めんざいふ　免罪符
めんし　綿糸紡績
めんしき　面識がある
めんじつゆ　綿実油　*棉実油
めんしゅう　免囚保護
めんじょ　税を免除する
めんじょう　免状をもらう
めんしょく　免職になる
めんじる　職を免じる
めんしん　免震構造
めんする　海に面する
めんずる　職を免ずる
めんぜい　免税の品
めんせき　免責条項
係を面責する
土地の面積
めんせつ　面接試験
めんぜん　公衆の面前
めんそ　免租する
免訴となる
めんそう　ひどい御面相
めんたいこ　△明太子
めんだん　委細面談
めんちょう　面疔ができる
めんつ　△面△子を立てる
めんてい　怪しい面体の男
めんどう　面倒な仕事
めんどうくさい　面倒臭い
めんどうみ　面倒見がよい
めんとおし　面通し
めんとり　人参の面取り
めんどり　△雌鳥　*△雌△鶏
めんば　相手を面罵する
めんぴ　面皮をはぐ
めんぷ　綿布
めんぼう　怪奇な面貌の男
綿棒
麺棒
めんぼお　面頰をつける
めんぼく　面目を施す
めんぼくない　面目無い
めんみつ　綿密な計画
めんめん　一座の面々
綿々たる情緒
めんもく　面目を施す
めんよう　はて面妖な
滑稽な面容の人
綿羊　*緬羊
*緜羊の毛

も

モ

[模] モ・ボ ― 模型・模作・模写・模範・模倣
[茂] モ　しげる ― 繁茂

も　喪に服する
藻が生える
もあけ　喪明け

モウ

[毛] モウ　け ― 毛根・毛細管・毛髪・毛布・不毛・羊毛
[望] モウ・ボウ　のぞむ ― 懇望・所望・大望・本望
[妄] モウ・ボウ ― 妄言・妄信・妄想・迷妄
[盲] モウ ― 盲愛・盲従・盲点・盲目・群盲・色盲
[耗] モウ・(コウ) ― 消耗・損耗・磨耗

瑪
瑙
緜

[猛]モウ ― 猛威・猛火・猛撃・猛犬・猛攻・猛毒・勇猛
[網]モウ あみ ― 網膜・網羅・漁網・通信網・天網・法網
[人孟]モウ たけ・たけし ― 孟子・孟宗竹
[人蒙]モウ・ム・ムウ ―「―を啓く」◇蒙古・啓蒙

もうあ 盲唖
もうあい 盲愛する
もうあく 猛悪
もうい 猛威を振るう
もうか 孟夏(初夏)
もうか 猛火に包まれる
もうがっこう 盲学校
もうかる 儲かる仕事
もうかん 毛管現象
もうき 濛気が立つ
もうきん 猛禽類

もうけ 設けの席に着く
もうけ 儲けを分ける
もうげき 猛撃を加える
もうけもの 儲け物
もうける 規定を設ける
金を儲ける
もうけん 猛犬に注意
もうげん 妄言を謝す
もうこ 猛虎
もうこ 蒙古の成吉思汗《ジンギスカン》
もうご 妄語戒(十悪の一)
もうこう 猛攻を加える
もうこはん 蒙古斑
もうこん 毛根
もうさいかん 毛細管
もうさいけっかん 毛細血管
もうし 孟子
もうしあげる 申し上げる
もうしあわせ 申し合わせ *申合せ

もうしあわせる 申し合わせる *申合せる
もうしいで 申し出で△
もうしいれ 申し入れ事項
もうしいれる 申し入れる
もうしうける 申し受ける
もうしおくり 申し送り事項
もうしおくる 申し送る
もうしおくれる 申し遅れる
もうしかねる 申し兼ねる
もうしきかせる 申し聞かせる
もうしご 時代の申し子
もうしこし お申し越しの件
もうしこみ 申し込み *申込
もうしこみしょ 申込書

もうしこむ 申し込む
もうしそえる 申し添える
もうしたて 異議申し立て *申立
もうしたてにん 申立人
もうしたてる 申し立てる
もうしつける 申し付ける
もうしで 申し出
もうしでる 申し出る
もうしのべる 申し述べる
もうしひらき 申し開き
もうしぶん 申し分が無い
もうしゃ 盲者
もうじゃ 金の亡者
もうしゅう 生への妄執
孟秋(初秋)
猛襲する
もうじゅう 命令に盲従する
猛獣狩り
もうしゅん 孟春(早春)

もうしょ 猛暑の候
もうしょう 猛将
もうしわけ 申し訳が無い
もうしわたし 判決申し渡し
もうしわたす 判決を申し渡す
もうしん 科学を妄信する
頭から盲信する
盲進する
猪突猛進
もうじん 盲人
もうす 山田と申します
もうせい 猛省を促す
もうせつ 妄説
もうせん 毛氈を敷く
もうぜん 猛然と反撃する
もうそう 妄想にふける
もうそうちく 孟宗竹
もうだ 猛打を浴びせる

もうだん 妄断を慎む
もうちょう 盲腸
もうつい 敵を猛追する
もうでる 神社に詣でる
もうてん 盲点を突く
もうとう 毛頭疑わない
孟冬(初冬)
もうどう 軽挙妄動
もうどうけん 盲導犬
もうどく 猛毒がある
もうねん 妄念を去る
もうばく 雲上よりの盲爆
猛爆する
もうはつ 毛髪
もうひつ 毛筆で書く
もうひょう 妄評多罪
もうふ 毛布にくるまる
もうぼ 孟母三遷の教え
もうまい 無知蒙昧
もうまく 網膜剥離

もうもう 濛々 *朦々たる湯気
もうもく 盲目の人
もうゆう 猛勇を振るう
もうら 術語を網羅する
もうりもとなり 毛利元就△
もうりょう 魑魅《ちみ》魍魎
もうれつ 猛烈な勢い
もうろう 頭が朦朧とする
もうろく 耄碌する
もえあがる 燃え上がる
もえうつる 燃え移る
もえかす 燃え滓
もえがら 石炭の燃え殻
もえぎ 萌黄 *萌葱
もえくさ 燃え種△
もえさかる 火が燃え盛る
もえさし 薪の燃え差し
もえたつ 緑が萌え立つ
火が燃え立つ

もえつきる 燃え尽きる
もえでる 若葉が萌え出る
もえひろがる 燃え広がる
もえる 若草が萌える
火が燃える
もおか 真岡市
もがく 踠△く
もがみがわ 最上川
もぎ 模擬 *摸擬試験
もぎてん 模擬店
もぎどう 没△義道な処置
もぎとる 柿を捥ぎ取る
もぎる 切符を捥ぎる

モク

[木] モク・ボク き・(こ) ― 木星・木造・

朦 魍 魎

も

木管・材木・樹木

[目]モク・(ボク)　め・(ま) ―― 目撃・目算・目次・目前・目的・項目・注目

[黙(默)]モク　だま-る ―― 黙殺・黙視・黙示・黙想・黙認・暗黙・沈黙

- もぐ　柿の実を捥△ぐ
- もくあみ　元の木阿弥△
- もくぎょ　木魚を叩く
- もくげき　事件を目撃する
- もくざ　黙座 ＊黙坐
- もぐさ　お灸の艾
- もくざい　木材
- もくさく　木酢 ＊木醋
- もくさつ　発言を黙殺する
- もくさん　目算が外れる
- もくし　訴えを黙止する(そのままにする)
- もくし　惨状を黙視する(黙って見守る)　黙示を受ける
- もくじ　本の目次
- もくしつ　木質
- もくしょう　目睫の間に迫る
- もくしろく　黙示録
- もくず　海の藻屑となる
- もくする　異端と目される　黙して語らず
- もくせい　木星　木製の椅子
- もくぜん　目前に迫る　黙然と座す
- もくそう　目迎目送　黙想にふける
- もくぞう　木造の校舎　木像
- もくそく　目測を誤る
- もくだく　黙諾する
- もくたん　木炭
- もくちょう　木彫
- もくてき　目的を果たす
- もくと　年末を目途に　目睹する(目撃)
- もくとう　黙禱
- もくどく　黙読する
- もくにん　違反を黙認する
- もくねじ　木捻△子
- もくねん　黙然と座る
- もくば　木馬
- もくはん　木版
- もくひ　黙秘する
- もくひけん　黙秘権
- もくひょう　目標を立てる
- もくへん　木片
- もくほん　木本と草本
- もくめ　美しい木目の箱
- もくもく　黙々と働く
- もくよう　木曜日
- もくよく　斎戒沐浴する
- もぐら　土△竜△ ＊土△龍
- もぐり　潜りの医師
- もぐりこむ　潜り｜込む
- もぐる　海に潜る
- もくれい　目礼を交わす　知人に黙礼する
- もくれん　木蓮の花
- もくろく　図書の目録
- もくろみ　目論△見がある
- もくろむ　事業を目論△む
- もけい　模型の自動車
- もげる　腕が捥げる
- もこ　曖昧模糊
- もこし　三重塔の裳層△
- もさ　柔道五段の猛者
- もさく　模作 ＊摸作　方法を模索　＊摸索する
- もし　若△し雨なら
- もし　模試(模擬試験)

も

もじ　文字を書く

もしか　若しかすると

もしき　模式図

もしくは　雨若しくは雪

もじづかい　文字遣い

もじどおり　文字通り

もじばん　時計の文字盤

もしも　若しもの時

もしや　若しや

もしゃ　模写 *摸写

もしゅ　喪主

もしょう　喪章を付ける

もじる　格言を捩る

もす　落葉を燃す

もず　鵙 *百舌の早《はや》贄《にえ》

もすそ　裳裾を濡らす

もする　形を模 *摸する

もぞう　模造 *摸造

もぞうし　模造紙

もだえる　身を悶える

もたげる　頭を擡げる

もだす　黙し難い

もたせかける　凭せ掛ける

もたせる　身を凭せる　荷を持たせる　鮮度を保たせる

もたらす　幸福を齎す

もたれかかる　凭れ掛かる

もたれる　柱に凭れる　*靠れる

もち　持ち *保ちがよい　望の日　餅をつく　糯と粳《うるち》　鳥黐

もちあい　持ち合い *持合所帯　保合相場

もちあがる　持ち上がる

もちあげる　持ち上げる

もちあじ　作品の持ち味

もちあるく　本を持ち歩く

もちあわせ　持ち合わせ　*持合せの金

もちあわせる　持ち合わせる *持合せる

もちいえ　持ち家

もちいる　意を用いる

もちうた　持ち歌

もちかける　相談を持ち掛ける

もちがし　餅菓子

もちかぶ　持ち株会社

もちきり　噂で持ち切りになる

もちぐされ　宝の持ち腐れ

もちくずす　身を持ち崩す

もちこし　持ち越し品

もちこす　結論を持ち越す

もちこたえる　持ち堪える

もちごま　持ち駒

もちこみ　持ち込み *持込

もちこむ　話を持ち込む

もちごめ　糯米 *餅米

もちだい　餅代を支給する

もちだし　非常持ち出し *持出

もちだす　金を持ち出す

もちつき　餅搗きをする

もちづき　望月

齎　靠　糯

も

もちつもたれつ 持ちつ持たれつ
もちなおす 病状が持ち直す
もちにげ 持ち逃げする
もちぬし 持ち主不明
もちば 持ち場につく
もちはこび 持ち運び
もちはこぶ 持ち運ぶ
もちはだ 餅肌
もちばら 餅腹
もちふだ 持ち札
もちぶん 持ち分
もちまえ 持ち前の才能
もちまわり 持ち回り閣議
もちもの 持ち物
もちや 餅は餅屋
もちゅう 喪中
もちよる 酒を持ち寄る
もちろん 勿論その通りだ

モツ
〔物〕モツ・ブツ もの ― 貨物・禁物・食物・進物・荷物

もつ 荷物を持つ
体が保△たない
もっか 目下調査中
違反を黙過する
もっかん 木管楽器
木簡が出土する
もっきょ 黙許する
もっきん 木琴を演奏する
木筋と鉄筋
もっけ 勿怪△ ＊物怪△の幸い
もっけい 黙契がある
もっこ 畚をかつぐ
もっこう 木工細工
沈思黙考
もっこつ 木骨造り

もっこん 目今の情勢
もっそうめし 物相飯
もったい 勿体をつける
もったいない 勿体無い
もったいぶる 勿体振る
もって 書面を以△て通知
もってこい 持って来いの場所
もってのほか 以△ての外
❖ふつう仮名書き。
もってまわる 持って回った言い方
もっとも 尤もなこと
最も好きな花
もっともらしい 尤もらしい話
もっぱら 専ら学問に励む
もつれる 糸が縺れる
もてあそぶ 扇子を玩△ぶ ＊弄ぶ ＊翫ぶ

もてあつかう 持て扱う
もてあます 暇を持て余す
もてはやす 持て囃す
もてる 女性に持てる
もと 法の下の平等
一撃の下に倒す
火の元・出版―
親の元 ＊許△から通う
元が掛かる
元の住所・―社長
本を正す・―と末
一《ひと》本の木
ケーキの素△
資料を基にする
過労が因△で死ぬ
もとい 基を築く
もとうけ 元請け
もとうた 本歌
もとうり 元売り

もとおりのりなが　本居宣長
もどき　芝居擬きの科白《せりふ》
もときん　元金
もとごえ　基肥　*元肥
もとごめ　元込めの銃
もどしいれ　戻し入れ
もとじめ　仕事の元締め
もどす　元へ戻す
もとせん　元栓を締める
もとだか　元高
もとちょう　元帳と照合する
もとづく　体験に基づく
もとづめ　元詰め
もとで　元手を掛ける
もとどおり　元通りにする
もとどり　髻をつかむ
もとなり　本成り　*本生りと末成《うらな》り

もとね　元値を切る
もとのもくあみ　元の木阿弥
もとめ　求めに応じる
もとめる　幸福を求める
もともと　失敗して元々
もとゆい　元結
もとより　固より　*素より賛成だ
もどり　戻りが遅い
もどりづゆ　戻り梅雨
もどりみち　戻り道
もとる　人倫に悖る
もどる　家に戻る
もなか　白餡の最中
もぬけ　藻抜け　*裳抜け　*蛻の殻
もの　小さき者　物を大切にする

❖「正しいものと認める」などは仮名書きがふつう。
ものいい　物言いがつく
ものいみ　物忌みの期間
ものいり　物入り　*物要りが多い
ものいれ　物入れ
ものうい　物憂い　*懶い
ものうり　物売り
ものおき　物置小屋
ものおじ　物怖じしない
ものおしみ　物惜しみする
ものおと　怪しい物音
ものおぼえ　物覚えがよい
ものおもい　物思いに耽《ふけ》る
ものかき　物書き
ものかげ　物陰に隠れる　物影が動く
ものがたい　物堅い人

ものがたり　悲しい物語
ものがたる　経験を物語る
ものがなしい　物悲しい音色
ものかは　嵐も物かは
ものぐさ　物臭な男
ものぐるい　物狂い
ものぐるおしい　物狂おしい
ものごい　物乞い
ものごころ　物心がつく
ものごし　落着いた物腰
ものごと　物事のけじめ
ものさし　物指し　*物差し
ものさびしい　物寂しい　*物淋しい秋
ものしずか　物静かな態度

畚　縺　翫

ものしり　物知り　*物識△り
ものずき　物好きな人
ものすごい　物凄△い勢い
ものすさまじい　物凄△まじい
ものする　傑作を物する
ものだね　命あっての物種
ものたりない　物足りない
ものども　者共続け
ものとり　物取り
ものなれる　物慣れ　*物馴れた態度
ものの　物の三分で着く
もののあわれ　物の哀れ
もののかず　物の数ではない
もののけ　物の怪△
もののふ　武△士△
もののほん　物の本によると
もののみごとに　物の見事に

ものはづけ　物は付け
ものび　物日
ものほし　物干|し
ものほしげ　物欲しげな顔
ものまね　物真似△をする
ものみだかい　物見高い連中
ものみゆさん　物見遊山
ものめずらしい　物珍しい
ものもうす　知事に物申す
ものもうで　物詣|で
ものもち　物持|ち
ものものしい　物々しい警戒
ものもらい　物貰い
ものやわらか　物柔らか
ものわかり　物分|かり
ものわかれ　物別れになる
ものわすれ　ひどい物忘れ
ものわらい　物笑△いの種
もはや　最△早これまで

もはん　模範を示す
もふく　喪服
もほう　模倣　*摸倣

もみ
［人 籾］|もみ —「—を蒔く」◇籾殻

もみ　紅△　*紅絹△
　樅の木
もみあう　警官と揉み|合う
もみあげ　揉み上げ
もみうら　紅裏△　*紅絹△裏の着物
もみがら　籾殻
もみくちゃ　揉みくちゃ
もみけす　噂を揉み|消す
もみごめ　籾米

もみじ
［人 椛］|もみじ・かば —

もみじ　紅葉を散らす
もみじがり　紅葉狩り|
もみしだく　揉み拉△く
もみで　揉み手をする
もみりょうじ　揉み|療治
もむ　手で揉む
もめごと　内輪の揉め事
もめる　気が揉める
もめん　木綿の肌着
もも　百△度《たび》
　腿　*股△の付け根
　桃の花
ももいろ　桃色
ももじり　桃尻
ももだち　股△立ち|をとる
ももたろう　桃太郎
ももとせ　百△歳△
ももひき　股△引き|
ももやま　桃山時代
ももわれ　桃割れ|に結う

も

もや　靄が晴れる
　母△屋
もやい　催△合△にする
もやいづな　舫い綱をとく
もやう　舟を舫う
もやし　萌やし　炒《いた》め
もやす　ごみを燃やす
もやる　靄る
もよう　模様替え
もよおし　歓迎の催し
もよおしもの　催し物がある
もよおす　眠気を催す
もより　最寄りの駅
もらいご　貰い子
もらいぢ　貰い乳
もらいぢち　貰い乳
もらいて　貰い手がない
もらいなき　貰い泣きする
もらいび　貰い火
もらいもの　貰い物
もらいゆ　貰い湯
もらう　物を貰う
もらす　不平を漏らす
　*洩らす
もり　子供のお守り
　御飯の盛り
　鎮守の森　*杜
　屋根の漏り
　銛で突く
もりあがる　盛り上がる
もりあげる　盛り上げる
もりあわせ　盛り合わせ
　*盛合せ
もりおうがい　森鷗外
もりおか　盛岡市
もりかえす　盛り返す
もりきり　盛り切りの飯
もりこむ　案に盛り込む
もりそば　盛り蕎麦△
もりだくさん　盛り沢山
もりたてる　守り立てる
もりつける　盛り付ける
もりつち　盛り土
もりばち　盛り鉢
もりばな　盛り花
もりもの　盛り物
もりやく　幼君の守役
もる　茶碗に盛る
　水が漏る
　*洩る
もれ　記入漏れ
　*洩れ
もれきく　漏れ聞く
もれなく　漏れ無く
もれる　水が漏れる
　*洩れる
もろい　情に脆い
もろごえ　諸△声に叫ぶ
もろこし　唐△土△に渡る
　蜀黍　*唐△黍
もろて　諸△手　*双△手を
　挙げる
もろとも　死なば諸△共
もろは　諸△刃　*両△刃の剣
もろはく　諸△白の酒
もろはだ　諸△肌　*両△肌を
　脱ぐ
もろひざ　諸△膝　*両△膝を
　突く
もろびと　諸△人こぞりて
もろみ　諸△味　*醪
もろもろ　諸△々の出来事

モン

[文] モン・ブン ふみ ― 文句・文字・文様・経文・天文学

[門] モン かど ―「狭き―」◇門衛・門下・門限・専門・入門

樅
靄
醪

も

[問]モン とーい・(とん) とーう・——問診・問題・問答・学問・疑問・顧問

[聞]モン・ブン きーく・きーこえる——前代未聞・相聞歌

[紋]モン ——「あおいの—」◇紋章・紋服・家紋・指紋・波紋

もんえい　門衛

もんおめし　紋御召し

もんおり　紋織り

もんか　子規の門下

もんがい　門外不出

もんがいかん　門外漢

もんかしょう　文科省(文部科学省)

もんかせい　門下生

もんがまえ　立派な門構え

もんがら　紋柄

もんきりがた　紋切り型　*紋切り形

もんく　文句をつける

もんげん　門限に遅れる

もんこ　門戸を開放する

もんごん　文言

もんざい　問罪の師

もんさつ　門札

もんし　門歯

もんし　獄中で悶死する

もんじ　文字

もんしゅ　門主

もんじゅ　文殊　*文珠の知恵

もんじょ　文書

もんしょう　紋章

もんしん　問診と触診

もんじん　門人

もんせい　門生(門人)

もんせき　問責する

もんぜき　寺の門跡

もんぜつ　悶絶する

もんぜん　門前市を成す

もんぜんばらい　門前払い

もんぜんまち　門前町

もんだい　入試問題

もんち　門地門閥

もんちゃく　悶着を起こす

もんちゅう　門柱

もんつき　紋付き

もんてい　門弟

もんと　門徒

もんとう　門灯　*門燈

もんどう　問答無用

もんどころ　紋所

もんどり　翻筋斗打つ

もんなし　文無しになる

もんぱ　門派

もんばつ　門地門閥

もんばん　門番

もんび　紋日

もんぴ　門扉を閉ざす

もんぷく　紋服

もんめ　一匁　*匁目

もんもう　無学文盲

もんもん　悶々の情

もんよう　波の文様　*紋様

もんりゅう　門流

や

ヤ

[野(埜)]ヤ の——「—に下る」◇野外・野球・野心・荒野・視野

[夜]ヤ よ・よる——夜学・夜間・夜食・夜半・深夜・白夜

[冶]ヤ ——冶金・陶冶・艶冶

[也]ヤ なり——

[耶]ヤ ——耶蘇・耶馬渓

[椰]ヤ やし——椰子

や

[弥（彌）]や｜— 弥生

- や　矢　*箭を射る　文房具屋　この家の主人　車の輻
- やいた　鋼鉄製の矢板
- やいと　灸をすえる
- やいば　刃に掛ける
- やいん　夜陰に乗ずる
- やうつり　家移りをする
- やえ　八重の潮路
- やえい　夜営する　野営する
- やえざき　八重咲きの桜
- やえば　八重歯
- やえん　夜宴を催す　野猿
- やおちょう　八百長をする
- やおもて　矢面に立つ
- やおや　八百屋
- やおよろず　八百万の神
- やかい　夜会を催す
- やがい　野外で演奏する
- やがく　夜学に通う
- やかす　世話を焼かす
- やがすり　矢飛白　*矢絣
- やかた　豪族の館　*屋形
- やかたぶね　屋形船
- やがて　軈て春がくる
- やかましい　喧しい
- やかましや　喧し屋
- やかもち　大伴家持の歌
- やから　平家の族　不逞の輩
- やかん　夜間営業　アルミの薬缶
- やき　焼きを入れる
- やき　備前焼　夜気が迫る
- やぎ　山羊の乳
- やきいも　焼き芋
- やきいれ　鋼の焼き入れ
- やきいん　焼き印を押す
- やきうち　焼き打ち　*焼打　*焼き討ち　*焼討
- やきえ　焼き絵
- やききる　錠を焼き切る
- やきぐし　焼き串
- やきごて　焼き鏝
- やきざかな　焼き魚
- やきしお　焼き塩
- やきすてる　焼き捨てる
- やきたて　焼き立てパン
- やきだま　焼き玉エンジン
- やきつく　瞼に焼き付く
- やきつくす　焼き尽くす
- やきつけ　写真の焼き付け　*焼付
- やきつける　焼き付ける
- やきどうふ　焼き豆腐
- やきとり　焼き鳥
- やきなおし　旧作の焼き直し
- やきなまし　焼き鈍し
- やきにく　焼き肉
- やきのり　焼き海苔
- やきば　焼き刃　焼き場
- やきばた　焼き畑農業
- やきはらう　草を焼き払う
- やぎひげ　山羊鬚
- やきまし　焼き増し
- やきめし　焼き飯

箭
輻
軈

や

やきもち　焼き餅　嫉妬をやく
やきもどし　焼き戻し
やきもの　焼き物
やきゅう　野球の選手
やぎゅう　野牛
やぎょう　夜業をする
やきょく　夜曲（セレナーデ）
やきん　夜勤をする
　採鉱冶金
　野禽（野鳥）

ヤク

[躍]ヤク おど-る――躍如・躍進・躍起・跳躍・飛躍・勇躍
[役]ヤク・エキ――「―に立つ」◇役者・役所・役目・適役・荷役
[約]ヤク――「―を果たす」◇約束・約半分・契約・節約
[益]（ヤク）・エキ――益体・御利益
[訳（譯）]ヤク わけ――「下手な―」◇訳語・訳者・訳文・翻訳
[薬（藥）]ヤク くすり――薬害・薬学・薬草・薬品・火薬・毒薬
[厄]ヤク――「類焼の―に遭う」◇厄年・災厄・大厄

やく　雄しべの葯
やく　肉を焼く
　恋に身を灼く
　仲を妬△く　＊嫉△く
やぐ　夜具を掛ける
やくいん　役印
　会社の役員
やくえき　薬液
やくえん　薬園
やくおとし　厄落とし
やくかい　古文を訳解する
やくがい　薬害を受ける
やくがく　薬学
やくがら　役柄上協力する
やくぎ　役儀御苦労
やくぎょう　堀口大学の訳業
やくげん　約言する
やくご　適切な訳語
やくさい　外国の論文を新聞に訳載する
やくざいし　薬剤師
やくさつ　扼殺する
　野犬を薬殺する
やくし　訳詞（歌詞）
　訳詩（詩）
やくじ　薬餌に親しむ
やくしにょらい　薬師如来
やくじほう　薬事法
やくしゃ　千両役者
　訳者
やくしゅ　薬酒
　薬種問屋
やくしゅつ　訳出する
やくじゅつ　訳述する
やくしょ　役所に勤める
　訳書で読む
やくじょ　面目躍如
やくじょう　約定する
やくしょく　役職につく
やくしん　薬疹
　二位に躍進する
やくす　再会を約す
　英文を訳す
やくすう　約数
やくすぎ　屋久杉
やくする　腕を扼する
　再会を約する
　英文を訳する
やくせき　薬石効無く
やくぜん　薬膳料理
やくそう　役僧
　薬草
やくそく　約束を守る

や

△は常用漢字表にない音訓　｜の付いた仮名は省略してもよい送り仮名　＊は同語の別表記

やくそくてがた　約束手形
やくたい　益体も無い
やくたく　役宅
やくだく　支援を約諾する
やくだつ　実際に役立つ
やくだてる　役立てる
やくちゅう　訳注　*訳註
やくづき　役付きになる
やくづくり　役作り
やくとう　薬湯を煎じる
やくどう　生気が躍動する
やくとく　役得がある
やくどく　英文を訳読する
　薬毒
やくどころ　役所
やくどし　厄年
やくなん　厄難に遭う
やくにん　役人
やくば　町の役場
やくはらい　厄払いをする

やくび　二百十日の厄日
やくびょうがみ　疫病神
　*厄病神
やくひん　化学薬品
やくぶそく　役不足
やくぶつ　薬物検査
やくぶん　分数を約分する
　訳文と原文
やくほ　薬舗　*薬鋪
やくほう　薬方（薬の処方）
やくほん　訳本
やくまわり　損な役回り
やくみ　薬味を入れる
やくむき　役向き
やくめ　役目を果たす
やくめい　役名
　訳名
やくよう　薬用石鹸
やくよけ　厄除△けのお札
やぐら　火の見の櫓

やぐらだいこ　櫓太鼓
やぐらもん　櫓門
やくり　薬理作用
やぐるま　矢車と吹き流し
やくれい　医師への薬礼
やくろう　自家薬籠中の物
やくわり　役割を果たす
やくわん　切歯扼腕する
やけ　洗濯焼け
　自△棄△を起こす
やけあと　焼け跡
やけい　神戸の夜景
　夜警に立つ
やけいし　焼け石に水
やけうせる　焼け失△せる
やけおちる　焼け落ちる
やけくそ　自△棄△糞△になる
やけこげ　焼け焦△げ
やけざけ　自△棄△酒を呷《あお》る
やけしぬ　焼け死ぬ

やけだされる　焼け出される
やけっぱち　自△棄△っぱち
やけど　火△傷△をする
やけのこり　焼け残り
やけのはら　焼け野原
やけひばし　焼け火箸
やけぶとり　焼け太りする
やけぼっくい　焼け棒杙
　*焼け木杭に火
やけやま　焼け山
やける　家が焼ける
　*焦△ける
　*灼△ける
　妬△ける
　*嫉△ける

葯
鋪
櫓

や

やけん　野犬
やげん　薬△研
やこう　夜行列車
やごう　商店の屋号
　野合する
やこうせい　夜行性の動物
やこうとりょう　夜光塗料
やごえ　矢声を掛ける
やこぜん　野狐禅
やさい　野菜
やさおとこ　優男
やさがし　家探し（住む家を探す）
　家捜し（家宅捜索）
やさがた　優形の男
やさき　出掛ける矢先に
やさしい　問題が易しい
　心が優しい
やさすがた　優姿

やざま　矢狭△間
やし　縁日の香△具△師
　＊野師
やし　野史と正史
　椰子の実
やじ　野次　＊弥次
やじうま　野次馬
　＊弥次馬根性
やしき　屋敷　＊邸△
やじきた　弥次喜多道中
やしきまち　屋敷町
やしないおや　養い親
やしないご　養い子
やしなう　英気を養う
やしゃ　夜叉
やしゃご　孫・ひこ・玄△孫△
やしゅ　野手の好守備
やしゅ　野趣に富む
やしゅう　夜襲をかける
やじゅう　野獣主義

やしょく　夜色が深まる
　夜食をとる
やじり　鏃　＊矢尻
やじる　講師を野次る
　＊弥次る
やじるし　矢印
やしろ　村の社
やじろべえ　弥次郎△兵△衛△
やしん　野心を持つ
やじん　田夫野人
やす　安月給
　簎で魚を突く
やすあがり　安上|がり
やすい　安い　＊廉い品物
　言うは易△い
やすうけあい　安請け|合い
やすうり　安売りをする
やすぎ　安来節
やすくにじんじゃ　靖国神社

やすっぽい　安っぽい洋服
やすで　安手の品
　馬△陸△と百足《むかで》
やすね　安値で売る
やすぶしん　安普請
やすまる　心が休まる
やすみ　休みに旅行する
やすみあけ　休み明け
やすみぢゃや　休み茶屋
やすみやすみ　ばかも休み休み言え
やすむ　会社を休む
　夜、早めに寝△む
　川が息△まずに流れる
やすめる　体を休める
やすもの　安物の時計
やすやす　安々　＊易△々
やすらう　木陰に休らう

＊安らう
やすらか　安らかな眠り
やすらぎ　安らぎ
やすらぐ　心が安らぐ
やすり　鑢をかける
やすんじる　心を安んじる
やせい　野生の馬
野性に返る
やせいてき　野性的
やせうで　痩せ腕
やせおとろえる　痩せ衰える
やせがた　痩せ形
＊痩せ型の人
やせがまん　痩せ我慢
やせぎす　痩せぎす
やせこける　痩せこける
やせち　痩せ地
やせほそる　痩せ細る
やせる　体が痩せる

＊瘠せる
やせん　夜戦
野戦
やぜん　夜前の雨
やせんびょういん　野戦病院
やそう　野草の採集
やそうきょく　夜想曲
やそきょう　耶蘇教
やそじ　八十路
やたい　屋台をひく
やたいぼね　屋台骨が傾く
やたて　矢立ての筆
やだね　矢種が尽きる
やたのかがみ　八咫鏡
やだま　矢玉 ＊矢弾
やたら　矢鱈に怒る
やち　谷地(低湿地)
やちまた　八衢(道が幾つにも分かれる所)

やちゅう　夜中遅く着く
やちよ　千代に八千代に
やちょう　野鳥を観察する
やちん　家賃を払う
やつ　八つ
困った奴
やつあたり　八つ当たり
やっか　薬価基準
薬科大学
薬禍
やっかい　厄介を掛ける
古文を訳解する
やつがしら　八つ頭の煮物
やつがたけ　八ヶ岳
やつがれ　僕
やっかん　保険約款
やっき　躍起になる
やつぎばや　矢継ぎ早
やっきょう　薬莢
やっきょく　薬局

やつぎり　八つ切り ＊八切
やっこ　奴
やっこう　訳稿
薬効が現れる
やっこだこ　奴凧を揚げる
やつざき　八つ裂き
やつす　身を窶す
＊俏す
やっつ　八つ
やづつ　矢筒
やっつけしごと　遣っ付け仕事
やっとこ　鋏ではさむ
やつはし　八つ橋
やつばら　奴輩 ＊奴原
やっぱり　矢っ張り

鋏
鑢
衢

や

やつら　奴△等△の仕業
やつれる　病気で窶△れる
やと　谷△戸
やと　野兎
やど　宿を取る
やとい　臨時雇い|
やとい　*傭△い|
やといいれ　雇い|入れ
やといいれる　雇い|入れる
やといにん　雇い|人
やといぬし　雇い|主
やとう　夜盗
やとう　野盗
やとう　野党と与党
やとう　人を雇う
やとう　*傭う
やどがえ　宿替えをする
やどさがり　宿下がり
やどす　胤《たね》を宿す
やどちょう　宿帳に付ける

やとな　雇△仲△居△
やとな　*雇△女
やどなし　宿無しになる
やどぬし　宿主
やどもと　宿元　*宿許△
やどや　宿屋
やどり　一夜の宿り
やどりぎ　宿り木　*寄△生△木
やどる　宿るべき家
やどろく　うちの宿六
やな　簗△　*梁△
やながわなべ　柳△川鍋
やなぎ　柳に風
やなぎごうり　柳行李
やなぎごし　柳腰の美人
やなぎだる　柳樽（角樽《つのだる》）
やなぎばし　柳橋芸者
やなぎばぼうちょう　柳刃包丁

やなみ　古い家並み|
やなり　家鳴りがする
やに　脂△が出る
やにさがる　脂下がる
やにっこい　脂△っこい男
やにょうしょう　夜尿症
やにわに　矢庭に殴る
❖ふつう仮名書き。
やぬし　家主と店子《たなこ》
やね　同じ屋根の下
やねうら　屋根裏の部屋
やのあさって　弥△明△後△日△（しあさっての翌日）
やば　矢場
やばけい　耶馬渓
やはず　矢筈
やばね　矢羽根
やはり　矢張り無理だ
❖ふつう仮名書き。
やはん　夜半を過ぎる

やばん　野蛮な行為
やひ　野卑　*野鄙
やぶ　藪から棒
やぶいしゃ　藪医者
やぶいり　藪入り|
やぶか　藪蚊
やぶく　紙を破く
やぶける　障子が破ける
やぶさか　誤りを認めるに吝△かでない
やぶさめ　流鏑馬
やぶにらみ　藪睨み　*斜△視△
やぶへび　藪蛇になる
やぶみ　矢文を射込む
やぶりすてる　破り|捨てる
やぶる　約束を破る
やぶる　全日本敗る
やぶれ　破れを繕う
やぶれがさ　破れ傘
やぶれかぶれ　破れかぶれ

や

△は常用漢字表にない音訓　|の付いた仮名は省略してもよい送り仮名　＊は同語の別表記

やぶれさる　敗れ去る
やぶれる　障子が破れる・平和が―
　戦いに敗れる
やぶん　夜分遅く着く
やぼ　野暮な人
やぼう　野望を抱く
やぼくさい　野暮臭い
やぼったい　野暮ったい
やぼよう　野暮用
やま　山に登る
やまあい　山間の村
やまあるき　山歩き
やまい　病は気から
やまいぬ　山犬　*豺
やまいも　山芋　*薯蕷
やまうば　山姥
やまおく　山奥の村
やまおとこ　山男
やまが　山家育ち

やまかい　山峡の村落
やまかけ　山掛け蕎麦《そば》
やまかげ　山陰の家
　美しい山影
やまがさ　山笠
やまかじ　山火事
やまかぜ　山風
やまがた　山形県
やまがたありとも　山県有朋
やまがたな　山刀
やまがつ　山賤
やまがり　山狩りをする
やまかわ　山川(山と川)
やまがわ　山川(山中の川)
やまかん　山勘で当てる
やまぎわ　山際の家
やまくずれ　山崩れ
やまぐち　山口県
やまぐに　山国

やまけ　山気を出す
やまごえ　山越えをする
やまことば　山言葉
やまごもり　山籠もり
やまごや　山小屋
やまざと　遠山里
やまざる　山猿
やまし　山師　*鉱山師
やまじ　山路をたどる
やましい　疚しい　*疚しいところはない
やましな　京都山科
やましろ　山城の国
やまじろ　山城と平城
やますそ　山裾の町
やまぞい　山沿い
やまたいこく　邪馬台国　*耶馬台国
やまたかぼう　山高帽

やまだし　山出しの人
やまっけ　山っ気が多い
やまづたい　山伝いに行く
やまつなみ　山津波
やまづみ　山積みの貨物
やまて　山手
やまでら　山寺の和尚さん
やまと　大和　*倭
やまとうた　大和歌　*倭歌
やまとえ　大和絵　*倭絵
やまとことば　大和言葉
やまとたけるのみこと　日本武尊
やまとだましい　大和魂
やまとなでしこ　大和撫子

簗　藪　蕷

や

やまどり　山鳥
やまない　止△まない　*已まない
やまなし　山梨県
やまなみ　山並|み　*山脈△
やまなり　山形△に弧を描く
　山鳴りがする
やまのいも　山の芋　*薯蕷
やまのうえのおくら　山上△憶良△
やまのかみ　山の神
やまのさち　海の幸山の幸
やまのて　山の手と下町
やまのは　山の端の月
やまのぼり　山登りをする
やまば　交渉の山場
やまはだ　山肌　*山膚△
やまびこ　山彦が答える
やまひだ　山襞
やまびらき　立山の山開き

やまぶし　山伏
やまふところ　山懐に抱かれる
やまべ　山辺の道
やまべのあかひと　山部△赤人
やまほうし　山法師
やまぼこ　山鉾の巡行
やまほど　山程ある
やまみち　山道　*山路△
やまもり　山盛|りの菓子
やまやき　山焼|きの季節
やまやま　詳しく話したいのは山々だが
　❖ふつう仮名書き。
やまわけ　山分|けにする
やまんば　山姥

やみ

[闇]やみ　「―に紛れる」◇闇夜・暗闇
やみあがり　病|み上がり
やみいち　闇市で商売する
やみうち　闇討|ちを食う
やみがたい　止△み難い
やみくも　闇雲に走る
やみじ　恋の闇路
やみそうば　闇相場
やみつき　病|み付き
やみとりひき　闇取|り引き　*闇取引
やみね　闇値で買う
やみほうける　病|み呆ける　*病|み惚ける　*病み耄ける
やみや　闇屋
やみやみ　闇々（むざむざ）
やみよ　闇夜と月夜
やむ　雨が止△む　*熄む　*已む
　気に病む
やむなく　已む無く中止
やむにやまれぬ　已むに已まれぬ
やむをえず　已むを得ず
やむをえない　已むを得ない
やめる　運転を止△める
　勤めを辞める
　*罷△める
　制度を廃△める
　頭が病める
やもめ　寡△婦（女性）　鰥△夫（男性）
やもり　守宮△といもり
やや　稍良好
ややもすれば　動もすれば
やゆ　相手を揶揄する
やよい　弥生（陰暦三月）

やらい 竹の矢来 夜来の雨
やらずのあめ 遣らずの雨
やり 槍・*鎗・*鑓
やりあう 派手に遣り合う
やりかえす 遣り返す
やりかた 遣り方がある
やりきれない 遣り切れない
やりくち ひどい遣り口
やりくり 遣り繰り算段
やりこめる 遣り込める
やりさき 槍先
やりすごす 遣り過ごす
やりそこなう 遣り損なう
やりだま 槍玉に挙げる
やりっぱなし 遣りっ放し
やりて 遣り手
やりど 遣り戸

やりとげる 遣り遂げる
やりとり 杯の遣り取り
やりなおし 遣り直しする
やりなおす 遣り直す
やりなげ 槍投げ
やりば 目の遣り場
やりみず 遣り水を引く
やりもち 槍持ち
やる 使いを遣る ゲリラを殺る 芝居を演る
やるかたない 遣る方無い
やるせない 遣る瀬無い
やれる 傘が破れる
やろう 野郎
やろうじだい 夜郎自大
やわ 文学夜話
やわい 柔い御飯
やわはだ 柔肌に触れる
やわら 柔らの道

やわらか 柔らかな身のこなし 軟らか *柔らかな土
やわらかい 柔らかい毛布 軟らかい *柔らかい表情
やわらかみ 柔らかみのある人
やわらぐ 表情が和らぐ
やわらげる 声を和らげる
やんごとない 止ん事無い
やんぬるかな 已んぬる哉

ゆ

ユ

[由]ユ・ユウ・(ユイ) よし ― 由来・因由・縁由・経由

[油]ユ あぶら ― 油煙・油脂・油田・肝油・軽油・重油・石油
[輸]ユ ― 輸血・輸出・輸送・輸入・運輸・空輸・密輸
[愉]ユ ― 愉悦・愉快・愉楽
[諭]ユ さと-す ― 諭告・諭旨・教諭・告諭・説諭
[癒]ユ い-える・い-やす ― 癒合・癒着・快癒・全癒・治癒・平癒
[喩]ユ ― 比喩

ゆ 湯に入る
ゆあか 湯垢
ゆあがり 湯上がり
ゆあたり 湯中りをする
ゆあつ 油圧計
ゆあみ 湯浴みをする

鰥
揄
鑓

ユイ

[遺]（ユイ）・イ ― 遺言

[唯]ユイ・（イ） ― 唯一・唯我独尊・唯識・唯物論

ゆいあげる 髪を結い上げる

ゆいいつ 唯一の希望

ゆいがどくそん 唯我独尊

ゆいごん 父の遺言

ゆいしょ 由緒正しい家柄

ゆいしんろん 唯心論

ゆいたて 結い立ての髪

ゆいつ 唯一の希望

ゆいのう 結納を交わす

ゆいびしゅぎ 唯美主義

ゆいぶつろん 唯物論

ゆいわた 結い綿

ユウ

[友]ユウ とも ― 友愛・友好・友情・友人・悪友・旧友・親友

[右]ユウ・ウ みぎ ― 右筆・左右・座右

[由]ユウ・ユ・（ユイ） よし ― 自由・事由・理由

[有]ユウ・ウ ある ― 「無から―を生ずる」◇有害・有料・所有

[勇]ユウ いさむ ― 「―を鼓す」◇勇敢・勇気・勇躍・剛勇・武勇

[郵]ユウ ― 郵券・郵税・郵政省・郵送・郵便

[遊]ユウ・（ユ） あそぶ ― 遊戯・遊興・遊牧・遊覧・遊離・外遊・交遊

[優]ユウ やさしい・すぐれる ― 「―・良・可」◇優雅・優良・優劣・俳優

[幽]ユウ ― 幽境・幽玄・幽愁・幽閉・幽明・幽門・幽霊

[悠]ユウ ― 悠遠・悠久・悠然・悠長・悠々自適・悠揚

[猶]ユウ ― 猶予

[裕]ユウ ― 裕福・富裕・余裕

[雄]ユウ お・おす ― 「財界の―」◇雄大・雄弁・英雄・雌雄・老雄

[誘]ユウ さそう ― 誘拐・誘致・誘導・誘発・誘惑・勧誘

[憂]ユウ うれえる・うれい・うい ― 憂国・憂愁・憂色・憂慮・一喜一憂

[融]ユウ ― 融解・融合・融資・融通・融和・金融

[湧]ユウ わく ― 湧出・湧水・湧泉

人[佑]ユウ すけ・たすく ― 佑助・天佑

人[邑]ユウ さと・むら ―

人[酉]ユウ とり ―

人[侑]ユウ すすむ・たすく ―

人[宥]ユウ すけ・ひろ・ひろし ― 宥和

人[柚]ユウ・ユ ゆず ―

人[祐]・人[祐]ユウ すけ・たすく ― 天祐

人[尤]ユウ もつ・もと ― 「―なるもの」◇尤物

人[楢]ユウ なら ―

人[釉]ユウ ― 釉薬

ゆう 朝に夕に
木綿
髪を結う

ゆうあい 友愛のきずな

ゆうあかり 夕明かり

ゆうあん 幽暗

ゆうい 前途有為の青年
有意行為
雄偉な姿
優位に立つ

ゆういぎ 有意義な生活

ゆういん 誘引する
戦争の誘因

ゆううつ 憂鬱 *憂欝

ゆうえい 遊泳 *游泳

ゆうえき 有益な話
子弟を誘掖する

ゆうえつかん 優越感

ゆ

ゆうえん　幽遠の境地　幽艶　*幽婉な音楽　悠遠なる昔　児童遊園　優婉　*優艶なる少女
ゆうえんち　遊園地
ゆうおうまいしん　勇往邁進
ゆうが　優雅な姿
ゆうかい　幽界(冥土)　子供を誘拐する　鉛を融解する
ゆうがい　有害な食品　有蓋貨車
ゆうがお　夕顔の花
ゆうかく　温泉の遊客　遊郭　*遊廓
ゆうがく　有額の回答　パリに遊学する
ゆうかしょうけん　有価証券
ゆうがた　夕方
ゆうがとう　誘蛾灯　*誘蛾燈
ゆうかん　夕刊と朝刊　有閑階級　勇敢な少年　憂患を共にする
ゆうかんじしん　有感地震
ゆうき　有期公債　有機化学　勇気のある人　幽鬼のような姿　友誼に厚い
ゆうぎ　遊技場　幼稚園の遊戯
ゆうきつむぎ　結城△紬
ゆうきてき　有機的な結合
ゆうきゃく　温泉の遊客
ゆうきゅう　有給の休暇　悠久の昔　遊休施設
ゆうきょ　山中に幽居する
ゆうきょう　幽境に遊ぶ　遊侠の徒　遊興する
ゆうぎり　夕霧
ゆうぎん　遊吟する
ゆうく　憂苦に満ちる
ゆうぐ　遊具
ゆうぐう　優遇する
ゆうぐれ　夕暮れ
ゆうぐん　友軍を待つ　遊軍記者
ゆうげ　夕餉の支度
ゆうけい　大都会の夕景　有形無形の援助　雄勁な筆致
ゆうげい　遊芸の稽古
ゆうげき　遊撃手
ゆうけむり　夕煙
ゆうげん　有限と無限　幽玄の境地
ゆうけんしゃ　有権者
ゆうこう　友好関係　有効な手段　夢中遊行
ゆうごう　両者が融合する
ゆうこく　夕刻到着する　深山幽谷　憂国の士
ゆうこん　幽魂がさまよう　雄渾な筆致
ゆうざい　有罪の判決
ゆうさん　有産階級

游
餉
勁

ゆ

ゆうし　有史以来
有志を募る
歴戦の勇士
猶子（養子）
雄志を抱く
雄姿を現す
馬上の勇姿
融資を受ける
ゆうじ　有事立法
ゆうしかい　有視界飛行
ゆうしき　有識者
ゆうしてっせん　有刺鉄線
ゆうしゃ　真の勇者
ゆうじゃく　幽寂な山荘
ゆうしゅう　有終の美
幽囚の身
幽愁を抱く
憂愁の色が濃い
優秀な成績
ゆうじゅうふだん　優柔不断
ゆうしゅつ　湧出　*涌出
ゆうしゅん　優駿　牝《ひん》馬《ば》競走
ゆうじょ　天の佑助
宥恕を乞う
遊女
ゆうしょう　有償で交付する
勇将の下《もと》に弱卒なし
大会で優勝する
ゆうじょう　友情に厚い
ゆうしょく　夕食
有色人種
憂色を帯びる
ゆうしん　雄心勃々
ゆうじん　友人
有人飛行
ゆうすい　坑内の湧水
幽邃の境（しずか）
ゆうずい　雄蕊と雌蕊
ゆうすう　世界有数の学者
ゆうずう　金を融通する
ゆうずうむげ　融通無碍
*融通無礙
ゆうすずみ　河原の夕涼み
ゆうする　権利を有する
ゆうせい　有性生殖
幽棲　*幽栖
郵政
小遊星
優性遺伝
優勢を保つ
ゆうぜい　全国を遊説する
ゆうせいおん　有声音
ゆうせいがく　優生学
ゆうせいらん　有精卵
ゆうせつ　融雪期
ゆうせん　有線放送
勇戦奮闘
郵船
遊船（舟遊びの船）
仕事を優先する
ゆうぜん　油△然として湧く
悠然と構える
ゆうぜんぞめ　友禅染
ゆうそう　勇壮なマーチ
見本を郵送する
ゆうそく　有職△故実
ゆうだ　遊惰を戒める
ゆうたい　官職を勇退する
株主を優待する
ゆうだい　雄大な眺め
ゆうたいるい　有袋類
ゆうだち　夕立に遭う
ゆうだん　勇断を下す
ゆうだんしゃ　有段者
ゆうち　工場を誘致する
ゆうちょう　悠長に構える
ゆうづき　夕月
ゆうづきよ　夕月夜

ゆ

ゆうてん　融点
ゆうと　雄図むなしく
　雄途に就く
ゆうとう　遊蕩に耽《ふけ》る
　優等生
ゆうどう　誘導する
ゆうどうえんぼく　遊動円木
ゆうどうじんもん　誘導尋問
ゆうどうたい　誘導体
ゆうとく　有徳の士
ゆうどく　有毒ガス
ゆうなぎ　夕凪と朝凪
ゆうに　優に万を超える
ゆうのう　有能な学者
ゆうはい　有配株
ゆうばえ　夕映えの空
ゆうばく　誘爆を起こす
ゆうはつ　余病を誘発する

ゆうばり　夕張市
ゆうばれ　夕晴れ
ゆうはん　夕飯
　九州の雄藩
ゆうひ　夕日　＊夕陽△
ゆうひ　海外に雄飛する
　熊△羆（くまとひぐま）
ゆうび　優美な姿
ゆうひつ　右筆　＊祐筆
ゆうひょう　融氷期
ゆうびん　郵便を出す
ゆうふ　有夫の婦人
ゆうぶ　勇武を誇る
ゆうふく　裕福な暮らし
ゆうぶつ　尤物（優れた物）
ゆうふん　憂憤やる方ない
ゆうべ　夕べ△　＊夕の祈り
　昨△夜△の夢
ゆうへい　城内に幽閉する

ゆうへん　雄編　＊雄篇
ゆうべん　雄弁に物語る
ゆうほう　友邦
　ヒマラヤの雄峰
ゆうぼう　前途有望
ゆうぼく　遊牧の民
ゆうほどう　遊歩道
ゆうまぐれ　夕間暮れ
ゆうみん　遊民
ゆうめい　有名になる
　勇名を馳せる
　幽明境を異にす
　幽冥界
ゆうめいむじつ　有名無実
ゆうもう　勇猛果敢
ゆうもや　夕靄
ゆうもん　幽門閉塞
　憂悶の情
ゆうやく　勇躍出発する
　陶器の釉薬

ゆうやけ　夕焼け小焼け
ゆうやみ　夕闇が迫る
ゆうやろう　遊冶郎
ゆうゆう　悠々自適
ゆうよ　十有余年
　執行を猶予する
ゆうよう　有用な品
　悠揚迫らず
ゆうよく　遊弋　＊游弋
ゆうらくちょう　有楽町
ゆうらん　港内を遊覧する
ゆうり　有利な立場
　遊里
　現実との遊離
ゆうりすう　有理数
ゆうりょ　憂慮すべき状況
ゆうりょう　有料の道路

駿
邃
羆

ゆ

遊猟地
成績優良
ゆうりょく 有力な政治家
ゆうれい 幽霊人口
優麗な姿
ゆうれき 英国を遊歴する
ゆうれつ 優劣が無い
ゆうわ 宥和政策
融和を図る
ゆうわく 誘惑に打ち勝つ
ゆえ 故無くして
❖「…のゆえに」などは仮名書きがふつう。
ゆえき 輸液システム
ゆえつ 愉悦を感じる
ゆえなし 故無しとせず
ゆえん 由縁(ゆかり)
油煙が立つ
よって来たる所△以△を考える

ゆおう 硫△黄
ゆか 床が抜ける
鴨川の川△床△
ゆかい 愉快な仲間
ゆかいた 床板
ゆかいはん 愉快犯
ゆかうえ 床上浸水
ゆかうんどう 床運動
ゆがく 湯掻く
ゆかしい 床しい話
ゆかした 床下浸水
ゆかた 浴衣掛け
ゆがむ 形が歪む
ゆがめる 口を歪める
ゆかり 縁△ ＊所△縁△の地
ゆかん 湯灌
ゆき 行き ＊往△きと帰り
博多行き
着物の裄
雪が降る
ゆきあう 偶然行き会う
＊行き逢う
ゆきあかり 雪明かりの道
ゆきあたり 行き当たり
＊行当りばったり
ゆきあたる 行き当たる
ゆきおこし 雪起こし
ゆきおとこ ヒマラヤの雪男
ゆきおれ 柳に雪折れなし
ゆきおろし 雪下ろし ＊雪降ろし作業
ゆきおんな 雪女
ゆきかう 行き交う人々
ゆきかえり 行き帰りの道
ゆきがかり 行き掛かり
＊行掛り
ゆきかき 雪掻き

ゆきがけ 行き掛けの駄賃
ゆきがこい 雪囲いをする
ゆきかた 駅への行き方
行き方知れず
ゆきがた 馬の雪形
ゆきがっせん 雪合戦
ゆきき 行き来する
ゆきぐつ 雪沓
ゆきぐに 雪国
ゆきぐも 雪雲
ゆきくれる 行き暮れる
ゆきげしき 雪景色
ゆきげしょう 雪化粧
ゆきけむり 雪煙をあげる
ゆきさき 行き先の変更
ゆきじたく 雪支度
ゆきしつ 雪質
ゆきしろ 雪代(雪どけ水)
ゆきすぎ 行き過ぎ

ゆきすぎる　行き過ぎる
ゆきずり　行き摺りの人
ゆきぞら　雪空
ゆきだおれ　行き倒れ
ゆきだるま　雪達△磨
ゆきちがい　行き違いになる
ゆきつく　町に行き着く
ゆきつけ　行き付けの店
ゆきつぶて　雪礫
ゆきづまり　行き詰まり　*行詰り
ゆきづまる　交渉が行き詰まる　*行詰る
ゆきつもどりつ　行きつ戻りつ
ゆきどけ　雪解け　*雪△融△け
ゆきとどく　注意が行き届く

ゆきどまり　行き止まり　*行止り
ゆきなやむ　交渉が行き悩む
ゆきば　行き場がない
ゆきはだ　雪肌　*雪膚△
ゆきばれ　雪晴れの快晴
ゆきびさし　雪庇
ゆきひら　行平鍋
ゆきふみ　雪踏み
ゆきふり　雪降りになる
ゆきまつり　雪祭り
ゆきみざけ　雪見酒
ゆきみち　行き道　雪道
ゆきみどうろう　雪見灯籠　*雪見燈籠
ゆきめ　雪目　*雪眼△
ゆきもよい　雪催△いの空

ゆきもよう　雪模様
ゆきやけ　雪焼け
ゆきやま　雪山に登る
ゆぎょう　諸国を遊行する
ゆきよけ　雪除△け
ゆきわたる　広く行き渡る
ゆく　学校へ行く　*往△く　❖「いく」よりも文章語的。　戦地に行く　*征△く　卒然として逝く
ゆくえ　行方　*行衛△
ゆくえふめい　行方不明
ゆくさき　行く先
ゆくすえ　世の行く末
ゆぐち　湯口
ゆくて　行く手を遮る
ゆくとし　行く年来る年

ゆくゆく　行く行くは三代目を襲名する
ゆげ　湯気を立てる
ゆけつ　輸血する
ゆけむり　湯煙　*湯烟
ゆごう　癒合する
ゆこく　校長が諭告する
ゆこぼし　湯零△し
ゆさい　油彩と水彩
ゆさぶり　揺さぶり
ゆさぶる　木を揺さぶる
ゆざまし　湯冷まし
ゆざめ　湯冷めをする
ゆさん　物見遊山
ゆし　油紙　油脂工業　諭旨退学

宥　歪　裄

ゆしゅつ　製品を輸出する
ゆじょう　油状
ゆず　柚子 ＊柚
ゆすぐ　洗濯物を濯△ぐ
ゆすぶる　体を揺すぶる
ゆずゆ　柚子湯 ＊柚湯
ゆすり　強△請△を働く
ゆずり　親譲り
ゆずりあう　席を譲り合う
ゆずりうけ　家の譲り受け
ゆずりうける　譲り受ける
ゆずりは　譲り葉
ゆずりわたし　譲り渡し
ゆずりわたす　譲り渡す
ゆする　一籌《いっちゅう》を輸する
肩を揺する
金を強△請△る
ゆずる　席を譲る
ゆせい　油井
油性のインク
ゆせいかん　輸精管
ゆせん　湯煎にする
ゆそう　海底の油層
原油の油槽
食糧を輸送する
ゆそうせん　油槽船 ＊油送船
ゆたか　豊か ＊裕△か
ゆだき　湯炊き
ゆだく　油濁を防止する
ゆだねる　全権を委ねる
ゆだま　湯玉が飛ぶ
ゆだる　豆が茹だる
ゆたん　油単
ゆだん　油断大敵
ゆたんぽ　湯湯婆△
ゆちゃく　傷口が癒着する
ゆづかれ　湯疲れ
ゆづけ　湯漬け
ゆづる　弓△弦
ゆてき　油滴
ゆでこぼす　蕗《ふき》を茹で溢す
ゆでだこ　茹で蛸になる
ゆでたまご　茹で卵 ＊茹で玉子
ゆでる　野菜を茹でる
ゆでん　海底油田
ゆとう　湯桶
ゆどうふ　湯豆腐
ゆとうよみ　湯桶読み
ゆどおし　生地の湯通し
ゆどの　湯殿
ゆな　湯女△
ゆに　湯煮
ゆにゅう　原料を輸入する
ゆのし　湯熨しをする
ゆのはな　湯の花 ＊湯の華
ゆのみ　湯飲み ＊湯呑み茶碗
ゆば　湯葉
ゆばり　尿△
ゆび　指をくわえる
ゆびき　鱧《はも》の湯引き
ゆびきり　指切りをする
ゆびさき　指先の器用な人
ゆびさす　相手を指差す
ゆびずもう　指相撲
ゆびづかい　指遣い ＊指使い
ゆびにんぎょう　指人形
ゆびぬき　指貫△き
ゆびわ　指輪をはめる
ゆぶね　湯船 ＊湯槽△
ゆまく　油膜
ゆみ　弓を引く
ゆみがた　弓形
ゆみず　湯水の如く使う
ゆみとり　弓取り式

ゆ

ゆみなり　弓形になる
ゆみはりづき　弓張り月
ゆみや　弓矢を取る
ゆむき　湯剝き
ゆめ　努疑うなかれ
　夢を見る
ゆめうつつ　夢現のうちに
ゆめうら　夢占
ゆめごこち　夢心地になる
ゆめじ　夢路をたどる
ゆめにも　夢にも思わぬ
ゆめまくら　夢枕に立つ
ゆめまぼろし　夢幻の人生
ゆめみ　夢見が悪い
ゆめみごこち　夢見心地
ゆめみる　出世を夢見る
ゆめものがたり　夢物語
ゆめゆめ　努々忘れるな
ゆもじ　湯文字
ゆもと　湯元　*湯本

ゆや　湯屋
ゆや　熊野（能の名）
ゆゆしい　由々しい問題
ゆらい　地名の由来
ゆらく　人生の愉楽
ゆらぐ　風に揺らぐ
ゆらす　左右に揺らす
ゆらのすけ　遅かりし由良之助
ゆらめく　炎が揺らめく
ゆらんかん　輸卵管
ゆり　百合の花
ゆりうごかす　揺り動かす
ゆりおこす　揺り起こす　*揺起す
ゆりかえし　地震の揺り返し
ゆりかご　揺り籃　*揺り籠
ゆりね　百合根

ゆりょう　湯量豊富な温泉
　埋蔵油量
ゆるい　緩い傾斜
ゆるがす　地を揺るがす
ゆるがせ　忽せにする
ゆるぎでる　揺るぎ出る
ゆるぎない　揺るぎない
ゆるぐ　足場が揺るぐ
ゆるし　許し　*赦し
ゆるしがたい　許し難い言動
ゆるす　外出を許す
　罪を許す　*赦す
ゆるみ　気の緩み　*弛み
ゆるむ　気が緩む　*弛む
ゆるめる　ひもを緩める　*弛める
ゆるやか　緩やかな傾斜

ゆれ　揺れがひどい
ゆれうごく　揺れ動く
ゆれる　船が揺れる
ゆわえつける　結わえ付ける
ゆわえる　糸で結わえる
ゆわかしき　湯沸かし器　*湯沸器
ゆわく　結わく
ゆんで　左手　*弓手と馬手《めて》

よ

ヨ

［予（豫）］ヨ —— 予感・予算・

茹

癒

赦

よ

予想・予定・予備・予防・猶予

[余(餘)]ヨ あまる・あます ── 「三年──の間」◇余暇・余力・有余

[預]ヨ あずける・あずかる ── 預金・預血・預託・預貯金

[与(與)]ヨ あたえる ── 与党・関与・給与・授与・貸与

[誉(譽)]ヨ ほまれ ── 栄誉・称誉・声誉・名誉

[輿]ヨ こし ── 輿論・神輿

よ　四年
　明治の世　*代
　世に知られる
　夜が明ける

よあかし　夜明かし

よあけ　夜明け

よあそび　夜遊びをする

よあつ　航空機内の与圧

よあるき　夜歩きをする

よい　春の宵

よい　酔いが回る

よい　余威を駆る
　品質が良い・成績が─・頭が─・待遇が─
　善い行い
　人が好△い　*善い
　❖「…てよい」は仮名書きがふつう。

よいかな　善い哉

よいごこち　酔い心地

よいごし　宵越しの金

よいざめ　酔い覚め　*酔い醒△めの水

よいしれる　酔い痴△れる

よいづき　宵月

よいっぱり　宵っ張り

よいつぶれる　酔い潰れる

よいどれ　酔いどれ

よいね　宵寝

よいのくち　まだ宵の口だ

よいのみょうじょう　宵の明星

よいまちぐさ　宵待草

よいみや　宵宮(宵祭り)

よいやま　宵山(祇園《ぎおん》祭の宵宮)

よいやみ　宵闇が迫る

よいん　余韻を残す

ヨウ

[幼]ヨウ おさない ── 「─にして才を表す」◇幼児・幼稚

[用]ヨウ もちいる ── 「─がない」◇用意・用具・使用・信用

[羊]ヨウ ひつじ ── 羊水・羊腸・羊肉・羊毛・牧羊・綿羊

[洋]ヨウ ─ ── 「─の東西を問わず」◇洋画・洋風・海洋

[要]ヨウ かなめ・いる ── 「─を得ている」◇要因・要求・要旨・必要

[容]ヨウ ─ ── 容易・容器・容認・容量・寛容・形容・内容

[葉]ヨウ は ── 葉柄・葉脈・葉緑素・一葉・紅葉・落葉

[陽]ヨウ ─ ── 「陰に─に」◇陽光・陽性・陰陽・斜陽・太陽

[様(樣)]ヨウ さま ── 様式・様子・様相・様態・模様

[養]ヨウ やしなう ── 養育・養子・養分・休養・滋養・培養・扶養

[曜]ヨウ ─ ── 曜日・七曜表・水曜・土曜・日曜日

[庸]ヨウ ─ ── 「租─調」◇中庸・登庸・凡庸

[揚]ヨウ あげる・あがる ── 揚陸・意気揚揚・掲揚・抑揚

[溶]ヨウ とける・とかす・とく ── 溶液・溶解・溶剤・水溶液

[腰]ヨウ こし ― 腰間・腰痛・腰部・細腰
[踊]ヨウ おど-る・おど-り ― 踊躍・舞踊
[窯]ヨウ かま ― 窯業
[擁]ヨウ ― 擁護・擁立・抱擁
[謡(謠)]ヨウ うたい・うた-う ― 謡曲・歌謡・民謡
[揺(搖)]ヨウ ゆ-れる・ゆ-る・ゆ-らぐ・ゆ-るぐ・ゆ-する・ゆ-さぶる・ゆ-すぶる ― 揺籃・動揺
[妖]ヨウ あや-しい ― 妖怪・妖艶
[瘍]ヨウ ― 潰瘍・腫瘍
[遥・遙]ヨウ はるか ― 遥拝・逍遥
[楊]ヨウ やなぎ ― 楊弓・楊柳・楊子
[瑶]ヨウ ―
[蓉]ヨウ ― 芙蓉
[燿]ヨウ あき・あきら ― 栄燿
[耀]ヨウ あき・あきら ― 栄耀
[鷹]ヨウ たか ―
[傭]ヨウ・チョウ ひとし ― 傭兵・常傭

よう　兵馬俑
よう　癰(できもの)
よう　酒に酔う
ようあん　溶暗(フェードアウト)
ようい　用意する
ようい　容易ならぬ事態
よういく　孤児を養育する
よういしゅうとう　用意周到
よういん　紛争の要因
よういん　保安要員
ようえい　蛍の光が闇の中を揺曳する
ようえき　葉腋
ようえき　飽和溶液
ようえん　妖艶な姿

ようおん　拗音と促音
ようか　八日
ようか　養家先
ようが　洋画ファン
ようが　陽画と陰画
ようかい　妖怪変化《へんげ》
ようかい　他人が容喙する
ようかい　水に溶解する
ようかい　金属を溶解
ようかい　*鎔解する
ようがい　要害堅固の地
ようがく　洋学と国学
ようがく　洋楽と邦楽
ようがさ　洋傘
ようがし　洋菓子
ようかん　羊羹一棹《ひとさお》
ようかん　洋館
ようかん　腰間の秋水
ようがん　容顔
ようがん　火山の溶岩
ようがん　*熔岩

ようき　妖気が漂う
ようき　容器に入れる
ようき　陽気な人柄
ようぎ　民法要義
ようぎ　容疑がかかる
ようぎ　容儀を正す
ようぎしゃ　容疑者
ようきひ　楊貴妃
ようきゅう　洋弓
ようきゅう　回答を要求する
ようきゅう　楊弓場
ようぎょ　幼魚を放流する
ようきょう　佯狂(狂人のふり)
ようぎょう　窯業
ようきょく　陽極と陰極
ようきょく　謡曲

癰
腋
喙

ようぎょじょう　養魚場
ようきん　洋琴（ピアノ）
ようぐ　用具（使う道具）
要具（必要な道具）
ようくん　幼君
ようけいじょう　養鶏場
ようげき　帰路を要撃する
敵を邀撃する
ようけつ　成功の要訣
溶血性連鎖球菌
ようけん　用件（用向き）
要件（必要条件）
ようけん　洋犬
ようげん　体言と用言
揚言する
ようご　哲学用語
洋語
要語集
養護学級
人権を擁護する

ようこう　妖光を放つ
洋行する
募集要項
政策の要綱
要港と軍港
陽光を浴びる
ようこうろ　溶鉱炉
*鎔鉱炉
ようさい　和魂洋才
洋裁と和裁
要塞を築く
ようざい　建築用材
溶剤
ようさん　養蚕業
ようざん　上杉鷹山
ようし　夭死する
答案用紙
洋紙と和紙
要旨を述べる
容姿端麗

陽子と電子
養子縁組
ようじ　幼児教育
幼時の思い出
用字法
用事を頼む
要事（重要な事）
楊枝　*楊子
ようしき　洋式の生活
要式行為
生活の様式
ようしし　養嗣子
ようしつ　洋室と和室
溶質と溶媒
ようしゃ　用捨を誤る
容赦しない
ようしゅ　幼主
洋酒
洋種の犬
ようしゅつ　成分が溶出する

ようじゅつ　妖術を使う
ようしゅん　陽春の候
ようしょ　洋書を輸入する
要所を固める
ようじょ　幼女
妖女
養女にする
ようしょう　幼少のころ
交通の要衝
ようじょう　洋上会談
葉状（木の葉形）
病気の養生
ようしょく　洋食と和食
要職に就く
容色が衰える
鰻《うなぎ》を養殖する
ようしん　養親
ようじん　政府の要人
用心　*要心をする

よ

ようじんぶかい　用心深い　＊要心深い
ようじんぼう　用心棒
ようす　様子　＊容子
ようすい　工業用水　羊水　揚水発電所
ようすいろ　用水路
ようすこう　揚子江
ようずみ　用済みになる
ようする　注意を要する　大軍を擁する
ようするに　要するに
ようすれば　要すれば
ようせい　夭逝する　蛙の幼生期　妖星（凶事の前兆とされる星）　森の妖精　援助を要請する

ようせい　陽性と陰性　人材を養成する
ようせき　容積を測る
ようせつ　夭折する　英文法要説　酸素溶接　＊熔接
ようせん　用船　＊傭船　用箋　溶銑　＊鎔銑
ようそ　沃△素　構成要素
ようそう　洋装が似合う　泥沼化の様相
ようたい　成功の要諦△　社会の様態
ようだい　容体　＊容態
ようたし　用足し　＊用達△　しに行く　宮内庁御用達△

ようだてる　金を用立てる
ようだん　用談（用事の話）　要談（重要な相談）
ようち　夜討ち朝駆け
ようち　幼稚な考え　建築用地　交通の要地
ようちえん　幼稚園
ようちゅう　蝶《ちょう》の幼虫
ようちゅうい　要注意
ようちょう　羊腸の小径　窈窕たる美人
ようつい　腰椎
ようつう　腰痛
ようてい　成功の要諦
ようてん　要点を述べる
ようでんし　陽電子
ようと　用途が広い　鉢植えの用土
ようど　用度係

ようとうくにく　羊頭狗肉
ようどうさくせん　陽動作戦
ようとして　杳として消息を絶つ
ようとん　養豚業
ようなし　洋梨
ようにん　大久保家の用人　加入を容認する　傭人（雇い人）
ようねん　幼年時代
ようは　要は努力だ
ようはい　神宮を遥拝する
ようばい　溶媒と溶質
ようはつ　洋髪
ようび　妖美

邀
窈
窕

よ

曜日を忘れる
ようひし 羊皮紙
ようひつ 用筆と用紙
ようひん スポーツ用品
洋品雑貨
ようふ 用布
妖婦(毒婦)
ようぶ 養父
腰部
ようふう 洋風の建築
ようふく 洋服
ようぶん 養分を与える
ようへい 用兵の妙
葉柄
傭兵の軍隊
ようへき 擁壁(土止め)
ようへん 窯変
ようべん 用便する
ようぼ 養母
ようほう 前置詞の用法
陰徳あれば陽報あり
養蜂家
ようぼう 改善を要望する
美しい容貌
ようほん 洋本と和本
ようま 妖魔の仕業
洋間と日本間
ようまく 羊膜
ようみゃく 葉脈
ようみょう 幼名
ようむ 喫緊の要務
ようむいん 用務員
ようむき 用向きを話す
ようめい 幼名
御用命ください
溶明(フェードイン)
ようめいがく 陽明学
ようもう 羊毛
養毛剤
ようもく 要目
ようやく 漸△く完成する
ようやく 内容を要約する
ようゆう 鉄を溶融
*鎔融する
ようよう 漸△うたどり着く
ようよう 洋々たる前途
意気揚々
ようらん 洋蘭
会社要覧
揺籃(揺りかご)
ようらんき 揺籃期
ようりつ 幼帝を擁立する
ようりゃく 講義の要略
ようりゅう 楊柳(やなぎ)
ようりょう 薬の用量
要領がいい
水槽の容量
ようりょく 揚力
ようりょくそ 葉緑素
ようれい 辞書の用例
ようれき 陽暦と陰暦
ようろ 交通の要路・―の高官
溶炉 *鎔炉
ようろう 養老年金
ようん 余蘊がない
よえい 落日の余映
死後の余栄
よえん 余炎 *余焔
よおう 積悪の家の余殃
よか 新製品の予価
予科と本科
余花(遅咲きの桜)
余暇を活用する
よかぜ 夜風
よかれあしかれ 善かれ悪△しかれ
よかん 不吉な予感

よ

よき　余寒が厳しい
よき　良き友　今日の吉△き　*良き　*佳△き日
よき　予期に反する
よぎ　夜着
よぎ　余技に歌を作る
よぎしゃ　夜汽車で立つ
よぎない　余儀無い事情
よきょう　余興をする
よきょう　余響
よぎり　夜霧
よぎる　眼前を過△ぎる
よきん　預金の残高

ヨク

[浴] ヨク　あ-びる・あ-びせる　―　浴室・浴場・浴用・浴客・海水浴
[欲] ヨク　ほっ-する・ほ-しい　―　「―が深い」◇欲望・欲求・食欲
[翌] ヨク　―　「―三日」◇翌月・翌日・翌秋・翌春・翌朝
[抑] ヨク　おさ-える　―　抑圧・抑止・抑制・抑揚・抑留
[翼] ヨク　つばさ　―　「飛行機の―」◇翼下・一翼・銀翼・尾翼
[沃] ヨク　―　肥沃

よく　良く　*好△く　*善く似ている　柔能△く剛を制す
よくあさ　翌朝
よくあつ　自由を抑圧する
よくうつしょう　抑鬱症　*抑欝症
よくか　翼下に収める
よくかい　欲界　*慾界
よくけ　欲気　*慾気を出す
よくげつ　翌月
よくご　浴後
よくさん　大政を翼賛する
よくし　進行を抑止する
よくしつ　浴室
よくじつ　翌日
よくしゅう　翌週
よくしゅん　翌春
よくじょう　大衆浴場
　欲情　*慾情
よくしん　欲心　*慾心
よくする　人に良くする　書を能△くする　恩恵に浴する
よくせい　感情を抑制する
よくそう　浴槽に浸る
よくち　沃地
よくちょう　翌朝
よくど　沃土
よくとく　欲得　*慾得ずく
よくとし　翌年
よくねん　欲念　*慾念
　翌年
よくばり　欲張り　*慾張りな人
よくばる　欲張る　*慾張る
よくばん　翌晩
よくふか　欲深　*慾深な人
よくふかい　欲深い　*慾深い
よくぼう　欲望　*慾望
よくめ　親の欲目　*慾目
よくや　沃野
　翌夜
よくよう　抑揚をつける

鎔　鑑　蘊

よ

よくよく　浴用石鹸
よくよく　能く能く
よくよく　翌々九日
小心翼々
よくよくじつ　翌々日
よくりゅう　船舶を抑留する
よくん　余薫
よけ　泥除け
よけい　余計なお世話
余恵にあずかる
積善の家の余慶
よける　虫を除ける
球を避ける
よけん　未来を予見する
よげん　将来を予言する
神託を預言する
よこ　横を向く
よご　予後良好
よこあい　横合い
よこあな　横穴古墳

よこいと　横糸　*緯糸
よこう　親の余光
毎日余香を拝す
よこうえんしゅう　予行演習
よこがお　新首相の横顔
よこがき　横書き
よこかぜ　横風用滑走路
よこがみやぶり　横紙破り
よこぎ　横木
よこぎる　道を横切る
よこく　値上げの予告
よこぐみ　横組みの本
よこぐるま　横車を押す
よこざま　横様に倒れる
よこじく　横軸と縦軸
よこしま　邪な考え
よこじま　横縞
よこす　手紙を寄越す
よごす　服を汚す

よこすか　横須賀市
よこずき　下手の横好き
よこすべり　横滑り
よこずわり　横座り
よこたえる　体を横たえる
よこだおし　横倒しになる
よこだき　横抱きにする
よこたわる　横たわる
よこちょう　横町　*横丁の隠居
よこづけ　横付けにする
よこっちょ　横っちょ
よこっつら　横っ面を張る
よこっとび　横っ跳び
よこづな　横綱と大関
よこっぱら　横っ腹が痛む
よこつら　横面を張る
よこて　横手に置く
よこで　横手を打つ
よごと　夜毎夢を見る

よことじ　横綴じの本
よこどり　財産の横取り
よこながし　横流し品
よこなぐり　横殴りの雨
よこなみ　横波を受ける
よこならび　横並びに考える
よこばい　蟹《かに》の横這い
よこはば　横幅
よこはま　横浜市
よこばら　横腹
よこぶえ　横笛
よこぶり　横降りの雨
よこぶれ　車軸の横振れ
よこみ　横見をする
よこみち　横道にそれる
よこむき　横向きになる
よこめ　横目を使う
よこもじ　横文字の本
よこやまたいかん　横山大観

よこやり　横槍を入れる
よこゆれ　地震の横揺れ
よごれ　汚れを落とす
よごれもの　汚れ物を洗う
よごれやく　汚れ役
よごれる　足が汚れる
よこれんぼ　横恋慕をする
よこわり　横割り組織
よざい　余財を蓄積する
よざい　余罪を追及する
よざくら　祇園《ぎおん》の夜桜
よさのあきこ　与謝△野晶△子
よさむ　秋の夜寒
よさん　予算を立てる
よし　止△しにする
知る由もない
御健勝の由
善し　*良し
*好△しとする
葦　*葭
*蘆の髄
縦△し失敗しても
よじ　余事に忙しい
よしあし　事の善し悪△し
よじげん　四次元
よしず　葦簀　*葭簀
よしだけんこう　吉田兼△好
よじつ　年内余日無く
よしど　葦戸　*葭戸
よしない　由無い事
よじのぼる　岩を攀じ登る
よしのやま　吉野山
よしみ　同郷の誼　*好△
よしや　縦△しや一人になろうとも
よしゅう　英語を予習する
よしゅう　前代の余臭
よじゅう　夜中騒がしい
よじょう　余情がある
よじょう　余剰の物資
よじょうはん　四畳半
よじる　体を捩る
よじる　岩を攀じる
よじれる　糸が捩れる
よしん　予診
よしん　予審判事
よしん　予震（大地震の前の小地震）
よしん　余震が続く（揺り返し）
よじん　余人は知らず
よじん　余燼がくすぶる
よしんば　縦△しんば
よす　行くのを止△す
よすが　偲《しの》ぶ縁△とする
よすがら　夜すがら　*終△夜
よすぎ　身過ぎ世過ぎ
よすてびと　世捨て人
よすみ　部屋の四隅
よせ　寄席へ行く
よせ　囲碁の寄せ
よせあつめ　寄せ集めの楽団
よせあつめる　寄せ集める
よせい　余生を送る
よせい　余勢を駆る
よせうえ　梅の寄せ植え
よせがき　寄せ書き
よせぎざいく　寄せ木細工
よせくる　寄せ来る波
よせざん　寄せ算
よせつける　人を寄せ付けない
よせて　寄せ手の大将
よせなべ　寄せ鍋
よせむね　寄せ棟造り

攀　誼　燼

よ

よせる 身を寄せる
よせん 予選を通過する
よぜん 余喘を保つ
よせんかい 予餞会
よそ 余所 *他所
よそい 春の装い
よそいき 余所行きの服
よそう 結果を予想する
よそう 平気な顔を装う
よそおい 装い *粧いを凝らす
よそおう 装う *粧う
よそおわす 装わす
よそく 事故を予測する
よそごと 余所事
よそじ 四十路
よそながら 余所乍ら喜ぶ
よそみ 余所見をする
よそめ 余所目にも麗しい

よそもの 余所者
よそゆき 余所行きの顔
よそよそしい 余所余所しい
よぞら 夜空に輝く星
よた 与太を飛ばす
よたか 夜鷹
よたく 余沢が及ぶ
よたく 保証金の預託
よだつ 生殺与奪の権
よだつ 身の毛が弥立つ
よたもの 与太者
よだれ 涎を流す
よだん 予断を許さない
よだん 余談にわたる
よち 地震を予知する
疑う余地が無い
輿地(大地)
よちょう 予兆を感じる
よつ 四つに組む

よつあし 四つ足
よっか 四日
よっか 翼下に収める
よっかい 欲界 *慾界
よっかいち 四日市市
よっかかる 寄っ掛かる
よつかど 四つ角
よつき 四月目
よつぎ 世継ぎ誕生
よっきゅう 欲求 *慾求
よつぎり 四つ切り *四切
よつずもう 四つ相撲
よったり 四人
よっつ 四つ
よつつじ 四つ辻
よって 因って *仍って *依って之《これ》を賞す
よつであみ 四つ手網

よってきたる 因って来たる *由って来たる所以《ゆえん》
よっぱらい 酔っ払い運転
よっぱらう 酔っ払う
よっぴて 夜っぴて待つ
よつみ 四つ身の着物
よつめがき 四つ目垣
よつゆ 夜露に濡れる
よづり 夜釣りに出る
よつんばい 四つん這い
よてい 予定を立てる
よてき 研究余滴
よど 淀 *澱
よとう 与党と野党
よどおし 夜通しの看病
よとぎ 夜伽をする
よとく 余得がある
よとく 故人の余徳
よどみ 淀み *澱みな

く話す
よどむ　水が淀む　*澱む
よなおし　世直し
よなか　夜中に起きる
よなが　秋の夜長
よなき　夜泣きをする
よなきそば　夜鳴き蕎麦　*夜啼き蕎麦
よなげる　淘げる
よなご　米子市
よなべ　夜業　*夜鍋仕事をする
よなよな　夜な夜な
よなれる　世慣れ　*世馴れた人
よにげ　夜逃げをする
よにも　世にも不思議
よにん　四人
よねざわ　米沢市

よねつ　器具を予熱する
余熱を利用する
よねん　余念がない
よのう　税金を予納する
よのぎ　余の儀では無い
よのつね　世の常のこと
よのなか　世の中に出る
よのならい　世の習い
よのめ　夜の目も寝ず
よは　台風の余波
よばい　夜這い
よはく　余白に記入する
よばなし　夜話　*夜咄
よばれる　会に呼ばれる　*招ばれる
よばわる　大声で呼ばわる
よび　予備の費用
よびあう　名を呼び合う
よびあつめる　呼び集める

よびいれる　人を呼び入れる
よびおこす　関心を呼び起こす　*呼起す
注意を喚び起こす
よびかえす　家に呼び返す
よびかけ　呼び掛けに応じる
よびかける　呼び掛ける
よびかわす　呼び交わす
よびこう　予備校
よびごえ　呼び声が高い
よびこみ　呼び込み
よびこむ　客を呼び込む
よびさます　呼び覚ます
よびじお　呼び塩
よびすて　呼び捨て
よびすてる　呼び捨てる

よびだし　呼び出し　*呼出す
よびだす　呼び出す
よびたてる　呼び立てる
よびちしき　予備知識
よびつける　呼び付ける
よびな　呼び名
よびね　呼び値
よびみず　呼び水になる
よびもどす　記憶を呼び戻す
よびもの　大会の呼び物
よびょう　余病を併発する
よびよせる　呼び寄せる
よびりん　呼び鈴
よぶ　名を呼ぶ　*喚ぶ

涎
慾
淘

客を呼ぶ　*招ぶ
よふう　明治時代の余風
よふかし　夜更かしする
よふけ　夜更けの町
よぶこ　呼ぶ子を吹く
よぶね　白河夜船
よふん　余憤をもらす
よぶん　余分に持つ　政界余聞
よへい　文明の余弊
よほう　天気予報
よぼう　病気を予防する　輿望を担う
よぼし　夜干しにする
よほど　余程の暑さ
よまいごと　世迷い言
よまつり　夜祭り
よまわり　夜回り
よみ　読みが浅い　漢字の訓み　黄泉の国
よみあげる　読み上げる
よみあやまり　読み誤り
よみあやまる　読み誤る
よみあわせ　読み合わせ　*読合せ
よみあわせる　読み合わせる　*読合せる
よみかえ　読み替え
よみかえる　読み替える
よみがえる　蘇る　*甦る
よみかき　読み書き
よみかけ　読み掛けの本
よみきり　読み切り　*読切小説
よみきる　読み切る
よみくせ　読み癖
よみくだし　漢文読み下し
よみくだす　読み下す
よみごたえ　読み応えがある
よみこむ　読み込む
よみさし　読みさしの本
よみじ　黄泉路
よみする　功績を嘉する
よみせ　夜店　*夜見世をひやかす
よみち　夜道の一人歩き
よみづらい　読み辛い
よみて　和歌の詠み手　朗読の読み手
よみで　読みでがある
よみとおす　読み通す
よみとる　読み取る
よみなおす　本を読み直す
よみながす　軽く読み流す
よみびとしらず　詠み人知らず　*読み人知らず
よみふける　読み耽る
よみふだ　読み札
よみほん　近世の読本
よみもの　子供の読み物
よみや　夜宮（宵祭り）
よむ　和歌を詠む　本を読む・字を―・人の心を―
よめ　嫁　夜目にも分かる
よめい　余命幾許《いくばく》も無い
よめいり　嫁入りの道具
よめご　嫁御
よめじょ　嫁女
よめとり　嫁取り
よも　四方の海
よもぎ　麻の中の蓬　*艾

よ

よもすがら　夜もすがら雪が降る
よもやま　四方山△の話
よやく　座席を予約する
よゆう　余裕　綽々《しゃくしゃく》
よよ　世々　*代々歌で仕える
　夜々賊が出る
より　人の寄りがよい
　縒りを戻す
よりあい　町の寄り合い
　*寄合
よりあいじょたい　寄り合い所帯　*寄合所帯
よりあう　寄り合う
よりあつまり　寄り集まり
　*寄集り
よりあつまる　寄り集まる
　*寄集る

よりいと　紅白の縒り糸
　*撚り糸
よりかかる　寄り掛かる
　*倚り掛かる
　*倚掛る
よりき　与力と同心
よりきる　寄り切る
よりごのみ　選△り好み
よりしろ　依り代
よりすがる　寄り縋る
よりすぐる　選△りすぐる
よりそう　寄り添う
よりだす　選△り出す
よりつき　寄り付き　*寄付値段
よりどころ　心の拠△り所
よりどり　選△り取り見取り
よりによって　選△りに選△って

よりぬき　選△り抜きの品
よりね　寄り値
よりみち　寄り道をする
よりめ　寄り目をつくる
よりゅうど　御歌所の寄人△
よりょく　余力を残す
よりわける　選△り分ける
よる　夜と昼
よる　地震に因る　*由△る被害
よる　一説に依△る
　拠△る　*縁るべき規準
よる　そばに寄る
　欄干に倚る　*凭る
よる　中から選△る
よる　糸を縒る
　*撚る
よるせき　夜席と昼席

よるひる　夜昼の区別なく
よるべ　寄る辺がない
よれい　食品を予冷する
　予鈴が鳴る
よろい　鎧　*甲
よろいど　鎧戸
よろく　余禄がある
　余録（余話）
よろける　蹌踉ける
よろこばしい　喜ばしい
よろこばす　親を喜ばす
よろこばせる　喜ばせる
よろこび　喜び　*歓び
　*悦△び　*欣びに堪えない
　新年の慶△び
よろこぶ　合格を喜ぶ　*悦△

縒
撚
凭

よ

ぶ　＊歓△ぶ　＊欣△ぶ

新春を慶△ぶ

よろしい　それで宜△しい

よろしく　宜△敷く頼む

よろず　万△の物事

よろずや　万△屋

よろめく　蹌踉めく

よろん　輿論　＊世論の動向

よわ　余話

夜半△の月

よわい　齢△を重ねる

よわい　気が弱い

よわき　弱気を出す

よわごし　弱腰になる

よわたり　世渡り上手

よわね　弱音を吐く

よわび　弱火で煮る

よわまる　風が弱まる

よわみ　弱み　＊弱味に付け込む

よわむし　弱虫

よわめる　火を弱める

よわよわしい　弱々しい声

よわりはてる　弱り果てる

よわりめ　弱り目に祟《たた》り目

よわる　体が弱る

よん　四

よんかい　四回

四階

よんどころない　拠△ん所無い

ら

ラ

[羅]ラ ｜ 羅漢・羅針盤・羅列・甲羅・森羅万象・網羅

[裸]ラ はだか ｜ 裸眼・裸出・裸身・裸体・裸婦・赤裸々・全裸

[拉]ラ ｜ 拉致

[人螺]ラ ｜ 螺旋・法螺

ら　子供等△

らーめん　拉△麺　＊老△麺

ライ

[礼(人禮)](ライ)・レイ ｜ 礼賛・帰命頂礼

[来(人來)]ライ く-る・きた-る・きた-す ｜ 「昨日—の雨」◇来客・来月・未来

[雷]ライ かみなり ｜ 「名声—のごとし」◇雷雨・雷鳴・落雷

[頼(人賴)]ライ たの-む・たの-もしい・たよ-る ｜ 頼信紙・依頼・信頼・無頼漢

[人徠]ライ とめ ｜

[人萊]ライ ｜ 蓬萊

[人蕾]ライ つぼみ ｜ 花蕾・味蕾

らい　癩

らいい　来意を告げる

らいいん　治療に来院する

らいう　激しい雷雨

らいうん　雷雲が空を覆う

らいえん　来援を乞う

当地初の来演

らいおう　盛んに来往する

らいか　雷火

らいが　御来駕を乞う

らいかん　来館する

来観する

雷管

らいき　来季の開幕試合

来期の目標

礼記(五経の一)

らいきゃく　来客がある

らいげき　敵艦を雷撃する

らいげつ　来月

らいこう　御来光を拝む

敵が来攻する
父兄が来校する
来貢する
ペリーの来航
元の来寇
雷公大暴れ
雷光
らいごう　阿弥陀の来迎△
らいさん　礼賛　*礼讃
らいさんよう　頼山陽
らいし　礼紙
来旨を告げる
らいじ　御来示の趣
らいしゃ　見学に来社する
らいしゅう　来週
御来集の皆様
敵機来襲
らいしゅん　来春卒業の見込
らいしょ　来書に返事する
らいじょう　来状(来書)

来場する
らいしん　友からの来信
来診を頼む
らいじん　風神と雷神
らいせ　来世への信仰
らいだん　来談する
らいちゃく　来着する
らいちょう　視察に来朝する
来聴歓迎
雷鳥
らいてい　雷霆(かみなり)
らいてん　来店する
らいでん　雷電(かみなりといなずま)
らいとう　視察に来島する
らいどう　付和雷同する
らいにち　来日する
らいにん　大使が来任する
らいねん　来年
らいはい　仏を礼拝する

らいはく　親類が来泊する
らいひ　来否の通知
らいひん　来賓の祝辞
らいふく　一陽来復
らいほう　来訪を受ける
来報に接する
らいめい　雷名を轟かす
遠く雷鳴を聞く
らいらい　来々期
らいらく　磊落な人
らいりん　御来臨願いたい
らいれき　故事来歴
らう　羅宇のすげ替え
らかん　五百羅漢
らがん　裸眼の視力
らぎょう　裸形の者

ラク

[楽(樂)]ラク・ガク　たの-しい・たの-しむ　―「―な仕事」◇楽観・娯楽
[絡]ラク　から-む・から-まる・から-める　―経絡・短絡・脈絡・連絡
[酪]ラク　―　酪農・乳酪
[落]ラク　お-ちる・お-とす　―　落語・落差・落成・落第・落雷・集落・暴落
[洛]ラク　―　「―へ上る」◇洛中・上洛

らくいん　烙印を押す
将軍の御落胤
らくいんきょ　楽隠居
らくえき　絡繹(絶え間なく続く)
らくえん　地上の楽園
らくがい　洛中と洛外
らくがき　落書きをする
らくがん　落雁(菓子)
らくご　途中で落伍

癩
霆
繹

*落後する
落語家
らくさ　落差が激しい
らくさつ　落札する
らくじつ　孤城落日
らくしゅ　落手する
落首を書く
らくしょ　落書
らくしょう　落掌する
試合に楽勝する
らくじょう　落城する
らくしょく　落飾する
らくせい　社屋が落成する
相場の落勢
らくせき　落石注意
芸者を落籍する
らくせん　落選する
らくだ　駱駝のこぶ
らくたい　落体の落下速度
らくだい　落第する

らくたん　落胆する
らくちゃく　一件が落着する
らくちゅう　洛中と洛外
らくちょう　落丁と乱丁
勢力の落潮
らくてんか　楽天家
らくてんてき　楽天的な人
らくど　王道楽土
らくに　楽に勝てる
らくね　楽寝をする
らくのう　酪農家
らくば　落馬する
らくはく　壁画の落剝
落魄の身
らくばく　落莫　*落寞たる荒野
らくはつ　落髪する
らくばん　落盤　*落磐
らくび　楽日
らくめい　事故で落命する

らくやき　楽焼き|の茶碗
らくよう　洛陽の紙価を高める
欅《けやき》が落葉する
らくようじゅ　落葉樹
らくらい　塔に落雷する
らくらく　楽々と走る
らくるい　思わず落涙する
らししょくぶつ　裸子植物
らしゃ　羅紗の服地
らしゅつ　岩肌が裸出する
らじょ　裸女
らしょうもん　羅生門
らじょうもん　羅城門
らしん　裸身
らしんばん　羅針盤
らせつ　悪鬼羅刹
らせん　螺旋階段
らぞう　裸像
らたい　裸体画

ラツ
[辣]ラツ ―― 辣腕・辛辣

らち　拉致する
埒があかない
らちがい　埒外に置かれる
らっか　石が落下する
落花枝に返らず
りんごの落果
らっかさん　落下傘
らっかせい　落花生
らっかろうぜき　落花狼藉
らっかん　落款を押す
将来を楽観する
らっきゅう　落球する
らっきょう　辣韮を漬ける
らっけい　大仏殿の落慶
らっする　拉△する
らっち　拉△致する
らっぱ　喇叭を吹く

らつわん 辣腕を振るう
らでん 螺鈿細工
らば 騾馬
らふ 裸婦像
られつ 項目を羅列する

ラン

［乱（亂）］ラン みだ-れる・みだ-す ―― 「島原の―」◇乱世・混乱・反乱
［卵］ラン たまご ―― 「受精した―」◇卵生・卵巣・鶏卵・産卵
［覧（人覽）］ラン ―― 一覧・閲覧・観覧・展覧・便覧
［濫］ラン ―― 濫獲・濫掘・濫伐・濫発・濫費・濫用・濫立
［欄（人欄）］ラン ―― 「氏名を書く―」◇欄外・欄干・空欄
［藍］ラン あい ―― 藍藻・出藍・伽藍
［人蘭］ラン ―― 蘭学・蘭麝

らんい 襤衣を纏《まと》う
らんうん 乱雲
らんおう 卵黄と卵白
らんがい 欄外に記入する
らんかく 卵殻
魚を濫獲 *乱獲する
らんがく 蘭学と漢学
らんかん 橋の欄干
らんき △嵐気（山中の空気）
らんぎゃく 乱逆の徒
らんぎょう 乱行をいさめる
らんぎり 人参の乱切り
らんきりゅう 乱気流
らんぐいば 乱杙歯 *乱杭歯
らんくつ 鉱石を濫掘 *乱掘する
らんげき 乱射乱撃
らんこう 乱交パーティー
濫行 *乱行
らんこうげ 乱高下する
らんごく 乱国
らんさく 濫作 *乱作
らんざつ 乱雑に押し込む
らんし 卵子と精子
乱視と近視
らんしゃ 乱射乱撃
らんじゃ 蘭麝の香り
らんじゅく 文化が爛熟する
らんしょう 共同募金の濫觴
らんしん 乱心する
らんすうひょう 乱数表
らんせい 卵生動物
乱世の英雄
らんせん 乱戦模様
らんそう 卵巣
藍藻類
らんぞう 粗製濫造 *乱造

らんそううん 乱層雲
らんだ 警鐘を乱打する
懶惰な性質
らんたいせい 卵胎生
らんちきさわぎ 乱痴気騒ぎ
らんちょう 乱丁と落丁
乱調を来す
らんとう 乱闘する
卵塔 *蘭塔場《ば》
らんどく 小説を濫読 *乱読する
らんどり 柔道の乱取り
らんにゅう 暴漢が乱入する
らんばい 商品を濫売 *乱売する
らんぱく 卵白と卵黄

騾
觴
懶

らんばつ　山林を濫伐　＊乱伐する
らんぱつ　公債を濫発　＊乱発する
らんはんしゃ　乱反射
らんぴ　濫費　＊乱費
らんぴつ　乱筆にて失礼
らんぶ　狂喜乱舞
らんぶん　乱筆乱文
らんぼう　乱暴する
らんま　快刀乱麻を断つ　欄間
らんまん　春爛漫
らんみゃく　乱脈な経理
らんよう　職権を濫用　＊乱用する
らんらん　爛々と光る目
らんりつ　候補が濫立　＊乱立する
らんる　身に襤褸を纏《まと》う

り

リ

[利]リ き|く ―「地の―」◇利益・利害・利用・鋭利・便利
[里]リ さと ― 里数・里程・海里・郷里・五里霧中・千里眼
[理]リ ―「―の当然」◇理解・理性・理由・地理・道理
[裏]リ うら ―「好評―に閉幕」◇裏面・胸裏・手裏剣・表裏
[吏]リ ― 吏員・吏道・官吏・公吏・酷吏・能吏・捕吏
[痢]リ ― 痢病・下痢・赤痢
[履]リ は|く ― 履行・履修・履歴・弊履・木履
[離]リ はなす はな|れる・― 離縁・離宮・離散・離任・離別・距離・分離
[璃]リ ― 浄瑠璃・瑠璃・玻璃
[人李]リ すもも ― 李下・桃李・行李
[人莉]リ ― 茉莉花
[人鯉]リ こい ― 鯉魚
[人俐]リ さと・さとし ― 怜俐
[人哩]リ ―
[人浬]リ かいり ―
[人裡]リ うら ― 胸裡・秘密裡

りあげ　利上げする
りいん　吏員
りえき　利益を得る
りえん　△梨園の名門　離縁状
りか　李下の冠　理科と文科　△梨花
りかい　原理を理会する（道理の会得）　文章を理解する
りがい　利害関係　理外の理
りがく　理学博士
りかん　結核に罹患する

リキ

[力]リキ・リョク ちから ―「―がある」◇力学・力説・力量・馬力

りき　文明の利器
りきえい　力泳する
りきえん　力演する
りきがく　量子力学
りきかん　力感が溢れる
りきさく　力作が揃う
りきし　力士
りきせつ　力説する
りきせん　力戦する
りきそう　力走する　力漕する
りきてん　力点を置く

り

りきとう　力闘の末敗れる
りきどう　力動感
りきみかえる　力み返る
りきむ　絶対勝つと力む
りきゅう　赤坂離宮
りきゅう　千利休
りきゅういろ　利休色
りきゅうちゃ　利休茶
りきゅうねずみ　利休鼠
りぎょ　鯉魚(こい)
りきょう　離京する
　離郷する
りきりょう　力量　*力倆

リク

[陸]リク —— 陸軍・陸続・陸地・陸橋・上陸・着陸・離陸

りくあげ　陸揚げする
りくあげち　陸揚地
りぐい　利食い売り
りくうん　陸運
りくえい　陸影を認める
りくかいくう　陸海空三軍
りくぎ　六義
りくぐん　陸軍
りくけい　六経(六種の経書)
りくげい　六芸に秀でる
りくごう　六合(天地四方)
りくさん　陸産の品
りくしょ　六書(漢字の、六種の構成・使用法)
りくじょう　陸上競技
りくせい　陸生　*陸棲動物
りくせん　陸戦
りくそう　陸送する
りくぞく　陸続と続く
りくたい　六体(漢字の、六種の書体)
りくち　陸地
りくちょう　六朝
りくつ　理屈　*理窟
りくつづき　陸続きになる
りくとう　陸稲
りくふう　鱒《ます》の陸封種
　陸風と海風
りくほう　陸棚(大陸棚)
りくり　光彩陸離
りくりょく　協心戮力(協力)
りくろ　陸路をとる
りけい　文系と理系
りけん　降魔《ごうま》の利剣
　利権をあさる
りげん　俚言　*里言(方言・俗語)
　俚諺　*里諺(ことわざ)
りこ　利己的
りご　俚語(俚言)
りこう　利口　*利巧　*悧巧
　理工科
　契約を履行する
りごう　離合集散
りこしゅぎ　利己主義
りこん　利根と鈍根
　協議離婚
りさい　大火で罹災する
りざい　理財に明るい
りさげ　利下げする
りざや　利鞘をかせぐ
りさん　一家が離散する
りし　利子がつく
りじ　俚耳に入り易い
　協会の理事
りしゅう　単位を履修する
　離愁(別れの悲し

濫　爛　悧

り

み）

りじゅん　利潤を追求する
りしょう　御利生が見える
　離床する
りしょく　利殖の才
　離職者
りじん　利刃がひらめく
りす　栗鼠
りすい　利水工事
りすう　理数系
りする　敵を利する
りせい　理性を失う
りせき　離籍する
りせん　綱領を履践する
　離船する
りそう　理想と現実
りそうきょう　理想郷
りそく　利息が付く
りそん　離村する
りたしゅぎ　利他主義

りたつ　利達を求める
りだつ　党籍を離脱する
りち　理知　＊理智的
りちぎ　律儀　＊律義な男
りちゃくりく　離着陸

リツ

[立]リツ・(リュウ) た-つ・た-てる ―立案・立証・立体・立腹・立法・成立・独立
[律]リツ・(リチ) ―律動・一律・韻律・規律・旋律・調律・法律
[率]リツ・ソツ ひき-いる ―「―が悪い」◇効率・高率・百分率・比率
[慄]リツ ―慄然・戦慄
[栗](人)リツ くり ―栗林

りつあん　計画を立案する
りっか　立花　＊立華
　立夏（二十四気）
りつがん　神仏に立願する

りつき　利付き|
りっきゃく　体験に立脚する
りっきょう　陸橋
りっけん　立件する
　立憲君主国
りつげん　立言（意見の公表）
りっこう　苦学力行
　立后の儀
　陸行する
りっこうほ　立候補する
りっこく　立国の精神
りっし　律師
　五言律詩
りっしでん　立志伝中の人
りっしゅう　立秋（二十四気）
　律宗
りっしゅん　立春（二十四気）
りっしょう　正当性の立証
りっしょく　立食パーティー
りっしん　立身出世

りっすいのよち　立錐の余地
りっする　生活を律する
りつぜん　慄然とする
りつぞう　立像と座像
りったい　立体と平面
りったいし　立太子式
りっち　立地条件
りっとう　立冬（二十四気）
　立党の精神
りつどう　律動的
りっぱ　立派な業績
りっぷく　立腹する
りっぽう　立方メートル
　立法機関
りっぽうこん　立方根
りっぽうたい　立方体
りづめ　理詰め|の論法
りつめい　安心立命
りつりょう　律令△格式

りつりん　栗林公園
りつれい　立礼と座礼
りつろん　立論の根拠
りていひょう　里程標
りてき　利敵行為
りてん　利点が多い
りとう　利刀(鋭利な刀)
　離党する
　離島の生活
りとく　不当な利得
りにち　離日する
りにゅう　離乳する
りにょう　利尿剤
りにん　大使が離任する
りねん　教育の理念
りのう　離農する
りはく　李白の詩
りはつ　利発な少年
　理髪店
りはっちゃく　離発着

りはば　利幅が大きい
りばらい　利払い
りはん　離反　*離叛
りひ　理非を弁《わきま》える
りひきょくちょく　理非曲直
りびょう　罹病する
りふじん　理不尽な要求
りべつ　離別する
りべん　利便を図る
りほう　自然の理法
りまわり　利回りがいい
りめん　裏面で工作する
りやく　御利益がある

リャク

[略]リャク　―　「以下―」◇略語・略称・略歴・計略・侵略
[人掠]リャク・リョウ　くら　―　掠奪・侵掠

りゃくが　略画
りゃくぎ　略儀ながら
りゃくげん　略言する
りゃくご　略語
りゃくごう　略号
りゃくし　略史
　略字
りゃくしき　略式命令
りゃくしゅ　略取誘拐罪
りゃくじゅつ　経歴を略述する
りゃくしょう　略称
りゃくす　以下を略す
りゃくず　駅までの略図
りゃくする　以下を略する
りゃくせつ　内容を略説する
りゃくそう　略装と正装
りゃくたい　略体の漢字
りゃくだつ　金品を略奪
　*掠奪する

りゃくでん　作者の略伝
りゃくひつ　略筆する
りゃくふく　略服
りゃくれき　略歴を記す
りゃっき　内容を略記する
りゆう　理由を述べる

リュウ

[流]リュウ・(ル)　なが-れる・なが-す　―　流域・流行・流失・流通・激流・電流
[留]リュウ・(ル)　と-める・と-まる　―　留意・留学・留任・留年・残留・保留
[柳]リュウ　やなぎ　―　柳暗花明・柳腰・花柳界・川柳
[竜(人龍)]リュウ　たつ　―　「昇り―」◇竜宮・竜骨・竜神・恐竜
[粒]リュウ　つぶ　―　粒子・粒状・粒々辛苦・微粒子

慄　罹　掠

り

[隆(隆)]リュウ ― 隆起・隆盛・
隆々・興隆
[硫]リュウ ― 硫安・硫化水素・
硫酸・脱硫
[人琉]リュウ ― 琉球・琉歌
[人劉]リュウ のぶ・みずち ― 劉邦
[人溜]リュウ たり ― 溜飲・蒸溜
[人笠]リュウ かさ ―

りゅう 旗一旒
動脈瘤
りゅうあん 硫安
りゅうあんかめい 柳暗花
明
りゅうい 健康に留意する
りゅういき 利根川の流域
りゅういん 溜飲 *留飲を
下げる
りゅううん 隆運に向かう
りゅうえい 柳営(幕府)

りゅうおう 竜王 *龍王
りゅうか 流下する
硫化(硫黄との化
合物)
りゅうかい 流会になる
りゅうがく 米国に留学する
りゅうかん 流汗淋漓《りんり》
流感(流行性感冒)
りゅうがん 竜顔 *龍顔を
拝する
りゅうき 土地が隆起する
りゅうぎ 自分の流儀
りゅうきゅう 琉球諸島
りゅうぐう 竜宮城 *龍宮
各地を流寓する
りゅうけい 流刑に処する
りゅうけつ 流血の惨事
りゅうげん 流言が伝わる
りゅうげんひご 流言飛語
*流言蜚語

りゅうこ 竜虎 *龍虎相《あい》
搏《う》つ
りゅうこう 流行を追う
りゅうこうか 流行歌
りゅうこつ 船の竜骨 *龍
骨
りゅうさ 流砂(りゅうしゃ)
りゅうざい 粒剤
りゅうさん 硫酸
りゅうざん 流産する
りゅうし 粒子が粗い
りゅうしつ 橋が流失する
りゅうしゃく 高僧が留錫す
る
りゅうしゅつ 文化財が国外へ
流出する
りゅうじょ 柳絮が風に舞う
りゅうしょう 家運の隆昌
りゅうしょく 柳色
粒食と粉食

りゅうじん 竜神 *龍神
りゅうず 腕時計の竜頭
*龍頭
りゅうすい 行雲流水
りゅうせい 流星群
すさまじい流勢
りゅうせつ 流説を信じる
りゅうせんけい 流線型
りゅうそく 流速
りゅうたい 流体力学
一国の隆替
りゅうだん 柳壇(川柳の社会)
流弾に当たる
榴弾
りゅうち 警察に留置する
りゅうちょう 留鳥と渡り鳥
流暢な英語
りゅうつう 貨幣が流通する
りゅうてい 流涕する

り

りゅうとう　竜灯　*龍燈
りゅうどう　情勢が流動する
りゅうとうえ　流灯会　*流燈会
りゅうどうしょく　流動食
りゅうとうだび　竜頭蛇尾　*龍頭蛇尾
りゅうにち　留日学生
りゅうにゅう　外資の流入
りゅうにん　会長が留任する
りゅうねん　留年する
りゅうのう　竜脳　*龍脳
りゅうは　新しい流派
りゅうび　柳眉を逆立てる
　劉備（玄徳）
りゅうびじゅつ　隆鼻術
りゅうひょう　流氷
りゅうへい　流弊を改める
りゅうべつ　留別会（旅立ちのいとまごい）

りゅうべん　流眄（流し目）
りゅうほ　決定を留保する
りゅうぼう　流亡する
　流氓（流民）
りゅうぼく　流木
りゅうみん　流民
りゅうよう　柳腰
　予算を流用する
りゅうり　流離の憂い
りゅうりゅう　細工は流々
　筋肉隆々
りゅうりゅうしんく　粒々辛苦
りゅうりょう　河川の流量
　嚠喨たるラッパの音
りゅうれい　茶道の立礼
　流麗な文体
りゅうれん　流連荒亡
りゅうろ　流路

　真情が流露する

リョ

[旅]リョ たび ― 旅券・旅行・旅愁・旅情・旅装・旅程
[虜（虜）]リョ ― 虜囚・捕虜
[慮]リョ ― 慮外・苦慮・考慮・思慮・熟慮・配慮・不慮
[侶]リョ ― 僧侶・伴侶

りょ　△呂と律
りよう　余熱を利用する
　俚謡　*里謡
　理容業

リョウ

[両（兩）]リョウ ― 「―の手」◇両親・両性・両方・車両
[良]リョウ よ-い ― 「優・―・可」◇良好・良識・良心・良否・善良
[料]リョウ ― 料金・料亭・料理・科料・材料・資料・調味料
[量]リョウ はか-る ― 「―が多い」◇量感・量産・測量・度量・分量
[領]リョウ ― 領域・領事・領主・領土・領分・占領・要領
[漁]リョウ・ギョ ― 「―が少ない」◇漁師・禁漁・大漁・密漁
[了]リョウ ― 了解・完了・校了
[涼（凉）]リョウ すず-む すず-しい ― 「―をとる」◇涼感・涼気・荒涼・涼・納涼
[猟（獵）]リョウ ― 「―に出かける」◇猟銃・狩猟・渉猟
[陵]リョウ みささぎ ― 「天皇の―」◇陵墓・丘陵・山陵
[僚]リョウ ― 僚艦・僚船・僚友・官僚・同僚・幕僚
[寮]リョウ ― 「会社の―」◇寮

旒　瘤　嚠

舎・寮費・学寮・茶寮・入寮

[療]リョウ — 療治・療法・療養・医療・診療・治療

[糧]リョウ・(ロウ)△ かて — 糧食・糧道・糧米・食糧

[瞭]リョウ — 瞭然・明瞭

[人亮]リョウ あき・あきら・すけ —

[人凌]リョウ しのぐ — 凌雲・凌駕

[人崚]リョウ たか・たかし —

[人椋]リョウ くら・むく —

[人稜]リョウ たか・たかし — 山稜・稜線

[人綾]リョウ あや・いと — 綾羅

[人諒]リョウ — 諒闇・諒解・諒承

[人遼]リョウ — 遼遠・広遼

[人燎]リョウ あき・あきら — 燎火

[人梁]リョウ むね・やな・やね・たかし・はり・ — 橋梁・棟梁

[人菱]リョウ ひし — 菱形

りょう　五両連結　*輛

りょうあん　良案を思い付く　諒闇△が明ける

りょうい　良医　涼意

りょういき　日本の領域

りょういん　衆参両院

りょうう　一陣の涼雨

りょううで　両腕で抱える

りょううん　凌雲の志

りょうえん　良縁を得る　前途遼遠

りょうか　良家の子女　悪貨は良貨を駆逐する　寮歌　燎火(かがり火)

りょうが　相手を凌駕　*陵駕する

りょうかい　事情を了解　*諒解　*領会　*領解する　領海を侵犯する

りょうがえ　ドルに両替する

りょうかた　両肩をすぼめる

りょうがわ　道の両側

りょうかん　涼感をよぶ　猟官運動　量感がある　寮監

りょうかん　良寛の和歌

りょうがん　両岸　両眼

りょうき　涼気を求める　猟奇的　かもの猟期　さんまの漁期

りょうきょく　南北両極

りょうきょくたん　両極端

りょうぎり　両切り煙草《たばこ》

りょうきん　入場料金

りょうく　猟区

りょうぐ　猟具

りょうくう　領空を侵犯する

りょうぐん　東西両軍

りょうけ　御両家の繁栄　良家の子女

りょうけい　良計となす　菱形

りょうけん　妥当な量刑　料簡△　*了簡△　*了見が狭い　猟犬

りょうげんのひ　燎原の火の如し

りょうこ　良賈は深く蔵して虚しきが若《ごと》し

りょうこう　良工材を選ばず　経過は良好だ　天然の良港

り

△は常用漢字表にない音訓　|の付いた仮名は省略してもよい送り仮名　*は同語の別表記

りょうごく　島津氏の領国
りょうさい　良妻賢母
りょうざい　檜《ひのき》の良材
りょうさく　良策が無い
りょうさつ　御了察　*諒察下さい
りょうさん　両三日
量産する
りょうざんぱく　梁山泊の豪傑
りょうし　理容師
りょうし　良師につく
料紙
猟師（狩人）
漁師（漁夫）
量子力学
りょうじ　△令旨を下す
両次の大戦
領事館
療治を加える

りょうしき　良識に俟《ま》つ
りょうしつ　良質の米
りょうじつ　両日
りょうしゃ　両者で協議する
りょうしゅ　良種を選定する
領主
りょうしゅう　涼秋の候
代金を領収する
政党の領袖
りょうじゅう　猟銃
りょうしょ　御両所のお考え
良書を推薦する
りょうじょ　諒恕を請う
りょうしょう　事情を了承
*諒承　*領承する
りょうしょく　糧食が尽きる
りょうじょく　婦女を凌辱
*陵辱する
りょうしん　両親
良心がとがめる
良辰を選ぶ
りょうじん　良人
猟人
りょうすいひょう　量水標
りょうする　一国を領する
会議を了する
事情を諒する
りょうせい　男女両性
良性の腫瘍
寮生
りょうせいばい　喧嘩両成敗
りょうせいるい　両生類
*両棲類
りょうせん　立山連峰の稜線
僚船を見失う
りょうぜん　両全の策
一目瞭然
りょうぞく　良俗に反する
りょうだて　両建て預金

りょうたん　紐《ひも》の両端を結ぶ
りょうだん　一刀のもとに両断する
りょうち　了知する
良知良能
狩猟用の料地
毛利家の領地
りょうちょう　寮長
りょうて　両手に花
りょうてい　料亭の女将
りょうてき　量的な変化
りょうでん　良田
りょうてんびん　両天秤
りょうど　両度の失敗
日本の領土
りょうとう　両頭政治
りょうどう　文武両道

諒
燎
賈

り

糧道を絶つ
りょうどうたい 電気の良導体
りょうとうづかい 両刀遣い
りょうとく 一挙両得
りょうどなり 両隣の家
りょうない 領内の人民
りょうながれ 両流れの屋根
りょうなん 進退両難
りょうにらみ 両睨み
りょうにん 両人を紹介する
りょうのう 良知良能
りょうば 両刃の剣
良馬
かもの猟場
にしんの漁場
りょうはし 紐《ひも》の両端を結ぶ
りょうはんてん 量販店
りょうひ 良否を判断する

寮費
りょうびょう 療病生活
りょうびらき 両開きの門
りょうひん 良品と交換する
りょうふう 良風
涼風
りょうぶん 遺産を両分する
人の領分を侵す
りょうべん 両便
りょうぼ 陵墓
寮母
りょうほう 両方の立場
良法を考え付く
転地療法
りょうまい 糧米
りょうまえ 両前の背広
りょうまつ 糧秣の補給
りょうみ 涼味を満喫する
りょうみん 良民
領民を支配する

りょうめ 両目が明く
量目が不足する
りょうめい 両名
りょうめん 物心両面
りょうや 良夜
涼夜
りょうやく 良薬は口に苦し
りょうゆう 両雄並び立たず
良友
会社の僚友
土地を領有する
りょうよう 水陸両用
両様の解釈
結核の療養
りょうよく スタンドの両翼
りょうら 綾羅錦繍《きんしゅう》
りょうらん 百花繚乱 ＊撩乱
りょうり 良吏
魚を料理する

り

りょうりつ 仕事と趣味を両立させる
りょうりょう 両々相俟《あいま》って
喨々と鳴る
気骨稜々（気性が強くきびしい）
寥々たる観客
りょうりん 車の両輪
りょうる 魚を料る
りょうろん 賛否両論
りょうわき 両脇から支える
りょがい 慮外の出来事
りょかく 旅客列車
りょかん 旅館に泊まる
りょきゃく 旅客
りょく 利欲 ＊利慾

リョク

［力］リョク・リキ ちから ― 圧力・威力・引力・協力・努力・能力

［緑（人緑）］リョク・（ロク） みどり ― 緑陰・

緑酒・緑樹・緑色・緑茶・新緑

りょくいん　緑陰の風
りょくう　緑雨
りょぐう　旅寓
りょくおうしょくやさい　緑黄色野菜
りょくしゅ　紅灯緑酒
りょくじゅ　緑樹
りょくしょく　緑色
りょくそう　緑草
緑藻類
りょくち　緑地帯
りょくちゃ　緑茶
りょくど　緑土
りょくないしょう　緑内障
りょくひ　緑肥作物
りょくふう　緑風
りょくべん　緑便
りょくや　緑野

りょけん　旅券を発行する
りょこう　旅行する
りょしゅう　旅愁
虜囚の身
りょじょう　旅情を慰める
りょそう　旅装を解く
りょだん　混成旅団
りょっか　緑化運動
りょてい　旅亭
一日の旅程
りょひ　出張旅費
りょりょく　膂力衆に優れる
りりく　離陸する
りりしい　凜々しい姿
りりつ　貯金の利率
りれきしょ　履歴書
りろ　理路整然
りろん　理論を立てる

リン

[林]リン　はやし ― 林間・林業・林立・山林・植林・森林
[輪]リン　わ ― 輪郭・輪講・輪作・輪番・金輪際・車輪・年輪
[臨]リン　のぞむ ― 臨画・臨海・臨界・臨時・臨終・臨床・君臨
[厘]リン ― 一分一厘・七厘
[倫]リン ― 倫理・五倫・人倫・絶倫・不倫・乱倫
[鈴]リン・レイ　すず ― 「―を鳴らす」「呼び―」◇風鈴
[隣]リン　となる・となり ― 隣家・隣国・隣席・隣接・隣村・近隣
[人琳]リン ― 琳瑯
[人綸]リン　いと ― 綸言・綸旨・綸子
[人凜・人凛]リン ― 凜然・凜乎・凜冽
[人麟]リン　しか ― 麒麟
[人淋]リン ― 淋病・淋巴腺
[人鱗]リン　うろこ ― 魚鱗・片鱗

りん　燐が燃える
りんう　霖雨の候(長雨)
りんか　輪禍に遭う
隣家の主人
燐火が燃える
りんが　臨画する
りんかい　臨海工業地帯
臨界に達する
りんかく　輪郭　*輪廓
りんがく　林学博士
りんかん　林間学校
輪姦する
りんき　悋気を起こす
臨機の処置
りんぎ　稟議する
りんきおうへん　臨機応変
りんぎしょ　稟議書

嘵　膂　凜

り

りんぎょ 臨御を仰ぐ
りんぎょう 林業
りんけい ゆりの鱗茎
りんげつ 臨月になる
りんけん 船舶を臨検する
りんげん 綸言汗の如し
りんこ 凜乎たる気概
りんご 林檎 *苹果
りんこう 万葉集の輪講
隣交を回復する
隣好政策
燐光を発する
臨幸する
りんこうせき 燐鉱石
りんごく 隣国
りんざいしゅう 臨済宗
りんさく 作物を輪作する
りんさん 林産の品
りんし 臨死体験
りんじ 平家追討の綸旨
臨時に休業する
りんしつ 隣室
りんしゃ 臨写する
りんじゅう 臨終に間に合う
りんしょ 臨書する
りんしょう 輪唱する
臨床医学
りんじょうかん 臨場感
りんしょく 吝嗇な人
りんじん 隣人への愛
りんず 綸子の帯
りんせい 林政
稟請する
葉が輪生する
りんせき 隣席の人
式に臨席する
りんせつ 隣接する村
りんせん 林泉の美
臨戦態勢
りんぜん 凜然たる態度
りんち 林地
臨地調査
隣地との境界
りんてんき 輪転機
りんどう 林道
竜胆 *龍胆の花
りんどく 源氏物語の輪読
りんとした 凜とした態度
りんね 六道に輪廻する
りんぱ 琳派
りんばつ 輪伐
りんばん 輪番制
りんびょう 淋病 *痳病
りんぶ 輪舞
りんぷん 蝶《ちょう》の鱗粉
りんぺん 鱗片
りんぽん 臨本を模写する
りんも 粉本を臨模する
*臨摹 *臨摸
りんもう 厘毛の差もない
鱗毛
りんや 林野を切り開く
りんらく 淪落する
りんり 倫理を弁《わきま》える
流汗淋漓
りんりつ 煙突が林立する
りんりん 勇気凜々
りんれつ 凜冽の気が漲《みなぎ》る
りんろう 琳瑯 *琳琅（美しい玉）

る

ル

[流] (ル)・リュウ なが-れる・なが-す ― 流罪・流転・流人・流布・流浪・配流

[留] (ル)・リュウ と-める・と-まる ― 留守番・居留守

[瑠]ル ―― 瑠璃・浄瑠璃

ルイ

[類(人類)]ルイ たぐい ――「―がない」◇類型・類推・種類・分類
[涙(人涙)]ルイ なみだ ―― 感涙・血涙・紅涙・声涙・落涙
[累]ルイ ――「―を及ぼす」◇累計・累進・累積・係累
[塁(人壘)]ルイ ――「―に出る」◇孤塁・盗塁

るい　誄を賜る
るいえん　類縁関係
るいか　税率が累加する
るいか　類歌
るいがいねん　類概念
るいぎご　類義語
るいく　類句を集める
るいけい　経費を累計する
るいけい　日本人の類型
るいげん　税率が累減する
るいご　類語の辞典
るいさん　経費を累算する
るいさん　法規類纂
るいじ　累次の災害
るいじ　類字(形の似た漢字)
るいじ　類似した品物
るいじつ　累日
るいじゃく　羸弱の身(よわい)
るいじゅう　類聚する
るいじゅう　群書類従
るいしょ　他に類書が無い
るいしょう　類焼を免れる
るいじょう　累乗した積
るいしん　累進課税
るいしん　塁審と球審
るいじんえん　類人猿
るいすい　類推する
るいする　児戯に類する
るいせい　累世の家臣
るいせき　赤字が累積する
るいせん　涙腺がゆるむ
るいそう　羸痩(やせ衰える)
るいぞう　借金が累増する
るいだい　先祖累代の墓
るいだい　算数の類題
るいどう　類同する点
るいねん　累年の災害
るいはん　累犯
るいひ　類比する
るいへき　塁壁を築く
るいべつ　標本を類別する
るいらん　累卵の危うき
るいるい　累々たる死体
るいれい　類例のない事件
るいれき　瘰癧(結核性頸部リンパ節炎)
るけい　流刑の地
るげん　縷言を要しない
るこく　文章を鏤刻する
るこつ　彫心鏤骨
るざい　流罪に処する
るじ　屢次の災害(再三)
るしゃなぶつ　盧遮那仏
るじゅつ　屢述(しばしば)
るじゅつ　縷述(細かに)
るす　留守を預かる
るすい　留守居
るすばん　留守番
るせつ　流説を信じる
るせつ　屢説(しばしば)
るせつ　縷説(細かに)
るたく　流謫の身
るちん　縷陳する

羸　瘰　癧

る

るつぼ　興奮の坩堝

るてん　万物は流転する

るでん　仏法を流伝する

るとう　流島

るにん　流人の島

るふ　噂が流布する

るほう　屢報する

るり　瑠璃の壺

るる　縷々説明する

るろう　流浪の民

れ

レイ

[戻(戾)]レイ もど-す・もど-る ― 戻入・返戻

[鈴]レイ・リン すず ― 金鈴・銀鈴・振鈴・電鈴・予鈴

[零]レイ ― 「三対―で勝つ」◇零下・零細・零敗・零落

[霊(靈)]レイ・リョウ たま ― 「先祖の―」◇霊感・霊魂・霊前・幽霊

[隷]レイ ― 隷下・隷従・隷書・隷属・奴隷

[齢(齡)]レイ ― 学齢・月齢・樹齢・年齢・妙齢

[麗]レイ うるわ-しい ― 麗句・麗人・華麗・秀麗・端麗・美麗

[令]レイ ― 「―を下す」◇令状・令嬢・令名・法令・命令

[礼(禮〈人〉)]レイ・(ライ) ― 「―を尽くす」◇礼儀・礼拝・謝礼

[例]レイ たと-える ― 「―を引く」◇例会・例示・慣例・類例

[励(勵)]レイ はげ-む・はげ-ます ― 励行・激励・奨励・奮励・勉励

[冷]レイ つめ-たい・ひ-える・ひ-や・ひ-やす・ひ-やかす・さ-める・さ-ます ― 冷却・冷遇・冷淡・寒冷

[伶〈人〉]レイ ― 伶人

[怜〈人〉]レイ ― 怜悧

[玲〈人〉]レイ ― 玲瓏

[黎〈人〉]レイ たみ ― 黎明

[澪〈人〉]レイ みお ―

[嶺〈人〉]レイ ね・みね ― 山嶺・分水嶺

[羚〈人〉]レイ かもしか ― 羚羊

れいあんしつ　霊安室

れいあんしょ　冷暗所に保管

れいあんぽう　冷罨法

れいい　神の霊威
　霊異（人知では分からない不思議）

れいいき　霊域を汚す

れいう　冷雨

れいえん　霊園 ＊霊苑

れいおん　冷温で貯蔵する

れいか　冷夏
　冷菓（凍らせて作った菓子）
　零下十度

れいかい　隷下の部隊
　今月の例会
　用法を例解する
　肉界と霊界

れいがい　冷害
　例外を認めない

れいがく　礼楽（礼儀と音楽）

れいかん　冷汗三斗
　霊感が働く

れいき　山の冷気
　励起状態
　法律の例規
　霊気にうたれる

れいぎ　礼儀にかなう

れいきゃく　冷却する

れいきゅうしゃ　霊柩車

れいきん　礼金を贈る

れいく　美辞麗句
れいぐう　前官礼遇　客を冷遇する
れいけい　令兄　御令閨様
れいげつ　例月の通り
れいけつかん　冷血漢
れいけつどうぶつ　冷血動物
れいげん　冷厳な態度　例言　霊験あらたか
れいご　囹圄の人となる
れいこう　規則を励行する
れいこく　冷酷な人
れいこん　例刻に始まる　霊魂不滅
れいさい　冷菜　神社の例祭　零細企業　零歳児

れいさつ　霊刹
れいざん　霊山
れいし　令旨を下す　茘枝の実　霊芝(万年茸《まんねんたけ》)　富士の麗姿
れいじ　例示する　午前零時
れいしき　礼式を守る
れいしつ　御令室様　天成の麗質
れいじつ　例日の通り　麗日
れいしゅ　冷酒
れいじゅう　霊獣　主人に隷従する
れいしょ　徴税令書　隷書
れいしょう　人を冷笑する　例証を挙げる

れいじょう　礼状を出す　礼譲の心　捜索令状　令嬢　霊場をめぐる
れいしょく　巧言令色　冷色(寒色)
れいじん　伶人(雅楽の奏者)　男装の麗人
れいすい　冷水摩擦　霊水
れいする　全軍に令する　賢者を礼する
れいせい　海老の冷製　冷静な態度　職務に励精する　励声 *厲声叱咤
れいせつ　礼節を守る　例説する

れいせん　冷泉と温泉　冷戦が続く　霊泉
れいぜん　冷然と答える　霊前に供える
れいそう　礼装を着用する
れいぞう　肉を冷蔵する
れいぞうこ　冷蔵庫
れいそく　令息
れいぞく　強国に隷属する
れいだい　例題を解く
れいたいさい　例大祭
れいたつ　令達する
れいたん　冷淡な態度
れいだんぼう　冷暖房完備
れいち　霊地に詣でる　霊知 *霊智

罨　隷　茘

れ

れいちょう　礼帳（年賀客の署名帳）
　万物の霊長
　霊鳥
れいちょうるい　霊長類
れいてき　霊的な世界
れいてつ　冷徹な眼《まなこ》で見る
れいてん　礼典
　零点
れいど　絶対零度
れいとう　肉を冷凍する
　霊湯
れいどう　霊堂
れいにく　冷肉
　霊肉一致
れいにゅう　歳出の金額に戻入する
れいねつ　冷熱の感覚
れいねん　例年になく寒い
れいの　例の話

れいば　冷罵を浴びせる
れいはい　主を礼拝する
れいばい　冷蔵庫の冷媒
　霊媒
れいひつ　麗筆を振るう
れいひょう　冷評を浴びせる
れいびょう　弘法大師の霊廟
れいふう　冷風
れいふく　礼服を着用する
れいふじん　令夫人
れいぶん　例文解釈
れいほう　礼法にかなう
　礼砲を撃つ
　霊峰富士
れいぼう　部屋を冷房する
れいぼく　断簡零墨
れいまいり　お礼参り
れいまわり　お礼回り
れいみょう　霊妙な雰囲気
れいむ　霊夢をこうむる

れいめい　令名を馳せる
れいめいき　黎明期（初期）
れいめん　冷麺
れいもつ　礼物
れいやく　霊薬
れいよう　羚羊
　富士の麗容
れいらく　零落する
れいり　怜悧な少年
れいりょう　冷涼な気候
れいりょく　霊力
れいれいしい　麗々しい宣伝
れいろう　玲瓏たる声
れいわ　例話

レキ

[歴（歴）] レキ —— 歴史・歴然・歴代・歴程・歴訪・経歴・履歴
[暦（暦）] レキ こよみ —— 暦年・陰暦・還暦・太陽暦

れき　礫（小石）
れきがん　礫岩
れきさつ　轢殺する
れきし　日本の歴史
　轢死する
れきじつ　山中暦日なし
れきしょう　暦象
れきすう　天の暦数
れきせい　歴世の天子
　瀝青 ＊歴青
れきせん　歴戦の勇将
れきぜん　差が歴然とする
れきだい　歴代の校長
れきてい　天路歴程
れきど　礫土（砂利土）
れきにん　要職を歴任する
れきねん　暦年（こよみの一年）
　歴年の功
れきほう　暦法

れきゆう　各国を**歴訪**する
諸国を**歴遊**する

れきれき　財界のお**歴々**

レツ

[**列**] レッ ― |「―を作る」◇列強・列車・列席・列伝・行列

[**劣**] レッ おと-る | 劣化・劣等・劣敗・愚劣・拙劣・優劣

[**烈**] レッ ― | 烈火・烈日・烈震・烈風・強烈・壮烈・猛烈

[**裂**] レッ さ-く・さ-ける | 裂傷・決裂・四分五裂・破裂・分裂

れつあく　**劣悪**な品質

れつい　**劣位**と優位

れっか　レンズの**劣化**
烈火の如く怒る

れっか　**裂罅**（割れ目）

れっき　名前を**列記**する

れっきとした　**歴**△とした家柄

れっきょ　成果を**列挙**する

れっきょう　世界の**列強**

れつご　**列伍**を整える

れっこう　**列侯**

れっこく　**列国**会議

れつざ　**列座**の人々

れつじつ　秋霜**烈日**

れっしゃ　急行**列車**

れつじゃく　**劣弱**な兵力

れつじょ　**烈女**

れっしょう　**裂傷**を負う

れつじょう　**劣情**を刺激する

れっしん　**烈震**

れっする　名を**列する**

れっせい　**劣性**遺伝
劣勢を盛り返す

れっせき　式に**列席**する

れっちゅう　**列柱**

れつでん　史記**列伝**

れっとう　日本**列島**
劣等な品質

れっとうかん　**劣等感**

れっぱく　**裂帛**の気合い

れっぱん　奥羽越**列藩**同盟

れっぷ　**烈婦**

れっぷう　**烈風**が吹き荒《すさ》ぶ

れつりつ　**列立**の人々

れつれつ　**烈々**たる気迫

れもん　**檸檬**

レン

[**連**] レン つら-なる・つら-ねる・つ-れる | 連合・連続・連帯・連発・連名・関連

[**練**（人**練**）] レン ね-る | 練習・熟練・試練・鍛練

[**恋**（**戀**）] レン こ-う・こい・こい-しい | 恋愛・恋情・恋慕・失恋・悲恋

[**廉**] レン ― | 廉価・廉潔・廉直・廉売・清廉・破廉恥

[**錬**（人**鍊**）] レン ― | 錬金術・精錬・鍛錬・百錬

[人**蓮**] レン はす・はちす | 蓮華・蓮台

[人**憐**] レン ― | 憐憫・可憐

[人**漣**] レン なみ | 涙漣

[人**煉**] レン ― | 煉瓦・煉獄

[人**簾**] レン すだれ・みす | 簾中・暖簾

れん　一**連**　＊**嗹**の紙
三**連**　＊**聯**の詩
柱に**聯**を懸ける

れんあい　**恋愛**結婚

れんか　**恋歌**
廉価で販売する

れんが　**連歌**師
赤い**煉瓦**

れんかん　**連関**　＊**聯関**
連環

瓏
檸
檬

れ

れんき　連記投票
れんきゅう　飛び石連休
れんぎん　謡曲を連吟する
れんきんじゅつ　錬金術
れんく　連句(俳諧)
聯句(漢詩)
れんげ　蓮華の花
れんけい　連係　*連繫
*聯繫(つながり)
連携(連絡提携)
れんけつ　車両を連結する
廉潔の士
れんこ　候補者名の連呼
れんご　連語と単語
れんこう　合従連衡
犯人を連行する
れんごう　二国が連合
*聯合する
れんごく　煉獄の苦しみ
れんこん　蓮根の煮物

れんさ　連鎖
れんざ　疑獄に連座
*連坐する
れんさい　新聞に連載する
れんさく　和歌の連作
れんさつ　御憐察下さい
れんさはんのう　連鎖反応
れんざん　日光連山
れんし　将軍の御連枝
剣道の錬士
れんじ　櫺子　*連子窓
れんじつ　連日の雨
れんしゃ　連射する
れんしゅ　点を連取される
れんじゅ　連珠　*聯珠
れんしゅう　音楽を練習する
れんじゅう　お囃子連中
れんしゅく　筋肉が攣縮する
れんじゅく　練熟する
れんしょ　請願に連署する

れんしょう　連戦連勝
れんじょう　恋情
連声
れんせい　連星
新人を錬成
*練成する
れんせつ　連接する
れんせん　連戦連勝
れんそう　楽器を連奏
*聯奏する
花を連想
*聯想する
斂葬の儀
れんぞく　連続する
れんだ　警鐘を連打する
れんたい　連帯責任
歩兵連隊　*聯隊
れんだい　蓮台
輦台を担ぐ

れんたいかん　連帯感
れんたいけい　連体形
れんたいし　連体詞
れんだく　連濁する語
れんたつ　練達の士
れんたん　練炭　*煉炭
れんだん　ピアノの連弾
*聯弾
れんち　廉恥の精神
れんちゃく　恋着する
れんちゅう　会社の連中
御簾中様
れんちょく　廉直な人
れんてつ　錬鉄
れんど　操縦士の練度
れんとう　三日間連投する
物価が連騰する
れんどう　連動　*聯動
れんにゅう　練乳　*煉乳
れんねん　連年の好景気

れんぱ　三回連覇する
れんばい　衣料を廉売する
れんぱい　連俳（連歌と俳諧）
れんぱい　連敗を免れる
れんぱつ　質問を連発する
れんばん　連番の宝くじ
れんばんじょう　連判状
れんびん　憐憫　*憐愍
れんべい　連袂辞職
れんぺいじょう　練兵場
れんぼ　恋慕する
れんぽう　連邦　*聯邦国家
れんぽう　アルプス連峰
れんま　百戦錬磨　*練磨
れんめい　連名の手紙
れんめい　野球連盟　*聯盟
れんめん　連綿と続く
れんや　連日連夜
れんよう　薬を連用する
れんようけい　連用形
れんらく　連絡　*聯絡
れんり　連理の枝（男女の深いちぎり）
れんりつ　連立　*聯立内閣
れんれん　地位に恋々とする

ろ

ロ

［路］ロ　じ —— 路上・海路・空路・航路・線路・通路・道路

［炉（爐）］ロ —— 「—を切る」◇炉辺・懐炉・原子炉・暖炉

［露］ロ・（ロウ）　つゆ —— 露悪・露営・露見・露骨・露出・露命・暴露

［呂］ロ —— 呂律・風呂

［賂］ロ —— 賄賂

［人蕗］ロ　ふき ——

［人櫓］ロ　やぐら —— 櫓声

［人芦］ロ　あし・よし —— 芦荻

［人魯］ロ —— 魯迅・魯鈍

［人鷺］ロ　さぎ —— 烏鷺

ろ　絽の羽織
　　櫓　*艪を漕ぐ
ろあく　露悪趣味
ろあし　櫓脚をひく
ろいろ　蠟色塗り

ロウ

［老］ロウ　お-いる・ふ-ける —— 老境・老人・老成・老婆・敬老・長老

［労（勞）］ロウ —— 「—をねぎらう」◇労務・労力・疲労

［朗（人朗）］ロウ　ほが-らか —— 朗詠・朗読・明朗

［郎（人郎）］ロウ —— 郎党・新郎

［浪］ロウ —— 浪曲・浪士・浪費・激浪・濁浪・波浪・放浪

［廊（人廊）］ロウ —— 廊下・回廊・画廊・柱廊・歩廊

［楼（樓）］ロウ —— 「—に登る」◇楼閣・鐘楼・望楼

［漏］ロウ　も-る・も-れる・も-らす —— 漏水・漏電・漏斗・遺漏・疎漏

［弄］ロウ　もてあそ-ぶ —— 愚弄・翻弄

［籠］ロウ　かご・こ-もる —— 籠城

［人狼］ロウ　おおかみ —— 狼藉・狼狽

［人蠟］ロウ —— 「—を引く」◇蠟燭・蜜蠟

ろう　牢に入る

聯　櫺　蠟

ろうあ　鑞（合金）　聾唖教育

ろうえい　詩歌を朗詠する　機密が漏洩する　❖正しくは「ろうせつ」。

ろうえき　労役に服する

ろうえん　狼煙（のろし）

ろうおう　老翁（年とった男）　老媼（年とった女）

ろうおく　陋屋（あばらや）

ろうか　弄火（火遊び）　狼火をあげる　老化現象　廊下を拭く

ろうかい　老獪な手段

ろうがい　老害　労咳　*癆痎

ろうかく　砂上の楼閣

ろうがん　老眼と近眼

ろうがんきょう　老眼鏡

ろうき　牢記する

ろうぎ　老妓

ろうきゅう　老朽校舎　籠球（バスケットボール）

ろうきょ　陋居（あばらや）　籠居する

ろうきょう　老境に入る

ろうきょく　浪曲師　漢詩を朗吟する

ろうく　老軀に鞭打つ　労苦を厭わない

ろうけい　老兄

ろうけつ　蠟纈　*﨟纈染め

ろうげつ　臘月（陰暦十二月）

ろうけん　老健を誇る

ろうこ　牢乎たる決意　牢固たる城

ろうご　老後の楽しみ

ろうこう　水戸の老公　老巧な人　陋巷に住む

ろうこく　漏刻（昔の水時計）

ろうごく　牢獄に繋がれる

ろうこつ　老骨に鞭打つ　彫心鏤骨（るこつ）

ろうさい　老妻　労災（労働災害）

ろうざいく　蠟細工

ろうさく　多年の労作

ろうざん　老残の身

ろうし　老死する　寺院の老師　牢死する　労使（労働者と使用者）　労資（労働者と資本家）　赤穂浪士　老子

ろうしゃ　聾者

ろうじゃく　老若男女　老弱をいたわる

ろうしゅ　楼主

ろうじゅ　老樹

ろうしゅう　老醜をさらす　陋習を破る

ろうじゅう　老中松平伊豆守

ろうじゅく　老熟の域

ろうしゅつ　液が漏出する

ろうじょ　老女

ろうしょう　老少を問わず　朗笑する　朗唱　*詩歌を朗誦する

ろうじょう　老嬢　楼上の眺め　籠城する

ろ

ろうしょく　朗色（ほがらかな様子）
ろうしん　老身
老臣
老親
ろうじん　老人
ろうすい　老衰する
漏水箇所
ろうする　詭弁を弄する
心身を労する
耳を聾する音
ろうせい　老生
老成した人物
ろうせき　蠟石
ろうぜき　狼藉を働く
ろうぜきもの　狼藉者
ろうせつ　漏泄 *漏洩
ろうそ　労組（労働組合）
ろうそう　老荘の学
老僧

ろうそく　蠟燭
ろうたい　老体を労《いた》わる
ろうたいか　老大家
ろうたく　陋宅
ろうたける　﨟長けた婦人
ろうだつ　漏脱する
ろうだん　政権を壟断する
ろうちん　労賃を支払う
ろうづけ　鑞付けにする
ろうでん　漏電する
ろうと　漏斗
ろうとう　家の子郎党
*郎等
ろうどう　労働時間
ろうどく　詩を朗読する
ろうとして　牢として抜くべからず
ろうにゃく　老若男女《なんにょ》
ろうにん　浪人 *牢人
ろうにんぎょう　蠟人形

ろうねん　老年になる
ろうば　老婆
ろうはい　老廃 *老癈の身
老輩
ろうばい　老梅
狼狽する
蠟梅 *臘梅
ろうはいぶつ　老廃物
ろうばしん　老婆心
ろうばん　牢番
ろうひ　時間を浪費する
ろうびき　蠟引き
ろうふ　老父
老夫
老婦
ろうへい　老兵は死なず
ろうほ　老舗 *老鋪（しにせ）
ろうぼ　老母

ろうほう　合格の朗報
ろうぼく　老木
老僕
ろうむ　労務の担当
ろうもう　老耄する
ろうもん　朱塗りの楼門
ろうや　牢屋に入る
老爺
ろうゆう　老友
老雄
老優
ろうよう　老幼男女
ろうらい　老来ますます円熟する
ろうらく　相手を籠絡する
ろうりょく　労力を省く
ろうれい　老齢年金

癆
鏤
鑞

ろ

ろうれつ　陋劣な手段
ろうれん　老練な船乗り
ろうろう　浪々の身　音吐朗々と読む
ろうわい　陋穢な集団
ろえい　草原に露営する
ろーまん　浪漫△　*浪曼△主義
ろか　泥水を濾過する
ろかく　戦車を鹵獲する
ろかた　路肩軟弱
ろぎん　路銀が不足する

ロク

[六]ロク　む・む|つ・むっ|つ・(むい)　―　六月・六尺・六角・六法・丈六・甚六
[録(人錄)]ロク　|―　録音・録画・記録・実録・登録・付録・目録
[緑(人綠)](ロク)・リョク　みどり　―　緑青・四緑
[麓]ロク　ふもと　―　山麓
[人禄・人祿]ロク　よし　―　禄米
[人肋]ロク　あばら　―　肋木・肋骨

ろく　碌なことはない
ろくおん　講演を録音する
ろくおんじ　鹿△苑寺(金閣寺)
ろくが　録画する
ろくざい　肋材
ろくさんせい　六三制
ろくしゃく　六尺　*陸△尺(かごかき)
ろくしょう　緑青が生じる
ろくする　言行を録する
ろくだいしゅう　六大州　*六大洲
ろくだか　禄高三百石
ろくでなし　碌で無し
ろくでもない　碌でも無い
ろくどう　六道輪廻
ろくに　碌に見もしない
ろくはらみつ　六波羅蜜
ろくぶ　六部
ろくぼく　肋木に登る
ろくまく　肋膜炎
ろくめいかん　鹿△鳴館
ろくやね　陸△屋根の家
ろくよう　六曜
ろくろ　轆轤を回す
ろくろく　碌々見ない
ろけん　悪事が露見　*露顕する　路肩軟弱
ろご　露語(ロシア語)
ろこう　露光時間
ろこつ　露骨な話
ろざ　露座　*露坐の大仏
ろし　濾紙
ろじ　都への路次　路地　*露地裏　露地栽培
ろじもの　露地物
ろしゅつ　肌を露出する
ろじょう　路上で遊ぶ
ろしん　原子炉の炉心
ろじん　魯迅の小説
ろせん　バスの路線
ろせんか　宅地の路線価
ろだい　露台
ろちょうこつ　顱頂骨(頭頂骨)
ろっかくけい　六角形
ろっかせん　六歌仙
ろっかんしんけいつう　肋間神経痛
ろっこうさん　六甲山
ろっこつ　肋骨
ろっこんしょうじょう　六根清浄

ろっぱく　六白（九星の一）
ろっぷ　五臓六腑
ろっぽう　六方　*六法を踏む
　六法全書
ろてい　一日の路程
　矛盾が露呈する
ろてき　蘆荻（あしとおぎ）
ろてん　露天風呂・—掘り
　露店の叩き売り
　露点計
ろてんしょう　露天商　*露店商
ろとう　路頭に迷う
　鉱脈の露頭
ろどん　魯鈍な人
ろば　驢馬の耳
ろばた　炉端に座る
ろばん　路盤がゆるむ
　五重塔の露盤
ろびらき　炉開き
ろふさぎ　炉塞ぎ
ろぶつ　道端の露仏
ろぶん　露文を和訳する
ろへん　炉辺談話
　路辺の草
ろぼう　路傍の石
ろめい　露命をつなぐ
ろめん　路面電車
ろよう　路用に充てる
ろれつ　呂律△が回らない

ロン

[論]ロン｜—「—より証拠」◇論拠・論証・論理・議論

ろんい　論意
ろんがい　論外の沙汰
ろんかく　一廉《ひとかど》の論客
ろんぎ　是非を論議する
ろんきつ　鋭く論詰する
ろんきゃく　一廉《ひとかど》の論客
ろんきゅう　論及（言い及ぶ）
　論究（究明する）
ろんきょ　論拠が薄弱だ
ろんけつ　論決する（議論して決定する）
　論結する（議論して結論を出す）
ろんご　論語読みの論語知らず
ろんこう　論考　*論攷
　科学的論稿
ろんこうこうしょう　論功行賞
ろんこく　検事の論告
ろんざい　論罪
ろんさく　論策
ろんさん　人徳を論賛する
　日本史論纂
ろんし　明快な論旨
ろんしゃ　論者
ろんしゅう　論集
ろんじゅつ　論述する
ろんしょう　論証する
ろんじる　是非を論じる
ろんじん　論陣を張る
ろんずる　是非を論ずる
ろんせつ　論説委員
ろんせん　論戦を展開する
ろんそう　友人と論争する
　論叢
ろんだい　論題
ろんだん　原因を論断する
　論壇を賑わす
ろんちょ　論著
ろんちょう　きびしい論調

轆

轤

驢

ろんてき　論敵
ろんてん　論点を絞る
ろんなん　決定を論難する
ろんぱ　反論を論破する
ろんばく　論駁を加える
ろんぱん　是非を論判する
ろんぴょう　論評を避ける
ろんぶん　卒業論文
ろんべん　論弁する
ろんぽう　三段論法
　論鋒をかわす
ろんり　論理に合わない

わ

ワ

［和］ワ・(オ)　やわ-らげる・なご-む・やわ-らぐ・なご-やか　―　「人の―」◇和歌・和解・柔和・平和・融和

［話］ワ　はなす・はなし　―　話術・話題・話法・会話・談話・電話

［人倭］ワ　しず・やまと　―　「―の五王」

［人窪］ワ　くぼ　―

わ　二羽の鳥
　そうめん一把
　輪＊環△になる

ワイ

［賄］ワイ　まかな-う　―　収賄・贈賄

［人隈］ワイ　くま　―　界隈

わいきょく　事実を歪曲する
わいく　矮軀（短身）
わいざつ　猥雑な内容
わいしょう　矮小な樹木
わいせい　矮性の植物
　矮星と巨星
わいせつ　猥褻な話
わいだん　猥談
わいほん　猥本
わいろ　賄賂を取る
わえい　和英辞典
わおん　和音
わか　若主人
わか　和歌を詠む
わが　我が＊吾が友
わかあゆ　若鮎
わかい　友達と和解する
わかい　若い人
わかいしゅ　若い衆
わかがえる　気分が若返る
わかがき　若書きの作品
わかき　老いも若きも
わかぎ　若木
わかぎみ　若君
わがく　和学（国学）
わかくさ　若草が萌《も》え出る
わがくに　我が国
わかげ　若気の至り
わかさ　若さを保つ
わかさ　若狭△の国
わかさぎ　若鷺△＊公△魚△
わかさま　若様
わかざり　輪飾り|
わがし　和菓子
わかじに　若死に|する
わかしゆ　沸か|し湯
わかしゅ　若衆歌舞伎
わかしらが　若白髪
わかす　湯を沸か|す
　興味を湧か|す
　＊涌か|す
わかず　昼夜を分かず
わかぞう　若造＊若僧
わかたけ　若竹
わかだんな　若旦那
わかちあう　分か|ち合う
わかちがき　分か|ち書き
　＊分ち書

わかつ　袂《たもと》を分かつ　*別つ　実費で頒つ
わかづくり　若作りの婦人
わかて　若手の社員
わかとう　若党
わかどしより　若年寄
わかとの　若殿
わかどり　若鶏の肉
わかな　若菜を摘む
わかぬ　文目《あやめ》も分かぬ
わかば　若葉　*嫩葉
わがはい　我が輩　*吾が輩
わがまま　我が儘な人
わがみ　我が身
わかみず　若水を汲む
わかみどり　若緑
わかみや　春日の若宮
わかむき　若向きの服

わかむしゃ　若武者
わかむらさき　若紫
わかめ　若布　*和布の味噌汁　木々の若芽
わかもの　若者
わがものがお　我が物顔
わがや　我が家
わかやか　若やかに笑う
わかやぐ　若やいだ気分
わかやま　和歌山県
わかやまぼくすい　若山牧水
わからずや　分からず屋
わかり　分かり　*判りがいい
わかりきる　分かり切ったこと
わかる　事情が分かる　善悪が判る　*解る

わかれ　荒川の分かれ　別れ　*訣れを惜しむ
わかれじも　八十八夜の別れ霜
わかればなし　別れ話を出す
わかれみち　分かれ道
わかれめ　勝敗の分かれ目　二人の別れ目
わかれる　道が分かれる　*岐れる　意見が分かれる　駅で別れる　*訣れる
わかれわかれ　別れ別れになる
わかわかしい　若々しい声
わかん　和姦　和漢朗詠集
わかんこんこうぶん　和漢混淆文　*和漢混交文
わかんよう　和漢洋

わき

[脇] わき —— 脇腹・両脇

わき　脇　*傍にそれる　腋　*脇に挟む　沸きが早い
わき　和気が漂う
わぎ　和議が成り立つ
わきあいあい　和気藹々
わきあがる　湯が沸き上がる　力が湧き上がる

猥　褻　嫩

わ

る
わきおこる　歌声が沸き起|こる
　勇気が湧き起|こる
わきが　腋臭△
わきかえる　喜びに沸き返|る
わきげ　腋毛　*脇毛
わきざし　脇差を抜く
わきじ　脇侍　*脇士
わきたつ　湯が沸き立|つ
わきづくえ　脇机
わきづけ　脇付
わきでる　水が湧き出|る　*涌き出る
わきど　脇戸
わきのした　腋の下　*脇の下
わきばら　脇腹が痛む

わきまえる　礼儀を弁△える
わきみ　脇見をする
わきみず　湧き水　*涌き水
わきみち　脇道　*傍△道
わきめ　脇目もふらず
　脇芽
わきやく　脇役　*傍△役
わぎゅう　和牛
わぎり　大根の輪切|り
わきん　和金（金魚）

ワク
［惑］ワク　まど|う　―　惑星・惑乱・疑惑・不惑・迷惑・誘惑
［△或］ワク・コク・ヨク　ある・もち　―　或問

わく
［枠］わく　―　「―をはめる」◇枠内・窓枠

わく　湯が沸く
　清水が湧く　*涌く
わくがい　割り当ての枠外
わくぐみ　計画の枠組|み
わくせい　惑星と恒星
わくづくり　枠作り
わくでき　酒色に惑溺する
わくどり　枠取り
わくない　予算の枠内
わくらば　病△葉が散る
わくらん　人心を惑乱する
わくん　和訓
わけ　組分け
　訳が分からない
　❖「…するわけにはいかない」などは仮名書きがふつう。
わけあう　苦労を分け|合う
わげい　話芸
わけいる　山へ分け|入る
わけがら　訳柄（訳合い）
わけぎ　分葱のぬた
わげさ　輪袈裟
わけしり　訳△知りの人
わけても　別けても
わけない　訳無い仕事
わけへだて　分け|隔てない
わけまえ　分け|前を取る
わけめ　髪の分け|目
わける　金を分ける
　実費で頒△ける
わけん　和犬
わこ　和子さま
わご　和語と漢語
わこう　倭寇
わごう　夫婦が和合する
わこうど　若人の集まり

わ

わこうどうじん　和光同塵
わこく　倭国　*和国
わごと　和事　和事師
わごん　和琴
わこんかんさい　和魂漢才
わざ　柔道の技（技術）　至難の業（仕事）
わさい　和裁と洋裁
わざい　話材に事欠かぬ
わざし　業師の力士
わざと　態ととぼける
わさび　山葵をきかす
わざもの　大業物
わざわい　災い　*禍い
わざわざ　態々訪ねる
わさん　和算　和讃をとなえる
わさんぼん　和三盆
わし　儂の家　鷲の巣

わし　和紙と洋紙
わしき　和式と洋式
わしつ　和室と洋室
わしづかみ　鷲摑みにする
わしばな　鷲鼻
わじま　輪島塗
わしゃ　話者
わしゅう　和臭を帯びる
わじゅう　輪中
わじゅつ　巧みな話術
わしょ　和書と洋書
わじょう　和尚　*和上
わしょく　和食と洋食
わじん　和人（アイヌでの日本人の呼称）　倭人伝（古代中国での日本人の呼称）
わずか　僅か　*纔かな金額
わずかに　僅かに　*纔かに及ばない

わずらい　長の患い　煩いの多い人生
わずらう　胸を患う　思い煩う
わずらわしい　煩わしい用事
わずらわす　人手を煩わす
わする　歌声に和する
わすれがたい　忘れ難い印象
わすれがたみ　忘れ形見
わすれじも　忘れ霜
わすれっぽい　忘れっぽい人
わすれもの　忘れ物をする
わすれる　約束を忘れる
わせ　早生と晩生《おくて》　早稲と晩稲《おくて》
わせい　和声と旋律　和製英語
わせん　和船　和戦両様の構え

わそう　和装の小物
わた　魚の腸を抜く　綿　*棉の花　たんぽぽの絮
わたあめ　綿飴（綿菓子）
わだい　話題を変える
わたいれ　綿入れを着る
わたうち　綿打ちをする
わだかまり　心に蟠りがある
わだかまる　悪感情が蟠る
わたくし　公と私　私の家
わたくしごと　私事
わたくししょうせつ　私小説
わたくしする　権力を私する
わたくしども　私ども　*私共

儂
纔
蟠

わ

わたくしりつ　私立の学校
わたぐも　綿雲
わたくり　綿繰り車
わたげ　たんぽぽの綿毛
わたし　私の人形
利根川の渡し
わたしば　渡し場
わたしぶね　渡し舟　＊渡し船に乗る
わたす　板を渡す
わだち　轍△のついた道
わたつみ　海△神△　＊綿津見
わたなべかざん　渡辺崋△山
わたぼうし　綿帽子を冠る
わたぼこり　綿埃△が出る
わたゆき　綿雪
わたり　径△八寸
渡りをつける
わたりあう　渡り合う

わたりあるく　渡り歩く
わたりぞめ　橋の渡り初め
わたりどり　渡り鳥
わたりもの　渡り者
わたりろうか　渡り廊下
わたる　十日に亘る旅
川を渡る
＊渉△る
わっか　輪っかを作る
わっかない　稚△内市
わっぱ　この童△め
わっぱめし　輪っぱ飯
わっぷ　割賦　＊割付販売
わとう　話頭を転じる
わどく　和独辞典
わとじ　和綴じの本
わな　罠を掛ける
わなげ　輪投げをする
わななき　戦△慄△の声

わななく　恐怖に戦△慄△く
わに　鰐
わにがわ　鰐皮　＊鰐革
わにぐち　鰐口
わび　侘びと寂《さび》
詫びを入れる
わびいる　詫び入る
わびごと　詫び言を言う
わびしい　侘しい生活
わびじょう　詫び状
わびずまい　侘び住まい　＊侘住い　＊侘住居
わびちゃ　侘び茶
わびね　侘び寝をする
わびる　待ち侘びる
心から詫びる
わふう　和風の建築
わふく　和服に着替える
わふつ　和仏△辞典

わぶん　和文を英訳する
わへい　和平の交渉
話柄(話題)
わほう　直接話法
わぼく　敵と和睦する
わほん　和本と洋本
わみょう　和名
わめい　和名と学名
わめきごえ　喚△き声
わめく　大声で喚△く
わやく　英文を和訳する
わよう　和洋折衷
和様の書体
わら　藁にもすがる
わらい　笑いを誘う
わらいがお　笑い顔
わらいぐさ　笑い草　＊笑い種△になる
わらいごえ　笑い声
わらいごと　笑い事でない

わ

△は常用漢字表にない音訓　｜の付いた仮名は省略してもよい送り仮名　＊は同語の別表記

わらいじょうご 笑い上戸
わらいとばす 笑い飛ばす
わらいばなし 笑い話をする
わらいもの 笑い物になる
わらう 笑う *咲う
嗤う(あざわらう)
わらうち 藁打ち
わらく 一家が和楽する
わらぐつ 藁沓
わらじ 草鞋を脱ぐ
わらしべ 藁稭
わらづつみ 藁包み
わらづと 納豆の藁苞
わらなわ 藁縄
わらにんぎょう 藁人形
わらばい 藁灰
わらばんし 藁半紙
わらび 蕨の塩漬け
わらびもち 蕨餅
わらぶき 藁葺きの屋根

わらべ 童
わらべうた 童歌
わらわ 妾(昔の女性の自称)
童
わらわす 笑わす
わらわせる 笑わせる
わり 五割
割りがいい
わりあい 二対三の割合
割合うまくいく
わりあて 割り当て *割当
わりあてる 割り当てる
わりいし 割り石
わりいん 割り印を押す
わりがき 割り書き *割書
わりかた 割り方楽だ
わりかん 割り勘にする
わりきる 割り切る

わりきれる 割り切れる
わりご 破籠 *破子
わりこみ 割り込み禁止
わりこむ 話に割り込む
わりざん 割り算
わりした 料理の割り下
わりだか 割高な品
わりだす 犯人を割り出す
わりちゅう 割り注 *割り註
わりつけ 割り付け *割付
わりない 理無い仲
わりに 割にうまい
わりばし 割り箸
わりばん 割り判
わりびき 商品を割引する
わりびく 料金を割り引く

わりひざ 割り膝
わりふ 割り符(割り札)
わりふり 役の割り振り
わりふる 役を割り振る
わりまえ 割り前を取る
わりまし 割り増し *割増料金
わりむぎ 割り麦
わりもどし 料金割り戻し
わりやす 割安な品
わる 悪をする
わる 茶碗を割る *破る
わるあがき 悪足掻き
わるあそび 悪遊びをする
わるい 成績が悪い
わるがしこい 悪賢い子供

鰐
苞
蕨

わ

わるぎ 悪気はない
わるくち 悪口を言う
わるさ 悪さをする
わるずれ 悪擦れがする
わるだくみ 悪巧みをする
わるだっしゃ 悪達者な人
わるぢえ 悪知恵 *悪智慧が付く
わるのり 悪乗りする
わるびれる 悪びれた様子
わるふざけ 悪ふざけ *悪巫△山戯△
わるもの 悪者にされる
わるよい 悪酔|いをする
われ 我 *吾に返る 採算割れ
われがち 我勝ち|に逃げる
われがね 割れ鐘 *破△れ| 鐘のような声
われかんせずえん 我関せず焉
われき 和暦
われさきに 我先に逃げる
われしらず 我知らず叫ぶ
われながら 我乍ら呆れる
われなべ 割れ|鍋 *破△れ| 鍋に綴《と》じ蓋
われぼめ 我褒めになる
われめ 氷の割れ目 *破△れ目
われもこう 吾木香 *吾亦紅
われもの 割れ|物 *破△れ| 物に注意
われら 我等△の母校
われる 花瓶が割れる *破△れる
われわれ 我々の希望

ワン

[湾(灣)]ワン ―「―の広さ」
◇湾外・湾曲・東京湾
[腕]うで ワン ― 腕章・腕力・右腕・怪腕・左腕・手腕・敏腕
[椀]まり ワン ― お椀
[碗]ワン ― 茶碗

わん 椀(木製) 碗(陶器)
わんがん 湾岸道路
わんきょく 背骨が湾曲 *彎曲する
わんこう 湾口
わんこそば 椀子蕎麦△
わんこつ 腕骨(手首の骨)
わんしょう 腕章を巻く
わんだね 椀種
わんたん 雲呑 *餛飩
わんとう 湾頭
わんない 湾内に停泊する
わんにゅう 湾入 *彎入
わんぱく 腕白坊主
わんもり 椀盛り
わんりゅう メキシコ湾流
わんりょく 腕力が強い

送り仮名の付け方

昭和四八年内閣告示第二号「送り仮名のつけ方」は、同五六年内閣告示第三号によって一部改正された。ここには、改正された部分を含めた全文を示した。

前書き

一　この「送り仮名の付け方」は、法令・公用文書・新聞・雑誌・放送など、一般の社会生活において、「常用漢字表」の音訓によって現代の国語を書き表す場合の送り仮名の付け方のよりどころを示すものである。

二　この「送り仮名の付け方」は、科学・技術・芸術その他の各種専門分野や個々人の表記にまで及ぼそうとするものではない。

三　この「送り仮名の付け方」は、漢字を記号的に用いたり、表に記入したりする場合や、固有名詞を書き表す場合を対象としていない。

「本文」の見方及び使い方

一　この「送り仮名の付け方」の本文の構成は、次のとおりである。

単独の語

1　活用のある語

通則1（活用語尾を送る語に関するもの）

通則2（派生・対応の関係を考慮して、活用語尾の前の部分から送る語に関するもの）

2　活用のない語

通則3（名詞であって、送り仮名を付けない語に関するもの）

通則4（活用のある語から転じた名詞であって、もとの語の送り仮名のつけかたによって送る語に関するもの）

通則5（副詞・連体詞・接続詞に関するもの）

複合の語

通則6（単独の語の送り仮名の付け方による語に関するもの）

通則7（慣用に従って送り仮名を付けない語に関するもの）

付表の語

1（送り仮名を付ける語に関するもの）

2（送り仮名を付けない語に関するもの）

二　通則とは、単独の語及び複合の語の別、活用のある語及び活用のない語の別等に応じて考えた送り仮名の付け方に関する基本的な法則をいい、必要に応じ、例外的な事項又は許容的な事項を加えてある。

したがって、各通則には、本則のほか、必要に応じて例外及び許容を設けた。ただし、通則7は、通則6の例外に当たるものであるが、該当する語が多数に上るので、別の通則として立てたものである。

三　この「送り仮名の付け方」で用いた用語の意義は、次のとおりである。

単独の語…………漢字の音又は訓を単独に用いて、漢字一字で書き表す語をいう。

複合の語…………漢字の訓と訓、音と訓などを複合させ、漢字二字以上を用いて書き表す語をいう。

付表の語…………「常用漢字表」の付表に掲げてある語のうち、送り仮名の付け方が問題となる語をいう。

活用のある語……動詞・形容詞・形容動詞をいう。

活用のない語……名詞・副詞・連体詞・接続詞をいう。

本　則…………送り仮名の付け方の基本的な法則と考えられるものをいう。

例　外…………本則には合わないが、慣用として行われていると認められるものであって、本則によらず、これによるものをいう。

許　容…………本則による形とともに、慣用として行われていると認められるものであって、本則以外に、これによってよいものをいう。

四　単独の語及び複合の語を通じて、字音を含む語は、その字音の部分には送り仮名を要しないのであるから、必要のない限り触れていない。

五　各通則において、送り仮名の付け方が許容によることのできる語については、本則又は許容のいずれに従ってもよいが、個々の語に適用するに当たって、許容に従ってよいかどうか判断し難い場合には、本則によるものとする。

単独の語

1 活用のある語

通則1

本則 活用のある語（通則2を適用する語を除く。）は、活用語尾を送る。

〔例〕 憤る 承る 書く 実る 催す
生きる 陥れる 考える 助ける
荒い 潔い 賢い 濃い
主だ

例外 (1) 語幹が「し」で終わる形容詞は、「し」から送る。

〔例〕 著しい 惜しい 悔しい 恋しい 珍しい

(2) 活用語尾の前に「か」、「やか」、「らか」を含む形容動詞は、その音節から送る。

〔例〕 暖かだ 細かだ 静かだ
穏やかだ 健やかだ 和やかだ
明らかだ 平らかだ 滑らかだ 柔らかだ

(3) 次の語は、次に示すように送る。

明らむ 味わう 哀れむ 慈しむ 教わる
脅かす（おどかす） 脅かす（おびやかす） 食らう 異なる 逆らう 捕まる 群がる 和らぐ 揺する
明るい 危ない 危うい 大きい 少ない 小さい 冷たい 平たい
新ただ 同じだ 盛んだ 平らだ 懇ろだ 惨めだ
哀れだ 幸いだ 幸せだ 巧みだ

許容 次の語は、（ ）の中に示すように、活用語尾の前の音節から送ることができる。

表す（表わす） 著す（著わす） 現れる（現われる） 行う（行なう） 断る（断わる） 賜る（賜わる）

（注意） 語幹と活用語尾との区別がつかない動詞は、例えば、「着る」、「寝る」、「来る」などのように送る。

通則2

本則 活用語尾以外の部分に他の語を含む語は、含まれている語の送り仮名の付け方によって送る。（含まれている語を〔 〕の中に示す。）

〔例〕 (1) 動詞の活用形又はそれに準ずるものを含むもの。

動かす〔動く〕　照らす〔照る〕
語らう〔語る〕　計らう〔計る〕　向かう〔向く〕
浮かぶ〔浮く〕
生まれる〔生む〕　押さえる〔押す〕　捕らえる〔捕る〕
勇ましい〔勇む〕　輝かしい〔輝く〕　喜ばしい〔喜ぶ〕
晴れやかだ〔晴れる〕
及ぼす〔及ぶ〕　積もる〔積む〕　聞こえる〔聞く〕
頼もしい〔頼む〕
起こる〔起きる〕　落とす〔落ちる〕
暮らす〔暮れる〕　冷やす〔冷える〕
当たる〔当てる〕　終わる〔終える〕　変わる〔変える〕　集まる〔集める〕　定まる〔定める〕
連なる〔連ねる〕　交わる〔交える〕
混ざる・混じる〔混ぜる〕
恐ろしい〔恐れる〕

(2)　形容詞・形容動詞の語幹を含むもの。
重んずる〔重い〕　若やぐ〔若い〕
怪しむ〔怪しい〕　悲しむ〔悲しい〕　苦しがる〔苦しい〕
確かめる〔確かだ〕
重たい〔重い〕　憎らしい〔憎い〕　古めかしい〔古い〕
細かい〔細かだ〕　柔らかい〔柔らかだ〕
清らかだ〔清い〕　高らかだ〔高い〕　寂しげだ〔寂しい〕

(3)　名詞を含むもの。
汗ばむ〔汗〕　先んずる〔先〕　春めく〔春〕
男らしい〔男〕　後ろめたい〔後ろ〕

許容　読み間違えるおそれのない場合は、活用語尾以外の部分について、次の（　）の中に示すように、送り仮名を省くことができる。
〔例〕　浮かぶ（浮ぶ）　生まれる（生れる）　押さえる（押える）　捕らえる（捕える）
晴れやかだ（晴やかだ）
積もる（積る）　聞こえる（聞える）
起こる（起る）　落とす（落す）　暮らす（暮す）　当たる（当る）　終わる（終る）　変わる（変る）

（注意）次の語は、それぞれ〔　〕の中に示す語を含むものとは考えず、通則1によるものとする。

明るい〔明ける〕　荒い〔荒れる〕　悔しい〔悔いる〕　恋しい〔恋う〕

2　活用のない語

通則3

本則　名詞（通則4を適用する語を除く。）は、送り仮名を付けない。

〔例〕月　鳥　花　山
男　女
彼　何

例外　(1) 次の語は、最後の音節を送る。

辺り　哀れ　勢い　幾ら　後ろ　傍ら
幸い　幸せ　互い　便り　半ば　情け　斜め　独り　誉れ　自ら　災い

(2) 数をかぞえる「つ」を含む名詞は、その「つ」を送る。

〔例〕一つ　二つ　三つ　幾つ

通則4

本則　活用のある語から転じた名詞及び活用のある語に「さ」、「み」、「げ」などの接尾語が付いて名詞になったものは、もとの語の送り仮名の付け方によって送る。

〔例〕(1) 活用のある語から転じたもの。

動き　仰せ　恐れ　薫り　曇り　調べ　届け
願い　晴れ
当たり　代わり　向かい
狩り　答え　問い　祭り　群れ
憩い　愁い　憂い　香り　極み　初め
近く　遠く

(2) 「さ」、「み」、「げ」などの接尾語が付いたもの。

暑さ　大きさ　正しさ　確かさ
明るみ　重み　憎しみ
惜しげ

例外　次の語は、送り仮名を付けない。

謡　虞　趣　氷　印　頂　帯　畳
卸　煙　恋　志　次　隣　富　恥　話　光　舞
折　係　掛（かかり）　組　肥　並（なみ）　巻　割

（注意）ここに掲げた「組」は、「花の組」、「赤の組」などのように使った場合の「くみ」であり、例えば、「活字の組みがゆるむ。」などとして使う場合の「くみ」を意味するものではない。「光」、「折」、「係」なども、同様に動詞の意識が残っているような使い方の場合は、この例外に該当しない。したがって、本則を適用して送り仮名を付ける。

許容　読み間違えるおそれのない場合は、次の（　）の中に示すように、送り仮名を省くことができる。

〔例〕　曇り（曇）　届け（届）　願い（願）　晴れ（晴）
当たり（当り）　代わり（代り）　向かい（向い）
狩り（狩）　答え（答）　問い（問）　祭り（祭）　群れ（群）
憩い（憩）

通則5

本則　副詞・連体詞・接続詞は、最後の音節を送る。

〔例〕　必ず　更に　少し　既に　再び　全く
最も
来る　去る
及び　且つ　但し

例外　(1)　次の語は、次に示すように送る。
明くる　大いに　直ちに　並びに　若しくは

(2)　次の語は、送り仮名を付けない。
又

(3)　次のように、他の語を含む語は、含まれている語の送り仮名の付け方によって送る。（含まれている語を〔　〕の中に示す。）

〔例〕　併せて〔併せる〕　至って〔至る〕　恐らく〔恐れる〕　従って〔従う〕　絶えず〔絶える〕
例えば〔例える〕　努めて〔努める〕
辛うじて〔辛い〕　少なくとも〔少ない〕
互いに〔互い〕
必ずしも〔必ず〕

複合の語

通則6

本則　複合の語（通則7を適用する語を除く。）の送り仮名は、その複合の語を書き表す漢字の、それぞれの音訓を用いた単独の語の送り仮名の付け方による。

〔例〕(1) 活用のある語

書き抜く　流れ込む　申し込む　打ち合わせる　向かい合わせる　長引く　若返る　裏切る　旅立つ

聞き苦しい　薄暗い　草深い　心細い　待ち遠しい　軽々しい　若々しい　女々しい

気軽だ　望み薄だ

(2) 活用のない語

石橋　竹馬　山津波　後ろ姿　斜め左　花便り　独り言　卸商　水煙　目印

田植え　封切り　物知り　落書き　雨上がり

墓参り　日当たり　夜明かし　先駆け　巣立ち　手渡し

入り江　飛び火　教え子　合わせ鏡　生き物　落ち葉　預かり金

寒空　深情け

愚か者

行き帰り　伸び縮み　乗り降り　抜け駆け

作り笑い　暮らし向き　売り上げ　取り扱い

乗り換え　引き換え　歩み寄り　申し込み

移り変わり

長生き　早起き　苦し紛れ　大写し

粘り強さ　有り難み　待ち遠しさ

乳飲み子　無理強い　立ち居振る舞い　呼び出し電話

次々　常々

近々　深々

休み休み　行く行く

許容　読み間違えるおそれのない場合は、次の（　）の中に示すように、送り仮名を省くことができる。

〔例〕書き抜く（書抜く）　申し込む（申込む）

打ち合わせる（打ち合せる・打合せる）　向

か|い合わ|せる（向い合せる） 聞き|苦しい（聞苦しい） 待ち|遠しい（待遠しい）

田植え|（田植） 封切り|（封切） 落書き|（落書） 雨上が|り（雨上り） 日当た|り（日当り） 夜明か|し（夜明し）

入り|江（入江） 飛び|火（飛火） 合わ|せ鏡（合せ鏡） 預か|り金（預り金）

抜け|駆け（抜駆け） 暮ら|し向き（暮し向き） 売り|上げ|（売上げ・売上） 取り|扱い|（取扱い・取扱） 乗り|換え|（乗換え・乗換） 引き|換え|（引換え・引換） 申し|込み|（申込み・申込） 移り|変わ|り（移り変り）

有り|難み（有難み） 待ち|遠しさ（待遠しさ）

立ち|居振る|舞い|（立ち居振舞い・立ち居振舞・立居振舞） 呼び|出し|電話（呼出し電話・呼出電話）

（注意）「こけら落とし（こけら落し）」、「さび止め」、「洗いざらし」、「打ちひも」のように前又は後ろの部分を仮名で書く場合は、他の部分については、単独の語の送り仮名の付け方による。

通則7

複合の語のうち、次のような名詞は、慣用に従って、送り仮名を付けない。

〔例〕(1) 特定の領域の語で、慣用が固定していると認められるもの。

ア 地位・身分・役職等の名。

関取 頭取 取締役 事務取扱

イ 工芸品の名に用いられた「織」、「染」、「塗」等。

《博多》織 《型絵》染 《春慶》塗 《鎌倉》彫 《備前》焼

ウ その他。

書留 気付 切手 消印 小包 振替 切符 踏切

請負 売値 買値 仲買 歩合 両替 割引 組合 手当

倉敷料 作付面積

売上《高》 貸付《金》 借入《金》 繰越《金》 小売《商》 積立《金》 取扱《所》 取扱《注意》 取次《店》 取引《所》 乗換《駅》

乗組《員》　引受《人》　引受《時刻》　引換《券》　《代金》引換　振出《人》　待合《室》　見積《書》　申込《書》

(2) 一般に、慣用が固定していると認められるもの。

奥書　木立　子守　献立　座敷　試合　字引　場合　羽織　葉巻　番組　番付　日付　水引　物置　物語　役割　屋敷　夕立　割合　合図　合間　植木　置物　織物　貸家　敷石　敷地　敷物　立場　建物　並木　巻紙　受付　受取　浮世絵　絵巻物　仕立屋

（注意）(1) 「《博多》織」、「売上《高》」などのようにして掲げたものは、《　》の中を他の漢字で置き換えた場合にも、この通則を適用する。

(2) 通則7を適用する語は、例として挙げたものだけで尽くしてはいない。したがって、慣用が固定していると認められる限り、類推して同類の語にも及ぼすものである。通則7を適用してよいかどうか判断し難い場合には、通則6を適用する。

付表の語

「常用漢字表」の「付表」に掲げてある語のうち、送り仮名の付け方が問題となる次の語は次のようにする。

1 次の語は、次に示すように送る。

浮つく　お巡りさん　差し支える　五月晴れ　立ち退く　手伝う　最寄り

なお、次の語は、（　）の中に示すように、送り仮名を省くことができる。

差し支える（差支える）　五月晴れ（五月晴）　立ち退く（立退く）

2 次の語は送り仮名を付けない。

息吹　桟敷　時雨　築山　名残　雪崩　吹雪　迷子　行方

字体についての解説

平成二二年六月七日文化審議会答申「改定常用漢字表」による。

第1　明朝体のデザインについて

改定常用漢字表では、個々の漢字の字体（文字の骨組み）を、明朝体のうちの一種を例に用いて示した。現在、一般に使用されている明朝体の各種書体には、同じ字でありながら、微細なところで形の相違の見られるものがある。しかし、各種の明朝体を検討してみると、それらの相違はいずれも書体設計上の表現の差、すなわちデザインの違いに属する事柄であって、字体の違いではないと考えられるものである。つまり、それらの相違は、字体の上からは全く問題にする必要のないものである。以下に、分類して、その例を示す。

なお、ここに挙げているデザイン差は、現実に異なる字形がそれぞれ使われていて、かつ、その実態に配慮すると、字形の異なりを字体の違いと考えなくてもよいと判断したものである。すなわち、実態として存在する異字形を、デザインの差と、字体の差に分けて整理することがその趣旨であり、明朝体字形を新たに作り出す場合に適用し得るデザイン差の範囲を示したものではない。また、ここに挙げているデザイン差は、おおむね「筆写の楷書字形において見ることができる字形の異なり」ととらえることも可能である。

1　へんとつくり等の組合せ方について

(1) 大小、高低などに関する例

硬硬　吸吸　頃頃

(2) はなれているか、接触しているかに関する例

睡睡　異異　挨挨

2　点画の組合せ方について

(1) 長短に関する例

雪雪雪　満満　無無　斎斎

(2) つけるか、はなすかに関する例

発 発　備 備　奔 奔　溺 溺

空 空　湿 湿　吹 吹　冥 冥

(3) 接触の位置に関する例

岸 岸　家 家　脈 脈 脈

蚕 蚕　印 印　蓋 蓋

(4) 交わるか、交わらないかに関する例

聴 聴　非 非　祭 祭

存 存　孝 孝　射 射

(5) その他

芽 芽 芽　夢 夢 夢

3 点画の性質について

(1) 点か、棒(画)かに関する例

帰 帰　班 班　均 均　麗 麗　蔑 蔑

(2) 傾斜、方向に関する例

考 考　値 値　望 望

(3) 曲げ方、折り方に関する例

勢 勢　競 競　頑 頑 頑　災 災

(4) 「筆押さえ」等の有無に関する例

芝 芝　更 更　伎 伎

八 八 八　公 公 公　雲 雲

(5) とめるか、はらうかに関する例

環 環　泰 泰　談 談

医 医　継 継　園 園

(6) とめるか、ぬくかに関する例

耳・耳　邦・邦　街・街　餌・餌

(7) はねるか、とめるかに関する例

四・四　配・配　換・換　湾・湾

(8) その他

次・次　姿・姿

4 特定の字種に適用されるデザイン差について

「特定の字種に適用されるデザイン差」とは、以下の(1)～(5)それぞれの字種にのみ適用されるデザイン差のことである。したがって、それぞれに具体的な字形として示されているデザイン差を他の字種にまで及ぼすことはできない。

なお、(4)に掲げる「叱」と「𠮟」は本来別字とされるが、その使用実態から見て、異体の関係にある同字と認めることができる。

(1) 牙・牙・牙

(2) 韓・韓・韓

(3) 茨・茨・茨

(4) 𠮟・叱

(5) 栃・栃

第2 明朝体と筆写の楷書との関係について

改定常用漢字表では、個々の漢字の字体（文字の骨組み）を、明朝体のうちの一種を例に用いて示した。このことは、これによって筆写の楷書における書き方の習慣を改めようとするものではない。字体としては同じであっても、1、2に示すように明朝体の字形と筆写の楷書の字形との間には、いろいろな点で違いがある。それらは、印刷文字と手書き文字におけるそれぞれの習慣の相違に基づく表現の差と見るべきものである。

さらに、印刷文字と手書き文字におけるそれぞれの習慣の相違に基づく表現の差は、３に示すように、字体（文字の骨組み）の違いに及ぶ場合もある。

以下に、分類して、それぞれの例を示す。いずれも「明朝体―手書き（筆写の楷書）」という形で、上（原文は左）側に明朝体、下（原文は右）側にそれを手書きした例を示す。

1　明朝体に特徴的な表現の仕方があるもの

(1) 折り方に関する例

衣―衣　去―去　玄―玄

(2) 点画の組合せ方に関する例

人―人　家―家　北―北

(3) 「筆押さえ」等に関する例

芝―芝　史―史

入―入　八―八

(4) 曲直に関する例

子―子　手―手　了―了

(5) その他

辶・辶―辶　⺮―⺮　心―心

2　筆写の楷書では、いろいろな書き方があるもの

(1) 長短に関する例

雨―雨雨　戸―戸戸戸

無―無無

(2) 方向に関する例

風―風風　比―比比

仰―仰仰

糸―糸糸　ネ―ネネ　衤―衤衤

主—主主　言—言言言
年—年年年

(3) つけるか、はなすかに関する例

又—又又　文—文文
月—月月
条—条条　保—保保

(4) はらうか、とめるかに関する例

奥—奥奥　公—公公
角—角角　骨—骨骨

(5) はねるか、とめるかに関する例

切—切切切　改—改改改

酒—酒酒　陸—陸陸陸
穴—穴穴穴
木—木木　来—来来
糸—糸糸　牛—牛牛
環—環環

(6) その他

令—令令　外—外外外
女—女女　叱—叱叱叱

3　筆写の楷書字形と印刷文字字形の違いが、字体の違いに及ぶもの

以下に示す例で、括弧内は印刷文字である明朝体の字形に倣って書いたものであるが、筆写の楷書ではど

ちらの字形で書いても差し支えない。なお、括弧内の字形の方が、筆写字形としても一般的な場合がある。

(1) 方向に関する例

淫―淫（淫）　恣―恣（恣）

煎―煎（煎）　嘲―嘲（嘲）

溺―溺（溺）　蔽―蔽（蔽）

(2) 点画の簡略化に関する例

葛―葛（葛）　嗅―嗅（嗅）

僅―僅（僅）　餌―餌（餌）

箋―箋（箋）　塡―塡（塡）

賭―賭（賭）　頰―頰（頰）

(3) その他

惧―惧（惧）　稽―稽（稽）

詮―詮（詮）　捗―捗（捗）

剝―剝（剝）　喩―喩（喩）

2010年 9月10日　発行

見やすい漢字表記・用字辞典

二〇一一年 七 月二〇日　第 二 刷発行

編　者――三省堂編修所
発行者――株式会社三省堂　代表者――北口克彦
印刷者――三省堂印刷株式会社
発行所――株式会社三省堂
〒一〇一-八三七一
東京都千代田区三崎町二丁目二十二番十四号
電話＝編集〔〇三〕三二三〇-九四一一
　　　営業〔〇三〕三二三〇-九四一二
http://www.sanseido.co.jp/
振替口座＝〇〇一六〇-五-五四三〇〇

〔見やすい漢字用字・七三六頁〕
落丁本・乱丁本はお取替えいたします
ISBN978-4-385-16045-0